Helmut Balzert

Wie schreibt man ... erfolgreiche Lehrbücher und E-Learning-Kurse?

Eine pragmatische, empirisch gestützte Didaktik

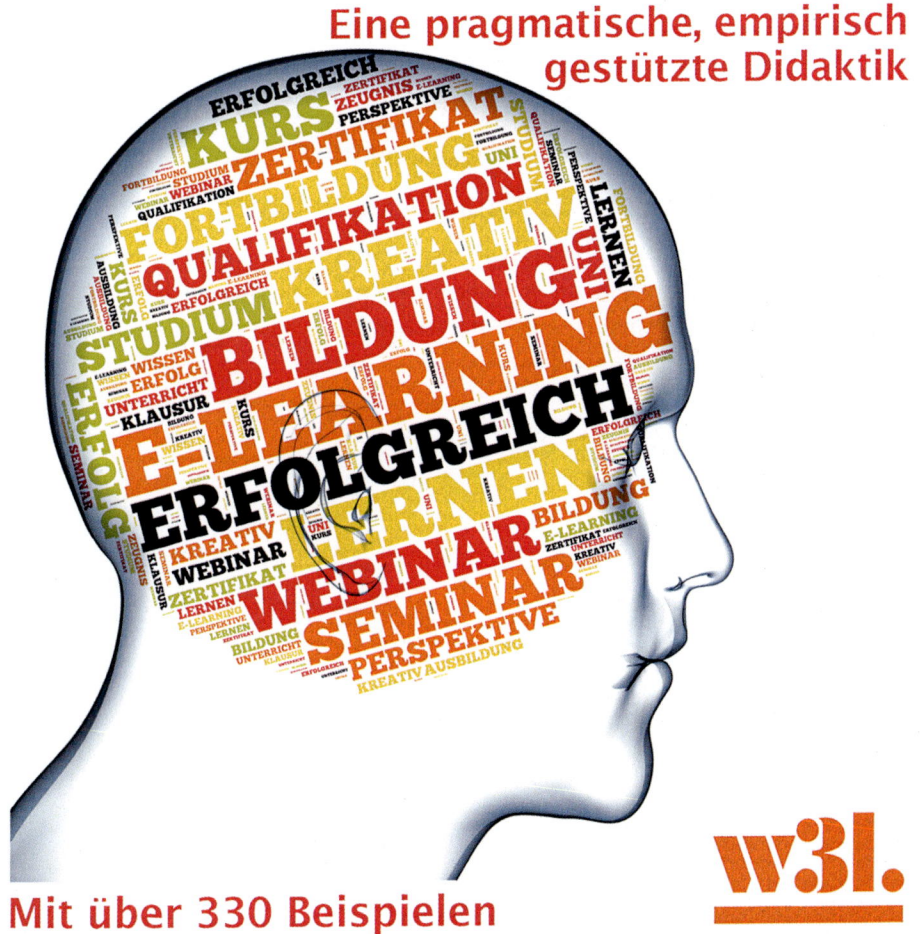

Mit über 330 Beispielen

w3l.

Tatsachen-Thriller

Klaus Schmeh
Codeknacker gegen Codemacher
3. Auflage
Die faszinierende Geschichte der Verschlüsselung

Soft Skills

Erwin Hoffmann
Manage Dich selbst und nutze Deine Zeit!

Marion Schröder
Heureka, ich hab's gefunden
Kreativitätstechniken, Problemlösung & Ideenfindung

Christina Stoica-Klüver, Jürgen Klüver, Jörn Schmidt
Besser und erfolgreicher kommunizieren!
Vorträge, Gespräche, Diskussionen

Helmut Balzert, Marion Schröder, Christian Schäfer,
Wissenschaftliches Arbeiten, 2. Auflage
Ethik, Inhalt & Form wiss. Arbeiten, Handwerkszeug, Quellen, Projektmanagement, Präsentation

Helmut Balzert

Wie schreibt man ... erfolgreiche Lehrbücher und E-Learning-Kurse?

Eine pragmatische, empirisch gestützte Didaktik

Mit über 330 Beispielen

W3L-Verlag | Dortmund

Autor:
Prof. Dr. Helmut Balzert
E-Mail: hb@W3L.de

Bibliografische Information der Deutschen Bibliothek:
Die Deutsche Bibliothek verzeichnet diese Publikation in der Deutschen Nationalbibliografie. Detaillierte bibliografische Daten sind im Internet über http://dnb.ddb.de/ abrufbar.

Der Verlag und der Autor haben alle Sorgfalt walten lassen, um vollständige und akkurate Informationen in diesem Buch und den Programmen zu publizieren. Der Verlag übernimmt weder Garantie noch die juristische Verantwortung oder irgendeine Haftung für die Nutzung dieser Informationen, für deren Wirtschaftlichkeit oder fehlerfreie Funktion für einen bestimmten Zweck. Ferner kann der Verlag für Schäden, die auf einer Fehlfunktion von Programmen oder Ähnliches zurückzuführen sind, nicht haftbar gemacht werden. Auch nicht für die Verletzung von Patent- und anderen Rechten Dritter, die daraus resultieren. Eine telefonische oder schriftliche Beratung durch den Verlag über den Einsatz der Programme ist nicht möglich. Der Verlag übernimmt keine Gewähr dafür, dass die beschriebenen Verfahren, Programme usw. frei von Schutzrechten Dritter sind. Die Wiedergabe von Gebrauchsnamen, Handelsnamen, Warenbezeichnungen usw. in diesem Buch berechtigt auch ohne besondere Kennzeichnung nicht zu der Annahme, dass solche Namen im Sinne der Warenzeichen- und Markenschutz-Gesetzgebung als frei zu betrachten wären und daher von jedermann benutzt werden dürften.

Bildnachweis: Umschlaggrafik: Copyright Vege, mit Genehmigung von fotolia.com

© 2016 W3L AG | Dortmund | ISBN: 978-3-86834-058-7

Das Werk einschließlich aller seiner Teile ist urheberrechtlich geschützt. Jede Verwertung außerhalb der engen Grenzen des Urheberrechtsgesetzes ist ohne Zustimmung des Verlages unzulässig und strafbar. Das gilt insbesondere für Vervielfältigungen, Übersetzungen, Mikroverfilmungen und die Einspeicherung und Verarbeitung in elektronischen Systemen.

1. Auflage: Mai 2016

Gesamtgestaltung: Prof. Dr. Heide Balzert, Herdecke

Herstellung: Miriam Alecke, Dortmund

Satz: Das Buch wurde aus der E-Learning-Plattform W3L automatisch generiert. Der Satz erfolgte aus der Lucida, Lucida sans und Lucida casual.

Druck und Verarbeitung: TOTEM, Inowroclaw

Vorab einige persönliche Bemerkungen

»*The next big thing is education*« Steve Jobs 2011

Steve Jobs 2010
(Quelle:
Wikimedia
Commons)

Abb. 0.0-1: So einfach ist das als Autor (Quelle: Kai Felmy, Börsenblatt. Magazin für den deutschen Buchhandel, 25/2014, S. 122).

Ich habe dieses Buch für Autoren geschrieben, die auf ihrem Gebiet Experten sind und bisher noch keine Lehrbücher oder E-Learning-Kurse konzipiert und geschrieben haben. Experten werden in der Regel jedoch Erfahrung darin haben, ihr Wissen in Form von Vorträgen anderen Personen zu vermitteln. Hilfreich ist dieses Buch sicher auch für Lektoren, Lehrbuch-Verlage und E-Learning-Anbieter.	Zielgruppe
Dieser Zielgruppe möchte ich meine didaktischen Erfahrungen vermitteln, die ich beim Schreiben von über 40 Lehrbüchern – teilweise zusammen mit Koautoren – und über zehn E-Learning-Kursen sowie zahlreichen Workshops mit Autoren der W3L AG sowie als Lektor von über 100 Lehrbüchern und E-Learning-Kursen gesammelt habe. Dabei hat sich gezeigt, dass die meisten Autoren, auch wenn sie als Professoren an Hochschulen über viel Lehrerfahrung verfügen, dankbar für didaktische Ratschläge sind. Mein erstes Lehrbuch habe ich übrigens mit 26 Jahren geschrieben – ein Schulbuch mit dem Titel »Informatik 1 – Vom	Meine Erfahrungen

Problem zum Programm« [Balz76]. Es war eines meiner erfolgreichen Bücher mit über 30.000 verkauften Exemplaren. Insgesamt wurden über 350.000 Exemplare meiner Bücher gekauft. Als Autor, Mitautor und Herausgeber habe ich für die Verlage Hueber-Holzmann, BI-Wissenschaftsverlag, de Gruyter, B. G. Teubner, Spektrum Akademischer Verlag, Springer und die W3L AG gearbeitet. Für die Fernuniversität Hagen habe ich eine Reihe von Studienbriefen geschrieben. Zusammen mit dem renommierten Typografen Rudolf Paulus Gorbach aus München habe ich ein Layout und eine typografische Gestaltung für eine Lehrbuchreihe entwickelt, die beim Spektrum Akademischer Verlag dann realisiert wurde. Insgesamt habe ich bisher ca. **15.000 Lehrbuchseiten** geschrieben.

Ziel — Ziel ist es, Ihnen als potenziellem Autor eines Lehrbuchs oder eines E-Learning-Kurses praktisch umsetzbare didaktische Empfehlungen zu geben, sodass Sie ein erfolgreiches Lehrbuch bzw. einen erfolgreichen E-Learning-Kurs konzipieren und schreiben können. Erfolgreich in dem Sinne, dass die Lernenden den von Ihnen konzipierten Lernstoff effizient und nachhaltig lernen und die Lernziele erreichen. Verbunden mit diesem Ziel ist, Ihnen didaktische Kompetenzen in der Erwachsenenbildung zu vermitteln, falls Sie über diese noch nicht oder noch nicht ausreichend verfügen.

Einschränkungen — Der Begriff Erwachsenenbildung beschreibt bereits eine Einschränkung dieses Buches. Alle Ausführungen beziehen sich auf das lebenslange Lernen von Erwachsenen. Für Kinder und Jugendliche gelten besondere oder zusätzliche didaktische Kompetenzen, die *nicht* zu meinem Erfahrungsbereich gehören.

Die zweite Einschränkung bezieht sich auf die Konzeption und das Schreiben von Büchern und E-Learning-Kursen. Dadurch entfallen didaktische Konzepte, die für konkrete Lehr-Lern-Situationen im Präsenzunterricht erforderlich sind. Allerdings kommen nun didaktische Konzepte hinzu, die für Lehrbücher und E-Learning-Kurse relevant sind.

Unter Berücksichtigung dieser Einschränkungen habe ich versucht, die beschriebenen didaktischen Konzepte – so weit möglich – durch empirische Untersuchungen in der Literatur zu belegen.

Persönliches Ziel — Mein persönliches Ziel ist es, dass dieses Buch dazu beiträgt, dass Lehrbücher und E-Learning-Kurse in Zukunft eine bessere Didaktik erhalten.

Inhalt — Im Mittelpunkt dieses Buches stehen *nicht* didaktische Theorien, sondern bewährte didaktische Gestaltungsprinzipien und Gestaltungselemente, die anhand von vielen praktischen Beispielen erläutert werden.

Vorab einige persönliche Bemerkungen

Zusammen betrachtet ergibt sich so eine »pragmatische Didaktik«. Pragmatisch bedeutet, im Sinne einer Sache oder eines Ziels praktisch und lösungsorientiert zu handeln. Eine **pragmatische Didaktik** ist demnach eine Didaktik, die beschreibt was beim Lehren und Lernen nötig ist und was erfahrungsgemäß tatsächlich funktioniert. Die Theorie tritt dabei bisweilen in den Hintergrund. Teilweise werden **didaktische Entwurfsmuster** vorgestellt. Diese beschreiben bewährte Praktiken bei der Erstellung von Lehrbüchern und E-Learning-Kursen.

Pragmatische Didaktik

Viele Didaktikbücher, die ich gelesen habe, konzentrieren sich oft zu sehr auf Theorien und auf ihre historische Entwicklung, helfen einem Autor aber nicht mit praktikablen Vorschlägen. Das möchte ich besser machen!

Für mich muss eine Didaktik in zweierlei Hinsicht **praxisorientiert** sein:

Anforderungen an eine Didaktik

- Sie muss auf der einen Seite für Autoren anwendbar sein, d. h., sie müssen in der Lage sein, die didaktischen Vorschläge und Regeln für Lehrbücher und E-Learning-Kurse praktisch umzusetzen. Genauer gesagt, eine Didaktik muss »massentauglich« sein, d. h., viele Autoren müssen in der Lage sein, eine Didaktik umzusetzen – nicht nur in einem Wissensgebiet, sondern auf vielen verschiedenen. Außerdem muss sie auf umfangreiche Wissensgebiete anwendbar sein. Eine Didaktik, die nur für kleine Lerneinheiten funktioniert, ist nicht praxisorientiert.
- Auf der anderen Seite muss eine Didaktik dazu führen, dass Lernende besser lernen, als wenn keine oder eine andere Didaktik eingesetzt wird. Der Nachweis dazu muss über empirische Untersuchungen erfolgen.

Der Aufbau und die Gestaltung dieses Buches soll dabei gleichzeitig Vorbildcharakter für ein gut aufgebautes Lehrbuch haben.

Vorbild

Die aufgeführten Beispiele stammen im Wesentlichen aus den von mir lektorierten Büchern und E-Learning-Kursen sowie den von mir selbst geschriebenen Büchern und E-Learning-Kursen (siehe auch »Eigene Erfahrungen und empirische Erkenntnisse«, S. 529). Alle Kurse wurden für die E-Learning-Plattform der W3L AG konzipiert. Diese E-Learning-Plattform hat den Anspruch, didaktische Konzepte besonders gut zu unterstützen. Die Umsetzung der beschriebenen Konzepte ist natürlich auch auf anderen E-Learning-Plattformen möglich – unter Umständen mit Einschränkungen.

Beispiele

Obwohl man es erwarten sollte, sind Bücher von Didaktikern meistens *nicht* didaktisch aufgebaut. Der von Didaktikern von Lernenden geforderte Transfer von Wissen auf andere Problem-

Kritik

stellungen gelingt den meisten Didaktikern nicht. Kein Vorbild für die Aufbereitung eines Lehrbuches ist das Buch »Didaktik« von Ewald Terhart [Terh09]. Es besitzt noch nicht einmal einen Sachindex, ebenso wie die Bücher »Web-Didaktik« [Mede06] und »Didaktisches Design« [Rein15]. Wie Sie selbst feststellen werden, ist die Erstellung eines Sachindex eine ungeliebte, mühsame Arbeit. Für den Lernenden ist ein Sachindex jedoch äußerst hilfreich, um Informationen in einem Lehrbuch zu finden.

Literatur Beim lebenslangen Lernen dürfte heute noch das Lehrbuch das zentrale Medium zur Fort- und Weiterbildung sein. Dementsprechend dürfte man erwarten, dass es eine Vielzahl von Büchern gibt, die sich mit der Didaktik von Lehrbüchern befassen. Bei der Recherche nach entsprechender Literatur hat sich jedoch herausgestellt, dass es kaum Bücher oder Artikel zu diesem Thema gibt. Eine löbliche Ausnahme gibt es: eine Broschüre mit dem Titel

- »Lehrbuchrhetorik im Medizinstudium«, publiziert in Wikibooks [Dago09].

Offenbar sind Lehrbücher »Stiefkinder« der Didaktik!

Mit didaktischen Fragen des E-Learning befassen sich folgende Bücher (interessanterweise gibt es dazu – bis auf eine Ausnahme – keine öffentlich zugänglichen, mir bekannten E-Learning-Kurse):

- »Mediendidaktik« [Kerr12]
- »Online-Lernen« [KlIs11]
- »E-Learning« [Rey09]
- »Web-Didaktik« [Mede06]
- »Grundlagen hypermedialer Lernsysteme« [Schu97]
- »*The Cambridge Handbook of Multimedia Learning*« [Maye14]
- »*e-Learning and the Science of Instruction*« [ClMa02]

Auffallend ist, dass sich eine Reihe von Didaktikern mit der Didaktik von E-Learning-Kursen befassen, aber sich offenbar nie um eine Didaktik für Lehrbücher bemüht haben. Ich meine, dass eine gute E-Learning-Didaktik eine gute Didaktik von Lehrbüchern voraussetzt (Abb. 0.0-2). E-Learning erweitert die didaktischen Möglichkeiten von Lehrbüchern, benötigt eine Lehrbuch-Didaktik aber als Grundlage. Vergleichbar ist diese Situation mit der Gestaltung von Benutzungsoberflächen von Software-Programmen. Eine Gestaltung in Schwarz-Weiß muss gut sein, zusätzliche Farbe kann die Gestaltung attraktiver machen. Sie darf aber Mängel in der Schwarz-Weiß-Gestaltung nicht versuchen zu beheben. Ich habe den Eindruck, dass viele Didaktiker, die sich mit der Didaktik des Präsenzunterrichts befasst haben, sich ohne Umweg über eine Lehrbuch-Didaktik direkt auf eine E-Learning-Didaktik »gestürzt« haben.

Das ist meines Erachtens der falsche Weg. E-Learning ist näher an Lehrbüchern als an Präsenzveranstaltungen!

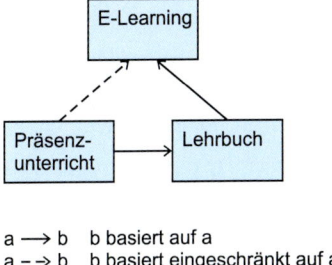

a ⟶ b   b basiert auf a
a - -> b   b basiert eingeschränkt auf a

Abb. 0.0-2: Abhängigkeiten von Didaktiken.

Mit allgemeinen didaktischen Fragen befassen sich folgende Bücher:

- »Didaktisches Design« [Rein15]
- »Lehren und Lernen – Einführung in die Instruktionspsychologie« [KlLe12]
- »Taxonomie von Unterrichtsmethoden« [Baum11]
- »Didaktik« [Terh09]

Mit Fragen des Gedächtnisses befasst sich:

- »Psychologie« (Kapitel 9) [Myer08]

Insbesondere mit hochschuldidaktischen Fragen befassen sich folgende empfehlenswerte Bücher:

- »Allgemeine Didaktik« [Lehn09]
- »Viel Stoff – wenig Zeit« [Lehn13]
- »Didaktische Reduktion« [Lehn12]
- »Hochschuldidaktik – Lehren, Vortragen, Prüfen« [MHV08]

Neben der Perspektive des Autors ist natürlich auch die Perspektive des Lernenden wesentlich, um Lehrbücher und E-Learning-Kurse zu verfassen. Es gibt eine Vielzahl von Studien, die sich mit Lernstrategien und dem Lernen aus der Sicht des Lernenden befassen. Einschränkend muss jedoch bemerkt werden, dass sich viele Studien auf den Schulbereich beschränken. Die folgenden zwei Bücher fassen wissenschaftliche Erkenntnisse aufgrund von wissenschaftlichen Studien zusammen und geben wichtige Hinweise, was bei dem Erstellen von Lehrbüchern und E-Learning-Kursen zu beachten ist:

- »Lernen sichtbar machen« [Hatt13]
- »Handbuch Lernstrategien« [MaFr06]

Vorab einige persönliche Bemerkungen

Kostenloser E-Learning-Kurs

Ergänzend zu diesem Buch gibt es den kostenlosen E-Learning-Kurs »Schnelleinstieg – Aufbau von Lerneinheiten«, der zusätzlich zahlreiche Tests erhält, mit denen Sie Ihr Wissen überprüfen können. Sie finden den Kurs auf der Website www.W3L-Didaktik.de.

Vom Lesen zum Zertifikat

Wenn Sie Ihren Lernerfolg überprüfen wollen, dann sollten Sie den kostenpflichtigen, gleichnamigen E-Learning-Kurs auf www.W3L-Didaktik.de buchen. Er enthält:

- Mehr als 230 Tests mit Tipps und Begründungen, die automatisch korrigiert werden.
- Mehr als 50 Fragen zum Nachdenken. Die Antworten können anschließend aufgeblendet werden.
- Mehr als 5 Videoclips vermitteln Lerninhalte.
- Mehr als 10 Animationen verdeutlichen dynamische Vorgänge.

»Mehr als ...« steht hier, da der E-Learning-Kurs ständig um solche Elemente erweitert wird.

Alle diese didaktischen Elemente sollen Ihnen helfen, Ihr Wissen und Ihre Fertigkeiten zu vertiefen und zu festigen. Bei erfolgreichem Abschluss des kostenpflichtigen E-Learning-Kurses erhalten Sie ein **Zertifikat**, mit dem Sie Ihren Erfolg dokumentieren können: **Zertifizierter Autor für Lehrbücher und E-Learning-Kurse**.

Workshops

Für Lehrbuchverlage und E-Learning-Anbieter werden zusätzlich zweitägige **Workshops** angeboten, um eigene Inhalte nach den vorgestellten didaktischen Konzepten zu erstellen und kritisch überprüfen zu lassen.

Dank

Ich danke Frau Lolita Lassak M.Ed. für die Übernahme des Lektorats für dieses Buch sowie für die Erstellung der Tests und Aufgaben für den zugehörigen E-Learning-Kurs zu diesem Buch. Frau Anja Schartl danke ich für die Erstellung der zahlreichen Grafiken in diesem Buch. Das Kapitel »Urheberrechte beachten«, S. 465, hat freundlicherweise Dr. Axel Sodtalbers auf rechtliche Korrektheit überprüft. Danke für die Mühe.

Hoffnung

In der Hoffnung, dass Ihnen mein Lehrbuch wichtige Anregungen für Sie als Autor vermittelt und es Ihnen ein wenig Spaß und Freude macht, darin zu lesen, freue ich mich auf gute zukünftige Lehrbücher und E-Learning Kurse.

Ihr

Inhalt

1	Aufbau und Gliederung *	1
Teil I	GRUNDLAGEN *	3
2	Schnelleinstieg – Aufbau von Lerneinheiten *	5
2.1	Was kann man aus einem Zeitschriftenartikel lernen? *	9
2.2	Die Überschrift – Kernaussage in Kurzform *	11
2.3	Die Kurzfassung – die Essenz der Lerneinheit *	14
2.4	Der Inhalt – Didaktisch Lernziele vermitteln *	16
2.5	Anrede – ich, Sie, wir, man, es, Mann/Frau *	21
2.6	Zwischenüberschriften – Strukturieren der Inhalte *	27
2.7	Visualisierung – die Kunst der Veranschaulichung *	30
2.8	Emotionale Einstimmung – Fotos, Illustrationen *	40
2.9	Merkeboxen – Wesentliches kompakt **	46
2.10	Marginalie – Stichwort des entsprechenden Abschnitts *	48
2.11	Beispiele für Lerneinheiten – Buch und Kurs *	53
2.12	Schritt für Schritt zur 1. Lerneinheit *	56
3	Schnelleinstieg – Aufbau von Büchern/Kursen *	59
3.1	Lernziele – angestrebter Lerngewinn *	62
3.2	Didaktische Anordnung von Lerninhalten *	67
3.3	Fallbeispiel: Textverarbeitung **	74
3.4	Fallbeispiel: HTML **	79
3.5	Gliederung – Strukturierung der Lerninhalte als Baum *	82
3.6	Aufbau einer Gruppierung *	87
Teil II	ERWEITERUNG *	89
4	Lernen und Lehren *	91
4.1	Lernen – die Sicht der Lernenden *	94
4.2	Lehren – die Sicht der Lehrenden *	99
4.3	Rezeptives Lernen – Darbietendes Lehren *	104
4.4	Entdeckendes Lernen – Entdeckenlassendes Lehren *	109
4.5	Individuelles Lernen – Kooperatives Lernen **	117
5	Lehrende und ihre Medien *	129
5.1	Lehrbücher – Präsenzveranstaltungen – E-Learning *	130
5.2	Mischformen und Vergleich *	137
6	Didaktische Gestaltungsprinzipien *	147
6.1	Wiederholung – Vom Trampelpfad zur Autobahn *	149
6.2	Aufmerksamkeit fördern – psychophysisch aktivieren *	152
6.3	Orientierung – Inhalte schnell finden *	163
6.4	Abstraktion – richtigen Abstraktionsgrad wählen *	168
6.5	Strukturierung – Zusammenhänge sichtbar machen *	171
6.6	Abwechslung – den Geist aktiv halten *	174
6.7	Rückkopplung – Feedback zum Autor und zum Lernenden *	176
7	Didaktische Gestaltungselemente im Überblick *	181

Inhalt

8	**Erweiterung – Aufbau von Lerneinheiten ***	187
8.1	Rezeptive Wissensarten – Ideen für die Inhaltsdarbietung *	190
8.2	Präsentationsmedien – Ideen für die Inhaltsdarstellung * .	200
8.3	Abwechslung durch alternative Darstellungsformen *	204
8.4	Verstehen fördern und erleichtern *	209
8.5	Transfer üben – neue Situationen bewältigen *	219
8.6	Beispiele – Regeln erkennen *	223
8.7	Fragen stellen – Denken anregen *	228
8.8	Notizen machen – nachhaltig lernen **	231
8.9	Storys – Fakten in Geschichten verpackt ***	237
8.10	Spannung erzeugen *	242
8.11	Emotionen hervorrufen – Gefühle ansprechen **	248
8.12	Der Schreibstil – gut lesbar, verständlich und anschaulich *	251
8.13	Das Lokalitätsprinzip – alles im Blick ***	263
8.14	Redundanzen vermeiden – kein Informations-»Rauschen« ***	270
9	**Erweiterung – Aufbau von Büchern/Kursen ***	273
9.1	Die Zielgruppe – Maßstab für Inhalt und Didaktik *	276
9.2	Selbstdarstellung – Sich als Autor richtig präsentieren *...	279
9.3	Reduktion der Stofffülle – Kriterien und Techniken *	286
9.4	Reduktion der Komplexität – Konzentration & Vereinfachung *	296
9.5	Inhalte gewichten – was ist relevant? **	304
9.6	Ausflachung von Gliederungsebenen: Buch-/ Kursteile ***	306
9.7	Didaktik erläutern – Motivation fördern **	308
9.8	Navigation – Hilfe bei der Orientierung *	310
9.9	Glossar – die Mini-Enzyklopädie *	314
9.10	Fallstudien – Wissen auf komplexe Probleme angewandt *	318
9.11	Index – Hilfe bei der Suche von Inhalten *	324
Teil III	**E-LEARNING ***	331
10	Interaktivität – Lerneinheiten interaktiv gestalten *	337
11	Multimedia – Lerneinheiten multimedial gestalten *	343
12	Audio – Sprache und Ton einsetzen **	349
13	Video – Bewegung darstellen **	355
14	Rollenspiele – in simulierte Realitäten »schlüpfen« ***	363
15	Animation – Vorgänge zum Leben erwecken **	367
16	Interaktive Infografiken – Zusammenhänge in Bildern ****	379
17	Ausprobieren und Experimentieren *	383

Inhalt

18	Simulation und Mikrowelt: Aktiv Erfahrungen sammeln ****	387
19	Lernspiel: spielerisch zum Lernziel ****	395
20	Soziale Medien: soziale Lernumgebungen ***	401
Teil IV	LERNERFOLG ÜBERPRÜFEN *	403
21	Konstruktion von Tests & Aufgaben – schwierig & aufwendig *	407
22	Testarten – vielfältige Möglichkeiten *	409
23	Fallbeispiel: Aufbau von W3L-Tests ***	423
24	Mehrfachauswahltests richtig konzipieren *	429
25	Zufallsbasierte Tests – immer neu ***	435
26	Aufgaben – höhere Lernziele überprüfen *	437
27	Tests und Aufgaben: separat oder integriert ***	445
28	Fallbeispiel: Prüfungen in W3L ***	451
Teil V	EXKURSE **	455
29	Autor – mit Leidenschaft Wissen vermitteln **	457
30	(Hand-)Werkzeuge für den Autor *	459
31	Urheberrechte beachten *	465
32	Formal richtig zitieren – Plagiate vermeiden *	473
33	Lernziele und Lernstufen **	481
34	Grafiken, Bilder und Bildschirmabzüge erstellen ***	485
35	Mit Diagrammen richtig informieren ***	493
36	Empirisch *nicht* gesicherte Annahmen **	507
37	Was kann/sollte ein Verlag für ein Lehrbuch tun? ***	509
38	Was kann/sollte eine E-Learning-Plattform bieten? ***	513
39	Visionen – illusionär oder realisierbar? ****	519
40	Eigene Erfahrungen und empirische Erkenntnisse ****	529
Glossar		533
Literatur		543
Sachindex		553

1 Aufbau und Gliederung *

Dieses Buch möchte Ihnen eine **pragmatische Didaktik** vermitteln, d. h. Sie als Autor sollen erfahren, was Sie tun müssen, um erfolgreiche Lehrbücher und E-Learning-Kurse zu schreiben. Das Buch besteht aus fünf Teilen, die Ihnen verschiedene Einstiegspunkte in die Thematik bieten:

Wenn Sie in kurzer Zeit wissen wollen, auf was es im Wesentlichen beim Schreiben eines Lehrbuchs oder E-Learning-Kurs ankommt, dann lesen Sie zunächst den Teil I, der Ihnen einen **Schnelleinstieg** in den Aufbau von Lerneinheiten und den Aufbau von Büchern/Kursen gibt: Teil I

- »GRUNDLAGEN«, S. 3

Wenn Sie sich sowohl mit der **Theorie** als auch mit **weiteren Gestaltungsprinzipien** für Ihre Lerneinheiten und die Gestaltung Ihrer Bücher oder Kurse beschäftigen wollen, dann finden Sie im Teil II die dazu notwendigen Informationen und Anregungen: Teil II

- »ERWEITERUNG«, S. 89

Konzipieren Sie einen **E-Learning-Kurs**, dann stehen Ihnen eine Reihe von zusätzlichen Möglichkeiten zur Verfügung, die Sie bei Lehrbüchern *nicht* haben: Teil III

- »E-LEARNING«, S. 331

Als Autor sind Sie dann erfolgreich, wenn die Lernenden einen **Lernerfolg** haben. Während Ihre Möglichkeiten bei einem Lehrbuch in dieser Beziehung sehr eingeschränkt sind, haben Sie in E-Learning-Kursen viele Möglichkeiten den Lernerfolg zu überprüfen und Ihre Lernenden zu motivieren: Teil IV

- »LERNERFOLG ÜBERPRÜFEN«, S. 403

Neben den Kernthemen, die in den Teilen I bis IV behandelt werden, gibt es noch **ergänzende Themen**, die für Sie als Autor relevant sein können: Teil V

- »EXKURSE«, S. 455

Entsprechend Ihrer Interessenlage können Sie alle Kapitel natürlich **auch punktuell lesen**. Dieses Lehrbuch soll auch ein Handbuch zum Nachschlagen sein.

> Da alle Themen stark miteinander in Beziehung stehen, werden in den einzelnen Kapiteln viele Querverweise angegeben, sodass Sie die Möglichkeit haben, diesen Verweisen zu folgen. Da sich außerdem viele Themen überlappen, werden manche Gesichtspunkte in verschiedenen Lerneinheiten behandelt.   Hinweis

Teil I GRUNDLAGEN *

»So wie der Bildhauer mit Ton arbeitet, formt der Autor eine Welt aus Worten« *Roy Peter Clark*

Als Autor steht man am Anfang vor der Frage, wie man eine **Lerneinheit** konzipiert und schreibt (Mikrostrukturierung). In einem Schnelleinstieg werden zunächst *nur* die wichtigsten Punkte behandelt, die man als Autor wissen muss, um eine didaktisch gute Lerneinheit zu schreiben:

- »Schnelleinstieg – Aufbau von Lerneinheiten«, S. 5

Die zweite Frage, die sich für einen Autor stellt, ist: Wie gliedert man einen zu vermittelten Themenbereich in einzelne Lerneinheiten (Makrostrukturierung)? Die wichtigsten Antworten hierzu gibt ebenfalls ein Schnelleinstieg:

- »Schnelleinstieg – Aufbau von Büchern/Kursen«, S. 59

Je nachdem, welche Fragen Sie als Autor zuerst beantwortet haben wollen, können Sie die beiden Schnelleinstiege auch in umgekehrter Reihenfolge lesen.

Oft wird zwischen den Begriffen Lehrstoff und Lernstoff unterschieden. Unter **Lehrstoff** wird die Themenmenge verstanden, deren Beherrschung gelehrt werden soll [KlLe12, S. 29]. Ist der zu vermittelnde Lehrstoff mithilfe didaktischer Prinzipien aufbereitet, dann spricht man von **Lernstoff** oder Lerngegenständen [Lehn09, S. 126].

Zur Terminologie

Sind Sie ein »Kopfschreiber« oder ein »Bauchschreiber«?

Das Schreiben eines Lehrbuchs oder E-Learning-Kurses kann man unterschiedlich »angehen«. **Kopfschreiber** nennt man die Autoren, die ein Lehrbuch oder einen Kurs sorgfältig im Voraus planen und sich insbesondere die Gliederung überlegen. Erst dann beginnen sie die Inhalte zu schreiben, oft **Top-down** von vorne nach hinten. Das Gegenteil davon sind die **Bauchschreiber**. Sie haben meist ein vages Ziel im Kopf und fangen einfach an zu schreiben. Die Planung erfolgt während des Schreibens. Zwischen beiden Extremen gibt es natürlich viele Zwischenformen.

Wie würden Sie Ihre Arbeitsweise charakterisieren (Abb. 1.0-1)? Keine Angst, wenn Sie sich zu den Bauchschreibern zählen. George Simenon und Stephen King gehören zu den berühmtesten Bauchschreibern und haben mit dieser Art des Schreibens viel erreicht.

Sie als Autor

Teil I GRUNDLAGEN *

Abb. 1.0-1: Überprüfung des Selbstbildes.

Empfehlung | Wählen Sie die Arbeitsweise, die für Sie am produktivsten ist. Ich selbst zähle mich übrigens zu den Bauchschreibern. Ich habe ein Ziel im Kopf und fange an zu schreiben. Beim Schreiben merke ich dann, welche Gliederung ich brauche, stelle sie mehrmals um und revidiere den Text und die Gliederung, bis ich mit dem Ergebnis zufrieden bin.

Und noch ein Hinweis: Wenn Sie mit dem Schreiben an einer Lerneinheit nicht so recht vorankommen, dann versuchen Sie *nicht* »krampfhaft« etwas zu schreiben, sondern befassen Sie sich zunächst mit einer anderen Lerneinheit. Wichtig ist, dass Sie jeden Tag ein wenig schreiben und Ihnen der Lehrstoff im Kopf bleibt, den Sie vermitteln möchten. So kommen Sie – auch wenn Sie nicht aktiv schreiben – zu neuen guten Ideen.

Beispiel | Thomas Mann hat jeden Tag von 9 bis 12 Uhr an seinem jeweiligen Werk gearbeitet. Pro Tag schaffte er ein- bis eineinhalb Seiten. Dennoch schuf er ein umfassendes Werk [Schn01].

Frage | Wie viele Seiten kommen auf diese Art und Weise in zehn Jahren zusammen?

Antwort | 3650 Seiten in 10 Jahren bei 1 Seite pro Tag, 5475 Seiten bei 1,5 Seiten pro Tag. Also: ab heute jeden Tag ein- bis eineinhalb Seiten!

Und umgekehrt: Wenn Sie als Autor »einen guten Lauf haben«, d. h. es fällt Ihnen leicht zu schreiben, dann bleiben Sie dran, solange es geht. Als Autor sind Sie übrigens dann am produktivsten, wenn Sie sich eine angenehme Arbeitsatmosphäre schaffen und Ablenkungen vermeiden. Siehe auch: »Autor – mit Leidenschaft Wissen vermitteln«, S. 457.

2 Schnelleinstieg – Aufbau von Lerneinheiten *

Was ist der Unterschied zwischen einem Lehrbuch und einem Roman?	Frage
Lehrbücher haben das Ziel, dem Leser bzw. dem Lernenden Wissen, Fertigkeiten und Fähigkeiten – oft zusammengefasst als **Kompetenzen** bezeichnet – zu vermitteln. Romane dagegen wollen den Leser unterhalten. **E-Learning**-Kurse haben in der Regel dieselbe Zielsetzung wie Lehrbücher. Es wird daher darauf verzichtet, von **Lehr-E-Learning-Kursen** zu sprechen. In diesen Buch wird immer davon ausgegangen, dass E-Learning-Kurse dieselben Zielsetzungen haben wie Lehrbücher.	Antwort
Der Begriff »Lehrbuch« betont die Perspektive des Lehrenden, d. h. des Autors. Ziel ist es jedoch, dass der Leser bzw. der Lernende mit dem Lehrbuch gut lernen kann. Besser wäre daher der Begriff **Lernbuch** und analog dazu der Begriff **Lern-E-Learning-Kurs**. In diesem Sinne sind im Folgenden die traditionellen Begriffe »Lehrbuch« und »Lehr«-E-Learning-Kurs zu verstehen. Eine Änderung des allgemeinen Sprachgebrauchs wäre wünschenswert, ist aber nicht zu erwarten.	Hinweis
Was verstehen Sie unter Didaktik und wofür ist Didaktik gut?	Frage
Stellen Sie sich vor, Sie müssen sich in ein neues Wissensgebiet einarbeiten und Sie haben weder ein Lehrbuch noch einen E-Learning-Kurs noch ein Präsenzseminar zur Verfügung. Sie werden dann versuchen, sich mithilfe des Internets und/oder mithilfe von Bibliotheken Informationen über das Wissensgebiet zu verschaffen und versuchen, sich nach und nach ein geistiges (mentales) Modell des Wissensgebiets anzueignen. Sie werden sicher in mehrere Sackgassen laufen, sehr viel Zeit benötigen und sich eventuell ein falsches Modell des Wissensgebiets aufbauen.	Antwort

Dieses Beispiel zeigt sehr deutlich den Wert von Didaktik. Didaktik bedeutet, dass ein Fachmann und Pädagoge in der Lage ist, einen Lehrstoff auf seinem Fachgebiet – unter Berücksichtigung der Vorkenntnisse und der Fähigkeiten des Lernenden – so zu strukturieren und aufzubereiten, dass der Lernende sich leicht ein mentales Modell von dem Lehrstoff aufbauen kann und genügend Übungsmöglichkeiten erhält, um zu überprüfen, ob er den Lehrstoff – nach der Beschäftigung mit ihm – entsprechend den vorgegebenen Lernzielen beherrscht.

Definition

»**Didaktik** beschäftigt sich mit allen Fragen des Lehrens und Lernens in einem umfassenden Sinn« [Terh09, S. 99].

Didaktik befasst sich nach [JaMe94, S. 16] mit der Frage: »wer was von wem wann mit wem wo, wie, womit und wozu lernen soll?«

Frage

Was ist Ihrer Meinung nach der Unterschied zwischen Lehren und Lernen?

Antwort

Lernen tut jeder Mensch ständig, ob bewusst oder unbewusst. **Lehren** dagegen ist eine bewusste und zielgerichtete Tätigkeit. Nicht jedes Lehren führt auch tatsächlich zum Lernen auf Seiten des Belehrten. Ihr Ziel als Autor muss es sein, Ihr Lehren so zu gestalten, dass der Lernende auch gerne lernt (siehe dazu auch [Terh09, S. 13 ff.]).

Frage

Hängt die Didaktik davon ab, aus welchem Fachgebiet der Lehrstoff stammt?

Antwort

Ja und Nein. Es wird zwischen einer Allgemeinen Didaktik und Fachdidaktiken unterschieden [Lehn09, S. 19 ff.]

Die **Allgemeine Didaktik** befasst sich mit Konzepten und Theorien, die eine grundsätzliche Bedeutung für das Lehren und Lernen haben, unabhängig von einer bestimmten Zielgruppe.

Fachdidaktiken stellen für ein bestimmtes fachliches Lernfeld den Zusammenhang zwischen der Fachwissenschaft und der Allgemeinen Didaktik her (Abb. 2.0-1).

Soll beispielsweise in fachlichen Lernfeld »Informatik« dem Lernenden der Ablauf eines Programms gezeigt werden, dann kann dies durch die schrittweise Ausführung des Programms oder eine Animation vermittelt werden. Die Fachdidaktik Informatik muss auf solche Möglichkeiten hinweisen.

Sollen dagegen im fachlichen Lernfeld »Soziale Kompetenz« Kommunikationsfähigkeiten trainiert werden, dann kann dies durch Rollenspiele erfolgen. Die entsprechende Fachdidaktik sollte vermitteln, wie Rollenspiele durchgeführt werden können (siehe auch »Rollenspiele – in simulierte Realitäten schlüpfen«, S. 363).

2 Schnelleinstieg – Aufbau von Lerneinheiten *

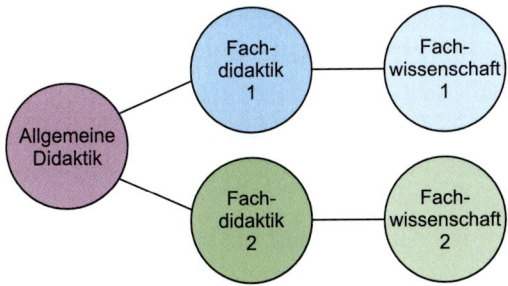

Abb. 2.0-1: Der Zusammenhang zwischen der Allgemeinen Didaktik, Fachdidaktiken und Fachwissenschaften.

Die kleinste Einheit eines Lernangebots wird in der didaktischen Literatur oft als **Lerneinheit** bezeichnet (siehe z. B. [Kerr12, S. 415]). In Lehrbüchern spricht man dagegen von **Kapiteln**, in E-Learning-Systemen auch von **Wissensbausteinen**, z. B. in der W3L-E-Learning-Plattform.

Zur Terminologie

Dieser Schnelleinstieg soll Ihnen als Autor eine Hilfestellung geben, eine erste Lerneinheit zu konzipieren und zu schreiben. Dabei wird nur auf wesentliche didaktische Elemente hingewiesen, auf die zusätzlichen Möglichkeiten des E-Learning gegenüber Lehrbüchern wird zunächst nur am Rande eingegangen (siehe dazu »E-LEARNING«, S. 331). Am Anfang sollten Sie sich als Autor auf das Wesentliche konzentrieren, zusätzliche Möglichkeiten können Sie dann später noch ergänzen (siehe dazu »ERWEITERUNG«, S. 89).

Ziel

Damit Sie die in diesem Schnelleinstieg gemachten Vorschläge selbst umsetzen können, sollten Sie aus Ihrem Wissensgebiet eine kleine Lerneinheit nehmen und versuchen, diese schrittweise entsprechend den Vorschlägen in diesem Schnelleinstieg umzusetzen.

Empfehlung

Ein geeigneter Ausgangspunkt, an dem Sie sich beim Schreiben einer Lerneinheit orientieren können, ist ein gut geschriebener Zeitungs- oder Zeitschriftenartikel:

- »Was kann man aus einem Zeitschriftenartikel lernen?«, S. 9

Als Lernender liest man zunächst die Überschrift, als Autor schreibt man sie als Letztes:

- »Die Überschrift – Kernaussage in Kurzform«, S. 11

Eine Kurzfassung am Anfang einer Lerneinheit ermöglicht es Lernenden mit Vorkenntnissen, die Details zu überspringen:

- »Die Kurzfassung – die Essenz der Lerneinheit«, S. 14

2 Schnelleinstieg – Aufbau von Lerneinheiten *

Am schwierigsten ist es für den Autor natürlich, den Lernstoff geeignet für die Lernenden aufzubereiten:

- »Der Inhalt – Didaktisch Lernziele vermitteln«, S. 16

Bevor Sie als Autor mit dem Schreiben erst richtig anfangen, müssen Sie entscheiden, wie Sie Ihre Lernenden ansprechen wollen:

- »Anrede – ich, Sie, wir, man, es, Mann/Frau«, S. 21

Zwischenüberschriften erleichtern es dem Lernenden, sich in längeren Texten zurechtzufinden:

- »Zwischenüberschriften – Strukturieren der Inhalte«, S. 27

»Ein Bild sagt mehr als 1000 Worte.« Dies ist inzwischen eine Binsenweisheit. Als Autor sollten Sie diese jedoch immer im Hinterkopf behalten, um »Textwüsten« zu vermeiden:

- »Visualisierung – die Kunst der Veranschaulichung«, S. 30

Auf fachliche Themen kann man Lernende vorbereiten:

- »Emotionale Einstimmung – Fotos, Illustrationen«, S. 40

Wiederholungen tragen dazu bei, Informationen aus dem Kurzzeitgedächtnis in das Langzeitgedächtnis zu übertragen:

- »Merkeboxen – Wesentliches kompakt«, S. 46

Eine Marginalspalte mit Randnotizen hilft dem Lernenden, sich in der Lerneinheit zu orientieren:

- »Marginalie – Stichwort des entsprechenden Abschnitts«, S. 48

Beispiele vermitteln Ihnen als Autor, wie eine Lerneinheit in einem Lehrbuch und in einem E-Learning-Kurs aussehen kann:

- »Beispiele für Lerneinheiten – Buch und Kurs«, S. 53

Ein systematisches Vorgehen hilft Ihnen als Autor bei der Erstellung einer Lerneinheit:

- »Schritt für Schritt zur 1. Lerneinheit«, S. 56

2.1 Was kann man aus einem Zeitschriftenartikel lernen? *

Zeitungs- und Zeitschriftenartikel setzen sich aus verschiedenen Bestandteilen zusammen. Diese Bestandteile sollten auch in Lerneinheiten für Lehrbücher und für E-Learning-Kurse vorkommen.

Die meisten Menschen informieren sich tagtäglich oder wöchentlich aus Zeitungen und Zeitschriften über das, was Neues in der Welt passiert ist.

Was erwarten Sie von einem guten Zeitschriften- oder Zeitungsartikel? Sehen Sie sich dazu die Bestandteile in dem Zeitschriftenartikel der Abb. 2.1-1 an.

Frage

Ein guter Zeitschriften- oder Zeitungsartikel sollte folgende Kennzeichen besitzen:

Antwort

- Treffende Überschrift.
- Kurzfassung des Inhalts auf abstraktem Niveau.
- Prägnante und möglichst spannende Darstellung der zu übermittelten Informationen.
- Eventuell Unterstützung der Informationen durch grafische Darstellungen.
- Attraktive Darbietung des Inhalts, z. B. durch ergänzende motivierende Fotos.

Sehen Sie sich Artikel in Ihren Zeitungen und Zeitschriften an.

Nehmen Sie einen guten Zeitschriften- oder Zeitungsartikel als Vorbild für eine Lerneinheit in einem Lehrbuch oder E-Learning-Kurs!

Eine Lerneinheit sollte bestehen aus:
- Überschrift
- Kurzfassung des Inhalts
- Detaillierte Darstellung des Inhalts – strukturiert durch Zwischenüberschriften
- Evtl. grafische Veranschaulichung des Inhalts
- Evtl. motivierendes Foto
- Evtl. Zusammenstellung zusätzlicher Fakten in einer Box

2 Schnelleinstieg – Aufbau von Lerneinheiten *

Abb. 2.1-1: Zeitschriftenartikel mit den einzelnen Elementen (Quelle: Börsenblatt. Magazin für den deutschen Buchhandel, 23|2012, S. 20).

2.2 Die Überschrift – Kernaussage in Kurzform *

In der Regel sollte die Überschrift einen Kontextbezug zum behandelten Lernstoff besitzen. Wenn möglich, sollte die Kernaussage der Lerneinheit schlagwortartig in der Überschrift zum Ausdruck kommen.

Analysieren Sie die Überschriften in Ihrer Zeitung.

Welche Alternativen gibt es, eine Überschrift zu formulieren?

Frage
Antwort

In Zeitungen und Zeitschriften enthält die Überschrift in der Regel die Kernaussage des Artikels, zum Beispiel:

- »Das Marktpotenzial wird allmählich sichtbar« (siehe »Was kann man aus einem Zeitschriftenartikel lernen?«, S. 9).
- »Die Börse zeigt sich gegenüber der ThyssenKrupp-Aktie stahlhart.«

Manche Überschriften wollen den Leser aber auch neugierig auf den Inhalt machen, zum Beispiel:

- »Fachhochschüler sind zufriedener.« Wieso sind Fachhochschüler zufriedener?
- »Der Kampf um das Great-Barrier-Riff.« Wieso wird um das Great-Barrier-Riff gekämpft?
- »Das Ölkartell berät sich.« Über was berät sich das Ölkartell?

In Lehrbüchern findet man oft Überschriften *ohne* Kontextbezug, zum Beispiel:

- »Einleitung«
- »Grundlagen«
- »Aufbau und Gliederung«
- »Schnelleinstieg«

| Wenn Sie als Autor eine Lerneinheit verfassen, dann fällt Ihnen oft am Anfang keine treffende Überschrift ein. Verschieben Sie die Formulierung der Überschrift auf später. Schreiben Sie zunächst Ihre Lerneinheit und überlegen Sie dann erst, welches die geeignete Überschrift ist. | Tipp |

Wie schwierig es oft ist, eine passende Überschrift für einen Artikel zu finden, sieht man an Zeitungsverlagen. Dort gibt es oft spezielle Redakteure, die nur die Aufgabe haben, treffende Überschriften für bereits formulierte Artikel zu finden.

| Überschriften sollten – soweit sinnvoll möglich – einen **Kontextbezug** zum behandelten Lernstoff besitzen. Ausnahmen sind »Aufbau und Gliederung« und ähnliches. Es sollte aber nicht vor jeder Lerneinheit das Buch- bzw. Kursthema wieder- | Empfehlung |

holt werden wie »Java – Einführung«, »Java-Kontrollstrukturen« usw.

Zwischen folgenden Alternativen kann gewählt werden:

- Formulierung der Überschrift in **Frageform**, um neugierig zu machen.

Beispiele
- »Was ist Wissenschaft?«
- »Wie zitiert man fremde Quellen?«
- »Wie schreibt man verständlich?«
- »Wie läuft's? Den Projektfortschritt aktualisieren«
- »Wie sicher ist mein Passwort?«
- »Komplexität – Wie berechenbar ist die Welt?«

- **Fachliche Formulierung**, d. h. die Überschrift benennt den Lerngegenstand.

Beispiele
- »Forschungsmethoden«
- »Wissenschaftlicher Schreibstil«
- »Arten wissenschaftlicher Arbeiten«
- »Präsentationsmedien und Technik«

- Die Überschrift enthält eine **inhaltliche Aussage**.

Beispiele
- »Den Überblick behalten: Berichtswesen«
- »Nach der Pflicht die Kür: Strukturierung und Formatierung«
- »Vererbung – Wiederverwendung ist Trumpf«
- »Der Moderator – die Faszination in Person«
- »Mathematische Logik: Denken in Wahrheitswerten«
- »Beweisverfahren: Die Kunst des logischen Folgerns«
- »Mengenlehre: Die quantitative Ordnung der Welt«
- »Relationen und Funktionen: Alles hängt zusammen«
- »Analyse und Entwurf – die fachliche und die technische Lösung«
- »Generalisierungsstrukturen – entdecke Gemeinsamkeiten«
- »Der Einstieg – dieser Anfang ist leicht«
- »Entwurfsmuster – das Rad nicht immer neu erfinden«

- Die Überschrift enthält einen **persönlichen Bezug** zum Lernenden.

Beispiele
- »Wie setzen wir unser Geld richtig ein?«
- »Wie führe ich mein Unternehmen?«

Frage: Welchen Stil für eine Überschrift würden Sie bevorzugen?

Antwort: Welchen Stil man bevorzugt, hängt sicher von den individuellen Präferenzen ab. Generell dürfte es aber schwierig sein, alle Überschriften in Frageform oder mit persönlichem Bezug zu

2.2 Die Überschrift – Kernaussage in Kurzform *

formulieren. Am häufigsten wird daher sicher die fachliche Formulierung gewählt, da sie durchgängig verwendet werden kann. Wünschenswert sind sicher Überschriften mit inhaltlicher Aussage, da sich der Lernende bereits mit Lesen der Überschrift die Aussage einprägt.

Sollte ein Stil durchgängig verwendet werden? Welche Vor- und Nachteile hat die Verwendung eines Stils? *Frage*

Für einen durchgängigen Stil spricht folgender Vorteil: *Antwort*

+ Der Lernende gewöhnt sich an den Stil.

Dem steht folgender Nachteil gegenüber:

− Es besteht die Gefahr der Monotonie.

Eine Überschrift sollte …
- wenn möglich eine inhaltliche Aussage enthalten, denn durch die Wiederholung und Vertiefung dieser Aussage in der Lerneinheit wird der Inhalt nachhaltig im Gedächtnis verankert (siehe »Wiederholung – Vom Trampelpfad zur Autobahn«, S. 149).
- im Stil variiert werden, denn dadurch wird dem Lernenden eine gewisse Abwechslung geboten und der Langeweile und Ermüdung des Lernenden wird vorgebeugt (siehe »Abwechslung – den Geist aktiv halten«, S. 174).

In [RCC15, S. 43] werden für sogenannte Informationsleser folgende Vorschläge für Überschriften gemacht:

»Die Überschrift
- ist in 1,5 Sekunden erfassbar (in der Regel fünf Wörter).
- beinhaltet nach Möglichkeit ein Keyword aus der Suchwortliste der Leser.
- macht neugierig durch einen Trigger (starke Verben oder Reizwörter).
- enthält eine pointierte These, ein klares (Service-)Angebot oder eine Frage.
- beachtet die Subjekt-Prädikat-Objekt-Reihenfolge.
- gibt keine Rätsel auf.
- verspricht Unterhaltung/Spannung, Nutzen, Vorsprung oder Vertrauen.
- geht vorsichtig mit Wortspielen um (Wortspiele enthalten selten Suchwörter).
- lässt sich nicht mit ›Na und?‹ beantworten.
- benutzt bildhafte statt abstrakte Wörter.«

2.3 Die Kurzfassung – die Essenz der Lerneinheit *

Eine Lerneinheit sollte im Zeitungsstil geschrieben werden. Nach der Überschrift wird die Essenz der Lerneinheit angegeben, damit Lernende, die bereits Vorwissen besitzen, sofort zur nächsten Lerneinheit »weitergehen« können. Außerdem wird durch die redundante Formulierung auf einem höheren Abstraktionsniveau das Behalten des Neuen gefördert.

Frage — Warum steht Ihrer Meinung nach bei vielen Zeitungs- und Zeitschriftenartikeln am Anfang eine Kurzfassung?

Antwort — In der Kurzfassung wird idealerweise **das Wesentliche des Artikels kompakt** wiedergegeben.

Der Leser kann durch das Lesen der Kurzfassung feststellen, ob er das Thema schon kennt. Kennt er das Thema schon, kann er sich das Lesen des Artikels »ersparen« und zum nächsten Artikel übergehen. Kennt er das Thema noch nicht, dann kann er den gesamten Artikel lesen.

Die Kurzfassung kann dem Leser aber auch zur Orientierung dienen und/oder ihn neugierig machen. Er kann die Kurzfassung aber auch zunächst zum »Browsen« oder »Herumstöbern« in der Zeitung benutzen.

Frage — Was für Vorteile hat eine Kurzfassung für Lernende am Anfang einer Lerneinheit?

Antwort — Viele Lernende haben heute auf Teilgebieten oft gute **Vorkenntnisse**. Anhand der Kurzfassung kann der Lernende feststellen, ob er den Lernstoff schon kennt. Versteht er fachlich die Kurzfassung, dann kann er direkt zur nächsten Lerneinheit »gehen«.

Empfehlung — Gegenüber Präsenzveranstaltungen besteht durch Kurzfassungen die Möglichkeit, dass Lernende mit Vorkenntnissen ein Lerngebiet **schneller durcharbeiten**. Daher sollten *allen* Lerneinheiten Kurzfassungen vorangestellt werden.

Tipp — Als Autor sollten Sie immer **zuerst den Inhalt** schreiben und dann erst die Kurzfassung. Sie werden feststellen, dass das Schreiben einer Kurzfassung mit zu den schwierigsten Aufgaben eines Autors gehört.

Frage — Was sollte inhaltlich und formal in einer Kurzfassung vorhanden sein und was *nicht*?

Antwort — Inhaltlich darf eine Kurzfassung …

- keine Vorausschau auf den kommenden Inhalt sein,

2.3 Die Kurzfassung – die Essenz der Lerneinheit *

- keine Motivation enthalten, warum der folgende Inhalt bearbeitet werden soll,
- keine neuen Aspekte einbringen (Nichtinnovativität).

Vorausschau und Motivation gehören an den Anfang des Inhaltsteils, aber nicht in die Kurzfassung.

Inhaltlich soll eine Kurzfassung ...

- die zentralen Inhalte und Zusammenhänge komprimiert wiedergeben,
- einen hohen Abstraktionsgrad besitzen,
- sich auf Wichtiges beschränken,
- sich an der Struktur der Lerneinheit orientieren.

Formal soll eine Kurzfassung ...

- kurz sein, d. h. nur aus wenigen, fortlaufenden Sätzen bestehen,
- im Einstiegssatz *nicht* die Überschrift wiederholen,
- keine Absätze enthalten,
- keine Aufzählungen enthalten,
- keine Hervorhebungen – wie halbfette Schrift – beinhalten,
- in der Regel keine Beispiele enthalten,
- keine Verweise auf Glossarbegriffe (siehe »Glossar – die Mini-Enzyklopädie«, S. 314) enthalten.

Sehen Sie sich die Kurzfassungen in diesem Buch an.   Beispiele

»Vorangestellte Zusammenfassungen lenken sicher auch die Aufmerksamkeit und führen dazu, dass die nachfolgende Information teilweise eine Wiederholung darstellt, die ebenfalls lernwirksam ist« [KlLe12, S. 57].   Empirie

Schreiben Sie die Kurzfassung so, dass ...
- Lernende, die Vorkenntnisse besitzen, nach dem Lesen der Kurzfassung die Langfassung überspringen können.
- die Essenz der Lerneinheit wiedergegeben wird, aber keine Inhaltsvorschau oder Motivation beschrieben wird.

2.4 Der Inhalt – Didaktisch Lernziele vermitteln *

Eine Lerneinheit muss fachlich korrekt, didaktisch aufbereitet, in überschaubarer Zeit durcharbeitbar sein und sollte dem Lernenden ein Erfolgserlebnis vermitteln.

Frage Wie sollte Ihrer Meinung nach der Inhalt einer Lerneinheit aufgebaut sein, um den Lernprozess optimal zu unterstützen?

Antwort Der Inhalt sollte auf den Lernenden als **Zielgruppe** und auf sein **Vorwissen** abgestimmt sein. Es ist ein Unterschied, ob eine Lerneinheit für Kinder, Schüler, für Studierende oder für Senioren, für Handwerker oder Akademiker gestaltet wird. Alter, Vorwissen, Auffassungsgabe, Aufmerksamkeitsspanne, Abstraktionsvermögen usw. sind sehr unterschiedlich.

Die **Voraussetzungen**, um die Lerneinheit zu bearbeiten, sollten angegeben sein, damit der Lernende prüfen kann, ob die Voraussetzungen für ihn erfüllt sind.   Die Inhalte müssen **fachlich richtig** sein.

Empfehlung Lassen Sie als Autor Ihre Lerneinheiten von einem anderen Fachexperten durchsehen, damit fachliche Fehler vor der Freigabe gefunden werden.

Die Darstellung der Inhalte muss **didaktisch** so **aufbereitet** sein, dass der Lernprozess (siehe »Lernen und Lehren«, S. 91) bzw. der Aufbau eines mentalen, d.h. eines geistigen Modells beim Lernenden möglichst optimal unterstützt wird.

Es gibt verschiedene Methoden, einen **Lehrstoff** didaktisch aufzubereiten, siehe »Didaktische Gestaltungsprinzipien«, S. 147.

Verständlichkeit Damit die Lehrtexte **optimal verständlich** sind, sind folgende Regeln zu beachten [KlLe12, S. 66] (siehe »Der Schreibstil – gut lesbar, verständlich und anschaulich«, S. 251):

- Die Formulierungen müssen *einfach* sein, insbesondere bezogen auf die Wortwahl und den Satzbau.
- Die Texte müssen klar *gegliedert* und *übersichtlich* sein mittels Absätzen und strukturierenden Vor- wie Rückverweisen.
- Die Formulierungen sollen möglichst *kurz* und *prägnant* sein.
- Die Texte sollen *belebende Elemente* enthalten wie Beispiele, Fragen, Scherze usw.

Frage Wie umfangreich sollte Ihrer Meinung nach der Umfang einer Lerneinheit sowohl in Seiten als auch in der Durcharbeitungszeit sein?

2.4 Der Inhalt – Didaktisch Lernziele vermitteln *

Eigene Erfahrungen haben gezeigt, dass Lernende lieber kurze Lerneinheiten in überschaubarer Zeit durcharbeiten als umfangreiche Lerneinheiten, für die viel Zeit benötigt wird. Haben sie eine Lerneinheit erfolgreich durchgearbeitet, dann sind sie motiviert, die nächste Lerneinheit »in Angriff« zu nehmen.

Eine Lerneinheit soll **auf wenigen Seiten** einen – wenn möglich – **abgeschlossenen Lernstoff** vermitteln und dem Lernenden zu einem **Erfolgserlebnis** verhelfen: Er hat nach der Durcharbeitung ein Konzept verstanden, kann eine beschriebene Handlungsfolge nachvollziehen usw.

Wenn möglich, sollte unter Beachtung dieser Kriterien – abgeschlossener Lernstoff mit Erfolgserlebnis auf wenigen Seiten – eine Lerneinheit in **5 bis 30 Minuten** durcharbeitbar sein.

Aber: Eine Lerneinheit darf *nicht* nur aus wenigen Zeilen Text bestehen – die oben aufgeführten Kriterien sind dann *nicht* zu erfüllen.

Antwort

Wie kann man einen Lernstoff spannend darbieten?

Frage

Man kann am Anfang ein Problem beschreiben und darauf hinweisen, dass am Ende der Lerneinheit gezeigt wird, wie das Problem gelöst wird (siehe »Spannung erzeugen«, S. 242).

Antwort

> **Der Inhalt einer Lerneinheit soll ...**
> - fachlich richtig sein,
> - didaktisch gut strukturiert sein,
> - von der Textformulierung optimal verständlich sein,
> - einen abgeschlossenen Lernstoff vermitteln,
> - dem Lernenden zu einem Erfolgserlebnis (Aha-Erlebnis) verhelfen,
> - im Umfang überschaubar sein,
> - im Durchschnitt in 5 bis 30 Minuten durcharbeitbar sein,
> - spannend aufgebaut sein.

Am Anfang einer Lerneinheit sollten Sie als Autor den Lernenden **motivieren**, sich mit dem Lernstoff auseinanderzusetzen.

»Die beste Planung nützt nichts, wenn Sie nicht mit der Realität verglichen wird. Ihre Aufgabe muss es daher sein, Ihren Arbeitsfortschritt in den einzelnen Vorgängen mit den geplanten Zeiten zu vergleichen. Als Minimum müssen Sie Soll und Ist der Meilensteine überprüfen. Seien Sie ehrlich zu sich selbst. Wenn Sie feststellen, dass Sie hinter Ihrer Planung sind, dann müssen Sie überlegen, woran dies liegt« [BSS11, S. 325] (Motivation zur Lerneinheit »Projektfortschritt kontrollieren«).

Beispiel

Ein kurzer Inhaltsüberblick bzw. eine kurze **Inhaltsvorschau** über den folgenden Lernstoff ist für den Lernenden oft hilfreich.

2 Schnelleinstieg – Aufbau von Lerneinheiten *

Beispiel »Machen Sie sich im Folgenden mit zwölf grundlegenden, wissenschaftlichen Qualitätskriterien vertraut. Dabei erfahren Sie, worauf es ankommt, wenn man hochwertige Arbeiten entwickeln und Fehlverhalten vermeiden will. Ab sofort können Sie die bewährten Kriterien an Ihre eigenen Arbeiten anlegen und daraus Nutzen ziehen, im Studium, bei Ihren Arbeiten und langfristig im Beruf: [...]« [BSS11, S. 15] (Überblick über das Thema Wissenschaftsethik: Qualitätskriterien).

Erfahrungsgemäß erleichtern **Beispiele** vielen Lernenden das Erfassen des Lernstoffs (siehe »Beispiele – Regeln erkennen«, S. 223). Da manche Lernende zunächst nur den Text, andere zunächst nur die Beispiele lesen, sollten Beispiele **optisch** vom restlichen Text abgehoben bzw. **hervorgehoben** und evtl. durch »Beispiel« gekennzeichnet werden.

Analogien Vielen Lernenden hilft es, wenn der neue Lernstoff mit bereits Bekanntem verglichen wird. Durch **Analogien** kann neues Wissen schneller verstanden und behalten werden (siehe »Verstehen fördern und erleichtern«, S. 209).

Beispiel Anschauliche Analogien werden in dem Buch »Vom Plagiator zur Hure – Die Reise einer Münze durch das Römische Reich« beschrieben [Ange12] (Übrigens: Ein sehr empfehlenswertes, lehrreiches und spannendes Buch, das zeigt, wie Analogien »gewinnbringend« eingesetzt werden):

- ○ »Trotz aller Unterschiede kann man sich ein gewisses Bild vom römischen Straßenverkehr machen, wenn man ihn mit dem heutigen vergleicht: Lastwagen (Ochsenkarren), Kleinwagen (Karren), Busse (Kutschen), Motorräder (Reiter), Fahrräder (Reiter auf Maultieren) und zahllose Fußgänger. Die Sohle ist immer noch das am weitesten verbreitete Transportmittel der Römerzeit« [a. a. O., S. 203].
- ○ »Rom gilt aufgrund seiner Wolkenkratzer als das New York der Antike, seine Rotlichtviertel erinnern ans heutige Amsterdam, die riesigen Armenviertel an Kalkutta, die Feste und gigantischen, dem Maracana ebenbürtigen Stadien (Kolosseum und Circus Maximus) an Rio de Janeiro, seine großen Museen an Paris – Parallelen wie diese ließen sich noch zahlreicher ziehen. Keine heutige Stadt kann all dies auf einmal bieten« [a. a. O., S. 290].

Metaphern Unter einer **Metapher** versteht man den Gebrauch eines Wortes oder Bildes im übertragenen Sinne.

Beispiele
- ○ »Finanzkrise: Banken müssen ›Testament‹ machen – Auch Deutsche Bank
  NEW YORK (dpa-AFX) – Ein ›Testament‹ für Banken soll die Vereinigten Staaten vor einer neuerlichen Finanzkrise schüt-

2.4 Der Inhalt – Didaktisch Lernziele vermitteln *

zen. Neun Großbanken haben auf Anweisung der US-Finanzmarktregulierer detaillierte Pläne ausgearbeitet, wie sie im Falle ihres eigenen Versagens möglichst schnell und schonend abgewickelt werden können. Auch die Deutsche Bank musste sich Gedanken über ihr Ende machen. [...]« (Quelle: News bei Comdirect am 4.7.2012, 11:17.)

○ Der Informatik-Begriff »*Data Mining*« ist vergleichbar dem Bergbau: Nur wird keine Kohle (oder andere Rohstoffe) zutage gefördert, sondern »Daten«, die an der Oberfläche nicht sichtbar sind.

Wenn etwas Neues mit etwas Bekanntem verglichen wird, dann fällt der Lerntransfer leichter. — *Vergleiche*

Ein Smartphone kann mit einem Schweizer Messer verglichen werden. Die Vielseitigkeit des Smartphones wird dabei durch den Vergleich deutlich. — *Beispiel*

Damit Lernende selbstständig weitere Inhalte finden können, sind interne und externe Verweise auf zusätzlichen Lernstoff hilfreich (siehe »Orientierung – Inhalte schnell finden«, S. 163). — *Verweise*

»Bombardieren« Sie Lernende – besonders am Anfang eines Lehrbuches oder Kurses – *nicht* mit historischen Details, die Lernende zu diesem Zeitpunkt noch nicht verstehen können. Packen Sie solche Details in spätere Lerneinheiten, wenn die Voraussetzungen geschaffen sind, dass die Lernenden den Inhalt begreifen.

In dem Buch »Das HTML/XHTML Buch« [Hero02, S. 1] beginnt die Seite 1 des 1. Kapitels wie folgt: — *Beispiel*
»Nachfolgend werden die Meilensteine der verschiedenen HTML-Versionen kurz vorgestellt:
HTML 1.0
Die erste Version von HTML entstand Anfang der 1990er und war im Vergleich zu den heutigen Versionen noch sehr spartanisch ausgelegt.
HTML 2.0
Ende des Jahres 1995 wurde HTML 2.0 als [...]
HTML 3.2
Diese Version wurde [...]«

Zu diesem Zeitpunkt war in dem Buch noch nicht einmal erklärt worden, was HTML eigentlich ist. Eine solche Information über die Entstehung von HTML gehört in eine spätere Lerneinheit!

Zur Vertiefung siehe: »Rezeptive Wissensarten – Ideen für die Inhaltsdarbietung«, S. 190.

■ »[Es] gibt [.] in der Gegenwart wenig Forschung darüber, wie Lehrkräfte ihre Information zweckmäßig *anordnen* oder *sequenzieren* sollten« [KlLe12, S. 67]. — *Empirie*

- »Bei der Gestaltung von Lehrtexten spielt die sogenannte Kohärenz oder der rote Faden eine wichtige Rolle. Gemeint sind damit Hilfen, die den Fluss der Gedankenführung verdeutlichen, etwa durch Verweise vor und zurück, durch Überleitungen und Zwischenbilanzen, Zusammenfassungen und dergleichen mehr« [KlLe12, S. 67].
- Um das Arbeitsgedächtnis (siehe »Lernen – die Sicht der Lernenden«, S. 94) *nicht* übermäßig zu belasten, ist der Lehrstoff in kleinere Einheiten aufzuteilen oder zu partionieren, die nach und nach zu erarbeiten sind [KlLe12, S. 63].
- »Das Arbeitsgedächtnis wird ferner durch vor- und nachgestellte Übersichten entlastet« [KlLe12, S. 63].
- »Eine weitere Möglichkeit [das Arbeitsgedächtnis] zu entlasten besteht darin, detailreichere Komplexe, wenn sie verstanden worden sind, unter einem gemeinsamen Dach zu vereinen, einem Stichwort oder Oberbegriff (›Superzeichen‹), sodass es in der Folge genügt, das Stichwort zu nennen, um den umfangreichen Komplex mit einbezogen zu haben« (Schemabildung) [KlLe12, S. 63].

Der Aufbau einer Lerneinheit soll ...
- die Zielgruppe benennen (wenn nicht für den Kurs/das Buch allgemein festgelegt),
- die benötigten Vorkenntnisse bzw. das benötigte Vorwissen angeben (wenn nicht für den Kurs/das Buch allgemein festgelegt),
- am Anfang eine Motivation für den Lernenden enthalten, die Lerneinheit durchzuarbeiten,
- am Anfang eine (Inhalts-)Übersicht oder Inhaltsvorschau besitzen,
- anhand von Beispielen, Analogien und Metaphern die Inhalte veranschaulichen.

2.5 Anrede – ich, Sie, wir, man, es, Mann/Frau *

Lernende können in folgenden Formen angesprochen werden: Ich-Form, m.E.-Form, Sie-Form, Du-Form, Wir-Form, Man-Form, Passiv-Form, Es-Form. Je nach Anrede-Situation sind folgende Formen zu empfehlen: Ich-Form, Sie-Form, Man-Form, Passiv-Form, Es-Form. Ob ein Autor geschlechterneutrale Formulierungen der Verwendung des generischen Maskulinums (konservative Form) vorzieht, muss er selbst entscheiden. Zu beachten ist, dass Lesbarkeit und Verständlichkeit *nicht* leiden sollten.

Beim Schreiben Ihrer Lerneinheiten stehen Sie immer vor der Frage, wie Sie Ihre Lernenden anreden sollen.

Versetzen Sie sich in die Lage eines Lernenden und überlegen Sie, welche der folgenden Anreden Sie für sich am geeignetsten halten würden:

- Ich-Form: Ich habe mit dem Experiment nachgewiesen, dass ...
- m.E.-Form: Mit dem Experiment ist m. E. [für meines Erachtens] nachgewiesen, dass ...
- Sie-Form: Wie Sie sehen, konnte mit dem Experiment nachgewiesen werden, dass ...
- Du-Form: Wie du siehst, konnte mit dem Experiment nachgewiesen werden, dass ...
- Wir-Form: Wie wir sehen, konnten wir mit dem Experiment nachweisen, dass ... Wir konnten mit dem Experiment nachweisen, dass ...
- Man-Form: Mit dem Experiment konnte man nachweisen, dass ...
- Passiv-Form: Mit dem Experiment konnte nachgewiesen werden, dass ...
- Es-Form: Es konnte mit dem Experiment nachgewiesen werden, dass ...

Sie werden vielleicht sagen, es kommt darauf an. So sehe ich es auch:

- **Ich-Form**: Diese subjektive, vertraute Form sollten Sie nur benutzen, wenn Sie als Autor dem Lernenden etwas Persönliches mitteilen möchten.

Beispiel

»Ich habe dieses Buch für Autoren geschrieben, die auf ihrem Gebiet Experten sind und ...« (siehe »Vorab einige persönliche Bemerkungen«, S. v).

- **m.E.-Form**: Diese umständliche Form halte ich für ein Lehrbuch für *ungeeignet*.

- **Sie-Form**: Diese Form sollten Sie *nur* benutzen, wenn Sie den Lernenden als Autor direkt ansprechen wollen und ihn evtl. zu einer Aktion auffordern wollen. Aber: Lernende reagieren positiv darauf, wenn sie als Individuum angesprochen werden.

Beispiele
- »Was verstehen Sie unter Didaktik und wofür ist Didaktik gut?«
- »Analysieren Sie den Zeitschriftenartikel der Abb. 3.1.1 auf seine Bestandteile.«

- **Du-Form**: Für Lehrbücher und E-Learning-Kurse, die sich an Erwachsene richten, völlig *ungeeignet*, auch wenn Firmen wie Apple und Ikea alle mit »Du« anreden, weil sie offensichtlich glauben, sich damit ein jugendliches Image zu geben (Ich fühle mich damit *nicht* richtig angesprochen – sondern eher ausgegrenzt: Hier sollen nur Jugendliche kaufen!). Sind Lehrbücher und E-Learning-Kurse für eine jugendliche Zielgruppe bestimmt, bei der die Du-Anrede üblich ist, dann kann sie natürlich auch verwendet werden, wenn Sie als Autor die Lernenden direkt ansprechen wollen (siehe auch »Die Zielgruppe – Maßstab für Inhalt und Didaktik«, S. 276).
- **Wir-Form**: Bei der Wir-Form sind verschiedene Alternativen zu unterscheiden:
  - Wenn Sie mit mehreren Autoren ein Lehrbuch oder einen E-Learning-Kurs schreiben, dann entspricht die Wir-Form der Ich-Form.
  - Mit der Wir-Form können Sie jedoch auch meinen: ich als Autor zusammen mit dem Lernenden. Dieses Gemeinschafts-Wir wirkt lehrerhaft und anbiedernd. Ich verwende es *nicht*.
- **Man-Form**: Der Man-Stil ist nüchtern und sachlich, aber unpersönlich. Er wirkt objektiv, aber auch trocken und amtlich. Sie werden feststellen, dass ich diesen Stil oft verwende, obwohl eine direkte Ansprache mit »Sie« persönlicher wäre, aber auf die Dauer auch »aufdringlich« wirkt.

Beispiele
Vergleichen Sie:
- Was kann man aus einem Zeitschriftenartikel lernen?
- Was können Sie aus einem Zeitschriftenartikel lernen?
- In Lehrbüchern findet man oft Überschriften ohne Kontextbezug.
- In Lehrbüchern finden Sie oft Überschriften ohne Kontextbezug.

Das zweite Beispiel zeigt auch, dass die Sie-Form nicht unbedingt richtig ist, da der Lernende vielleicht keine Überschriften ohne Kontextbezug findet oder kennt. Die neutrale Man-Form stimmt dagegen.

2.5 Anrede – ich, Sie, wir, man, es, Mann/Frau *

- **Passiv-Form**: Gut geeignet, wenn Aussagen *nicht* selbst vom Autor stammen oder neutral gehalten werden sollen.   *Beispiele*
  - Die empirisch orientierte Psychologie konnte dies nicht bestätigen.
  - Der Leser kann durch das Lesen der Kurzfassung feststellen, ob er das Thema schon kennt.
  - Durch Analogien kann neues Wissen schneller verstanden und behalten werden.

- **Es-Form**: anonyme Form, die nüchtern und distanziert wirkt. Auf die Dauer geht einem das »Es« auf die Nerven.   *Beispiele*
  - Es gibt eine Vielzahl von Studien, die sich mit Lernstrategien und dem Lernen aus der Sicht des Lernenden befassen.
  - Es wird zwischen einer Allgemeinen Didaktik und Fachdidaktiken unterschieden.

Durch den Selbstreferenz-Effekt »erhöht sich die Behaltensleistung, wenn Informationen in Bezug zum eigenen Selbst gebracht werden können [...], beispielsweise indem Lernende persönlich angesprochen werden« [Rey09, S. 85].   *Empirie*

Verwenden Sie ...
- je nach Situation den geeigneten Anrede-Stil,
- die **Man-Form**, wenn Sie nüchtern, sachlich und objektiv informieren wollen,
- die **Sie-Form**, wenn Sie den Lernenden persönlich ansprechen oder zu einer Aktion auffordern wollen,
- die **Ich-Form**, wenn Sie etwas Persönliches von sich erzählen wollen,
- die **Passiv-** oder **Es-Form**, wenn Aussagen *nicht* von Ihnen stammen oder neutral gehalten werden sollen.

Wenn Sie mit mehreren Autoren zusammenarbeiten, achten Sie darauf, sich auf eine einheitliche Anrede-Strategie im Vorfeld zu einigen.   *Hinweis*

Seit einigen Jahren schreibt die Politik für den öffentlichen Dienst, wie Behörden und Hochschulen, vor, Texte **geschlechterneutral** bzw. geschlechtsneutral *(gender balance)* zu formulieren.   *Mann/Frau*

»Der Prüfungsausschuss besteht aus der Vorsitzenden oder dem Vorsitzenden, deren Stellvertreterin bzw. deren Stellvertreter oder dessen Stellvertreterin bzw. dessen Stellvertreter, zwei weiteren Lehrenden im Studienprogramm Wirtschaftsinformatik, einer Angehörigen oder einem Angehörigen der Gruppe der akademischen Mitarbeiterinnen und Mitarbeiter (§ 11 Abs. 1 Nr. 2 HG), zwei Studierenden des Fachbereichs Informatik der Fachhoch-   *Beispiel* schule Dortmund.« (Auszug aus der Bachelor-Prüfungsordnung (BPO) für Wirtschaftsinformatik der FH Dortmund, Formatierung leicht verändert).

Für Sie als Autor gelten diese Vorschriften *nicht*. Es gibt Argumente für das geschlechterneutrale Formulieren und Argumente dagegen.

Pro   **Pro: Frauen sichtbar machen durch geschlechtsneutrale bzw. geschlechtergerechte Formulierungen**

- Wenn bei der Verwendung des generischen Maskulinums (durchgängig männliche Formen) von einem Autor die Rede ist, wie stellen Sie sich dann den Autor vor? Sehen Sie einen Mann oder eine Frau vor Ihrem geistigen Auge? Was sehen Sie? Durch die Verwendung des generischen Maskulinums wird der Satz missverständlich.
- Sprache schafft Bilder in unseren Köpfen. »Die Sprache zwingt uns, in bestimmten Formen zu denken, zu fühlen und sogar wahrzunehmen« [Rein91, S. 22].
- Viele Menschen halten es für unakzeptabel, dass Frauen bei der Verwendung des generischen Maskulinums stets nur »mit-gemeint« sind. Entspannter wäre die Situation vielleicht, wenn in manchen Veröffentlichungen durchgängig die männliche Form und in etwa gleich vielen Veröffentlichungen die weibliche Form (generisches Femininum) verwendet würde (wobei dann Männer »mit-gemeint« wären). Das Problem der Uneindeutigkeit wäre dadurch aber *nicht* gelöst.
- Die Partei »Die Grünen« schlagen für ihre Parteitagsanträge den Gender-Star als neutrale Sprachform vor, die Frauen, Lesben, Schwule, Bisexuelle, transgender, trans- und intersexuelle Personen (LSBTTI) eine Sichtbarkeit verschaffen sollen, z. B. Anhänger*innen, Gegner*innen [Agen15].

Contra   **Contra: Generisches Maskulinum statt geschlechtsneutrale Formen verwenden, Lesbarkeit sicherstellen**

Frage   Wie lautet die geschlechtsneutrale Formulierung des folgenden Satzes? »Für das Experiment wurden die Teilnehmer in drei Gruppen eingeteilt, die von jeweils einem Interviewer befragt wurden.«

Antwort   Eine geschlechtsneutrale Formulierung könnte lauten: »Für das Experiment wurden die Teilnehmer/innen in drei Gruppen eingeteilt, die von jeweils einem/einer Interviewer/in befragt wurden.«

- Die Texte werden länger und schwerer verständlich. Der Autor eines Lehrbuchs oder E-Learning-Kurses sollte sich lieber auf seine Inhalte konzentrieren und seinen Aufwand nicht daran vergeuden, Texte geschlechterneutral zu formulieren, was u. U. zu schwierigen Umformulierungen führt.

2.5 Anrede – ich, Sie, wir, man, es, Mann/Frau *

- »Dabei ist die Lösung des Problems doch so einfach! Rede ich von ›dem Leser‹, meine ich ja keinen *Mann*, sondern einen *Menschen*, und der ist nun einmal im deutschen grammatikalisch männlich. Selbstverständlich ist mit ›dem Leser‹ der männliche *und* der weibliche Leser gemeint. Und so ist es auch im täglichen Leben. Sagt jemand: ›Ich muss zum Arzt‹, wird doch niemand ausschließen, daß sein Arzt eine Frau ist« [Rech06, S. 146].
- Es gibt kaum Bücher, in denen eine geschlechterneutrale Formulierung vorgenommen wurde. Der Aufwand von Nicht-Autoren, eine geschlechterneutrale Formulierung vorzunehmen, wird massiv unterschätzt.
- Es handelt sich um eine Pseudo-Emanzipation, die auch von vielen Frauen abgelehnt wird. Die Politik sollte lieber dafür sorgen, dass für gleiche Arbeit gleicher Lohn gezahlt wird.

Hier noch einige Hinweise: *Alternativen*

- Splitting-Formen verbessern die Lesbarkeit der Texte *nicht*: Die Verwendung von Binnenmajuskeln (AutorIn, LeserIn) ist nach dem Duden falsch. Schrägstriche verbessern die Lesbarkeit auch nicht: der/die Autor/-in, der/die Leser/-in. Was in Klammern steht, könnte weggelassen werden: der Autor (die Autorin), die Leserin (der Leser).
- In kurzen Sätzen kann man aber Doppelformen (Paarformen) verwenden, ohne dass die Lesbarkeit leidet (»Schaffen Sie sich als Autorin oder Autor eine angenehme Schreibatmosphäre«).
- Manchmal kann man unpersönliche Begriffe wählen (Betreuung statt Betreuer oder Betreuerin), neutrale Formulierungen (Studentenschaft, Versuchsgruppe, Mitarbeiterschaft), substantivierte Partizipien (die Lernenden) oder alternative, gleichwertige Bezeichnungen (z. B. Experte statt Fach*mann*).
- Für andere Begriffe gibt es geschlechtsspezifische Bezeichnungen (Kauffrau und Kaufmann).
- Wenn es sich ausschließlich um Frauen handelt, bietet es sich an, das Geschlecht auch explizit zu nennen.

Als Autor dieses Buches habe ich mich für das generische Maskulinum entschieden, da für mich gute Lesbarkeit und optimale Verständlichkeit die höchste Priorität in einem Lehrbuch bzw. E-Learning-Kurs haben. Generell bin ich der Meinung, dass die Politik die Finger von der deutschen Sprache lassen sollte. Politiker haben offenbar keine Ahnung davon, was es bedeutete, nach der deutschen Rechtschreibreform 2004 alle Bücher in einer neuen Auflage auf die neue deutsche Rechtschreibung umzustellen. Ich war unmittelbar davon betroffen und habe Wochen dazu gebraucht, alle meine Bücher umzustellen. Auch fragt man sich bei-

Meine Entscheidung

spielsweise, was die Umstellung von »daß« auf »da*ss*« für einen Vorteil brachte. Jemand der »da*s*« und »da*ß*« semantisch nicht unterscheiden kann, hat mit der neuen deutschen Rechtschreibung weiterhin dasselbe Problem. Aus einem Interview der ZEIT mit Hans Zehetmair, der seit 2004 den Rat für deutsche Rechtschreibung leitet: »ZEIT: ›War es überhaupt schlau von der Politik, sich der Rechtschreibung anzunehmen?‹ Zehetmair: ›Nein, das sollte nie wieder vorkommen, die Lektion haben alle gelernt. Und auch für den Rechtschreibrat gilt, dass wir nichts verordnen können.‹« (Quelle: DIE ZEIT, Nr. 31, 30.7.2015, S. 59). Solche Einsichten wünscht man sich vorher.

Ihre Entscheidung — Treffen Sie gleich am Anfang eine Entscheidung, wie Sie es mit der Geschlechterneutralität halten wollen, da Änderungen später sehr aufwendig sind.

Weiterführende Literatur — [Prev13, S. 110–114], [Rech06, S. 143–146], [BSS11, S. 239–246]

2.6 Zwischenüberschriften – Strukturieren der Inhalte *

Durch Zwischenüberschriften können längere Textpassagen in kurze, thematisch zusammenhängende Textpassagen aufgeteilt werden. Der Lernende erhält auf einem mittleren Abstraktionsniveau durch die Zwischenüberschriften einen Überblick über den Lernstoff. Zusätzlich können Listendarstellungen, Hervorhebungen und Abschnitte einen Text strukturieren.

Wozu dienen die Zwischenüberschriften in dem Artikel der Abb. 2.6-1. Frage

Durch die Zwischenüberschriften wird der Artikel **optisch** strukturiert. Ohne die Zwischenüberschriften wäre eine »Textwüste« entstanden. Antwort

Die Zwischenüberschriften **gliedern den Inhalt** des Artikels. Sie liefern wichtige Stichworte für den folgenden Textabschnitt. Sie bieten Redundanz und fördern dadurch ein besseres Einprägen des Inhalts.

In dem Artikel der Abb. 2.6-1 sind die Zwischenüberschriften in **Frageform** formuliert. Dadurch wird der Leser dazu motiviert, über die Fragestellung nachzudenken und wird neugierig, bevor er weiter liest.

»[Zwischenüberschriften] determinieren weitgehend, worauf die Lernenden achten und was sie später wiedergeben können [...] Es zeigte sich ganz deutlich bei den Blickfixationen und den Blickbewegungen, dass die Überschriften erheblich die Aufmerksamkeit der Lernenden auf sich zogen, und zwar in mehrfacher Hinsicht. [...] Überschriften, die Lehrtexte gliedern und die Thematik kennzeichnen, haben also eine wichtige Orientierungsfunktion für das Lernen« [KlLe12, S. 59 f.]. Empirie

Zwischenüberschriften dienen …
- vor dem Lesen der Lerneinheit: »als Vorschau zum Generieren von Vorverständnis;
- während des Lesens: gleichsam als Landkarte zur groben Orientierung;
- nach dem Lesen: als grafische Zusammenfassung zur Wiederholung, Auffrischung und Einspeicherung« [Dago09, S. 71].

»**Der Langtext**
- arbeitet mit Zwischenüberschriften, die gespannt auf das Folgende machen oder einen Ausblick geben. [...]
- unterteilt sich in Text-Häppchen à 1.000 Anschläge, 40 Sekunden. [...]

Deutsche Erwachsene werden immer dicker

Neue Studie zur Gesundheit Erwachsener: Die wichtigsten Fragen und Antworten im Überblick

Von Daniel Freudenreich

Berlin. Die Deutschen machen heute mehr Sport als noch vor 14 Jahren. Doch dies wirkt sich noch nicht positiv auf den Gesundheitszustand der Bevölkerung aus. Immer mehr Bürger sind fettleibig und leiden unter Diabetes. Psychische Probleme und Schlafstörungen kommen hinzu, wie aus der „Studie zur Gesundheit Erwachsener in Deutschland" (DEGS) hervorgeht.

Werden die Deutschen immer dicker?
Der Anteil der Übergewichtigen hat sich in Deutschland im Vergleich zu 1998 nicht nennenswert geändert. 67,1 Prozent der Männer und 53 Prozent der Frauen haben überflüssige Pfunde auf den Rippen. Allerdings gibt es immer mehr fettleibige Menschen. Bei den Männern ist der Anteil von 18,9 auf 23,3 Prozent gestiegen, bei den Frauen von 22,5 auf 23,9 Prozent. „Besorgniserregend ist, dass sich die Gruppe der Adipösen insbesondere im jungen Erwachsenenalter weiter vergrößert hat", sagte Bärbel-Maria Kurth vom Robert-Koch-Institut.

Ab wann gilt man als übergewichtig und fettleibig?
Ab einem Body-Mass-Index (BMI) von mindestens 25 beziehungsweise 30 Kilogramm je Quadratmeter. Errechnen kann man das, indem man sein Gewicht (in Kilo) durch die Körpergröße mal Körpergröße (jeweils in Metern) teilt.

Wie steht es um die Zuckerkrankheit?
Immer mehr Menschen leiden in Deutschland unter Diabetes mellitus. Sie wurde bei 7,2 Prozent aller 18- bis 79-Jährigen diagnostiziert. Das ist eine Zunahme von rund zwei Prozentpunkten. Besonders stark war der Anstieg bei Männern ab 70 Jahren, bei Frauen unter 40 und bei Fettleibigen.

Wie erkenne ich Diabetes mellitus?
Die wichtigsten Signale sind: starker Durst, vermehrtes Wasserlassen, Müdigkeit, Heißhunger, Leistungsabfall, Gewichtsabnahme, Muskelkrämpfe, Juckreiz, Sehstörungen, schlecht heilende Wunden und Infektionsanfälligkeit.

Treiben die Deutschen genug Sport?
Offenbar nicht, obwohl 51,7 Prozent aller Männer und 49,5 Prozent der Frauen mindestens einmal pro Woche Sport treiben: Ein Anstieg um 14,1 bei Männern und 16 Prozentpunkten bei Frauen. Allerdings verausgabt sich nur jeder Vierte und jede Siebente pro Woche mindestens zweieinhalb Stunden, wie es die WHO empfiehlt.

Gibt es heute mehr Depressive als noch vor 14 Jahren?
Dazu liefert die Studie zwar keine konkreten Vergleichszahlen. „Es gibt aber Hinweise darauf, dass bei jüngeren die Wahrscheinlichkeit einer psychischen Störung zunimmt", sagt Hans-Ulrich Wittchen, der die Umfrage mit leitete. Demnach berichteten 8,1 Prozent der Befragten von aktuellen Symptomen einer Depression. Davon sind vor allem Menschen betroffen, die in der Gesellschaft finanziell und vom sozialen Status her weiter unten stehen: 13,6 Prozent.

Können die Bürger noch ruhig durchschlafen?
Bei weitem nicht alle. 26,5 Prozent der Befragten leiden mindestens dreimal in der Woche unter Schlafstörungen, wobei dies stärker die Frauen betrifft. Dieses Problem nimmt mit dem Alter zu. So kann mehr als jeder Dritte unter den 70- bis 79-Jährigen nicht mehr richtig schlafen.

Abb. 2.6-1: Beispiel für einen Zeitungsartikel mit Zwischenüberschriften (Quelle: Westfälische Rundschau, 15.6.2012, Tagesrundschau).

- arbeitet mit Bildunterschriften, mit Grafiken, mit Info-Kästen etc." [RCC15, S. 45 f.]

Frage Welche weiteren Möglichkeiten fallen Ihnen ein, einen Text zu strukturieren?

2.6 Zwischenüberschriften – Strukturieren der Inhalte *

Antwort

Lassen sich inhaltliche Aussagen in eine Rangfolge bringen, dann kann dies durch eine **geordnete Liste** ausgedrückt werden, z. B.

1 ...
2 ...
3 ...

Ungeordnete Aufzählungen können durch Aufzählungszeichen gekennzeichnet werden, z. B. durch einen Spiegelstrich oder ein Quadrat:

– Spiegelstrich
■ Quadrat

Lassen sich **Aufzählungen hierarchisch** gliedern, dann können geordnete und ungeordnete Aufzählungen durch Einrückungen oder unterschiedliche Symbole gekennzeichnet werden, z. B.

1 ...
   a ...
   b ...
   c ...
2 ...
3 ...

oder wie in diesem Buch:

■ ...
□ ...
○ ...

Besondere Bedeutungen können duch spezielle Symbole gekennzeichnet werden, z. B.

+ Vorteil
– Nachteil

Texte können außerdem durch **Einrückungen** oder **Abstände** (wie in diesem Buch) zwischen Absätzen strukturiert werden.

Hervorhebungen im Text können durch **halbfette** oder *kursive* Schrift erfolgen – <u>Unterstreichungen</u> sollten *nicht* vorgenommen werden (stammen aus der Schreibmaschinenzeit).

Aber: Übertreiben Sie es nicht mit den zusätzlichen Strukturierungen – zuviel davon macht das Schriftbild unruhig.

2.7 Visualisierung – die Kunst der Veranschaulichung *

Lerninhalte sollen durch Visualisierungen anschaulich vermittelt werden. Es lassen sich vier Arten unterscheiden: ergänzende, Verständnis unterstützende, notwendige und ersetzende Visualisierungen.

»Nichts darf gelehrt werden auf Grund bloßer Autorität, sondern alles dadurch, daß es den Sinnen und dem Verstand vorgeführt wird.«
Johann Amos Comenius 1592–1670

»Begriffe ohne Anschauung sind blind«
Immanuel Kant, Kritik der reinen Vernunft, 1781

Frage Welche Vorstellung haben Sie, wenn Sie den folgenden Text gelesen haben?

»Mit Management ist immer auch Macht verbunden. Interessant ist, dass diejenigen, die den Willen zur Macht haben, Vorteile gegenüber denjenigen haben, die nur leistungsbereit sind [...]. Der US-Psychologe McClelland nennt folgende Faustregel: Zwei Drittel der Power-People, nur ein Drittel der Leistungsmotivierten schafft's in die obere Hälfte (zitiert nach [Focu06a, S. 99])« [Balz08, S. 12].

Antwort Wenn Sie die Abb. 2.7-1 ansehen, dann wird Ihnen die Aussage sicher leichter verständlich.

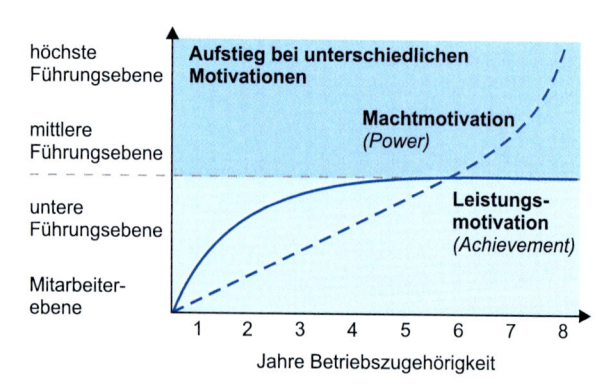

Abb. 2.7-1: Wer den Willen zur Macht hat, hat Vorteile gegenüber den nur Leistungsbereiten (Quelle: Focus 28/06, S. 99).

Unter **Visualisierung** versteht man das Sichtbarmachen von sprachlich schwierig zu formulierenden Zusammenhängen durch visuelle Medien. Ziel ist es, dem Lernenden das Erfassen des Lernstoffs zu erleichtern (siehe »Verstehen fördern und erleichtern«, S. 209, und »Abwechslung durch alternative Darstellungsformen«, S. 204).

2.7 Visualisierung – die Kunst der Veranschaulichung *

»Texte dagegen können sich auch dem Nicht-Sichtbaren widmen, auf sich selbst Bezug nehmen, etwas verneinen, als möglich oder irreal darstellen (Konjunktiv-Verwendung)« [Rein15, S. 48].

Einschränkung

Einsatzbereiche

Aus didaktischer Sicht lassen sich vier Arten unterscheiden:

- **Ergänzende Visualisierungen**: Unterstützen die sprachliche Darstellung, sind aber nicht wesentlich für das Verständnis notwendig. Dienen eher zur Einstimmung in das Thema (siehe »Emotionale Einstimmung – Fotos, Illustrationen«, S. 40).

Ein Softwareingenieur benötigt ein Drittel seiner Zeit für projektfremde Aktivitäten, ein Drittel für mündliche Aktivitäten und ein Drittel seiner Zeit für ruhige, konzentrierte Aktivitäten (Abb. 2.7-2) [GrCa87].

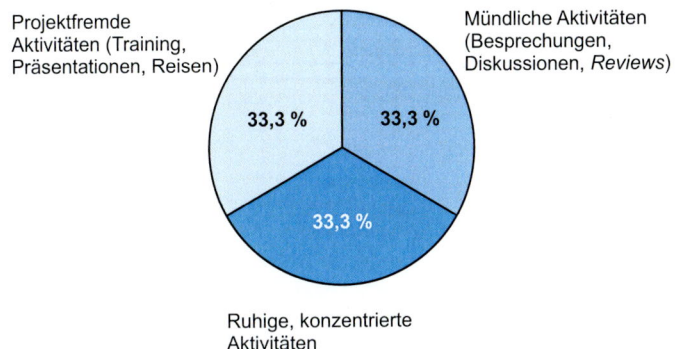

Beispiel

Abb. 2.7-2: Zeitaufteilung eines Software-Ingenieurs [GrCa87, S. 37].

- **Verständnisunterstützende Visualisierungen**: Tragen wesentlich dazu bei, dem Lernenden das Verständnis zu erleichtern.

»In der weiteren Betrachtung wird das Modell zunächst um den Sektor Staat ergänzt und mit den Sektor Ausland vervollständigt. Es handelt sich nach der letzten Erweiterung um eine offene Wirtschaft mit staatlicher Aktivität. [...] Eine Übersicht des erweiterten Wirtschaftskreislaufes gibt die Abb. 2.7-3« [OsWi08, S. 28 f.].

Beispiel

- **Notwendige Visualisierungen**: Ohne Visualisierungen ist der Lehrstoff nicht zu verstehen.

»Ähnlich funktioniert es nicht nur beim Sehen, sondern auch beim Hören. Auch hier existiert eine Reizschwelle, die überschritten werden muss, bevor das Ohr die Signale empfindet. Und auch hier existiert eine Schwelle, jenseits der Schmerzen empfunden werden. Abb. 2.7-4 zeigt, wo diese beiden Schwellen

Beispiel

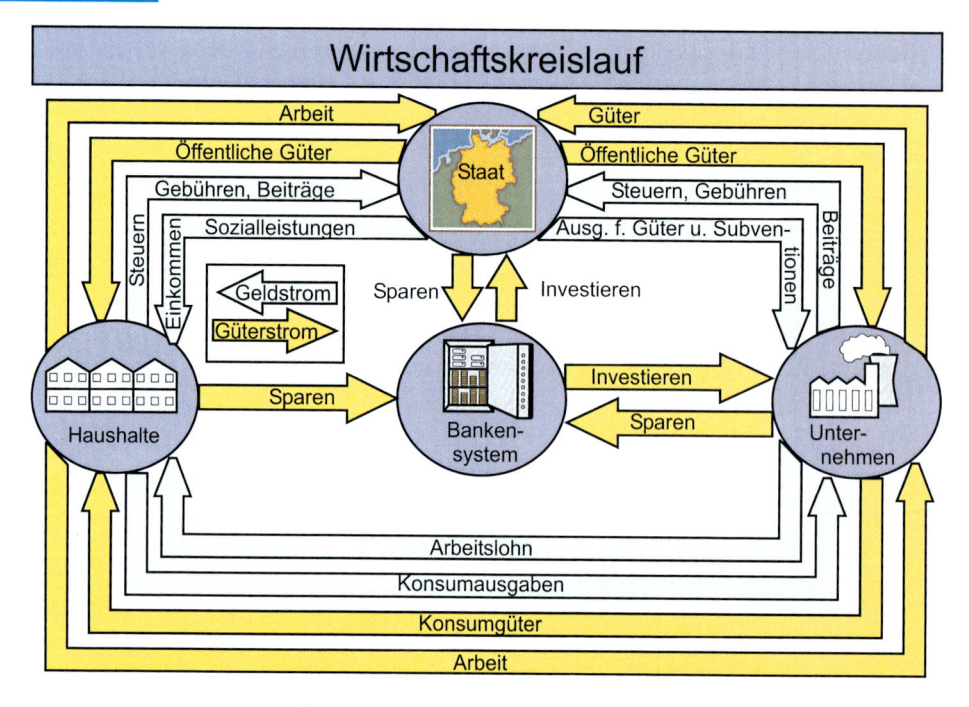

Abb. 2.7-3: Übersicht Viersektorenmodell.

liegen. Die grüne Linie gibt die Ruhehörschwelle an. Jedes Schallereignis, das leiser ist als diese Schwelle, wird vom menschlichen Gehör nicht registriert. Interessant an der Linie ist ihre Formgebung: offensichtlich ist die Wahrnehmung im mittleren Frequenzbereich von 0.5 bis 5 kHz besonders gut. Die Erklärung dafür finden Sie im gelben Bereich in der Mitte der Abbildung. Besonders gut wird in dem Frequenzbereich gehört, in dem auch die menschliche Sprache liegt. Die Evolution lässt grüßen. Im Bereich von 120 bis 130 dB befindet sich die Schmerzgrenze. Hier werden die Rezeptoren des Ohres so stark beansprucht, dass sie uns schmerzen und Gefahr laufen, dauerhaft geschädigt zu werden« [Eibl11, S. 88 f.].

Beispiel Alle Vierbeiner treten beim Galopp mit dem linken Hinterbein vor, gefolgt vom linken Vorderbein. Anschließend setzen sie das rechte Hinterbein vor. Darauf folgt das rechte Vorderbein. Dann ist wieder die linke Seite an der Reihe. Die Abb. 2.7-5 visualisiert diese Gangart bei Pferden.

- **Ersetzende Visualisierungen**: Anstelle einer sprachlichen Darstellung wird eine visualisierte Darstellung geboten.

Beispiel Die Abb. 2.7-6 zeigt eine Reihe wichtiger »Kreativitätsförderer« [Schr08, S. 55 f.]

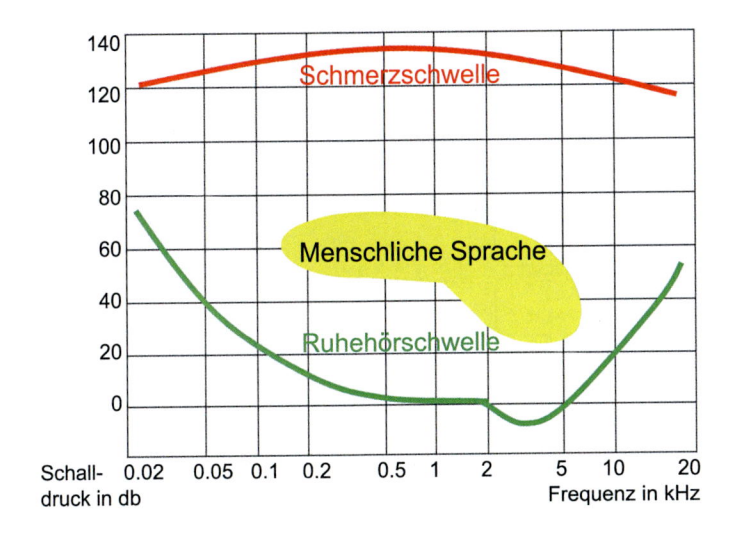

2.7 Visualisierung – die Kunst der Veranschaulichung *

Abb. 2.7-4: Bereich der Wahrnehmung akustischer Informationen.

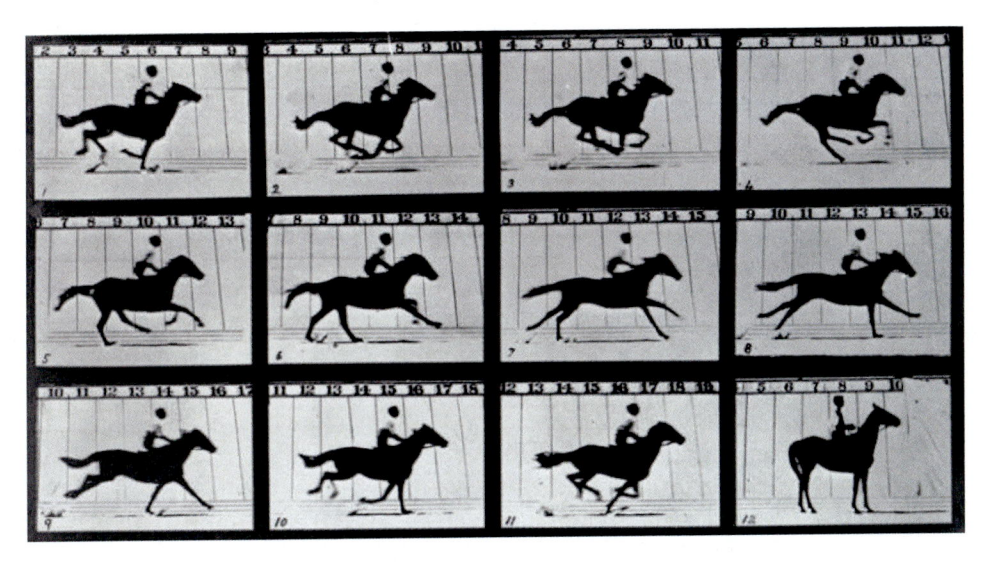

Abb. 2.7-5: Fotosequenz des Pferdegalopps (1878 fotografiert von E. Muybridge).

In [LAC87] (zitiert nach [Lehn09, S. 152]) wird bezogen auf die Lernwirksamkeit von Bildern folgende Klassifikation vorgenommen:

Andere Klassifikation

- **Abbildungsfunktion**: Etwas im Text Beschriebenes wird abgebildet.
- **Organisationsfunktion**: Einen Text strukturieren bzw. zusammenfassen.
- **Interpretationsfunktion**: Einen Text erklären.

Abb. 2.7-6: Kreativitätsförderer.

- **Verwandlungsfunktion**: Bilder dienen als Gedächtnisstütze.

Bilder, die die ersten drei Funktionen erfüllen, besitzen eine vergleichbar hohe Lernwirksamkeit. Bilder, die eine Verwandlungsfunktion bewirken, fördern das Behalten in deutlich höherem Maße.

Überlegen Sie sich Beispiele für eine Abbildungs-, eine Organisations-, eine Interpretations- und eine Verwandlungsfunktion.

Noch eine Klassifikation
Es lassen sich darstellende und logische Bilder unterscheiden [Oest08]. Besteht zwischen dem abgebildeten Gegenstand und der Darstellung eine Ähnlichkeit, dann handelt es sich um ein **darstellendes Bild** bzw. gegenständliches Bild. »[...] kennzeichnend für darstellende Bilder ist, dass sie räumlich-körperliche Gegenstände räumlich ähnlich repräsentieren. Diese Ähnlichkeit kann natürlich mehr oder weniger ausgeprägt sein« [Oest08, S. 6]. Wenn abstrakte Sachverhalte schematisch dargestellt werden, d. h., es werden keine sichtbaren Objekte abgebildet, dann spricht man auch von **logischen Bildern** [KlLe12, S. 65]. Sie können auch nicht-räumliche Gegenstände und Eigenschaften zeigen und sind gut dazu geeignet, qualitative und quantitative Beziehungen darzustellen.

Frage
Welche Arten von visuellen Medien kennen Sie – für Lehrbücher und für E-Learning?

2.7 Visualisierung – die Kunst der Veranschaulichung *

Für Lehrbücher lassen sich folgende visuelle Medien unterscheiden:

Antwort

- **Grafiken** (Schaubild) und **Bilder** untergliedert in:
  - **Diagramme** (grafische Darstellung von Informationen und Sachverhalten) untergliedert in:
    - Achsendiagramme: Zeigen die Zusammenhänge zwischen voneinander abhängigen Werten in einem Koordinatensystem.
    - Mengendiagramme: Veranschaulichen die Beziehungen von Mengen zueinander.
    - Graphen: Zeigen die Zusammenhänge von Objekten und deren Beziehungen untereinander.
  - **Illustration**: künstlerische, bildliche Erläuterung.
  - **Zeichnung**: Eine zeichnerische, am Strich orientierte Darstellung, mit dem Spezialfall:
    - Technische Zeichnung: maßstäbliche Darstellungen.
- **Fotos**
- **Tabellen**: listenartig geordnete Zusammenstellung von Texten oder Daten.
- **Bildschirmabzüge**

Für E-Learning-Kurse kommen audiovisuelle Medien hinzu:

- **Dynamische Medien** untergliedert in:
  - Audio: Darbietung von Inhalten durch gesprochene Sprache, Musik, Geräusche u.ä. (siehe »Audio – Sprache und Ton einsetzen«, S. 349).
  - Audioclip (nur Ton oder kombiniert mit einem Standbild oder wechselnden Bildern): kurze Audiosequenz.
  - Video: Reihe von einzelnen Bildern, die mit einer bestimmten Geschwindigkeit nacheinander abgespielt werden, oft kombiniert mit Audio (siehe »Video – Bewegung darstellen«, S. 355).
  - Videoclip: kurze audiovisuelle Sequenz
  - Animationen: **Multimedial** aufbereitete Inhalte, die in einem zeitlichen Ablauf dem Lernenden präsentiert werden (siehe »Animation – Vorgänge zum Leben erwecken«, S. 367).
  - Simulationen: Nachahmung von (technischen) Vorgängen in Form eines multimedialen und/oder eines interaktiven Modells (siehe »Simulation und Mikrowelt: Aktiv Erfahrungen sammeln«, S. 387).

Gestaltungsregeln

- »Visualisierungen müssen einen Bezug zum Thema bzw. zum Kommunikationsziel haben« [Oest08, S. 26].
- »Gestalte die Visualisierung so, dass sie den Betrachtenden keine unnötigen Schwierigkeiten bei der kognitiven Verarbeitung bereitet« [Oest08, S. 27].

- »Gute Bilder und Grafiken sollten vor allem relevant und problemadäquat sein, informativ und ehrlich. Alles andere ist zweitrangig« [Oest08, S. 28].
- Jede Abbildung und Tabelle sollte im Text referenziert werden, damit der Bezug zum Text klar erkennbar ist. In einem Lehrbuch kann es durch den Buchsatz vorkommen, dass eine Abbildung oder eine Tabelle erst auf der nächsten Seite zu sehen ist.
- Abbildungen und Tabellen sollten im Text in der Regel »vorwärts« referenziert werden, d. h. die Abbildungen und Tabellen sollen erst erscheinen, wenn der Text mit der Referenz dazu gelesen ist. Sonst sieht der Lernende bereits eine Abbildung oder eine Tabelle, obwohl im Text noch nicht auf sie verwiesen wurde.
- Zu jeder Abbildung und zu jeder Tabelle gehören eine Beschriftung und eine Abbildungs- bzw. Tabellennummer – Ausnahme: motivierende Bilder (siehe »Emotionale Einstimmung – Fotos, Illustrationen«, S. 40).
- Zu zitierten Daten in Tabellen und Diagrammen gehört eine Quellenangabe.
- Wenn Sie Visualisierungen unverändert aus fremden Quellen oder dem Internet übernehmen, dann benötigen Sie u. U. dazu das schriftliche Einverständnis der Urheber. Dies gilt auch für Bildschirmabzüge von Webseiten (siehe »Urheberrechte beachten«, S. 465).
- Aufeinander bezogene textliche und bildliche Informationen sollen in räumlicher Nähe zueinander dargeboten werden (räumliches Kontiguitäts-Prinzip, Abb. 2.7-7, siehe auch »Multimedia – Lerneinheiten multimedial gestalten«, S. 343). Der Lernende muss sonst zwischen Text und Visualisierung hin und her springen, was zu einer irrelevanten kognitiven Belastung führt [Rey09, S. 96].

Das Buch »Orbis sensualium pictus« (Die sichtbare Welt in Bildern) von Johann Amos Comenius (1592–1670, siehe Marginalspalte[1]) gilt als das erste europäische Schulbuch. 150 Holzschnitte visualisieren die Texte. Durch Nummerierungen werden Bilder und Texte miteinander verknüpft (Abb. 2.7-8). Die Bilderklärungen sind in deutscher und lateinischer Sprache angegeben.

Wenn Sie als Autor *keine* Möglichkeit haben, einen professionellen Grafiker mit der Erstellung von Grafiken zu beauftragen, dann halten Sie Ihre selbst erstellten Grafiken möglichst einfach (keine 3D-Effekte, keine Illustrationen) – siehe auch »Grafiken, Bilder und Bildschirmabzüge erstellen«, S. 485.

---

[1] Quelle: BBF Bibliothek für Bildungsgeschichtliche Forschung

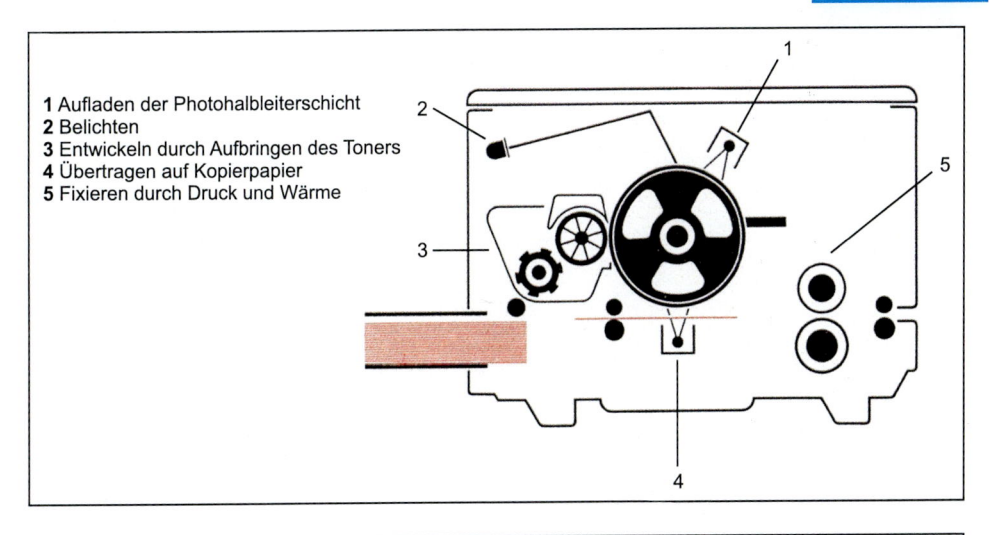

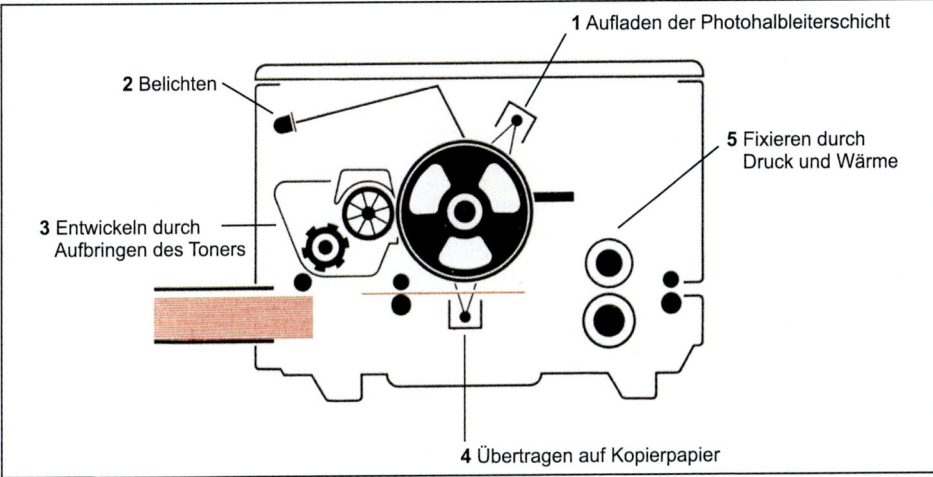

2.7 Visualisierung – die Kunst der Veranschaulichung *

Abb. 2.7-7: Schematischer Aufbau eines Kopiergerätes und die wichtigsten Kopierschritte [Thom86, S. 265], oben mit Textbeschriftung am Rand, unten integriert (räumliches Kontiguitäts-Prinzip eingehalten).

- Bilder bieten im Vergleich zu Texten einen Behaltensvorteil (Bildüberlegenheitseffekt) [Rey09, S. 19 f.].   Empirie
- »Die Information eines Bildes muss für den Betrachter neu, aber auch verständlich sein, damit es zum Lernen taugt« [Schn06] zitiert nach [Rein15, S. 46].
- »Es ist für das Lernen von Vorteil, wenn über mehrere Sinneskanäle Informationen auf das schon immer eigenaktive Gehirn treffen, das diese unterschiedlichen Arten von Informationen in sich verarbeitet und neue Bedeutungen konstruiert« [Terh09, S. 152 f.]

Abb. 2.7-8: Bereits 1658 wurden durch Nummerierungen Bild- und Textelemente in einem Schulbuch miteinander verknüpft (Quelle: Orbis sensualium pictus von Johann Amos Comenius, 1658, S. 18).

- »[...] das Lernen mit Bildern [ist] schon deshalb erfolgreicher als das Lernen aus Lehrtexten, weil Bilder doppelt codiert werden, nämlich piktoral *und* verbal« [KlLe12, S. 63].
- »Texte mit Bildern sind im Allgemeinen beliebter als Texte ohne Bilder, und farbige Bilder werden den schwarz-weißen vorgezogen [...] In jedem Fall ist die aufmerksamkeitslenkende Funktion von Bildern empirisch gut belegt. [...] Lernwirksamer sind [farbige Bilder] aber nur, wenn die Farbe Information trägt« [KlLe12, S. 64, 68].
- »Realistische Bilder bringen nicht selten ein zu viel an Information [...]« [KlLe12, S. 65].
- »[Bei Text-Bild-Kombinationen ist] darauf zu achten, den Text einerseits sehr klar zu formulieren und andererseits auf die relevanten Partien des Bildes zu verweisen« [KlLe12, S. 65].

2.7 Visualisierung – die Kunst der Veranschaulichung *

- Um den Effekt der geteilten Aufmerksamkeit *(split attention effect)* zu vermeiden, sollen multiple Informationsquellen physikalisch integriert werden, z. B. durch Beschriftungen in unmittelbarer Nähe zu wichtigen Bildelementen [Rey09, S. 94].
- »Bringt man erst den Text mit seinen Erläuterungen und danach das Bild, so ist das mitunter günstiger, als umgekehrt zu verfahren und das Bild voranzustellen. [...] Im ersteren Fall müssen die Lernenden sich selbst zunächst ein mentales Modell anhand der Beschreibung konstruieren, das dann durch die Abbildung bestätigt oder modifiziert wird« ([KlLe12, S. 65], [Rey09, S. 96]).
- Damit logische Bilder verstanden werden, ist es notwendig, entweder nur grafische Elemente zu verwenden, die von den Lernenden eindeutig interpretiert werden können, oder die Bedeutung der Elemente klar darzulegen, z. B. in einer zugehörigen Legende [KlLe12, S. 65].
- Bei logischen Bildern kommen vertikale Darstellungsformen von Teil-Ganzes-Relationen, Klasse-Element-Relationen und konditionale bzw. kausale Beziehungen besser an als in horizontalen Darstellungsformen, insbesondere wenn die allgemeineren Begriffe oben stehen. Überladene Schemata mit einer Fülle von Beziehungen zwischen den einzelnen Elementen sind nicht hilfreich [KlLe12, S. 65].

Inhalte visualisieren
- Vermeiden Sie »Textwüsten«, indem Sie sprachliche Darstellungen – wann immer möglich – durch Visualisierungen ersetzen.
- Wandeln Sie ergänzende Visualisierungen in ersetzende Visualisierungen um, indem Sie die dazugehörige sprachliche Beschreibung streichen.
- Aber: Visualisieren Sie nur, was wichtig und relevant ist. Zu viele Grafiken und Bilder verwirren.

Stellen Sie den Lernenden die Aufgabe, Inhalte als Grafiken darzustellen. Untersuchungen haben ergeben, dass die Verstehens- und die Behaltensleistungen – im Vergleich zu einer anderen Art der Repräsentation – dadurch deutlich besser werden [KlLe12, S. 66].

Hinweis

Bei der Gestaltung von Visualisierungen sollten die bereits 1938 erstmalig formulierten **Gestaltgesetze** (Gesetz der Nähe, Gesetz der Ähnlichkeit, Gesetz der Geschlossenheit bzw. Gesetz der guten Gestalt, Gesetz der guten Fortsetzung, Gesetz des gemeinsamen Schicksals) beachtet werden, siehe z. B. [Balz01, S. 616–624].

[Oest08]

Literatur

2.8 Emotionale Einstimmung – Fotos, Illustrationen *

Motivierende Bilder – ob Fotos oder Illustrationen –, die Assoziationen zum behandelten Lernstoff herstellen, ermöglichen es dem Lernenden, sich emotional auf das Thema einzustellen.

Frage Was assoziieren Sie mit der Abb. 2.8-1?

Abb. 2.8-1: Beispiel für ein Foto zur Einstimmung auf ein Thema.

Antwort Ihnen fallen sicher spontan folgende Begriffe zu dem Foto ein: Internet, Urlaub, Paradies, weltweites Internet. Wenn Sie also eine Lerneinheit über das weltweite Internet verfassen und positive Assoziationen mit dem Internet verknüpfen wollen, dann ist dieses Foto für eine emotionale Einstimmung gut geeignet.

Im Folgenden werden einige Beispiele für Fotos und Illustrationen zur emotionalen Einstimmung gezeigt und die Überschriften der zugehörigen Lerneinheiten angegeben. Diese Beispiele mögen Ihnen als Anregungen für eigene Ideen dienen.

Folgende Fotos und Illustrationen lassen sich in den »normalen« Text integrieren:

- »Das Eingehen auf die Umwelt« (Abb. 2.8-2) [Hoff07, S. 100]
- »Informationsverarbeitung« (Abb. 2.8-3) [Hoff07, S. 163]
- »Aktives Zuhören« (Abb. 2.8-4) [Mott09, S. 67]
- »Sequenzielle Suche« (Abb. 2.8-5) [Meye12, S. 71]
- »Branch-and-Bound-Verfahren« (Abb. 2.8-6) [Meye12, S. 405]

2.8 Emotionale Einstimmung – Fotos, Illustrationen *

Abb. 2.8-2: Auf andere eingehen.

Abb. 2.8-3: In der Stofffülle versinken?

Bei den folgenden Beispielen handelt es sich um Fotos und Illustrationen, die in der Marginalspalte angeordnet werden können (Abb. 2.8-7):
- »Ziele setzen«: [Hoff07, S. 77]
- »Sortieren durch direktes Einfügen« [HQW06, S. 111].
- »Zeit gewinnen durch ›Nein sagen‹« [Hoff07, S. 193]
- »*Text Mining*« [HQW06, S. 4]
- »Viren und Co.« [Pogu10, S. 168]

Abb. 2.8-4: Aktives Zuhören ist manchmal gar nicht so einfach.

Abb. 2.8-5: Illustration zur linearen Suche.

Abb. 2.8-6: Ein klassisches Rucksackproblem: Welche Gegenstände kommen mit?

2.8 Emotionale Einstimmung – Fotos, Illustrationen *

- »Checkliste gegen Lampenfieber« [BSS11, S. 400]
- »Störfaktoren während der Präsentation« [Mott09, S. 105]
- »Die Kunst der kreativen Ideenfindung« [Schr08, S. 9]
- »Umkehrmethode«: siehe Marginalspalte [Schr08, S. 226]

Abb. 2.8-7: 1. Zeile von links nach rechts: Ziele setzen, Sortieren durch direktes Einfügen, Zeit gewinnen durch Nein-Sagen, Text Mining, 2. Zeile: Viren und Co., Checkliste gegen Lampenfieber, Störfaktoren während der Präsentation, Die Kunst der kreativen Ideenfindung.

In Lehrbüchern wird in der Regel darauf geachtet, dass die Seitenanzahl nicht unnötig durch zu große emotionale Fotos erhöht wird. Daher eignen sich insbesondere kleine Fotos, Illustrationen, Piktogramme und Logos für eine Platzierung in der Marginalspalte.

Wird im Text auf Personen Bezug genommen, dann sollten – wenn möglich – Fotos von diesen Personen in der Marginalspalte parallel zum entsprechenden Text angeordnet werden (Abb. 2.8-8).

Abb. 2.8-8: Von links nach rechts: Aristoteles (Foto: Marie-Lan Nguyen), Archimedes, Albert Einstein 1921 (Foto: Ferdinand Schmutzer), F. A. Porsche.

Hinweis

Lassen Sie sich von lebenden Personen ein Foto mit der Erlaubnis zur Veröffentlichung zur Verfügung stellen. In der Regel werden sie dies gern tun. Bei allen anderen Fotos oder Illustrationen müssen Sie die Erlaubnis einholen und die Quelle angeben. Wenn Sie selbst Fotos von Personen erstellen, lassen Sie sich schriftlich die Genehmigung zur Veröffentlichung geben (siehe »Urheberrechte beachten«, S. 465).

Fotos kaufen Wenn sie selbst keine Fotos oder Illustrationen zur Verfügung haben, dann können Sie in Bilddatenbanken nach entsprechenden Bildern recherchieren und diese kaufen. Achten Sie darauf, dass Sie lizenzfreie Bilder kaufen *(Royalty Free)*, damit Sie für die Veröffentlichung keine Lizenzen bezahlen müssen (siehe auch »Urheberrechte beachten«, S. 465). Bilder können Sie heute bereits für unter einem Euro erwerben. Empfehlenswerte Bilddatenbanken sind zum Beispiel:

- Photocase (http://www.photocase.de/)
- iStockphoto (http://www.istockphoto.com)
- Fotolia (http://www.fotolia.com)
- shutterstock (http://www.shutterstock.com)
- pixelio (http://www.pixelio.de/)
- ClipDealer (http://de.clipdealer.com/)

Beispiele Die Abb. 2.8-9 zeigt Beispiele für zugekaufte Fotos.

Abb. 2.8-9: Beispiele für zugekaufte Fotos.

Tipp In der Regel ist es für Sie kostengünstiger, ein professionelles Bild zu kaufen, als ein Bild selbst zu machen, abgesehen von speziellen Themen, die in den Bilddatenbanken nicht vorhanden sind.

2.8 Emotionale Einstimmung – Fotos, Illustrationen *

Mit passenden Bildern Assoziationen erwecken
- Stimmen Sie die Lernenden durch Fotos und Illustrationen auf das behandelte Thema ein.
- Wählen Sie Bilder, die Assoziationen zum Thema herstellen.
- Nutzen Sie die Marginalspalte für kleine Bilder.
- Aber: Übertreiben Sie es nicht. Ein Bild pro Lerneinheit ist meist schon ausreichend. Und: Nicht immer gibt es passende Bilder. Lieber kein Bild, als ein Bild, das falsche Assoziationen erweckt.
- Motivierende Bilder haben normalerweise keine Beschreibung und keine Abbildungsnummer.

- Aus der Gehirnforschung gibt es folgende Aussage zum Lernen: *Empirie*
»Bei der Neustrukturierung von internen Strukturen spielen Kognitionen, Emotionen und Motivationen eine gleich wichtige Rolle. Lernen ist in sofern ein ganzheitlicher Prozess« [Terh09, S. 153].
- Nutzen Sie die Neigung des Menschen zur Verknüpfung von Vorstellungen *(association bias)*:
»Unser Hirn ist eine Verknüpfungsmaschine. [...] Die Werbung verknüpft Produkte mit positiven Emotionen. Darum werden sie nie Coca-Cola in Verbindung mit einem unzufriedenen Gesicht oder einem alten Körper sehen. Die Coca-Cola-Menschen sind jung, sie sind schön und sie haben unglaublich viel Spaß. Der *Association Bias* beeinträchtigt die Qualität unserer Entscheidungen« [Dobe11, S. 198].

In der Wochenzeitung DIE ZEIT füllten 1995 Bilder 25 Prozent des redaktionellen Raums aus. 2005 waren es bereits 29 Prozent, 2015 sind es 35 Prozent. »Fotos wirken unstrittiger, unmittelbarer, stärker auch als jeder Text. Ein Bild scheint keine Abwägung zuzulassen, so wenig wie ein Blick durchs Schlüsselloch« [CHS15, S. 14].

[Rey09, S. 98 ff.] *Weiterführende Literatur*

2.9 Merkeboxen – Wesentliches kompakt **

Merkeboxen bzw. Merkekästen stellen Wichtiges einer Lerneinheit in anderer Strukturierung und auf einem anderen Abstraktionsniveau – als in der Lerneinheit selbst – zusammengefasst und redundant dar und dienen dem Lernenden zur Wiederholung.

Frage Sehen Sie sich den Zeitungsartikel der Abb. 2.9-1 an. Wofür wird die Box »Das geplante Abkommen« verwendet?

Antwort In der Box »Das geplante Abkommen« wird auf den Kontext des Artikels und auf das Wesentliche zu dem Artikel in kompakter Form eingegangen.

Frage Welche anderen Einsatzzwecke für solche Boxen können Sie sich vorstellen?

Antwort Mithilfe von solchen Boxen kann die Aufmerksamkeit des Lernenden auf bestimmte Fakten oder Zusammenhänge gelenkt werden. Auf Wichtiges kann hingewiesen werden.

Verwenden Sie Merkeboxen, wenn Sie …
- Fakten, die sonst in der Lerneinheit verstreut dargestellt werden, in kompakter Form den Lernenden zusätzlich präsentieren wollen.
- Informationen unter einer anderen Perspektive zusammenfassen wollen.
- die wichtigsten Lerninhalte wiederholen wollen, damit sich der Lernende sie besser einprägt (Trennung von Wichtigem und Unwichtigem).
- die Lerninhalte in abstrakterer Form wiedergeben wollen.
- zentrale Punkte des Lerninhalts betonen wollen.
- dem Lernenden eine Wiederholungsmöglichkeit für die Prüfung bieten wollen.

Empirie Aus der Gedächtnispsychologie ist bekannt, dass das Kurzzeitgedächtnis des Menschen nur über eine beschränkte Aufnahmekapazität (7 ± 2 Einheiten) und eine begrenzte Dauer ($\approx 20sec$) verfügt. Durch die **Wiederholungen** von Informationen wird die Übertragung in das Langzeitgedächtnis gefördert [Myer08, S. 386, 395] (siehe »Lernen – die Sicht der Lernenden«, S. 94, und »Wiederholung – Vom Trampelpfad zur Autobahn«, S. 149).

2.9 Merkeboxen – Wesentliches kompakt **

Steuerabkommen steht vor dem Aus

Land NRW kaufte erneut CD mit Daten von Schwarzgeldkonten in der Schweiz

Von Wilfried Goebels

Düsseldorf. Nach dem Ankauf einer neuen Steuer-CD mit brisanten Daten von 1000 vermögenden Deutschen prüft NRW nach Informationen des „Spiegel" den Erwerb von zwei weiteren Datensätzen deutscher Kunden. Das für 2013 geplante Steuerabkommen mit der Schweiz droht zu scheitern.

Für die erste Steuer-CD hat NRW 3,5 Millionen Euro bezahlt. Dabei soll es sich um Namen und Kontoverbindungen deutscher Kunden der Züricher Privatbank Coutts – einer der Tochter der Royal Bank of Scotland – handeln. Der Verdacht: Kunden mit Vermögen im zwei- und dreistelligen Millionenbereich sollen Gelder am deutschen Fiskus vorbei bei der Schweizer Bank angelegt haben. Die Privatbank spricht von „Medienspekulationen". Die Bank habe keinen Beweis, dass Kundendaten in falsche Hände geraten seien.

Das NRW-Finanzministerium wollte sich offiziell nicht zum Ankauf äußern. Am Kauf der ersten Steuer-CD sollen neben der Wuppertaler Steuerfahndung auch die Oberfinanzdirektion Köln beteiligt gewesen sein.

Mit dem erneuten Ankauf einer Steuer-CD wird das Steuerabkommen mit der Schweiz unwahrscheinlich. Das Bundesfinanzministerium war in den Ankauf offenbar nicht eingeweiht. CDU-Oppositionschef Karl-Josef Laumann warf dem NRW-Finanzminister Norbert Walter-Borjans (SPD) vor, das Abkommen als „selbst ernannter Robin Hood" zu torpedieren. Der CDU-Wirtschaftsexperte Michael Fuchs erwartet, dass die Schweizer Behörden aus „erheblicher Verärgerung" kein großes Interesse mehr an einer Zusammenarbeit mit Deutschland haben werden.

Hintergrund / Kommentar **Wirtschaft**

Das geplante Abkommen

■ Das geplante Steuerabkommen sieht vor, dass **Schwarzgeld** nachträglich mit 21 bis 41 Prozent versteuert wird.

■ Dafür verzichtet der Staat auf **strafrechtliche Verfolgung** der Steuersünder. Die Namen sollen den Behörden nicht bekannt gemacht werden. *goe*

Abb. 2.9-1: Beispiel für einen Artikel mit einer Merkebox (Quelle: Westfälische Rundschau, 10. Juli 2012, S. 1).

2.10 Marginalie – Stichwort des entsprechenden Abschnitts *

Marginalien sind Randnotizen, die in einer Marginalspalte neben einem entsprechenden Abschnitt stehen. Bei einer Marginalie kann es sich um ein Stichwort zum Inhalt, eine Inhaltsangabe, eine Frage oder eine Aussage handeln. Alternativ zu Textnotizen können auch kleine Grafiken, Fotos oder Piktogramme Abschnitte veranschaulichen oder zusätzliche Informationen geben.

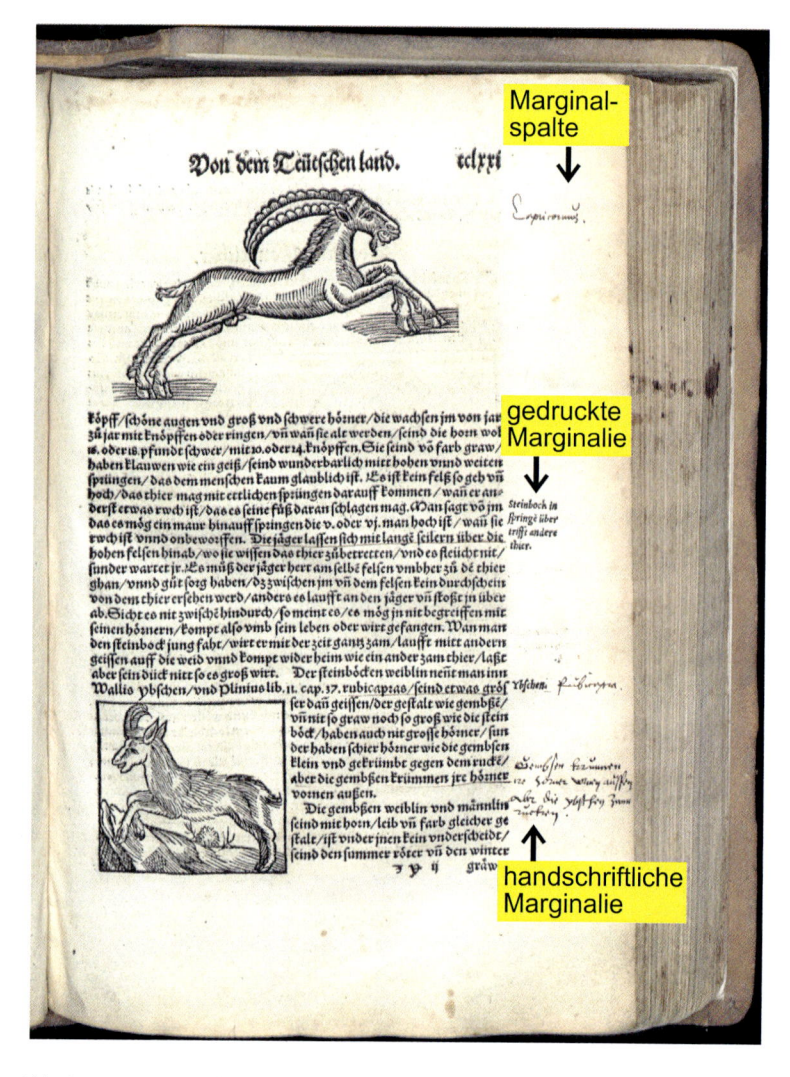

Abb. 2.10-1: Beispiel für ein Buch mit Marginalspalte und Marginalien [Müns1545, S. 271].

2.10 Marginalie – Stichwort des entsprechenden Abschnitts *

Sehen Sie sich die Abb. 2.10-1 an. Bereits in dem 1545 erschienenen Buch »Cosmographia«[2] [Müns1545] von Sebastian Münster[3] (siehe Marginalspalte) gibt es eine sogenannte Marginalspalte, in der **Marginalien**, d. h. Randnotizen, vorhanden sind. Marginalien fassen den Inhalt des jeweils nebenstehenden Abschnitts zu einer Kernaussage – in einem Wort oder in mehreren Worten – auf einem mittleren Abstraktionsniveau zusammen. Sie können eine Abschnittsüberschrift ersetzen.

Wozu sind Marginalien nützlich? Frage

Dem Lernenden helfen Marginalien wie folgt (in Anlehnung an [Dago09, S. 62 f.]): Antwort

- Vor der Beschäftigung mit dem Inhalt: Sie geben dem Lernenden einen schnellen, groben Überblick und vermitteln ihm ein grundlegendes Vorverständnis.
- Während der Beschäftigung mit dem Inhalt: Sie helfen dem Lernenden den Kerngedanken des jeweiligen Abschnitts zu erfassen.
- Nach der Beschäftigung mit dem Inhalt: Sie dienen als Gedächtnisstütze und helfen dem Lernenden bei der Erinnerung und Auffrischung der Inhalte.

Wie die Abb. 2.10-1 zeigt, können Marginalspalten auch dazu verwendet werden, sich in einem Buch handschriftliche Notizen zu den einzelnen Abschnitten zu machen. Sie stellen also Platz zur Verfügung, sich eigene Notizen zu machen.

Ein Lehrbuch mit einer Marginalspalte ermöglicht es also dem Leser, in der Marginalspalte handschriftliche Notizen anzubringen. Ein E-Learning-System sollte es ebenfalls ermöglichen, dass der Lernende individuelle Notizen zu jeder Lerneinheit erfassen kann (siehe auch »Was kann/sollte eine E-Learning-Plattform bieten?«, S. 513). In der W3L-E-Learning-Plattform ist es möglich, dass jeder Autor an beliebiger Stelle in einer Lerneinheit »Notizenboxen« (Abb. 2.10-2) einfügen kann, die es ermöglichen, dass der Lernende eigene Notizen einfügt. Jeder Lernende kann sich seine eigenen Notizen als Kursnotizen ausgeben lassen.

> Motivieren Sie Ihre Lernenden, sich eigene Notizen in der Marginalspalte bzw. in einem Notizfeld beim E-Learning zu machen. Empirische Untersuchungen haben gezeigt, dass sinngemäße Notizen zu einer tiefen Verarbeitung führen [KlLe12, S. 82] (siehe »Lernen – die Sicht der Lernenden«, S. 94). Tipp

---

[2] Versuchen Sie mal, den mittelhochdeutschen Text zu verstehen.
[3] Der Kosmograf Sebastian Münster (1488–1552) hat als Erster das Wissen der Welt in deutscher Sprache allgemein verständlich beschrieben (1544).

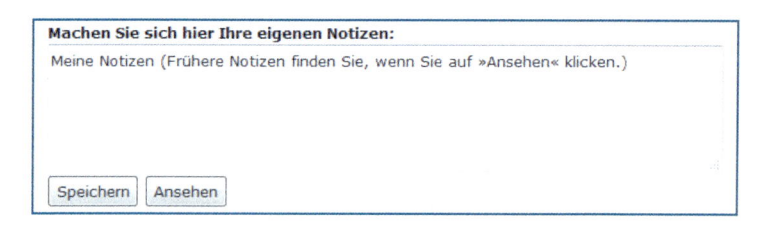

Abb. 2.10-2: Beispiel für die Eingabe von Notizen in der W3L-E-Learning-Plattform.

Formulierungen für Marginaltexte

Marginaltexte können verschieden formuliert sein:

- Stichwort zum Inhalt

Beispiel »Wissenschaftsgebiete«
Empirische Arbeiten werden im Wesentlichen in den Erfahrungswissenschaften erstellt. [...] [BSS11, S. 77].

- Inhaltsangabe

Beispiel »Terminologie«
Eine Theorie besteht aus einem Netz zusammengehöriger, logisch widerspruchsfreier Aussagen (gut bewährter Hypothesen) über einen Untersuchungsgegenstand, die zusammengenommen weitreichende Erklärungskraft hat [BSS11, S. 270].

- Frageform

Beispiel »Ich, Sie, es, man?«
Die Ich-Form in einer wissenschaftlichen Arbeit ist unüblich und in der Regel nicht erwünscht, da Schreibende »hinter der Sache« zurücktreten sollen. [...] [BSS11, S. 240].

- Aussageform

Beispiel »Leserorientiert schreiben«
Ein wesentliches Kriterium für die Verständlichkeit Ihrer Inhalte ist eine eindeutige und klare Sprache [BSS11, S. 31].

Regeln für die Marginalspalte

Regel: Im Gegensatz zu einem normalen Text Ziffern nicht in Worten, sondern als Ziffern schreiben, da man sich Ziffern leichter merkt.

- Nicht so: Drei Zeitskalen
+ Sondern so: 3 Zeitskalen

Regel: Füllwörter vermeiden bzw. durch Symbole ersetzen, um eine Konzentration auf das Wesentliche zu erreichen.

- Nicht so: Kalender und Zeitskalen
+ Sondern so: Kalender & Zeitskalen

Regel: In der Marginalspalte Abkürzungen benutzen, um die Merkbarkeit zu verbessern.

2.10 Marginalie – Stichwort des entsprechenden Abschnitts *

− Nicht so: Bürgerliches Gesetzbuch
+ Sondern so: BGB

Bilder in der Marginalspalte

Die Marginalspalte sollte *nicht* nur für textuelle Hinweise genutzt werden. Noch besser ist es, durch **Piktogramme**, Logos, Fotos usw. die Lerneinheit bzw. das Buchkapitel aufzulockern (siehe oben das Porträt des Autors Sebastian Münster). Piktogramme und Logos können insbesondere dafür benutzt werden, um auf sich wiederholende Elemente aufmerksam zu machen.

In den W3L-Lehrbüchern und W3L-E-Learning-Kursen werden standardmäßig eine Reihe von Piktogrammen zur Kennzeichnung verwendet.

○ Achtungs-Symbol, um den Lernenden auf besonders wichtige Sachverhalte hinzuweisen.

○ Gliederungs-Symbol, um den Lernenden darauf hinzuweisen, dass jetzt eine Übersicht über die untergeordneten Wissensbausteine bzw. Buchkapitel folgt.

○ Lupen-Symbol, das dem Lernenden signalisiert, dass jetzt eine Vertiefung des Sachverhalts erläutert wird, die aber übersprungen werden kann.

○ Video-Symbol, das angibt, dass eine Animation oder ein Video den Lernstoff veranschaulicht. Im Buch ist dies ein Hinweis darauf, dass im zugehörigen E-Learning-Kurs eine Animation bzw. ein Video vorhanden ist.

○ Symbol, das dem Lernenden zeigt, dass der beschriebene Sachverhalt der falsche Weg ist. In der Regel sollten keine falschen Beispiele angegeben werden. In manchen Situationen ist es aber erforderlich, auf falsche Sachverhalte hinzuweisen.

○ Übungs-Symbol, das auf eine vom Lernenden selbst durchzuführende Übung hinweist, zu der es keine Musterlösung gibt.

Die Marginalspalte ist optimal dafür geeignet, Fotos von im Text erwähnten Forschern, Wissenschaftlern usw. zu zeigen.   Fotos

Die Abb. 2.10-3 zeigt Beispiele für Personen.   Beispiele

Abb. 2.10-3: Beispiele für Personen.

Bei lebenden Personen holen Sie z. B. per E-Mail die Erlaubnis zur Veröffentlichung sowohl im Online-Kurs als auch im Buch ein und lassen Sie sich ein hoch aufgelöstes Foto zusenden (300 dpi, TIF-Format). Meiner Erfahrung nach geben die meisten dazu ihre Einwilligung.

Skizzen & Fotos
Skizzen, Bilder oder Grafiken mit Bezug zum Text sind ebenfalls gut für die Marginalspalte geeignet.

Beispiel
Wenn Sie in einem Abschnitt etwas über Geld schreiben, dann können Sie das nebenstehende Foto zur Einstimmung verwenden. Die Abb. 2.10-4 zeigt weitere Beispiele für fachliche Fotos und Illustrationen.

Abb. 2.10-4: Beispiele für fachliche Fotos und Illustrationen.

Regel
Angaben in der Marginalspalte so kompakt und so anschaulich wie möglich gestalten – zum schnellen Erfassen und Merken beim Durchstöbern.

2.11 Beispiele für Lerneinheiten – Buch und Kurs *

Die didaktischen Elemente Überschrift, Kurzfassung, Inhalt, Grafiken, motivierende Fotos und Marginalspalte mit Randnotizen lassen sich sowohl in Lehrbüchern als auch in E-Learning-Plattformen umsetzen. E-Learning-Lerneinheiten geben dem Autor mehr Gestaltungsspielräume.

Für viele Autoren ist es am Anfang schwer vorstellbar, wie eine Lerneinheit fertiggestellt als Buch oder in einer E-Learning-Plattform aussieht. Die Abb. 2.11-1 zeigt die Gestaltung einer Lerneinheit als Kapitel in einem W3L-Buch. Die charakteristischen didaktischen Elemente sind deutlich zu sehen.

Die Darstellung einer Lerneinheit in der W3L-E-Learning-Plattform zeigt die Abb. 2.11-2. Neben den bereits beschriebenen didaktischen Elementen sind in der E-Learning-Plattform weitere Elemente vorhanden, auf die hier aber noch nicht eingegangen wird. Im Unterschied zu Lehrbüchern können Lerneinheiten im E-Learning immer **farbig** gestaltet werden. Lehrbücher sind in der Regel nicht durchgängig farbig, obwohl es heute möglich ist, auch einzelne Seiten ohne übermäßigen Kostenaufwand farbig zu drucken (siehe »Was kann/sollte ein Verlag für ein Lehrbuch tun?«, S. 509). Während in Lehrbüchern jede zusätzliche Seite höhere Druckkosten verursacht, fällt die **Platzbeschränkung** bei Lerneinheiten im E-Learning weg. Im E-Learning haben Sie als Autor daher größere Gestaltungsmöglichkeiten.

2 Schnelleinstieg – Aufbau von Lerneinheiten *

14

2 Was ist eigentlich Selbst- und Zeitmanagement? * ← **Überschrift**

2.1 Effiziente Zeitnutzung *

Die meisten Menschen haben nie gelernt, effizient zu arbeiten, und so lassen sich beträchtliche Anteile von Ineffizienz und Unproduktivität im Arbeitsalltag nachweisen. Fraglich ist aber, ob ein Leben und Arbeiten nur nach Effizienzgesichtspunkten unter Ausnutzung aller verfügbaren Zeitmanagementtechniken der richtige Weg ist. ← **Kurzfassung**

Motivierendes Foto

Haben Sie eine Vorstellung davon, wie effizient Sie derzeit arbeiten?

Schätzen Sie bitte einmal auf einer Skala von 0 Prozent = völlig uneffizient bis 100 Prozent = sehr effizient (effizienter geht es nicht), wie viel Prozent Sie aus eigener Sicht im Durchschnitt erreichen. Dies soll keine mathematisch korrekte Wiedergabe sein, sondern einfach eine eigene Einschätzung – quasi aus dem Bauch heraus (Abb. 2.1-1).

Piktogramm ← **Grafik**

Abb. 2.1-1: Effizienzeinschätzung.

Wenn Sie Ihren Wert gesetzt haben, überlegen Sie doch einmal, welchen Wert bezüglich Ihrer Effizienz Ihre Kollegen und Ihnen unterstellte Mitarbeiter Ihnen zuweisen würden. Was würde Ihr Chef sagen? Würde er Ihre Effizienz höher oder niedriger einschätzen, und was bedeutet einen hohe Abweichung von Ihrer eigenen Einschätzung für Ihre Arbeitsbeziehung?

Was bedeutet der von Ihnen gesetzte Wert nun? Eigentlich sieht das Ergebnis ja gar nicht so schlecht aus, oder? Bei meinen bisherigen Seminarteilnehmern hat sich ein durchschnittlicher Wert von 73 Prozent herauskristallisiert (siehe Abb. 2.1-2).

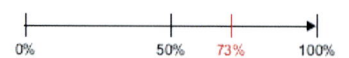

Abb. 2.1-2: Durchschnittliche Effizienzeinschätzung von Seminarteilnehmern.

Effizienz und Ineffizienz ← **Marginalspalte**

Was bedeutet dieser Wert? Immerhin: Die Meisten schätzen

Abb. 2.11-1: Beispiel für den Aufbau einer Lerneinheit in einem Lehrbuch [Hoff07].

2.11 Beispiele für Lerneinheiten – Buch und Kurs *

Abb. 2.11-2: Beispiel für den Aufbau einer Lerneinheit in der W3L-E-Learning-Plattform (Kurs: Heureka, ich hab's gefunden).

2.12 Schritt für Schritt zur 1. Lerneinheit *

Jeder Autor wird im Laufe der Zeit – in Abhängigkeit von seinen Erfahrungen – eine eigene Vorgehensweise entwickeln, um eine Lerneinheit zu erstellen. Ein systematisches Vorgehen in mehreren Schritten erleichtert einem Autor, der zum ersten Mal eine Lerneinheit erstellt, das Konzipieren und Schreiben.

Als Autor ist es zunächst schwierig, beim Konzipieren einer Lerneinheit alle aufgeführten Regeln und Vorschläge zu berücksichtigen. Sie werden daher in der Regel beim ersten Mal nicht gleich die perfekte Lerneinheit schreiben.

Zwei Situationen sind zu unterscheiden:

- Sie haben den **Lernstoff** bereits in Form von Präsenzveranstaltungen unterrichtet. In der Regel besitzen Sie dann auch bereits schriftliche Unterlagen, zum Beispiel in Form von PowerPoint-Folien, eventuell versehen mit Notizen.
- Sie müssen einen **Lehrstoff** oder Lernstoff für sich selbst neu erarbeiten.

Vorhandene Lehrerfahrungen

Wenn Sie den Lernstoff bereits in Form von Präsenzveranstaltungen vermittelt haben, dann haben Sie bereits ein mentales Modell von dem Lernstoff. Sie wissen, wie die Inhalte und die Beispiele bei den Zuhörern ankommen. Auf der Grundlage dieser Erfahrungen können Sie aus einem mündlich präsentierten Lernstoff relativ einfach eine schriftliche Lerneinheit erstellen. Aber: Für ein Lehrbuch müssen alle Inhalte »verschriftlicht« werden. Das ist oft nicht so einfach, wie man am Anfang denkt.

Empfehlung — Überdenken Sie Ihre Lehrerfahrungen und berücksichtigen Sie die Empfehlungen für den Aufbau einer Lerneinheit.

Einarbeitung in neuen Lehrstoff

Bevor Sie eine Lerneinheit schreiben, sollten Sie in der Literatur nachsehen, wie andere Autoren den Lehrstoff vermitteln, und versuchen, sich ein eigenes mentales Modell vom Lehrstoff aufzubauen:

- Wie gliedern andere Autoren den Lehrstoff?
- Welche Beispiele verwenden sie?
- Welche Analogien ziehen sie?
- Welche Grafiken und Bilder setzen sie zur Veranschaulichung ein?
- Wie beschreiben Lexika und Enzyklopädien das Thema?

2.12 Schritt für Schritt zur 1. Lerneinheit *

- In vielen Bereichen lohnt es sich, amerikanische Literatur durchzusehen, da amerikanische Autoren oft einen »lockeren« und motivierenden Stil verwenden.

Nutzen Sie die Möglichkeiten, die das Internet heute bietet. Recherchieren Sie Ihr Thema im Internet. Nutzen Sie die Erfahrungen anderer, um darauf aufbauend eigene Ideen für die Strukturierung und Darbietung des Lehrstoffs zu bekommen.	Empfehlung

Schritt für Schritt

Je nach Autor und nach bereits vorhandenen Unterlagen ist die Vorgehensweise sicher sehr unterschiedlich. Im Folgenden wird eine mögliche Vorgehensweise skizziert. Behalten Sie dabei immer die Zielgruppe und deren Vorwissen »im Hinterkopf«. Sie dürfen *nicht* an der Zielgruppe »vorbei schreiben«.

Ideen sammeln, Recherchen durchführen, Notizen machen, u. U. eine **Concept Map** oder eine **Mindmap** anlegen, Beispiele notieren (siehe auch »Verstehen fördern und erleichtern«, S. 209).	1. Schritt
Strukturierung von Ideen durch Wahl von Zwischenüberschriften und Marginaltexten.	2. Schritt
Ausformulierung der Texte und Beispiele.	3. Schritt
Formulierung der Kurzfassung.	4. Schritt
Wahl einer treffenden Überschrift.	5. Schritt
Ergänzung um Grafiken, wenn zur Veranschaulichung von Zusammenhängen sinnvoll (im E-Learning zusätzliche Möglichkeiten, siehe »E-LEARNING«, S. 331).	6. Schritt
Ergänzung um motivierende Fotos.	7. Schritt
Kritische Durchsicht der Lerneinheit und Vornahme von inhaltlichen und stilistischen Verbesserungen (siehe »Der Schreibstil – gut lesbar, verständlich und anschaulich«, S. 251). Überprüfung der Rechtschreibung und Grammatik.	8. Schritt

Beim Schreiben Ihres Lehrbuchs oder Ihres E-Learning-Kurses werden Sie in der Regel im Laufe des Schreibens viele Umstellungen, insbesondere in der Reihenfolge der Lerneinheiten, vornehmen. Es ist daher ratsam, in den Lerneinheiten *keine* absoluten Bezüge zu anderen Lerneinheiten zu setzen, z. B. »Wie in der *vorherigen* Lerneinheit behandelt ...« Besser ist es, relative Bezüge zu setzen, z. B. »Wie in der Lerneinheit XYZ behandelt ...« Dadurch müssen Sie bei späteren Umstellungen *nicht* die absoluten Bezüge ändern. Durch eine solche **kontextunabhängige Schreibweise** erreichen Sie später eine hohe **Änderungsfreundlichkeit**.	Tipp

3 Schnelleinstieg – Aufbau von Büchern/Kursen *

In einem Lehrbuch oder einem E-Learning-Kurs sollen einer Zielgruppe mit definierten Vorkenntnissen Inhalte zu einem oder mehreren umrissenen Themenbereichen vermittelt werden. Nach dem Durcharbeiten sollen die Lernenden die festgelegten Lernziele erreichen. — Aufgabe

Wie würden Sie als Autor vorgehen, wenn Sie zum Beispiel als Nichtfachmann das Thema »Richtig zitieren« für eine Broschüre oder einen E-Learning-Kurs aufbereiten müssten? — Frage

1. Zuerst werden Sie sich Gedanken darüber machen, wie die **Zielgruppe** aussieht, von welchen **Voraussetzungen** bei der Zielgruppe ausgegangen werden kann, wie viel **Zeit** sich die Zielgruppe zur Bearbeitung dieses Themas nehmen wird und welche **Lernziele** für diese Zielgruppe angestrebt werden sollen. — Antwort
2. Dann werden Sie recherchieren, welche **Inhalte es zu diesem Thema** gibt.
3. Anschließend ist zu überlegen, welche dieser **Inhalte für die Zielgruppe relevant** sind.
4. Die bis hierhin ausgewählten Inhalte sind daraufhin zu überprüfen, ob sie geeignet sind, die festgelegten **Lernziele** zu erreichen.
5. Der **Umfang der Lerninhalte** muss nun so gewählt werden, dass die Inhalte in der für den Lernenden zur Verfügung stehenden Zeit gelernt werden können.
6. Die ausgewählten Inhalte müssen anhand einer **Sachstruktur** oder Logik geordnet bzw. gegliedert werden.
7. Die **Abhängigkeiten** zwischen den einzelnen Inhaltseinheiten sind herauszuarbeiten.
8. Eine **Reihenfolge** der zu vermittelnden Inhalte ist aufzustellen, möglichst so, dass nichts verwendet wird, was noch nicht erklärt wurde.
9. Der **Umfang** ist abzuschätzen, eventuell sind zusätzliche Inhalte erforderlich oder Inhalte müssen gestrichen oder gestrafft werden.

Eine solche Reihenfolge werden Sie sicher *nicht* immer streng einhalten. Außerdem sind die Tätigkeiten **iterativ**, d. h., Sie werden die Tätigkeiten mehrmals durchlaufen.

Mit **Lehrzielen** legt der Lehrende fest, welche Ziele im Lehr-Lern-Prozess erreicht werden sollen (siehe »Lehren – die Sicht der Lehrenden«, S. 99). Werden die Vorkenntnisse berücksichtigt, die die Lernenden besitzen, dann werden aus Lehrzielen **Lern-** — Lehrziel vs. Lernziel

ziele, die die Lernenden nach Durcharbeitung des Lehrstoffs erreichen sollen. Lehrziele zeigen die Perspektive des Lehrenden, Lernziele die Perspektive des Lernenden. Oft wird auch nur von **Zielen** gesprochen. »Ziele geben also Personen eine Orientierung, welche Art oder welches Niveau der Leistung erreicht werden soll. So können diese ihre Handlungen und Anstrengungen entsprechend ausrichten und bewerten« [Hatt13, S. 197] (siehe hierzu auch [KlLe12, S. 24 ff.] und [Rein15, S. 16]).

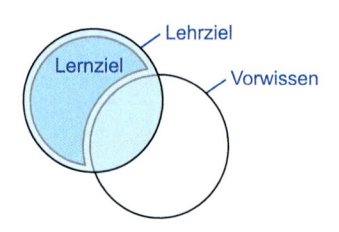

Abb. 3.0-1: Der Zusammenhang zwischen Lehrziel und Lernziel.

Die 3Z-Formel

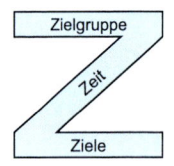

Als Vorbereitung für die Festlegung der **Lerninhalte** eignet sich die **3Z-Formel** [Lehn13, S. 148 f.] (siehe Marginalspalte):

- **Zielgruppe**: Überlegen Sie, wie die Zielgruppe für Ihr Lehrbuch/Ihren E-Learning-Kurs aussieht. Von welchen Voraussetzungen können Sie bei der Zielgruppe ausgehen? Welche Vorkenntnisse, Erfahrungen und Erwartungen wird die Zielgruppe haben?
- **Zeitbudget**: In welchem zeitlichen Rahmen (Dauer, Häufigkeit) wird die Zielgruppe Ihr Lehrbuch/Ihren E-Learning-Kurs durcharbeiten?
- **Ziele**: Über welche Kompetenzen soll die Zielgruppe nach der Durcharbeitung Ihres Lehrbuchs/Ihres E-Learning-Kurs verfügen (wissen, verstehen, anwenden, beurteilen) (siehe »Lernziele – angestrebter Lerngewinn«, S. 62).

Beispiel Für ein Lehrbuch und einen zugehörigen E-Learning-Kurs »Java: Einstieg in die Programmierung« werden die 3Z-Fragen wie folgt beantwortet [Balz13]:

- **Zielgruppe**: Alle, die einen systematischen und fundierten Einstieg in die Programmierung suchen, Studierende im 1. Semester Informatik (Haupt- und Nebenfach), Quereinsteiger in die Informatik, Fachinformatiker, Schüler. Voraussetzungen: Bedienung eines PCs mit Windows oder Linux.
- **Zeitbudget**: 150 Stunden
- **Ziele**: Kleinere strukturierte und prozedurale Programme in der Modellierungssprache UML modellieren und in der Pro-

grammiersprache Java – und nach kurzer Einarbeitung auch in anderen Programmiersprachen – selbstständig erstellen, übersetzen, korrigieren, testen und dokumentieren können.

Auf der Grundlage dieser Antworten können nun der **Lehrstoff** und der **Lernstoff** überlegt werden.

Für die Auswahl der Lerninhalte spielen die angestrebten Lernziele eine wesentliche Rolle:

- »Lernziele – angestrebter Lerngewinn«, S. 62

Sind die Lernziele festgelegt, dann können die Lerninhalte ausgewählt und strukturiert werden:

- »Didaktische Anordnung von Lerninhalten«, S. 67

Zwei Fallbeispiele verdeutlichen diese Möglichkeiten:

- »Fallbeispiel: Textverarbeitung«, S. 74
- »Fallbeispiel: HTML«, S. 79

Haben Sie sich für eine Alternative der Stoffvermittlung entschieden, dann müssen Sie die zu vermittelnden Inhalte entsprechend der gewählten Alternative geeignet gliedern:

- »Gliederung – Strukturierung der Lerninhalte als Baum«, S. 82

Mehrere Lerneinheiten können zu einer übergeordneten Einheit zusammengefasst werden:

- »Aufbau einer Gruppierung«, S. 87

Bei der Begrenzung des Umfangs der Inhalte in Bezug auf die zur Verfügung stehende Zeit steht jeder Autor vor folgendem Dilemma:

Vertiefung

- »Reduktion der Stofffülle – Kriterien und Techniken«, S. 286

3 Schnelleinstieg – Aufbau von Büchern/Kursen *

3.1 Lernziele – angestrebter Lerngewinn *

Lernziele geben an, welche Kompetenzen der Lernende nach Durcharbeitung der entsprechenden Lerneinheit besitzen soll. Lehrziele legen fest, was der Autor als Lehrinhalte vermitteln muss, damit die Lernziele erreicht werden können. Lehr- und Lernziele können nach verschiedenen Kriterien klassifiziert und verschieden formuliert werden.

Frage   Sie lesen zu diesem Kurs/Buch folgendes Lernziel 1:

- Nach dem Durcharbeiten dieses Kurses/Buches können Sie die vermittelten Gestaltungsprinzipien und Gestaltungselemente wiedergeben, die in einem Lehrbuch und einem E-Learning-Kurs verwendet werden sollen.

Alternativ lesen Sie folgendes Lernziel 2:

- Nach dem Durcharbeiten dieses Kurses/Buches sind Sie in der Lage, auf Ihrem Fachgebiet ein Lehrbuch und einen E-Learning-Kurs unter Einsatz der vermittelten Gestaltungsprinzipien und Gestaltungselemente selbstständig zu erstellen.

Was erwarten Sie für eine Kompetenz des Lernenden nach dem Durcharbeiten des Kurses/Buches, wenn der Lernende das Lernziel 1 oder alternativ das Lernziel 2 verfolgt hat?

Antwort   Nach dem Lernziel 2 erwarten Sie sicher eine wesentlich höhere Kompetenz des Lernenden, als wenn er das Lernziel 1 verfolgt. Dieses Beispiel zeigt anschaulich, dass es sinnvoll ist, dem Lernenden mitzuteilen, welcher Lerngewinn bezogen auf einen bestimmten Lehrinhalt angestrebt wird. Für Sie als Autor ist das Lernziel eher ein Lehrziel, mit dem Sie für sich selbst vorgeben, welche Ziele Sie erreichen wollen.

Frage   Welche Konsequenzen hat es für Sie als Autor, wenn Sie wollen, dass der Lernende das Lernziel 1 oder das Lernziel 2 erreichen soll?

Antwort   Der größte Teil der Stoffvermittlung kann für das Erreichen beider Lernziele sicher gleich sein. Um das Lernziel 2 zu erreichen, muss dem Lernenden jedoch durch Methoden und Verfahren vermittelt werden, wie er vorgehen kann, um das Lernziel 2 zu erreichen. Insbesondere sind die Übungen, Tests und Aufgaben zum Erreichen des Lernziels 2 wesentlich umfangreicher und intensiver, als wenn nur das Lernziel 1 vermittelt werden soll.

Das explizite Formulieren von **Lehrzielen** und **Lernzielen** ist sowohl für Sie als Autor als auch für den Lernenden wichtig. Sie sind dann in der Lage, alle Ihre Lehrinhalte gegen die Lehr- und Lernziele zu überprüfen, um festzustellen, ob Sie ausreichen, zu viel oder zu wenig sind. Viele Autoren haben die Lehr- und Lern-

3.1 Lernziele – angestrebter Lerngewinn *

ziele nur implizit »im Kopf«. Das kann dann dazu führen, dass Lehr- und Lernziele *nicht* deckungsgleich mit den Lehrinhalten sind.

Lernziele lassen sich auf verschiedene Art und Weise formulieren [Dago09, S. 66]:

Formulierungsalternativen

- Intentionale Formulierung

Das folgende Kapitel *soll Ihnen* die Möglichkeiten zeigen, Überschriften prägnant und treffend zu formulieren.

Beispiel 1a

- Fähigkeitsorientierte, imperative Formulierung

Nach dem Durcharbeiten des folgenden Kapitels *sollen Sie* die Möglichkeiten darstellen können, Überschriften prägnant und treffend zu formulieren.

Beispiel 1b

- Fähigkeitsorientierte, prognostische Formulierung

Nach dem Durcharbeiten des folgenden Kapitels *werden Sie in der Lage sein*, die Möglichkeiten darzustellen, Überschriften prägnant und treffend zu formulieren.

Beispiel 1c

- Belohnungsorientierte Formulierung

Nach dem Durcharbeiten des folgenden Kapitels *können Sie als zukünftiger Autor* die Möglichkeiten darstellen, Überschriften prägnant und treffend zu formulieren.

Beispiel 1d

Welche Formulierung spricht Sie am meisten an?

Nach [Dago09, S. 66] ist es das Wichtigste, die **erwerbbaren Fähigkeiten** darzustellen, während die Hinweise auf Belohnungserwartungen eher einen verstärkenden Charakter haben.

Lehr- und Lernziele können für drei verschiedene Zwecke eingesetzt werden [Baum11, S. 49]:

Einsatzzweck

- **Für die Planung**: Das Lehr- und Lernziel bezieht sich auf die zukünftige, didaktische Gestaltung eines Lehrbuches oder E-Learning-Kurses (Zukunftsaspekt).
- **Für die Umsetzung**: Das Lehr- und Lernziel bezieht sich auf die reale Umsetzung der Lerneinheit, zum Beispiel durch Auswahl und Einsatz didaktischer Gestaltungsprinzipien und -elemente (Gegenwartsaspekt) (siehe »Didaktische Gestaltungsprinzipien«, S. 147).
- **Für die Überprüfung**: Das Lehr- und Lernziel bezieht sich auf die Gestaltung von Prüfungsarrangements, um die vergangenen Lehr- und Lernprozesse zu beurteilen (Vergangenheitsaspekt) (siehe »LERNERFOLG ÜBERPRÜFEN«, S. 403).

Wenn sich ein Lehr- oder Lernziel auf ein ganzes Buch oder einen ganzen E-Learning-Kurs bezieht, dann liegt ein mittleres Abstraktionsniveau vor (siehe Lernziel 1 und 2 am Anfang des

Abstraktionsniveau

Kapitels). Bezieht sich ein Lehr- oder Lernziel dagegen auf eine einzelne Lehr- oder Lerneinheit, dann ist es konkreter (siehe Beispiel 1). Werden Lehr- oder Lernziele für ganze Studiengänge oder Ausbildungsgänge angegeben, dann liegt ein hohes Abstraktionsniveau vor.

Taxonomien

Wie die beiden Lernziele am Anfang dieses Kapitels gezeigt haben, können sehr unterschiedliche Kompetenzen gewünscht, gefordert oder vermittelt werden. Um die Kompetenzen zu systematisieren und zu gliedern, wurden für die Lehr- und Lernziele verschiedenen Niveaus oder Stufen in Form von **Taxonomien** definiert.

Bloom'sche Taxonomie

Der amerikanische Psychologe Benjamin Bloom (siehe Marginalspalte[1]) entwickelte 1956 gemeinsam mit einer Gruppe von Psychologen eine Taxonomie von Lernzielen, die heute als Klassiker angesehen wird. Es handelt sich um eine eindimensionale Taxonomie mit folgenden sechs kognitiven Lehr- und Lernzielen auf einem Abstraktionsgrad [BlKr56]:

- **Stufe 1: Wissen** *(knowledge)*: unverändertes, unbearbeitetes Abrufen von Fakten, Informationen, Methoden, Prozessen, Muster und Strukturen aus dem Gedächtnis.
- **Stufe 2: Verständnis** *(comprehension)*: Verstehen, was vermittelt wurde. Inhalte mit eigenen Worten und/oder in anderen Notationen erklären oder zusammenfassen können, einschließlich einer Neustrukturierung der Inhalte.
- **Stufe 3: Anwendung** *(application)*: Allgemeine Ideen, prozedurale Regeln, Methoden oder Theorien in einem neuen Zusammenhang anwenden können.
- **Stufe 4: Analyse** *(analysis)*: »Das Aufbrechen von Inhalten in ihre konstitutiven Teile derart, dass die relative Hierarchie der Ideen und ihrer Beziehungen klar und explizit gemacht werden« [Baum11, S. 39].
- **Stufe 5: Synthese** *(synthesis)*: »Das Zusammensetzen von inhaltlichen Elementen erfordert das Verarbeiten von Teilen eines inhaltlichen Zusammenhangs, ihre Restrukturierung und Kombination zu einem neuen Muster, einer neuen Struktur« [Baum11, S. 39].
- **Stufe 6: Evaluation** *(evaluation)*: »Sowohl quantitative als auch qualitative Beurteilung inwieweit Inhalte und Methoden die übermittelten oder eigenständig entwickelten Kriterien für einen gegebenen Zweck erfüllen« [Baum11, S. 39].

Empirie

Die Stufen sind als inklusive Hierarchie zu verstehen, d. h. die höhere Stufe schließt die untere Stufe vollkommen in sich ein.

---

[1]Quelle: http://projects.coe.uga.edu/epltt/ index.php?title=Bloom%27s_Taxonomy

3.1 Lernziele – angestrebter Lerngewinn *

Empirische Studien haben später aber ergeben, dass nur bei den unteren vier Stufen eine solche Hierarchie durch Daten belegbar ist [Baum11, S. 40].

> In der W3L-E-Learning-Plattform wird eine modifizierte Bloom'sche Taxonomie verwendet, die vom Bundesinstitut für Berufsforschung in Berlin entwickelt wurde (siehe »Lernziele und Lernstufen«, S. 481).

Hinweis

Bereits in meinen ersten Lehrbüchern »Informatik 1 – Vom Problem zum Programm« (1976) und »Informatik 2 – Vom Programm zur Zentraleinheit, Vom Systementwurf zum Systembetrieb« (1978) habe ich am Anfang jedes Kapitels die Lernziele aufgeführt. In meinem »Lehrbuch der Software-Technik« (1996) und meinem »Lehrbuch Grundlagen der Informatik« (1999) habe ich die Lernziele ebenfalls aufgeführt. Umfragen unter den Lesern haben jedoch ergeben, dass nur ein kleiner Teil der Leser die Lernziele bewusst wahrnimmt. Außerdem benötigen Lernziele in Büchern Platz und für den Autor ist es ein Aufwand, die Lernziele zu formulieren. In meinen neueren Büchern habe ich daher auf die Angabe von kapitelorientierten Lernzielen verzichtet und nur ein globales Lernziel am Anfang des jeweiligen Buches formuliert.

Persönliche Erfahrungen

In der W3L-E-Learning-Plattform werden Lernziele nur für Tests und Aufgaben formuliert. Tests und Aufgaben sind immer einer Lerneinheit zugeordnet. Vor jedem Test und jeder Aufgabe ist das Lernziel angegeben. Ein Beispiel zeigt die Abb. 3.1-1.

Mimik, Gestik usw. Zeit: 2 min
Bringen Sie die einzelnen Elemente in die richtige Reihenfolge! Ziehen Sie per Drag & Drop die Elemente an die richtige Position.

Lernziel
Einordnen der Mimik, Gestik, Kleidung und des Gesagten nach Priorität.
Motivation
Als Redner müssen Sie wissen, auf was Sie am meisten achten müssen.

Abb. 3.1-1: Beispiel für die Anzeige eines Lernziels zu einem Test in der W3L-E-Learning-Plattform.

Ein Autor hat beim Konzipieren und Schreiben eines Lehrbuchs oder eines E-Learning-Kurses eine Vielzahl von Gestaltungsprinzipien und -elementen zu berücksichtigen. Durch die Formulierung von Lehr- und Lernzielen darf er *nicht* überfordert werden. Er sollte sich aber auf jeden Fall am Anfang über die globalen Lehr- und Lernziele bewusst werden.

Von Anderson und Krathwohl wurde die Bloom'sche Taxonomie weiterentwickelt [AnKr00]. Aus der eindimensionalen Darstellung wurde eine zweidimensionale Darstellung mit einer Wissensdimension und einer kognitiven Prozessdimension (Tab. 3.1-1).

Kognitive Dim. → Wissensdim. ↓	1. Erinnern	2. Verstehen	3. Anwenden	4. Analysieren	5. Bewerten	6. Erzeugen
A. Faktenwissen						
B. Konzeptionelles Wissen			Beispiel: Überschriften formulieren			
C. Prozedurales Wissen						
D. Metakognitives Wissen						

Tab. 3.1-1: Taxonomie von Lernzielen nach [AnKr00].

Lernziele bestehen jetzt aus Sätzen, die den kognitiven Prozess (Verb) auf ein Thema (Substantiv) anwenden.

Beispiel »Lernende sind in der Lage, Überschriften (Substantiv) prägnant und treffend zu formulieren (Verb).«

»Überschriften« entspricht »Konzeptionellem Wissen«, »prägnant und treffend zu formulieren« entspricht »Anwenden«. Das Lernziel gehört daher in die Zelle B3 von der Tab. 3.1-1.

Weiterführende Literatur [Baum11], [Rein15, S. 13–29]

3.2 Didaktische Anordnung von Lerninhalten *

Lerninhalte lassen sich nach sachlogischen und nach didaktischen Gesichtspunkten anordnen. Wichtig ist, dass der Lernende eine Übersicht über die Struktur erhält, z. B. durch eine Fachlandkarte. Didaktische Gesichtspunkte stehen beim Zwiebelschalenmodell, beim Spiralmodell und bei der dramaturgischen Anordnung im Vordergrund. Die Anordnung der Lerninhalte ist eine wichtige Autoren-Entscheidung, die am Anfang einer Lehrbuch- oder Kurskonzeption überlegt werden sollte, da spätere Änderungen aufwendig sind.

Lerninhalte lassen sich nach unterschiedlichen Ordnungsprinzipien strukturieren (in Anlehnung an [Lehn09, S. 131]):

- **Nach sachlogischen Gesichtspunkten**:
  - Sachlogische Anordnung
  - Geschäfts- bzw. arbeitsprozessorientierte Anordnung
- **Nach didaktischen Gesichtspunkten**:
  - Zwiebelschalenmodell
  - Spiralmodell
  - Dramaturgische Anordnung

Zum Aufbau eines mentalen Modells ist es für den Lernenden hilfreich, wenn die Anordnung der Lerninhalte und ihre Zusammenhänge grafisch im Überblick dargestellt werden. Dazu gibt es verschiedene Hilfsmittel.

Darstellung

Fachlandkarten dienen zur strukturierten Darstellung der Lerninhalte und ihrer Zusammenhänge. Sie geben dem Lernenden eine Übersicht (das »große Ganze«) und eine Orientierung (siehe auch »Orientierung – Inhalte schnell finden«, S. 163). Dadurch wird das Erinnern über Verknüpfungen und Assoziationen gefördert [Lehn09, S. 133]. Fachlandkarten ähneln **Mindmaps**. Sie betonen im Unterschied zu Mindmaps jedoch die Perspektive der Lehre. Ein Beispiel zeigt die Abb. 3.2-2.

Sachlogische Anordnung

Bei der sachlogischen Anordnung können verschiedene sachlich begründete Kategorien verwendet werden.

- **Produktlogik**: Zum Erlernen eines Softwaresystems wird jeder Menüpunkt einzeln nacheinander entsprechend dem Menüaufbau des Produkts erklärt (siehe »Fallbeispiel: Textverarbeitung«, S. 74).
- **Enzyklopädisch**: Um die Steuerung eines Roboters zu erlernen, werden alle Steuerbefehle in alphabetischer Reihenfolge

Beispiele

wie in einem Referenzhandbuch beschrieben (siehe »Fallbeispiel: HTML«, S. 79).
○ **Historisch / zeitlich**: Die Entwicklung der Verschlüsselung wird entsprechend der geschichtlichen Entwicklung dargestellt: das Zeitalter der Verschlüsselung von Hand, das Zeitalter der Verschlüsselungsmaschinen, das Zeitalter der Verschlüsselung mit dem Computer [Schm08].

Geschäfts- bzw. arbeitsprozessorientierte Anordnung

Inhalte werden in der Reihenfolge angeordnet, wie sie bei Geschäftsprozessen oder Arbeitsprozessen benötigt werden.

Beispiele
○ **Arbeitsprozessorientiert**: Zum Erlernen eines Softwaresystems werden zunächst die zwei wichtigsten Arbeitsabläufe anhand der Software erläutert (siehe »Fallbeispiel: Textverarbeitung«, S. 74).
○ **Geschäftsprozessorientiert**: Ein **ERP-System** wird anhand der Wertschöpfungskette wie folgt erklärt: Unternehmensbereich Marketing, Unternehmensbereich Verkauf, Unternehmensbereich Einkauf, Unternehmensbereich Produktion, Unternehmensbereich Versand, Unternehmensbereich Finanzen [HeGö09] (Abb. 3.2-1).

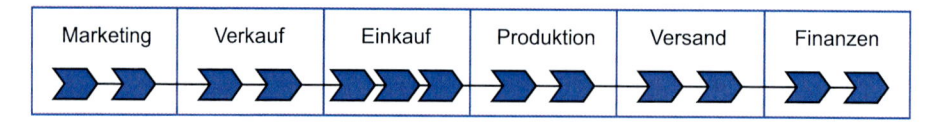

| Marketing | Verkauf | Einkauf | Produktion | Versand | Finanzen |

Abb. 3.2-1: Beispiel für die Anordnung von Lerninhalten nach der Wertschöpfungskette.

Zwiebelschalenmodell

Beim Zwiebelschalenmodell werden die Lerninhalte wie bei einer Zwiebel verschiedenen Schalen zugeordnet, z. B. Lerninhalte, die zu Grundlagen zählen, Lerninhalte die zu Erweiterungswissen zählen und Lerninhalte die zu Spezialwissen gehören. Die jeweiligen Lerninhalte werden in jeder Schale jeweils *vollständig* vermittelt und in den weiteren Schalen *nicht* wiederholt. Man spricht auch von einer *epochalen* Vorgehensweise.

Beispiele
○ **Anwendungsorientiert**: Dieses Buch »Wie schreibt man ...« vermittelt zunächst Grundlagen (Teil I), um Lerneinheiten und Bücher/Kurse didaktisch strukturieren zu können. Mithilfe dieses Wissens können bereits Lehrbücher und E-Learning-Kurse erstellt werden. In der Erweiterung (Teil II) wer-

3.2 Didaktische Anordnung von Lerninhalten *

den weiterführende Lerninhalte vermittelt, um weitere didaktische Prinzipien zu berücksichtigen. Im Teil III (E-Learning) werden zusätzliche Lerninhalte vermittelt, die nur für E-Learning-Kurse relevant sind. Sollen in einem Lehrbuch und/oder einem E-Learning-Kurs auch die Lernerfolge überprüft werden, dann vermittelt der Teil IV das dazu notwendige Wissen.

○ **Anwendungsorientiert**: Die Lerninhalte zu dem Lehrbuch/Kurs »Java: Der Einstieg in die Programmierung« sind entsprechend der Abb. 3.2-2 angeordnet (Fachlandkarte).

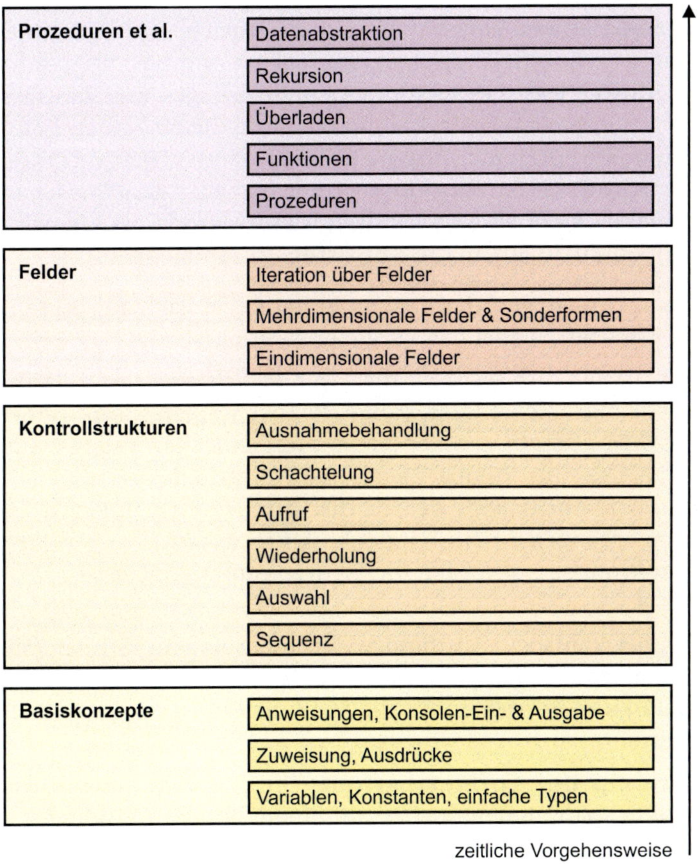

Prozeduren et al.	
	Datenabstraktion
	Rekursion
	Überladen
	Funktionen
	Prozeduren

Felder	
	Iteration über Felder
	Mehrdimensionale Felder & Sonderformen
	Eindimensionale Felder

Kontrollstrukturen	
	Ausnahmebehandlung
	Schachtelung
	Aufruf
	Wiederholung
	Auswahl
	Sequenz

Basiskonzepte	
	Anweisungen, Konsolen-Ein- & Ausgabe
	Zuweisung, Ausdrücke
	Variablen, Konstanten, einfache Typen

zeitliche Vorgehensweise

Abb. 3.2-2: Die Basiskonzepte der Programmierung.

Spiralmodell

Spiralförmige oder zyklische Anordnung der Lerninhalte bedeutet, dass das *gleiche Thema* mit zunehmender Komplexität vermittelt wird, zum Beispiel Einstieg, Vertiefung, Spezialitäten (siehe »Fallbeispiel: HTML«, S. 79).

Beispiele

- **Spiralcurriculum**: In allgemeinbildenden und beruflichen Schulen werden oft einzelne Themen im Laufe der Schuljahre mehrmals auf jeweils höherem Niveau und in differenzierter Form behandelt.
- **Analytisches Vorgehen**: Es wird zunächst das Gesamtsystem – z. B. ein Computer – betrachtet und beschrieben. Anschließend wird es in Komponenten zerlegt – z. B. Zentraleinheit, Arbeitsspeicher, Peripherie – und die einzelnen Komponenten werden mit Bezug auf das Gesamtsystem vermittelt.
- **Synthetisches Vorgehen**: Zunächst wird das Wissen von Einzelkomponenten vermittelt, dann werden die Einzelkomponenten zu einem Gesamtsystem zusammengefügt.

Beispiel: Tanzen

Bei Tanzkursen wird das Tanzen in der Regel nach den Spiralmodell vermittelt, wobei das Vorgehen synthetisch ist:

1. Im Grundkurs werden alle Grundschritte der Standardtänze (Langsamer Walzer, Tango, Wiener Walzer, Discofox, Slowfox, Quickstep) und der lateinamerikanischen Tänze (Samba, Cha-Cha-Cha, Rumba, Salsa, Jive) vermittelt.
2. Im Fortschrittskurs werden die Grundschritte um erste Figuren ergänzt und die Tanztechnik verbessert.
3. Im Bronzekurs werden die Figuren umfangreicher.
4. usw.

Der amerikanische Psychologe Jérôme Seymour Bruner (siehe Marginalspalte[2]) hat in seinem Buch *The Process of Education* [Brun60] drei Prinzipien für die Strukturierung von Lerninhalten aufgestellt:

- **Prinzip der Fortsetzbarkeit**: Die Auswahl eines Themas sollte später einen Ausbau auf einem höheren Niveau ermöglichen.
- **Prinzip der Präfiguration** (Intuition vor Exaktheit): Der genauen Behandlung eines Themas sollte eine Phase intuitiven Lernens/Lehrens vorangehen.
- **Prinzip des vorwegnehmenden Lernens**: Ein Thema sollte nicht erst dann behandelt werden, wenn es mit wissenschaftlich notwendiger Genauigkeit thematisierbar ist.

Betrachtet man diese Prinzipien, dann werden diese durch das Spiralmodell verwirklicht.

[2] Quelle: Social Psychology Network

3.2 Didaktische Anordnung von Lerninhalten *

Welche Vor- und Nachteile hat dieser Ansatz?   Frage

Dieser Ansatz hat folgende Vorteile: Antwort

+ Der Lernende kann sich das geeignete Wissensniveau auf der Grundlage seines Vorwissens aussuchen.
+ Der Lernende wird *nicht* mit Wissen überschüttet, sondern kann Wissen bereits anwenden, ohne gleich alle Details zu beherrschen.
+ Dem Lernenden wird ein schrittweiser Einstieg in ein Thema ermöglicht.
+ Bei E-Learning-Kursen kann ein Kursteil – z. B. Grundlagen – bereits genutzt werden, während Sie als Autor am Spezialwissen arbeiten.
− Der Lernende muss an verschiedenen Stellen nachsehen, wenn er alles über ein Konzept wissen will.

Dramaturgische Anordnung

Es wird ein Spannungsbogen aufgebaut (siehe »Spannung erzeugen«, S. 242), der den Lernenden dazu motiviert, Lerneinheit für Lerneinheit durchzuarbeiten, um ein vorher aufgezeigtes Ziel zu erreichen (siehe »Fallbeispiel: Textverarbeitung«, S. 74) oder ein dargestelltes Problem zu lösen.

- **Vom Experiment zur Lösung**: Zunächst wird ein Experiment beschrieben, anschließend werden Fragestellungen formuliert, dann erfolgt eine fachliche Reflexion und zum Schluss wird die Lösung diskutiert.   Beispiele
- **Schrittweise zum Ziel**: Zunächst wird ein Ziel beschrieben, das dann schrittweise erreicht wird. Soll beispielsweise eine private Homepage erstellt werden, dann wird zunächst das Ziel in Form einer fertigen Homepage vorgestellt (Abb. 3.2-3), dann wird in mehreren Lerneinheiten schrittweise das Wissen vermittelt, um sich diesem Ziel nach und nach zu nähern. Den Lernenden ist dadurch von vornherein klar, wozu das vermittelte Wissen benötigt wird, nämlich um das Ziel zu erreichen.

Kombination verschiedener Ordnungsprinzipien

Verschiedene Ordnungsprinzipien können auch miteinander kombiniert werden.

In einer Zwiebelschale oder einer Spirale kann beispielsweise   Beispiele
nach der Produktlogik oder dem Arbeitsprozess gegliedert werden.

Abb. 3.2-3: Stufe 5 der Startseite der persönlichen Website von Marie Risser.

Hinweis	Das gewählte Ordnungsprinzip hängt auch vom Umfang des Lehrbuchs/Kurses ab. Bei einem Buch, das z.B. weniger als 100 Seiten umfasst, ist ein Spiralmodell wahrscheinlich *nicht* geeignet, da bei dem geringen Umfang der Stoff *nicht* mehrmals mit zunehmender Komplexität wiederholt werden kann.

Aufeinander aufbauend

Unabhängig vom gewählten Ordnungsprinzip – mit Ausnahme der sachlogischen Anordnung, insbesondere bei Referenzhandbüchern – sollte der Lernstoff immer so angeordnet sein, dass er wissensmäßig aufeinander aufbaut. Wenn der Lernende das Buch oder den Kurs von vorne nach hinten durcharbeitet, darf er *nicht* mit Begriffen und Konzepten überrascht werden, die erst später behandelt werden.

Problem: Oft stehen Sie als Autor vor dem Problem, dass Sie für eine Erklärung bereits Wissen verwenden müssen, das erst später behandelt wird.

Lösung: Es gibt mindestens zwei Lösungen für das Problem:

- Eine Möglichkeit besteht darin, das notwendige Wissen in vereinfachter Form bereits zu erklären – mit Verweis auf die ausführliche Darstellung später.

3.2 Didaktische Anordnung von Lerninhalten *

- Es wird darauf hingewiesen, den folgenden Stoff zunächst zu lernen, auch wenn das volle Verständnis erst erreicht wird, wenn später weiteres Wissen vermittelt worden ist.

Ausschnitt aus dem Buch »Java: Der Einstieg in die Programmierung« [Balz13, S. 19]: »Traditionell ist das erste Programm, das ein Programmierer schreibt, wenn er eine neue Sprache lernt, das Programm ›Hello World‹. Tradition ist es ebenfalls, das fertige Programm, wie es im Folgenden vorgegeben wird, mechanisch in einen Texteditor einzutippen, es zu übersetzen und dann zu sehen, wie es läuft, bevor erklärt wird, was die einzelnen Programmzeilen bewirken.«

Beispiel

3 Schnelleinstieg – Aufbau von Büchern/Kursen *

3.3 Fallbeispiel: Textverarbeitung **

Sie haben die Aufgabe, einer Zielgruppe das Konzept und die Handhabung eines Textverarbeitungssystems zu vermitteln. Welche Alternativen der Stoffvermittlung sind Ihrer Meinung nach möglich?

Nach sachlogischen Gesichtspunkten
Sachlogische Anordnung

Jeder Menüpunkt wird einzeln nacheinander jeweils vollständig erklärt (entsprechend der Produktlogik des Softwareanbieters, Abb. 3.3-1).

Beispiel
- Menü Datei mit den Menüoptionen Informationen, Neu, Öffnen, Speichern, Speichern unter usw. (siehe Marginalspalte)
- Menü Start mit den Menügruppen Zwischenablage, Schriftart, Absatz usw.
- Menü Einfügen mit dem Menügruppen Seiten, Tabellen, Illustrationen usw.

Abb. 3.3-1: Hauptmenüleiste von Microsoft Word.

Diese Form der Stoffvermittlung findet man in der Regel in Referenzhandbüchern (oft sind die Funktionen dort jedoch alphabetisch sortiert angeordnet). Sie ist gut geeignet, wenn der Lernende das Softwaresystem bereits kennt und einzelne Menübedeutungen nachschlagen möchte.

Geschäfts- bzw. arbeitsprozessorientierte Anordnung

Es werden die Menüoptionen in der Reihenfolge erklärt, wie sie benötigt werden, um einen einfachen Text zu erfassen und zu speichern.

Beispiel
- Menü Datei, Menüoption Neu (Leeres Dokument)
- Text erfassen
- Text auszeichnen: Menü Start, Menügruppe Schriftart, Menüoptionen Fett, Kursiv.

○ Menü Datei, Menüoption Speichern unter.
○ Menü Datei, Menüoption Beenden

Nach didaktischen Gesichtspunkten
Zwiebelschalenmodell

Zuerst werden die grundlegenden Funktionen jeweils vollständig erklärt, sodass der Lernende bereits einfache Texte erfassen, rudimentär bearbeiten und speichern kann (Abb. 3.3-2).

○ Menü Datei mit allen Menüoptionen Informationen, Neu, Öffnen, Speichern, Speichern unter, Drucken, Freigeben, Exportieren, Schließen„ Konto, Optionen, Add-Ins.   Beispiel
○ Menü Start mit den Menügruppen Schriftart (alle Menüoptionen) und Absatz (alle Menüoptionen).

Anschließend werden weiterführende Funktionen ebenfalls jeweils vollständig erklärt, sodass der Lernende komplexere Texte erfassen, komfortabler bearbeiten und speichern kann.

○ Menü Start mit der Menügruppe Formatvorlagen.   Beispiel
○ Menü Einfügen mit den Menügruppen Tabellen und Illustrationen.

Zum Schluss werden Spezialfunktionen erklärt.

○ Menü Seitenlayout mit allen Menügruppen.   Beispiel
○ Menü Verweise mit allen Menügruppen.
○ Menü Überprüfen mit allen Menügruppen.

Spiralmodell

Zuerst werden grundlegende Funktionen jeweils nur soweit erklärt, wie sie der Lernende benötigt, um einfache Texte erfassen, rudimentär bearbeiten und speichern zu können. Ein solcher **Schnelleinstieg** hat das Ziel, dem Lernenden ein intuitives Gefühl für die Thematik zu vermitteln, d. h. einige wichtige Konzepte zu vermitteln und ihm ein Erfolgserlebnis zu geben. Jemand mit Vorkenntnissen muss den Schnelleinstieg überspringen können, ohne dass ihm anschließend wichtige Informationen fehlen.

○ Menü Datei mit den Menüoptionen Speichern, Öffnen, Schließen,   Beispiel
   Neu, Drucken.
○ Menü Start mit den Menügruppen Schriftart (Fett, Kursiv) und Absatz (Aufzählungszeichen, Nummerierung).

Beherrscht der Lernende diese Basis-Funktionen, dann werden dieselben Funktionen mit weiteren Varianten (Grundlagen) sowie zusätzliche Funktionen (Erweiterungen) erklärt (Abb. 3.3-3).

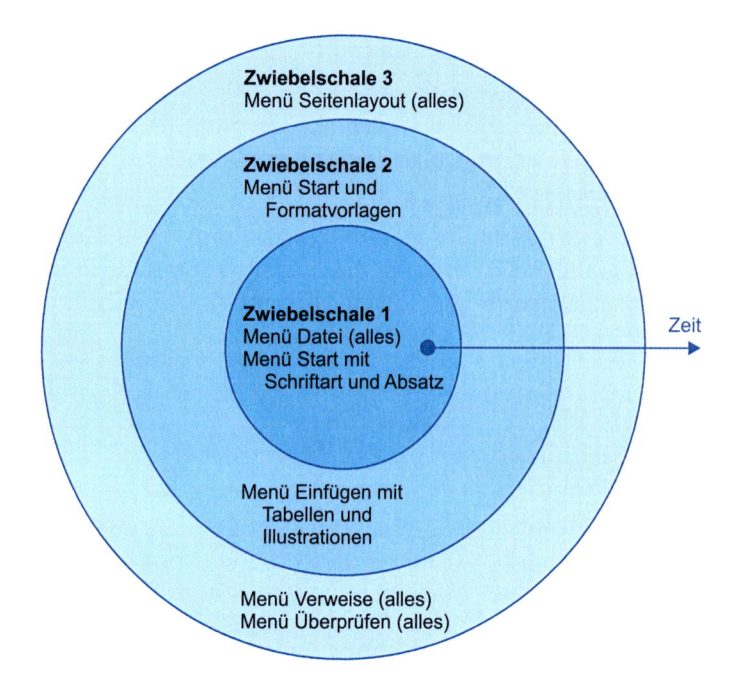

Abb. 3.3-2: Zwiebelschalenmodell am Beispiel der Textverarbeitung.

Beispiel
- Menü Datei mit den Menüoptionen Speichern unter, Freigeben, Exportieren.
- Menü Start mit den Menügruppen Schriftart (Tief gestellt, Hoch gestellt, Schriftart, Schriftgrad, Schriftfarbe), Absatz (Aufzählungszeichen, Nummerierung) und Formatvorlagen (alle Menüoptionen).

Anschließend können in einer Vertiefung Sonderfälle bereits erklärter Funktionen behandelt sowie neue Funktionen für spezielle Zwecke (z. B. Erstellung eines Inhaltsverzeichnisses) erläutert werden.

Hinweis
In einem Schnelleinstieg werden Ausnahmen in einem Wissensgebiet *nicht* behandelt, um den Lernenden am Anfang *nicht* mit Sonderfällen zu überfrachten.

Dramaturgische Anordnung

Es werden die Funktionen erklärt, die nötig sind, um zu einem gewünschten Textlayout zu gelangen.

Beispiel
Ein ansprechendes Textlayout wird vorgegeben und gezeigt, mit welchen Funktionen in welcher Reihenfolge dieses Ergebnis erzielt werden kann. Ein Text soll nach der Formatierung wie folgt aussehen [Schm08, S. 8 f.]:

3.3 Fallbeispiel: Textverarbeitung **

Zeit →

Erweiterungen
Menü Datei mit
 Konto, Optionen, Add-Ins
Menü Seitenlayout...

Grundlagen
Menü Datei mit
 Speichern unter,
 Freigeben, Exportieren
Menü Start mit Schriftart,
 Absatz, Formatvorlagen

Schnelleinstieg
Menü Datei mit
 Speichern, Öffnen, Schließen,
 Neu, Drucken
Menü Start mit
 Schriftart (Fett, Kursiv) und
 Absatz (Aufzählungszeichen,
  Nummerierung)

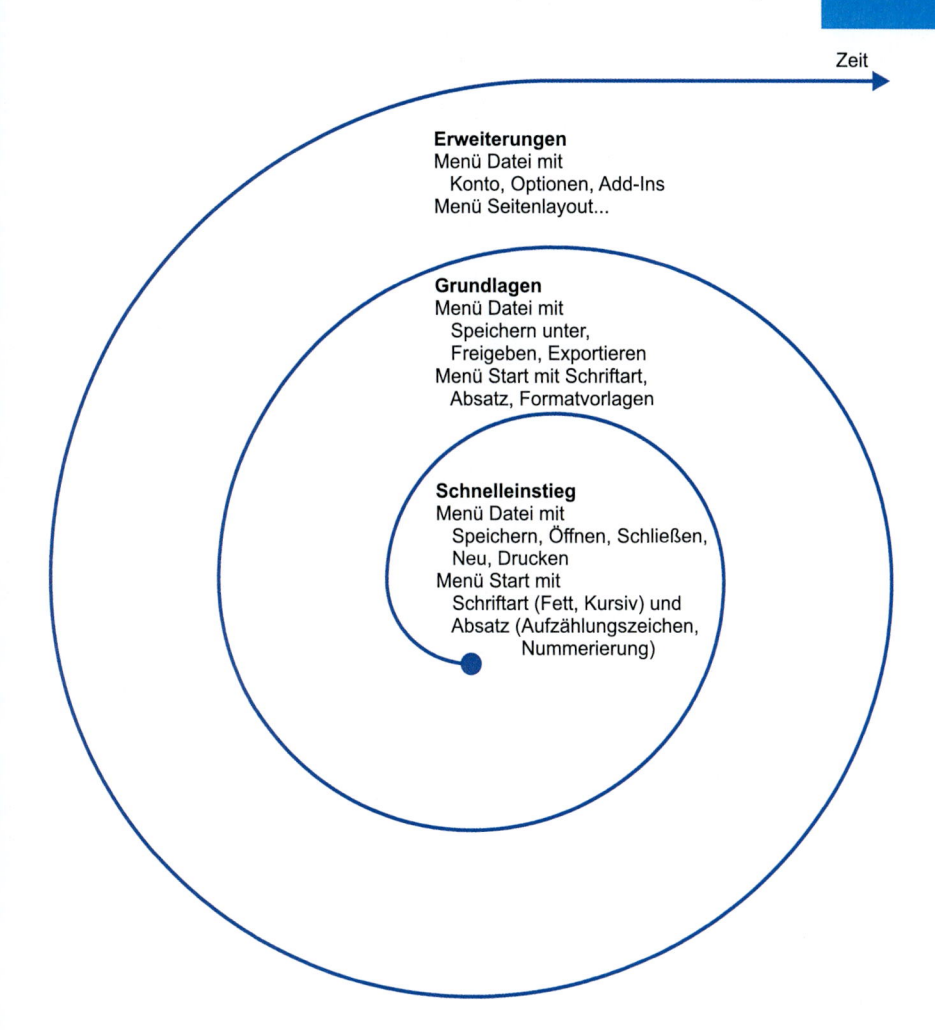

Abb. 3.3-3: Spiralmodell am Beispiel der Textverarbeitung.

»Die Vigenère-Chiffre sieht vor, unter einen zu verschlüsselnden Text ein Passwort zu schreiben, das sich ständig wiederholt. Dieses Passwort ist der Schlüssel des Verfahrens. Mit dem Schlüssel KARL sieht das beispielsweise so aus:

```
DIE WELT DER GEHEIMEN ZEICHEN
KAR LKAR LKA RLKARLKA RLKARLK
```

Als nächstes werden die jeweils untereinander stehen Buchstaben zusammengezählt (A=1, B=2 usw., ist das Ergebnis größer als 26, dann wird 26 abgezogen):

```
DIE WELT DER GEHEIMEN ZEICHEN
KAR LKAR LKA RLKARLKA RLKARLK
-----------------------------
OJW IPML PPS YQSFAYPO RQTDZQY
```

Der verschlüsselte Text lautet damit OJWIP MLPPS YQSFA YPO RQ TD-ZQY. Für die damalige Zeit bedeutete die Vigenère-Chiffre einen großen Fortschritt, denn mit den damals bekannten Methoden war sie nicht zu knacken.«

Folgende Menüoptionen werden vermittelt:

- Menü Datei, Menüoption Neu (Leeres Dokument)
- Text eintippen, neue Zeile durch Return-Taste.
- Die in Großbuchstaben geschriebenen Texte, z. B. KARL, jeweils mit der Maus markieren.
- Dann in das Menü Start wechseln und bei der Menügruppe Schriftart Courier New auswählen.
- Menü Datei, Menüoption Speichern unter wählen und Datei speichern.

Anschließend können weitere Textlayouts gezeigt und die dafür notwendigen Funktionen erklärt werden, bis der gewünschte Funktionsumfang insgesamt behandelt wurde. Bei dieser Anordnung der Lerninhalte ist es wichtig, eine geeignete Wahl von Ziellayouts zu finden, damit am Ende alle gewünschten Funktionen auch beherrscht werden (Abb. 3.3-4).

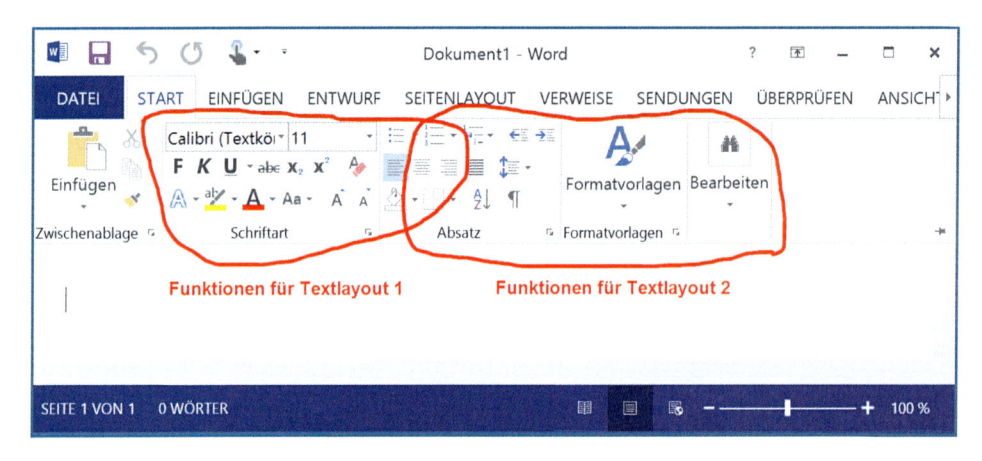

Abb. 3.3-4: Dramaturgische Anordnung am Beispiel der Textverarbeitung.

3.4 Fallbeispiel: HTML **

HTML *(HyperText Markup Language)* ist eine sogenannte Dokumenten- bzw. Textauszeichnungssprache, die HTML-Elemente zur Verfügung stellt, um Texte auszuzeichnen. Bei der Darstellung eines so ausgezeichneten Textes in einem Webbrowser werden die **HTML-Elemente** entsprechend ihrer in HTML festgelegten Bedeutung interpretiert und umgesetzt. Alle HTML-Elemente verwenden vorgegebene **Anfangs-** und **Endmarkierungen** zur Auszeichnung, die als *Tags* bezeichnet werden. Es gibt über 100 HTML-Elemente. Viele dieser Elemente können zusätzliche Attribute besitzen.

Der Aufbau eines HTML-Elements sieht folgendermaßen aus: *Syntax*
Variante 1: `<Elementname>Elementinhalt</Elementname>`
Variante 2: `<Elementname Attribut1 Attribut2>Elementinhalt</Elementname>`
Ein Attribut ist wie folgt ausgebaut: `Attributname = "Wert"` oder `Attributname = 'Wert'`, wobei mehrere Attribute durch Leerzeichen voneinander getrennt werden.
Variante 3: `<Elementname Attribut1 Attribut2/>` (Kurzform, wenn kein Elementinhalt vorhanden ist.)

In den verschiedenen Alternativen sieht die Stoffanordnung wie folgt aus:

Nach sachlogischen Gesichtspunkten
Sachlogische Anordnung

Alle HTML-Elemente werden in *alphabetischer Reihenfolge* mit allen Attributen und Sonderfällen erklärt – wie in einem Referenzhandbuch oder einer Enzyklopädie.

- Das `<a>`-Element erlaubt es, auf andere Stellen innerhalb des gleichen Dokuments, auf andere Dateien und auf andere Webserver zu verweisen. *Beispiel*
  - Das Attribut `href="Ziel"` legt das Ziel des Verweises fest.
  - Das Attribut `id="Anker"` erlaubt es, einen Anker in einem Dokument zu setzen.
  - Der Inhalt des `<a></a>`-Elements `<a href="Ziel">Inhalt</a>` wird standardmäßig blau und unterstrichen dargestellt. Klickt der Benutzer auf `Inhalt`, dann leitet der Webbrowser auf das `Ziel` weiter.
- Das `<area>`-Element ... bis
- Das `<ul>`-Element ...

HTML-Elemente können sachlogisch auch *entsprechend ihren Funktionen* gruppiert werden.

Beispiel
- Wurzelelement `<html>`
- Dokumenten-Metadaten: `<head>`, `<title>` usw.
- Scripting: `<script>` usw.
- Abschnitte: `<body>` usw.
- Gruppieren von Inhalten: `<p>` usw.

Zielgruppe Gut geeignet für Personen, die HTML schon kennen und im Bedarfsfall nachschlagen wollen.

Geschäfts- bzw. arbeitsprozessorientierte Anordnung

Es werden die HTML-Elemente in der Reihenfolge erklärt, wie sie benötigt werden, um einen Text mit HTML zu strukturieren.

Beispiel
1. Grundstruktur einer HTML-Datei anlegen:
   `<html><head>...</head><body>...</body></html>`
2. Überschriften kennzeichnen: `<h1>...</h1>` bis `<h6>...</h6>`
3. Absätze kennzeichnen: `<p>...</p>`.
4. usw.
5. Datei speichern mit Endung `.html`

Zielgruppe Gut geeignet für Lernende, die wissen sollen, wie man schrittweise eine HTML-Datei mit Texten strukturiert.

Nach didaktischen Gesichtspunkten

Zwiebelschalenmodell

Zuerst werden die grundlegenden Funktionen jeweils *vollständig* erklärt, sodass der Lernende bereits einfache HTML-Seiten erstellen kann.

Beispiel
- Das `<html>`-Element
- Das `<head>`-Element
- Das `<body>`-Element
- Das `<p>`-Element

Anschließend werden weiterführende Funktionen ebenfalls jeweils vollständig erklärt, sodass der Lernende komplexere Strukturierungen vornehmen kann.

Beispiel
- Die `<h1>`- bis `<h6>`Elemente.
- Das `<ol>`-Element (mit den Attributen `reversed`, `start` und `type`) und das `<li>`-Element (mit dem Attribut `value`).
- Das `<ul>`-Element.

In weiteren Zwiebelschalen werden weitere Funktionen erklärt.

3.4 Fallbeispiel: HTML **

Spiralmodell
Zuerst werden grundlegende Funktionen jeweils nur soweit erklärt, wie sie der Lernende benötigt, um Texte in einer HTML-Seite zu strukturieren (ohne Varianten).

- Das `<html>`-Element
- Das `<head>`-Element
- Das `<body>`-Element
- Das `<p>`-Element
- Die `<h1>`- bis `<h6>`Elemente.
- Das `<ol>`-Element (*ohne* Attribute) und das `<li>`-Element (*ohne* Attribut).
- Das `<ul>`-Element.

Beispiel

Nachdem der Lernende diese Grundfunktionalität beherrscht, werden die Funktionen, die Attribute besitzen, mit den Attributen nochmals erklärt.

- Das `<ol>`-Element (*mit* den Attributen `reversed`, `start` und `type`) und das `<li>`-Element (*mit* dem Attribut `value`).

Beispiel

Dramaturgische Anordnung
Es werden die Funktionen erklärt, die nötig sind, und eine gewünschte HTML-Seite zu erhalten (Abb. 3.4-1).

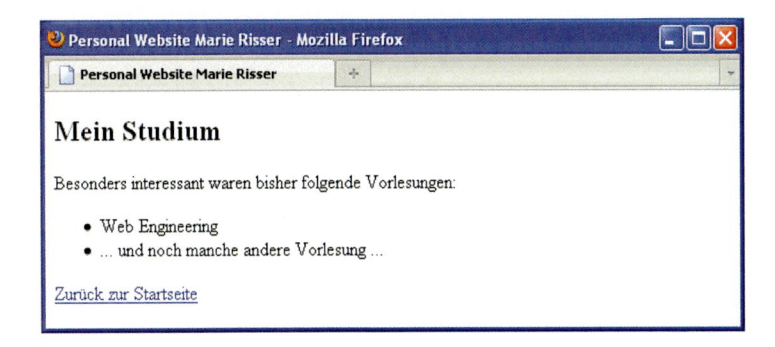

Abb. 3.4-1: Die Zielseite des Hyperlinks.

Folgende HTML-Elemente werden mit den jeweils benötigten Attributen vermittelt:

Beispiel

1 Grundstruktur einer HTML-Datei anlegen:
   `<html><head>...</head><body>...</body></html>`
2 Überschrift kennzeichnen: `<h2>...</h2>`.
3 Absätze kennzeichnen: `<p>...</p>`.
4 Das `<ul>`-Element und das `<li>`-Element.
5 Das `<div>`-Element
6 Das `<a>`-Element mit dem Attribut `href`.
7 Datei speichern mit Endung `.html`

3.5 Gliederung – Strukturierung der Lerninhalte als Baum *

Der Lernstoff wird in der Regel durch eine (vernetzte) Hierarchie strukturiert. Auf der jeweils tiefsten Ebene der Hierarchie sollte der (originäre) Lernstoff vermittelt werden. Alle übergeordneten Ebenen sollen dazu dienen, einen Überblick über die untergeordneten Teile zu geben (vorstrukturierende Lernhilfen). Um übersichtlich zu bleiben, sollten nicht mehr als drei Hierarchieebenen verwendet werden.

Von der Baumwurzel zum Blatt

Unabhängig vom gewählten Ordnungsprinzip, nach dem Sie als Autor Ihre Lerninhalte anordnen, bleibt anschließend noch die Aufgabe, die Lerninhalte in einer Buch-/Kursgliederung anzuordnen. Das Inhaltsverzeichnis eines Buches bzw. die Navigationsstruktur eines E-Learning-Kurses zeigt die verwendete Gliederungsstruktur.

Baum Zeichnet man eine solche Gliederung, dann entsteht eine sogenannte Baumstruktur (Abb. 3.5-1).

Ein Baum besteht aus einer Wurzel, Zweigen und Blättern. Idealerweise werden an den Blättern des Baumes die Lerninhalte vermittelt. Die Blätter des Baumes sind die **Lerneinheiten**, in der W3L-E-Learning-Plattform **Wissensbausteine** genannt.

Mehrere Lerneinheiten, die thematisch zusammengehören bzw. thematisch ein Gebiet abdecken, werden zu höheren Einheiten zusammengefasst, in Büchern meist als Kapitel oder Hauptkapitel bezeichnet, in der W3L-E-Learning-Plattform Gruppierungen genannt.

In einer **Gruppierung** wird ein Überblick über den in den *direkt* untergeordneten Lerneinheiten bzw. Wissensbausteinen vermittelten Lehrstoff gegeben. Evtl. werden bereits einige Begriffe des Gebiets eingeführt.

Gruppierungen und/oder Lerneinheiten bzw. Wissenbausteine können wiederum zu höheren Gruppierungen zusammengefasst werden.

Insgesamt spiegelt die Baumstruktur die Gliederung und Strukturierung des jeweiligen Lernstoffs wider.

⛔ Eine »unsaubere« Struktur liegt vor, wenn Zweige eines Baumes nur aus einem Blatt bestehen.

3.5 Gliederung – Strukturierung der Lerninhalte als Baum *

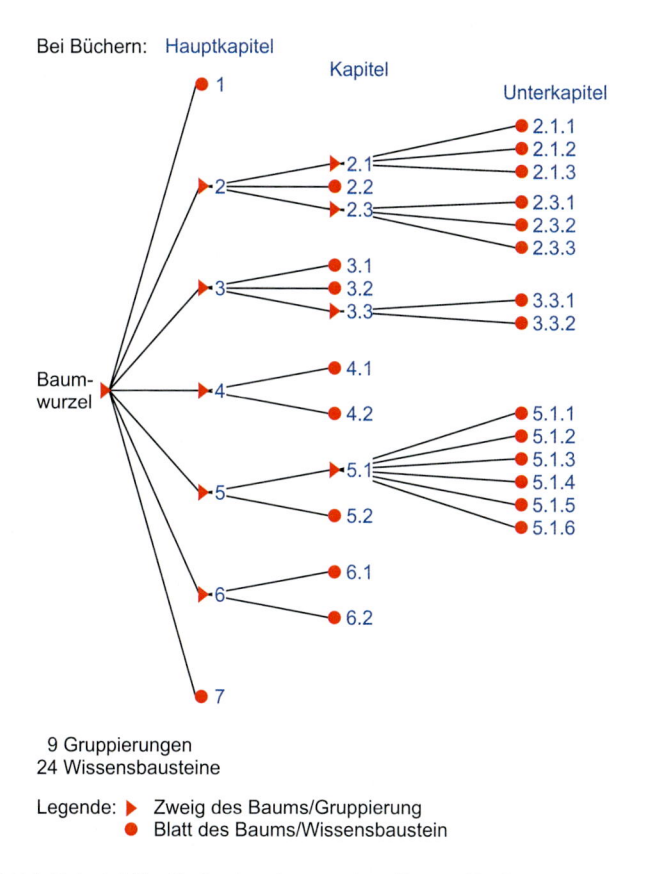

Abb. 3.5-1: Beispiel für die Strukturierung eines Kurses/Buches.

Beispiel: Vom Spiralmodell zur Buch-/Kursgliederung

Die Abb. 3.5-2 zeigt, wie Sie systematisch vom Spiralmodell zu einer Buch-/Kursgliederung gelangen:

1 Haben Sie die für Ihre Zielgruppe ausgewählten Lerninhalte zusammengestellt und wollen Sie die Gliederung nach dem Spiralmodell aufbauen, dann müssen Sie im ersten Schritt entscheiden, welche Lerninhalte für welche Spirale (z. B. Einstieg, Grundlagen und Vertiefung) geeignet sind.
2 Dann sollten Sie prüfen, welche Lerninhalte die Behandlung anderer Lerninhalte voraussetzen, um zu vermeiden, dass Lerninhalte angesprochen werden, die erst später behandelt werden.
3 Ist dies erfolgt, kann die Reihenfolge der Lerninhalte pro Spirale festgelegt werden.

4 Sind die zu vermittelnden Lerninhalte zu umfangreich, um sie in einer Lerneinheit zu vermitteln, dann müssen sie untergliedert werden.
5 Die so entstandene Struktur kann direkt in eine Buch-/Kursgliederung umgesetzt werden.

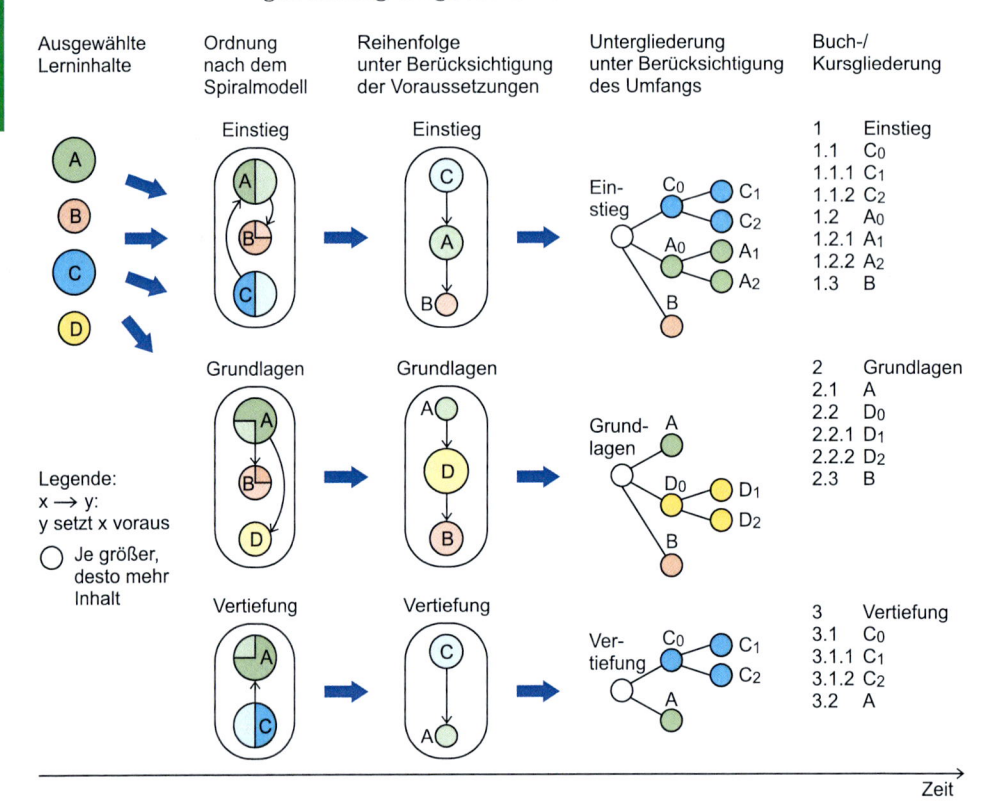

Abb. 3.5-2: Der Weg von ausgewählten Lerninhalten nach dem Spiralmodell bis hin zur Buch-/Kursgliederung.

Aufbau & Gliederung

Betrachtet man eine Baumstruktur, dann sollte in der Baumwurzel ein Überblick über alle direkt untergeordneten Bausteine gegeben werden, z. B. in einer Gruppierung »Aufbau und Gliederung« (Abb. 3.5-1). Dadurch würde aber eine zusätzliche Hierarchiestufe geschaffen. Um dies zu vermeiden, wird ein solcher Überblick in der Regel als eigenständiger Baustein bzw. als eigenständiges Kapitel an den Anfang der Gliederung gestellt – es handelt sich dabei jedoch inhaltsmäßig um eine Gruppierung (Abb. 3.5-3).

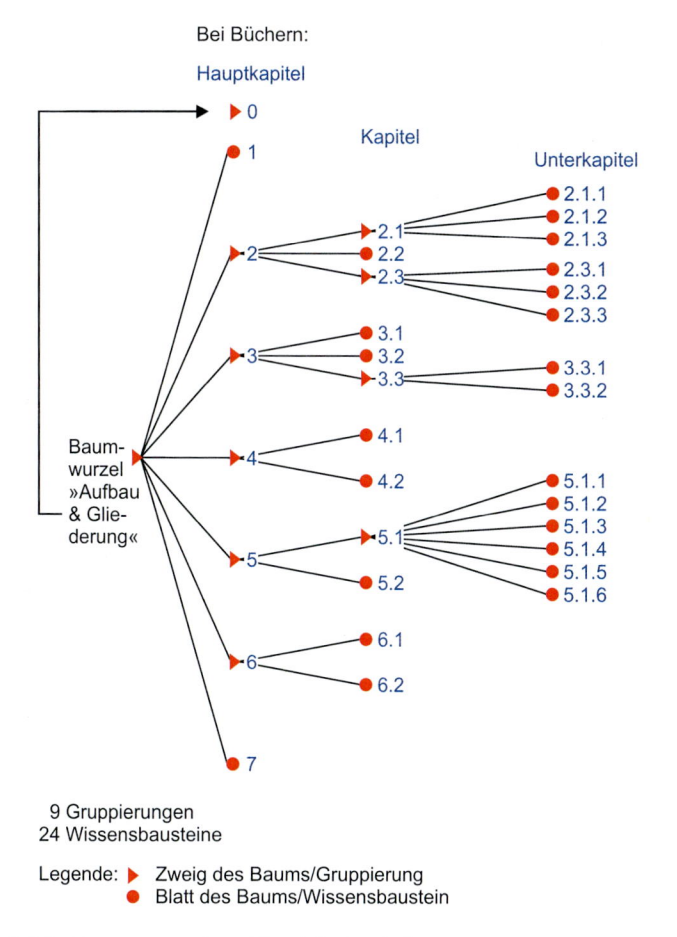

3.5 Gliederung – Strukturierung der Lerninhalte als Baum *

Abb. 3.5-3: Voransetzen eines Übersichtskapitels.

Damit der Lernende den Überblick über die Struktur behält, sollten nicht mehr als drei Gliederungsebenen verwendet werden.	≤ 3 Ebenen
Wenn Sie Schwierigkeiten haben, Ihren Lernstoff auf drei Ebenen anzuordnen, dann können Sie die Gliederungsebenen auch »ausflachen« (siehe »Ausflachung von Gliederungsebenen: Buch-/ Kursteile«, S. 306).	Hinweis
Die Beziehungen zwischen einzelnen Lerninhalten sind oft vielfältig und führen eigentlich zu einer Netzstruktur. Da Netzstrukturen für den Lernenden aber schwer zu überschauen sind, ist es sinnvoll, nach den Hauptabhängigkeiten zu ordnen und eine hierarchische Gliederung vorzunehmen. Die zusätzlichen Beziehungen können in Büchern durch Seitenverweise auf andere Kapitel und in E-Learning-Kursen durch Links auf andere Lerneinheiten hergestellt werden.	Querbezüge

Alternative Vorgehensweise
: Sie können als Autor natürlich auf völlig anders vorgehen. Sie beginnen zu schreiben und wenn Sie feststellen, dass der Umfang zu groß wird, teilen Sie die entstandene Lerneinheit in zwei Lerneinheiten auf usw. So entsteht nach und nach ad hoc eine Gliederungsstruktur. Wenn Sie genügend Erfahrung auf Ihrem Fachgebiet besitzen, dann kommen Sie auch auf diesem Wege zu einer guten Struktur.

Empirie
: Aus der Gedächtnispsychologie ist bekannt, dass sich Lernende besser an Konzepte erinnern, wenn sie in hierarchischen Gruppen organisiert sind [Myer08, S. 393].

3.6 Aufbau einer Gruppierung *

Eine Gruppierung fasst mehrere fachlich zusammengehörende Lerneinheiten und/oder Gruppierungen zu einer Einheit zusammen. In der Gruppierung werden ein Überblick über die untergeordneten Lerneinheiten und evtl. eine Einführung in die Thematik gegeben. Eine Gruppierung besitzt *keine* Kurzfassung.

Analysiert man Inhaltsverzeichnisse von Lehrbüchern, dann findet man oft folgende Gliederungsvarianten, die meiner Meinung nach auf *fehlerhafte* Gliederungen hinweisen:

```
2 Hauptkapitel
... Inhalt ...
  2.1 Kapitel
  ... Inhalt ...
    2.1.1 Unterkapitel (nur 1 Unterkapitel)
    ... Inhalt ...
  2.2 Kapitel
  ... Inhalt ...
```
Nur ein Blatt

```
2 Hauptkapitel
... Inhalt ...
  2.1 Kapitel (fehlender Inhalt)
    2.1.1 Unterkapitel
    ... Inhalt ...
    2.1.2 Unterkapitel
    ... Inhalt ...
```
Leeres Kapitel

Damit Lerneinheiten bzw. Buchkapitel nicht zu umfangreich werden und übersichtlich bleiben, werden sie in mehrere Teile aufgeteilt. Dadurch entstehen Unter-Lerneinheiten bzw. Unterkapitel. Werden sie nicht weiter unterteilt, dann handelt es sich um Blätter in einem Baum, in denen die originären Lerninhalte vermittelt werden sollten.

Gruppierung

Wofür sind nun die übergeordneten Lerneinheiten bzw. Kapitel oder Hauptkapitel gut? Sie können und sollten für folgende Zwecke genutzt werden:

- ■ Es wird ein **Überblick** über den in den untergeordneten Lerneinheiten vermittelten Lernstoff gegeben.
- ■ Es erfolgt bereits eine **intuitive Einführung** in den Stoff, der in den untergeordneten Lerneinheiten vermittelt wird. Evtl. werden bereits einige Begriffe des Gebiets eingeführt.
- ■ Es wird **motiviert**, warum der in den untergeordneten Lerneinheiten vermittelte Lernstoff wichtig ist.
- ■ Es wird eine **Gliederungsübersicht** über die untergeordneten Lerneinheiten aufgeführt.

Alle vier Zwecke können auch kombiniert verwendet werden.

In der Didaktik dienen die aufgeführten Zwecke als **vorstrukturierende Lernhilfen** *(advanced organizer)*:

Zur Theorie

- »Rezeptives Lernen – Darbietendes Lehren«, S. 104
- »Lehren – die Sicht der Lehrenden«, S. 99

Terminologie

Bei Büchern gibt es eine Terminologie, die sich nur an der Hierarchie der Gliederung orientiert: Hauptkapitel, Kapitel, Unterkapitel, Abschnitte – unabhängig davon, ob es sich um Blätter oder Zweige des Baums handelt. Oft wird auch nur von Kapiteln oder Abschnitten unabhängig von der Gliederungsebene gesprochen. Um zu einer klaren Terminologie zu gelangen, wird im Folgenden von **Gruppierungen** gesprochen, wenn es sich um Kapitel bzw. Lerneinheiten handelt, die weiter untergliedert sind. Gruppierungen können auch Gruppierungen enthalten.

Hinweis

In Büchern sind »leere« Kapitel möglich, in E-Learning-Kursen jedoch nicht. Eine leere Lerneinheit in einem E-Learning-Kurs würde bedeuten, dass nur die Überschrift vorhanden ist und sonst nichts.

Beispiel: Aufbau einer Gruppierung in W3L

Eine Gruppierung sollte wie folgt aufgebaut sein:

Zuerst **Hinführung zum Thema** bzw. **Motivation zum Thema**, dann **Inhaltsübersicht** über die untergeordneten Bausteine, in der Regel mit einem einführenden Satz.

Beispiel 1

Zunächst erfolgt ein Einführung in das Thema xyz verbunden mit einer Motivation und einem Überblick.

Anschließend werden die untergeordneten Lerneinheiten/Gruppierungen mit jeweils einem oder mehreren Sätzen aufgezählt. Es wird jeweils ein Seitenverweis (beim Lehrbuch) bzw. ein Link (beim E-Learning) zur jeweiligen Lerneinheit sowie die Überschrift der Lerneinheit bzw. des Kapitels aufgeführt. In der Marginalspalte befindet sich das Gliederungs-Piktogramm.

Das Thema a wird wegen ... behandelt:

- Verweis auf Buchkapitel mit Seitenangabe bzw. Link auf Baustein

Das Thema b wird wegen ... behandelt:

- Verweis auf Buchkapitel mit Seitenangabe bzw. Link auf Baustein

usw.

Beispiel 2

Sehen Sie sich die Gruppierungen in diesem Buch an.

Teil II ERWEITERUNG *

Wenn Sie weitere Möglichkeiten kennenlernen wollen, um Ihr Lehrbuch oder Ihren E-Learning-Kurs noch zu perfektionieren, dann wird Ihnen in diesem Teil II weiteres Wissen dazu vermittelt. Betrachten Sie diesen Teil als eine Art **Potpourri**, als eine Ansammlung vielfältiger Möglichkeiten. Wählen Sie selbst aus, was für Ihre Lehrziele am besten geeignet ist. Versuchen Sie *nicht*, alle Elemente zusammen auf einmal einzusetzen – denn zu viel kann auch ins Gegenteil umschlagen. Freuen Sie sich aber darüber, dass Ihnen die Didaktik und die heutige Technik ein solches vielfältiges Spektrum an didaktischen Konzepten zur Verfügung stellt.

Zunächst werden einige Erkenntnisse der Didaktik zum Lernen und Lehren behandelt:

- »Lernen und Lehren«, S. 91

Erwachsene lernen in der Regel, indem sie Präsenzveranstaltungen – meist in Form von Seminaren – besuchen oder sich durch Lehrbücher weiterbilden. Beide Vermittlungsformen haben Vor- und Nachteile. Zusätzliche Vorteile und die Vermeidung einiger Nachteile beider Vermittlungsformen ermöglicht **E-Learning**. Neben diesen drei grundsätzlichen Vermittlungsformen gibt es noch eine Reihe von Mischformen:

- »Lehrende und ihre Medien«, S. 129

Elementare, wichtige und ergänzende **Gestaltungsprinzipien** können Ihnen als **Leitlinien** für einzelne Lerneinheiten, aber auch für ein gesamtes Lehrbuch oder einen gesamten E-Learning-Kurs dienen:

- »Didaktische Gestaltungsprinzipien«, S. 147

Gestaltungsprinzipien lassen sich durch Gestaltungselemente realisieren. Den einzelnen Gestaltungsprinzipien lassen sich mehrere **Gestaltungselemente** zuordnen:

- »Didaktische Gestaltungselemente im Überblick«, S. 181

Neben den grundlegenden Gesichtspunkten, die bei der Konzeption von Lerneinheiten berücksichtigt werden sollten (siehe »Schnelleinstieg – Aufbau von Lerneinheiten«, S. 5), gibt es noch weitere Gesichtspunkte, die Sie als Autor einsetzen können, um Ihre Lerneinheiten didaktisch noch weiter zu perfektionieren:

- »Erweiterung – Aufbau von Lerneinheiten«, S. 187

Analog gilt dies für die Gestaltung von Büchern und E-Learning-Kursen. Neben grundlegenden Gesichtspunkten (siehe »Schnelleinstieg – Aufbau von Büchern/Kursen«, S. 59) können Sie als Autor weitere Gesichtspunkte bei der Konzeption von Ihren Büchern und E-Learning-Kursen berücksichtigen:

Teil II ERWEITERUNG *

- »Erweiterung – Aufbau von Büchern/Kursen«, S. 273

Lesehinweis Alle Lerneinheiten in diesem Buchteil II können Sie in beliebiger Reihenfolge lesen.

4 Lernen und Lehren *

»Jedes Gehirn ist einzigartig. Deshalb gibt es kein Patentrezept fürs Lernen.«
Ulrich Schnabel

»Lehren muss man vom Lernen her denken.«
Prof. Dr. Gaby Reinmann

Um als Lehrender bzw. Autor erfolgreich zu sein, müssen Sie grundlegende Kenntnisse darüber besitzen, was beim Lernen »abläuft«, damit Sie dieses Wissen bei Ihren Lehrbüchern und E-Learning-Kursen geeignet berücksichtigen können:

- »Lernen – die Sicht der Lernenden«, S. 94

Lernen

Die Kenntnisse über das Lernen helfen, die Lehre so zu gestalten, dass sie wirksam ist. Zu berücksichtigen ist außerdem, welche Unterschiede es für einen Lehrenden gibt, der Lehrbücher und E-Learning-Kurse konzipiert – im Gegensatz zur Präsenzlehre:

- »Lehren – die Sicht der Lehrenden«, S. 99

Lehren

Als Lehrender haben Sie bestimmte **Lehrziele**, die Sie den Lernenden vermitteln möchten. Ausgehend von Ihren Lehrzielen können Sie **Lernziele** und Lerninhalte ableiten (Abb. 4.0-1).

Lernprozesse

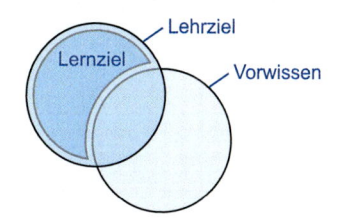

Abb. 4.0-1: Der Zusammenhang zwischen Lehrziel und Lernziel.

Damit die Lernziele erreicht werden können, müssen Sie versuchen, bei den Lernenden bestimmte Lernprozesse anzuregen. Um diese Lernprozesse optimal zu unterstützen, müssen Sie Ihre Lehrinhalte geeignet aufbereiten (Abb. 4.0-2).

In Abhängigkeit von der Aufbereitung Ihrer Lehrinhalte können Sie die Lernenden zu verschiedenen Arten von Lernprozessen anregen. Vereinfacht lassen sich zunächst zwei Extrempositionen von Lernprozessen unterscheiden (Abb. 4.0-3):

- Rezeptives Lernen und
- Entdeckendes Lernen.

Außerdem lassen sich unterscheiden (Abb. 4.0-3):

- Individuelles Lernen und
- Kooperatives Lernen.

4 Lernen und Lehren *

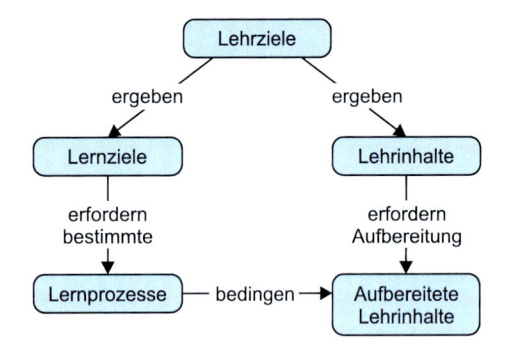

Abb. 4.0-2: Zusammenhang zwischen Lehrzielen und Lernprozessen.

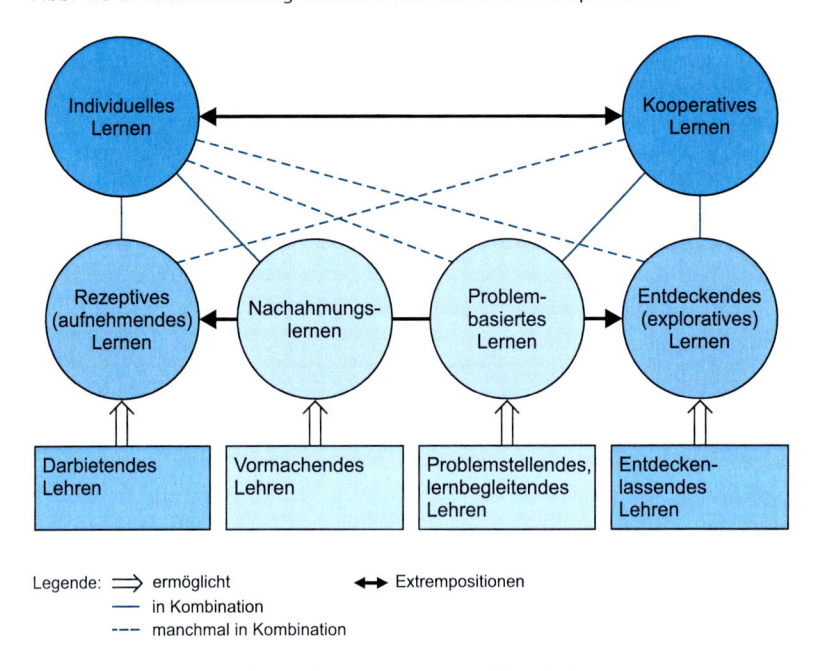

Abb. 4.0-3: Lehrmethoden und Lernprozesse im Überblick.

Beim **rezeptiven Lernen** arbeitet der Lernende – in der Regel alleine – den vom Lehrenden geeignet aufbereiteten Lehrstoff durch, um sich Wissen anzueignen. Beim **entdeckenden Lernen** bearbeitet der Lernende selbstständig und selbst gesteuert die vom Lehrenden gestellten Probleme – alleine oder zusammen mit anderen Lernenden.

Beispiel Besteht Ihr Lehrziel darin, Lernende auf die Führerscheinprüfung vorzubereiten, dann ergeben sich daraus folgende Lernziele:
- Vorbereitung auf die theoretische Prüfung
- Vorbereitung auf die praktische Prüfung

4 Lernen und Lehren *

Für die Vorbereitung auf die theoretische Prüfung stellen Sie den Lernenden didaktisch aufbereitetes Lehrmaterial zur Verfügung, um sich die Regeln im Straßenverkehr anzueignen. Durch Übungen und Tests können die Lernenden ihr erworbenes Wissen selbst überprüfen.

Für die Vorbereitung auf die praktische Prüfung stellen Sie den Lernenden ein Simulationsprogramm auf dem Computer zur Verfügung. Die Lernenden können die verschiedenen Bedienungselemente des Autos selbst entdecken und simulierte Fahrten selbst gesteuert vornehmen.

Neben den dargestellten Extrempositionen gibt es noch eine Reihe von Varianten, die sich zwischen den Extremen befinden (Abb. 4.0-3):

- Nachahmungslernen mit Varianten
- Problembasiertes Lernen mit Varianten

Zwischen individuellem Lernen und kooperativem Lernen gibt es ebenfalls Zwischenstufen.

Als Lehrender sollten Sie die verschiedenen Möglichkeiten mit ihren Varianten nutzen, um in Abhängigkeit von Ihren Lehrzielen den Lernenden das Lernen zu erleichtern. Tendenziell werden Sie in Lehrbüchern und E-Learning-Kursen individuelles, rezeptives Lernen unterstützen.

Empfehlung

In Abhängigkeit von den angestrebten Lernprozessen muss das zu vermittelnde Wissen methodisch unterschiedlich aufbereitet werden [Kerr12, S. 300] (Abb. 4.0-4).

Wissen →(didaktische Methode)→ Lernangebot →(Lernprozess)→ Lernergebnis

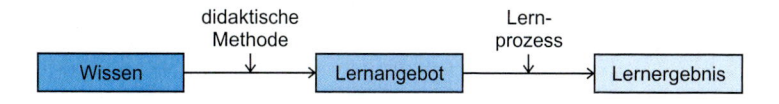

Abb. 4.0-4: Methodische Aufbereitung von Wissen für Lernangebote [Kerr12, S. 301].

Für jede Lernprozess-Art gibt es didaktische Methoden zur geeigneten Aufbereitung der Lerninhalte:

- »Rezeptives Lernen – Darbietendes Lehren«, S. 104
- »Entdeckendes Lernen – Entdeckenlassendes Lehren«, S. 109
- »Individuelles Lernen – Kooperatives Lernen«, S. 117

4.1 Lernen – die Sicht der Lernenden *

Lernen ist ein kognitiver Informationsverarbeitungsprozess. Informationen werden aufgenommen (sensorischer Speicher), verarbeitet (Kurzzeitgedächtnis), gespeichert (Langzeitgedächtnis), abgerufen und auf neue Zusammenhänge transferiert. Durch metakognitive Prozesse wird der Ablauf gesteuert und die Motivation aufrechterhalten. Aktives Lernen führt zu einer tiefen Verarbeitung. Werden Begriffe mit visuellen Strukturen kombiniert, dann werden die linke und die rechte Gehirnhälfte optimal genutzt.

Um gute Lehrbücher und E-Learning-Kurse schreiben zu können, müssen Sie als Autor die wichtigsten Erkenntnisse zum Lernen aus der Perspektive der Lernenden kennen. Im Folgenden werden didaktisch relevante Erkenntnisse aus der Gedächtnis-, Lern- und Unterrichtsforschung vorgestellt.

Das Konzept der Verarbeitungstiefe

Lernen ist eine Aktivität. Die Qualität des Lernens hängt von der Verarbeitungstiefe ab. Lernende, die sich mit bestimmten Inhalten intensiv auseinandersetzen, haben große Chancen, diese Inhalte auch erfolgreich zu lernen. In der Psychologie unterscheidet man eine **oberflächige Verarbeitung** und eine **tiefe Verarbeitung**. Eine tiefe Verarbeitung führt zu einem besseren Lernen und Behalten und zu einem weiteren Transfer [KlLe12, S. 69]. »Oberflächliche Verarbeitung nimmt die Information mehr oder minder unverändert auf, wie sie präsentiert wird. Tiefe Verarbeitung verändert dagegen die Information, analysiert sie in ihre Einzelheiten, setzt diese zueinander und zum bereits vorhandenen Wissen in Beziehung und ordnet sie in größere Zusammenhänge ein« [KlLe12, S. 75].

Didaktische Konsequenzen Sie müssen als Autor den Lernenden dazu motivieren, sich durch Fragen, Übungen, Tests, Aufgaben und eigene Notizen intensiv mit dem Lernstoff auseinanderzusetzen. Der Lernende sollte vielfältig aktiviert werden.

Das Drei-Speicher-Modell

Der Mensch besitzt drei Gedächtnisarten mit unterschiedlicher Kapazität und Speicherdauer [Lehn09, S. 101 f.] (Abb. 4.1-1):

- **Sensorischer Speicher**: Wahrnehmungen gelangen zunächst in diesen Speicher und werden dort – abhängig vom Eingangskanal – für Zehntelsekunden gespeichert.
- **Kurzzeitgedächtnis**: Für die Dauer von Sekunden bis hin zu wenigen Minuten werden Informationen gespeichert. Werden

die Informationen im Kurzzeitgedächtnis bewusst wiederholt (sogenannte Wiederholungsschleife), dann werden die Informationen etwas länger behalten. Die Kapazität des Kurzzeitgedächtnisses ist begrenzt: Gespeichert werden 7±2 gebündelte Informationseinheiten, beispielsweise eine Zahl anstelle von Ziffern [Myer08, S. 386, 395]. Neue Forschungen deuten darauf hin, dass zu einem Zeitpunkt nicht mehr als **2–4 Einheiten** verarbeitet werden können [Nels05].

■ **Langzeitgedächtnis**: Sind die Informationen erst einmal im Langzeitgedächtnis, dann werden sie dauerhaft gespeichert. Können diese Informationen nicht mehr erinnert werden, dann gelingt der assoziative Zugriff nicht mehr. Das Langzeitgedächtnis ist in seiner Kapazität *nicht* begrenzt.

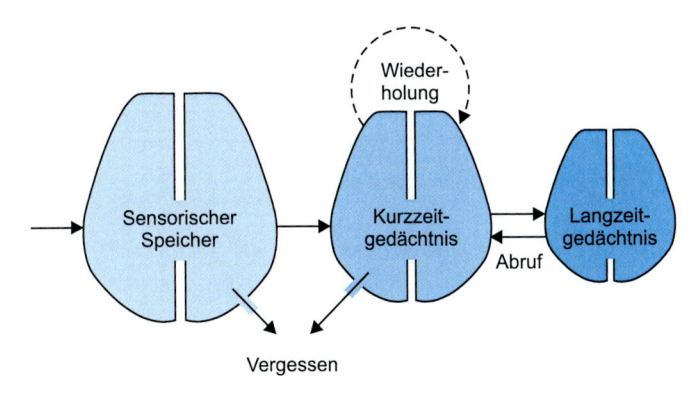

Abb. 4.1-1: Das Drei-Speicher-Modell [Lehn09, S. 102].

»Gedächtnisanker und Suchschemata legen bzw. rekonstruieren, Bedeutsamkeit herstellen, Lerninhalte wiederholen und üben« [Lehn09, S. 191].

Didaktische Konsequenzen

Lernen als Informationsverarbeitung

Unter Berücksichtigung des Drei-Speicher-Modells lässt sich Lernen als Informationsverarbeitung begreifen (Abb. 4.1-2).

Die in der Abb. 4.1-2 eingetragenen Rückwärtspfeile verdeutlichen, dass früher gelernte und gespeicherte Kenntnisse neue Erfahrungen beeinflussen. Lernende mit unterschiedlichen **Vorkenntnissen** und Vorerfahrungen nehmen Informationen unter Umständen auch unterschiedlich auf und verarbeiten sie anders. Der Lernprozess wird über sogenannte Metakognitionen gesteuert und kontrolliert. Unter **Metakognitionen** versteht man das »Wissen über das eigene Wissen«, d.h. die Auseinandersetzung mit den eigenen **kognitiven Prozessen** (Gedanken, Meinungen, Einstellungen, Fähigkeiten usw.). Lernende steuern ihre Lern- und Denkprozesse. »Dabei kommen eigene Kontrollinstanzen

4 Lernen und Lehren *

```
[Diagramm: Lernen als Informationsverarbeitung]
Informationsaufnahme | Informationsverarbeitung | Informationsspeicherung
Sensorischer Speicher → Kurzzeitgedächtnis ⇄ Langzeitgedächtnis
                        ↑ Wiederholung          Abruf
                        ↓ Vergessen
→ Informationsanwendung (Lerntransfer)
↑ Metakognitive Steuerung und Kontrolle der kognitiven Komponenten und der Motivation
```

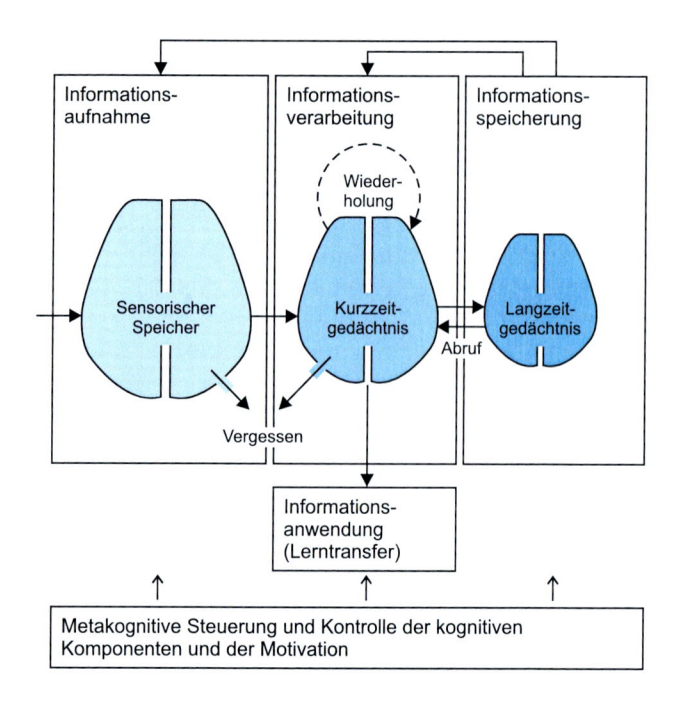

Abb. 4.1-2: Lernen als Informationsverarbeitung (in Anlehnung an [KlLe12, S.44]).

zum Zuge, etwa bei der Entscheidung, ob man richtig verstanden hat oder nicht, ob man etwas richtig wiedergeben kann oder nicht« [KlLe12, S. 45]. Damit Lernen als Informationsverarbeitung überhaupt stattfinden kann, ist ein Mindestmaß an **Motivation** bei dem Lernenden erforderlich.

Didaktische Konsequenzen Der Lernprozess muss vom Lehrenden so gesteuert werden, dass er in die gewünschte Richtung verläuft. Er muss außerdem kontrolliert werden, damit er nicht vom Ziel abkommt oder zu früh abgebrochen wird (siehe »Lehren – die Sicht der Lehrenden«, S. 99).

Die Links-Rechts-Organisation des Gehirns

Die linke Hirnhälfte des Menschen ist mehr für gesprochene und geschriebene Sprache sowie mathematische Fähigkeiten zuständig. Die Kompetenz der rechten Hirnhälfte liegt im räumlichen Vorstellungsvermögen und in dem Erkennen von Mustern (Abb. 4.1-3). Eindeutige Zuordnungen sind aber nur schwer möglich.

Didaktische Konsequenzen Als Autor sollten Sie Begriffe mit visuellen Strukturen kombinieren (siehe »Visualisierung – die Kunst der Veranschaulichung«, S. 30). Details sollten Sie mit Ordnungsschemata und Strukturen in Zusammenhang bringen.

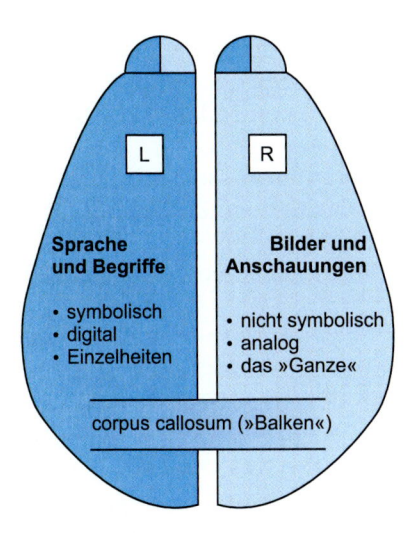

Abb. 4.1-3: Kompetenzen der linken und rechten Gehirnhälfte.

Lernen als Erwachsener

Die entwicklungspsychologische Lernforschung hat für Erwachsene zu folgenden Erkenntnissen geführt ([AKS99, S. 15 f.], zitiert nach [Lehn09, S. 106]):

- Die Lernprozesse sind störanfällig. Früher gelernte Inhalte sind gut erinnerbar, während kurzfristig Gelerntes schlechter erinnert wird.
- Das Lerntempo verringert sich mit zunehmendem Alter. Unter Zeitdruck sind die Testergebnisse für Ältere meist schlechter als für Jüngere.
- Im Alter nehmen die Unterschiede der Lernstile und Lerninteressen zu.
- Zwischen wichtigen und unwichtigen Informationen können Ältere besser unterscheiden, da sie in ihrem Leben bereits vielfältige Erfahrungen gemacht haben. Sie können neues Wissen in ihre Wissensnetze integrieren.
- Ältere beherrschen meist weniger Lerntechniken als Jüngere.

Für Erwachsene sind Lehrbücher und E-Learning-Kurse für das Lernen gut geeignet, da sie ihre eigene Lernumgebung gestalten und ihr eigenes Lerntempo wählen können.

Didaktische Konsequenzen

Gütekriterien für guten Unterricht

Verschiedene Autoren ([JaMe05, S. 127–129], [Dubs03, S. 27–33]) haben aus Meta-Analysen didaktische Gütekriterien ermittelt, die sich nach ihrer Auffassung ausreichend empirisch belegen lassen. Im Folgenden werden die Kriterien aufgeführt, die für die Erstellung von Lehrbüchern und E-Learning-Kursen relevant erscheinen:

- Bedeutsame und anspruchsvolle Lernziele (siehe »Lernziele – angestrebter Lerngewinn«, S. 62).
- Klar formulierte und kontrollierte Leistungserwartungen.
- Fachliche Korrektheit.
- Aufbau von kohärenten Wissensstrukturen.
- Sinngebung für das Lernen (Bedeutung und Sinn der Lerngegenstände werden deutlich).
- Methodenvielfalt, d. h. es werden vielfältige Lernaktivitäten gefordert.
- Strukturierter, systematischer Aufbau des Lernprozesses (Aufbau auf Vorwissen, roter Faden ist erkennbar).
- Anwendung von Wissen in wechselnden Kontexten.
- Förderung von anspruchsvollen Denkprozessen (analytisches, kritisches, kreatives Denken).
- Förderung von selbst gesteuertem Lernen und Metakognition (siehe »Entdeckendes Lernen – Entdeckenlassendes Lehren«, S. 109).
- Geeignete Medienunterstützung (siehe »Multimedia – Lerneinheiten multimedial gestalten«, S. 343).
- Möglichkeiten zum Üben (Routinisierung von Wissen und Fertigkeiten).
- Regelmäßiges und folgenreiches Feedback für den Lernenden (siehe »Rückkopplung – Feedback zum Autor und zum Lernenden«, S. 176).
- Lernfreundliche Arbeitsatmosphäre.

Hinweis — Sie sollten als Lehrender Ihren Lernenden vielleicht Hinweise darauf geben, mit welchen Lesestrategien Ihre Lehrtexte am besten verarbeitet werden können. Bewährt haben sich beispielsweise die PQ4R-Methode von [ThRo72] und die MURDER-Methode von [DCM+79].

Weiterführende Literatur — [Rein15, S. 15 f.]

4.2 Lehren – die Sicht der Lehrenden *

Der Autor eines Lehrbuchs oder eines E-Learning-Kurses muss den Lernprozess der Lernenden durch den geeigneten Aufbau seiner Lerneinheiten steuern. Zunächst muss er die Lernenden motivieren. Dann muss er Informationen bereitstellen und die Informationsverarbeitung der Lernenden geeignet unterstützen. Damit die Lernenden die verarbeiteten Informationen speichern und abrufen können, müssen geeignete Einprägungsstrategien angewandt und die Abrufbarkeit der Informationen unterstützt werden. Abschließend muss noch mit den Lernenden der Transfer auf neue Anwendungen geübt werden.

»Die Lehre hat [...] das Ziel, die Wahrscheinlichkeit, etwas zu lernen, deutlich zu erhöhen – im Vergleich zu jemanden, der allein vor sich hin lernt.« *Manfred Prenzel, Bildungsforscher an der TU München*

Aus dem Informationsverarbeitungsprozess des Lernens (siehe »Lernen – die Sicht der Lernenden«, S. 94) lässt sich ein **Lehrprozess** ableiten (Abb. 4.2-1).

Sechs Funktionen muss die **Lehre** erfüllen [KlLe12, S. 45]:

1   Steuerung des Lernprozesses
2   Motivierung des Lernenden
3   Bereitstellung von Informationen für den Lernenden
4   Unterstützung der Informationsverarbeitung des Lernenden
5   Unterstützung der Speicherung und des Abrufs von Informationen durch den Lernenden
6   Unterstützung beim Transfer der Informationen auf andere Konstellationen

Die Steuerung des Lernprozesses wird in der Abb. 4.2-1 durch die Reihenfolge der Funktionen festgelegt.

Werden Fragen mit »Nein« beantwortet, dann sind unter »Sorge für« Maßnahmen angegeben, die helfen, die entsprechende Frage anschließend mit »Ja« zu beantworten. Die Maßnahmen hängen maßgeblich auch davon ab, ob der Lehrprozess in einer Präsenzveranstaltung durchgeführt wird oder mittels Lehrbuch oder E-Learning-Kurs vermittelt wird.

Welche Unterschiede bestehen für einen Lehrenden in der Präsenzlehre verglichen mit einem Lehrenden, der ein Lehrbuch oder einen E-Learning-Kurs schreibt?

Frage

Präsenzlehre:

Antwort

+   Der Lehrende kann seine Persönlichkeit durch Rhetorik, Mimik, Gestik und unmittelbare Interaktion in die Unterrichtssituation einbringen.

4 Lernen und Lehren *

Motivation

Start → Ist der Lernende motiviert?
- nein → Sorge für **Motivation** durch
  - interessantes Problem
  - interessante Tätigkeit
  - motivierendes Lernziel

Informationsbereitstellung

Hat der Lernende die notwendigen Informationen?
- nein → Sorge für **Aufmerksamkeit** durch
  - Lenkung der Aufmerksamkeit
  - vorstrukturierende Lernhilfen
  - Aktivierung notwendiger Vorkenntnisse
- Sorge für **Information** durch
  - ausreichendes Lernmaterial
  - Verweise auf zusätzliches Material
  - Sorge für **optimale Gestaltung** der Information

Informationsverarbeitung

Hat der Lernende alles verstanden?
- nein → Sorge für **elaborative Prozesse** durch Herausarbeiten von
  - Querverbindungen
  - Voraussetzungen
  - Konsequenzen usw.
- Sorge für **reduktive Prozesse** durch
  - Zerlegung in kleinere Strukturen
  - Zusammenfassen zu größeren Einheiten
  - Netzwerkdarstellungen

Speichern und Abrufen

Kann der Lernende die Informationen aus dem Gedächtnis abrufen?
- nein → Sorge für **Einprägungsstrategien** wie
  - Einordnen des Neuen in das Bekannte
  - Vergleichen, Analogien
  - Übung, Überlernen
  - Notizen machen
- Sorge für **Abrufbarkeit** durch
  - Fragen und Impulse
  - Strukturierte Merk- und Abrufhilfen

Transfer

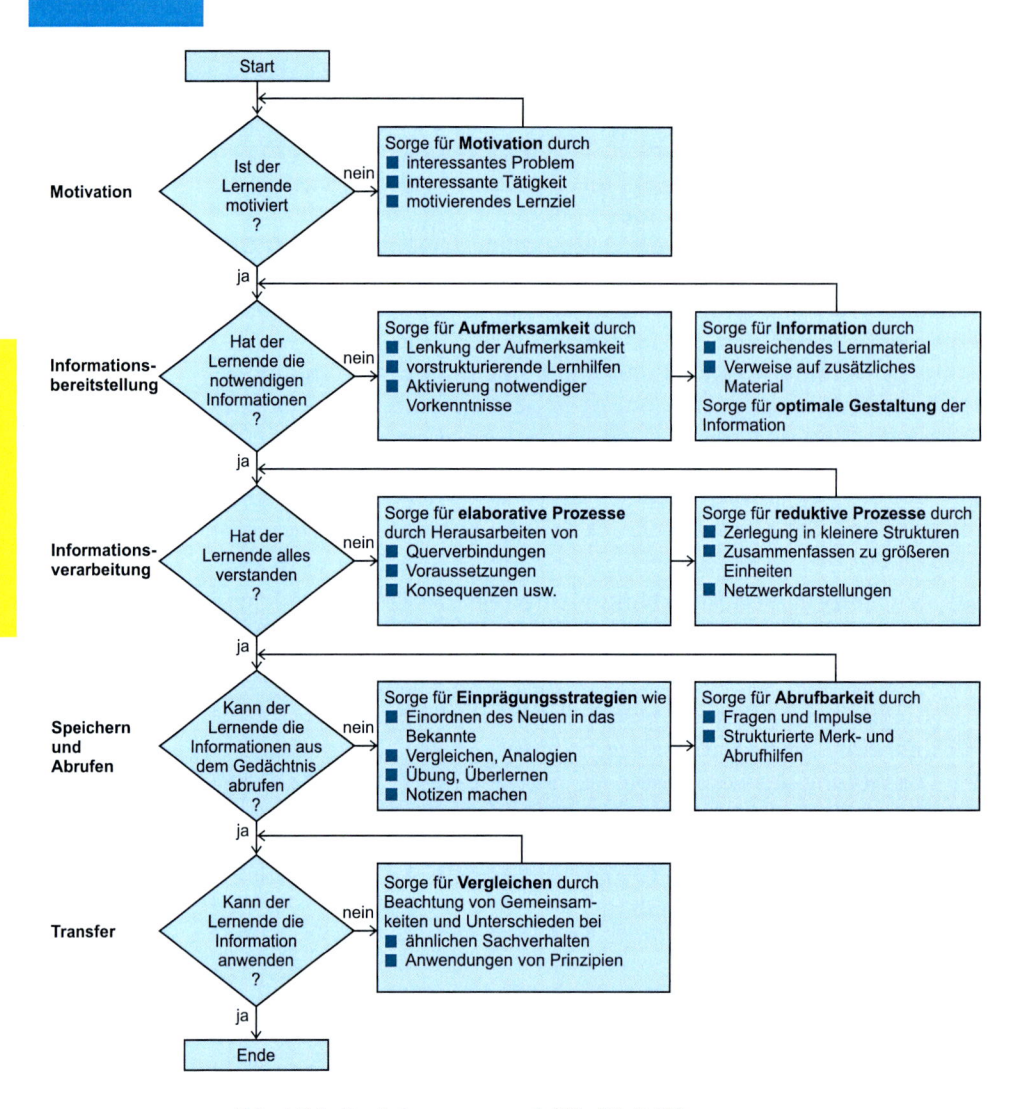

Kann der Lernende die Information anwenden?
- nein → Sorge für **Vergleichen** durch Beachtung von Gemeinsamkeiten und Unterschieden bei
  - ähnlichen Sachverhalten
  - Anwendungen von Prinzipien

→ Ende

Abb. 4.2-1: Der Lehrprozess nach [KlLe12, S.47].

+ Direkte Rückkopplung der Lernenden während der Vermittlung der Lerninhalte.
+ Der Lehrende kann aktuelle Entwicklungen unmittelbar in den Unterricht einbringen.
− Auf spontane Fragen der Lernenden muss sofort reagiert werden.

Lehrbuch oder E-Learning-Kurs:

+ Die Vermittlung der Lehrinhalte kann genau überlegt und in Ruhe umgesetzt werden.
− Alle Inhalte müssen verschriftlicht werden.

Lehrbuch:
- Aktuelle Entwicklungen können *nicht* zeitnah vermittelt werden (abhängig vom Auflagenzyklus des Buches).

E-Learning-Kurs:
+ Alle Arten von Medien können benutzt werden, um den Lernstoff zu vermitteln.
+ Eine asynchrone Rückkopplung durch Online-Tutoren, eine synchrone Rückmeldung bei automatisch auswertbaren Tests ist möglich.
+ Aktuelle Entwicklungen können zeitnah durch Aktualisierungen des Kurses vermittelt werden.

Vier Faktoren sind für die Motivation beim Lernen besonders relevant (ARCS-Modell von [Kell83]):

Motivierung des Lernenden

- **A**ttention: Das Lernangebot soll die Aufmerksamkeit der Lernenden erregen.
- **R**elevance: Die Lerninhalte sollen für den Lernenden relevant und wichtig sein.
- **C**onfidence: Das Lernangebot soll die Erfolgszuversicht fördern, z. B. durch geeignete Rückkopplung.
- **S**atisfaction: Das Lernangebot soll Zufriedenheit ermöglichen, z. B. durch die Bereitstellung sozialer Medien (gegenseitige Unterstützung).

Um die Lernenden zu **motivieren**, gibt es u. a. folgende Möglichkeiten:

- »Emotionale Einstimmung – Fotos, Illustrationen«, S. 40
- »Aufmerksamkeit fördern – psychophysisch aktivieren«, S. 152
- »Abwechslung – den Geist aktiv halten«, S. 174
- »Storys – Fakten in Geschichten verpackt«, S. 237
- »Spannung erzeugen«, S. 242

Im Gegensatz zu Präsenzveranstaltungen können motivierende Elemente gezielt geplant werden. In E-Learning-Kursen gibt es zusätzlich folgende Möglichkeiten:

- »Interaktivität – Lerneinheiten interaktiv gestalten«, S. 337
- »Multimedia – Lerneinheiten multimedial gestalten«, S. 343
- »Rückkopplung – Feedback zum Autor und zum Lernenden«, S. 176

Ziel muss es sein, den Lernenden über den gesamten Lehr-Lern-Prozess hinweg zu motivieren.

Ein Problem in Präsenzveranstaltungen besteht darin, dass der Lernende Informationen, die er bereits kennt, *nicht* überspringen kann. »[...] selbst Studierende erleben es immer wieder, dass sie sich des Langen und Breiten etwas anhören sollen, was sie

Bereitstellung der Information

schon kennen. Ein solches Vorgehen erhöht sicher nicht die Lernmotivation, im Gegenteil kann sie Überdruss und psychische Sättigung wecken« [KlLe12, S. 56]. In Lehrbüchern und E-Learning-Kursen hat der Lernende dagegen die Möglichkeit, einen Stoff kurz zu überfliegen und zu überspringen, wenn er ihn bereits kennt. Noch besser ist es, wenn der Lernende am Anfang eine Zusammenfassung des Lernstoffes einer Lerneinheit findet und anhand der Zusammenfassung entscheiden kann, ob er den Inhalt überspringt oder nicht:

- »Die Kurzfassung – die Essenz der Lerneinheit«, S. 14

Beispiel

In der W3L-E-Learning-Plattform steht am Anfang jeder Lerneinheit eine Kurzfassung. Neben der Kurzfassung befinden sich Piktogramme, um Tests und Aufgaben aufzurufen (siehe Marginalspalte). Führt der Lernende die Tests und Aufgaben direkt erfolgreich durch, dann weiß er, dass er den Lernstoff bereits beherrscht und kann »beruhigt« den Inhalt der Lerneinheit überspringen. Erfahrungen mit diesem Konzept haben gezeigt, dass Lernende mit umfangreichem Vorwissen dadurch einen E-Learning-Kurs sehr viel schneller durcharbeiten können, als Lernende ohne Vorkenntnisse.

Die Lehrinhalte müssen so aufbereitet werden, dass die Lernziele didaktisch vermittelt werden können:

- »Der Inhalt – Didaktisch Lernziele vermitteln«, S. 16
- »Zwischenüberschriften – Strukturieren der Inhalte«, S. 27
- »Visualisierung – die Kunst der Veranschaulichung«, S. 30

»Für klar strukturierte Lektionen sprechen danach Überblicke und Rückblicke, vorstrukturierende Lernhilfen im Sinne von *advance organizers*, aber auch Zusammenfassungen und dergleichen mehr« [KlLe12, S. 60].

Verarbeitung von Informationen

Eine tiefe Informationsverarbeitung durch den Lernenden kann durch elaborative und reduktive Prozesse unterstützt werden.

Elaborative Prozesse erweitern die Informationsmenge. »Elaborative Prozesse differenzieren die Information aus, etwa durch Aufdeckung implizit, aber nicht explizit gegebener Zusammenhänge, durch Klärung scheinbarer oder wirklicher Widersprüche und durch Aufspüren von Lücken. Elaborative Prozesse lassen sich durch geeignete Fragen und Impulse in Gang setzen. Bei Lehrtexten verwendet man sowohl vorangestellte als auch nachgestellte Fragen, deren Wirksamkeit unterschiedlich ist. Vorangestellte Fragen lenken die Informations*aufnahme*, während nachgestellte Fragen die Art der Informations*verarbeitung* beeinflussen können« [KlLe12, S. 75]:

- »Fragen stellen – Denken anregen«, S. 228

4.2 Lehren – die Sicht der Lehrenden *

Wird ein Sachverhalt auf unterschiedliche Weise dargestellt, dann wird das Verständnis gefördert [KlLe12, S. 71]:

- »Abwechslung durch alternative Darstellungsformen«, S. 204

Reduktive Prozesse vermindern die Informationsmenge und führen auf die zentralen Punkte zurück [KlLe12, S. 69]. Informationen müssen gut strukturiert, geordnet und übersichtlich gestaltet sein:

- »Verstehen fördern und erleichtern«, S. 209

Einprägungsstrategien verknüpfen das Neue mit dem bereits Bekannten und dienen dazu, den erarbeiteten Lehrstoff zu festigen. Fragestellungen, die entsprechende Verknüpfungen erfordern, und Vergleiche, Analogien und Metaphern helfen, neue Inhalte auf bekannte Sachverhalte zu beziehen [KlLe12, S. 86]:

Speichern & Abrufen

- »Fragen stellen – Denken anregen«, S. 228
- »Verstehen fördern und erleichtern«, S. 209

»Die bekannteste Einprägungsstrategie ist die Übung. Mit der Zahl der Wiederholungen wird nicht nur mehr gelernt und behalten, sondern auch qualitativ besser gelernt« [KlLe12, S. 86]:

- »Wiederholung – Vom Trampelpfad zur Autobahn«, S. 149

Die **Abrufbarkeit** wird durch Mitschriften, Notizen, Zusammenfassungen und durch häufige Fragen gefördert:

- »Notizen machen – nachhaltig lernen«, S. 231
- »Fragen stellen – Denken anregen«, S. 228

Strukturierungshilfen und Kategorisierungen verbessern ebenfalls die Abrufbarkeit:

- »Strukturierung – Zusammenhänge sichtbar machen«, S. 171
- »Abstraktion – richtigen Abstraktionsgrad wählen«, S. 168

Ein allgemeines wichtiges Lehrziel besteht darin, den Lernenden zu befähigen, sein Wissen auf neue Anwendungen zu transferieren. Es konnte empirisch nachgewiesen werden, dass Prinzipien, Gesetzmäßigkeiten und kognitive Strategien, die man in einem speziellen Bereich erkannt hat, auf neue Inhalte übertragen kann [KlLe12, S. 88]. Es hat sich dabei gezeigt, dass **Transfer** in der Regel eingeübt werden muss:

Transfer

- »Transfer üben – neue Situationen bewältigen«, S. 219

4.3 Rezeptives Lernen – Darbietendes Lehren *

Beim darbietenden Lehren strukturiert der Lehrende den Lernstoff aufgrund seiner Fachkenntnisse und seiner didaktischen Erfahrungen unter Einbeziehung von Beispielen und Übungen so, dass der Lernende die Chance hat, gesteuert durch die Reihenfolge und Art und Weise der Lernstoffdarbietung, sich schnell ein eigenes mentales Modell des Lernstoffs zu bilden und an sein Vorwissen anzuknüpfen. Beim rezeptiven Lernen wird der Lernende zielgerichtet durch die vorgegebene Sachstruktur geführt und lernt dadurch zeitsparend. Eine Variante des rezeptiven Lernens stellt das Nachahmungslernen dar, das darauf abzielt, den Lernenden aktiver einzubinden.

Darbietendes Lehren

Als Lehrender kennen Sie Ihr Fachgebiet, kennen die Abhängigkeiten zwischen den Konzepten und wissen, wie der Lehrstoff strukturiert werden muss, damit Lernende an Vorwissen anknüpfen können und schrittweise Kompetenzen des Fachgebiets neu erwerben können. Durch die geeignete Strukturierung des Lehrstoffs, durch eingestreute Übungen und Tests, durch die geeignete Wahl von Medien und die Führung des Lernenden durch den Stoff (Lernwege), erleichtern Sie dem Lernenden den Aufbau eines mentalen Modells. Wenn Sie den Lehrstoff so aufbereiten, dann spricht man von darbietendem Lehren.

Ziel

Ziel des **darbietenden Lehrens** bzw. expositorischen Lehrens bzw. instruierenden Lehrens ist es, einen gefestigten Vorrat an verstandenem und anwendbarem Wissen zu vermitteln.

Art der Aufbereitung

Der Lehrstoff sollte folgendermaßen aufbereitet werden [Kerr12, S. 307 und S. 317 f.]:

- Der Lernstoff wird in sequenzieller Form angeboten.
- Der Lernstoff soll sowohl allgemeine als auch konkrete Wissensbestandteile beinhalten. Er kann induktiv oder deduktiv vermittelt werden (siehe »Verstehen fördern und erleichtern«, S. 209).
- Durch Tests und Aufgaben muss sichergestellt werden, dass der Lernstoff wiederholt und vertieft wird (siehe »LERNERFOLG ÜBERPRÜFEN«, S. 403).
- Um den Lernenden zu motivieren und seine Aufmerksamkeit zu erhalten, soll an konkrete Beispiele angeknüpft werden, sollen Verweise auf bereits Erlerntes erfolgen, sollen angemessene Erwartungen z. B. durch das Nennen von Lernzielen aufgebaut werden, sollen Vorkenntnisse überprüft werden und soll eine Inhaltsübersicht gegeben werden.
- Um die Lernzeit zu optimieren, soll die Navigation einfach sein (siehe »Navigation – Hilfe bei der Orientierung«, S. 310).

4.3 Rezeptives Lernen – Darbietendes Lehren *

Überschaubare Informationseinheiten sollen sich mit Aktivitäten der Lernenden abwechseln.

- Der Lernfortschritt soll erfasst und dem Lernenden zurückgemeldet werden (siehe »Rückkopplung – Feedback zum Autor und zum Lernenden«, S. 176).

Sowohl bei Lehrbüchern als auch in E-Learning-Kursen steht das darbietende Lehren im Vordergrund.

Verbreitung

Arbeitet der Lernende den so dargebotenen Lehrstoff systematisch durch, dann spricht man von **rezeptivem Lernen**, auch **aufnehmendes** oder **expositorisches Lernen** genannt. Auch bei diesem Lernprozess muss der Lernende selbst aktiv werden und sich den Lernstoff aktiv aneignen.

Rezeptives Lernen

»*Rezeptiv* ist das Lernen in dem Sinne, dass Lerninhalte vom Lernenden nicht selbst entdeckt werden müssen, sondern bereits in ›fertiger Form‹ angeboten werden« [Rein15, S. 30].

In der Regel werden Lernende beim rezeptiven Lernen individuell lernen – insbesondere bei Nutzung eines Lehrbuchs.

Individuelles Lernen

Bei einem E-Learning-Kurs kann Lernenden auf verschiedene Art und Weise Unterstützung geboten werden: Begleitung durch einen **Online-Mentor** oder Unterstützung durch einen **Online-Tutor**. Die Unterstützung kann dabei von Fragen beantworten und Aufgaben bewerten bis hin zum Coaching reichen.

Sowohl beim Lehrbuch als auch bei einem E-Learning-Kurs kann der Lernende sich natürlich selbst Unterstützung durch Lernpartner oder Lerngruppen organisieren (siehe auch »Individuelles Lernen – Kooperatives Lernen«, S. 117).

In der Regel wird beim darbietenden Lehren eine Kooperation mit anderen Lernenden *nicht* erzwungen.

- \+ Verknüpfung mit vorhandenem Wissen erleichtert das Lernen von Neuem.
- \+ Vermittlung einer umfangreichen und klar strukturierten Wissensbasis.
- \+ Der Lernende wird zielgerichtet durch die vorgegebene Sachstruktur und Lernwege geführt.
- \+ Integriertes Wissen vergisst man nicht so schnell.
- \+ Zeitsparend.

Vorteile

- − Hohe Abhängigkeit von den didaktischen Fähigkeiten des Lehrenden.
- − Bereits Erklärtes kann *nicht* mehr selbst entdeckt werden.
- − Der Lernende ist oft *nicht* ausreichend aktiv. Er ist innerlich nicht hinreichend in die Lernaktivitäten eingebunden [Kerr12, S. 341].

Nachteile

- Lerninhalte werden oft in kleinen Schritten dargestellt. Dadurch gelingt es nicht, komplexe Probleme dem Lernenden nahe zu bringen, wie dies eine reale Anwendung erfordert [Kerr12, S. 341]. Siehe auch: »Fallstudien – Wissen auf komplexe Probleme angewandt«, S. 318.
- Das Gelernte wird kurzfristig behalten, ein Transfer auf Anwendungssituationen gelingt nur teilweise [Kerr12, S. 341]. Siehe auch: »Transfer üben – neue Situationen bewältigen«, S. 219.

Zur Historie

Ein Verfechter des darbietenden Lehrens war der amerikanische Pädagoge, Lerntheoretiker und Hochschullehrer David Paul Ausubel[1] (1918–2008). Damit sinnvolles Lernen stattfinden kann, muss neuer Lernstoff in die vorhandene kognitive Struktur, d. h. in das schon vorhandene Wissen des Lernenden integriert werden. Nur Wissen, das strukturiert, also miteinander vielfach verbunden und aufeinander bezogen ist, und mit dem schon Gelernten verknüpft wird, wird langfristig behalten.

Progressive Differenzierung

Damit der neue Lernstoff in die schon vorhandene kognitive Struktur des Lernenden integriert werden kann, sollte nach Ausubel das **Prinzip der progressiven Differenzierung** angewandt werden. Zunächst sind allgemeine Konzepte zu vermitteln, die mit dem vorhandenen Wissen gut verknüpfbar sind und sich dazu eignen, um spezifisches Wissen darauf zu beziehen. Im weiteren Verlauf werden die dargebotenen Konzepte differenziert und konkretisiert.

Vorstrukturierende Lernhilfen

Jede Lerneinheit sollte nach Ausubel mit einem allgemeinen Überblick beginnen, in dem über das Kommende informiert wird (**Vorstrukturierende Lernhilfen**, *advanced organizer*). Dies ist notwendig, damit sinnvoll gelernt werden kann. Mit diesem Vorwissen können Lernende das Neue einordnen und mit dem vorhandenen Wissen verknüpfen. Der Lehrende muss daher den Lehrstoff entsprechend aufbereiten, damit der Lernende den neuen Stoff schrittweise in sein bisheriges Wissen integrieren kann.

Konsolidierung

In einer Übungsphase müssen schon gelernte Konzepte wiederholt, zusammengefasst, geklärt oder korrigiert werden, bevor neue Informationen vermittelt werden (**Prinzip der Konsolidierung**).

Empirie

- Zum darbietenden Lehren gibt es nur wenig Forschungsergebnisse [KlLe12, S. 96].
- Eine gezielte und angemessene Steuerung des Lernprozesses beeinflusst den Lernerfolg regelmäßig positiv [Kerr12, S. 305].

---

[1] siehe Marginalspalte, Quelle: http://www.quien.net/david-ausubel.php

Variante: Nachahmungslernen

Beim **vormachenden Lehren** führt der Lehrende (persönlich im Präsenzunterricht oder über Medien in E-Learning-Kursen) Handlungen anschaulich vor, die vom Lernenden anschließend nachgemacht werden (auch Beobachtungslernen genannt).

Ein Tanzlehrer führt eine Tanzfigur schrittweise vor und erklärt dabei, was er tut (persönlich oder in einem Video). Ein Tanzschüler versucht die Tanzschritte nachzuvollziehen.   *Beispiel*

Eine Variante stellt das **Meister-Lehrlings-Lernen** *(cognitive apprenticeship)* dar. Analog, wie ein Lehrling von seinem Meister lernt, sollen in diesem Lernprozess lebens- und praxisnahe Probleme im Mittelpunkt stehen. Der Lehrende führt am Anfang dem Lernenden die einzelnen Arbeitsschritte vor. Der Lehrende ist sozusagen das Modell bzw. das Vorbild für den Lernenden *(modeling)*. Anschließend soll der Lernende die einzelnen Arbeitsschritte selbstständig unter Hilfestellung des Lehrenden selbst durchführen *(scaffolding)*. Je besser der Lernende die Arbeitsschritte dann selbst ausführen kann, umso mehr nimmt die

Unterstützung durch den Lehrenden ab *(fading)*. Schließlich regt der Lehrende den Lernenden dazu an, über die gelernten Prozesse nachzudenken, damit schließlich selbstständiges Handeln erreicht wird *(coaching)*.

Eine weitere Variante stellt das **Lernen anhand von Lösungsbeispielen** dar. Mithilfe von gelösten Beispielen wird die Lösung typischer Aufgaben gelehrt. Die ausgearbeiteten Lösungsbeispiele kann der Lernende dann als Muster benutzen.

Verbreitung — Themen aus der Mathematik, der Physik und der Programmierung werden häufig anhand von ausgearbeiteten Lösungsbeispielen vermittelt.

Art der Aufbereitung — Ausgearbeitete Beispiele bestehen in der Regel aus folgenden Elementen:

- Formulierung eines Problems.
- Schrittweise Anleitung zur Lösung des Problems.
- Ein oder mehrere Probleme, die analog zu lösen sind. Siehe auch: »Entdeckendes Lernen – Entdeckenlassendes Lehren«, S. 109, Abschnitt Problembasiertes Lernen.

Erfolgreiches darbietendes Lehren erfordert:
- Strukturierungshilfen, z. B.:
  - [ ] Stoffgliederung am Anfang
  - [ ] Gemeinsamkeiten und Unterschiede bei einzelnen Themen
  - [ ] Zusammenfassung

Weiterführende Literatur — [Kerr12, S. 305–318], [KlLe12, S. 102–105]

4.4 Entdeckendes Lernen – Entdeckenlassendes Lehren *

Beim entdeckenlassenden Lehren stellt der Lehrende offene Problemsituationen dar, die die Lernenden möglichst selbst gesteuert bearbeiten und so von Einzelproblemen zu allgemeinen Erkenntnissen gelangen. Bei den Lernenden sollen durch das entdeckende Lernen das Interesse und die Neugier geweckt werden. Um Irrwege zu vermeiden, greift der Lehrende beim gelenkten entdeckenden Lernen ein, wenn er Probleme feststellt. Bei der Variante des problembasierten Lernens wird anhand von komplexen Problemen gelernt. Eine Sonderform davon ist das fallbasierte Lernen, bei dem typische Fälle aus dem Wissensgebiet bearbeitet werden.

Als Lehrender kennen Sie die typischen Probleme und Problemlösungen Ihres Fachgebiets. Sie formulieren offene Problemsituationen für die Lernenden und bitten sie, aktiv und selbst gesteuert Lösungen dafür zu entwickeln. Von den Lösungen der Einzelprobleme sollen die Lernenden zu allgemeinen Erkenntnissen gelangen (Transfer, siehe »Transfer üben – neue Situationen bewältigen«, S. 219).

Entdeckenlassendes Lehren

Ziel des **entdeckenlassenden Lehrens** ist es, durch geeignete Darstellung von offenen Problemsituationen das Interesse und die Neugier der Lernenden zu wecken, damit sie sich selbstständig aktiv Lösungen erarbeiten und Wissen aneignen.

Ziel

Der Lehrstoff sollte folgendermaßen aufbereitet werden:

Art der Aufbereitung

- Es sind Probleme zu wählen, die eine Gesetzmäßigkeit erkennen lassen, die auf andere Probleme anwendbar ist. Dadurch werden andere Probleme leichter lösbar [KlLe12, S. 98].
- Es ist die Problemlösungsstrategie von Wissenschaftlern zu vermitteln: Analyse des Problems, Ableitung einer Hypothese, Überprüfung der Hypothese, Akzeptieren oder Verwerfen der Hypothese [KlLe12, S. 98].
- Je leichter das Übungsmaterial ist, umso mehr Regeln werden von den Lernenden entdeckt, d.h. das entdeckende Lernen ist nur dann effektiv, wenn die Regeln besonders leicht zu entdecken sind [KlLe12, S. 100].
- Übungsaufgaben sollten vom »Leichten zum Schweren« gehen (siehe auch »Fallbeispiel: Aufbau von W3L-Tests«, S. 423).

In E-Learning-Kurse wird bisweilen entdeckenlassendes Lehren integriert.

Verbreitung

Folgende Lehrformen sind für entdeckenlassendes Lernen geeignet:

- »Ausprobieren und Experimentieren«, S. 383
- »Simulation und Mikrowelt: Aktiv Erfahrungen sammeln«, S. 387
- »Lernspiel: spielerisch zum Lernziel«, S. 395
- »Rollenspiele – in simulierte Realitäten schlüpfen«, S. 363

Entdeckendes Lernen

Löst der Lernende die beschriebenen Probleme durch eigene Aktivitäten und durch eigenen Antrieb, dann spricht man von **entdeckendem Lernen** *(enquiry based learning)* oder **explorativem Lernen**.

Kooperatives Lernen

Anders als beim rezeptiven Lernen wird das entdeckende Lernen öfters mit dem kooperativen Lernen kombiniert, d.h., der Lernende soll oder muss die Probleme zusammen mit einem Lernpartner oder innerhalb einer Lerngruppe lösen (siehe auch »Individuelles Lernen – Kooperatives Lernen«, S. 117).

Vorteile

+ Was man selbst entdeckt hat, behält man besser.
+ Die intrinsische Motivation, d.h., die Fähigkeit, sich selbst zu motivieren, wird geweckt – eine weitere Motivation ist nicht notwendig.
+ Das selbstständige Denken wird durch offen formulierte Problemstellungen angeregt.

Nachteile

- Zeitaufwendig.
- Schwierig, passende Probleme auszuwählen.
- Transferproblematik, d.h. kann von einem gelösten Problem auf andere geschlossen werden (siehe »Transfer üben – neue Situationen bewältigen«, S. 219)?
- Können Probleme von den Lernenden *nicht* gelöst werden, weil sie zu schwer sind, dann kann das die Lernmotivation drastisch senken. Der Lerneffekt ist dann nahe null [KlLe12, S. 99].

Beispiel

Der E-Learning-Kurs »Statistik und Methodenlehre« der Norddeutschen Universitäten ermöglicht das entdeckende Lernen der Statistik in den Sozialwissenschaften durch eine Vielzahl von interaktiven Selbsttest-Übungsaufgaben, siehe Online-Kurs Statistik und Methodenlehre (http://www.mlbk.de/web/php/index.php). Die Abb. 4.4-1 zeigt eine Selbsttest-Übungsaufgabe aus dem Kurs.

Zur Historie

Damit Lernende im Laufe ihres Lebens Probleme, vor denen sie stehen, und Situationen, mit denen sie zurechtkommen müssen, bewältigen können, sollen nach Auffassung des amerikanischen Psychologen Jérôme Seymour Bruner (siehe Marginalspalte[2]) Lernende die Strategie des Problemlösens und die Strategie des Lernens selbst einüben. Diese Fähigkeiten erwirbt man am besten, wenn man selbst Wissen erwirbt und anstehende Probleme

[2] Quelle: Social Psychology Network

4.4 Entdeckendes Lernen – Entdeckenlassendes Lehren *

selbst löst (siehe auch »Didaktische Anordnung von Lerninhalten«, S. 67).

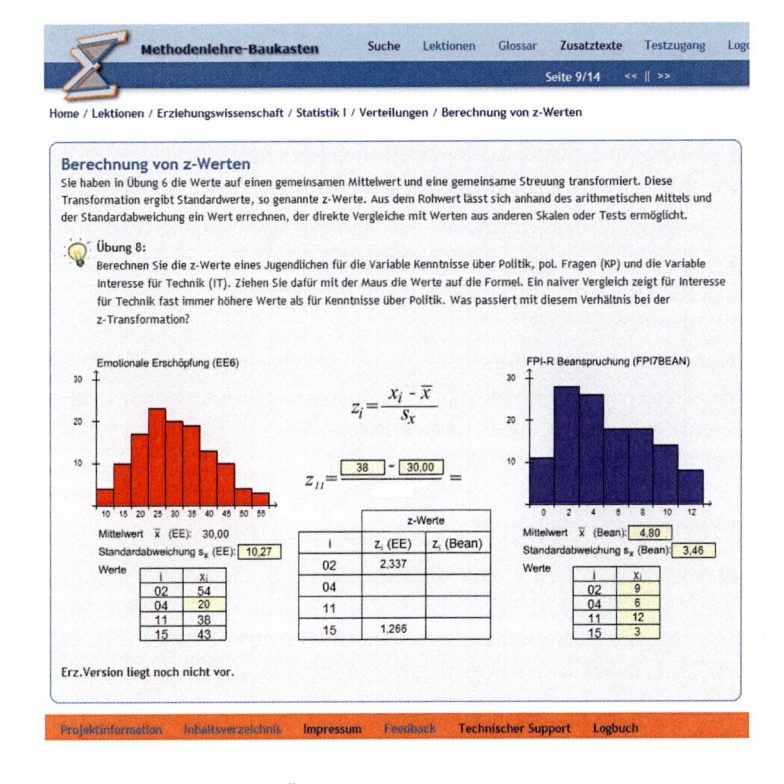

Abb. 4.4-1: Beispiel für eine Übung aus dem Methodenlehre-Baukasten.

- Entdeckendes Lernen ist dann erfolgreich, wenn die Komplexität des Problems nicht zu hoch ist oder angemessen reduziert wird [KlLe12, S. 99].
- Entdeckendes Lernen ist dann erfolgreich, wenn durch variierende Aufgaben für eine hinreichende Generalisierung der Erkenntnisse gesorgt wird und der Transfer eingeübt wird [KlLe12, S. 99].
- Lernende werden hoch motiviert [KlLe12, S. 110].
- Hochbegabte Lernende profitieren besonders vom entdeckenden Lernen [KlLe12, S. 110].
- Die Anforderungen müssen vergleichsweise niedrig sein [KlLe12, S. 110].
- Der Transfer auf neue Aufgaben muss in jedem Fall ausreichend geübt werden [KlLe12, S. 110].
- »Rein entdeckendes Lernen ist wenig empfehlenswert« [KlLe12, S. 102].

Empirie

Variante: Gelenktes entdeckendes Lernen

Muss ein Lernender sich selbst etwas erarbeiten oder ein Problem selbstständig lösen, dann kostet dies Zeit und Aufwand, selbst wenn keine Um- oder Irrwege beschritten werden. Als Variante zum »freien« entdeckenden Lernen hat sich daher das **gelenkte Entdecken** *(guided discovery)* etabliert. Der Lehrende stellt Zusatzinformationen zur Verfügung und greift lenkend ein, wenn er feststellt, dass der Lernende sich »verläuft«.

In E-Learning-Kursen dürfte es schwierig sein, festzustellen, wann ein Lernender zusätzliche Hilfe benötigt, außer der Lernende meldet sich selbst (siehe auch »Visionen – illusionär oder realisierbar?«, S. 519).

Empirie

- Gelenktes entdeckendes Lernen ist dann erfolgreich, wenn der Prozess des Entdenkens behutsam gelenkt wird, und
- wenn fehlendes, aber notwendiges Wissen im Bedarfsfall direkt vermittelt wird [KlLe12, S. 99].

Variante: Problembasiertes Lernen

Ausgangspunkt beim **problembasierten Lernen** *(problem-based learning)* sind typische Probleme aus dem Anwendungsgebiet und *nicht* die vorgegebene Struktur des Fachgebiets. Nach [Dörn79] (zitiert nach [Kerr12, S. 341 f.]) besitzt ein komplexes Problem folgende Eigenschaften:

- *Mehrere Variablen* sind bei der Problemlösung zu berücksichtigen.
- Die Variablen sind untereinander *vernetzt*, d. h. keine unabhängigen Größen.
- Die Abhängigkeiten zwischen den Variablen sind *nicht* alle bekannt.
- Das Zusammenspiel der Variablen unterliegt einer *Eigendynamik*, d. h., sie beeinflussen sich auch ohne Einwirken einer Person.
- Das Problem, d. h. Anfangszustand, Zielzustand oder die Handlungsmöglichkeiten, ist *schlecht definiert*.

Probleme lassen sich noch in gut- und schlecht-strukturierte Probleme einteilen. Bei gut strukturierten Problemen können Lösungsbeispiele demonstriert werden, anhand derer die Lösungen eingeübt werden können (siehe auch »Rezeptives Lernen – Darbietendes Lehren«, S. 104). Schlecht strukturierte Probleme erfordern dagegen die Entwicklung eigener Lösungsalternativen und die Recherche von dazu notwendigem Wissen. Problembasiertes Lernen befasst sich mit der Lösung von schlecht strukturierten bzw. komplexen Problemen. Wichtig ist dabei der *generative Charakter* des Problemlösens [Kerr12, S. 342]. Den Ler-

4.4 Entdeckendes Lernen – Entdeckenlassendes Lehren *

nenden werden Probleme gestellt, für die sie eine Lösung finden sollen, die sie vorher noch nicht kannten.

Die junge Fluggesellschaft INNOAIR startet ihren Flugbetrieb mit einem Flugzeug vom Typ Dash 8. Jeden Tag wird ein Flug angeboten. Flüge können ein Jahr im Voraus gebucht werden. Die Flugnummern entsprechen den Tagen im Jahr, z. B. 2. Januar = Flugnr. 2. Die Abb. 4.4-2 zeigt die verfügbaren Sitze in dem Flugzeug. Da INNOAIR zunächst im Billigflugsegment tätig sein will, gibt es nur die Klasse Economy. Eine Reservierungssoftware soll es möglich machen, Sitzplätze ein Jahr im Voraus zu reservieren. Folgende Funktionen soll die Reservierungssoftware besitzen:

Beispiel

- /10/ Ausgabe aller freien Sitze (Reihe + Buchstabe) für einen Flug.
- /20/ Ausgabe aller belegten bzw. reservierten Sitze (Reihe + Buchstabe) für einen Flug.
- /30/ Buchung eines Sitzplatzes für einen Flug, Eingabe des Sitzplatzes: Reihe + Buchstabe.
- /40/ Einen gebuchten Sitzplatz für einen Flug stornieren, Eingabe des Sitzplatzes: Reihe + Buchstabe.

Es ist ein entsprechendes Programm zu entwickeln.

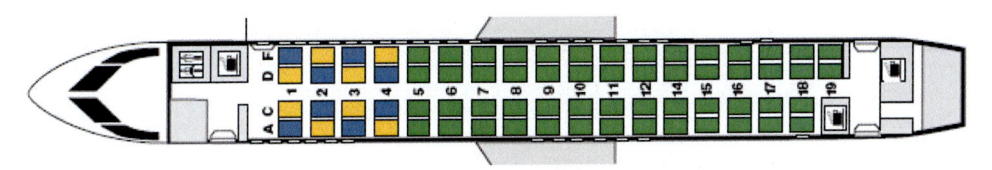

Abb. 4.4-2: Sitzplätze in dem Flugzeug.

Anschließend ist die Lösung für folgende neue Anforderungen zu erweitern:

- Es wird eine Business-Klasse eingeführt (die ersten vier Reihen werden nur mit jeweils einem Passagier belegt).
- Pro Sitzplatz soll gespeichert werden, ob es sich um einen Fenster- oder Gangplatz handelt.
- Die Flugzeugflotte wächst auf 10 Maschinen vom gleichen Typ.
- Es kommen neue Flugzeuge mit anderer Sitzplatzanordnung hinzu (siehe z. B. Abb. 4.4-3).
- Pro Tag gibt es mehr als einen Flug.

Auszug aus [Balz14, S. 240 ff.]

Im Gegensatz zum rezeptiven Lernen dienen die Probleme *nicht* zur Veranschaulichung von vorher bereits präsentiertem Wissen.

Hinweis

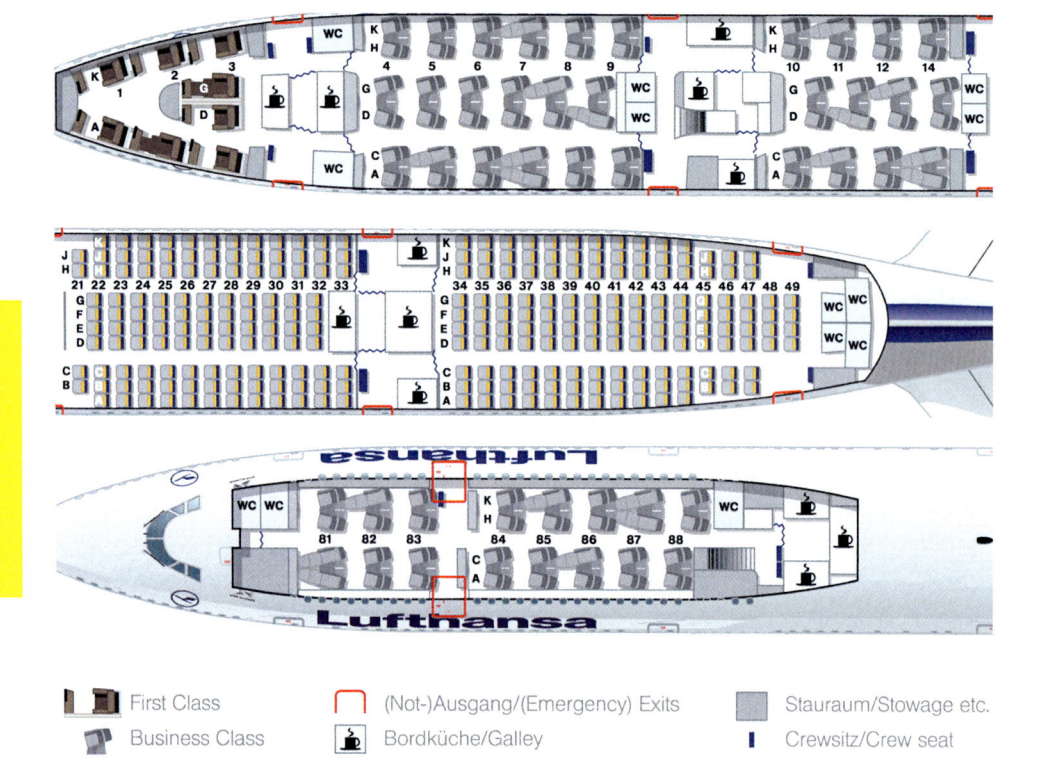

	First Class
	Business Class
	Economy Class
⌐⌐	(Not-)Ausgang/(Emergency) Exits
☕	Bordküche/Galley
WC	Toilette/Lavatory
	Stauraum/Stowage etc.
❘	Crewsitz/Crew seat
▨	Treppe/Stairs

Abb. 4.4-3: Sitzplatzanordnung in einem Flugzeug (Quelle: Mit freundlicher Genehmigung der Lufthansa AG).

Vorteil + Gute Ergebnisse bei Problemlösungskompetenz und komplexen Fertigkeiten.

Nachteil − Der Erwerb grundlegender Fertigkeiten und Wissensbestände wird beim problembasierten Lernen oft vernachlässigt, sodass Lernende oft nach Versuch und Irrtum vorgehen. Das ist aufwendig und führt oft zur Aufgabe bei unerfahrenen Lernenden.

Empirie ■ Es ist umstritten, ob kooperatives Bearbeiten der Probleme zwingend ist oder nicht [Kerr12, S. 343].
■ Bei rein deklarativem Wissen bringt problembasiertes Lernen keine Vorteile.

Werden die Probleme mit fiktiven, motivierenden Geschichten eingeleitet, dann spricht man von **Lernen mit Ankern** *(anchored instruction)* (siehe auch »Spannung erzeugen«, S. 242, und »Storys – Fakten in Geschichten verpackt«, S. 237).

Weiterführende Literatur [Kerr12, S. 347 f.], [Rey09, S. 107 ff.]

4.4 Entdeckendes Lernen – Entdeckenlassendes Lehren *

Variante: Fallbasiertes Lernen

Fallbasiertes Lernen *(case oriented learning)* ist eine Variante des problembasierten Lernens. Ein oder mehrere Lerneinheiten dienen dazu, einen Fall zu bearbeiten. Bei einem Fall kann es sich um ein komplexes oder reduziertes Praxisproblem handeln. Das Wissen wird nicht wissenschaftssystematisch eingeführt, sondern es werden zunehmend komplexer werdende Fälle bearbeitet. Das für die Bearbeitung eines konkreten Falls benötigte Wissen wird entweder vom Lehrenden präsentiert oder von den Lernenden selbstständig erarbeitet.

Verbreitung

Die Vermittlung juristischer Themen erfolgt oft fallbasiert. Die Fälle werden in der Regel alleine bearbeitet.

Beispiel

»Der Außendienstmitarbeiter C der D GmbH verwendet bei einem Kundenbesuch ein Vertragsformular. Diesem Vertrag fügt C handschriftlich hinzu: ›Die Fa. D GmbH ist mit dem Ausschluss des Kündigungsrechts einverstanden‹. Der Kunde seinerseits ergänzt ebenfalls handschriftlich: ›Ich bin mit dem Ausschluss des Kündigungsrechts einverstanden‹« [SVH10, S. 46]. Sind diese handschriftlichen Ergänzungen wirksam?

Medizinische Themen werden ebenfalls öfter in Form von Fällen vermittelt. Betriebswirtschaftliche Themen werden oft in Form von Planspielen kooperativ vermittelt, die dynamische Komponenten enthalten (siehe »Lernspiel: spielerisch zum Lernziel«, S. 395).

Umfangreiche Fälle werden oft in Form von **Fallstudien** präsentiert (siehe »Fallstudien – Wissen auf komplexe Probleme angewandt«, S. 318).

Vorteile

+ In Berufen – wie Ärzte oder Juristen –, in denen fallbasiert gearbeitet wird, d. h. Abläufe beinhalten eine wiederkehrende Struktur, ist fallbasiertes Lernen vorteilhaft.
+ Fallbasiertes Lernen eignet sich gut für eine kooperative Bearbeitung.
+ Es werden Verfahren der Informationserfassung, der Problemidentifikation, der Informationssuche sowie das Erarbeiten und Bewerten von Problemlösungen gelernt.

Nachteile

− Anfängern ohne praktische Erfahrungen fällt das fallbasierte Lernen oft schwer.
− Es ist unklar, ob sich die Erkenntnisse aus einem Fall auf andere Fälle transferieren lassen (siehe auch »Transfer üben – neue Situationen bewältigen«, S. 219).

[Kerr12, S. 349–355]

Weiterführende Literatur

Variante: Forschendes Lernen

Im universitären Umfeld findet man öfters die Forderung, **forschendes Lernen** anzubieten.

Definition

»Forschendes Lernen zeichnet sich vor anderen Lernformen dadurch aus, dass die Lernenden den Prozess eines Forschungsvorhabens, das auf die Gewinnung von auch für Dritte interessanten Erkenntnissen gerichtet ist, in seinen wesentlichen Phasen – von der Entwicklung der Fragen und Hypothesen über die Wahl und Ausführung der Methoden bis zur Prüfung und Darstellung der Ergebnisse in selbstständiger Arbeit oder in aktiver Mitarbeit in einem übergreifenden Projekt – (mit)gestalten, erfahren und reflektieren« [Hube09, S. 10].

Im Gegensatz zum entdeckenden Lernen soll der Lernende beim forschenden Lernen eine Frage- bzw. Problemstellung selbst entwickeln. Wie bei Forschern sollte die Fragestellung das Ziel haben, *neue* Erkenntnisse – auch für andere – zu gewinnen.

Diese »extreme« Variante des entdeckenden Lernens scheint mir nur im universitären Umfeld zur Vorbereitung auf Promotionen geeignet. Der Begriff Forschung wird meines Erachtens sonst überstrapaziert. Als Autor von Lehrbüchern und E-Learning-Kursen dürfte es schwer sein, forschendes Lernen geeignet zu unterstützen.

Erfolgreiches entdeckenlassendes Lehren erfordert:
- Leichtes Lenken des Entdeckungsprozesses.
- Bei Bedarf wird fehlendes, aber notwendiges Wissen direkt vermittelt.
- Variierende Aufgaben, um den Transfer einzuüben.
- Problem ist *nicht* zu komplex oder wird reduziert.

Weiterführende Literatur

[HHS09]

4.5 Individuelles Lernen – Kooperatives Lernen **

Ein Lernender kann für sich alleine lernen. Zusätzlich kann er sich z. B. um eine selbst organisierte Unterstützung im Freundeskreis bemühen. Bei E-Learning-Kursen kann die E-Learning-Plattform verschiedene Lernunterstützungen anbieten. Erfordert der Lernstoff, dass zwei oder mehrere Lernende in einer Lerngruppe vom Lehrenden gestellte Probleme gemeinsam lösen, dann muss bei E-Learning-Kursen diese Art der Kooperation geeignet unterstützt werden. Der Lehrende muss geeignete Aufgaben konzipieren sowie geeignete Unterstützungs- und Kontrollmaßnahmen planen. Die Aufgaben müssen dazu geeignet sein, dass sich die Lernenden gegenseitig unterstützen. Sie sollen sich für das Lernen ihrer Mitlernenden verantwortlich fühlen.

Lernen kann individuell oder kooperativ erfolgen. Zwischen diesen beiden Polen gibt es aber viele Varianten. Ein wichtiger Unterschied besteht darin, ob der Lernende selbst Unterstützung für sein Lernen organisiert oder ob der Lehrende den Lernenden »zwingt«, mit anderen Lernenden zusammenzuarbeiten. Sowohl beim Einsatz eines Lehrbuchs als auch bei einem E-Learning-Kurs handelt es sich immer um angeleitetes Lernen – im Unterschied zum autodidaktischen Lernen.

Lernen mit selbst gewählter und selbst organisierter Unterstützung

- Ein Lernender kann individuell und selbst gesteuert alleine für sich lernen, indem er beispielsweise ein Lehrbuch oder einen E-Learning-Kurs zum Lernen verwendet.
- Ein Lernender kann jedoch auch selbst Unterstützung organisieren, um schneller oder besser zu lernen oder bei Verständnisproblemen oder zu lösenden Aufgaben einen oder mehrere Partner bzw. Unterstützer (Bekannte, Freunde, Arbeitskollegen) zu haben.
- ☐ Die Kommunikation mit Unterstützern kann dabei synchron oder asynchron erfolgen.
- ☐ Bei einem E-Learning-Kurs kann die entsprechende E-Learning-Plattform die Organisation von Unterstützern durch geeignete Funktionen unterstützen:
  - ○ Anzeige von Mitlernenden, die denselben E-Learning-Kurs nutzen und Bereitstellen einer Kommunikationsmöglichkeit mit diesen Lernenden (Instant Messaging, Chat, Social Media-Plattform).
  - ○ Möglichkeit, eigene Inhalte zu vorgegebenen Inhalten zu ergänzen, die andere Lernende sehen können, z. B. durch Bereitstellung eines Forums oder einer Social Media-Plattform (Lernender wird Co-Autor, siehe auch »Interaktive Infografiken – Zusammenhänge in Bildern«, S. 379).
  - ○ Möglichkeit, dass mehrere Lernende gemeinsam Inhalte erstellen und bearbeiten.

Als Lehrender hat diese Art des Lernens *keinen* unmittelbaren Einfluss auf die Gestaltung und Aufbereitung Ihres Lehrstoffs. Insbesondere bei E-Learning-Kursen müssen Sie aber berücksichtigen, dass zwischen den Lernenden u. U. eine rege Kommunikation stattfindet, insbesondere beim Lösen von Aufgaben.

Lernen unter Nutzung bereitgestellter Unterstützung

Nutzt der Lernende einen E-Learning-Kurs, dann kann die zugehörige E-Learning-Plattform Unterstützung für den Lernenden anbieten, die er nutzen oder auch nicht nutzen kann (siehe auch »Was kann/sollte eine E-Learning-Plattform bieten?«, S. 513):

- Möglichkeit, einen **Online-Mentor** zu kontaktieren, um Probleme zu lösen, z. B. Installation von Software.
- Möglichkeit einen **Online-Tutor** zu kontaktieren, der hochgeladene Aufgaben des Lernenden korrigiert und Fragen zur Korrektur oder allgemeine Fragen beantwortet.
- Möglichkeit einen **Online-Coach** in Anspruch zu nehmen, der den Lernenden im Lernprozess berät und unterstützt.

4.5 Individuelles Lernen – Kooperatives Lernen **

- Möglichkeit, Rückmeldungen an den Autor und/oder die Mentoren/Tutoren, Coaches per Kommentar oder direkter Kommunikation zu geben (siehe auch »Rückkopplung – Feedback zum Autor und zum Lernenden«, S. 176).

Neben dieser Mensch-zu-Mensch-Unterstützung kann eine E-Learning-Plattform dem Lernenden aber auch automatisch erzeugte Hinweise zu seinem Lernprozess – insbesondere im Vergleich zu anderen Lernenden – geben.

In der W3L-E-Learning-Plattform können Lernende am Ende jeder Lerneinheit eine Beurteilung abgeben. Sie können sich an den Autor, an den Tutor oder das W3L-Management wenden. Sie können eine Note für die Lerneinheit vergeben, angeben, wie viel Zeit sie benötigt haben, und einen Kommentar abgeben. Außerdem können sie angeben, ob sie eine Rückantwort erwarten oder nicht. Zusätzlich können sie die Lerneinheit mit »Find ich prima« loben (Abb. 4.5-1).

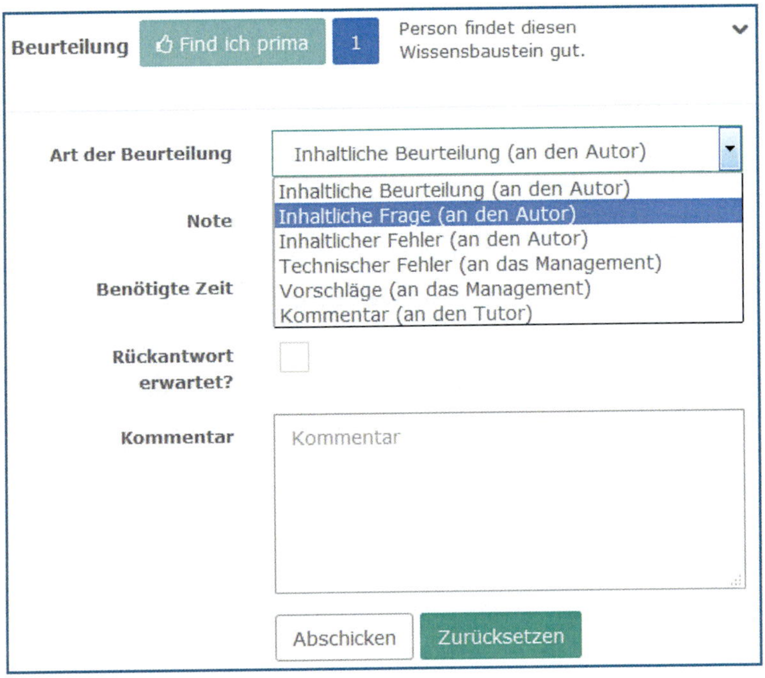

Beispiele

Abb. 4.5-1: Beispiel für eine Mikroevaluation in der W3L-E-Learning-Plattform zur Beurteilung einer Lerneinheit.

Am Ende jedes E-Learning-Kurses erhalten die Lernenden zusätzlich einen mehrseitigen digitalen Fragebogen, um den gesamten Kurs nach verschiedenen Kriterien zu beurteilen (siehe »Rückkopplung – Feedback zum Autor und zum Lernenden«, S. 176).

Als Lehrender haben diese Unterstützungsarten *keinen* unmittelbaren Einfluss auf die Gestaltung und Aufbereitung Ihres Lehrstoffs. Sie haben jedoch die Möglichkeit, anhand der Rückmeldungen in Form von Kommentaren oder von Mentoren/Tutoren/Coaches Stärken und Schwächen Ihrer Lehrstoffvermittlung in Erfahrung zu bringen.

»Erzwungenes«, kooperatives Lernen

Erfordern die Lehrziele, das Lernende zu zweit (**paarweises Lernen**, **Tandemlernen**) oder in **Lerngruppen** zusammenarbeiten, dann müssen Sie als Lehrender Ihren Lehrstoff entsprechend aufbereiten. Kooperatives Lernen kann *nicht* beim Einsatz eines Lehrbuchs, sondern nur beim Einsatz einer E-Learning-Plattform durchgeführt werden. Kooperatives Lernen kann asynchron oder synchron erfolgen. Eine synchrone Zusammenarbeit hebt natürlich den Vorteil des zeitunabhängigen Lernens auf.

Kooperatives Lernen kann nach dem Grad der Arbeitsteilung klassifiziert werden:

- Gemeinsames Lernen *(collaborative learning)*: Aufgaben werden gemeinsam mit dem Ziel bearbeitet, eine Lösung bzw. einen Konsens zu finden.
- Gemeinschaftliches, arbeitsteiliges Lernen *(cooperative learning)*: Aufgaben werden auf die Gruppenmitglieder aufgeteilt. Jedes Mitglied beschäftigt sich mit seinem Aufgabenteil. Anschließend werden die Ergebnisse zusammengetragen.

Beide Formen des Lernens werden eingesetzt, um sowohl **kommunikative Kompetenzen** (Fragen stellen, zuhören, erzählen, im Gespräch neue Ideen bzw. Lösungen entwickeln) als auch **kooperative Fähigkeiten** (Respekt vor den anderen und ihrer Meinung, Lernen als gemeinsame Erfahrung) der Lernenden zu fördern.

Lehrziele

Folgende Lehrziele können u. a. durch kooperatives Lernen erreicht werden [Kerr12, S. 376]:

- »Lernende sollen ihre Meinung formulieren und diese angemessen in einer Diskussion mit anderen artikulieren können.
- Lernende sollen anderen zuhören und auf deren Argumente eingehen können. Sie sollen Argumente und Sichtweisen von anderen bei (Re-)Formulierung der eigenen Position berücksichtigen können.
- Lernende sollen erfahren und akzeptieren, dass es zu komplexen Sachverhalten unterschiedliche Sichtweisen und Positionen geben kann.
- Lernende sollen erfahren, dass es richtig und notwendig sein kann, seine eigene Sichtweise zu relativieren.

4.5 Individuelles Lernen – Kooperatives Lernen **

- Lernende sollen erfahren, wie bei unterschiedlichen Positionen eine gemeinsame Position entwickelt und formuliert werden kann.
- Lernende sollen erfahren, wie man komplexe Sachverhalte in einer Gruppe arbeitsteilig bearbeitet und zu einem Ergebnis zusammenführt.
- Lernende sollen erleben, dass das gemeinsame Bearbeiten von Fragen in Gruppen einen Gewinn darstellt.
- Lernende sollen erfahren, dass es gut und wichtig ist, sein Wissen an andere weiterzugeben und im Gegenzug von dem Wissen anderer zu profitieren.«

Als Lehrender müssen Sie folgende Herausforderungen meistern [Kerr12, S. 380 f.]:

Herausforderungen

- Festlegung der **Gruppengröße** und des **Zeitrahmens** zur Erreichung von Ergebnissen. Die Gruppengröße hängt wesentlich von der zu leistenden Interaktion zwischen den Lernenden untereinander ab.
- Muss die Lerngruppe die Aufgabe **synchron** bearbeiten oder genügt eine **asynchrone** Bearbeitung. Eine synchrone Bearbeitung hebt einen Vorteil des E-Learning auf.
- Die zu lösende **Aufgabe** soll gut strukturiert sein und folgende Elemente beinhalten:
  - »die erwartete Aktivität,
  - das erwartete Ergebnis,
  - die Bearbeitungsdauer,
  - die hinzuzuziehenden Materialien und
  - die Voraussetzungen für die Bearbeitung.«
- Die **Mitglieder einer Lerngruppe** können vom Lehrenden bestimmt werden (homogen, heterogen), die Lernenden können sich selbst einer Lerngruppe zuordnen oder die Zuordnung ergibt sich automatisch dadurch, dass Lernende zur selben Zeit im selben E-Learning-Kurs an derselben Stelle lernen. Eine heterogene Zusammensetzung ist dann von Vorteil, wenn möglichst unterschiedliche Sichten und Kompetenzen erforderlich sind.
- Erfordert die Aufgabe die Einnahme von verschiedenen **Rollen**, dann sollte die Rollenzuordnung und Rollenstruktur explizit angegeben werden, damit die Teilnehmer sich den Rollen zuordnen können (siehe auch »Rollenspiele – in simulierte Realitäten schlüpfen«, S. 363).
- **Konzeption** geeigneter Lernmaterialien.
- Festlegung des **Betreuungsmodus** durch die Planung von Unterstützungs- und Kontrollmaßnahmen für die Mentoren/Tutoren/Coaches.

4 Lernen und Lehren *

Probleme

- »Die Wahrscheinlichkeit, dass eine Gruppe ein Problem löst, ist oft identisch mit der Wahrscheinlichkeit, dass eines der Gruppenmitglieder das Problem löst – also dass es mindestens einen guten Problemlöser in der Gruppe gibt oder einen, der schon Bescheid weiß« [KlLe12, S. 153 f.]
- »In einer anspruchsvollen Computersimulation [mit Universitätsstudenten] stellte sich die kooperative Bedingung als benachteiligend im Vergleich zum individuellen Lernen heraus. Die Abstimmung untereinander stellt eine zusätzliche Anforderung dar, die die mentalen Kapazitäten überlastete und so den Lernfortschritt erschwerte« [KlLe12, S. 154].
- »Kooperatives Lernen muss als solches also nicht schon positiv wirksam sein. Es kommt eben auch auf die Bedingungen an, unter denen gearbeitet wird« [KlLe12, S. 154].
- Gruppendynamische Prozesse entstehen nicht nur bei Präsenzveranstaltungen, sondern auch, wenn über moderne Kommunikationsmöglichkeiten hinweg (örtlich verteilt) kooperiert wird.

Kooperatives Arbeiten lernen

Lernende müssen lernen, wie man am besten kooperativ zusammenarbeitet. Daher ist es sinnvoll, kooperatives Lernen zu trainieren, z. B. durch Anbieten eines entsprechenden E-Learning-Kurses. »Bei der Gruppenarbeit kommt es ja in der Tat darauf an, dass sich die Gruppenmitglieder über die wichtigsten Fragen des Vorgehens verständigen, und zwar von Fall zu Fall, also immer dann, wenn das weitere Vorgehen nicht eindeutig feststeht« [KlLe12, S. 155].

Anforderungen an kooperative Lernaufgaben

Als Lehrender stehen Sie vor der Aufgabe, Lernaufgaben zu konzipieren, die kooperativ gelöst werden sollen. Folgende Anforderungen sollten die Aufgaben erfüllen [Kerr12, S. 377 f.]:

- Komplexe Problemstellungen oder Konstellationen sollen bearbeitet werden. Recherchieren und Aneignen von Wissen sind *keine* ausreichenden Aufgabenstellungen.
- Ausgangspunkt für geeignete Aufgabenstellungen können Aufgaben sein, die auch in Präsenzunterricht generell als Gruppenarbeit ausgeführt werden.
- Die Lernaufgabe soll so konzipiert sein, dass die Gruppe gemeinsam das Ergebnis erarbeiten muss. Alle Teilnehmer müssen etwas zum Ergebnis beitragen.
- Die Lernaufgabe muss in unterschiedliche Arbeitsschritte aufgeteilt werden können, damit eine Arbeitsteilung möglich ist.
- Das Ergebnis der Gruppenarbeit darf *nicht* durch bloßes Zusammenfügen oder Zusammentragen von Einzelergebnissen zustande kommen. Eine Lösung muss eine kooperative Bearbeitung erfordern.

4.5 Individuelles Lernen – Kooperatives Lernen **

- Unterschiedliche Positionen oder Sichtweisen einer Fragestellung sollen durch die Aufgabe ermöglicht werden.
- Eine erfolgreiche Aufgabenbearbeitung sollte belohnt werden.
- Kooperatives Lernen sollte als Lernkultur etabliert werden.

Bei kooperativ zu lösenden Aufgaben kann der jeweils individuelle Beitrag bewertet werden oder nur die Gesamtleistung der Gruppe oder eine Mischung aus beidem. Wichtig ist, dass die Lernenden die Gruppenarbeit als Nutzen für das eigene Lernen empfinden.

Bewertung

Klassisches **Brainstorming** ist eine Kreativitätstechnik zur Ideensuche und zum Sammeln von Teilnehmerbeiträgen. Vier bis sieben Teilnehmer und ein Moderator sammeln in einer verbalen Gruppensitzung in maximal 30 Minuten Ideen zu einem vorgegebenen Problem. Jeder Teilnehmer kann jederzeit seine Ideen zu dem Problem mitteilen. Jede Idee wird auf einem Flipchart notiert. Andere Teilnehmer können Ideen aufgreifen und assoziativ weiterentwickeln. Kritik und Bewertung ist während der Sitzung verboten. Nach der Sitzung werden die Ideen bewertet und sortiert.

Beispiel

Diese Kreativitätstechnik kann wie folgt für eine synchrone Gruppenbearbeitung innerhalb eines E-Learning-Kurses modifiziert werden:

- Gruppengröße: 4 bis 7
- Synchrone Bearbeitung
- Aufgabe: z. B. »An der Uferpromenade des Bodensees eröffneten Sie im vergangenen Jahr ein wunderschönes Café. Dann mussten Sie die Getränkepreise erhöhen, und nun sinken die Besucherzahlen ganz rapide! Finden Sie [zusammen mit Ihren Mitarbeitern] Lösungsideen, wie Sie trotz der frechen Preise

die Kunden dazu motivieren können, Ihr Café recht häufig zu besuchen« [Schr08, S. 146].
- Mitglieder: Alle, die zu einem bestimmten Zeitpunkt eine bestimmte Lerneinheit im E-Learning-Kurs bearbeitet haben (Werden durch Online-Tutor der Lerngruppe zugeordnet).
- Rollen: Mitglieder können sich als Moderator bewerben, der Tutor entscheidet. Aufgabe des Moderators ist, den Zeitpunkt der Gruppensitzung festzulegen und nach der Sitzung die Ideen mit den Mitgliedern zu bewerten und zu ordnen. Alle Ideen und die bewerteten Ideen sind vom Moderator dem Tutor zur Verfügung zu stellen.
- Voraussetzungen: Es steht ein Dokumentationssystem zur Verfügung, bei dem alle Gruppenmitglieder gleichzeitig die Ideen der anderen sehen und eigene Ideen eintragen können. Alternativ könnte auch ein Chat verwendet werden.

Beispiel In der Softwaretechnik gibt es zur Qualitätssicherung die so genannte formale Inspektion. Es soll ein Dokument, oft ein Programm, unter verschiedenen Gesichtspunkten überprüft werden. Mehrere Inspektoren werden zur Prüfung eingeteilt. Jeder erhält das zu prüfende Dokument und eine festgelegte Prüfungsaufgabe, z. B. Prüfung, ob vorgegebene Richtlinien eingehalten wurden. Jeder Inspektor prüft für sich das Dokument und hält die Ergebnisse schriftlich fest. Zu einem festgelegten Zeitpunkt gibt es eine Gruppensitzung, bei der jeder Inspektor seine gefundenen Fehler meldet und die anderen Gruppenmitglieder auf eventuelle weitere Fehler hinweisen. Diese Form der Inspektion kann in eine kooperative Aufgabe in einem E-Learning-Kurs umgewandelt werden:

- Gruppengröße: 3 bis 4 in Abhängigkeit von der Anzahl der zu prüfenden Gesichtspunkte.
- Zuerst asynchrone (individuelle Fehlersuche), dann synchrone Bearbeitung (Gruppensitzung).
- Aufgabe: Überprüfung eines Dokuments oder Programms.
- Mitglieder: Alle, die zu einem bestimmten Zeitpunkt eine bestimmte Lerneinheit im E-Learning-Kurs bearbeitet haben (Werden durch Online-Tutor der Lerngruppe zugeordnet).
- Rollen: Inspektoren und ein Moderator (Legt den Termin der Gruppensitzung fest und protokolliert die Ergebnisse).
- Voraussetzungen: mindestens ein Chat für die Gruppensitzung. Der Moderator muss alle Fehlermeldungen der einzelnen Inspektoren als Dokument erhalten können, z. B. per E-Mail.

Für kooperatives Lernen eignen sich gut digitale **Mehrpersonen-Lernspiele** und Planspiele (siehe »Lernspiel: spielerisch zum Lernziel«, S. 395).

4.5 Individuelles Lernen – Kooperatives Lernen **

Variante: Paarweises lernen (Tandemlernen)

Eine Variante des kooperativen Lernens ist das paarweise Lernen, das Paarlernen oder Tandemlernen. Dabei bilden zwei Lernende eine Lerngruppe und unterstützen sich gegenseitig beim Lernen.

Ein Deutscher, der Englisch lernen will, wird von einem Lernenden in England unterstützt, der Deutsch lernen will. Beide helfen sich gegenseitig beim Spracherlernen. *Beispiel*

Der Erfolg solcher Lernpartnerschaften hängt wesentlich von der Zusammensetzung der Paare und der Art ihrer Zusammenarbeit ab. Lernende können sich selbst einen Partner suchen oder es gibt Unterstützung zum Beispiel durch das verwendete E-Learning-System.

Empirische Untersuchungen zeigen, dass paarweises Lernen sowohl positiv als auch negativ sein kann: *Empirie*

+ Paarweises Lernen ist erfolgreich, wenn eine spezielle Technik des Problemlösens eingesetzt wird: »Einer der beiden bemüht sich um die Lösung des Problems und kommentiert dabei laut seine Einfälle und sein Vorgehen, während der andere zuhört, sorgfältig aufpasst, prüft, ob das Vorgehen auch konsequent eingehalten wird, auf Fehler hinweist und dergleichen mehr. Beim nächsten Problem werden dann die Rollen getauscht. So haben beide gleiche Chancen und durch das laute Denken werden Strategien des Problemlösens erkannt, eingeübt und auch weitergegeben, die sich später als hilfreich erweisen können« [KlLe12, S. 157]. Bei einer räumlich verteilten, synchronen Zusammenarbeit erfordert diese Art der gemeinsamen Problemlösung besondere technische Voraussetzungen (Telefonkontakt, Sichtbarkeit des Problems durch beide, evtl. Sichtbarkeit von eingegebenen Texten durch beide Partner).

- + Bei gleich guten Partnern ist die Korporation interessanter und anregender und führt auch häufiger zu richtigen Lösungen [KlLe12, S. 157].
- − Ein Lernpartner kann stören, wenn es um die Lösung schwieriger Aufgaben geht [KlLe12, S. 157].
- − Manche Arten von **Metakognitionen** (Auseinandersetzung mit den eigenen kognitiven Prozessen) erwiesen sich beim paarweisen Lernen eher als lernhinderlich denn als lernförderlich [KlLe12, S. 158].

Variante: Lernen durch Lehren (reziprokes Lernen, tutorielles Lernen)

Die Idee beim **Lernen durch Lehren** besteht darin, dass derjenige, der einem anderen etwas lehrt, dabei selbst noch lernt. Der Lehrende wird sich intensiver und anders mit dem Stoff auseinandersetzen, wenn er einem Lernenden den Stoff beibringen soll.

Beim **tutoriellen Lernen** wird ein Lernender, der im Stoff bereits weiter fortgeschritten ist, einen Lernenden, der noch nicht so weit fortgeschritten ist, beim Lernen unterstützen. Bei E-Learning-Kursen werden oft Online-Tutoren eingesetzt, die den Kurs bereits erfolgreich absolviert haben und nun Fragen von Lernenden beantworten und ihre Aufgaben korrigieren und kommentieren. Die Motivation der Tutoren besteht oft darin, dass sie davon ausgehen, durch die Betreuung der Lernenden selbst noch hinzuzulernen.

Empirie »Im Mittel sind die Lerneffekte des Tutors wohl relativ bescheiden« [KlLe12, S. 157].

Unter **reziprokem Lernen** versteht man, dass Lehrende und Lernende immer wieder mal die Rollen tauschen.

Kooperatives Lernen erfordert vom Lehrenden folgende Entscheidungen:
- Welche Lehrziele sollen erreicht werden?
- Welche synchron oder asynchron zu lösenden Aufgaben sind dafür geeignet?
- Wie viel Zeit steht für die Aufgabenbearbeitung zur Verfügung?
- Wie groß soll die optimale Lerngruppe sein?
- Wie soll die Lerngruppe zusammengesetzt sein (homogen/heterogen)?
- Wer stellt die Lerngruppe zusammen?
- Welche Unterstützungen erhalten die Tutoren/Mentoren/Coaches zur Betreuung?
- Wie werden die Leistung der Einzelnen und der Gruppe bewertet?

4.5 Individuelles Lernen – Kooperatives Lernen **

Eine E-Learning-Plattform sollte möglichst viele dieser Lernarten technisch unterstützen, damit jeder Lernende die Lernarten verwenden kann, die für ihn am besten geeignet sind (siehe auch »Was kann/sollte eine E-Learning-Plattform bieten?«, S. 513):

- Erfassung von individuellen Notizen.
- Erfassung von eigenen Inhalten, die andere Lernende sehen können, z. B. durch Bereitstellung eines Forums oder einer Social Media-Plattform (Lernender wird Co-Autor, siehe auch »Interaktive Infografiken – Zusammenhänge in Bildern«, S. 379).
- Kommunikation mit Online-Tutoren und anderen Lernenden, z. B. durch Instant Messaging, Chat, Social Media-Plattform. In der W3L-E-Learning-Plattform können Lernende auf Wunsch alle zur selben Zeit im Kurs sich befindende andere Lernende angezeigt bekommen. Ein Klick auf das jeweilige Foto ermöglicht Instant Messaging mit dem jeweiligen Lernenden (siehe Marginalspalte).
- Bereitstellung von Kooperations-Möglichkeiten, z. B. gemeinsames Bearbeiten von Dokumenten, Einbindung von Lernspielen (siehe »Lernspiel: spielerisch zum Lernziel«, S. 395).

E-Learning-Plattform

[KlLe12, S. 153–160], [Schu97, S. 283 f.], [Kerr12, S. 372–382], [Rey09, S. 183–186]

Weiterführende Literatur

5 Lehrende und ihre Medien *

Lehrende können ihren Lernstoff in einem Vortrag Lernenden vermitteln. Sie können dabei ihre Stimme, ihre Mimik und ihre Gestik einsetzen, um den Lernstoff gut »rüber zu bringen«.

In der Regel werden sie jedoch ein oder mehrere Medien einsetzen, um den Lernstoff zu vermitteln:

- Tafeln, z. B. Whiteboard, Flipchart, Kreidetafel
- Pinnwände und Moderationsmaterial
- Experimentelle Geräte und Demonstrationsobjekte
- Folien über Beamer oder Overheadprojektor präsentieren
- Videos, Tondokumente, Animationen

Beim Einsatz dieser Medien bleibt der Lehrende mehr oder weniger stark mit seiner Persönlichkeit präsent.

Beim zeit*un*abhängigen Lernen ist der Lehrende *nicht* mehr präsent, sondern der Lehrende vermittelt den Lernstoff vollständig mithilfe des Mediums. Dies trifft für **Lehrbücher** und **E-Learning** zu. Durch die Nichtpräsenz der Lehrenden müssen diese Medien mehr Aufgaben übernehmen bzw. mehr Möglichkeiten zur Verfügung stellen, um den Lernstoff geeignet den Lernenden vermitteln zu können.

Beim orts*un*abhängigen, aber zeitabhängigen Lernen wird durch das verwendete Medium eine »virtuelle Präsenz« des Lehrenden hergestellt. Dies trifft zu auf Webinare, Videokonferenzen und virtuelle Klassenräume.

Um die Vorteile der Präsenzlehre mit den Vorteilen des orts- und zeitunabhängigen Lernens zu kombinieren, werden beim Blended-Learning Präsenzphasen und E-Learning-Phasen abwechselnd eingesetzt.

Zunächst werden die drei wichtigsten heutigen Lernformen betrachtet:

- »Lehrbücher – Präsenzveranstaltungen – E-Learning«, S. 130

Anschließend werden Mischformen dargestellt und abschließend ein Vergleich aller Lernformen anhand von Kategorien und Kriterien vorgenommen:

- »Mischformen und Vergleich«, S. 137

5 Lehrende und ihre Medien *

5.1 Lehrbücher – Präsenzveranstaltungen – E-Learning *

Präsenzveranstaltungen, Lehrbücher und E-Learning besitzen unterschiedliche Charakteristika, um Lerninhalte zu vermitteln. Während bei Präsenzveranstaltungen die Persönlichkeit des Lehrenden, seine Empathie und seine Fähigkeit, spontan auf Interaktionen der Lernenden zu reagieren, eine große Rolle spielen, muss der Lehrende bei Lehrbüchern alle Lerninhalte »verschriftlichen«, kann die didaktische Struktur des Lehrstoffs jedoch sorgfältig planen, hat aber keinen Kontakt zu seinen Lernenden. E-Learning als netzbasiertes, interaktives Online-Lernen ermöglicht dem Lehrenden den Einsatz vielfältiger Medien, eine synchrone und/oder asynchrone Kommunikation mit seinen Lernenden und erlaubt eine zeitnahe Aktualisierung oder Anpassung der Lerninhalte.

In der Erwachsenenbildung werden für die Fort- und Weiterbildung im Wesentlichen **Lehrbücher** verwendet oder **Vorträge** – oft in Form von Seminaren – besucht. Als Alternative gibt es zunehmend **E-Learning**-Angebote. Zusätzlich gibt es Mischformen (siehe »Mischformen und Vergleich«, S. 137). Jede dieser Lernformen hat Stärken und Schwächen.

Lehrbücher

5.1 Lehrbücher – Präsenzveranstaltungen – E-Learning *

Überlegen Sie, welche Vorteile Sie an Lehrbüchern schätzen. — Frage

Ein Charakteristikum von Lehrbüchern besteht darin, dass ein Autor oder ein Autorenkollektiv jeweils einem Leser etwas vermitteln (1:1-Beziehung). — Antwort

Vorteile von **Lehrbüchern** sind vor allem Folgende:

+ **Zeitunabhängigkeit**: Sie können ein Lehrbuch lesen, wann sie wollen: am Tag, in der Nacht.
+ **Ortsunabhängigkeit**: Sie können ein Lehrbuch lesen, wo Sie wollen: im Zug, am Strand, im Bett.
+ **Geräteunabhängigkeit**: Sie benötigen kein technisches Gerät, um das Buch zu lesen – außer vielleicht Ihrer Brille.
+ **Eigenes Lerntempo**: Sie können ein Lehrbuch so langsam oder so schnell durcharbeiten, wie Sie wollen.
+ **Wahl der Lernstoffreihenfolge**: Sie können ein Lehrbuch von vorne nach hinten durchlesen, oder nur darin blättern oder zwischen den Kapiteln hin und her springen.
+ **Lesbarkeit**: Ein Lehrbuch ist bei guter Typografie optimal und angenehm für die Augen lesbar.

Präsenzveranstaltungen

Die Vorteile von Präsenzveranstaltungen hängen von der Anzahl der Teilnehmer ab. Es lassen sich grob drei Kategorien unterscheiden:

- **Große Veranstaltung**: von über 20 Teilnehmern bis hin zu 1000 Teilnehmern (Kongress, Tagung, Vorlesung).
- **Kleine Veranstaltung**: von zwei Teilnehmern bis hin zu 20 Teilnehmern (Seminar, Workshop).
- **Privatunterricht** bzw. Einzelunterricht: ein Teilnehmer (Einzelunterweisung, z. B. beim Tanzen, beim Reiten usw.).

Überlegen Sie, welche Vorteile alle Präsenzveranstaltungen gemeinsam haben? Welche Vorteile haben außerdem die einzelnen Präsenzveranstaltungskategorien? — Frage

Die gemeinsamen Vorteile von **Präsenzveranstaltungen** sind vor allem Folgende: — Antwort

+ **Persönlichkeit des Lehrenden ist spürbar**: Gestik, Mimik, Ausstrahlung, Rhetorik, Charisma des Lehrenden sind erlebbar. Augenkontakt kann hergestellt werden.
+ **Aktualität**: Der Lehrende kann aktuelle Inhalte vermitteln.
+ **Geräteunabhängigkeit**: Sie benötigen kein technisches Gerät, um an der Präsenzveranstaltung teilzunehmen.

Für **kleine Veranstaltungen** kommen folgende Vorteile hinzu:

+ **Interaktivität**: Der Teilnehmer kann Fragen stellen, die der Lehrende beantwortet.

- **Aktivierung der Teilnehmer**: Der Lehrende kann den Teilnehmern Fragen stellen und mit ihnen diskutieren.
- **Kooperatives Lernen / Erfahrung der Gruppendynamik**: Die Teilnehmer können unter Anleitung des Lehrenden in Teams/Workshops gestellte Aufgaben gemeinsam lösen, gruppendynamische Prozesse kennenlernen, Rollenspiele durchführen usw.
- **Persönliches Kennenlernen**: Die Teilnehmer lernen sich untereinander persönlich kennen.
- **Haptische Wahrnehmungen**: Die Fühlsinne der Teilnehmer können trainiert werden.
- **Motorische Abläufe**: Die Motorik der Teilnehmer kann trainiert werden, z. B. Steuern von Maschinen mithilfe der Hände und/oder Beine, Klavier spielen, Tanzen lernen usw.

Ein **Privatunterricht** besitzt zusätzlich folgende Vorteile (außer kooperativem Lernen und persönlichem Kennenlernen):

- **Eigenes Lerntempo**: Der Privatlehrer kann sich an das gewünschte Lerntempo des Teilnehmers anpassen.
- **Wahl der Lernstoffreihenfolge**: Der Privatlehrer kann den Lernstoff in der Reihenfolge vermitteln, die der Teilnehmer wünscht.
- **Vorkenntnisse des Teilnehmers**: Der Privatlehrer kann sich auf die Vorkenntnisse des Teilnehmers einstellen.

Bei großen und kleinen Veranstaltungen spricht ein Lehrender viele Zuhörer an (1:n-Beziehung). Beim Privatunterricht besteht eine 1:1-Beziehung. Bei einer kleinen Veranstaltung können die Teilnehmer auch kooperativ miteinander arbeiten, daher ist auch eine n:n-Beziehung möglich.

Ein gravierender Nachteil von großen und kleinen Präsenzveranstaltungen besteht darin, dass die Lernenden *nicht* ihre eigenes Lerntempo wählen und ihre individuellen Vorkenntnisse nicht berücksichtigt werden können. Der amerikanische Intelligenzforscher Robert Plomin beurteilt den heutigen Schulunterricht wie folgt: »[Ich] frage [.] mich, warum Lehrer sich immer noch vor 30 Schüler stellen und allen den gleichen Vortrag halten. Diese Methode scheint mir völlig verrückt zu sein, denn ein solcher Unterricht langweilt die klugen Schüler und bringt die schwachen Schüler in Schwierigkeiten. Was wir stattdessen brauchen, ist ein individueller Lehrplan, der sich den Voraussetzungen und Bedürfnissen des einzigen Schülers angepasst. Nur so können wir optimale Leistungsergebnisse erzielen« [BaSp15, S. 35].

Die meisten Vorteile von Lehrbüchern sind zugleich die Nachteile von Präsenzveranstaltungen und umgekehrt. Durch den Einsatz von Medien versucht man, die jeweiligen Nachteile von Lehrbüchern und Präsenzveranstaltungen zu reduzieren.

E-Learning

Abb. 5.1-1: Quelle: Matthias Kiefel, Börsenblatt. Magazin für den deutschen Buchhandel, 31/2012, S. 82.

Der Begriff **E-Learning** – übersetzt »elektronisches Lernen« oder besser »Lernen mit elektronischen Medien« – wird sowohl in einem umfassenden als auch in einem engeren Sinne verwandt.

| **E-Learning i.w.S.** umfasst jede Art von Lernen und Lehren, bei denen elektronische bzw. digitale Medien zum Einsatz kommen. | Definition |

Ein Beispiel dafür ist CBT *(computer based training)*, bei dem sich die Lerninhalte in der Regel auf DVDs befinden.

Diese Form des E-Learning bietet zunächst – wie der Einsatz von Lehrbüchern – folgende Vorteile: Vorteile

+ Zeitunabhängiges Lernen
+ Ortsunabhängiges Lernen
+ Wahl des eigenen Lerntempos
+ Wahl der Lernstoffreihenfolge

Gegenüber Lehrbüchern kommen noch folgende Vorteile hinzu:

+ Gegenseitige Verlinkung der Lerninhalte und Suchfunktionen über Lerninhalte.
+ Aktivierung des Lernenden.

5 Lehrende und ihre Medien *

- Einsatz von beliebigen Medien, zum Beispiel Videos, Animationen, Simulationen, Virtualisierung von Lernobjekten usw. (Multimedialität).
- Interaktivität von Lernobjekten, d. h. Lernhandlungen führen zu spezifischen Reaktionen der Lernobjekte.
- Auswertung von Tests, die automatisch überprüft werden können.
- Jederzeitige Abfrage des Wissensstands durch den Lernenden.

Definition

E-Learning i.e.S. ist netzbasiertes, interaktives Online-Lernen und -Lehren, wobei die Interaktion und Kommunikation in der Regel über einen Web-Browser erfolgt – auch WBT *(web based training)* genannt.

Zusätzliche Vorteile

Diese Form des E-Learning bietet folgende *zusätzliche* Vorteile:

- Verlinkung der Lerninhalte in das Internet (externe Verlinkung).
- Synchrone und asynchrone Kommunikation und Interaktion mit Mitlernenden, Autoren und Tutoren, z. B. durch Instant Messaging, Chats, Foren, Blogs.
- Unterstützung von kooperativem Lernen, z. B. durch Anbindung einer Social-Media-Plattform.
- Korrektur von Aufgaben durch Online-Tutoren und Betreuung durch Online-Tutoren.
- Die Lerninhalte können jederzeit durch die Autoren aktuell gehalten werden.
- Dem Lernenden können Informationen im Vergleich zu Mitlernenden angeboten werden, z. B. wie der Lernfortschritt anderer Lernender im Vergleich zum eigenen Fortschritt ist.

Im Folgenden wird immer vom E-Learning i.e.S. ausgegangen.

Um E-Learning einsetzen zu können, wird eine **E-Learning-Plattform** benötigt. E-Learning-Plattformen bestehen oft aus zwei Komponenten, wobei die Abgrenzung oft nicht eindeutig ist:

- Ein **LCMS** *(learning content management system)* unterstützt Autoren und das Management bei der Erfassung, Verwaltung, Zuordnung und Aktualisierung von Lerninhalten.
- Ein **LMS** *(learning management system)* stellt den Lernenden die Lerninhalte in Form von Kursen zur Verfügung, verwaltet die Lernenden und unterstützt sie beim Lernen zum Beispiel durch Online-Tutoren.

Kein E-Learning

Gerade im Hochschulbereich ist es in letzter Zeit sehr populär geworden, Vorlesungen als Videos aufzuzeichnen. Das Ansehen dieser Videos wird dann oft als E-Learning bezeichnet. Dadurch wird aber ein wesentliches Prinzip des E-Learnings verletzt: die Wahl des eigenen Lerntempos.

5.1 Lehrbücher – Präsenzveranstaltungen – E-Learning *

Videos lassen sich *nicht* beliebig beschleunigen, Teile können nicht beliebig übersprungen werden (dafür muss man sich diese Teile vorher ansehen). Es handelt sich hierbei nicht um E-Learning, sondern um zeitversetztes Besuchen einer Vorlesung.

Das Gleiche gilt für PowerPoint-Folien, die durch gesprochene Sprache (Audio) erklärt werden.

Einschränkungen für E-Learning und Lehrbücher

Aufgrund ihrer Merkmale sind Lehrbücher und E-Learning-Kurse für folgende Situationen *nicht* geeignet:

- Erfahrungen mit gruppendynamischen Prozessen

  - Der Lernende soll ein Gefühl dafür bekommen, wie es ist, in einer Gruppe eine Aufgabe zu bearbeiten und dabei gruppendynamische Prozesse (Mehrheitsbildung, Minderheitenmeinung, Normierungsdruck) zu spüren. *Beispiele*
  - Der Lernende soll vor einer Gruppe einen Vortrag halten und dabei mit den Zuhörern interagieren. Er soll Lampenfieber empfinden und lernen, wie man mit Zwischenfragen und Zwischenrufen umgeht.

- Haptische Wahrnehmungen

  - Wahrnehmung von Temperatur. *Beispiele*
  - Wahrnehmung von Schmerz.
  - Taktile Wahrnehmungen, d. h. Wahrnehmung von Reizen über die Haut.

- Erlernen motorischer Abläufe

  - Steuern von Maschinen mithilfe der Hände und/oder Beine. *Beispiele*
  - Tanzen lernen (Vorbereitung mit Lehrbüchern und E-Learning möglich).
  - Reiten lernen (Vorbereitung mit Lehrbüchern und E-Learning möglich).
  - Schwimmen lernen (Geht nur im Medium Wasser!)

- Olfaktorische Wahrnehmungen

  - Wahrnehmung von Gerüchen *Beispiel*

Generell gilt:
Alles, was man mit Lehrbüchern vermitteln kann, kann man auch über E-Learning vermitteln.

Vorteile von Lehrbüchern und E-Learning-Kursen

Das Anfertigen von Notizen des Lernenden während des Lernvorgangs fördert das nachhaltige Lernen (siehe »Notizen machen – nachhaltig lernen«, S. 231). Beim Lesen von Texten bestimmt der Lernende die Geschwindigkeit der Informationsaufnahme selbst und kann sich so viel Zeit für Notizen nehmen, wie er benötigt. Außerdem kann er jederzeit im Text auf frühere Stellen zurückspringen. Bei Vorträgen können die Lernenden dagegen weder die Reihenfolge der präsentierten Inhalte noch die Präsentationsgeschwindigkeit beeinflussen.

5.2 Mischformen und Vergleich *

Zwischen den beiden Polen Präsenzveranstaltung und E-Learning gibt es eine Reihe von Mischformen, die die Vor- und Nachteile der beiden »Extremformen« ausgleichen. In Abhängigkeit von den Lernzielen, den Lerninhalten und den Voraussetzungen der Lernenden sollte die jeweils optimale Lernform gewählt werden. Berücksichtigt man 20 Kriterien und bewertet die einzelnen Lernformen danach, dann schneidet E-Learning mit Abstand am besten ab.

Um die Vorteile verschiedener Lernformen zu nutzen bzw. die Nachteile zu vermeiden, gibt es verschiedene Mischformen: Webinare, Teleteaching, virtuelle Klassenzimmer, Blended-Learning. Jede dieser Lernformen hat Stärken und Schwächen.

Webinar

Bei einem **Webinar** (Kunstwort aus den Wörtern *Web* und Sem*inar*) werden Lerninhalte von einem oder mehreren Lehrenden live über das Web an Lernende übertragen. In der Regel sehen die Lernenden Folien auf ihren Bildschirmen (in der Regel PowerPoint-Folien) und hören und sehen den Lehrenden (als Standbild oder als Videostream auf dem Bildschirm). An einem Webinar können wenige Lernende, aber auch bis zu mehreren 100 Lernende teilnehmen. Der Lehrende kann mit der Maus den Cursor auf den Folien bewegen. Die Lernenden können in einem integrierten Chat Fragen an den Lehrenden stellen, die individuell oder für alle – in der Regel nach der Präsentation – beantwortet werden. Zusätzlich können alle Fragen und Antworten in schriftlicher Form noch an alle Lernenden verteilt werden. Oft gibt es noch einen Moderator, der die Fragen sortiert bzw. Sprachrechte zuteilt, wenn der Lernende über ein Mikrofon verfügt. Die Lernenden sehen und hören sich *nicht* untereinander. Die Abb. 5.2-1 zeigt ein Beispiel für die Präsentation in einem Webinar.

Verglichen mit kleinen und großen Präsenzveranstaltungen sind Webinare orts*un*abhängig. Folgende Vorteile fallen gegenüber Präsenzveranstaltungen dadurch weg: Geräteunabhängigkeit, haptische Wahrnehmungen, motorische Abläufe, Persönlichkeit des Lehrenden spürbar, kooperatives Lernen, Erfahrung der Gruppendynamik, persönliches Kennenlernen.

Teleteaching

Unter **Teleteaching** versteht man in der Regel die Liveübertragung von Lehrveranstaltungen – insbesondere von Vorlesungen – über Videokonferenzsysteme an andere Orte. Die Ortsabhängigkeit wird durch die Video- und Audioübertragung des Lehrenden

Abb. 5.2-1: Beispiel für die Präsentation in einem Webinar.

an verschiedene Orte der Lernenden aufgehoben. Kennzeichnend ist, dass die Lernenden Fragen an den Lehrenden stellen können und die Sprache, Mimik und Gestik des Lehrenden hören bzw. sehen. Eine bidirektionale Kommunikation stellt sich jedoch *nicht* automatisch ein, sondern muss vom Lehrenden angeregt werden [Kerr12, S. 405]. Außerdem sind die Möglichkeiten der bidirektionalen Kommunikation abhängig von der Menge der Lernenden.

Beispiel

Die Abb. 5.2-2 zeigt eine Vorlesung, die zwischen den Universitäten Zürich und Bern übertragen wird. Jeder Hörsaal zeigt ein Bild der Studierenden aus dem entfernten Hörsaal. Eine Kamera nimmt den Dozenten auf. Außerdem wird der Inhalt von einem PC oder von einer Dokumentenkamera aufgenommen und übertragen.

Folgende Vorteile fallen gegenüber einer Präsenzveranstaltung dadurch weg: haptische Wahrnehmungen, motorische Abläufe, kooperatives Lernen, persönliches Kennenlernen.

Abb. 5.2-2: Beispiel für Teleteaching (Quelle: http://www.rgbp.ch/ AudioVideo-PlanungAVPlanungAVPlaner.html).

Die Liveübertragungen werden oft aufgezeichnet und dann zeitversetzt als Streaming im Web angeboten – oft ergänzt um zusätzliches Lernmaterial.

MOOCs

Eine Variante oder Spezialisierung – je nachdem wie man es klassifiziert – von Teleteaching sind MOOCs.

> Ein **MOOC** *(massive open online course)* ist ein *kostenloser*, frei zugänglicher Online-Kurs, der meist eine Präsenzlehrveranstaltung – in der Regel eine Vorlesung einer Universität – als Videoaufzeichnung enthält – oft ergänzt um Zusatzmaterialien und automatisch auswertbare Test und Quiz. In angebundenen sozialen Medien können Lernende sich austauschen. In der Regel besitzen die Kurse einen festen Start- und Endtermin und oft auch eine Wochentaktung.

Definition

Da die Kurse kostenlos sind, werden Kurse renommierter Universitäten oft von vielen Tausenden Lernenden weltweit genutzt. Daher spricht von *massive*, d. h. massereichen Kursen im Sinne von Kursen mit vielen Lernenden. Wollen Lernende ein Zertifikat erhalten, dann ist dies in der Regel kostenpflichtig.

»Ende 2011 wurden erstmals drei Informatik-Kurse der Stanford-Universität als offene Online Kurse angeboten, die instruktional konzipiert waren und aus einem Wechsel von kurzen Video-Sequenzen und anschließenden Multiple-Choice-Fragen bestanden. Bereits an diesen ersten Kursen nahmen weltweit 90.000 Personen teil, Folgekurse erreichten bis zu 160.000 Personen« [MOOC15, 3. Absatz].

Beispiel 1

5 Lehrende und ihre Medien *

Beispiel 2
: Das Hasso-Plattner-Institut an der Universität Potsdam bietet 6-wöchige Online-Kurse mit einem festen Starttermin an. Jeweils zu Wochenbeginn wird den Lernenden eine Reihe von Videos angeboten, in denen ein weiteres Kurskapitel behandelt wird – ergänzt um zusätzlichen Lernstoff, interaktive Selbsttests und Hausaufgaben [Mein15, S. 143].

Beispiel 3
: Die Abb. 5.2-3 zeigt einen Ausschnitt aus dem Kurs »Introduction to Systems Engineering« der University of New South Wales, Sydney, Australien. Neben einer Einführung mit Videoaufnahmen der Lehrenden gibt es eine Anzahl von Videos mit Lerninhalten. Bei diesen Videos handelt es sich um animierte Folien, die mit gesprochenem Text unterlegt sind. Anstelle der Videos kann sich der Lernende die Folien als PDF mit transkribierten Text ansehen, d. h. der gesprochene Text in den Videos wird als geschriebener Text angezeigt. Der Lernerfolg kann durch mehrere Quiz überprüft werden. Dabei handelt es sich um Multiple-Choice-Tests (siehe »Testarten – vielfältige Möglichkeiten«, S. 409).

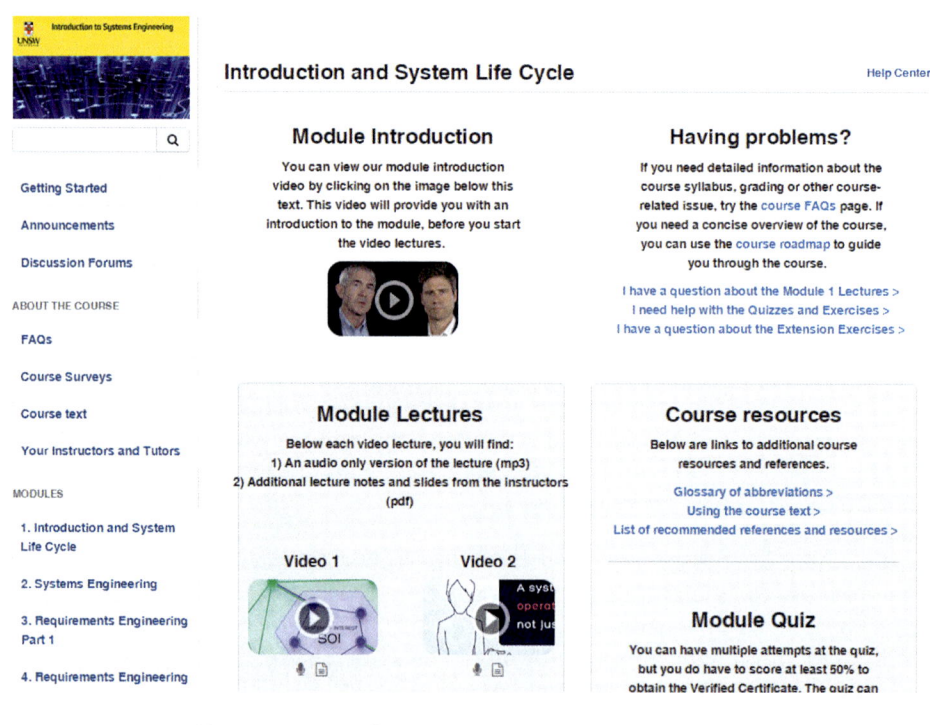

Abb. 5.2-3: Beispiel für einen MOOC-Kurs (Quelle: https://class.coursera.org/introse-003/wiki/Introduction_and_System_Life_Cycle).

Bisherige Erfahrungen mit MOOCs haben Folgendes gezeigt:

- Die Anzahl der Lernenden, die eine Kurs erfolgreich abschließen, ist gering. Von 15.000 Studierenden haben nur 238

Studierende, die die erste Hausarbeit gemacht haben, den Kurs auch beendet. In vielen MOOCs beenden nur ungefähr 10 Prozent der Lernenden einen Kurs [GuAd14, S. 14]. Es ist aber dabei unklar, ob die Lernenden auch mit dem Ziel antreten, einen Kurs auch zu beenden, oder ob sie nur Zugriff auf das Lernmaterial haben wollen.

- »*If there are even very modest charges, it is likely the number of students who register for MOOCs will drop dramatically*« [Cusu14, S. 26].
- Die Didaktik der MOOCs ist oft *nicht* geeignet für diese Lernform. »*[...] they have little to do with learning, as they're mostly focued on teaching*« [Reis14, S. 92].
- »Es bleibt beim verpönten ›Frontalunterricht‹. Es ist eine Illusion, zu glauben, eine Vorlesung werde besser, weil sie auf dem Schirm statt im Hörsaal erlebt wird« [Brin15]

Folgende Vorteile fallen gegenüber einer Präsenzveranstaltung bei MOOCs weg: Geräteunabhängigkeit, haptische Wahrnehmungen, motorische Abläufe, kooperatives Lernen, persönliches Kennenlernen.

Gegenüber E-Learning ist die Zeitunabhängigkeit nur noch eingeschränkt gegeben (fester Start- und Endetermin, Wochentaktung), das eigene Lerntempo wird durch die Wochentaktung und die damit verbundene schrittweise Freigabe der Lerninhalte beschnitten, die Lernstoffreihenfolge kann ebenfalls nur beschränkt selbst gewählt werden, die multimedialen Medien sind stark auf Videosequenzen konzentriert. Videos lassen sich nur wenig beschleunigen (siehe »Video – Bewegung darstellen«, S. 355).

Virtuelles Klassenzimmer

Bei einem **virtuellen Klassenzimmer** sitzen alle Lernenden *zur selben Zeit* vor dem »eignen« Computer und lernen zusammen. Ein Lehrender, der für alle in Bild und Ton präsent ist, vermittelt den Lernstoff und beantwortet Fragen. Alle Lernenden hören, sehen und erleben zur selben Zeit das Gleiche, wie in einem realen Raum. Sie können direkt miteinander kommunizieren, Dateien austauschen, private und allgemeine Rückmeldungen an den Lehrenden geben. Es werden mehrere Moderationsmodi unterschieden:

- Im **dozentengeführten Modus** kann jeder Lernende virtuell die Hand heben, der Lehrende sieht das und kann entscheiden, ob er dem Lernenden das Wort erteilt oder nach einer Worterteilung wieder entzieht.

5 Lehrende und ihre Medien *

- Bei einer **offenen Diskussion** kann jeder Lernende zu beliebiger Zeit das Wort durch Mausklick ergreifen. Dies ist jedoch nur bei kleinen Teilnehmerzahlen praktikabel.
- Es können verschiedene **Arbeitsgruppen** gebildet werden, die offen diskutieren.

Ein virtuelles Klassenzimmer wird auch oft dazu benutzt, um die Bedienung von Softwareprogrammen zu vermitteln. Beim *Application Sharing* wird die Bedienungsoberfläche eines Programms auf den Computern aller Lernenden gemeinsam dargestellt.

Beispiel: Die Abb. 5.2-4 zeigt einen virtuellen Klassenraum zum Erlernen einer Fremdsprache.

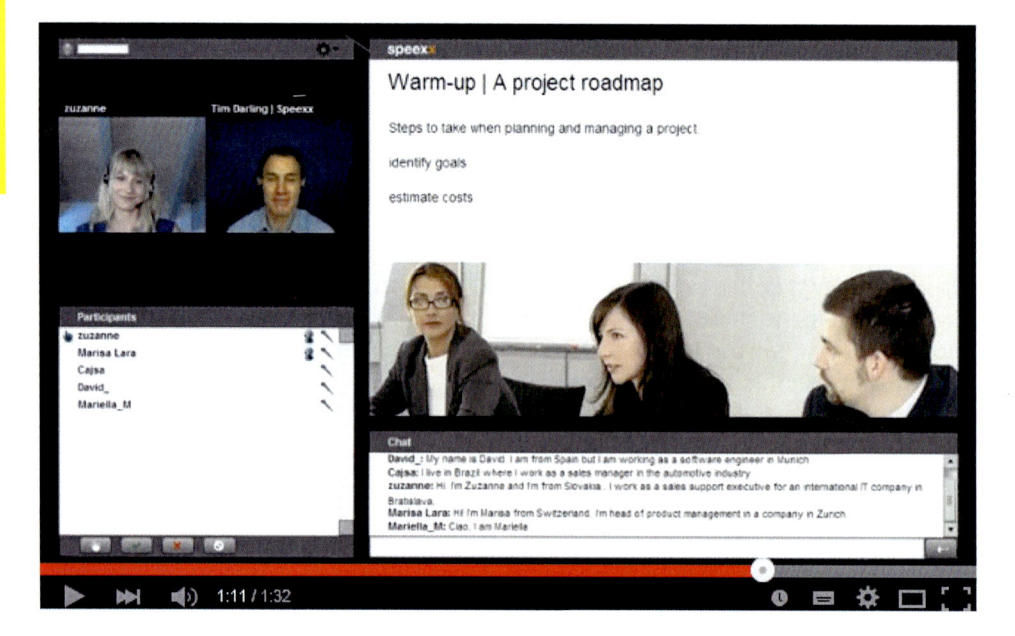

Abb. 5.2-4: Beispiel für ein Sprachtraining in einem virtuellen Klassenraum (Quelle: https://www.youtube.com/watch?v=NBFlA5gWWpk).

Folgende Vorteile fallen gegenüber einer Präsenzveranstaltung dadurch weg: haptische Wahrnehmungen, motorische Abläufe, persönliches Kennenlernen.

Blended Learning

Beim **Blended Learning** werden die Vorteile der Präsenzlehre mit den Vorteilen des E-Learning kombiniert. Ein Teil des Lehrstoffs wird in der Präsenzlehre, ein anderer Teil in Form des E-Learning vermittelt. In der Regel wechseln Präsenzlehre und E-Learning einander ab (Abb. 5.2-5). Wichtig ist, dass die vernetzten Lernphasen gut aufeinander abgestimmt sind. Blended Learning wird insbesondere in Industrieseminaren eingesetzt, um die Abwesenheitszeit der Mitarbeiter im Unternehmen durch den Besuch von Präsenzseminaren zu reduzieren.

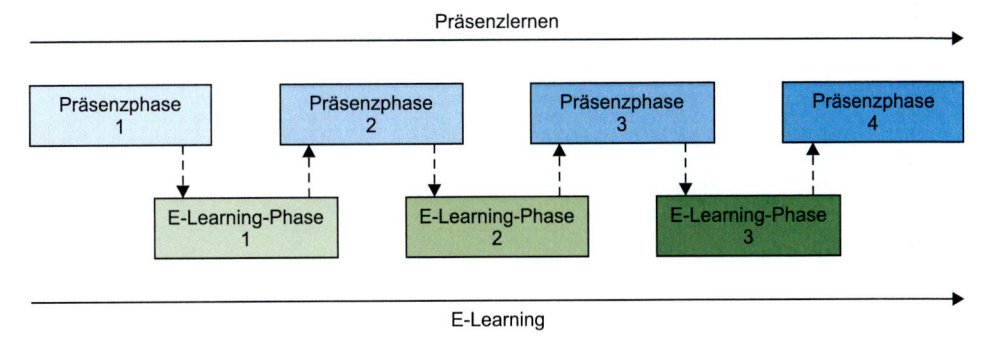

Abb. 5.2-5: Vernetzung der Lernphasen beim Blended Learning (in Anlehnung an [Lehn09, S. 155]).

Vergleich

Die Tab. 5.2-1 zeigt einen Quervergleich der behandelten Lernformen anhand von Kategorien und Kriterien.

Vergleicht man die Lernformen anhand ihrer Stärken, dann ergibt sich folgende Reihenfolge:

1 **E-Learning** (+14)
2 Präsenzveranstaltung (+6)
3 Lehrbuch (+5)
4 Virtuelles Klassenzimmer (+4)
5 Webinar und Videokonferenz (+2)
6 Blended Learning (+1)

Subtrahiert man von den Stärken die Schwächen, dann ergibt sich folgende Reihenfolge:

1 **E-Learning** (+9)
2 Blended Learning (+1)
3 Präsenzveranstaltung (-2)
4 Virtuelles Klassenzimmer (-6)
5 Lehrbuch (-7)
6 Videokonferenz (-13)
7 Webinar (-14)

Bei diesen Vergleichen muss jedoch berücksichtigt werden, dass für manche Zielgruppen und manche Lehrinhalte beispielsweise keine haptischen Wahrnehmungen zu vermitteln sind oder dass keine motorischen Abläufe zu erlernen oder keine gruppendynamischen Prozessen zu erfahren sind. Dann ergeben sich unter Umständen andere Reihenfolgen.

5 Lehrende und ihre Medien *

	Kate.	Kriterien	LB	EL	PV	We	Tt	VK	BL
1	Lernen	Zeitunabhängigkeit	+	+	–	–	–	–	o
2	Lernen	Ortsunabhängigkeit	+	+	–	+	+	+	o
3	Lernen	Geräteunabhängigkeit	+	–	+	–	–	–	o
4	Lernen	Wahl des Lerntempos	+	+	–	–	–	–	o
5	Lernen	Wahl der Stoffreihenfolge	+	+	–	–	–	–	o
6	Lernen	Multimedialität / Interaktivität von Lernobjekten	–	+	o	o	o	+	o
7	Lernen	Aktivierung des Lernenden / Interaktivität	o	+	o	o	o	o	o
8	Lernen	Berücksichtigung der Vorkenntnisse	o	+	o	–	–	o	o
9	Inhalt	Aktualität des Inhalts	–	+	+	+	+	+	+
10	Inhalt	Verlinkung der Inhalte	o	+	o	–	–	–	o
11	Inhalt	Haptische Wahrnehm. / Erlernen motor. Abl.	–	–	+	–	–	–	o
12	L.erfolg	Autom. Testüberprüfung	–	+	–	–	–	–	o
13	L.erfolg	Vergleich mit ander. Lernenden	–	+	–	–	–	o	o
15	L.erfolg	Persönlicher Tutor / Korrektur von Aufgaben	–	+	–	–	–	–	o
16	L.umfeld	Persönlichkeit des Lehrenden spürbar	–	–	+	–	o	o	o
17	L.umfeld	Kooperatives Lernen	–	o	+	–	–	+	o
18	L.umfeld	Synchrone & asynchrone Kommunikation	–	+	o	–	–	o	o
19	L.umfeld	Erfahrung der Gruppendynamik (Teamarbeit)	–	–	+	–	–	–	o
20	L.umfeld	Persönliches Kennenler.	–	–	+	–	–	–	o
		Anzahl +	5	14	6	2	2	4	1
		Summe	-7	+9	-2	-14	-13	-6	1
	Legende	LB = Lehrbuch EL = E-Learning PV = Präsenzveranstal. We = Webinar Tt = Teleteaching VK = Virt. Klassenzimmer BL = Blended Learning							

Tab. 5.2-1: Quervergleich der behandelten Lernformen.

5.2 Mischformen und Vergleich *

Bei diesen Vergleichen muss jedoch berücksichtigt werden, dass für manche Zielgruppen und manche Lehrinhalte beispielsweise keine haptischen Wahrnehmungen zu vermitteln sind oder dass keine motorischen Abläufe zu erlernen oder keine gruppendynamischen Prozessen zu erfahren sind. Dann ergeben sich unter Umständen andere Reihenfolgen.

Generell sollten in Abhängigkeit von der Zielgruppe, von den Lernzielen und den Lerninhalten die Lernform oder die Lernformen eingesetzt werden, die voraussichtlich zu einem optimalen Lernerfolg führen.

Der Vergleich zeigt jedoch deutlich, dass E-Learning bei beiden Auswertungen mit Abstand an der Spitze steht. Es wäre also schade, wenn in der heutigen Zeit eine solche Lernform nicht geeignet eingesetzt würde.

Für mich ist **E-Learning der Privatlehrer der heutigen Zeit**. Während sich früher nur Reiche Privatlehrer leisten konnten, die zu einem gewünschten Zeitpunkt an einem gewünschten Ort das gewünschte Wissen vermittelt haben, ermöglicht es E-Learning heute jedem zu jedem Zeitpunkt, sich das gewünschte Wissen (das auf einer E-Learning-Plattform zur Verfügung steht) anzueignen.

Persönliche Einschätzung

Die W3L AG bietet zwei Online-Bachelor-Studiengänge auf ihrer E-Learning-Plattform an. Jeder Studierende kann sich jederzeit an jedem Ort alle Inhalte des jeweiligen Bachelor-Studiengangs ansehen und den dort präsentierten Lernstoff lernen. Selbst wenn man beliebig viel Geld besitzt, dürfte es *nicht* möglich sein, zu jedem beliebigen Zeitpunkt an jeden beliebigen Ort den Experten zu bekommen, der das gewünschte Wissen vermittelt.

Beispiel

Informieren Sie sich über »Enhanced E-Books« und interaktive E-Books. Nehmen Sie eine Klassifikation entsprechend der Tab. 5.2-1 vor.

6 Didaktische Gestaltungsprinzipien *

Prinzipien sind Grundsätze, die man seinem Handeln zugrunde legt. Prinzipien sind allgemeingültig, abstrakt, allgemeinster Art. Sie bilden eine theoretische Grundlage. Prinzipien werden aus der Erfahrung und Erkenntnis hergeleitet und durch sie bestätigt.

Im Folgenden werden in Anlehnung an [Dago09, S. 47 ff.] didaktische Gestaltungsprinzipien vorgestellt, die Ihnen als Autor als allgemeine **Leitlinien** für die Erstellung von Lehrbüchern bzw. E-Learning-Kursen und Lerneinheiten dienen können.

Es werden drei Gruppen von Gestaltungsprinzipien unterschieden:

- **Elementare Gestaltungsprinzipien**, die sowohl für einzelne Lerneinheiten als auch für Lehrbücher und E-Learning-Kurse insgesamt gelten: *Elementar*
  - ☐ **Wiederholung**
    (siehe »Wiederholung – Vom Trampelpfad zur Autobahn«, S. 149)
  - ☐ **Aufmerksamkeitsförderung**
    (siehe »Aufmerksamkeit fördern – psychophysisch aktivieren«, S. 152)
  - ☐ **Orientierung**
    (siehe »Orientierung – Inhalte schnell finden«, S. 163)
  - ☐ **Abstraktion**
    (siehe »Abstraktion – richtigen Abstraktionsgrad wählen«, S. 168)
- **Wichtige Gestaltungsprinzipien**: *Wichtig*
  - ☐ **Strukturierung** (für Lerneinheiten & Lehrbücher/Kurse)
    (siehe »Strukturierung – Zusammenhänge sichtbar machen«, S. 171)
  - ☐ **Abwechslung** (für Lerneinheiten & Lehrbücher/Kurse)
    (siehe »Abwechslung – den Geist aktiv halten«, S. 174)
  - ☐ **Kommunikation mit dem Autor und anderen Lernenden** (für Lerneinheiten & Kurse)
    (siehe »Rückkopplung – Feedback zum Autor und zum Lernenden«, S. 176)
  - ☐ **Lernziele angeben** (für Lerneinheiten & für Lehrbücher/Kurse)
    (siehe »Lernziele – angestrebter Lerngewinn«, S. 62)
  - ☐ **Prüfungsrelevantes betonen** (für Lerneinheiten & für Lehrbücher/Kurse)
    (siehe »Lernziele – angestrebter Lerngewinn«, S. 62)

6 Didaktische Gestaltungsprinzipien *

- **Ausrichtung an der Zielgruppe** (für Lehrbücher/Kurse)
  (siehe »Die Zielgruppe – Maßstab für Inhalt und Didaktik«, S. 276)
- **Charakterdarstellung** (für Lehrbücher/Kurse)
  (siehe »Selbstdarstellung – Sich als Autor richtig präsentieren«, S. 279)
- **Inhalte gewichten** (für Lehrbücher/Kurse)
  (siehe »Inhalte gewichten – was ist relevant?«, S. 304)
- **Erläuterung der didaktischen Methoden und Intentionen** (für Lehrbücher/Kurse)
  (siehe »Didaktik erläutern – Motivation fördern«, S. 308)
- **Verständnis fördern, Sachverhalte erklären** (für Lerneinheiten)
  (siehe »Verstehen fördern und erleichtern«, S. 209)
- **Gefühle ansprechen** (für Lerneinheiten)
  (siehe »Emotionale Einstimmung – Fotos, Illustrationen«, S. 40, und
  »Emotionen hervorrufen – Gefühle ansprechen«, S. 248)

Ergänzend
- **Ergänzende Gestaltungsprinzipien**:
- **Auslagerung von wenig Relevantem in Exkurse** (für Lehrbücher/Kurse)
  (siehe Beispiele in diesem Buch)
- **Den Lernenden führen** (für Lehrbücher/Kurse)
  (siehe »Didaktik erläutern – Motivation fördern«, S. 308)
- **Aufteilung des Textes in kurze Sinnabschnitte** (für Lerneinheiten)
  (siehe »Zwischenüberschriften – Strukturieren der Inhalte«, S. 27)
- **Spannung erzeugen** (für Lerneinheiten)
  (siehe »Spannung erzeugen«, S. 242)

Hinweis | Gestaltungsprinzipien werden in der Literatur auch als Regeln, Richtlinien, Effekte oder Empfehlungen bezeichnet, ohne dass die Begriffe klar voneinander abgegrenzt werden [Rey09, S. 82].

6.1 Wiederholung – Vom Trampelpfad zur Autobahn *

Stereotype und nicht-stereotype Wiederholungen, die am Anfang häufig und später seltener dem Lernenden angeboten werden, tragen wesentlich dazu bei, dass der Lernstoff bewusst verarbeitet, langfristig gespeichert und gut erinnert wird. Merkeboxen, Zusammenfassungen, Kurzfassungen, Zwischenüberschriften, Marginaltexte, Glossare, Visualisierungen, Übungen, Tests und Aufgaben unterstützen den Lerneffekt.

»Der Verstand vergisst nur langsam etwas, wenn er lange dafür gebraucht hat, es zu lernen«
Lucius Annaeus Seneca, römischer Philosoph, 1–65 n.Chr.

Aus der Gedächtnispsychologie und Neurodidaktik sind folgende Erkenntnisse zum Lernen nachgewiesen worden:

Gedächtnispsychologie

- Verbindungen innerhalb der neuronalen Netze müssen gefestigt werden, damit im Gehirn langfristig Informationen abgelegt werden können (siehe z. B. [Myer08, S. 380 ff.]). Klaus Grawe veranschaulichte dies durch den Vergleich mit einem Trampelpfad, der durch häufige Benutzung immer breiter wird und am Ende quasi eine Autobahn darstellt [Graw04, S. 53].
- »Im Hinblick auf die Speicherung neuer Informationen macht Übung, d. h. bewusste Verarbeitung, tatsächlich den Meister« [Myer08, S. 387].
- »Neu Gelerntes wird besser behalten, wenn es unmittelbar geübt und angewendet werden kann, aber auch, wenn es auf neue Informationen und Probleme angewendet werden kann« [Terh09, S. 153].
- »Wiederholung ist eine der sinnvollsten und zugleich wirksamsten Methoden, um Inhalte nachhaltig im Gedächtnis zu verankern« [Dago09, S. 47].
- »Die Informationsmenge, an die man sich erinnert, hängt von der Zeit ab, die dafür aufgewandt wurde, sie zu ler-

nen. Auch wenn wir etwas bereits gelernt haben, können wir durch zusätzliche Lerndurchgänge (›overlearning‹ Überlernen) das Erinnerungsvermögen an diesen Lernstoff noch steigern« [Myer08, S. 386 f.].

- »Lernen, Verstehen und Behalten haben einen bestimmten zeitlichen Rhythmus – und brauchen Pausen« [Terh09, S. 152].
- »Verteiltes Lernen ist besser als massiertes Pauken« [Myer08, S. 387 f.]
- »Es ist für das Lernen von Vorteil, wenn über mehrere Sinneskanäle Informationen auf das immer schon eigenaktive Gehirn treffen, das diese unterschiedlichen Arten von Informationen in sich verarbeitet und neue Bedeutungen konstruiert« [Terh09, S. 152 f.]
- »Es gibt keinen Grund, daran zu zweifeln, dass jeder mit genug Übung alles lernen kann. Aber es gibt diese individuellen Unterschiede im Lerntempo, und die sind bisher nicht genügend beachtet worden.« Neurowissenschaftlerin Sibylle Herholz in [Drös15]

Wegen der Bedeutung der **Wiederholung** für das Lernen ist es **das wichtigste didaktische Gestaltungsprinzip**.

Frage — Ergänzen Sie folgenden Satz: »Zu Risiken und Nebenwirkungen lesen Sie die Packungsbeilage und ...«

Antwort — Jeder deutsche Fernsehzuschauer kann diesen Satz problemlos ergänzen: »... Fragen Sie Ihren Arzt oder Apotheker«.

Bei diesem Beispiel handelt es sich um eine **stereotype Wiederholung**. Bei einer solchen Wiederholung werden die Schlüsselbegriffe eines Themas an verschiedenen Stellen wiederholt und oft nur gering variiert.

Zum Mittel der stereotypen Wiederholung griff bereits der römische Staatsmann Cato Censorius (234 v. Chr. – 149 v. Chr.), genannt Cato der Ältere (siehe Marginalspalte[1]). Bei jeder Senatssitzung forderte er die Zerstörung Karthagos und beendete alle seine Reden, unabhängig vom Tagesordnungspunkt, mit dem Satz: »Im Übrigen bin ich der Meinung, dass Karthago zerstört werden muss« (Ceterum censeo Carthaginem esse delendam).

Neben der stereotypen Wiederholung gibt es auch die **nicht-stereotype Wiederholung**.

Frage — Überlegen Sie, was mit einer nicht-stereotypen Wiederholung gemeint sein könnte.

Antwort — Bei einer nicht-stereotypen Wiederholung wird ein Thema in ge-

---

[1] Quelle: Wikipedia, Cato

6.1 Wiederholung – Vom Trampelpfad zur Autobahn *

änderter Perspektive oder in einer veränderten Darstellung wiederholt [Dago09, S. 48].

Das Pareto-Prinzip besagt, dass man sich auf die wichtigsten Dinge zuerst konzentrieren soll *(First things First)*. Viele Erfahrungen sprechen dafür, dass 80 Prozent des Aufwandes benötigt werden, um 20 Prozent der Probleme zu lösen oder umgekehrt: 80 Prozent der Probleme können mit 20 Prozent des Aufwands behoben werden. Die Abbildung in der Marginalspalte veranschaulicht dieses Prinzip durch eine grafische Darstellung.

Wiederholungsübungen lassen sich auch danach klassifizieren, welche Art der Wiederholung sie aktivieren [Mede06, S. 71 ff.]:

- **Einfaches Wiederholen**: Kleine Lernschritte mit direkter Rückmeldung oft und direkt wiederholt, z. B. Vokabellernen *(drill and practice)*.
- **Zeitversetztes Wiederholen**: In zunächst kürzeren, dann längeren Zeitabständen wird das Erlernte abgefragt (Karteikastenprinzip).
- **Wiederholen mit Kontextwechsel**: Das Erlernte muss in neuen, aber strukturell ähnlichen Zusammenhängen mehrfach reaktiviert werden, z. B. Textaufgaben in der Mathematik oder Programmierung.
- **Zusammenfassendes Wiederholen**: Rückläufige, kombinierende oder gruppierende Wiederholung (Rekapitulation).

Unterstützen Sie als Autor den nachhaltigen Lerneffekt durch geeignete Anordnung von ...
- **stereotypen Wiederholungen** mittels
  - »Merkboxen – Wesentliches kompakt«, S. 46
  - Zusammenfassungen / Kurzfassungen (siehe »Die Kurzfassung – die Essenz der Lerneinheit«, S. 14)
  - »Zwischenüberschriften – Strukturieren der Inhalte«, S. 27
  - »Marginalie – Stichwort des entsprechenden Abschnitts«, S. 48
  - »Glossar – die Mini-Enzyklopädie«, S. 314
- **nicht-stereotypen Wiederholungen** mittels
  - »Visualisierung – die Kunst der Veranschaulichung«, S. 30
  - Übungen, Tests und Aufgaben (siehe »LERNERFOLG ÜBERPRÜFEN«, S. 403)

Als Autor können Sie einen nachhaltigen Lerneffekt noch dadurch unterstützen, dass Sie **anfangs häufige, später seltenere Wiederholungen** platzieren.

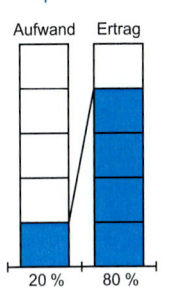

6.2 Aufmerksamkeit fördern – psychophysisch aktivieren *

Die Lernleistung ist optimal, wenn sich der Lernende auf einem mittleren Aktivierungsniveau befindet. Dies wird durch verschiedene Verhaltensweisen unterstützt. Die Aufmerksamkeit des Lernenden kann durch motivierende und emotionale Elemente, durch geeignete Zielformulierungen, durch Fragen, Übungen, Tests, Aufgaben, Denkanregungen, Meilensteine sowie durch Angaben zur Prüfungsrelevanz und durch Aufforderungen zur direkten Medieninteraktion gefördert werden.

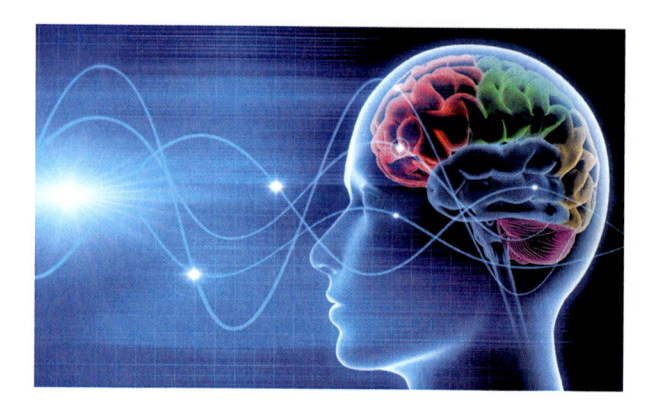

»Alles, was beim Lernen Freude macht, unterstützt das Gedächtnis« *Amos Comenius in Didactia Magna*

Damit Lernen gelingt, muss der Lernende seine Aufmerksamkeit dem Lernstoff widmen. Damit dies gelingt, muss er psychophysisch aktiviert sein und seine selektive Aufmerksamkeit dem Lernstoff widmen.

Eine **angemessene psychophysische Aktivierung** ist erforderlich, damit erfolgreich gelernt werden kann. Die Aktivierung darf nicht zu gering (Müdigkeit, Langeweile), aber auch nicht zu stark sein (Aufgedrehtheit), sondern muss sich auf einem mittleren Aktivierungsniveau bewegen (Yerkes-Dodson-Regel) [FaLa10, S. 103]. Bei zu hoher Aktivierung, aber auch bei zu niedriger Aktivierung fällt die Leistung wieder ab (Abb. 6.2-1). Bei schwierigen Aufgaben ist eine geringere Aktivierung besser, bei leichteren Aufgaben eine höhere.

Die psychophysische Aktivierung hängt im Wesentlichen vom Verhalten des Lernenden ab, jedoch kann man ihn darauf hinweisen, dass ein mittleres Aktivitätsniveau u. a. durch folgende Verhaltensweisen gefördert wird [Dago09, S. 48]:

- Lernen in den biorhythmischen Hochs,
- genügendes Trinken,

6.2 Aufmerksamkeit fördern – psychophysisch aktivieren *

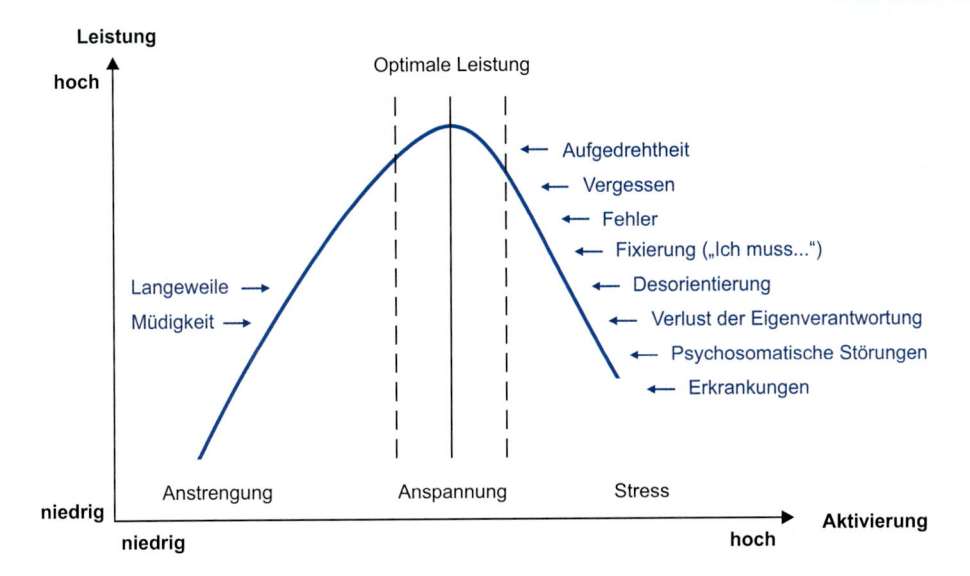

Abb. 6.2-1: Zusammenhang zwischen Aktivierung und Leistung nach der Yerkes-Dodson-Regel (Quelle: mentalmed.de, Stress und Leistung).

- Unlustgefühle meiden,
- sich selbst nicht unter Druck setzen,
- ausreichender Schlaf.

Im Gegensatz zu Präsenzveranstaltungen hat der Lernende bei Lehrbüchern und E-Learning-Kursen die Möglichkeit, dann zu lernen, wenn seine psychophysische Aktivierung optimal ist, d. h., dann wenn er sich wohlfühlt. Seine Lernumgebung kann er selbst bestimmen (Abb. 6.2-2).

Formal-didaktische Gestaltungselemente

Folgende Gestaltungselemente können verwendet werden, um den Lernenden zu aktivieren und ihm dabei zu helfen, sich auf die Inhalte zu konzentrieren [Dago09, S. 65 ff.]:

Motivierende Elemente

Damit sich Lernende mit den Inhalten einer Lerneinheit intensiv beschäftigen und dabei nachhaltig lernen, müssen ihre Bedürfnisse bewusst gemacht und verstärkt werden. Dies kann wie folgt geschehen:

- Der Lernende erkennt, dass der Lernstoff mit seinen Bedürfnissen und Erwartungen übereinstimmt, z. B. durch Praxisrelevanz und Zielgruppenbezogenheit.
- Die Wichtigkeit des Lernstoffs, die Besonderheit und die Einzigartigkeit werden hervorgehoben.

Abb. 6.2-2: Die eigene Lernumgebung selbst bestimmen – ein Vorteil von Lehrbüchern und E-Learning-Kursen.

Beispiele

- **Fallstudien** eignen sich dazu, einen realistischen Bezug zur Berufspraxis herzustellen (siehe »Fallstudien – Wissen auf komplexe Probleme angewandt«, S. 318).
- Es werden – z. B. am Anfang einer Lerneinheit – die **Vorteile** aufgezählt (Wecken von Bedürfnissen), die der Lernende erhält, wenn er den Lehrstoff durcharbeitet, z. B.
  - »Wenn Sie diese Lerneinheit durchgearbeitet haben, dann wissen Sie als Autor, wie Sie fremde Quellen richtig zitieren und Plagiate vermeiden.«
  - »Sie lernen im Folgenden in fünf Schritten, wie Sie Literatur systematisch recherchieren und beschaffen. Dadurch sind Sie anschließend in der Lage, in weniger Zeit mehr Literatur zu sichten.«
  - »Wenn Sie die Fragen im folgenden Fragebogen beantworten und auswerten, dann wissen Sie anschließend, wie hoch Ihre Stressbelastung ist.«
- »Als Ingenieur gehört es zu Ihren Pflichten, die technischen Normen für Ihr Fachgebiet zu kennen, um bei gerichtlichen Auseinandersetzungen auf der sicheren Seite zu sein« (Ansprechen von **Pflichtbewusstsein**).

6.2 Aufmerksamkeit fördern – psychophysisch aktivieren *

Emotionale Elemente
Die Gefühlsebene des Lernenden wird durch emotionale Elemente stimuliert.

- **Affekterzeugende Darstellungsmittel**, z. B. emotionale Fotos, Zeichnungen (Comics, Bilderwitze), Videoclips usw. (siehe »Emotionale Einstimmung – Fotos, Illustrationen«, S. 40, »Emotionen hervorrufen – Gefühle ansprechen«, S. 248). Ein Beispiel für ein einprägsames Comic zeigt die Abb. 6.2-3 [Mott09, S. 67], ebenso die Abb. 6.2-4.

Beispiele

Abb. 6.2-3: Aktives Zuhören ist manchmal gar nicht so einfach.

- Witze, Zynismen, Spott, überraschende Wendungen. Von Helmut Schmidt stammt folgende zynische Aussage: »Wer Visionen hat, sollte zum Arzt gehen«. Bertold Brecht schrieb: »Sie sägten die Äste ab, auf denen sie saßen // Und schrieen sich zu ihre Erfahrungen // Wie man schneller sägen konnte, und fuhren // Mit Krachen in die Tiefe, und die ihnen zusahen // Schüttelten die Köpfe beim Sägen und // Sägten weiter« (Gedichte im Exil, 1935).

»Emotional ansprechende Elemente werden gut eingespeichert und sind leicht abrufbar, sodass sie als Anker für die Erinnerung der entsprechenden Lerninhalte dienen. Nicht zuletzt dienen sie Zwecken wie Abwechslung, ästhetischem Genuss oder Erheiterung (*delectare*)« [Dago09, S. 66].

Zitat

Zielformulierungen
Zielformulierungen geben für eine Lerneinheit oder einzelne Abschnitte an, welche Lernziele erreicht werden sollen (siehe »Lernziele – angestrebter Lerngewinn«, S. 62).

Abb. 6.2-4: Ironischer Hinweis auf zu hohe Steuern.

Beispiele
- **Intensionale Formulierung**: »Diese Lerneinheit zeigt, wie die Datenaufnahme für eine Energieberatung vorbereitet wird.«
- **Darstellung der erwerbbaren Fähigkeiten**: »Nach dem Durcharbeiten dieser Lerneinheit können Sie Daten zur Vorbereitung für eine Energieberatung aufnehmen«.
- **Hinweise auf mögliche Belohnungen**: »Nach dem Durcharbeiten dieser Lerneinheit können Sie kostengünstiger und schneller als andere Energieberater die Vorbereitung der Daten für eine Energieberatung vornehmen«.

Die Beschreibung erwerbbarer Fähigkeiten fördert besonders die Aufmerksamkeit.

Fragen, Übungen, Tests, Aufgaben

Wenn sich der Lernende aktiv mit den Inhalten auseinandersetzen muss, dann ist dies effektiver als das mehrmalige Durchlesen des Lehrstoffs. Die aktive Auseinandersetzung kann gefördert werden durch:

- Fragen und Übungen:
  siehe »Fragen stellen – Denken anregen«, S. 228
- Tests und Aufgaben:
  siehe »LERNERFOLG ÜBERPRÜFEN«, S. 403

6.2 Aufmerksamkeit fördern – psychophysisch aktivieren *

Denkanregungen
Denkanregungen sollen den Lernenden dazu anregen, sich persönliche Gedanken zum Lernstoff zu machen, das Gelernte kritisch zu überdenken und Praxisbezüge herzustellen. Sie sollen dem Lernenden außerdem helfen, Beziehungen zu anderen Themengebieten herzustellen (vernetztes Lernen). Im Gegensatz zu Fragen (siehe »Fragen stellen – Denken anregen«, S. 228) lassen sich bei Denkanregungen in der Regel keine Antworten geben, da sie meist einen starken persönlichen Bezug beinhalten.

Denken Sie einmal ganz in Ruhe über Ihre persönliche Lebensvision oder Ihr Lebensziel nach [StFi15, S. 39].	Beispiel

Denkanregungen können auch in Form von Essays und Aphorismen, die zur Reflexion anregen, gestaltet werden.

»Perfektion besteht aus vielen Details, aber Perfektion ist kein Detail« (Aphorismus von Leonardo da Vinci).	Beispiel

Meilensteine
Das eigenverantwortliche Durcharbeiten von Lehrbüchern bzw. E-Learning-Kursen erfordert von den Lernenden einen hohen Grad an Selbstdisziplin und Durchhaltevermögen. Es gibt verschiedene Möglichkeiten, den Lernenden für seine Lerndisziplin zu **belohnen**:

- **Pausen**: Gönnen bzw. verordnen Sie dem Lernenden nach einem anstrengenden Lerninhalt explizit eine Pause.

»Nachfolgend finden Sie drei kleine Übungen, als ›Pausensnack‹ und zur Lockerung des Geistes (Lösungen am Ende des Wissensbausteins).	Beispiel

Train your brain: **Rätel 1 – Schubscheiben**
Verschieben Sie vier Scheiben derart, dass jede Scheibe nur eine andere berührt. (Versuchen Sie es mit Hilfe von Münzen, Aspirintabletten, Smarties o.ä.)« [Schr08, S. 45] (Abb. 6.2-5).

Abb. 6.2-5: Schubscheiben-Rätsel.

6 Didaktische Gestaltungsprinzipien *

- **Fortschrittsanzeige**: Sagen Sie dem Lernenden, wie viel Prozent des Lehrbuchs bzw. E-Learning-Kurses er bereits durchgearbeitet hat (Abb. 6.2-6). Dies ist insbesondere gegen Ende des Buches bzw. Kurses wichtig, damit die Aufmerksamkeit und Motivation erhalten bleibt (Endspurt). Bei E-Learning-Kursen ist es sogar möglich, dem Lernenden einen Vergleich mit anderen Lernenden, die denselben Kurs durcharbeiten, zur Verfügung zu stellen (siehe auch »Was kann/sollte eine E-Learning-Plattform bieten?«, S. 513).

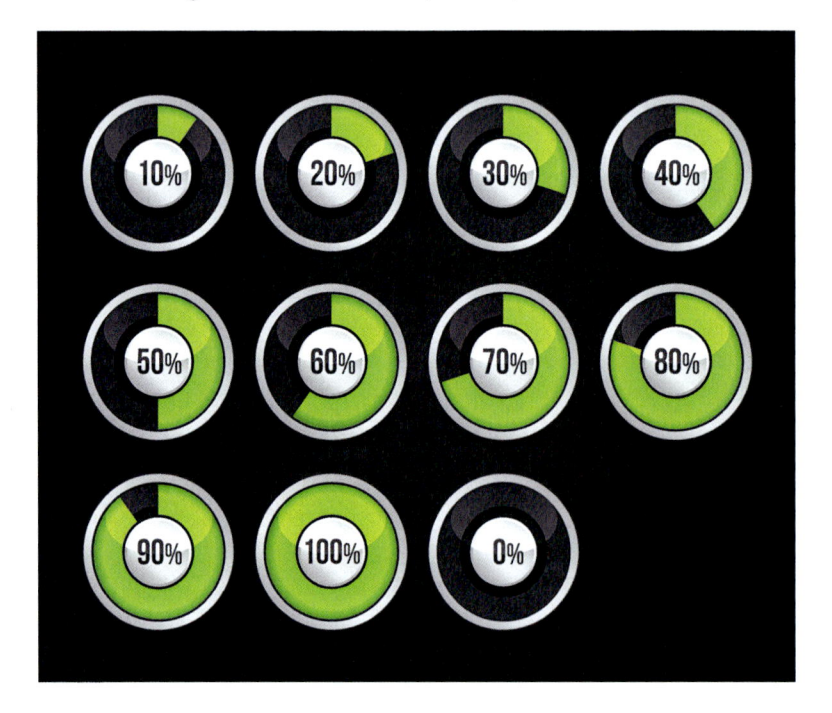

Abb. 6.2-6: Beispiel für eine mögliche symbolische Fortschrittsanzeige.

Beispiele
- In einem Lehrbuch kann durch eine Uhr oder einen Balken der Lernende Auskunft darüber erhalten, wie viel Zeit er bis zur aktuellen Lerneinheit benötigt haben sollte.
- In einem E-Learning-Kurs kann die vom Autor geschätzte Gesamtzeit sowie die Zeit pro Lerneinheit angegeben werden, die zum Durcharbeiten benötigt werden. Diese Zeiten können auch anhand der echten Zeiten von Lernenden normiert werden, sodass empirische Zeitangaben vorliegen.
- Beim Start eines E-Learning-Kurses kann der Lernende gefragt werden, wie viele Stunden er pro Woche lernen möchte. Dann kann das E-Learning-System ihm mitteilen, wann er mit dem Kurs fertig sein wird. Während der Bearbeitung informiert ihn das E-Learning-System, ob er in seinem Zeitplan

6.2 Aufmerksamkeit fördern – psychophysisch aktivieren *

ist oder nicht. Alternativ kann beim Start auch abgefragt werden, wann der Lernende den Kurs fertig bearbeitet haben will. Dann kann ihm das System mitteilen, wie viele Lernstunden er pro Woche investieren muss. Das System informiert ihn ebenfalls, ob er jeweils in seinem Zeitplan ist oder nicht.
- Eine Fortschrittsanzeige kann auch bezogen auf erfolgreich durchgeführte Tests und Aufgaben erfolgen (Abb. 6.2-7).

- **Lernzeitangabe**: Damit der Lernende einschätzen kann, wie viel Zeit er voraussichtlich für das Durcharbeiten einer Lerneinheit benötigt, sollte am Anfang jeder Lerneinheit angegeben werden, wie viel Zeit im Durchschnitt die Lernenden bisher für das Durcharbeiten der betreffenden Lerneinheit benötigt haben. Außerdem signalisiert eine solche Angabe dem Lernenden, dass er ein Verständnisproblem hat, wenn er wesentlich länger als der Durchschnitt benötigt.

- **Kurze Lerneinheiten**: Eine Lerneinheit sollte nur wenige Buchseiten oder Webseiten umfassen, damit der Lernende in überschaubarer Zeit (in der Regel in weniger als einer halben Stunde) die Lerneinheit durcharbeiten kann und hoffentlich ein Erfolgserlebnis hat. Denken Sie an den Spruch: »Ein guter Pfarrer predigt nicht länger als 20 Minuten – sonst schläft die Gemeinde ein.«

Prüfungsrelevanz

Lerneinheiten oder Abschnitte von Lerneinheiten, die besonders für eine Prüfung relevant sind, können besonders gekennzeichnet werden. Auf besonders wichtige Aspekte kann z. B. durch ein entsprechendes Piktogramm hingewiesen werden (siehe Marginalspalte).

Alternativ kann auch der umgekehrte Weg eingeschlagen werden: Alles ist prüfungsrelevant, außer es ist als Exkurs oder als Vertiefung gekennzeichnet.

In den W3L-Lerneinheiten weist das Piktogrammen »Unter der Lupe« (siehe Marginalspalte) darauf hin, dass jetzt ein Sachverhalt für den interessierten Lernenden detailliert vorgestellt wird, der aber *nicht* zum Prüfungsumfang gehört.

Beispiel

Direkte Medieninteraktion

Die Aufmerksamkeit des Lernenden wird auch dadurch gefördert, dass Sie ihn als Autor dazu auffordern, aktiv etwas zu tun, durch
- Lückentexte, Fortsetzungen

6 Didaktische Gestaltungsprinzipien *

Übungszettel

Hier finden Sie eine Tabelle aller Tests und Aufgaben. Über den Titel, der als Verweis dient, können Sie mit der Bearbeitung direkt beginnen.

Tests im Kurs

Status	Name	Maximale Punkte	Erreichte Punkte	Fehlende Punkte	Wissensbaustein
●	Zuerst das Fenster	25	0	25	Zuerst das Fenster, ...
●	GUI-Frameworks	10	0	10	Java Foundation Classes
●	Elementare GUI-Klassen in Java	10	0	10	Fensterklassen & Klasse Toolkit
●	Ereignisverarbeitung	10	0	10	Ereignisverarbeitung: Einstieg
●	Innere Klassen in Java	25	0	25	Innere Klassen & Lambda-Ausdrücke
●	Einfache Interaktionselemente mit Swing	10	0	10	Druckknöpfe & Textfelder
	Absolute Zahl	90	0	90	
	Prozentangabe	100 %	0.00 %	100.00 %	

Aufgaben im Kurs

Status	Name	Maximale Punkte	Erreichte Punkte	Fehlende Punkte	Wissensbaustein
●	Begrüßungsfenster	10	0	10	Java Foundation Classes
	Absolute Zahl	10	0	10	
	Prozentangabe	100 %	0.00 %	100.00 %	

Abb. 6.2-7: Fortschrittsanzeige für einen Lernenden im W3L-E-Learning-System.

6.2 Aufmerksamkeit fördern – psychophysisch aktivieren *

»*Train your brain:* **Viele Ideen generieren**
Finden Sie in den nächsten fünf Minuten möglichst viele Assoziationen zum Begriff Blatt. Setzen Sie die nachfolgende Liste fort: Blattlaus, Blätterwald, kein Blatt vor den Mund nehmen,« [Schr08, S. 21]

Beispiel

■ Aufforderung zu Notizen

»*Train your brain:* **Assoziationen finden**
Suchfrage: Woran denken Sie, wenn Sie das Wort »Hausboot« lesen oder hören? Schreiben Sie alles auf, was Ihnen spontan in den Sinn kommt« [Schr08, S. 34].

Beispiel

■ Lerntagebuch führen

Das W3L-E-Learning-System erlaubt es dem Lernenden, Notizen in einem eigenen Lerntagebuch einzutragen, anzuzeigen, auszudrucken und zu exportieren (siehe »Notizen machen – nachhaltig lernen«, S. 231).

Beispiel

■ Mikroevaluation

In einem E-Learning-System kann der Lernende die gerade durchgearbeitete Lerneinheit evaluieren.

Im W3L-E-Learning-System kann jeder Lernende jede Lerneinheit beurteilen (Abb. 6.2-8).

Beispiel

Fördern Sie die Aufmerksamkeit durch ...
- ■ **motivierende Elemente** wie Fallstudien, Aufzählung von Vorteilen, Ansprechen von Pflichtbewusstsein,
- ■ **emotionale Elemente** wie emotionale Fotos, Comics, Witze, überraschende Wendungen,
- ■ **Zielformulierungen**, die die angestrebten Lernziele angeben,
- ■ **Fragen**, **Übungen**, **Tests**, **Aufgaben**, die eine aktive Auseinandersetzung mit den Lerninhalten erfordern,
- ■ **Denkanregungen** geben, damit sich der Lernende persönliche Gedanken zu den Lerninhalten macht,
- ■ **Meilensteine**, die den Lernfortschritt anzeigen,
- ■ **Prüfungsrelevanz**, die wichtige Lerninhalte kennzeichnet, und
- ■ **direkte Medieninteraktion**, die den Lernenden auffordert etwas zu tun, wie beispielsweise Lückentexte zu ergänzen.

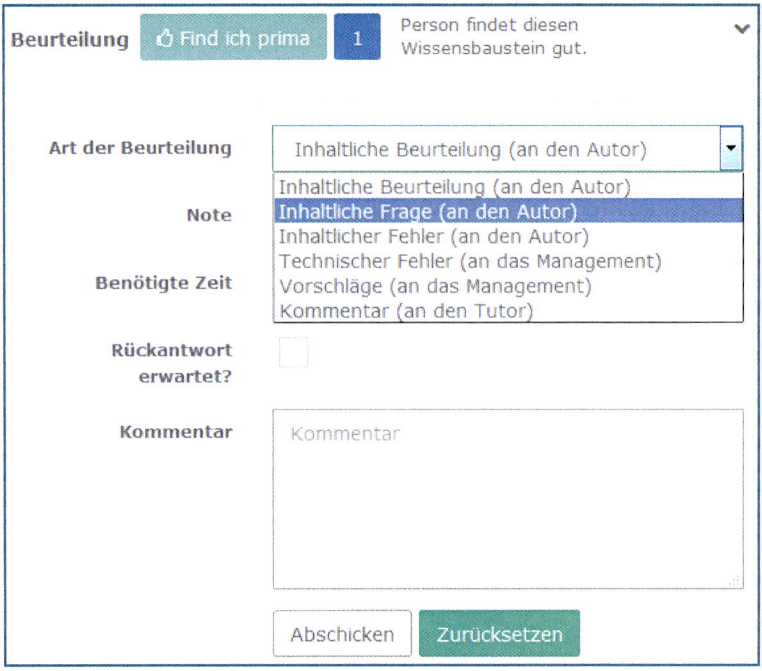

Abb. 6.2-8: Beispiel für eine Mikroevaluation in der W3L-E-Learning-Plattform zur Beurteilung einer Lerneinheit.

6.3 Orientierung – Inhalte schnell finden *

Durch Inhaltsverzeichnisse, vernetzte Darstellungen, interne und externe Verweise, geeignete Navigationselemente, einen Index bzw. bei E-Learning-Kursen eine Volltextsuche oder semantische Suche wird dem Lernenden die Orientierung im Lernstoff erleichtert, sodass er Inhalte schnell finden und Zusammenhänge zu anderen Inhalten schnell herstellen kann.

Jeder Lernende möchte sowohl einen schnellen Überblick über die behandelten Themengebiete erhalten als auch gewünschte Themen oder Stichworte schnell auffinden. Bearbeitet ein Lernender gerade eine Lerneinheit, dann möchte er wissen, zu welchen Themengebiet die Lerneinheit gehört und welche Zusammenhänge zu anderen Lerneinheiten bestehen. Diese Bedürfnisse können durch verschiedene formal-didaktische Orientierungselemente erfüllt werden [Dago09, S. 70 f.].

Formal-didaktische Gestaltungselemente
Inhaltsverzeichnisse

Die klassische Form, einem Lernenden einen Überblick über die Lerninhalte zu geben, sind Inhaltsverzeichnisse in Büchern bzw. Navigationsbäumen in E-Learning-Systemen. Inhaltsverzeichnisse geben die Anordnung der Lerninhalte in hierarchischer Form wieder. Bei umfangreichen Lehrbüchern gibt es in der Regel noch eine zusätzliche Inhaltsübersicht zur groben Orientierung auf hohem Abstraktionsniveau. Seitenangaben in den Inhaltsverzeichnissen bzw. Verweise in Navigationsbäumen verweisen auf die entsprechenden Lerneinheiten.

Wünschenswert ist es, dass der Lernende einen geringen »räumlichen Abstand« zum Inhaltsverzeichnis hat. Dies ist folgendermaßen möglich:

Lokalitätsprinzip

- Bei einem Lehrbuch ist es hilfreich, wenn eine Inhaltsübersicht auf der Innenseite des vorderen Buchumschlags abgedruckt ist, damit der Lernende einen schnellen Zugriff darauf hat. Zusätzlich kann dann noch ein Kapitelreiter auf die Seiten gedruckt werden, sodass der Lernende anhand der Inhaltsübersicht sehr schnell auf das entsprechende Kapitel zugreifen kann (Abb. 6.3-1).
- Bei manchen Lehrbüchern gibt es vor Hauptkapiteln oftmals noch eine separate Kapitelübersicht.
- Bei E-Learning-Systemen sollte der Navigationsbereich auf Wunsch des Lernenden permanent sichtbar sein. Er sollte vom Lernenden aber auch weggeklappt werden können. Die Abb. 6.3-2 zeigt einen Navigationsbaum der W3L-E-Learning-

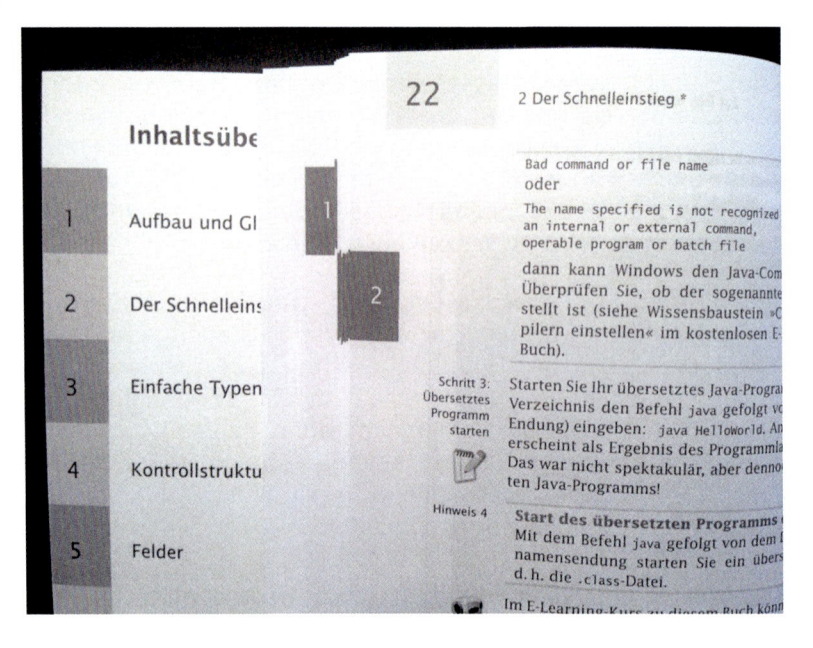

Abb. 6.3-1: Inhaltsübersicht eines Lehrbuchs auf der Innenseite des Buchumschlags und korrespondierende Kapitelreiter [Balz13].

Plattform. Der Navigationsbereich kann vom Lernenden ein- und ausgeblendet werden. Standardmäßig ist nur die oberste Hierarchieebene eines Kurses sichtbar. Ein Plus-Zeichen zeigt an, dass eine Untergliederung vorhanden ist. Klickt der Lernende auf das Plus-Zeichen, wird die untergeordnete Hierarchieebene aufgeklappt. Sie wird permanent angezeigt, bis der Lernende sie wieder zuklappt (Klick auf das Minus-Zeichen). Der Lernende kann den Navigationsbaum durch einen Druckknopf auch vollständig aufklappen, dann sieht er das gesamte Inhaltsverzeichnis des Kurses.

Die hierarchische Gliederung von Themen sollte nicht mehr als drei Gliederungsebenen umfassen, da sie sonst unübersichtlich wird. Es sollte dann eine Gliederung in Buchteile bzw. Kursteile vorgenommen werden (siehe »Ausflachung von Gliederungsebenen: Buch-/ Kursteile«, S. 306).

Vernetzung Eine hierarchische Gliederung von Themen spiegelt in der Regel nicht die wirklichen Zusammenhänge zwischen den Themen wider. Meist führen die Beziehungen zwischen den einzelnen Themen zu einem Netzwerk. Zusätzlich wäre es daher sinnvoll, ein solches Netzwerk beispielsweise durch eine **Concept Map** zu veranschaulichen (siehe auch »Reduktion der Komplexität – Konzentration & Vereinfachung«, S. 296). Durch eine solche grafische Veranschaulichung würde auch der Aufbau eines mentalen Modells durch den Lernenden unterstützt.

6.3 Orientierung – Inhalte schnell finden *

Abb. 6.3-2: Ausschnitt aus dem Navigationsbaum der W3L-E-Learning-Plattform.

Die Abb. 6.3-3 zeigt einen grafischen Überblick über die Struktur der Softwaretechnik, wie sie in dem dreibändigen Werk »Lehrbuch der Softwaretechnik« zur Orientierung der Lernenden dargestellt wird [Balz11, S. vi].   Beispiel

Verweise
Verweise in Lerneinheiten machen den Lernenden darauf aufmerksam, dass das behandelte Thema an anderer Stelle genauer oder aus anderer Perspektive behandelt wird. Verweise können intern oder extern sein:

- **Interne Verweise** beziehen sich auf Stellen innerhalb desselben Lehrbuchs oder E-Learning-Kurses. In Lehrbüchern sollten interne Verweise durch absolute Seitenkennzahlen angegeben werden, in E-Learning-Kursen öffnet ein Klick auf den Verweis die entsprechende Lerneinheit im selben oder in einem neuen Fenster.
- **Externe Verweise** beziehen sich auf Stellen außerhalb des betreffenden Lehrbuchs oder E-Learning-Kurses. Es kann sich dabei um Hinweise auf andere Bücher durch Angabe der Li-

6 Didaktische Gestaltungsprinzipien *

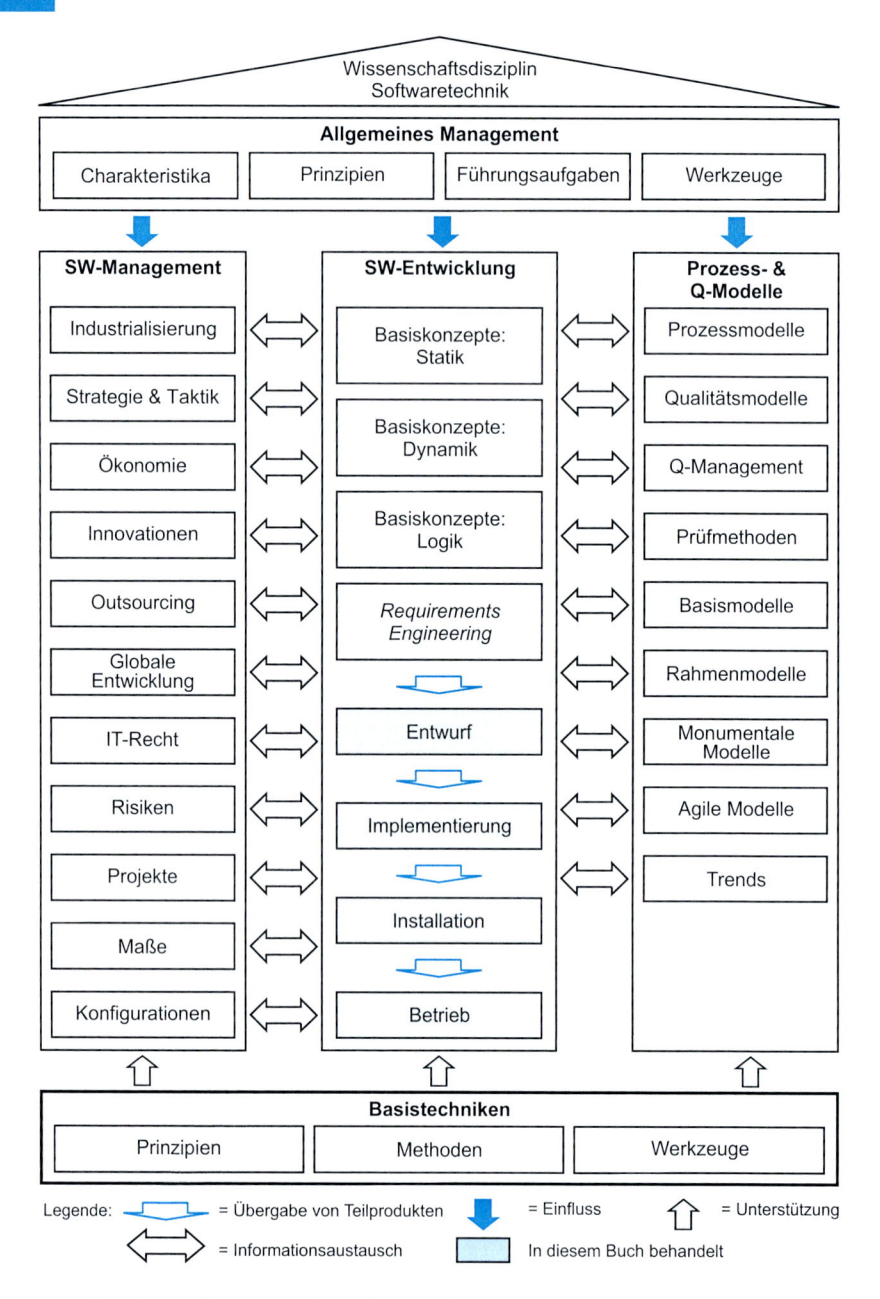

```
                    Wissenschaftsdisziplin
                       Softwaretechnik
```

Allgemeines Management			
Charakteristika	Prinzipien	Führungsaufgaben	Werkzeuge

SW-Management	SW-Entwicklung	Prozess- & Q-Modelle
Industrialisierung	Basiskonzepte: Statik	Prozessmodelle
Strategie & Taktik	Basiskonzepte: Dynamik	Qualitätsmodelle
Ökonomie		Q-Management
Innovationen	Basiskonzepte: Logik	Prüfmethoden
Outsourcing	*Requirements Engineering*	Basismodelle
Globale Entwicklung		Rahmenmodelle
IT-Recht	Entwurf	Monumentale Modelle
Risiken	Implementierung	Agile Modelle
Projekte		Trends
Maße	Installation	
Konfigurationen	Betrieb	

Basistechniken		
Prinzipien	Methoden	Werkzeuge

Legende: ⇩ = Übergabe von Teilprodukten ⬇ = Einfluss ⇧ = Unterstützung
⇔ = Informationsaustausch ▢ In diesem Buch behandelt

Abb. 6.3-3: Gliederung der Softwaretechnik.

teraturquelle handeln. Oder es werden Weblinks angegeben, die auf entsprechende Webseiten des Internets verweisen. In E-Learning-Kursen müssen externe Links explizit als extern gekennzeichnet werden.

6.3 Orientierung – Inhalte schnell finden *

- »Beschriftete Hyperlinks (der Querverweis enthält eine Beschriftung oder Beschreibung der Seite, auf die der Hyperlink verweist) können die Navigations- und Lernleistungen von Benutzern verbessern« [Rey09, S. 92].
- »Die Verwendung einer hierarchisch-sequentiellen Struktur des Lerntextes wirkt sich lernförderlich aus« [Rey09, S. 93].

Empirie

Da bei Lehrbüchern immer darauf geachtet wird, dass der Buchumfang nicht zu groß wird, wird beispielsweise eine Grafik nur einmal abgedruckt und u. U. mehrmals auf sie verwiesen. Da bei E-Learning-Kursen die Platzproblematik nicht besteht, sollte anstelle von Verweisen eine Grafik an allen Stellen, an denen sie benötigt wird, direkt verfügbar sein, d. h. mehrmals vorhanden sein.

Empfehlung

Navigationselemente
Ein Lernender will nicht nur wissen, wo sich ein bestimmter Lerninhalt befindet und wie er dorthin kommt. Er will auch wissen, wohin er – wenn er sich in einer Lerneinheit befindet – von dort aus navigieren kann. In Lehrbüchern kann er jederzeit auf jede andere Seite gehen, in E-Learning-Kursen gibt es andere Möglichkeiten:

- »Navigation – Hilfe bei der Orientierung«, S. 310

Index
Ein Index ermöglicht einem Lernenden, in einem Lehrbuch über alphabetisch sortierte Stichworte auf Lerninhalte über die Seitenzahl als Verweis zuzugreifen. In E-Learning-Kursen wird ein Index ersetzt durch eine Volltextsuche oder eine semantische Suche:

- »Index – Hilfe bei der Suche von Inhalten«, S. 324

6.4 Abstraktion – richtigen Abstraktionsgrad wählen *

Lerninhalte können auf unterschiedlichem Abstraktionsniveau vermittelt werden. Jeder Autor steht vor dem Problem, einen jeweils geeigneten Abstraktionsgrad zu wählen, um den Lerninhalt erfolgreich zu vermitteln. Geeignete Überschriften und Zwischenüberschriften geben dem Lernenden bereits auf einem hohen Abstraktionsniveau einen Überblick über die Lerninhalte. Zusammenfassungen und Kurzfassungen beschreiben den Lernstoff in kompakter, abstrakter Form mit anderen Worten und evtl. einer anderen Perspektive. Tabellen eignen sich gut dazu, Unterschiede und Gemeinsamkeiten zwischen »Dingen« kompakt und übersichtlich darzustellen.

Als Lehrender können Sie die Lerninhalte weder ganz konkret mit allen Details noch ganz allgemein in einem einzigen Begriff vermitteln. Ziel muss es sein, einen geeigneten **Abstraktionsgrad** zu finden, der unwichtige Einzelheiten oder Sonderfälle weglässt, aber wichtige Inhaltsstrukturen deutlich macht. Das ist für Sie als Autor ein Spagat zwischen absoluter Abstraktion und extremer Detaillierung. Um dem Lernenden Abwechslung zu bieten, werden Sie um einen geeigneten Abstraktionsgrad oszillieren, d.h. mal mehr und mal weniger abstrahieren (Abb. 6.4-1).

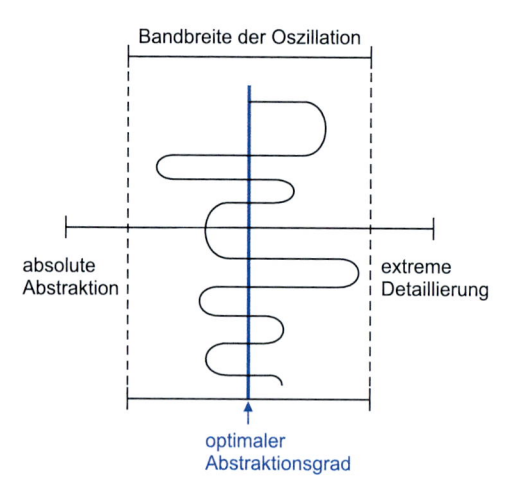

Abb. 6.4-1: Wahl des optimalen Abstraktionsgrads der Lerninhalte.

Abstraktion spielt auch eine wichtige Rolle bei der Auswahl von Lerninhalten:

- ▪ »Reduktion der Komplexität – Konzentration & Vereinfachung«, S. 296

6.4 Abstraktion – richtigen Abstraktionsgrad wählen *

Durch formal-didaktische Gestaltungselemente kann Abstraktion umgesetzt werden (in Anlehnung an [Dago09, S. 71 ff.]).

Formal-didaktische Gestaltungselemente
Überschriften
Überschriften über Lerneinheiten sollten in geeigneter abstrakter Form dem Lernenden bereits eine Idee vom Inhalt der Lerneinheit vermitteln:
- »Die Überschrift – Kernaussage in Kurzform«, S. 11

Da diese Überschriften außerdem im Inhaltsverzeichnis bzw. im Navigationsbaum wiederzufinden sind, liefern sie einen ersten abstrakten Überblick über die Lerninhalte.

Zwischenüberschriften
Eine Lerneinheit – auch wenn sie vom Umfang her begrenzt ist – sollte nicht ein monolithischer Block sein, sondern durch Zwischenüberschriften strukturiert werden:
- »Zwischenüberschriften – Strukturieren der Inhalte«, S. 27

Zwischenüberschriften können beim Überfliegen der Lerneinheit als Vorschau dienen, beim Durcharbeiten zur Orientierung beitragen oder nach dem Durcharbeiten zur Wiederholung und Auffrischung beitragen.

Zusammenfassungen
Eine Zusammenfassung für eine Lerneinheit – auf hohem Abstraktionsniveau komprimiert – mit anderen Worten ausgedrückt und unter einer anderen Perspektive dargestellt, steigert den Lernerfolg für den Lernenden. Traditionell stehen Zusammenfassungen am Ende einer Lerneinheit, können aber auch am Anfang stehen, um dem Lernenden mit Vorwissen die Möglichkeit zu geben, die Lerneinheit zu überspringen:
- »Die Kurzfassung – die Essenz der Lerneinheit«, S. 14

Tabellen
Tabellen erlauben es in kompakter Form, Unterschiede zwischen bestimmten Eigenschaften von »Dingen« darzustellen. In der Regel werden in den Zeilen die fraglichen Eigenschaften aufgeführt. Pro Spalte werden dann die konkreten Eigenschaftswerte der jeweiligen Dinge angegeben (siehe auch »Mit Diagrammen richtig informieren«, S. 493).

Beispiel

Bezogen auf die verschiedenen Arten wissenschaftlicher Arbeiten zeigt die Tab. 6.4-1, welche Anforderungen bezogen auf Deutsch mindestens gestellt werden sollten [BSS11, S. 239].

6 Didaktische Gestaltungsprinzipien *

	richtiges Deutsch	gutes Deutsch	Wissenschafts-Deutsch
Praktikumsbericht	ja	evtl.	nein
Seminarausarbeitung	ja	evtl.	nein
Hausarbeit	ja	ja	nein
Projektarbeit	ja	ja	nein
Bachelorarbeit	ja	ja	evtl.
Masterarbeit	ja	ja	ja
Wissenschaftlicher Artikel	ja (extrem)	ja (extrem)	ja (extrem)
Dissertation	ja (extrem)	ja (extrem)	ja

Tab. 6.4-1: Anforderungen an wissenschaftliche Arbeiten bezogen auf Deutsch.

Die zu kontrastierenden »Dinge« stehen in den Spalten dieser Tabelle: »richtiges Deutsch«, »gutes Deutsch« und »Wissenschafts-Deutsch«. Die Eigenschaften sind in der linken Spalte aufgeführt. Die Eigenschaftswerte pro »Ding« sind in der jeweiligen Spalte angegeben.

6.5 Strukturierung – Zusammenhänge sichtbar machen *

Das Lernen wird erleichtert, wenn der Lernende im Lernstoff Strukturen erkennt. Aufgabe des Lehrenden ist es daher, Zusammenhänge im Lernstoff durch hierarchische Strukturen, Netzwerkstrukturen, zeitliche und räumliche Strukturen sichtbar zu machen.

Eine **Struktur** ist ein Gefüge, das aus Teilen besteht, die wechselseitig voneinander abhängen.

»Allgemein gilt, dass Wissen in einer geordneten Form, also strukturiertes Wissen, besser verstanden und behalten wird als lose verknüpftes Wissen. [...] Inhaltliche Strukturen befördern das Erkennen, Urteilen und Handeln, indem sie geeignete Begriffe bzw. Oberbegriffe, Kategorien und Relationen für die Bewältigung komplexer und vielfältiger Informationen bereitstellen« [Lehn12, S. 150 f.]. — *Zitat*

»Strukturierung bedeutet das Herausarbeiten, Freilegen, Sichtbarmachen von zugrundeliegenden Ordnungsprinzipien und Zusammenhängen, welche Grundgerüste für den Leser bilden, in die er Inhalte einlagern und sie somit leichter abspeichern kann« [Dago09, S. 49]. — *Zitat*

Für die didaktische Gestaltung sind zwei Topologien von Strukturen besonders wichtig: — *Topologie*

- Bei der **hierarchischen Struktur** sind die Teile nach einer Rangordnung angeordnet, die zu einer Über- und Unterordnung führen. Eine solche Struktur kann textuell oder grafisch dargestellt werden.

Inhaltsverzeichnisse in Lehrbüchern und Navigationsbäume in E-Learning-Systemen sind hierarchisch gegliedert (siehe »Gliederung – Strukturierung der Lerninhalte als Baum«, S. 82). — *Beispiel*

- Bei der **Netzwerkstruktur** sind die Teile untereinander mehrfach verknüpft.

Ein Beispiel dafür ist die *Concept Map* zum Urheberrecht (siehe Abb. 31.0-1). — *Beispiel*

»Wechselbeziehungen zwischen Lerninhalten und deren netzwerkähnliche Struktur sollten nicht durch Vereinfachung ausgeblendet, sondern besonders betont werden [..], beispielsweise durch multiple Verknüpfung der Lerninhalte in Form von Hyperlinks« [Rey09, S. 61].

6 Didaktische Gestaltungsprinzipien *

Strukturschemata ermöglichen eine grafische Darstellung von hierarchischen Strukturen und Netzstrukturen (siehe »Reduktion der Komplexität – Konzentration & Vereinfachung«, S. 296).

Zeitlich/räumlich

Außerdem lassen sich Strukturen danach kategorisieren, ob sie zeitliche oder räumliche Zusammenhänge aufzeigen:

- Eine **zeitliche Struktur** beschreibt zeitliche Abläufe, Aktivitäten und Ereignisse, die nacheinander und/oder nebeneinander ablaufen. Eine solche Struktur kann grafisch, z. B. durch einen Zeitstrahl oder ein Prozessdiagramm, oder im Text durch eine Nummerierung oder durch zeitmarkierende Wörter dargestellt werden.

Beispiele

Die Abb. 6.5-1 zeigt die Darstellung einer Auftragsbearbeitung in Form eines **Prozessdiagramms** [Allw05, S. 184].

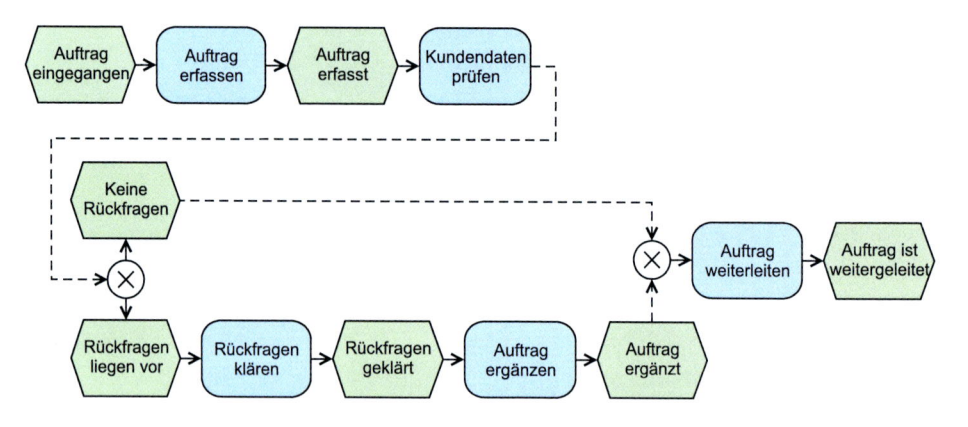

Abb. 6.5-1: Eine Auftragsbearbeitung dargestellt als Prozessablauf in der Notation EPK (ereignisgesteuerte Prozesskette).

Die Abb. 6.5-2 stellt die Literaturepochen in Form eines Zeitstrahls dar.

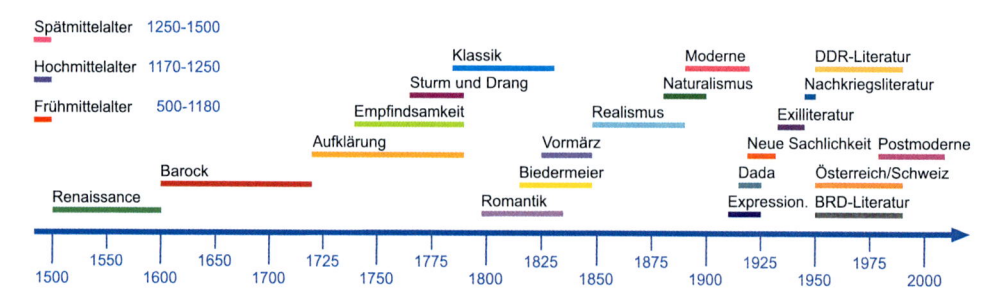

Abb. 6.5-2: Beispiel für einen Zeitstrahl der Literaturepochen (Quelle: http://www.literaturwelt.com/epochen.html).

6.5 Strukturierung – Zusammenhänge sichtbar machen *

Die Erstellung einer **Mindmap** kann durch folgenden **nummerierten Zeitablauf** dargestellt werden [BSS11, S. 151 f.]:

1 Thema ins Zentrum
2 Beiträge erfassen und strukturieren
3 Wichtige Inhalte hervorheben
4 Übersichtlichkeit schaffen
5 Reihenfolge vorgeben
6 Beziehungen aufzeigen
7 Verzweigungen einbauen
8 Ideenproduktion anregen

In einem fortlaufenden Text können **zeitmarkierende Wörter** wie »und dann«, »vorher«, »schließlich« usw. verwendet werden:

Zuerst schreibt man das Thema in die Mitte, *dann* werden Ideen auf leicht geschwungenen Linien, die in der Mitte vom Thema ausgehen und zu den Seitenrändern auslaufen, erfasst. *Anschließend* werden wichtige Inhalte hervorgehoben. ...

- Eine **räumliche Struktur** stellt räumliche Beziehungen von Dingen dar. In Texten kann diese Struktur mithilfe von Wörtern, die räumliche Beziehungen markieren, z. B. »unter«, »über«, »neben«, oder Raumpunkte darstellen, z. B. »rechts«, »links«, »oben«, beschrieben werden.

6.6 Abwechslung – den Geist aktiv halten *

Um Monotonie zu vermeiden, sollte für formale und/oder inhaltliche Abwechslung gesorgt werden. Lerneinheiten können unterschiedlich lang und durch verschiedene formal-didaktische Gestaltungselemente abwechslungsreich und damit anregend gestaltet werden. Inhaltlich können Lerninhalte didaktisch verschieden angeordnet und/oder dargestellt werden. Ebenso können Fallstudien, Geschichten und Planspiele zur Abwechslung eingesetzt werden. Bei E-Learning-Kursen können z. B. durch Medien weitere Abwechslungseffekte erzielt werden.

»Abwechslung erfreut (Variatio delectat)«
Lateinisches Sprichwort, Geht auf Euripides' »Orestes« zurück.

Das menschliche Gehirn braucht Abwechslung, sonst lenkt es sich in einer monotonen Umgebung selbst ab [Dago09, S. 52]. Daher sollten sowohl Lehrbücher und E-Learning-Kurse als auch einzelne Lerneinheiten eine gewisse Abwechslung bieten, damit der Lernende sich nicht langweilt und ermüdet.

Abwechslung kann auf formalem und/oder inhaltlichem Wege geschehen.

Formal — Das Gegenteil von formaler Abwechslung ist formale Monotonie, die z. B. bei Referenzhandbüchern bewusst angestrebt wird, um ein schnelles Nachschlagen zu ermöglichen. Jede Seite ist formal gleich aufgebaut und gegliedert.

Formale Abwechslung kann man erreichen durch:

- Unterschiedliche Länge der Lerneinheiten.
- Einsatz verschiedener formal-didaktischer Gestaltungselemente (siehe »Aufmerksamkeit fördern – psychophysisch aktivieren«, S. 152).

Inhaltlich — **Inhaltliche Abwechslung** kann man erreichen durch:

- Wechsel zwischen »normaler« Wissensvermittlung und
  - Fallstudien, Fallbeispielen (siehe »Fallstudien – Wissen auf komplexe Probleme angewandt«, S. 318),
  - Geschichten (siehe »Storys – Fakten in Geschichten verpackt«, S. 237) und
  - Planspielen beim E-Learning (siehe »Lernspiel: spielerisch zum Lernziel«, S. 395)
- Wechselnde didaktische Anordnung der Lerninhalte (siehe »Didaktische Anordnung von Lerninhalten«, S. 67).
- Darstellung eines Lerninhalts (siehe »Abwechslung durch alternative Darstellungsformen«, S. 204)
  - in unterschiedlicher Perspektive,
  - in unterschiedlichem Detaillierungsgrad,
  - mit unterschiedlichen Medien.

6.6 Abwechslung – den Geist aktiv halten *

- Beim E-Learning: Abwechslung durch:
  - »Audio – Sprache und Ton einsetzen«, S. 349
  - »Video – Bewegung darstellen«, S. 355
  - »Rollenspiele – in simulierte Realitäten schlüpfen«, S. 363
  - »Animation – Vorgänge zum Leben erwecken«, S. 367
  - »Interaktive Infografiken – Zusammenhänge in Bildern«, S. 379
  - »Ausprobieren und Experimentieren«, S. 383
  - »Simulation und Mikrowelt: Aktiv Erfahrungen sammeln«, S. 387
  - »Lernspiel: spielerisch zum Lernziel«, S. 395
  - »Soziale Medien: soziale Lernumgebungen«, S. 401

Wie die Beispiele zeigen, ist es bei E-Learning-Kursen wesentlich einfacher, inhaltliche Abwechslung zu erreichen.

6.7 Rückkopplung – Feedback zum Autor und zum Lernenden *

Der Lehrende möchte vom Lernenden erfahren, ob seine Lehre »ankommt«. Umgekehrt möchte der Lernende wissen, ob er alles richtig verstanden hat. Eine gegenseitige Rückkopplung ist also wünschenswert. Das Feedback kann dabei motivierend oder demotivierend ausfallen. Eine E-Learning-Plattform kann verschiedene Möglichkeiten anbieten, um Rückmeldungen in beide Richtungen zu ermöglichen.

»Für jede Form des Lernens ist es wichtig, eine Rückmeldung über den Erfolg von Lernprozessen zu erhalten«
Prof. Dr. Gaby Reinmann

Eine Rückkopplung kann in zwei Richtungen erfolgen:

- Von den Lernenden zu den Lehrenden und
- von den Lehrenden zu den Lernenden.

Präsenz — Wenn Sie als Dozent eine Präsenzveranstaltung durchführen, dann erkennen Sie anhand der Reaktion und der Fragen der Zuhörer, ob Ihr Stoff »ankommt« oder nicht.

Umgekehrt können Sie Antworten der Zuhörer positiv oder negativ bewerten.

Lehrbuch — Bei einem Lehrbuch sind solche »direkten« Rückkopplungen *nicht* möglich. In der Regel erhalten nur Multiplikatoren einen Fragebogen des jeweiligen Verlags mit der Bitte um Beurteilung des Buches. Ich kenne *kein* Lehrbuch, bei dem der Leser aufgefordert wird, anhand eines Fragebogens eine Rückmeldung an den Autor zu geben.

Sind in einem Lehrbuch Tests und Aufgaben mit Lösungen enthalten, dann erhält der Lernende natürlich indirekt dadurch eine Rückkopplung, ob er den Lehrstoff verstanden hat oder nicht.

E-Learning — Anders stellt sich die Situation bei Online-E-Learning-Kursen dar. In Abhängigkeit von der Funktionalität der verwendeten E-Learning-Plattform (siehe »Was kann/sollte eine E-Learning-Plattform bieten?«, S. 513) kann es dem Lernenden ermöglicht werden,

- mit dem Autor,
- mit Mentoren/Tutoren/Coaches und
- anderen Lernenden Kontakt aufzunehmen (siehe »Individuelles Lernen – Kooperatives Lernen«, S. 117).

Der Kontakt kann asynchron oder synchron erfolgen. Die Rückkopplung kann sich auf einzelne Lerneinheiten, auf gesamte Kurse oder Tests und Aufgaben beziehen.

6.7 Rückkopplung – Feedback zum Autor und zum Lernenden *

Umgekehrt erhält der Lernende Rückkopplungen durch Testauswertungen, Aufgabenkorrekturen, Kommentare von Autoren/Mentoren/Tutoren/Coaches.

Vom Lernenden zum Lehrenden

In der W3L-E-Learning-Plattform gibt es mehrere Möglichkeiten, dass Lernende eine Rückkopplung zu den Lehrenden geben. Am Ende jeder Lerneinheit gibt es ein Formular, das eine so genannte **Mikroevaluation** ermöglicht (Abb. 6.7-1). Der Lernende kann eine inhaltliche Beurteilung abgeben, er kann eine inhaltliche Frage an den Autor stellen oder einen inhaltlichen Fehler melden. Außerdem kann er Kommentare an den Tutor versenden und technische Fehler oder Vorschläge an das jeweilige E-Learning-Management senden. Er kann eine Note für die Lerneinheit vergeben, kann angeben wie viel Zeit er für die Lerneinheit benötigt hat und kann ankreuzen, ob er eine Rückantwort erwartet. Der jeweilige Empfänger erhält die E-Mail-Adresse des Lernenden und kann ihm unmittelbar antworten. Zusätzlich kann er den Druckknopf »Find ich prima« betätigen, um die Lerneinheit zu loben.

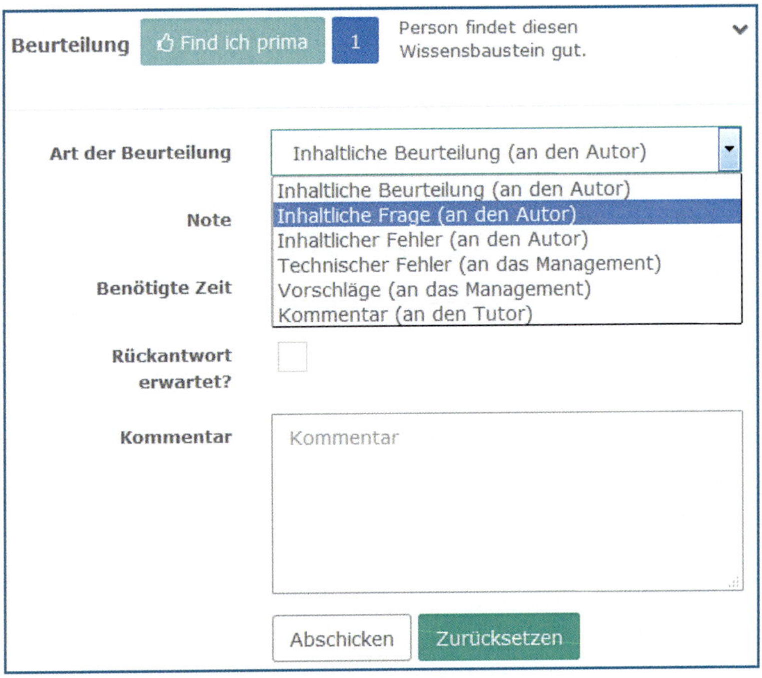

Beispiel

Abb. 6.7-1: Beispiel für eine Mikroevaluation in der W3L-E-Learning-Plattform zur Beurteilung einer Lerneinheit.

Erfahrungen Erfahrungen mit dieser Art der Rückkopplung haben Folgendes ergeben:

- Fast alle Lernenden geben konstruktive Rückmeldungen.
- Es werden Schreibfehler und unklare, missverständliche Formulierungen gemeldet, aber auch Verständnisfragen gestellt sowie Verbesserungsvorschläge gemacht.
- Ungefähr 20 bis 30 Prozent aller Lernenden nutzen die Mikroevaluation.
- Lernende haben weniger »scheu«, Kommentare im E-Learning abzugeben und Fragen zu stellen, als in einer Präsenzveranstaltung.
- Lehrende erfahren schnell, an welchen Stellen Lernschwierigkeiten vorhanden sind und können kurzfristig die entsprechende Lerneinheit verbessern.

Die Lehrenden haben nicht nur die Möglichkeit, dem jeweiligen Lernenden direkt zu antworten, sondern können Antworten auch in Form einer **FAQ**-Liste der jeweiligen Lerneinheit hinzufügen, damit andere Lernende prüfen können, ob Fragen von ihnen bereits beantwortet wurden.

Beispiel Am Ende jedes Kurses erhält jeder Lernende auf der W3L-E-Learning-Plattform einem elfseitigen Evaluationsfragebogen, mit dem er den Kurs detailliert beurteilen kann (Abb. 6.7-2).

Eine E-Learning-Plattform kann dem Lernenden automatisch weitere Informationen anzeigen, z. B.:

- Lernfortschritt im Vergleich zu Lernenden im selben Kurs.
- Noch voraussichtlich benötigte Zeit, um den Kurs zu beenden.

Empirie: Lernender → Lehrender Ich habe *keine* Forschungsergebnisse gefunden, die zeigen, welche Wirkung die Rückkopplung von Lernenden auf den Lehrenden haben.

Vom Lehrenden zum Lernenden

Es lassen sich fünf Arten informativer Rückmeldungen unterscheiden [KlLe12, S. 50 f.]:

1. Hinweise zur Aufgabenstellung (Aufgabenart, Regeln zur Bearbeitung, Teilaufgaben usw.)
2. Hinweise auf relevante Begriffe (Fachbegriffe, Beispiele für Begriffe, Erklärungen usw.)
3. Hinweise zu Fehlern (Anzahl, Ort und Art der Fehler usw.)
4. Hinweise zum weiteren Vorgehen (Korrekturhinweise, Lösungsstrategien, gelöste Beispiele usw.)
5. Metakognitive Hinweise (Hinweise zur Selbstkontrolle, Steuerung usw.)

6.7 Rückkopplung – Feedback zum Autor und zum Lernenden *

Online-Fragebogen W3L

Willkommen {TOKEN:FIRSTNAME} {TOKEN:LASTNAME},

Sie haben den W3L-E-Learning-Kurs nun fast vollständig durchgearbeitet. Um unsere Kurse weiter verbessern zu können, bitten wir Sie, die folgenden Fragen zu beantworten. Der Zeitaufwand für Sie beträgt 5 bis 10 Minuten. Ihre Antworten sind nur für das W3L-Management sichtbar. Die Autoren und Tutoren erhalten nur aggregierte und anonymisierte Rückmeldungen.

Diese Umfrage enthält 36 Fragen.

Fragen zum Inhalt des Kurses

1 [I]Stoffmenge:

Bitte wählen Sie die zutreffende Antwort für jeden Punkt aus:

	Zu groß	Angemessen	Zu klein
Die Stoffmenge war insgesamt:	○	○	○

2 [I]Niveau des Kurses:

Bitte wählen Sie die zutreffende Antwort für jeden Punkt aus:

	Zu hoch	Angemessen	Zu niedrig
Das Niveau des Kurses war für mich:	○	○	○

3 [I]Didaktische Aufbereitung:

Bitte wählen Sie die zutreffende Antwort für jeden Punkt aus:

	Sehr gut	Befriedigend	Ausreichend
Die didaktische Aufbereitung des Stoffes war:	○	○	○

4 [I]Inhalt geläufig:

Bitte wählen Sie die zutreffende Antwort für jeden Punkt aus:

	Alles	Zum Teil	Nichts
Vom Inhalt war mir geläufig:	○	○	○

5 [I]Inhalte waren:

Bitte wählen Sie die zutreffende Antwort für jeden Punkt aus:

	Aktuell	Zeitnah	Nicht aktuell
Die Inhalte waren:	○	○	○

Abb. 6.7-2: Ausschnitt aus dem W3L-Evaluationsfragebogen für E-Learning-Kurse.

○ In der W3L-E-Learning-Plattform gibt es für automatisch auswertbare Tests mindestens eine und maximal zwei Tippstufen, die dem Lernenden helfen, seine bisherige Lösung zu überdenken und eventuell zu korrigieren (siehe »Fallbeispiel: Aufbau von W3L-Tests«, S. 423).

○ Bei vom Online-Tutor zu korrigierenden Aufgaben kann der Lehrende bis zu zwei Hinweise für den Lernenden hinterlegen, die der Lernende nach eigener Entscheidung abrufen kann oder nicht. Der Tutor kann in seiner Korrektur Hinweise zu Fehlern und zum weiteren Vorgehen geben. Eine Aufgabe kann maximal dreimal eingereicht werden.

Beispiele

○ Damit der Lernende jederzeit einen Überblick darüber hat, wie viel Tests und Aufgaben er bereits bestanden hat bzw. noch bearbeiten muss, kann er jederzeit seinen individuellen Übungszettel aufrufen (Abb. 6.7-3).

Übungszettel

Hier finden Sie eine Tabelle aller Tests und Aufgaben. Über den Titel, der als Verweis dient, können Sie mit der Bearbeitung direkt beginnen.

Tests im Kurs

Status	Name	Maximale Punkte	Erreichte Punkte	Fehlende Punkte	Wissensbaustein
●	Optimales Lernen	10	0	10	Vor dem Start
●	Tests und Aufgaben in W3L	10	10	0	Vor dem Start
●	Test 4 Arten von Wissensbausteinen	10	8	2	Lernstile & Wissensbausteine
●	Wichtiges zu WiBs	10	10	0	Rund um einen WB
●	Rund um WBs	10	1	9	Rund um einen WB
●	Tests & Aufgaben in W3L	10	10	0	Fragen, Übungen, Tests & Aufgaben
●	Chatten	10	6	4	Chatten in W3L
●	Autor bei W3L	10	0	10	Autor & Tutor bei W3L
	Absolute Zahl	80	45	35	
	Prozentangabe	100 %	56.25 %	43.75 %	

Abb. 6.7-3: Ausschnitt des Fensters, das sich öffnet, wenn auf das Piktogramm »Übungszettel« in der W3L-E-Learning-Plattform geklickt wird.

Empirie: Lehrender → Lernender

- ■ »Die klassische Form des Feedbacks besteht in der Mitteilung, dass das erzielte Ergebnis richtig ist. Diese Rückmeldung gilt seit langem als lernverstärkend« [KlLe12, S. 50].
- ■ »Rückmeldungen [sind] besonders wirksam [.], wenn sie positiv statt negativ gehalten sind (›ist richtig‹ statt ›ist falsch‹), wenn sie direkt mit Bezug zur Leistung erfolgen und keinesfalls entmutigend gestaltet sind« [KlLe12, S. 50].
- ■ Bei anspruchsvollen Aufgaben ist eine tutorielle Rückkopplung besonders erfolgreich, wenn echte Informationen schrittweise nach Bedarf geboten werden [KlLe12, S. 50].

Weiterführende Literatur

[Schu97, S. 109–111], [Sipp09]

7 Didaktische Gestaltungselemente im Überblick *

20 Gestaltungselemente ermöglichen es, die vier Gestaltungsprinzipien »Wiederholung«, »Aufmerksamkeitsförderung«, »Orientierung« und »Abstraktion« zu unterstützen. Besonders wichtig für die didaktische Effektivität sind die Gestaltungselemente Merkeboxen, Tests & Aufgaben, Fragen & Denkanregungen, Zielformulierungen, Überschriften, Zwischenüberschriften und Zusammenfassungen. Besonders viele Gestaltungselemente unterstützen die Förderung der Aufmerksamkeit der Lernenden.

Jedes Lehrbuch/jeder E-Learning-Kurs und jede Lerneinheit darin lässt sich mit formal-didaktischen Gestaltungselementen didaktisch aufbereiten (Tab. 7.0-1). Je mehr Gestaltungselemente berücksichtigt werden, desto mehr **didaktische Effektivität** wird gewonnen. Dies darf aber nicht in einer Überladung ausarten (in Anlehnung an [Dago09, S. 62]).

Die Systematik dieser Ausführungen orientiert sich an den didaktischen Gestaltungsprinzipien Wiederholung, Aufmerksamkeitsförderung, Orientierung und Abstraktion (siehe »Didaktische Gestaltungsprinzipien«, S. 147).

- Zu den Elementen der **Wiederholung** gehören: *Wiederholung*
  - **Merkeboxen**:
    siehe »Merkeboxen – Wesentliches kompakt«, S. 46 (für Lerneinheiten)
  - *Alternative Darstellungsformen*:
    siehe »Abwechslung durch alternative Darstellungsformen«, S. 204 (für Lerneinheiten)
  - *Randnotizen*:
    siehe »Marginalie – Stichwort des entsprechenden Abschnitts«, S. 48 (für Lerneinheiten)
  - Glossar:
    siehe »Glossar – die Mini-Enzyklopädie«, S. 314 (für Lehrbücher/E-Learning-Kurse)
- Zu den Elementen der **Aufmerksamkeitsförderung** gehören: *Aufmerksamkeitsförderung*
  - **Tests**:
    siehe »Testarten – vielfältige Möglichkeiten«, S. 409 (für Lerneinheiten)
  - **Begriffsabfragen** z. B. durch Kreuzworträtsel:
    siehe »Testarten – vielfältige Möglichkeiten«, S. 409 (für eine oder mehrere Lerneinheiten und für Lehrbücher/E-Learning-Kurse)

7 Didaktische Gestaltungselemente im Überblick *

Prinzipien (Hauptfunktion)	Gestaltungselemente (Einzelelemente)	Gestaltungsprinzipien (Nebenfunktionen)	DR (1–10)
Wiederholung	**Merkeboxen**	Abstraktion, Strukturierung	9
Wiederholung	*Alternative Darstellungsformen*	Strukturierung, Abstraktion, Abwechslung, Unterhaltung	7
Wiederholung	*Randnotizen*	Abstraktion, Strukturierung, Orientierung	6
Wiederholung	Glossar	Abstraktion, Strukturierung	3
			∑ 25
Aufmerksamkeitsförderung	**Tests & Aufgaben**	Wiederholung, Strukturierung, Vernetzung	10
Aufmerksamkeitsförderung	**Fragen & Denkanregungen**	Vernetzung	9
Aufmerk.-för.	**Zielformulierungen**	Wiederholung, Abstraktion	8
Aufmerk.-för.	*Emotionale Elemente*	Abwechslung, Unterhaltung	7
Aufmerk.-för.	*Motivationale Elemente*	Abwechslung, Unterhaltung	7
Aufmerksamkeitsförderung	*Medieninteraktions-Elemente*	Vernetzung	7
Aufmerksamkeitsförderung	*Prüfungsrelevanz-Skalen*	Strukturierung, Orientierung, Abstraktion	7
Aufmerk.-för.	*Meilensteine*	Orientierung	4
			∑ 59
Orientierung	*Inhaltsverzeichnisse*	Strukturierung, Wiederh.	7
Orientierung	*Verweise*	Vernetzung	5
Orientierung	Index	Vernetzung, Abstraktion	2
Orientierung	Navigationselemente	Vernetzung	1
			∑ 15
Abstraktion	**Überschriften**	Wiederholung, Orientierung	9
Abstraktion	**Zwischenüberschrif.**	Strukturierung, Wiederho.	9
Abstraktion	**Zusammenfassungen**	Strukturierung, Wiederholung, Vernetzung	9
Abstraktion	*Tabellen*	Strukturierung, Wiederholung, Vernetzung	7
			∑ 34
Andere	*Eselsbrücken*	Wiederholung, Strukturie.	6
Andere	*Exkurse*	Vernetzung	3
Andere	*Literaturverzeichnisse*	Fundierung	2
Andere	*Spezialcode-Erläuter.*	Orientierung	2
Legende:	**fett = sehr wichtig**, *kursiv = wichtig*, normal = weniger wichtig	DR = Didaktische Relevanz Gesamtsumme: ∑ 146	∑ 13

Tab. 7.0-1: Didaktische Elemente und ihre Funktionen.

- **Aufgaben**:
  siehe »Aufgaben – höhere Lernziele überprüfen«, S. 437 (für eine oder mehrere Lerneinheiten und für Lehrbücher/E-Learning-Kurse)
- **Fragen & Denkanregungen**:
  siehe »Fragen stellen – Denken anregen«, S. 228 (für Lerneinheiten)
- **Zielformulierungen**:
  siehe »Lernziele – angestrebter Lerngewinn«, S. 62 (für Lerneinheiten und für Lehrbücher/E-Learning-Kurse)
- *Emotionale Elemente*:
  siehe »Emotionale Einstimmung – Fotos, Illustrationen«, S. 40, und »Emotionen hervorrufen – Gefühle ansprechen«, S. 248 (für Lerneinheiten)
- *Motivationale Elemente*:
  siehe »Aufmerksamkeit fördern – psychophysisch aktivieren«, S. 152, »Abwechslung – den Geist aktiv halten«, S. 174, »Storys – Fakten in Geschichten verpackt«, S. 237, und »Spannung erzeugen«, S. 242
- *Medieninteraktions-Elemente*:
  siehe »Notizen machen – nachhaltig lernen«, S. 231, »Marginalie – Stichwort des entsprechenden Abschnitts«, S. 48, und Kreuzworträtsel (für Lerneinheiten)
- *Prüfungsrelevanz-Skalen*:
  siehe »Inhalte gewichten – was ist relevant?«, S. 304 (für Lehrbücher/E-Learning-Kurse)
- *Meilensteine*:
  siehe »Aufmerksamkeit fördern – psychophysisch aktivieren«, S. 152, Abschnitt Fortschrittsanzeige (für Lehrbücher/E-Learning-Kurse)

■ Zu den Elementen der **Orientierung** gehören: Orientierung
- *Inhaltsverzeichnisse*:
  siehe »Orientierung – Inhalte schnell finden«, S. 163 (für Lehrbücher/E-Learning-Kurse)
- *Verweise*:
  siehe »Navigation – Hilfe bei der Orientierung«, S. 310 (für Lehrbücher/E-Learning-Kurse)
- *Index*:
  siehe »Index – Hilfe bei der Suche von Inhalten«, S. 324 (für Lehrbücher)
- *Navigationselemente*:
  siehe »Navigation – Hilfe bei der Orientierung«, S. 310 (für Lerneinheiten und für Lehrbücher/E-Learning-Kurse)

7 Didaktische Gestaltungselemente im Überblick *

Abstraktion
- Zu den Elementen der **Abstraktion** gehören:
  - **Überschriften**:
    siehe »Die Überschrift – Kernaussage in Kurzform«, S. 11 (für Lerneinheiten)
  - **Zwischenüberschriften**:
    siehe »Zwischenüberschriften – Strukturieren der Inhalte«, S. 27 (für Lerneinheiten)
  - **Zusammenfassungen**:
    siehe »Die Kurzfassung – die Essenz der Lerneinheit«, S. 14 (für Lerneinheiten)
  - *Tabellen*:
    siehe »Abstraktion – richtigen Abstraktionsgrad wählen«, S. 168, Abschnitt Tabellen (für Lerneinheiten)

Weitere Gestaltungselemente
- **Weitere** mögliche **Gestaltungselemente** sind:
  - *Eselsbrücken*:
    Eselsbrücken helfen dem Lernenden, abstrakte oder komplizierte Inhalte abzuspeichern und abzurufen. Merksprüche oder Akronyme lassen sich wegen ihres Witzes, ihrer Bildhaftigkeit (Abb. 7.0-1) oder ihrer klanglich-stilistischen Eigenschaften besonders leicht und nachhaltig einprägen. Auch Abbildungen und Skizzen sind als Eselsbrücken geeignet [Dago09, S. 73]. Ein **Merkspruch** ist eine Mnemotechnik zum Einprägen eines Sachverhalts. Ein **Akronym** ist ein Kurzwort, das aus den Anfangsbuchstaben mehrere Wörter zusammengesetzt ist.

Beispiele
Eselsbrücke:
Beginnen Sie an der Basis des ersten Mittelhandknochens zu zählen. Diese und alle anderen Erhebungen stellen symbolisch Monate mit 31 Tagen dar und alle Vertiefungen sind die Monate mit 30 Tagen (beim Februar sind es selbstverständlich 28 bzw. 29 Tage) (Abb. 7.0-1).

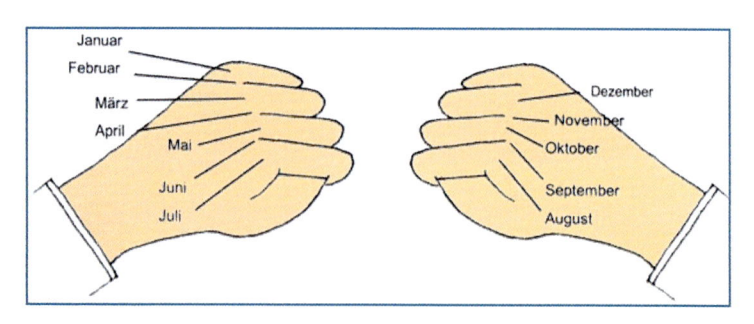

Abb. 7.0-1: Beispiel für eine bildliche Eselsbrücke (Quelle: http://www.codeknacker.de/eselsbruecken.htm).

7 Didaktische Gestaltungselemente im Überblick *

Merkspruch (hier als Paarreim):
War das Mädchen brav, bleibt der Bauch konkav
doch hat das Mädchen Sex, wird der Bauch konvex.

Akronym:
ISBN für Internationale Standard-Buchnummer.

- Exkurs:
  Ein **Exkurs** ist eine Lerneinheit, die zur Ergänzung des Lernstoffs gedacht und in der Regel nicht prüfungsrelevant ist. Wird als Exkurs gekennzeichnet und in Lehrbüchern oft in den Anhang verschoben.

- Literaturverzeichnis:
  Literatur- und **Quellenverzeichnisse** listen, alphabetisch oder seltener chronologisch sortiert, sämtliche in dem Lehrbuch/dem E-Learning-Kurs verwendeten und zitierten Materialien wie Bücher, Zeitschriften, digitale Dokumente, Rechtsquellen, Urteile und Webseiten auf. Manchmal werden die Literaturangaben um Kommentare für den Lernenden ergänzt. Auch wird bisweilen zwischen zitierter Literatur und weiterführender Literatur unterschieden. In den Lerneinheiten wird die jeweils verwendete Literatur referenziert, meist wird dafür eine Kurzform verwendet. Im Literaturverzeichnis sind dann alle notwendigen Informationen aufgeführt. Einen Überblick über verschiedene Zitierweisen wird beispielsweise in [BSS11, S. 165 ff.] gegeben. In E-Learning-Kursen kann auf Referenzen verzichtet und jeweils die vollständige Quelle an der jeweiligen Stelle z. B. in einem Pop-up-Fenster angezeigt werden (Abb. 7.0-2). In einem Lehrbuch kann dies durch Fußnoten erfolgen, nimmt aber viel Platz weg. Die Angabe relevanter Literatur zeigt auch die Kompetenz des Autors.

Beispiel
Die Abb. 7.0-2 zeigt, wie eine Literaturquelle in einem E-Learning-System angezeigt werden kann.

- Erklärungen von Spezialcodes:
  Zeichen und **Symbole**, deren Bedeutung *nicht* allgemein bekannt ist, können in einer Lerneinheit, am Anfang eines Kurses oder in einer Legende in einem Lehrbuch, z. B. in der Buchumschlagsinnenseite, erläutert werden.

Beispiel
»Die wenigen grundlegenden Notationen und Basiskonzepte aus dem Bereich der Analysis, auf die im Folgenden nicht verzichtet werden kann, sind lediglich die verbindliche Vereinbarung der **mathematischen Zeichen** und **Zahlenmengen** [...]. Zur Erinnerung bzw. zum Nachschlagen werden diese nun [...] ohne weitere Erklärungen bereitgestellt« [Lenz06, S. 4]:

> ▲ Literaturverzeichnis:
> **Literatur-** und **Quellenverzeichnisse** listen, alphabet... sämtlich... Zeitsch... Literatu... Literatu... Literatu... notwendigen... beispielsweise in [BSS11, S. 165 ff.] gegeben. In E-Learni... jeweils die vollständige Quelle an der jeweiligen Stelle z.B... (Abb. 2). In einem Lehrbuch kann dies durch Fußnoten er... relevanter Literatur zeigt auch die Kompetenz des Autors.
>
> [Eingeblendet: Balzert, Helmut; Schröder, Marion; Schäfer, Christian; Wissenschaftliches Arbeiten – Ethik, Inhalt & Form wiss. Arbeiten, Handwerkszeug, Quellen, Projektmanagement, Präsentation, 2. Auflage, Herdecke, W3L-Verlag, 2011]

Abb. 7.0-2: Beispiel für die Anzeige einer Literaturquelle in der W3L-E-Learning-Plattform.

$\exists$	zu lesen als:	es existiert
$\forall$	zu lesen als:	für alle
$\vee$	zu lesen als:	oder
$\wedge$	zu lesen als:	und
:	zu lesen als:	so dass gilt oder gelte
$\vert$	zu lesen als:	für die gilt oder gelte
$\vert\vert$	zu lesen als:	Betrag von
$\sqrt{}$	zu lesen als:	Wurzel aus
$\rightarrow$	zu lesen als:	wird abgebildet in (Mengen)
$\mapsto$	zu lesen als:	wird abgebildet auf (Elemente)
$\Rightarrow$	zu lesen als:	impliziert
$\Leftrightarrow$	zu lesen als:	ist äquivalent mit
$:\Leftrightarrow$	zu lesen als:	ist definitionsgemäß äquivalent mit
$\Leftrightarrow:$	zu lesen als:	ist definitionsgemäß äquivalent mit

Fördern Sie ...
- die Wiederholung durch Merkeboxen,
- die Aufmerksamkeit durch Tests & Aufgaben, Fragen & Denkanregungen und Zielformulierungen,
- die Abstraktion durch Überschriften, Zwischenüberschriften und Zusammenfassungen,
- den Lerneffekt durch Eselsbrücken.

8 Erweiterung – Aufbau von Lerneinheiten *

Grundlegende Erkenntnisse zum Aufbau von Lerneinheiten sollten Sie immer berücksichtigen (siehe »Schnelleinstieg – Aufbau von Lerneinheiten«, S. 5). Zusätzlich gibt es jedoch noch eine ganze Reihe von didaktischen Gestaltungsmöglichkeiten, um insbesondere den Inhalt Ihrer Lerneinheiten didaktisch zu optimieren. Betrachten Sie diese zusätzlichen Möglichkeiten als Optionen, die Sie einzeln oder in Kombination einsetzen können, um je nach Lerninhalt den Lernenden das Lernen zu erleichtern. Alle diese Gestaltungsmöglichkeiten sind stark miteinander vernetzt und teilweise überlappend.

Es lassen sich verschiedene Wissensarten unterscheiden, um Lerninhalte in einer Lerneinheit darzustellen. Wählen Sie die Ihnen am geeignetsten erscheinenden Wissensarten aus, um Ihre Lerninhalte zu vermitteln:

- »Rezeptive Wissensarten – Ideen für die Inhaltsdarbietung«, S. 190

Wissensarten können unterschiedlich präsentiert werden – textuell oder grafisch:

- »Präsentationsmedien – Ideen für die Inhaltsdarstellung«, S. 200

Ein wichtiges Gestaltungsprinzip für Lerneinheiten und Lehrbücher/E-Learning-Kurse ist Abwechslung. In Lerneinheiten können Inhalte abwechslungsreich gestaltet werden:

- »Abwechslung durch alternative Darstellungsformen«, S. 204

Ziel der Lehre ist es *nicht*, dass der Lernende sich Wissen nur aneignet, um es unverändert reproduzieren zu können. Ziel ist es vielmehr, dass der Lernende versteht, was er lernt und mit seinem vorhandenen Wissen verknüpft:

- »Verstehen fördern und erleichtern«, S. 209

Als Lehrender sind Sie nicht in der Lage, den Lernenden Wissen für alle Kontexte und Situationen zu vermitteln. Vielmehr muss es Ihr Ziel sein, den Lernenden zu befähigen, das vermittelte Wissen auf neue Situationen und Kontexte anzuwenden:

- »Transfer üben – neue Situationen bewältigen«, S. 219

Richtige und gute Beispiele tragen wesentlich dazu bei, dass Lernende die Lerninhalte verstehen und auf andere Kontexte übertragen können:

- »Beispiele – Regeln erkennen«, S. 223

8 Erweiterung – Aufbau von Lerneinheiten *

Ziel des Lehrenden muss es sein, dass der Lernende sich intensiv mit dem Lernstoff auseinandersetzt. Dazu können Fragen beitragen, die der Lehrende dem Lernenden stellt:

- »Fragen stellen – Denken anregen«, S. 228

Wenn Sie den Lernenden dazu auffordern, den Lernstoff in eigenen Worten zusammenzufassen, dann fördern Sie die Auseinandersetzung des Lernenden mit dem Lernstoff:

- »Notizen machen – nachhaltig lernen«, S. 231

Neben einer sachlichen Vermittlung der Lerninhalte können Sie die Lerninhalte natürlich auch in Form von Geschichten und Erzählungen präsentieren:

- »Storys – Fakten in Geschichten verpackt«, S. 237

Noch besser ist es natürlich, wenn Sie spannende Probleme, Aufgaben und Rätsel präsentieren:

- »Spannung erzeugen«, S. 242

Über Gefühle können Sie den Lernenden unmittelbar ansprechen:

- »Emotionen hervorrufen – Gefühle ansprechen«, S. 248

Ihr Schreibstil entscheidet mit darüber, wie gut Ihr Lernstoff zu lesen und zu verstehen ist:

- »Der Schreibstil – gut lesbar, verständlich und anschaulich«, S. 251

Die Themen Storys, Spannung, Emotionen und Schreibstil hängen eng zusammen (Abb. 8.0-1):

- Sie können Lerninhalte in sachlich-nüchterer Form vermitteln.
- Sie können Lerninhalte in Storys bzw. Geschichten »verpacken«.
- Sie können Storys spannend gestalten.
- Sie können Storys emotional gestalten.
- Sie können Storys spannend *und* emotional gestalten.
- Sie können in einem Lehrbuch versuchen, Sachlichkeit, Spannung, Emotion und Story in geeignetem Verhältnis zueinander zu kombinieren.
- Der Schreibstil hängt davon ab, welche Art der Lernstoffvermittlung Sie wählen.

Damit der Lernende sich optimal auf die Lerninhalte konzentrieren kann, sollten ihm zum jeweiligen Lerninhalt allen relevanten Informationen an einem Ort zur Verfügung stehen – unnötige Informationen sollten ihn *nicht* ablenken:

- »Das Lokalitätsprinzip – alles im Blick«, S. 263

8 Erweiterung – Aufbau von Lerneinheiten *

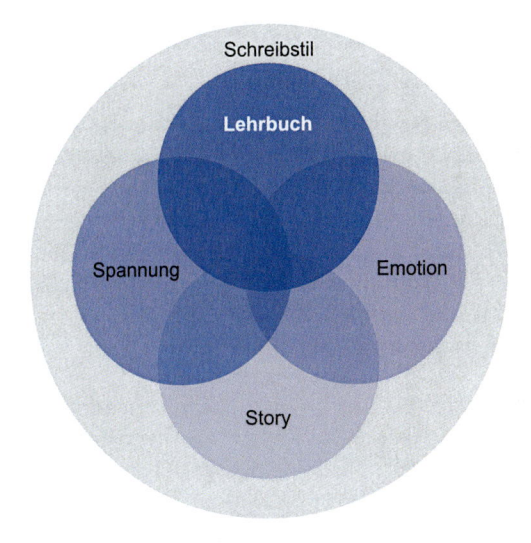

Abb. 8.0-1: Der Zusammenhang zwischen Schreibstil, Lehrbuch, Story, Spannung und Emotion.

Als Autor sollten Sie darauf achten, dass Sie keine formalen Redundanzen in Ihrem Lehrbuch oder Ihrem E-Learning-Kurs verwenden:

- »Redundanzen vermeiden – kein Informations-Rauschen«, S. 270

8 Erweiterung – Aufbau von Lerneinheiten *

8.1 Rezeptive Wissensarten – Ideen für die Inhaltsdarbietung *

Der Inhalt einer Lerneinheit kann aus Orientierungswissen, Erklärungswissen, Handlungswissen und Quellenwissen bestehen. Jede Wissensart kann auf mehrere Arten vermittelt werden. Jedem Autor zeigen diese Vermittlungsarten das Spektrum der Möglichkeiten, um Lerninhalte zu präsentieren. Durch eine bewusste Wahl der Reihenfolge der Wissensarten können Mikro-Lernstrategien, d.h. Lernstrategien, die sich auf eine Lerneinheit beziehen, umgesetzt werden.

In dem Buch »Web-Didaktik« von Norbert Meder [Mede06, passim] werden **rezeptive Wissensarten** *(knowledge types)* aufgeführt und klassifiziert. Ein Teil dieser Wissensarten werden im folgenden skizziert. Sie können Ihnen als Autor helfen, Ideen für geeignete Präsentationsformen für das rezeptive Lernen (siehe »Rezeptives Lernen – Darbietendes Lehren«, S. 104) zu finden bzw. zu wählen. Durch geeignete Anordnung der Wissensarten können Mikro-Lernstrategien umgesetzt werden.

Auf der obersten Ebene werden vier verschiedene Wissensarten unterschieden (Abb. 8.1-1):

- Orientierungswissen
- Erklärungswissen
- Handlungswissen
- Quellenwissen

Auf diese Wissensarten wird im Folgenden näher eingegangen.

Orientierungswissen

Orientierungswissen *(know-what, know-if)* informiert einen Lernenden über ein Thema. Nach der Durcharbeitung des Lernstoffs weiß er, worum es bei diesem Thema geht und welche Fakten es dazu gibt. Er findet sich in dem Thema zurecht, ist aber nicht in der Lage, aktiv etwas zu dem Thema beizutragen.

Didaktische Funktion

Orientierungswissen macht den Lernenden auf das Thema aufmerksam und motiviert ihn (siehe »Aufmerksamkeit fördern – psychophysisch aktivieren«, S. 152). Er erhält einen ersten Überblick über das Thema und seinen Kontext.

Vermittlungsarten

Orientierungswissen kann vermittelt werden durch:

- einen Überblick
- eine historische Betrachtung
- Szenarien
- Fakten
- eine Zusammenfassung/Kurzfassung

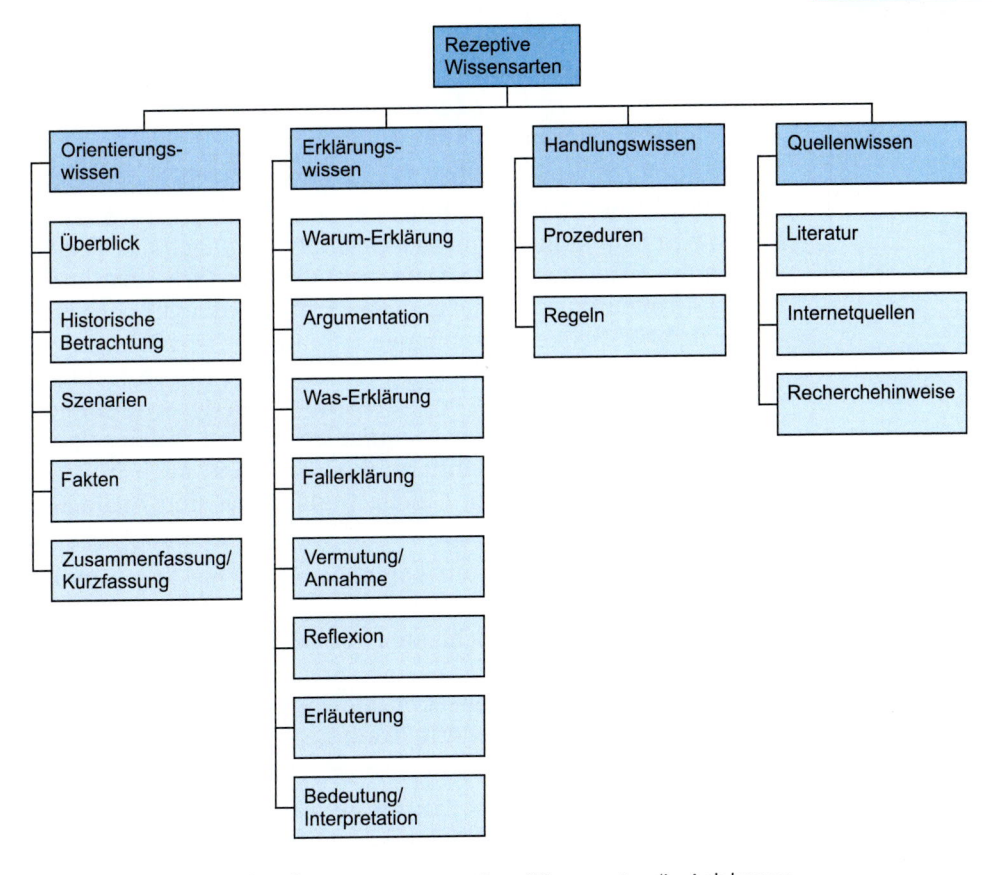

8.1 Rezeptive Wissensarten – Ideen für die Inhaltsdarbietung *

Abb. 8.1-1: Mögliche Klassifizierung von rezeptiven Wissensarten (in Anlehnung an [Made06, S.127]).

Ein **Überblick** beschreibt, worum es im groben bei diesem Thema geht. Das Thema wird in wesentlichen Zügen dargestellt. Ein Überblick eröffnet für den Lernenden das Thema, ohne auf Details einzugehen. Er kann nun den zu erwartenden Lernstoff einordnen und einschätzen. Siehe:

- »Der Inhalt – Didaktisch Lernziele vermitteln«, S. 16
- »Rezeptives Lernen – Darbietendes Lehren«, S. 104, Abschnitt: »Vorstrukturierende Lernhilfen«

Eine **historische Betrachtung** beschreibt den historischen Hintergrund des zu behandelten Themas. Im Sinne der Orientierung wird der zeitliche Zusammenhang zu vergangenen Ereignissen hergestellt. »Eine Besonderheit des Menschen ist es, historisches Geschehen als Metakognition für Wissen zu nutzen. Metakognitionen leiten an, spezifische Fragen zu stellen, und stärken den Behaltensprozess des Gedächtnisses« [Mede06, S. 129]. Anekdoten und Kurzgeschichten eignen sich gut, Verknüpfungen zur Historie herzustellen. Siehe:

- »Emotionen hervorrufen – Gefühle ansprechen«, S. 248, Abschnitt »Mikrokredite«
- »Lernen – die Sicht der Lernenden«, S. 94, Abschnitt »Lernen als Informationsverarbeitung«

Durch die Beschreibung einer Szene bzw. eines Vorgangs oder von **Szenarien** erhält der Lernende Orientierungswissen darüber, in welchem Kontext und in welchen Handlungen das Thema vorkommt. »Ein Szenario ist ein zeitlich, räumlich, institutionell und rollentypisch eingegrenzter Ereigniskomplex, der entweder der Wirklichkeit entnommen ist oder der wirklichkeitsgetreu konstruiert ist« [Mede06, S. 130]. Beispielsweise kann eine hypothetische Situation beschrieben werden der Art: »Stellen Sie sich vor, Sie sind Juniorprogrammiererin und sollen folgende Aufgabe lösen ...«. Orientierungswissen kann auch in Form von Geschichten, Märchen, Fabeln, **Metaphern** und Analogien vermittelt werden. Siehe:

- »Fallstudien – Wissen auf komplexe Probleme angewandt«, S. 318
- »Storys – Fakten in Geschichten verpackt«, S. 237
- »Spannung erzeugen«, S. 242
- »Emotionen hervorrufen – Gefühle ansprechen«, S. 248
- »Rollenspiele – in simulierte Realitäten schlüpfen«, S. 363
- »Lernspiel: spielerisch zum Lernziel«, S. 395

Durch die Aufzählung von **Fakten** zu einem Thema kann dem Lernenden eine erste Orientierung gegeben werden.

Beispiel 1 Eine Lerneinheit zum Thema »Schmerz« könnte mit folgenden Fakten beginnen:

- »29 Milliarden Euro geschätzte Kosten im Jahr – Schmerz ist die teuerste aller Krankheiten in Deutschland.
- Rund 150 Millionen Schachteln Schmerzmittel wie Aspirin, Paracetamol oder Ibuprofen werden im Jahr verkauft.
- Mehr als 40 Millionen Deutsche hatten in den vergangenen zwölf Monaten mindestens einmal Rückenschmerzen« [HaTh08, S. 155].

Siehe:

- »Merkeboxen – Wesentliches kompakt«, S. 46

Zusammenfassungen oder **Kurzfassungen** enthalten nur die wesentlichen Aussagen zu einem Thema. Wege hin zu einem Ergebnis werden nicht aufgeführt, sondern nur Ergebnisse. Siehe:

- »Die Kurzfassung – die Essenz der Lerneinheit«, S. 14

8.1 Rezeptive Wissensarten – Ideen für die Inhaltsdarbietung *

Erklärungswissen

Erklärungswissen *(know-why)* beschreibt die Merkmale und Eigenschaften einer Sache oder eines Sachverhalts. Es wird begründet, warum etwas so ist, wie es ist. »Unter Erklärungswissen wird sowohl das naturwissenschaftlich Erklären als auch das geisteswissenschaftliche Verstehen gefasst« [Mede06, S. 147].

Erklärungswissen hilft dem Lernenden, die Gesetzmäßigkeiten von Sachverhalten zu verstehen. Es werden keine Handlungsanweisungen angegeben (siehe unten). *Didaktische Funktion*

Erklärungswissen kann vermittelt werden durch: *Vermittlungsarten*

- Warum-Erklärung (*know-why* im engeren Sinne)
- Argumentation
- Was-Erklärung (*know-what* im erklärenden Sinne)
- Fallerklärung
- Vermutung/Annahme
- Reflexion
- Erläuterung
- Deutung/Interpretation

»**Warum-Erklärungen** [...] geben sachliche Gründe und Argumente an, warum etwas so ist, wie es ist« [Mede06, S. 148]. Sie enthalten Wörter wie: weil, da, daher, darum usw.

Warum-Erklärungen können in Form von **Schlussfolgerungen** angegeben werden. Aus einer Reihe von Aussagen bzw. Prämissen wird ein Schluss (Konklusion) gezogen.

Erste Prämisse: »Alle Griechen sind sterblich.« *Beispiel 2*
Zweite Prämisse: »Sokrates ist ein Grieche.«
Schlussfolgerung: »Sokrates ist sterblich.«

Können aus als wahr angenommenen Voraussetzungen mehrere Schlussfolgerungen gezogen werden, dann liegt ein **Beweis** vor. Es lassen sich mathematische Beweise, juristische Beweise und Rechtfertigungen unterscheiden. Juristische Beweise sollen ein Gericht vom Vorliegen oder Nichtvorliegen eines Sachverhalts überzeugen.

Die Abb. 8.1-2 verdeutlicht einen juristischen Beweis [SVH10, S. 164]. *Beispiel 3*

In der Regel kann Erklärungswissen nicht durch Beweise vermittelt werden, da sich viele Sachverhalte nicht beweisen lassen. Eine abgeschwächte Form ist die **Argumentation**. »Argumente sind Beweisgründe dort, wo keine formalen endlichen Beweise geführt werden können. Argumentationen sind Verkettungen von Argumenten. [...] Argumente müssen empirisch gehaltvoll sein, Bezüge zu kulturellen, sozialen, ethischen, theoretischen

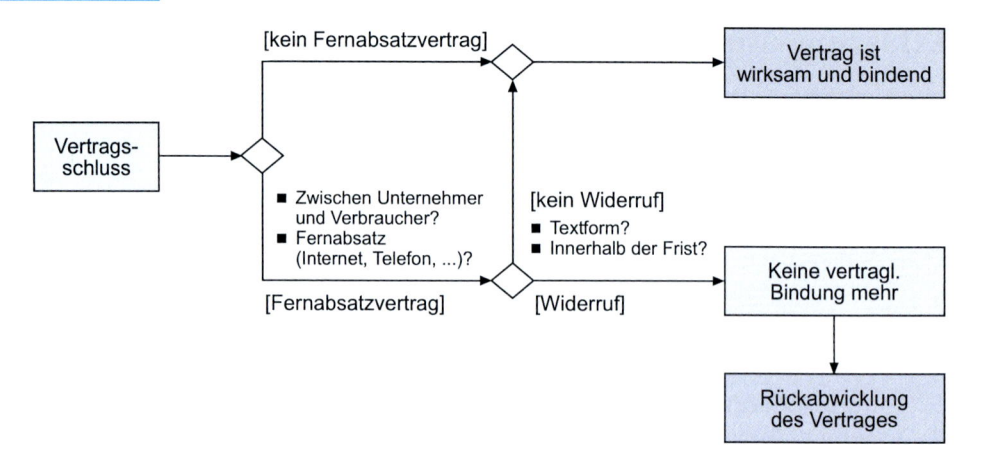

Abb. 8.1-2: Bei Fernabsatzverträgen können sich Verbraucher innerhalb einer Frist ohne Angaben von Gründen vom Vertrag lösen.

oder praktischen Bezugssystemen haben. Sie dürfen keine logischen Widersprüche enthalten und müssen für die Zielgruppe verständlich sein« [Mede06, S. 158].

Beispiel Argumente für die Einhaltung des Prinzips der Lokalität (siehe: »Das Lokalitätsprinzip – alles im Blick«, S. 263):

+ Ermöglicht die schnelle Einarbeitung.
+ Fördert die Verständlichkeit und Lesbarkeit.
+ Vermeidet die Ablenkung durch Zugriff auf andere Kontexte.

Bei **Was-Erklärungen** werden durch **Beschreibungen** und **Definitionen** Themen und Sachverhalte genauer beschrieben. Eine Beschreibung gibt alles Beobachtbare einer Sache oder eines Sachverhalts wieder. »[Sie] stellt nur fest und liefert Daten, ohne, wie die Warum-Erklärung, den Sachverhalt aus Ursachen herzuleiten oder in einen Zweckzusammenhang einzuordnen« [Mede06, S. 152].

Beispiel »Ein Computersystem besteht – vereinfacht ausgedrückt – aus einem Prozessor und einem Arbeitsspeicher, beides zusammen wird als Zentraleinheit bezeichnet. Die Zentraleinheit kommuniziert über eine Ein-/Ausgabesteuerung mit Eingabegeräten – wie Tastatur und Maus – Ausgabegeräten – wie Bildschirm, Lautsprecher und Drucker – externen Speichern – wie Festplatten, Speichersticks, DVDs – und über Netze mit anderen Computersystemen« [Balz13, S. 8 f.].

Siehe:

- »Glossar – die Mini-Enzyklopädie«, S. 314

8.1 Rezeptive Wissensarten – Ideen für die Inhaltsdarbietung *

Ein Begriff wird bei einer **Fallerklärung** durch einen Fall beschrieben, dessen wesentlichen Merkmale mit den Merkmalen des Begriffs übereinstimmen. Fallerklärungen können durch Beispiele und Gegenbeispiele einen allgemeinen Begriff veranschaulichen. Siehe:

- »Beispiele – Regeln erkennen«, S. 223
- »Fallstudien – Wissen auf komplexe Probleme angewandt«, S. 318

Vermutungen oder **Annahmen** geben an, wodurch der Erkenntnis- und Erfahrungsprozess geleitet wird. »Eine Vermutung/Annahme ist eine widerspruchsfreie Aussage, deren Geltung nur vermutet oder behauptet wird und mit deren Hilfe schon bekannte wahre Sachverhalte erklärt, geordnet oder erweitert werden sollen« [Mede06, S. 159].

Es ist anzunehmen, dass durch die höhere Lebenserwartung der deutschen Bevölkerung und die gleichzeitige rückläufige Geburtenrate der Anteil älterer Menschen gegenüber dem Anteil jüngerer Menschen zunimmt. *Beispiel*

Reflektieren bedeutet, über gemachte Erfahrungen prüfend und vergleichend nachzudenken.

Für mich ist E-Learning der Privatlehrer der heutigen Zeit. Während sich früher nur Reiche Privatlehrer leisten konnten, die zu einem gewünschten Zeitpunkt an einem gewünschten Ort das gewünschte Wissen vermittelt haben, ermöglicht es E-Learning heute jedem zu jedem Zeitpunkt, sich das gewünschte Wissen (das auf einer E-Learning-Plattform zur Verfügung steht) anzueignen (siehe »Mischformen und Vergleich«, S. 137). *Beispiel*

Eine **Erläuterung** beantwortet Fragen wie: Warum ist etwas genauso erklärt und nicht anders? Wie kann der Sachverhalt plausibel gemacht werden? Gründe können beispielsweise in der geschichtlichen Entwicklung eines Begriffs liegen.

Das Fundament für die Programmiersprache »Java« wurde 1990 gelegt. Unter dem Namen »Oak« wurde eine Programmiersprache entwickelt, die in der Lage ist, elektronische Konsumgeräte, Videorekorder, Telefone und Waschmaschinen zu steuern. 1995 wurde »Oak« in »Java« umbenannt. Das hatte vor allem markenzeichenrechtliche Gründe. Auf den Namen »Java« kam das Entwicklungsteam in der Cafeteria – in den USA wird für Kaffee der Name »Java« verwendet. Die Sprachbezeichnung »Java« hat also nichts mit der Insel Java zu tun. *Beispiel*

Bei der **Deutung** oder **Interpretation** geht es darum zu verstehen, wie Aussagen in Texten, Bildern oder realen Situationen zu verstehen sind: Was wollte der Autor eines Textes oder der Maler eines Bildes seiner Umwelt mitteilen?

Beispiel | »In einer Bibliothek an der US-Universität Yale wird eines der rätselhaftesten Dokumente der Menschheit aufbewahrt. Es handelt sich dabei um ein 246 Seiten starkes, handgeschriebenes Buch, das neben zahlreichen Bildern etwa 170.000 Schriftzeichen enthält. Es wird als »Voynich-Manuskript« bezeichnet.[...] Das Besondere [...] daran: Bisher kann es niemand lesen. Die verwendete Schrift ist unbekannt und taucht nach heutigem Kenntnisstand nirgendwo sonst auf. Die Sprache, in der das Werk verfasst ist, ließ sich bisher nicht identifizieren. Es ist noch nicht einmal klar, ob das Voynich-Manuskript einen verschlüsselten Text enthält oder ob der Autor lediglich eine unbekannte Schrift verwendete« [Schm14, S. 164] (Abb. 8.1-3).

Der Zweck des Manuskripts ist unklar:

- Es könnte sich um ein Lehrbuch für Kräuterkunde, Medizin und Astrologie handeln.
- Es könnte sich um ein verschlüsseltes Tagebuch handeln.
- Ein Autist oder ein Schizophrener könnte das Manuskript geschrieben haben.
- Es könnte sich um einen Schabernack handeln.

Handlungswissen

Handlungswissen *(know-how)* vermittelt Können und Fertigkeiten *(skills)* zu einem Thema. Der Lernende erhält Informationen darüber, was, wie, unter welchen Bedingungen und mit welcher Qualität zu tun ist.

Didaktische Funktion | Handlungswissen vermittelt die Praxisrelevanz eines Themas. Es wird gezeigt, wie Gelerntes in der Praxis angewandt werden kann.

Vermittlungsarten | Handlungswissen kann vermittelt werden durch:

- Prozeduren
- Regeln

»Eine **Prozedur** ist ein Verfahren, in dem bestimmte Arbeitsschritte in der Ordnung des Nacheinander angegeben werden« [Mede06, S. 139]. Sie gibt dem Lernenden an, was er schrittweise tun muss, um ein bestimmtes Ergebnis zu erzielen. Die strengste Form eine Prozedur ist ein Algorithmus, der detailliert festgelegt, wie ein Computersystem arbeiten soll. Siehe:

- »Schritt für Schritt zur 1. Lerneinheit«, S. 56, Abschnitt »Schritt für Schritt«
- »Lehren – die Sicht der Lehrenden«, S. 99, Abschnitt »Der Lehrprozess«

8.1 Rezeptive Wissensarten – Ideen für die Inhaltsdarbietung *

Abb. 8.1-3: Auch die Bedeutung der Bilder im Voynich-Manuskript ist größtenteils ungeklärt.

○ Verwaltungsvorschriften sind administrative Verfahrensweisen, die festlegen, wie eine Verwaltungsprozedur durchzuführen ist, z. B. Ausstellung eines Passes.
○ Eine Bedienungsanleitung gibt an, wie ein technisches Gerät oder eine Software zu bedienen ist.
○ Eine soziale Norm legt fest, wie man sich bestimmten Kontexten verhalten soll, z. B. Bekleidungsvorschriften im Unternehmen.
○ Mit Hilfe einer Checkliste wird überprüft, ob alle vorgeschriebenen Handlungen ausgeführt wurden.

Beispiele

Regeln legen fest, unter welchen Bedingungen was zu tun ist. Regelwissen befähigt den Lernenden zu entscheiden, ob eine Regel anwendbar ist oder nicht. Regeln haben oft die Form »Wenn …, dann«. Lernende haben zu entscheiden, ob der Wenn-Teil zutrifft.

Beim Zitieren nach der Kurzzitierweise mit Namenskürzel [BSS11, S. 196 f.] werden folgende Fälle unterschieden:

Beispiel

○ Wenn 1 Autor: Ein Werk von Mustermann aus dem Jahr 2001 wird als [Must01] abgekürzt.
○ Wenn 2 Autoren: Eine Veröffentlichung der beiden Autoren Mustermann und Neumann aus dem Jahr 1997 wird als [MuNe97] abgekürzt.
○ Wenn 3 Autoren: Auf eine Arbeit von Mustermann, Neumann und Obermeier aus 2005 wird mit [MNO05] verwiesen.
○ Wenn mehr als 3 Autoren: Die Veröffentlichung von Mustermann, Neumann, Obermeier und Quatermain aus 2007 wird mit [MNO+07] abgekürzt.

Quellenwissen

Quellenwissen vermittelt Wissen darüber, wo weitere Informationen zu dem betreffenden Thema zu finden sind. Als Autor können Sie dazu Literaturangaben, Internetquellen u.ä. in ihrer Lerneinheit angeben und/oder Ihre Lernenden dazu auffordern, im Internet selbstständig zu recherchieren. Eventuell geben Sie dazu treffsichere Suchbegriffe an. Siehe auch:

■ »Orientierung – Inhalte schnell finden«, S. 163

Hinweis — Der Begriff »Wissensart« wird in der Literatur sehr unterschiedlich definiert.

Anordnung der Wissensarten

Die angegebenen Wissensarten geben Ihnen als Autor Hinweise und Ideen, wie Sie Ihren Lernstoff didaktisch aufbereiten können.

Häufig werden Sie die Wissensarten wie folgt anordnen (Abb. 8.1-4):

1 Orientierungswissen
2 Erklärungswissen
3 Handlungswissen (nur wenn Können und Fertigkeiten zu vermitteln sind)
4 Quellenwissen (z. B. weiterführende Literatur)

Quellenwissen kann natürlich auch zwischen die anderen Wissensarten eingestreut werden.

Orientierungswissen → Erklärungswissen → ◇ → Handlungswissen → ◇ → Quellenwissen

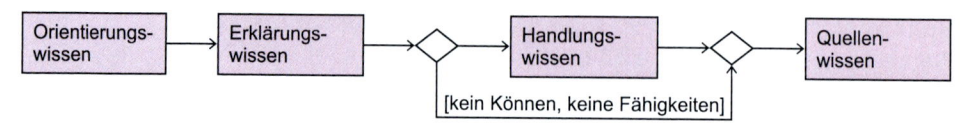

[kein Können, keine Fähigkeiten]

Abb. 8.1-4: Mögliche Reihenfolge von rezeptiven Wissensarten in einer Lerneinheit.

8.1 Rezeptive Wissensarten – Ideen für die Inhaltsdarbietung *

In [Mede06, S. 215–231] werden in dem Kapitel »Der Katalog der Mikro-Lernstrategien« verschiedene Reihenfolgevarianten angegeben und diskutiert.

[Mede06, S. 119–174, S. 215–231]

Weiterführende Literatur

8.2 Präsentationsmedien – Ideen für die Inhaltsdarstellung *

Lerninhalte können als Text, Tabelle, Abbildung oder Bild oder in einer Kombination davon dargestellt werden. In Abhängigkeit von dem gewählten Präsentationsmedium wird der Lernprozess verlangsamt oder beschleunigt.

Wissensarten liefern Anhaltspunkte, wie Lernstoff inhaltlich dargeboten werden kann (siehe »Rezeptive Wissensarten – Ideen für die Inhaltsdarbietung«, S. 190). Didaktische Medienarten zeigen, wie die Inhalte dargestellt werden können.

Beispiel Sie können Erklärungswissen in Form eines Beweises sowohl textuell als auch grafisch darstellen (Beispiel 3 in »Rezeptive Wissensarten – Ideen für die Inhaltsdarbietung«, S. 190).

Die Abb. 8.2-1 zeigt eine Klassifikation der Präsentationsmedien, die für Lehrbücher und E-Learning-Kurse geeignet sind. Zusätzliche Medienarten, die für E-Learning relevant sind, siehe »E-LEARNING«, S. 331.

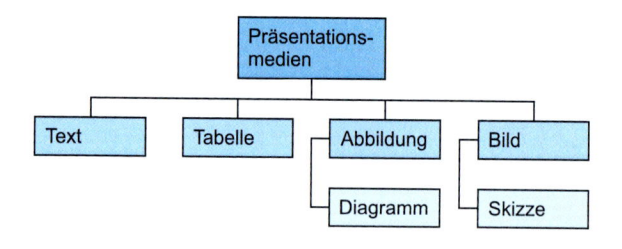

Abb. 8.2-1: Klassifikation von Präsentationsmedien (in Anlehnung an [Made06, S.127]).

Text

Ein **Text** ist eine schriftliche, im Wortlaut festgelegte und inhaltlich zusammenhängende Folge von Aussagen.

Didaktische Funktion Im Vergleich zu anderen Medien ist Text ein stark serialisierendes Medium. Text transportiert den Inhalt eher **langsam** und **nacheinander**. »Deshalb verlangsamt man didaktisch die Auseinandersetzung mit der Sache, wenn man einen Text verwendet. Man gibt damit auch eher den Raum für reflexive, nachdenkende Lern- und Bildungsprozesse« [Mede06, S. 177].

Tabelle

In einer **Tabelle** werden Zahlen, Stichworte, Fakten, Namen u.ä. nach Merkmalen in einem rechteckigen Schema aufgelistet. In den Spalten des rechteckigen Schemas werden in der Regel die Merkmale aufgeführt. In den Zeilen befinden sich die Fälle, Gegenstände oder Ereignisse. Tabellen ermöglichen eine kompakte Darstellung komplexer Zusammenhänge. Siehe auch »Abstraktion – richtigen Abstraktionsgrad wählen«, S. 168, Abschnitt Tabellen.

Tabellen **verlangsamen den Lernprozess**. Die oft symbolisch dargestellten Elemente einer Tabelle müssen entschlüsselt werden, wofür viel Zeit benötigt wird. Anschließend müssen die Zusammenhänge analysiert und synthetisiert werden. — *Didaktische Funktion*

Abbildung

Eine **Abbildung** stellt räumliche und flächenhafte Figuren in der Ebene als visuelle Abstraktionen strukturgetreu und schematisch dar.

Abbildungen stellen didaktische Reduktionen dar (siehe »Reduktion der Komplexität – Konzentration & Vereinfachung«, S. 296), verdichten aber gleichzeitig den Informationsgehalt. »Als Abstraktionen verlangsamen sie zwar den Lern-und Bildungsprozess, beschleunigen ihn aber zugleich durch ihre dichte, den Inhalt aufs Wesentliche gebrachte Form« [Mede06, S. 180]. Sonderformen von Abbildungen sind (siehe »Verstehen fördern und erleichtern«, S. 209): — *Didaktische Funktion*

- Mindmaps, *Concept Maps* bzw. Begriffslandkarten und Ursache-Wirkungs-Diagramme bzw. Fischgräten-Diagramme, siehe auch »Verstehen fördern und erleichtern«, S. 209.
- Infografiken (siehe »Abwechslung durch alternative Darstellungsformen«, S. 204)

Diagramm

Ein **Diagramm** stellt Größenverhältnisse und Größenbeziehungen zeichnerisch in anschaulicher, leicht fassbarer und einprägsamer Form dar. Tabellen werden oft durch Diagramme ergänzt. Siehe »Mit Diagrammen richtig informieren«, S. 493.

Diagramme **beschleunigen** das Erfassen von komplexen Einzelbeziehungen. — *Didaktische Funktion*

Bild

Ein **Bild** ist eine mehr oder weniger gute, wirklichkeitsnahe Reproduktion der visuell wahrnehmbaren Welt – dargestellt in der Fläche. Beispiele: Fotos, Gemälde, Zeichnungen.

Bilder **beschleunigen** den Prozess der Informationsaufnahme. »Sie liefern Informationsdichte in schnellstmöglicher Aufnahmezeit, weil diese Form der visuellen Wahrnehmung die für uns übliche und gewohnte ist. Die Schnelligkeit korreliert mit der Kognition intuitiver Erfassung, ihr Preis ist der Mangel an analytischer Genauigkeit« [Mede06, S. 183]. — *Didaktische Funktion*

Skizze

Eine **Skizze** gibt einen Ausschnitt aus der Realität als Modell wieder – abstrahiert und auf wesentliche Elemente reduziert.

Beispiel — Abb. 8.2-2 zeigt verschiedene Abstraktionsgrade einer Skizze [McCl94]. Wichtig ist, dass die räumliche Anordnung der Bildelemente der tatsächlichen räumlichen Anordnung der dargestellten Elemente (hier Augen, Mund und Kopfform) entspricht.

Abb. 8.2-2: Beispiel für unterschiedliche Abstraktionsgrade bei Skizzen [McCl94, S. 30].

Didaktische Funktion — Skizzen erlauben die **schnelle** Erfassung relevanter Informationen.

Beispiel — Beispiele für Skizzen zeigen die Abb. 8.2-3 [Eibl11, S. 55] und die Abb. 8.2-4 [BSS11, S. 264].

Hinweis — Präsentationsmedien werden in der Literatur unterschiedlich klassifiziert.

Kombination verschiedener Präsentationsmedien siehe:

■ »Abwechslung durch alternative Darstellungsformen«, S. 204

Weiterführende Literatur — [Mede06, S. 175–188]

8.2 Präsentationsmedien – Ideen für die Inhaltsdarstellung *

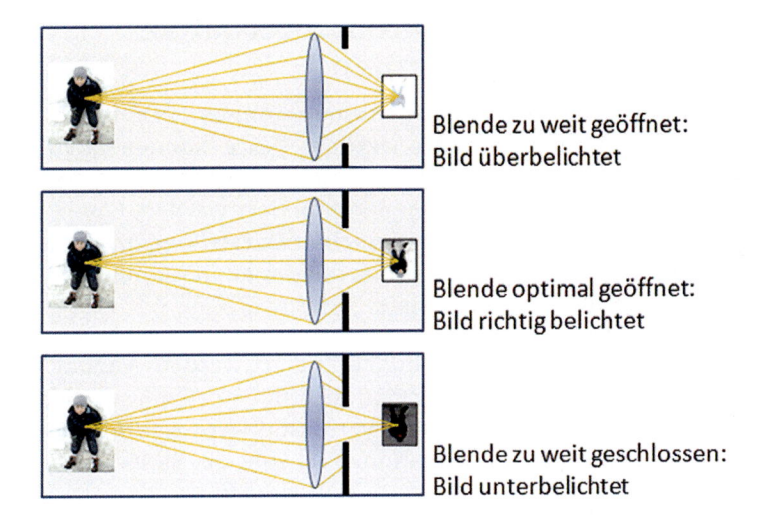

Blende zu weit geöffnet:
Bild überbelichtet

Blende optimal geöffnet:
Bild richtig belichtet

Blende zu weit geschlossen:
Bild unterbelichtet

Abb. 8.2-3: Blendenöffnung und Belichtung.

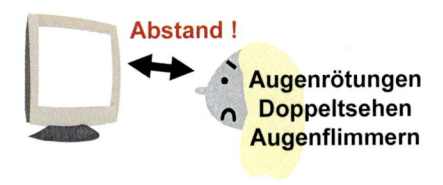

Abstand!
Augenrötungen
Doppeltsehen
Augenflimmern

Abb. 8.2-4: Bildschirmarbeit: Abstand visualisiert.

Skizzen sind gut zu verstehen und selbsterklärend, wenn ...
- sie angemessen gestaltet sind,
- sie grafisch gut aufgebaut sind (durchdachte Farbgebung, sinnvolle Anordnung der Elemente),
- **Symbole** (z. B. Blitz als Symbol für Schmerz), **Indizes** (z. B. Spritze als Darstellung einer Spritze mit der gleichzeitigen Bedeutung von Medikamentenapplikation) und **Ikonen** (z. B. Darstellung anatomischer Strukturen) gezielt eingesetzt werden,
- alle Skizzenelemente prägnant beschriftet & benannt sind und
- der Lernende durch orientierungsstiftende Elemente, z. B. Pfeile, geführt wird [Dago09, S. 64].

8.3 Abwechslung durch alternative Darstellungsformen *

Durch alternative Darstellungsformen können Lerninhalte abwechslungsreich präsentiert werden. Texte können abstrakt oder konkret, erklärend oder erzählend geschrieben werden. Bilder und Abbildungen können kombiniert werden. Eine Kombination von textlichen und bildlichen Darstellungsformen erhöht den Lerneffekt, wenn die Informationen in räumlicher und zeitlicher Nähe angeordnet sind.

Lernstoff kann verbal und bildlich codiert werden. **Verbal codiert** bedeutet, dass die Informationen mit Worten – sowohl gesprochen als auch geschrieben – vermittelt werden. **Bildlich codiert** bedeutet, dass Informationen sowohl als Bilder als auch als Animationen und Videos vermittelt werden.

Hinweis | Im Folgenden wird sich auf geschriebene Informationen, Abbildungen und Bilder beschränkt. Auf die zusätzlichen Möglichkeiten des E-Learning wird in dem Kapitel »Multimedia – Lerneinheiten multimedial gestalten«, S. 343, eingegangen.

»Das Wiederholen von Inhalten in anderen Darstellungsformen hilft dem Leser, von der konkreten, (meist text-)gestaltlichen Darstellung der Inhalte zu abstrahieren und stattdessen kontextunabhängige mentale Modelle zu konstruieren – gewissermaßen die gemeinsame inhaltliche Struktur verschiedener Darstellungsweisen freizulegen, um beim Reproduktionsprozess weniger am konkreten Einspeicherungskontext haften zu bleiben« [Dago09, S. 63] (siehe auch »Abwechslung – den Geist aktiv halten«, S. 174).

Wechsel innerhalb textlicher Formen

Lerninhalte können durch Texte abstrakt oder konkret, erklärend oder erzählend wiedergegeben werden.

Beispiel | In den W3L-Lehrbüchern und E-Learning-Kursen werden alle Inhalte einer Lerneinheit nochmals in kompakter, abstrakter Kurzform am Anfang jeder Lerneinheit beschrieben (siehe »Die Kurzfassung – die Essenz der Lerneinheit«, S. 14). Da die Lerninhalte meist in erklärender Form dargestellt werden, ist durch die Kurzfassung immer auch eine alternative Darstellungsform gegeben.

Wechsel innerhalb bildlicher Formen

- Als Kombination von **Bild und Skizze**: Bilder mit Beschriftungen oder konstruierten Elementen vereinen die Vorteile beider bildlicher Darstellungsformen.

8.3 Abwechslung durch alternative Darstellungsformen *

Ein Webportal lässt sich mit einem *Einkaufszentrum* vergleichen, das Wegweiser zu den Läden (entspricht den Websites), Schwarze Bretter und Neuigkeiten-Infos anbietet. Die Läden im Einkaufszentrum entsprechen Websites. Die Räume in den Läden lassen sich mit den Webseiten einer Website vergleichen. Die Eingangstür in einen Laden entspricht der Startseite einer Website. Die Abb. 8.3-1 ist eine Kombination aus Foto und Skizze [BKB+05, S. 68].

Beispiel

Abb. 8.3-1: Vergleich eines Webportals mit einem Einkaufszentrum. Foto: Pressebild Einkaufszentrum Oberhausen.

- Als **Infografik**: Eine Infografik bereitet Informationen visuell auf und stellt sie im Zusammenhang dar. Eine für das E-Learning geeignete Sonderform sind interaktive Infografiken (siehe »Interaktive Infografiken – Zusammenhänge in Bildern«, S. 379).

Die Abb. 8.3-2 ist ein Beispiel für eine Infografik.

Beispiel

In der Regel werden Sie als Autor *nicht* in der Lage sein, anspruchsvolle Abbildungen und Bilder selbst zu erstellen. Ihr Verlag sollte Ihnen einen Grafiker zur Verfügung stellen (siehe »Was kann/sollte ein Verlag für ein Lehrbuch tun?«, S. 509).

Hinweis

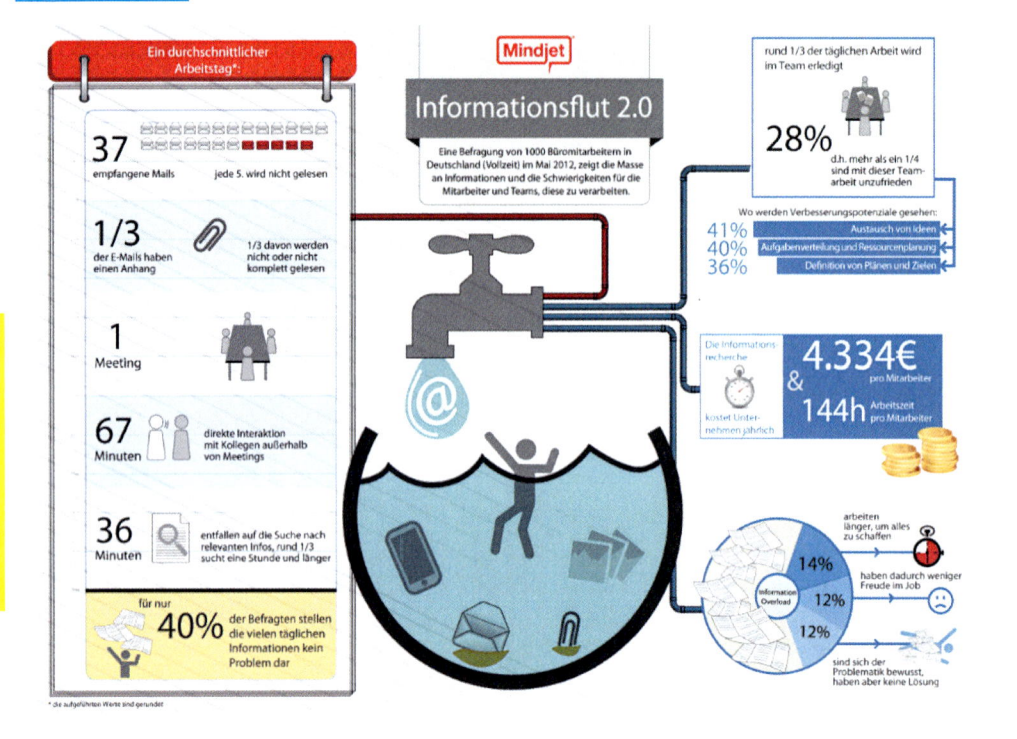

Abb. 8.3-2: Beispiel für eine Infografik (Quelle: http://blog.mindjet.de/?tag=infografik).

Kombination textlicher und bildlicher Darstellungsformen

Empirie
- Empirische Untersuchungen haben ergeben, dass der Lerneffekt erhöht wird, wenn aufeinanderbezogene verbale und bildliche Informationen vermittelt werden – im Gegensatz zu nur verbalen Informationen alleine. Diesen Effekt bezeichnet man auch als Multimedia-Prinzip (siehe »Multimedia – Lerneinheiten multimedial gestalten«, S. 343) [KlLe12, S. 114].
- Der Multimediaeffekt wird gesteigert, wenn die jeweils aufeinander bezogene verbale und bildliche Information in räumlicher und zeitlicher Nähe dargestellt wird (Kontiguitäts-Prinzip) [KlLe12, S. 114].
- Der Multimediaeffekt wird *verringert*, wenn zusätzliche, ablenkende Informationen vorhanden sind, die für das Verständnis *nicht* erforderlich sind (z. B. irrelevante Texte, Bilder, Töne oder Musik) (Kohärenz-Prinzip, siehe auch »Das Lokalitätsprinzip – alles im Blick«, S. 263) [KlLe12, S. 114].

8.3 Abwechslung durch alternative Darstellungsformen *

Die Infografik der Abb. 8.3-2 ist ein gutes Beispiel für aufeinanderbezogene verbale und bildliche Informationen.

Beispiele

Die Abb. 8.3-3 verknüpft textuelle Informationen mit Indizes [Schr08, S. 60].

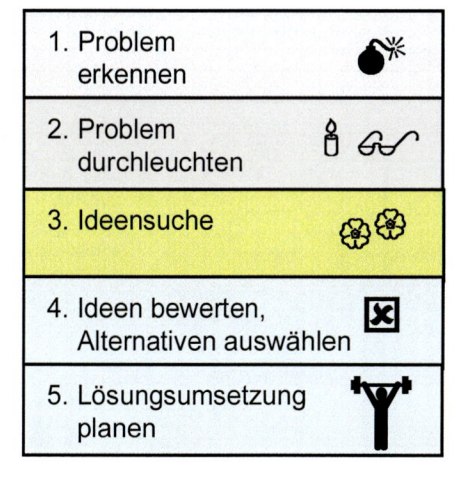

1. Problem erkennen		**Präparation**: Vorbereitung der Ideensuche
2. Problem durchleuchten		
3. Ideensuche		**Inkubation und Illumination** Ideenfindung
4. Ideen bewerten, Alternativen auswählen		**Elaboration (Verifikation)** Beurteilung und Ausarbeitung der Lösung
5. Lösungsumsetzung planen		

Abb. 8.3-3: Fünf Phasen eines idealtypischen kreativen Problemlösungsprozesses.

Ein Vorverständnis für einen Lerninhalt lässt sich erreichen, wenn im Text auf ein Bild verwiesen wird, bevor die Details dazu erläutert werden.

Empfehlung

Die Abb. 8.3-4 [OsWi08, S. 160] verbindet textuelle Informationen mit Symbolen. Eine solche Grafik am Anfang einer Lerneinheit zu Aktiengesellschaften bereitet auf die Inhalte vor, ohne bereits Details zu erklären.

Beispiel

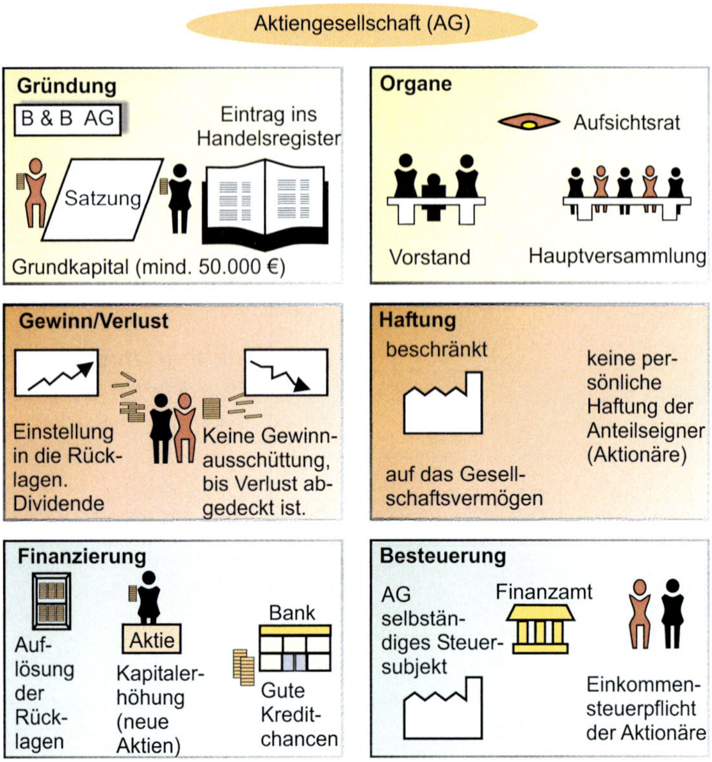

8 Erweiterung – Aufbau von Lerneinheiten *

Aktiengesellschaft (AG)

Gründung
B & B AG
Satzung
Eintrag ins Handelsregister
Grundkapital (mind. 50.000 €)

Organe
Aufsichtsrat
Vorstand
Hauptversammlung

Gewinn/Verlust
Einstellung in die Rücklagen. Dividende
Keine Gewinnausschüttung, bis Verlust abgedeckt ist.

Haftung
beschränkt
auf das Gesellschaftsvermögen
keine persönliche Haftung der Anteilseigner (Aktionäre)

Finanzierung
Auflösung der Rücklagen
Aktie
Kapitalerhöhung (neue Aktien)
Bank
Gute Kreditchancen

Besteuerung
AG selbständiges Steuersubjekt
Finanzamt
Einkommensteuerpflicht der Aktionäre

Abb. 8.3-4: Übersicht über eine Aktiengesellschaft.

8.4 Verstehen fördern und erleichtern *

Ein Autor hat verschiedene Möglichkeiten beim Lernenden das Verstehen des Lernstoffs zu fördern und zu erleichtern. Komplexe Sachverhalte können durch Einschränken oder Veranschaulichen vereinfacht werden. Mindmaps, *Concept Maps* und Ursache-Wirkungs-Diagramme helfen dem Lernenden, Strukturen zu erkennen. Lerninhalte können nach didaktisch-logischen Gesichtspunkten unterschiedlich angeordnet werden. Je nach Lernstoff, Lernzielen und Zielgruppen ist mal die eine und mal die andere Anordnungsform besser geeignet. Analogien helfen dem Lernenden, Bekanntes mit Neuem zu verknüpfen. Gegenüberstellungen erleichtern es, Übereinstimmungen und Unterschiede zu erkennen. Werden viele Sinne des Lernenden angesprochen, dann werden Inhalte besser verstanden.

Ein wichtiges Lernziel besteht darin, dass der Lernende etwas »versteht« (siehe »Lernziele – angestrebter Lerngewinn«, S. 62). **Verstehen** geht über das angelernte Wissen hinaus, das oft bloß reproduziert werden kann. Verstehen bedeutet, dass der Lernende den Inhalt eines Lernstoffs begreift und Zusammenhänge mit anderen Lerninhalten erfasst hat. Aber: Der Prozess des Verstehens setzt allerdings Wissen voraus, in der Regel automatisiertes Wissen, damit für die Verstehensprozesse freie Kapazitäten verfügbar sind. »**Verstehen** kann sich in **unterschiedlicher Form** einstellen, manchmal als ein allmählicher, eher kontinuierlicher Prozess, der sich über einen größeren Zeitraum erstreckt, manchmal innerhalb von Sekundenbruchteilen, als plötzliche Einsicht oder Aha-Erlebnis« [Lehn12, S. 132].

Ihr Ziel als Autor sollte es daher sein, das Verstehen zu fördern und zu erleichtern.

Im Folgenden wird davon ausgegangen, dass Sie wissen, welchen Lehrstoff Sie in einer Lerneinheit vermitteln wollen. Ist dies *nicht* der Fall, dann sollten Sie zunächst

- den zu vermittelnden Stoff reduzieren und auf Lerneinheiten aufteilen (siehe »Reduktion der Stofffülle – Kriterien und Techniken«, S. 286) und
- für das Lehrbuch bzw. den E-Learning-Kurs die globale inhaltliche Komplexität reduzieren (siehe »Reduktion der Komplexität – Konzentration & Vereinfachung«, S. 296).

Haben Sie dies getan, dann können Sie pro Lerneinheit überlegen, wie Sie das Verstehen für den Lernenden fördern und erleichtern können.

Dazu stehen Ihnen als Autor verschiedene Möglichkeiten zur Verfügung:

Voraussetzungen

Möglichkeiten

- Vereinfachen durch Einschränken und/oder Veranschaulichen
- Strukturen durch Strukturschemata sichtbar machen
- Lerninhalte nach didaktischen Gesichtspunkten anordnen
- Vergleiche durch Analogien in anderen Kontexten anstellen
- Vergleiche durch Gegenüberstellung anstellen
- Viele Sinne ansprechen
- Beispiele verwenden (siehe »Beispiele – Regeln erkennen«, S. 223)

Vereinfachen durch Einschränken und/oder Veranschaulichen

Frage Wann empfinden Sie einen Sachverhalt als schwierig – unabhängig von Ihren Vorkenntnissen?

Antwort Folgende Aspekte tragen dazu bei, dass etwas als »schwierig« empfunden wird [Lehn12, S. 136]:

- Zwischen den einzelnen Elementen bestehen vielfältige Beziehungen.
- Der Abstraktionsgrad ist hoch und wird durch eine Vielzahl von Fachbegriffen erklärt.
- Theorie und Praxis stimmen *nicht* überein.
- Fragestellungen können unterschiedlich beantwortet bzw. interpretiert werden.

Eine Vereinfachung kann in zwei Dimensionen erfolgen:

- Wahl einer Darstellung, die weniger komplex ist bzw. weniger Merkmale enthält (Einschränkung).
- Reduktion der Abstraktion durch eine konkretere Form der Darstellung (Veranschaulichung).

»Während das Einschränken eine hohe Komplexität in Richtung einer weniger hohen entwickelt, führt das Veranschaulichen von wenig anschaulichen Darstellungen zu stärker anschaulichen bzw. von eher abstrakten Darstellungen – abstrakt bedeutet hier etwa: ungegenständlich – zu stärker konkreten Darstellungen« [Lehn12, S. 143].

Einschränken

Folgende Techniken unterstützen das Einschränken:

- **Abstrahieren**: Details weglassen, Einflussfaktoren vernachlässigen, Komplikationen ausklammern, Ausnahmen und seltene Fälle weglassen. Das Ergebnis ist eine allgemeinere Aussage (generalisierende Abstraktion) oder eine pointiertere Aussage (isolierende Abstraktion) (siehe »Abstraktion – richtigen Abstraktionsgrad wählen«, S. 168).

- **Partikularisieren**: Auf einen bestimmten Aspekt beschränken, z. B. auf eine Funktion, auf ein Prinzip, auf ein Phänomen, auf das Qualitative.

Veranschaulichen

Das Veranschaulichen wird durch folgende Techniken gefördert:
- **Idealisieren**: Entwicklung von theoretischen Modellen, wobei störende Abweichungen vernachlässigt werden.
- **Analogien nutzen**: Ein in der Zielgruppe bekannter Sachverhalt wird in eine Ähnlichkeitsbeziehung zum zu vermittelten Sachverhalt gesetzt. Achtung: Analogien können auch zu falschen Vorstellungen führen. Beispiel: Vergleich des elektrischen Stromkreises mit einem Wasserkreislauf.
- **Visualisieren**: Einen Sachverhalt durch realistische Bilder und Fotos, Skizzen, Grafiken, Metaphern, gegenständliche Modelle, Symbole, Audio- und Videoclips veranschaulichen (siehe »Visualisierung – die Kunst der Veranschaulichung«, S. 30, »Audio – Sprache und Ton einsetzen«, S. 349, »Video – Bewegung darstellen«, S. 355).
- **Aktiv handeln**: Durch Experimente, Übungen, praktische Tätigkeiten, eigene Erfahrungen ermöglichen (siehe »Ausprobieren und Experimentieren«, S. 383).

Strukturen sichtbar machen durch Strukturschemata

Lerninhalte stehen in der Regel nicht für sich allein, sondern stehen in Beziehungen zu anderen Lerninhalten. Werden diese Beziehungen für den Lernenden sichtbar gemacht, dann kann er die inhaltliche Komplexität besser verstehen und behalten. **Strukturschemata** erlauben es, Strukturen auf unterschiedliche Art und Weise aufzubereiten und darzustellen.

Bei einer **Mindmap** werden Gedanken und Begriffe in Form von Schlagwörtern oder Bildern an Ästen oder Unterästen notiert (siehe auch »Beispiele – Regeln erkennen«, S. 223). Von einem zentralen Begriff aus wird eine Mindmap von innen nach außen aufgebaut.

Die Abb. 8.4-1 zeigt eine Ideensammlung, dargestellt als Mindmap [BSS11, S. 352]. *Beispiel*

Es gibt kostenpflichtige und kostenlose Mindmapping-Programme, z. B. FreeMind (http://freemind.sourceforge.net/wiki/index.php/Main_Page).

Concept Maps – auch Begriffslandkarten genannt – stellen die Beziehungen zwischen Begriffen und Ideen dar. Im Gegensatz zu

8 Erweiterung – Aufbau von Lerneinheiten *

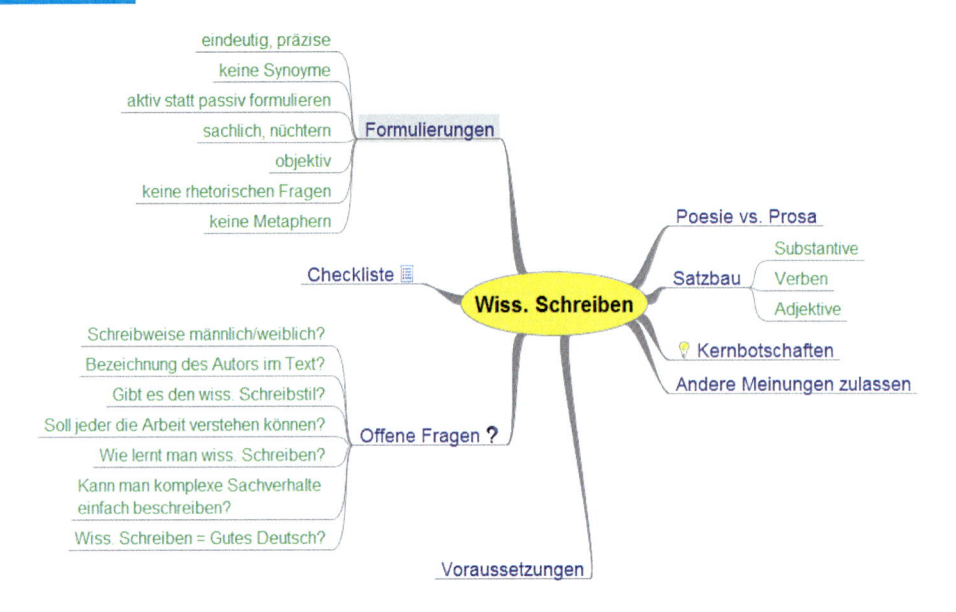

Abb. 8.4-1: Ideensammlung zum wissenschaftlichen Schreiben in Form einer Mindmap.

Mindmaps werden die Beziehungen zwischen den Begriffen explizit benannt (Beispiele siehe »Urheberrechte beachten«, S. 465, und »Formal richtig zitieren – Plagiate vermeiden«, S. 473). Ein kostenloses Werkzeug zur Erstellung von *Concept Maps* ist z. B. Cmap (http://cmap.ihmc.us/).

Empirie Empirische Untersuchungen lassen darauf schließen, dass solche Netzdarstellungen zu besseren Behaltensleistungen im Vergleich zu reinen Textdarstellungen führen [Lehn12, S. 155].

Ursache-Wirkungs-Diagramme – auch Fischgräten-Diagramm oder Ishikawa-Diagramm (nach seinem Erfinder) genannt, besitzen einen zentralen horizontalen Pfeil, der auf ein Problem zeigt. An Haupt- und Neben-»Gräten« sammelt man Haupt- und Nebenursachen für das Problem.

Beispiel Die Abb. 8.4-2 zeigt ein Beispiel für die Ursachen eines Nachfragerückgangs [Schr08, S. 133].

Den Zusammenhang zwischen den verschiedenen Strukturschemata zeigt die Abb. 8.4-3 [Schr08, S. 132].

8.4 Verstehen fördern und erleichtern *

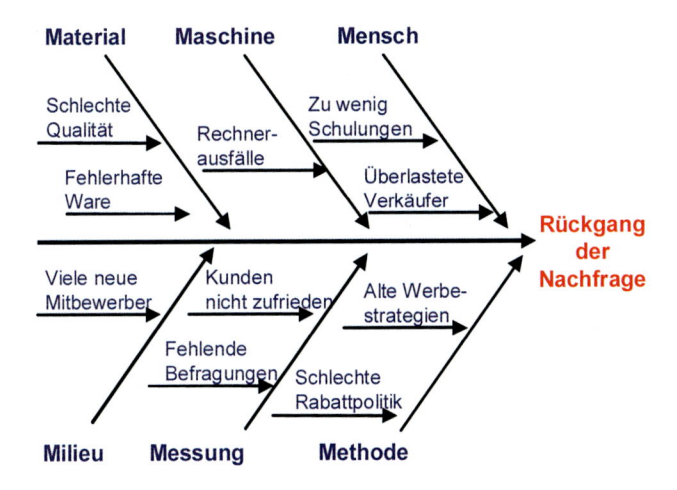

Abb. 8.4-2: Das Ursache-Wirkungs-Diagramm von Kaoru Ishikawa erinnert an eine Fischgräte und wird deshalb auch *fishbone chart* genannt.

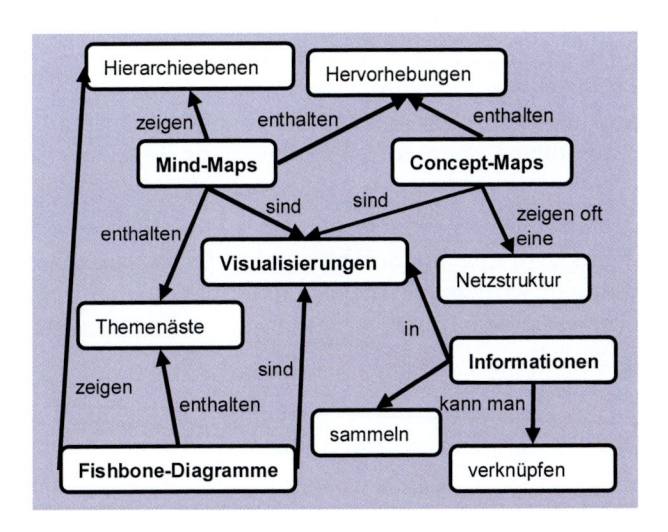

Abb. 8.4-3: Eine *Concept Map* zeigt die Vernetzung von Begriffen. Man spricht hier auch von »Begriffslandschaften«.

Lerninhalte nach didaktischen Gesichtspunkten anordnen

Folgende Anordnungsformen der Lerninhalte nach didaktisch-logischen Gesichtspunkten lassen sich unterscheiden [Lehn09, S. 131f.]:

- Vom Konkreten zum Allgemeinen oder Abstrakten (induktiv vs. deduktiv).
- Vom Gesamten zu den Komponenten (synthetisch vs. analytisch).
- Vom Bekannten zum Unbekannten/Neuen.
- Vom Leichten zum Schweren.
- Vom Nahen zum Entfernten.
- Von Fakten zu Problemen.
- Vom Emotionalen zum Rational-Begrifflichen.
- Von bewussten zu verinnerlichten, automatisierten Tätigkeiten.
- Vom angeleiteten zum selbstständigen Handeln.

Diese Anordnungsformen eignen sich vorwiegend für Lerneinheiten, können aber auch global für ein Lehrbuch/einen Kurs gewählt werden. Da es aber sinnvoll ist, diese Anordnungsformen im Rahmen eines Lehrbuchs/eines Kurses zu variieren, liegt der Schwerpunkt sicher bei den einzelnen Lerneinheiten.

Vom Konkreten zum Allgemeinen oder Abstrakten (induktiv vs. deduktiv)

Bei der induktiven Reihenfolge wird vom Speziellen zum Allgemeinen hingeführt: Ausgangspunkt können mehrere Beispiele sein, aus denen dann auf eine allgemeine Regel geschlossen wird.

Bei der deduktiven Anordnung wird der Einzelfall bzw. das Besondere aus dem Allgemeinen hergeleitet. In wissenschaftlichen Abhandlungen wird in der Regel deduktiv argumentiert, während Lernende eine induktive Darstellung oft leichter verstehen.

Beispiel In **HTML** wird eine große Überschrift im Text wie folgt gekennzeichnet:

```
<h1>Dies ist eine große Überschrift</h1>
```

(konkretes Beispiel zuerst)

Allgemein werden Texte in HTML durch sogenannte HTML-Elemente bestehend aus einer Anfangs- und einer Endemarkierung gekennzeichnet. Zwischen Anfangs- und Endemarkierung steht der Text, auf den diese Auszeichnung angewandt werden soll:

`<elementname>Inhalt</elementname>` (allgemeine Aufbauregel)

8.4 Verstehen fördern und erleichtern *

- Das deduktive Vorgehen ermöglicht es, schnell Überblickswissen zu vermitteln. »Allerdings kann diese Form der Inhaltsstrukturierung auch langweilen und dazu führen, dass man die Inhalte rasch wieder vergisst« [Rein15, S. 38].
- Beim induktiven Vorgehen ist es leichter, Interesse zu wecken und das Behalten – mitunter auch die Anwendung der Inhalte – zu verbessern. »Dies geht allerdings auf Kosten der Zeit und Effizienz beim Lehren« [Rein15, S. 38].
- Naturwissenschaftliche Gesetzmäßigkeiten können gut aus Beispielen und Experimenten hergeleitet werden. Juristische Regeln werden dagegen besser zunächst vorgestellt, bevor sie auf konkrete Fälle angewandt werden.

Erfahrungen

Vom Gesamten zu den Komponenten (synthetisch vs. analytisch)

Analytisch bedeutet, zunächst das Gesamtsystem zu betrachten und es anschließend in Komponenten zu zerlegen. Es wird mit dem übergeordneten Ziel begonnen. Nach und nach wird das Wissen vermittelt, das man zum Verstehen des Ganzen benötigt. »Ein solches *analytisches* Vorgehen ermöglicht einen besseren Überblick bzw. erleichtert es, Bedeutungen zu erkennen, kann aber auch zu Verständnisproblemen führen« [Rein15, S. 38].

Synthetisch bedeutet, aus der Untersuchung von Einzelkomponenten ein Gesamtsystem zu erschließen. Vorteilhaft bei diesem Vorgehen ist, dass der Lernende jeden Schritt versteht. Dies kann aber auch ermüdend sein, weil der Lernende oft nicht weiß, »wozu das gut ist, was man lernt«.

Den Aufbau eines Computers zeigt die Abb. 8.4-4 (Darstellung des Gesamtsystems). Die einzelnen Komponenten sehen folgendermaßen aus: ...

Beispiel

Jetzt folgt eine detaillierte Betrachtung der einzelnen Komponenten.

Vom Bekannten zum Unbekannten/Neuen

Um an Vorwissen des Lernenden anzuknüpfen ist es vorteilhaft, mit bekannten Inhalten zu beginnen und zum Unbekannten fortzuschreiten. »Eine Sequenz vom Bekannten zum Neuen ist meist auch damit verbunden, dass die Anforderungen an den Lernenden steigen, sodass aus der Sicht des Lernenden zugleich eine Sequenz vom Einfachen zum Schweren vorliegen kann« [EuHa07, S. 148 ff.].

Mit etwas Neuem zu beginnen ist dann sinnvoll, wenn einseitige oder falsche Vorstellungen von einem bekannten Konzept vorliegen. »Vor diesem Hintergrund kann eine Strukturierung besser sein, bei der man mit etwas Neuem beginnt, welches das Be-

8 Erweiterung – Aufbau von Lerneinheiten *

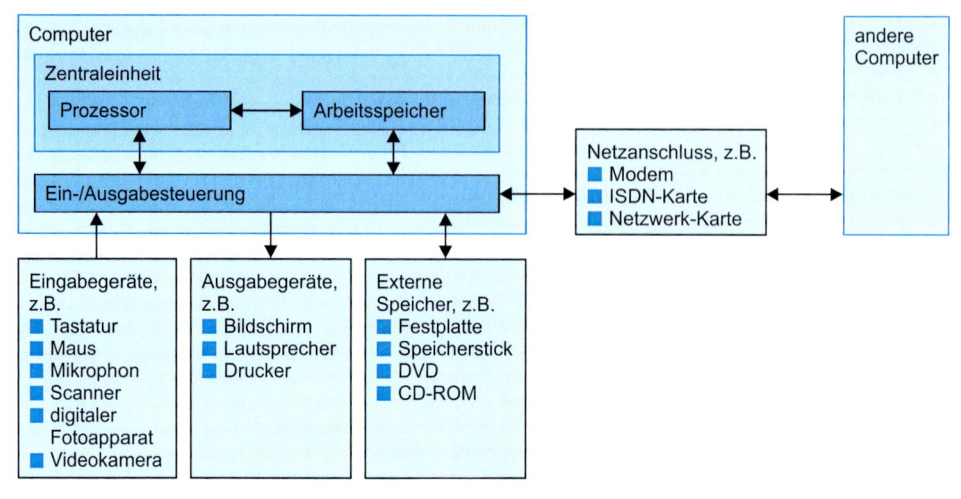

```
Computer
  Zentraleinheit
    Prozessor ↔ Arbeitsspeicher
    Ein-/Ausgabesteuerung
```
↔ Netzanschluss, z.B.
  ■ Modem
  ■ ISDN-Karte
  ■ Netzwerk-Karte
↔ andere Computer

Eingabegeräte, z.B.
■ Tastatur
■ Maus
■ Mikrophon
■ Scanner
■ digitaler Fotoapparat
■ Videokamera

Ausgabegeräte, z.B.
■ Bildschirm
■ Lautsprecher
■ Drucker

Externe Speicher, z.B.
■ Festplatte
■ Speicherstick
■ DVD
■ CD-ROM

Peripheriegeräte

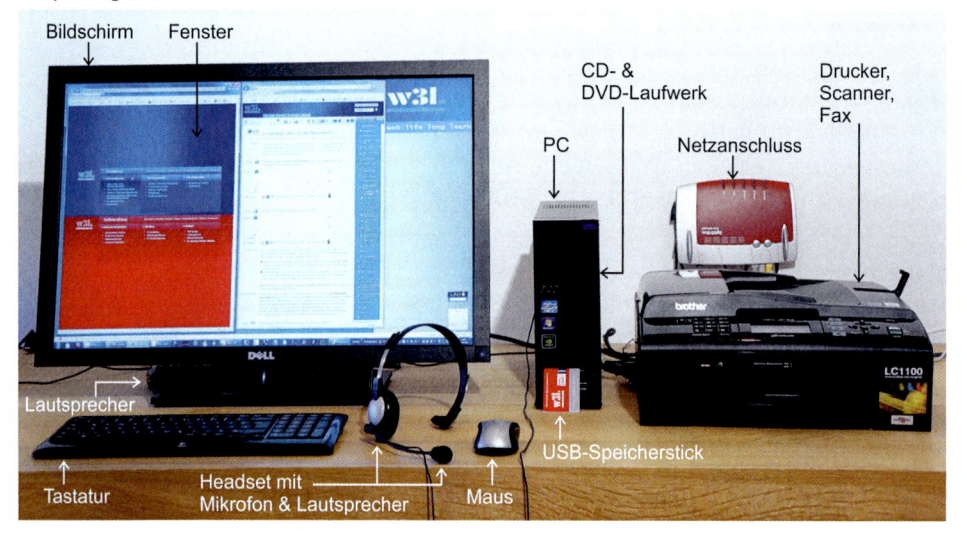

Bildschirm, Fenster, CD- & DVD-Laufwerk, Drucker, Scanner, Fax, PC, Netzanschluss, Lautsprecher, Tastatur, Headset mit Mikrofon & Lautsprecher, Maus, USB-Speicherstick

Abb. 8.4-4: So sieht der grundsätzliche Aufbau eines Computers mit seinen Komponenten aus.

kannte zunächst ›zerstört‹, um dieses erst zu einem späteren Zeitpunkt wieder einzubinden« [Rein15, S. 37].

Überlegen Sie sich Beispiele für die verschiedenen Anordnungsformen.

Empirie »Die meisten der experimentellen Studien, die hierzu stattfanden [induktiv vs. deduktiv], brachten allerdings kaum bemerkenswerte Unterschiede zwischen den Varianten im Hinblick auf die Lernergebnisse oder die Akzeptanz durch die Lernenden« [KlLe12, S. 67].

Sie sollten die Anordnungsformen *nicht* dogmatisch betrachten. Je nach Lernstoff, Lernzielen und Zielgruppen ist mal die eine und mal die andere Anordnungsform besser geeignet. Abwechslung ist anregend (siehe »Abwechslung – den Geist aktiv halten«, S. 174).

Empfehlung

Vergleiche anstellen durch Analogien in anderen Kontexten

Das Verständnis für einen Sachverhalt kann gefördert werden, indem analoge (bekannte) Sachverhalte aus anderen Themengebieten zum Vergleich herangezogen und mit den neuen Inhalten verknüpft werden. »Der zentrale Vorgang beim analogen Denken besteht allerdings darin, dass Punkt für Punkt Altes mit Neuem verglichen wird und so *Gemeinsamkeiten* und *Unterschiede* herausgearbeitet werden« [KlLe12, S. 79].

Die Konvergenzreaktion des Auges kann mit der Blendeneinstellung eines Fotoapparats verglichen werden [Dago09, S. 55].

Beispiel 1

In dem Buch »Die 50 Werkzeuge für gutes Schreiben« von Roy Peter Clark wird in dem Kapitel »Zeichensetzung – Macht durch Punkt und Komma« folgender Vergleich mit dem Straßenverkehr hergestellt:

Beispiel 2

»Stellen Sie sich einen wirklich langen Satz ohne Kommata vor. Ein solcher Satz ist eine schnurgerade Straße, an deren Ende ein Stoppschild steht – der Punkt. [...] Wenn der Punkt ein Stoppschild ist, wie verändern dann die anderen Zeichen den Verkehrsfluss? Das Komma ist eine Schwelle in der Straße, das Semikolon eine Aufforderung, das Tempo mit dem Fuß über der Bremse zu drosseln, die Einfügung in Klammern eine Umleitung, der Doppelpunkt eine blinkende Warnlampe, die uns auf etwas Wichtiges vor uns aufmerksam machen will. Und schließlich der Gedankenstrich – ein Ast, der über die Straße ragt« [Clar12, S. 68].

»Zu den Verknüpfungsstrategien gehört ferner auch die Entdeckung passender Beispiele. Zu einem gegebenen Sachverhalt passende von unpassenden Beispielen zu unterscheiden, ist ein Prozess, bei dem deutlich wird, ob man der Lage ist, die Gemeinsamkeiten, auf die es ankommt, in unterschiedlichen Zusammenhängen zu entdecken« [KlLe12, S. 79].

Metaphern, **Gleichnisse** und **Parabeln** können ebenfalls eingesetzt werden, um Vergleiche herzustellen.

Informieren Sie sich über Metaphern, Gleichnisse und Parabeln und überlegen Sie sich jeweils ein Beispiel dazu.

Vergleiche anstellen durch Gegenüberstellung

Das mentale Einspeichern und Erinnern wird gefördert, wenn Sachverhalte im Kontrast zu anderen Sachverhalten dargestellt werden.

Übereinstimmungen und Unterschiede können textuell beschrieben werden. Noch besser geeignet dafür sind **tabellarische Gegenüberstellungen** (siehe z. B. die Tabelle 1 in »Mischformen und Vergleich«, S. 137), da dort die Vergleichskriterien z. B. spaltenweise gegenübergestellt werden können. Auch grafische Darstellungen können Gemeinsamkeiten und Unterschiede deutlich machen, z. B. Venn-Diagramme (Abb. 8.4-5).

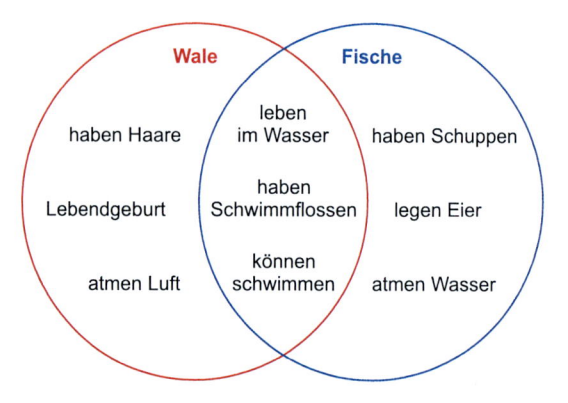

Abb. 8.4-5: Beispiel für die grafische Darstellung von Gemeinsamkeiten und Unterschieden in Form eines Venn-Diagramms.

Viele Sinne ansprechen

»Es ist für das Lernen von Vorteil, wenn über mehrere Sinneskanäle Informationen auf das immer schon eigenaktive Gehirn treffen, das diese unterschiedlichen Arten von Informationen in sich verarbeitet und neue Bedeutungen konstruiert« [Terh09, S. 152 f.].

In Lehrbüchern können neben Texten nur Fotos und Grafiken dazu beitragen, einen anderen Sinn anzusprechen (siehe »Abwechslung durch alternative Darstellungsformen«, S. 204). In E-Learning-Kursen steht dagegen ein breites Spektrum an Möglichkeiten zur Verfügung (siehe »E-LEARNING«, S. 331). Generell hilft ein Wechsel der Darstellungsform oder eine parallele Darstellung eines Sachverhalts in mehreren Darstellungsformen, Inhalte zu verstehen.

8.5 Transfer üben – neue Situationen bewältigen *

Lernen ist dann besonders erfolgreich, wenn der Lernende anschließend in der Lage ist, das Gelernte in neuen Kontexten und Situationen anzuwenden. Um den Lernenden dazu in die Lage zu versetzen, muss der Transfer von erworbenem Wissen auf neue Situationen systematisch geübt werden. Homomorphe Probleme können leichter gelöst werden als isomorphe Probleme. Ebenso muss zwischen Oberflächenstruktur eines Problems und der Tiefenstruktur eines Problems unterschieden werden. Der Lernstoff sollte so gestaltet werden, dass die Transferdistanz schrittweise ansteigt.

Lernende werden ihr erworbenes Wissen nur selten im selben Kontext anwenden können. In der Regel werden sie mit neuen Situationen konfrontiert werden und müssen dann überlegen, wie sie vorhandenes Wissen auf neue Umgebungen transferieren können. Ein wichtiges generelles Lehrziel besteht daher darin, den Transfer zu erleichtern und zu üben.

Damit Prinzipien, Gesetzmäßigkeiten oder Strategien auf neue Probleme angewandt werden können, ist folgendes notwendig [KlLe12, S. 93]:

1. Die Grundstruktur der primären Aufgabe (Quellbereich) muss klar herausgearbeitet werden.
2. Ebenso die Struktur der Zielaufgabe (Zielbereich).
3. Beide Strukturen müssen schrittweise miteinander verglichen werden. Beim Vergleichen müssen Gemeinsamkeiten aber auch Unterschiede gesucht werden.

Das Problem ist, dass die Merkmale der Elemente in beiden Bereichen sehr verschieden sein können. Die Gemeinsamkeiten beider Bereiche können in den Relationen beruhen, die die jeweiligen Elemente miteinander verbinden. Die vorhandenen Relationen können einander zugeordnet werden. Sie entsprechen einander oder sie können aufeinander abgebildet werden.

Ist ein Problem durch Analogie lösbar, dann beziehen sich die Gemeinsamkeiten auf Relationen zwischen Elementen und die Unterschiede oft auf die Merkmale oder Eigenschaften der Elemente.

Die Merkmale der Elemente kennzeichnen die **Oberflächenstruktur** eines Problems. Die **Tiefenstruktur** wird jedoch durch die Beziehung zwischen den Elementen bestimmt.

Man spricht von **homomorphen Problemen**, wenn zwei Probleme die gleiche Tiefenstruktur haben. Können die Komponenten eines Problems in beiden Richtungen eins-zu-eins einem anderen Problem zugeordnet werden, dann spricht man von **isomorphen Problemen**. Stimmen zwei Probleme in der Oberflächenstruktur überein, d. h. entstammen sie derselben Thematik, dann werden sie leichter als ähnlich erlebt, als wenn sie aus verschiedenen Bereichen stammen.

Beispiel 1a Die junge Fluggesellschaft INNOAIR startet ihren Flugbetrieb mit einem Flugzeug vom Typ Dash 8. Jeden Tag wird ein Flug angeboten. Flüge können ein Jahr im Voraus gebucht werden. Die Flugnummern entsprechen den Tagen im Jahr, z. B. 2. Januar = Flugnr. 2. Die Abb. 8.5-1 zeigt die verfügbaren Sitze in dem Flugzeug.

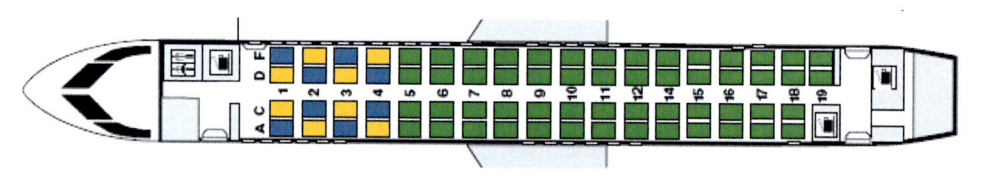

Abb. 8.5-1: Sitzplätze in dem Flugzeug.

Da INNOAIR zunächst im Billigflugsegment tätig sein will, gibt es nur die Klasse Economy. Eine **Reservierungssoftware** soll es möglich machen, Sitzplätze ein Jahr im Voraus zu reservieren. Folgende Funktionen soll die Reservierungssoftware besitzen:

- /10/ Ausgabe aller freien Sitze (Reihe + Buchstabe) für einen Flug.
- /20/ Ausgabe aller belegten bzw. reservierten Sitze (Reihe + Buchstabe) für einen Flug.
- /30/ Buchung eines Sitzplatzes für einen Flug, Eingabe des Sitzplatzes: Reihe + Buchstabe.
- /40/ Einen gebuchten Sitzplatz für einen Flug stornieren, Eingabe des Sitzplatzes: Reihe + Buchstabe.

Es ist ein entsprechendes Programm zu entwickeln.

Haben die Lernenden diese primäre Aufgabe des Beispiels 1a gelöst, dann kann ein Transfer auf das homomorphe Problem des Beispiels 1b erfolgen.

Beispiel 1b Die Lösung für die Reservierungssoftware des Beispiels 1b ist um folgende neue Anforderungen zu erweitern:

- Es wird eine Business-Klasse eingeführt (die ersten vier Reihen werden nur mit jeweils einem Passagier belegt).
- Pro Sitzplatz soll gespeichert werden, ob es sich um einen Fenster- oder Gangplatz handelt.
- Die Flugzeugflotte wächst auf 10 Maschinen vom gleichen Typ.

8.5 Transfer üben – neue Situationen bewältigen *

Die Grundstruktur der Zielaufgabe entspricht der Grundstruktur der primären Aufgabe. Es gibt jetzt jedoch 10 Maschinen vom gleichen Typ. Die Eigenschaften der Sitzplätze ändern sich. Jeder Sitz verfügt jetzt noch über die Merkmale »Business ja/nein« und »Fensterplatz ja/nein«.

Beispiel 1c
- Es kommen neue Flugzeuge mit anderer Sitzplatzanordnung hinzu (siehe z. B. Abb. 8.5-2).
- Pro Tag gibt es mehr als einen Flug. Auszug aus [Balz14, S. 240 ff.].

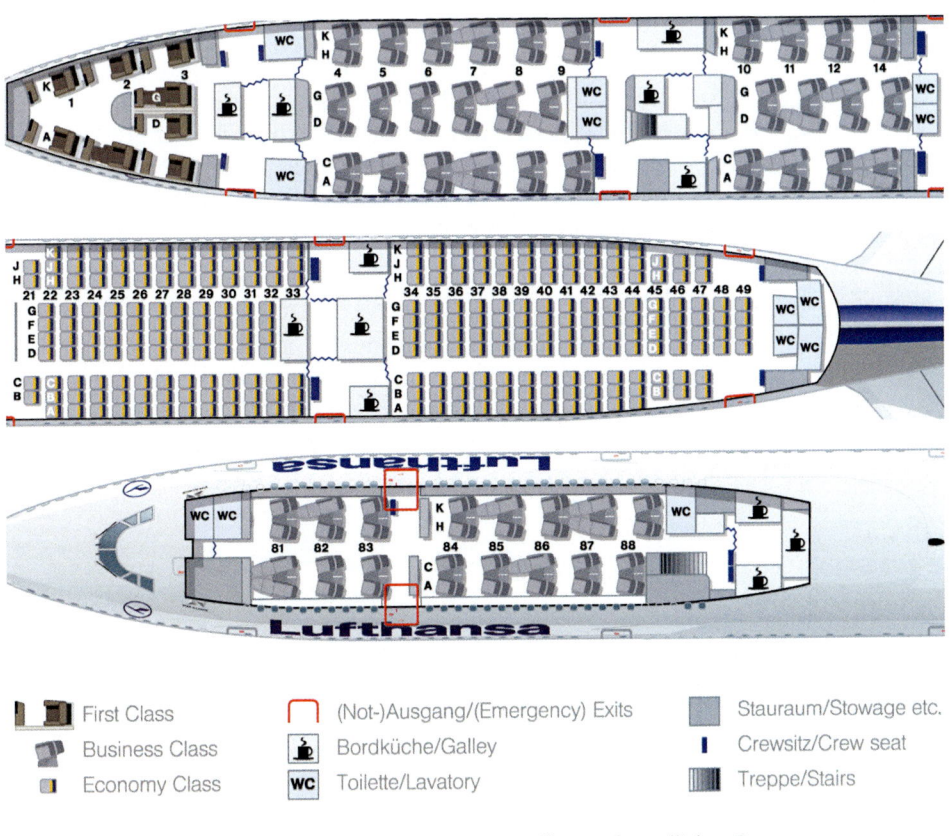

Abb. 8.5-2: Sitzplatzanordnung in einem Flugzeug (Quelle: Mit freundlicher Genehmigung der Lufthansa AG).

Die Grundstruktur der Zielaufgabe entspricht der Grundstruktur der Aufgabe im Beispiel 1b. Die Sitzplatzstruktur ändert sich jedoch. Außerdem gibt es mehr als einen Flug pro Tag. Es handelt sich immer noch um ein homomorphes Problem (siehe auch »Entdeckendes Lernen – Entdeckenlassendes Lehren«, S. 109, Abschnitt »Variante: Problembasiertes Lernen«).

Als Nächstes soll eine Reservierungssoftware für Kreuzfahrtschiffe entwickelt werden.

Beispiel 1d

8 Erweiterung – Aufbau von Lerneinheiten *

Bei der neuen Problemstellung handelt sich um ein isomorphes Problem.

Überlegen Sie, welche Gemeinsamkeiten und Unterschiede es zwischen den beiden Problemstellungen gibt.

Lesehinweis

Ein weiteres Beispiel zum Transfer wird in der Lerneinheit »Beispiele – Regeln erkennen«, S. 223, demonstriert.

Didaktische Konsequenzen

Ist ein Gesetz, ein Prinzip oder eine Struktur neu eingeführt worden, dann sollten anschließend mehrere Probleme gestellt werden, die in ansteigender Transferdistanz zu ordnen sind:

- Zuerst werden Probleme gestellt, die dem Quellproblem strukturell und vielleicht oberflächlich sehr ähnlich sind.
- Schrittweise wird dann zu solchen Problemen übergegangen, bei denen die strukturelle Ähnlichkeit nicht so leicht erkennbar ist und die einen weiten Transfer erfordern, da sie zunächst sehr verschiedenartig aussehen.

Zur Theorie

Das Üben des Transfers gehört zur letzten Stufe eines Lehrprozesses:

- »Lehren – die Sicht der Lehrenden«, S. 99

8.6 Beispiele – Regeln erkennen *

Beispiele können Lerninhalte veranschaulichen (deduktiv) oder verwendet werden, um Regeln zu erkennen (induktiv). Zuerst sollten typische Einzelfälle als Beispiele gewählt werden, erst dann Sonderfälle. Atypische Beispiele sollten nur verwendet werden, wenn Abweichungen von einer Regel gelernt werden sollen. Falsche Beispiele sind zu vermeiden und nur aufzuführen, wenn es wichtig ist, dass der Lernende falsche Sachverhalte kennenlernt. Beispiele sollten so gewählt werden, dass Einsichten auf andere Zusammenhänge übertragen werden können. Dadurch wird ein Lerntransfer erleichtert.

»Longum iter est per praecepta, breve et efficax per exempla« (Lang ist der Weg durch Lehren, kurz & wirksam durch Beispiele)
Seneca, Epistulae Morales I, 6, 5 (Briefe über Ethik an Lucilius)

Was ist für Sie ein Beispiel? — Frage

Ein **Beispiel** ist ein vorbildlicher, musterhafter oder typischer Einzelfall, der zur Veranschaulichung und als Erklärung eines Sachverhalts oder eines Vorgangs verwendet wird. — Antwort

»Im Hinblick auf das Lernen in der Schule oder an der Universität folgt, dass es nicht darum gehen kann, stumpfsinnig Regeln auswendig zu lernen. Was Kinder brauchen, sind Beispiele. Sehr viele Beispiele und wenn möglich die richtigen und gute Beispiele. Auf die Regeln kommen sie dann schon selbst. [...] Jedoch selbst dann, wenn es vermeintlich darum geht, eine Regel zu lernen, sind Beispiele wichtig. Nur dann, wenn die Regel immer wieder angewendet wird, geht sie vom expliziten und sehr flüchtigen Wissen im Arbeitsgedächtnis in Können über, das jederzeit wieder aktualisiert werden kann« [Spit02, S. 78]. — Zitat

Diese Erkenntnisse der Gehirnforschung machen deutlich, dass es wichtig ist, richtige und gute Beispiele zu finden, damit der Lernende aus den Beispielen Regeln ableiten kann.

Um das Lernen von Regeln zu erleichtern, sollten zunächst Beispiele mit **typischen Einzelfällen** gewählt werden. — Typische Beispiele

Beispiel für den Normalfall »1 Autor« (Kurzzitierweise mit Namenskürzel, [BSS11, S. 196 f.]): — Beispiele

○ Ein Werk von Mustermann aus dem Jahr 2001 wird als [Must01] abgekürzt.

Beispiel für den Sonderfall »2 Autoren«:

○ Eine Veröffentlichung der beiden Autoren Mustermann und Neumann aus dem Jahr 1997 wird als [MuNe97] abgekürzt.

Beispiel für den Sonderfall »3 Autoren«:

- Auf eine Arbeit von Mustermann, Neumann und Obermeier aus 2005 wird mit [MNO05] verwiesen.

Beispiel für den Sonderfall »mehr als 3 Autoren«:

- Ein Arbeit von Mustermann, Neumann, Obermeier und Quatermain aus 2007 wird mit [MNO+07] abgekürzt.

Als Autor müssen Sie entscheiden, ob Sie zunächst eine allgemeine Regel beschreiben und dann Beispiele zur Erläuterung der Regel bringen oder umgekehrt (siehe auch Induktion versus Deduktion, »Verstehen fördern und erleichtern«, S. 209).

Beispiel Zuerst das Beispiel [BSS11, S. 216]:

- Sie sollen eine Hausarbeit zum Thema »Was bedeutet Barrierefreiheit im Internet« erstellen. Als Erstes sammeln Sie Ihre Ideen und notieren sie als Mindmap (Abb. 8.6-1). Dann legen Sie eine Wortliste mit den wichtigsten Begriffen an.

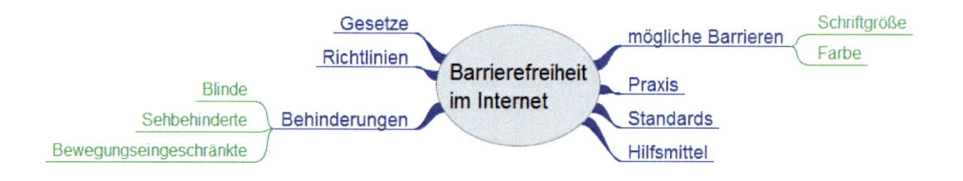

Abb. 8.6-1: Sammeln erster Ideen durch Mindmapping.

Dann die Erklärung, wie eine Mindmap aufgebaut ist [BSS11, S. 151]:

- Den allgemeinen Aufbau einer Mindmap zeigt Abb. 8.6-2.

Mindmaps können Sie in folgenden Schritten erstellen: ...

Atypische Beispiele können gewählt werden, wenn der Lernende Abweichungen von einer Regel erkennen soll.

Anti-Beispiele, Gegenbeispiele oder **falsche Beispiele** sollten im Allgemeinen vermieden werden, sind aber notwendig, wenn Sie es als Autor für notwendig erachten, auf falsche Sachverhalte hinzuweisen.

Beispiel Regel: Folgt nach einem Doppelpunkt ein vollständiger Satz, dann beginnt er nach dem Doppelpunkt mit einem Großbuchstaben.

- − Nicht so: Die wichtigste Frage, die sich in diesen Fällen stellt, lautet: welches Recht ist anwendbar?
- + Sondern so: Die wichtigste Frage, die sich in diesen Fällen stellt, lautet: Welches Recht ist anwendbar?

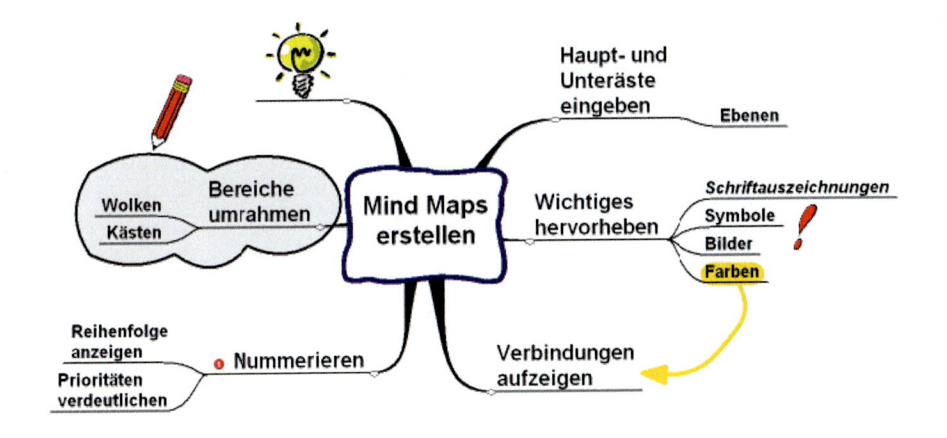

Abb. 8.6-2: Beispiel für eine Mindmap.

Das exemplarische Prinzip

Im Zusammenhang mit der Stoffreduktion (siehe »Reduktion der Stofffülle – Kriterien und Techniken«, S. 286) steht das exemplarische Prinzip [Lehn12, S. 106 ff.]. Die Lerninhalte sollen ausgewählt werden, die in bestimmter Weise über sich hinausweisen:

- Sie sollen **übertragbare Einsichten** ermöglichen, d. h. für weitere fachliche Zusammenhänge und Kategorien stehen.
- Sie sollen eine **exemplarische Bedeutung** besitzen, d. h. einen allgemeinen Sinn- oder Sachzusammenhang verdeutlichen.
- Sie sollen dazu beitragen, exemplarisch ein Grundprinzip, ein Gesetz, ein Kriterium, ein Problem, eine Methode, eine Technik oder eine Haltung zu erschließen.

Exemplarisch bedeutet, dass die ausgewählten Lerninhalte in einem besonderen Verhältnis zum Ganzen stehen. Es dürfen *nicht* beliebige Beispiele gewählt werden, an deren Stelle auch andere stehen könnten.

»Exemplarisch vorgehen heißt demzufolge, an wenigen konkreten Beispielen Gesetzlichkeiten, Begriffe oder Methoden von allgemeiner Bedeutung zu erschließen und am Besonderen das Allgemeine verständlich zu machen. In diesem Sinne können die zu vermittelten Einsichten auch elementar sein, da sie sich zur Erarbeitung der in einem Fach grundlegenden Aussagen, Erkenntnisse und Einsichten eignen bzw. geeignet sind, spezifische Denk- und Arbeitsmethoden des jeweiligen Faches zu erarbeiten« [Lehn12, S. 106]. *Zitat*

Um das *Prinzip der Hierarchie* zu verdeutlichen, kann folgendes Beispiel verwendet werden: *Beispiel 1a*

Die Ämter in der katholischen Kirche sind streng hierarchisch gegliedert:
- An der Spitze der Hierarchie befindet sich der Papst.
- Ihm untergeordnet sind die Kardinäle.
- Unter den Kardinälen gibt es Bischöfe bzw. Erzbischöfe.
- Die weitere Reihenfolge lautet: Prälat, Dechant, Prister, Kaplan, Diakon.

Der Begriff Hierarchie stammt ursprünglich aus der katholischen Kirche. Eine Hierarchie bezeichnet eine Rangordnung, eine Abstufung sowie eine Über- und Unterordnung. Bei der Hierarchie der katholischen Kirche handelt es sich um eine so genannte Monohierarchie, d. h. jeder Position ist dabei genau eine andere Position unmittelbar übergeordnet.

Dieses Beispiel verdeutlicht das exemplarische Prinzip. Das Beispiel lässt sich verallgemeinern. Anstelle von Positionen kann man von Elementen reden. Ein System besitzt eine Hierarchie, wenn seine Elemente nach einer Rangordnung angeordnet sind.

Problem: Lerntransfer

Selbst bei gut gewählten, exemplarischen Beispielen kann *nicht* davon ausgegangen werden, dass der Lernende das Gelernte automatisch auf neue Anwendungssituationen übertragen kann. Häufig ist es für den Lernenden schwierig, Wissen, das er in einem bestimmten Kontext erlernt hat, auf andere Kontexte zu transferieren (siehe auch »Transfer üben – neue Situationen bewältigen«, S. 219).

Um den Lerntransfer zu unterstützen, wird in [Aebl11, S. 310–325] Folgendes vorgeschlagen:

- Die Abfolge des Aufbaus wird variiert.
- Die Kontextbedingungen werden modifiziert.
- Die Perspektive wird verändert.
- Die Zielsetzung wird abgewandelt.

Durch diese Maßnahmen wird die Wissenstruktur konsolidiert. Das Verständnis eines Sachverhalts wird sowohl gefestigt als auch erweitert.

Das Beispiel 1a lässt sich relativ einfach auf die Organisation eines Unternehmens übertragen (Änderung des Kontexts: von katholischer Kirche zur Unternehmensorganisation):

Beispiel 1b Die Aufbauorganisation eines Unternehmens beschreibt formal vorgegebene Über- und Unterordnungsverhältnisse zwischen Vorgesetzten und Mitarbeitern in Form einer Hierarchie. Eine solche Hierarchie wird in der Regel durch ein Organigramm dargestellt (Abb. 8.6-3) [Ment13, S. 249].

8.6 Beispiele – Regeln erkennen *

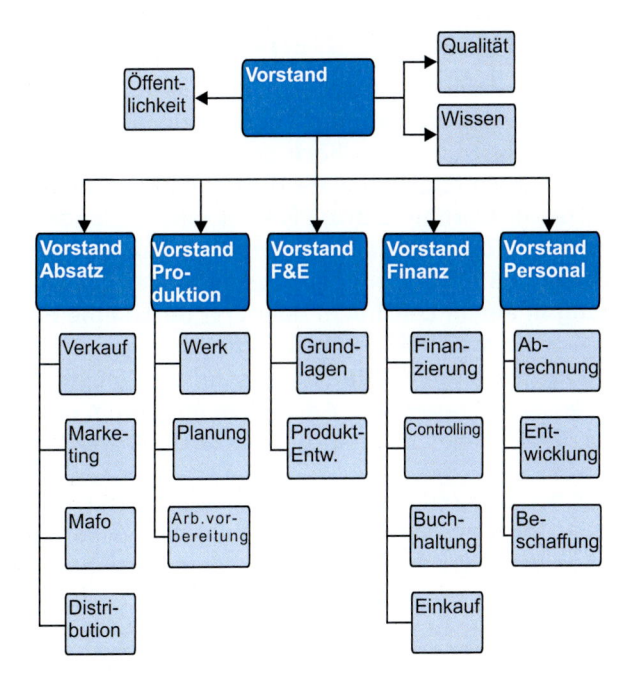

Abb. 8.6-3: Organigramm der Firma Sunshine.

Eine stärkere Transferleistung ist für das Beispiel 1c erforderlich. Die Perspektive ändert sich von einer menschlichen Organisationsform zu einer Organisationsform der Natur.

Ein Wolfsrudel besteht aus einem Familienverband mit einem Alpha-Pärchen und dem Nachwuchs aus mehreren Generationen. Ein ranghöherer Wolf kann das Verhalten und die Bewegungsfreiheit eines rangniederen Wolfs einschränken. Eine Rangordnung ergibt sich aus der Gesamtheit der Dominanzbeziehungen zwischen den Wölfen. *Beispiel 1c*

Sind Beispiele zu stark reduziert, dann verhindern sie möglicherweise den Lerntransfer.

Eine Hierarchie besitzt eine Ordnungsrelation, die bei einer Monohierarchie einem gerichteten Baum entspricht. Ein gerichteter Baum ist ein gerichteter Graph G=(A,R) mit … *Beispiel 1d*

8.7 Fragen stellen – Denken anregen *

Fragen *vor* der Vermittlung von neuen Lerninhalten ermöglichen es dem Lernenden, an sein Vorwissen und seine Erfahrungen anzuknüpfen. Fragen *nach* der Vermittlung von neuen Lerninhalten tragen dazu bei, dass die neuen Lerninhalte intensiver verarbeitet werden. Warum-Fragen sind besonders wirksam. Antworten können direkt am Anschluss an die Frage aufgeführt (weniger sinnvoll) oder an einem anderen Ort angezeigt (z. B. Anhang in einem Lehrbuch) oder erst durch eine besondere Aktion sichtbar werden (z. B. Mausaktion in einem E-Learning-Kurs). Sind Antworten individuell, muss auf eine Musterantwort verzichtet werden. Fragen und Antworten müssen in einer Lerneinheit als didaktisches Element gekennzeichnet werden.

Fragen
: Um die Aufmerksamkeit des Lernenden zu fördern (siehe »Aufmerksamkeit fördern – psychophysisch aktivieren«, S. 152) und ihn zum Denken anzuregen, sollten Sie Fragen in Ihre Lerneinheiten einstreuen. Geben Sie dem Lernenden die Chance, sich über Probleme Gedanken zu machen, bevor Sie ihm eine Lösung anbieten. Dies ist besonders dann sinnvoll, wenn Sie davon ausgehen können, dass er an sein Vorwissen und seine Erfahrungen anknüpfen kann.

Beispiel
: In einem Lehrbuch zum Softwaremanagement [Balz08] werden in dem Kapitel »Wer ist ein Manager?« folgende Fragen gestellt:

  - Was verstehen Sie unter Management?
  - Wer hilft einem Manager noch, seine Aufgabenziele zu erreichen?
  - Ist Management abhängig vom Kulturkreis, in dem es ausgeführt wird?

  Bei Lernenden, die dieses Lehrbuch durcharbeiten, kann davon ausgegangen werden, dass sie bestimmte Vorstellungen von Management bereits besitzen und durch diese Fragen dazu motiviert werden, über Antworten nachzudenken.

Antworten
: Die Antworten auf solche Fragen können unterschiedlich platziert werden:

  - In Lehrbüchern können die Antworten beispielsweise in einem gesonderten Anhang aufgeführt werden.
  - In Lehrbüchern können die Antworten auch direkt im Anschluss an die Fragen beantwortet werden, was aber dazu führt, dass sich der Lernende u. U. sofort die Antworten ansieht.
  - In E-Learning-Kursen können die Antworten zunächst verdeckt sein und müssen geöffnet werden.

8.7 Fragen stellen – Denken anregen *

Auch wenn sich die Lernenden bei diesen Alternativen »selbst betrügen« können, ist bereits viel erreicht, wenn sie auch nur einige Sekunden lang über die jeweilige Frage selbstständig nachdenken, bevor sie sich die Antworten ansehen.

Noch besser ist es, wenn die Lernenden die Möglichkeit haben, sich zu den Fragen zunächst **eigene Antworten zu notieren**, da dadurch der Lerneffekt erhöht wird (siehe »Notizen machen – nachhaltig lernen«, S. 231).

In manchen Fällen ist es *nicht* notwendig oder sinnvoll, auf eine Frage eine Antwort zu geben (in W3L-Lehrbüchern und W3L-E-Learning-Kursen Übungen genannt).

Beispiel

Jeder Mensch steht in seinem Leben ein oder mehrmals vor der Frage:»Soll ich meine vorhandenen **Stärken ausbauen** oder lieber meine **Schwächen reduzieren**.«

Denken Sie darüber nach, welche Stärken und welche Schwächen Sie haben. Wie viel Aufwand haben Sie investiert, um Ihre Stärken zu stärken und wie viel Aufwand haben Sie investiert, um Ihre Schwächen zu kompensieren? [Balz08, S. 34]

In diesem Beispiel ist die Antwort individuell, daher macht es keinen Sinn, eine allgemeingültige Antwort zu geben.

Hinweis

In einer Lerneinheit müssen Fragen und Antworten durch Symbole, z. B. Piktogramme, oder Texte, z. B. in der Marginalspalte, eindeutig gekennzeichnet werden (siehe auch »Didaktik erläutern – Motivation fördern«, S. 308).

Folgende **Fragestämme** kommen für Fragen in Betracht [KlLe12, S. 72]:

- »Was muss vorausgegangen sein, damit ... stattfindet?
- Worin unterscheiden sich ... und ...?
- Was haben ... und ... gemeinsam?
- Welche Folge ist zu erwarten, wenn ... stattgefunden hat?
- Wie beeinflusst ... ...?
- Was geschieht, wenn ...?
- Was muss stattgefunden haben, wenn ... eingetreten ist?
- Wie kann man erklären, dass ...?
- Was ist der Grundgedanke von ...?
- Wozu dient ...?«

Empirie

Empirische Untersuchungen haben zu folgenden Ergebnissen geführt [KlLe12, S. 70 ff.]:

- Mit Fragen wird besser gelernt als ohne Fragen.
- Vorangestellte Fragen sind weniger lernförderlich als nachgestellte Fragen.

- Fragen, die Denkprozesse erfordern, bringen mehr als einfache Fragen nach Fakten.
- Warum-Fragen sind besonders wirksam, da sie neue Information mit dem vorhandenen Wissen verknüpfen lassen (»Warum ist das so richtig?«).
- Fragen, die unmittelbar den Textstellen folgen, auf die sie sich beziehen, sind *wenig* hilfreich.

Zur Theorie »Vorangestellte Fragen lenken die Informations*aufnahme*, während nachgestellte Fragen die Art der Informations*verarbeitung* beeinflussen können« [KlLe12, S. 75]:

- »Lehren – die Sicht der Lehrenden«, S. 99

Beispiel In dem Buch »Wissenschaftliches Arbeiten« [BSS11] wird am Ende jedes Kapitels eine kritische Frage an den Lernenden gestellt, die anschließend diskutiert wird. Folgende Fragen werden gestellt:
- Sind wissenschaftliche Erkenntnisse wirklich wahr?
- Regeln, Standards, Schreibgerüste! Wie kreativ dürfen wissenschaftliche Arbeiten sein?
- Eine wissenschaftliche Arbeit ist kein Werbetext, keine literarische Prosa und keine Streitschrift – oder?
- Wann kann man eine wissenschaftliche Arbeit abheften?
- Wissenschaft präsentieren in 10 Minuten?

Denkanregungen sollen den Lernenden dazu bringen ...
- sich persönliche Gedanken zum Lehrstoff zu machen,
- Voraussetzungen und Konsequenzen des Gelernten kritisch zu hinterfragen,
- Praxisbezüge herzustellen,
- Verknüpfungen zu anderen Themengebieten zu überlegen,
- Bezüge zur eigenen Person und zum eigenen soziokulturellen Kontext zu knüpfen [Dago09, S. 68].

Denkanregungen können beispielsweise durch kurze **Essays** und **Aphorismen** gegeben werden.

Informieren Sie sich über Eigenschaften von Essays und Aphorismen und versuchen Sie einen Lerninhalt in diesen Formen zu formulieren, um dem Lernenden Denkanstöße zu geben.

8.8 Notizen machen – nachhaltig lernen **

Lernende sind erfolgreicher, wenn sie beim Lernen spontan Notizen anfertigen und Zusammenfassungen oder Begriffsnetze erzeugen. Die Notizen sollten kontextbezogen, d. h. in der räumlichen Nähe zum Lernstoff, notiert werden können. Dies gilt auch für erwartete Antworten auf Fragen und Übungen. Lehrbücher und E-Learning-Plattformen sollten daher Lernende beim »Notizen machen« geeignet unterstützen. Notizen können Inhalte in eigenen Worten zusammengefasst wiedergegeben, aber auch dazu dienen, ein Lerntagebuch zu führen.

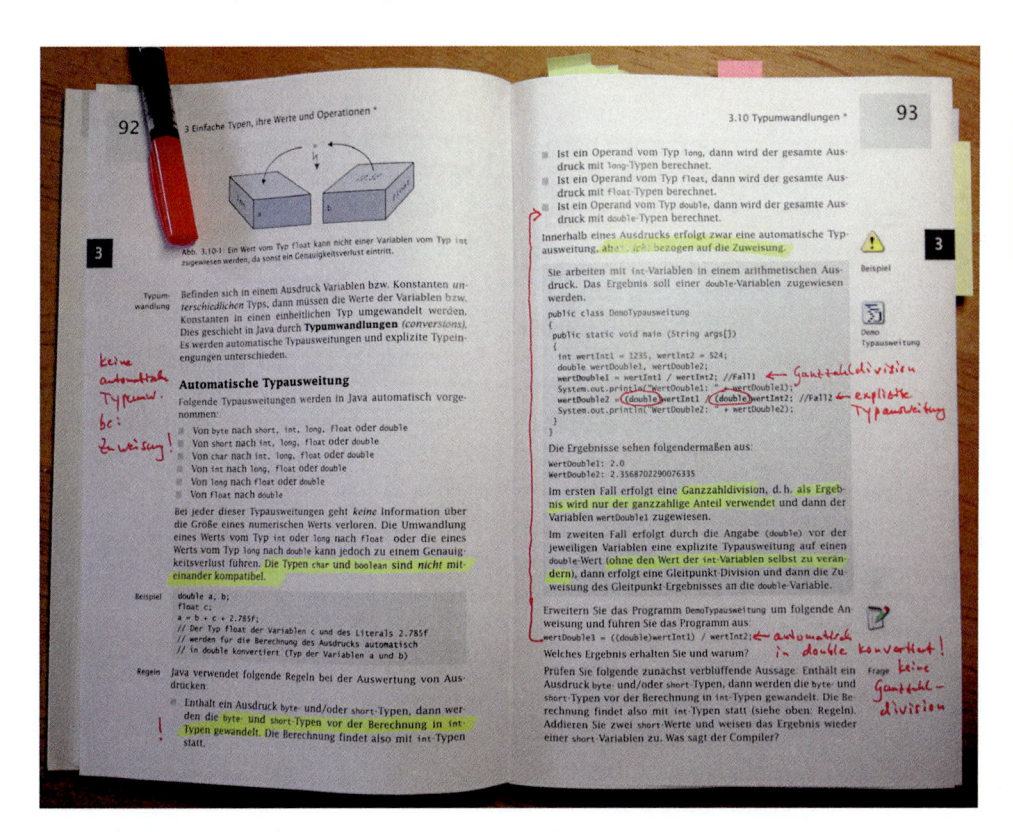

Viele empirische Studien sprechen dafür, dass **Notizen**, die Lernende über den Lernstoff selbst anfertigen, das Lernen nachhaltig fördern und günstige Wirkungen bei der Bewältigung anspruchsvoller Aufgabenstellungen haben (vgl. [Stau06]).

Bereits 175 n. Chr. schrieb Aulus Gellius zum »Notizen machen« Folgendes: »So legte ich mir gewissermaßen als Gedächtnisstütze einen gewissen Wissensvorrat an, um notwendiges Sach- und Wortwissen jederzeit auffindbar zu haben, wenn ich's einmal vergessen haben sollte und die Bücher, aus denen ich's wusste, nicht zur Hand waren« [Gell87, S. 5] zitiert nach [Stau06, S. 59].

8 Erweiterung – Aufbau von Lerneinheiten *

Empirie Die empirischen Erkenntnisse lassen sich wie folgt zusammenfassen (vgl. [Stau06, S. 60 ff.]):

- Allein die Anfertigung von Notizen verbessert die Behaltensleistung, auch ohne weitere Durchsicht oder Bearbeitung der Notizen. Die mit dem Anfertigen von Notizen verbundenen Prozesse der Informationsverarbeitung wirken sich günstig auf die Behaltensleistung aus. Das »Notizen machen« führt zu verstärkter Aufmerksamkeit, zu vertiefter Informationsverarbeitung der dargestellten Inhalte und zu deren stärkeren Strukturierung.
- Notizen dienen als externe Speicher. Sie ermöglichen es, anhand der eigenen Notizen wesentliche Inhalte zu wiederholen.
- »Das Notizenmachen führt zu zeitlich überdauernden Informationsspeichern, auf die zur Vergegenwärtigung und Wiederholung der Inhalte immer wieder neu zurückgegriffen werden kann« [Stau06, S. 68].

Wie? Wie sehen hilfreiche Notizen aus?

- Inhalte sollten in kurzen Zusammenfassungen in eigenen Worten wiedergegeben werden.
- Durch Symbole oder Farbmarkierungen sollten besonders wichtige Elemente wie Definitionen, weiterführende Fragen, zentrale Zusammenfassungen, Beispiele oder persönliche Meinungen für die Weiterverarbeitung leicht erkennbar gemacht werden [Stau06, S. 63].

Was? Was sollte notiert werden?

- Das für die Lernsituation Wesentliche sollte festgehalten werden.
- Neue Kernpunkte sollten zusammenfassend verschriftlicht werden. »Für neue Stoffinhalte stellt jedoch gerade das Erkennen des Wesentlichen die große Herausforderung dar« [Stau06, S. 63].

Frage Wodurch kann in einem Lehrbuch der Lernende motiviert werden, eigene Notizen anzufertigen?

Antwort Damit der Lernende kontextbezogene Notizen machen kann, sollte ein Lehrbuch entsprechenden Freiraum, d. h. freie weiße Flächen, für Notizen zur Verfügung stellen. Dafür gibt es folgende Möglichkeiten:

- Der Satzspiegel des Lehrbuchs verfügt über eine breite Marginalspalte, die der Lernende für Notizen nutzen kann.
- Am Ende jedes Kapitels gibt es eine leere Seite für Notizen, jedoch ist der Kontextbezug dann nicht mehr so direkt.

8.8 Notizen machen – nachhaltig lernen **

■ An geeigneten inhaltlichen Stellen wird der Lernende aufgefordert, eigene Notizen anzufertigen. Dafür wird eine freie Fläche zur Verfügung gestellt.

Kontextbezogene Notizen:
Da jedes W3L-Lehrbuch über eine Marginalspalte verfügt, kann der Lernende dort jederzeit kontextbezogene Notizen anbringen.

Beispiele

Beantwortung von Fragen:
Stellt der Autor in einem Kapitel Fragen, die der Lernende beantworten soll, dann kann der Autor entsprechenden Freiraum im Buch dafür vorsehen (Abb. 8.8-1).

> *Train your brain:* **Wer denkt wann wie?**
> Finden Sie Beispiele in Ihrem eigenen Arbeitsalltag für:
>
> **a** Konvergentes Denkn:
>
> ....
>
> **b** Divergentes Denken:
>
> ....
>
> **c** Mischprobleme, die beide Denkweisen erfordern:
>
> ....

Abb. 8.8-1: Notizmöglichkeiten in dem Lehrbuch »Heureka, ich hab's gefunden!« [Schr08, S.14].

Wodurch kann in einem E-Learning-System der Lernende motiviert werden, eigene Notizen anzufertigen?

Frage

Analog wie beim Lehrbuch sollte das E-Learning-System dem Lernenden kontextbezogen ermöglichen, eigene Notizen im E-Learning-System zu erfassen. Notizen sollten außerdem modifiziert werden können und zusammen mit dem Kontext ausdruckbar sein.

Antwort

Notizen zu jedem Baustein:
Im W3L-E-Learning-System ist es möglich zu jedem Wissensbaustein eigene Notizen zu erfassen, zu ändern und zu löschen. Die Notizen können auch dazu verwendet werden, um ein Lerntage-

Beispiele

buch zu führen. Alle Notizen zu allen Wissensbausteinen kann sich der Lernende anzeigen lassen, ausdrucken oder die Daten exportieren (Abb. 8.8-2).

Kontextbezogene Notizen:
Der Autor kann an jeder Stelle in einem Wissensbaustein eine Box für eigene Notizen dem Lernenden zur Verfügung stellen (Abb. 8.8-3).

Notizen zu Fragen:
Bei Frage-Antwort-Sequenzen, bei denen der Lernende Antworten auf eine Frage überlegen soll, bleibt die Antwort zunächst verdeckt und der Lernende kann sich in einem Antwortfeld eigene Notizen machen, bevor er die Musterantwort aufdeckt (Abb. 8.8-4).

Notizen zu Übungen:
Übungen fordern den Lernenden dazu auf, sofort nach einer Wissensvermittlung aktiv etwas zu tun. Der Autor kann den Lernenden auffordern, eine Antwort in einem ein- oder mehrzeiligen Textfeld zu erfassen. Lösungen zu Übungen werden in der Regel *nicht* angegeben. Hier ein Beispiel aus dem Kurs »Heureka, ich hab's gefunden«:

Train your brain: **Killerphrasen begegnen**
Finden Sie selbst Antworten auf die folgenden Aussagen: (Lösungsvorschläge am Ende des Wissensbausteins.)
a »Das haben wir immer so gemacht.«
b »Das ist sowieso zu teuer.«
c »Wenn das ginge, hätten es die Anderen auch schon längst.«

Frage — Was kann der Autor tun, um Lernende für Notizen zu motivieren?

Antwort — Als Autor sollten Sie den Lernenden darauf hinweisen, dass durch eigene Notizen der Lernerfolg verbessert wird. Sie sollten ihn auf die Möglichkeiten im Lehrbuch und in der jeweiligen E-Learning-Plattform, Notizen zu machen, aufmerksam machen. Sie sollten ihn darauf hinweisen, dass ausgehend von Notizen Zusammenfassungen, Verdichtungen, Grafiken, Tabellen und Begriffsnetze erstellt werden sollten, um tiefe Verarbeitungsprozesse anzustoßen, die zu einem hohen Lernerfolg führen.

Natürlich sollten Sie als Autor die satztechnischen Möglichkeiten in einem Lehrbuch sowie die technischen Möglichkeiten in der verwendeten E-Learning-Plattform nutzen, um dem Lernenden Möglichkeiten für Notizen zu geben.

Zur Theorie — Mitschriften, Notizen und Zusammenfassungen fördern das Einprägen von Informationen:
- »Lehren – die Sicht der Lehrenden«, S. 99

8.8 Notizen machen – nachhaltig lernen **

Lerntagebuch

Wissensbaustein 29.01.2016 13:44	E-Learning - das Besondere Meine Notizen zu dem Baustein "E-Learning - Was ist das Besondere?"
Wissensbaustein 29.01.2016 13:45	Vor dem Start Meine Notizen zu dem Baustein "Vor dem Start"
Wissensbaustein 29.01.2016 13:45	Ihr Foto für das W3L-Communication Center Meine Notizen zu dem Baustein "Ihr Foto"
Wissensbaustein 29.01.2016 13:45	Rund um einen W3L-Kurs Meine Notizen zu dem Baustein "Rund um einen Kurs"
Wissensbaustein 29.01.2016 13:45	Lernstile & Wissenbausteine Meine Notizen zu dem Baustein "Lernstile und Wissensbausteine"
Wissensbaustein 29.01.2016 13:46	Rund um einen Wissensbaustein Meine Notizen zu dem Baustein "Rund um einen Wissensbaustein"

Als CSV herunterladen

Abb. 8.8-2: So sieht ein Lerntagebuch aus, das alle Notizen eines Lernenden enthält.

8 Erweiterung – Aufbau von Lerneinheiten *

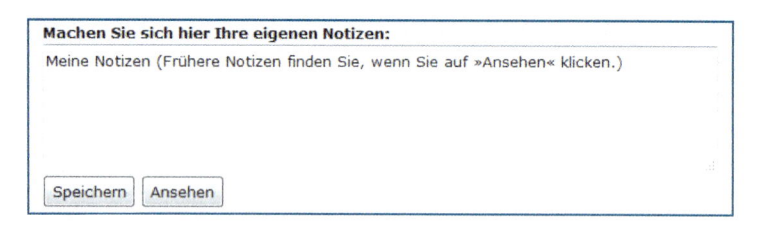

Abb. 8.8-3: Beispiel für die Eingabe von Notizen in der W3L-E-Learning-Plattform.

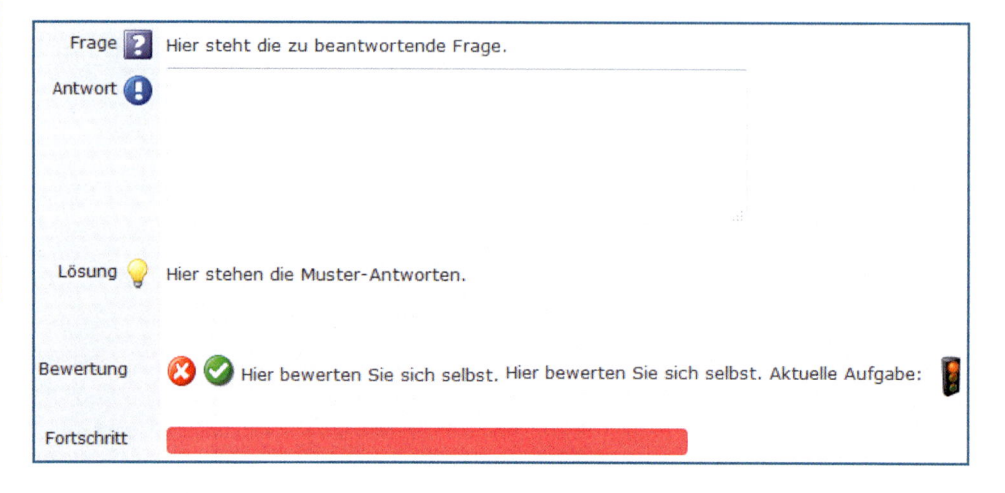

Abb. 8.8-4: Frage-Antwort-Sequenz, bei der sich der Lernende eigene Notizen machen kann.

8.9 Storys – Fakten in Geschichten verpackt ***

Lernstoff kann man sachlich nüchtern darbieten, aber auch in eine reale oder fiktive Story »packen«. Eine Story ist in der Regel interessanter zu lesen als ein sachlich beschriebener Lerninhalt. Bei Storys ist aber darauf zu achten, dass das »Beiwerk« nicht umfassender ist als eigentliche Lerninhalt.

»Storytelling ist eine Erzählmethode, mit der komplexes Wissen in eine emotionale und verständliche Form gebracht wird. Die Basis dieser Methode ist eine bildhafte Sprache. Die Spannbreite reicht von einer einzelnen Metapher bis hin zu einer ganzen Geschichte. Im Vergleich zu abstrakten Darstellungen hat Storytelling den Vorteil, stärker im Gedächtnis bleiben« [RCC15, S. 83].

Berühmt – vielleicht aber auch berüchtigt – sind die Geschichten, die das Magazin »Der Spiegel« erzählt, um Fakten spannend zu »verpacken« (Abb. 8.9-1).

Man hat den Eindruck, man war selbst dabei. Wobei man sich fragt, ob »Der Spiegel« dabei war, oder woher er die Details hat oder ob die Details frei erfunden sind oder ob Fakten mit Erfundenem »verwoben« wurden.

Inzwischen gibt es auch eine Reihe von Lehrbüchern, die fast durchgängig den zu vermittelnden Lernstoff in eine oder mehrere **Storys** packen, z. B. [FrFr06] (Abb. 8.9-2) oder [Acke14] (Abb. 8.9-3).

»Eine Geschichte braucht Figuren bzw. Handlungsträger, und sie muss sich in einer erzählten Welt abspielen, die sich durch ihren Orts-, Zeit- und Realitätsbezug eindeutig bestimmen lässt.

Von der Sehnsucht nach Breitbeinigkeit

USA Am Ende seiner Präsidentschaft war er verhasst, das ist vorbei. George W. Bush hat sich rehabilitiert. Sein Bruder Jeb könnte der dritte Bush im Weißen Haus werden. *Von Marc Hujer*

Am Hubschrauberlandeplatz der Ranch steht schon sein Mountainbike, frisch geputzt, ein weißes Trek Superfly 100 Elite mit extrabreiten Reifen und dem Präsidentensiegel am Rahmen. George W. Bush sitzt noch auf der Veranda seiner Blockhütte in einem Schaukelstuhl und beantwortet Fragen. Er trägt ein offenes Hemd und eine graue Strickjacke darüber. Um diese Jahreszeit ist es morgens noch frisch.

Gleich soll es losgehen mit dem Mountainbike-Rennen über seine Ranch in Crawford, Texas: 100 Kilometer an drei Tagen über staubige Feldwege, durch kleine Wälder und ungemähte Blumenwiesen, in Rennen, in dem es als selbstverständlich gilt, dass Bush immer der Erste ist.

hadistengruppe Isis die Amerikaner nun wieder einholen.

Und trotzdem, die Hälfte der Amerikaner hat Frieden mit Bushs Präsidentschaft geschlossen. Er habe in seiner achtjährigen Amtszeit gute Arbeit geleistet, gaben im vergangenen Jahr 47 Prozent der Befragten an. 2008 waren es gerade einmal halb so viel.

Ein „kollektives Vergessen" habe eingesetzt, konstatiert die *Washington Post*.

Führende Republikaner werben inzwischen offen für die Rückkehr der Polit-Dynastie. Anfang Mai wurde Bushs Vater George mit dem renommierten „Profiles in Courage"-Preis ausgezeichnet, der im Gedenken an John F. Kennedy vergeben wird. Und in Texas gewann sein Neffe George P. Bush die Vorwahl für das Amt des obersten Liegenschaftsverwalters, es war ein erster Schritt der nächsten Generation Bush in die Politik.

Sechs Jahre lang reibt sich die Partei nun schon im Dauerkampf mit der Tea Party auf, die sich zum Ziel gesetzt hat, die Macht des Establishments zu brechen. Vergangene Woche hat der republikanische Mehrheitsführer im Repräsentantenhaus und einer der Hoffnungsträger der Partei, Eric Cantor, überraschend die partei-

Abb. 8.9-1: Beispiel für eine Story in Der Spiegel (25/2014, S. 94).

Geschichten können in der Regel besser als Beschreibungen und Berichte das Behalten und Erinnern fördern« [Rein15, S. 45].

Optimal ist es natürlich, wenn eine Story spannend erzählt wird (siehe »Spannung erzeugen«, S. 242).

Storys als aufbereiteter Lernstoff haben folgende Vor- und Nachteile:

+ Interessant zu lesen.
+ Sieht auf den ersten Blick nett aus.
− Langatmig.
− Man benötigt zu viel Zeit, um zum Kern zu gelangen.
− Ungeeignet zum Nachschlagen.
− Benötigt viel Platz.
− Verwirrend und unübersichtlich.

Meine persönliche Meinung

Ich persönlich finde Storys gut, aber *nicht* durchgehend in einem gesamten Buch oder E-Learning-Kurs. Storys sollten zum Beispiel in Fallstudien (siehe »Fallstudien – Wissen auf komplexe Probleme angewandt«, S. 318) verwendet werden, um Bezüge zur konkreten Praxis herzustellen. Die Story darf aber *nicht* umfangreicher sein als der Lernstoff selbst.

Beispiel

Wir belauschen eine Diskussion im Vorstand der Sunshine AG [Ment08, S. 6 f.]. Beteiligt sind der Vorstandsvorsitzende Herr Müller, der Vertriebsvorstand Herr Schmidt, der Produktionsvorstand Herr Sauer, der Personalvorstand Herr Schmus und der Finanzvorstand Herr Bank. Besprochen wird das Budget für das kommende Jahr.

8.9 Storys – Fakten in Geschichten verpackt ***

Restaurantgespräch

Im Bistro an der Ecke aufgeschnappt ...

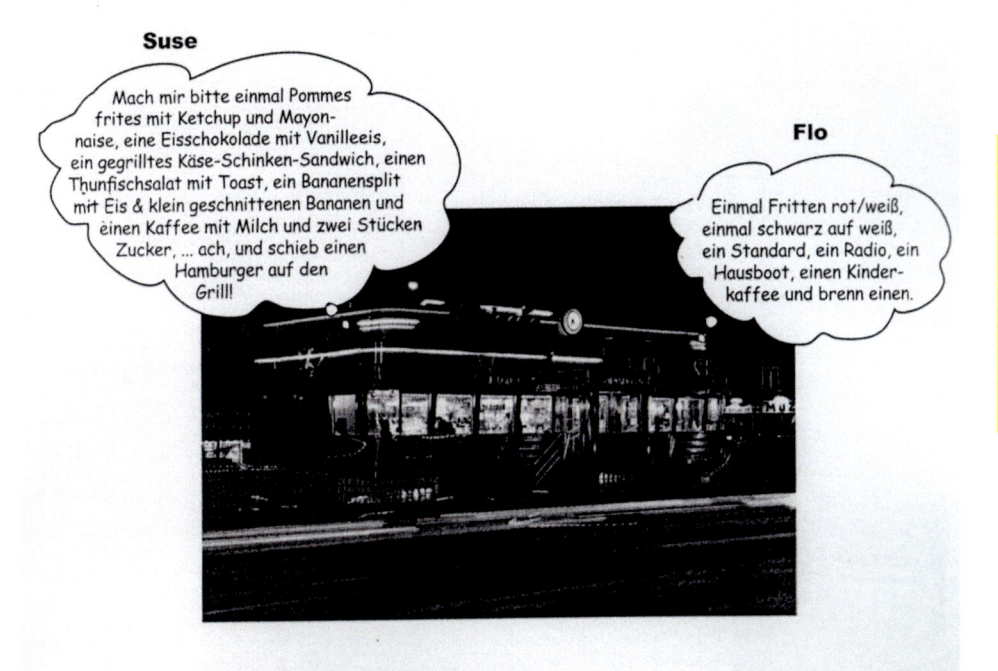

Suse: Mach mir bitte einmal Pommes frites mit Ketchup und Mayonnaise, eine Eisschokolade mit Vanilleeis, ein gegrilltes Käse-Schinken-Sandwich, einen Thunfischsalat mit Toast, ein Bananensplit mit Eis & klein geschnittenen Bananen und einen Kaffee mit Milch und zwei Stücken Zucker, ... ach, und schieb einen Hamburger auf den Grill!

Flo: Einmal Fritten rot/weiß, einmal schwarz auf weiß, ein Standard, ein Radio, ein Hausboot, einen Kinderkaffee und brenn einen.

Was ist der Unterschied zwischen diesen beiden Bestellungen? Es gibt keinen! Beide bestellen das Gleiche. Nur dass Suse dazu doppelt so viel Worte braucht und dabei die Geduld eines mürrischen Kochs strapaziert.

Was hat Flo, was Suse nicht hat? **Ein gemeinsames Vokabular** mit dem Koch. Das macht es nicht nur einfacher, mit dem Koch zu kommunizieren, sondern sorgt auch dafür, dass der Koch sich weniger Dinge merken muss, weil er die Muster für die Speisen im Kopf hat.

Entwurfsmuster geben Ihnen ein gemeinsames Vokabular mit anderen Entwicklern. Wenn Sie das Vokabular erworben haben, können Sie leichter mit anderen Entwicklern kommunizieren und die, die Muster noch nicht kennen, anregen, diese zu lernen. Sie heben auch Ihr konzeptionelles Niveau, weil sie es Ihnen ermöglichen, **auf der *Muster*-Ebene zu denken**, nicht auf der holprigen *Objekt*-Ebene.

Abb. 8.9-2: Beispiel für die Verpackung eines Inhalts in eine Geschichte [FrFr06, S. 26].

Bank: »Unser Hauptgesellschafter erwartet von uns für das kommende Jahr eine Verdopplung des Gewinns. Ich habe ausgerechnet, dass dann der Umsatz um 30 % steigen muss und die Produktionskosten um 20 % sinken müssen.«

8 Erweiterung – Aufbau von Lerneinheiten *

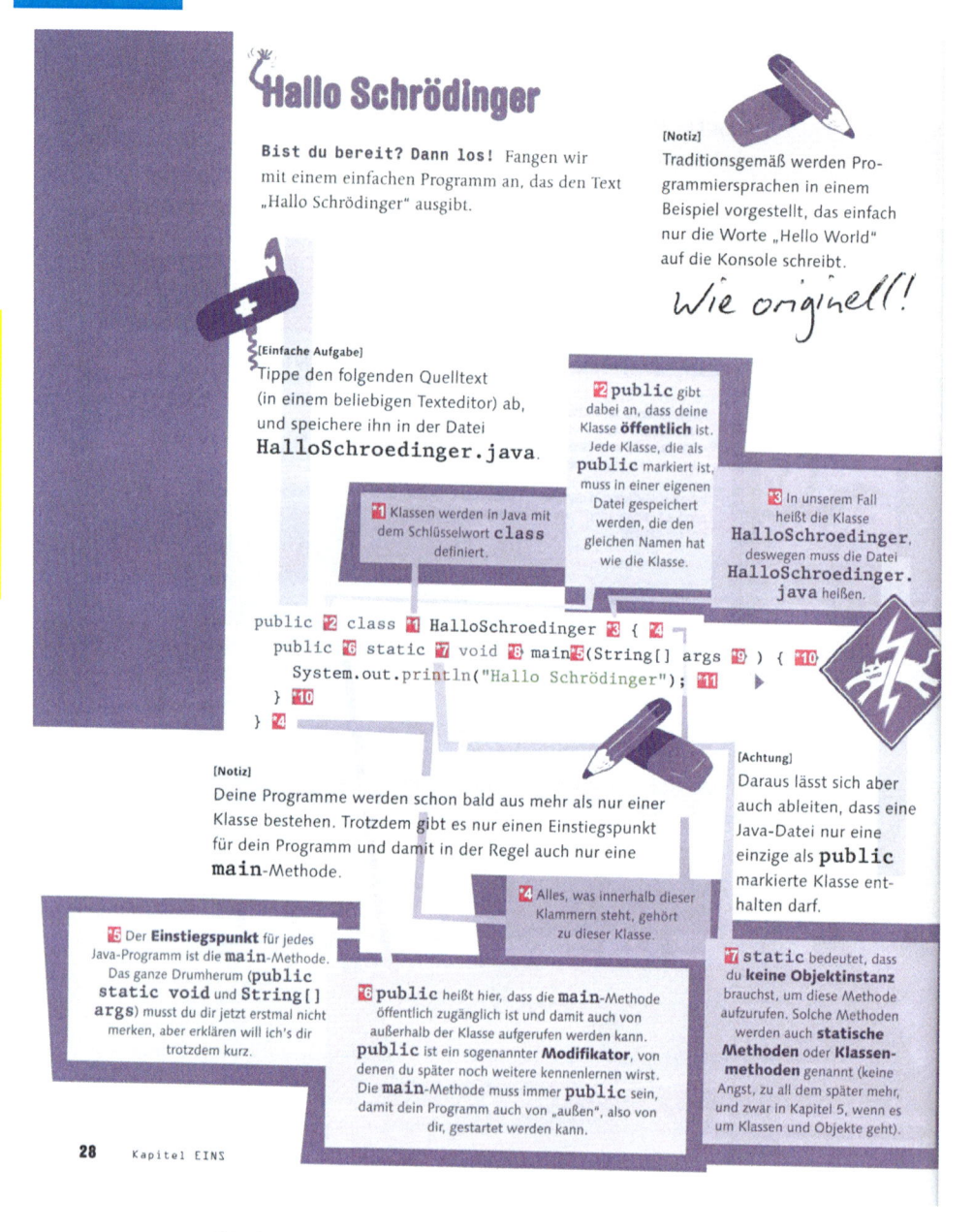

Hallo Schrödinger

Bist du bereit? Dann los! Fangen wir mit einem einfachen Programm an, das den Text „Hallo Schrödinger" ausgibt.

[Notiz] Traditionsgemäß werden Programmiersprachen in einem Beispiel vorgestellt, das einfach nur die Worte „Hello World" auf die Konsole schreibt.

Wie originell!

[Einfache Aufgabe] Tippe den folgenden Quelltext (in einem beliebigen Texteditor) ab, und speichere ihn in der Datei **HalloSchroedinger.java**.

1 Klassen werden in Java mit dem Schlüsselwort **class** definiert.

2 **public** gibt dabei an, dass deine Klasse **öffentlich** ist. Jede Klasse, die als **public** markiert ist, muss in einer eigenen Datei gespeichert werden, die den gleichen Namen hat wie die Klasse.

3 In unserem Fall heißt die Klasse **HalloSchroedinger**, deswegen muss die Datei **HalloSchroedinger.java** heißen.

```
public  class  HalloSchroedinger  {
    public  static  void  main(String[] args )  {
        System.out.println("Hallo Schrödinger");
    }
}
```

[Notiz] Deine Programme werden schon bald aus mehr als nur einer Klasse bestehen. Trotzdem gibt es nur einen Einstiegspunkt für dein Programm und damit in der Regel auch nur eine **main**-Methode.

[Achtung] Daraus lässt sich aber auch ableiten, dass eine Java-Datei nur eine einzige als **public** markierte Klasse enthalten darf.

4 Alles, was innerhalb dieser Klammern steht, gehört zu dieser Klasse.

5 Der **Einstiegspunkt** für jedes Java-Programm ist die **main**-Methode. Das ganze Drumherum (**public static void** und **String[] args**) musst du dir jetzt erstmal nicht merken, aber erklären will ich ich's dir trotzdem kurz.

6 **public** heißt hier, dass die **main**-Methode öffentlich zugänglich ist und damit auch von außerhalb der Klasse aufgerufen werden kann. **public** ist ein sogenannter **Modifikator**, von denen du später noch weitere kennenlernen wirst. Die **main**-Methode muss immer **public** sein, damit dein Programm auch von „außen", also von dir, gestartet werden kann.

7 **static** bedeutet, dass du **keine Objektinstanz** brauchst, um diese Methode aufzurufen. Solche Methoden werden auch **statische Methoden** oder **Klassenmethoden** genannt (keine Angst, zu all dem später mehr, und zwar in Kapitel 5, wenn es um Klassen und Objekte geht).

28   Kapitel EINS

Abb. 8.9-3: Beispiel für eine Story aus einem Programmierbuch [Acke14, S. 28].

Schmidt: »30% Umsatzsteigerung schließe ich aus. Auf 15% könnte ich mich verpflichten.«

Sauer: »Auch ich schließe eine Kostenreduzierung um 20% aus. Maximal sind 10% drin. Dann muss ich aber 250 Mitarbeiter entlassen. Wir sollten uns endlich einmal auf realistische Ziele verständigen.«

8.9 Storys – Fakten in Geschichten verpackt ***

Schmus: »Entlassungen kommen nicht infrage. Wir haben unseren Mitarbeitern Arbeitsplatzsicherheit garantiert. Wenn wir diese brechen, werden uns die Mitarbeiter nicht mehr folgen. Unsere Ziele, welche auch immer, können wir dann vergessen.«

Müller: »Ich stelle fest, dass eine Umsatzsteigerung um 15 % und eine Kostenreduzierung um 10 % von den Herren für möglich gehalten wird. Herr Schmidt und Herr Sauer, wie wollen Sie diese Ziele erreichen? «

Sauer: »Ich würde meine Kostenmanagementprogramme ergänzen und verstärken. Außerdem würde ich meinen Bereich umstrukturieren und einige Abteilungen auflösen.«

Schmidt: »Wir haben eine Marketingkampagne vorbereitet. Darüber hinaus würde ich die Besuchsfrequenz meiner Außendienstmitarbeiter deutlich erhöhen.«

Schmus: »Ich kann nicht akzeptieren, dass extreme Ziele wieder auf dem Rücken der Mitarbeiter ausgetragen werden.«

Müller: »Wir haben hier eine klassische Konfliktsituation zwischen harten Zahlen und nicht bewertbaren Einflussfaktoren. Wir werden uns verständigen müssen. Herr Schmus, würden Sie bitte feststellen, in welchem Ausmaß und mit welcher Kommunikation wir Entlassungen vornehmen können, ohne dass die von Ihnen befürchteten Folgen eintreten. Prüfen Sie bitte auch, in welchem Umfang die Außendienstmitarbeiter zusätzlich belastbar sind. Sobald wir diese Informationen haben, werden wir die Ziele für das kommende Jahr festlegen. Falls wir uns nicht einigen können, werde ich wohl selbst entscheiden müssen.«

Ende der Vorstandssitzung.

8.10 Spannung erzeugen *

Spannung ist der Grund, warum der Lernende »bei der Stange bleibt«, warum er wissen möchte, wie es weitergeht. Probleme, Aufgaben und Rätsel können in Storys »verpackt« und spannend gestaltet werden. Ziel ist es, dass der Lernende sich Fragen stellt, dass er anfängt zu kombinieren, dass er eigene Theorien aufstellt, dass er überlegt, wie es ausgehen oder wie das Ergebnis aussehen könnte. Wird dies Ziel erreicht, dann ist die Aufmerksamkeit des Lernenden sichergestellt. Es gibt verschiedene Möglichkeiten, Spannung zu erzeugen.

»Schreiben ist Telepathie, der Autor überträgt seine Gedanken auf den Leser. Ein spannendes Buch ist eine milde Hypnose.«
Hans Peter Roentgen

»›Das erste Kapitel muss rocken‹, sagt die Redakteurin des Schulbuch-Verlags Cornelsen. Wenn sie über den Anfang des Deutschbuches spricht, an dem sie gerade arbeitet, klingt es fast so, als plane sie einen Kriminalroman. Ihre Aufgabe ist allerdings anspruchsvoller als die mancher Krimischreiber. Die Leser sollen nicht nur unterhalten werden, sondern auch noch etwas lernen« [GuSc14].

Frage Wann finden Sie etwas spannend?

Antwort »Spannung ist, wenn man nicht weiß, wie es ausgeht, es aber wissen möchte« [Dago09, S. 61].

Beispiel 1 Wie ist es mit folgender Story am Anfang einer Lerneinheit (Abb. 8.10-1)? Stellen Sie nach Vorstellung dieser Legende Ihren Lernenden folgende Frage: Kann die Legende recht haben?

8.10 Spannung erzeugen *   243

Geben Sie dazu noch die Zusatzinformation, dass das Weltalter auf ca. 14 Milliarden Jahre geschätzt wird, das sind $\approx 4 \cdot 10^{17}$ s. Sind Sie jetzt nicht neugierig?

Dieses Beispiel lässt sich noch zu einer interaktiven Animation in einem E-Learning-Kurs ausbauen.

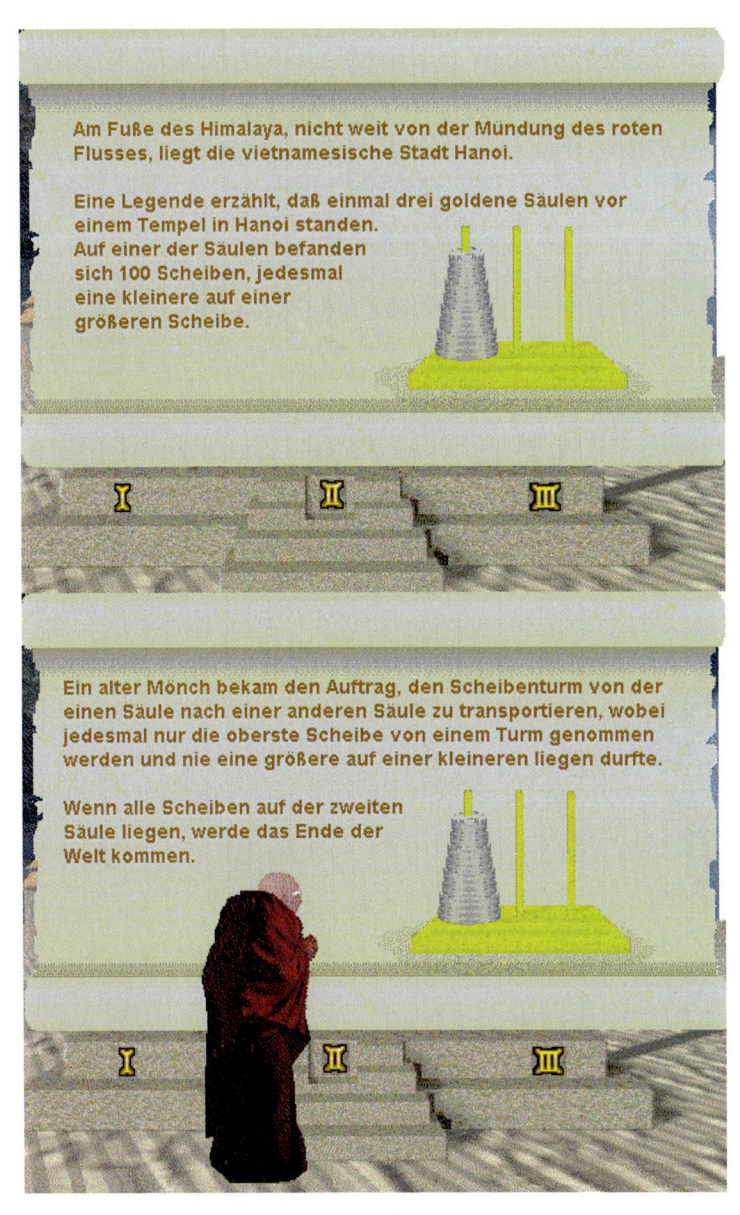

Am Fuße des Himalaya, nicht weit von der Mündung des roten Flusses, liegt die vietnamesische Stadt Hanoi.

Eine Legende erzählt, daß einmal drei goldene Säulen vor einem Tempel in Hanoi standen. Auf einer der Säulen befanden sich 100 Scheiben, jedesmal eine kleinere auf einer größeren Scheibe.

Ein alter Mönch bekam den Auftrag, den Scheibenturm von der einen Säule nach einer anderen Säule zu transportieren, wobei jedesmal nur die oberste Scheibe von einem Turm genommen werden und nie eine größere auf einer kleineren liegen durfte.

Wenn alle Scheiben auf der zweiten Säule liegen, werde das Ende der Welt kommen.

Abb. 8.10-1: Die Legende der Türme von Hanoi.

Beispiel 2 Und hier noch eine zweite Story:
Der italienische Mathematiker Leonardo da Pisa – auch Fibonacci (Sohn des Bonacci) genannt – beschrieb im Jahr 1202 in seinem Buch »Liber abbaci« folgende Kaninchen-Aufgabe:

»Ein Mann hielt ein Paar Kaninchen an einem Ort, der ringsum von einer Mauer umgeben war, um herauszufinden, wieviele Paare daraus in einem Jahr entstünden. Dabei ist es ihre Natur, jeden Monat ein neues Paar auf die Welt zu bringen, und sie gebären erstmals im zweiten Monat nach ihrer Geburt. Weil das obengenannte Paar schon im ersten Monat gebiert, kannst du es verdoppeln, so dass nach einem Monat zwei Paare da sind. Von diesen gebiert eines, d.h. das erste, im zweiten Monat wieder; und so gibt es im zweiten Monat 3 Paare. Von denen werden in einem Monat 2 wieder trächtig, so dass im dritten Monat zwei Kaninchenpaare geboren werden; und so sind es dann in diesem Monat 5 Paare. Von denen werden im selben Monat 3 trächtig, so dass es im vierten Monat 8 Paare sind.« (Deutsche Übersetzung aus dem 12. Kapitel des Liber abaci nach der lateinischen Edition von B. Boncompagni, Rom 1857, S. 283f. Signatur 73155: 1, siehe ETH Zürich Bibliothek (http://www.library.ethz.ch/exhibit/fibonacci/fibonacci-poster-04-kaninchen.html)).

Wie viel Kaninchenpaare entstehen im Verlauf eines Jahres aus einem Paar? (Abb. 8.10-2)

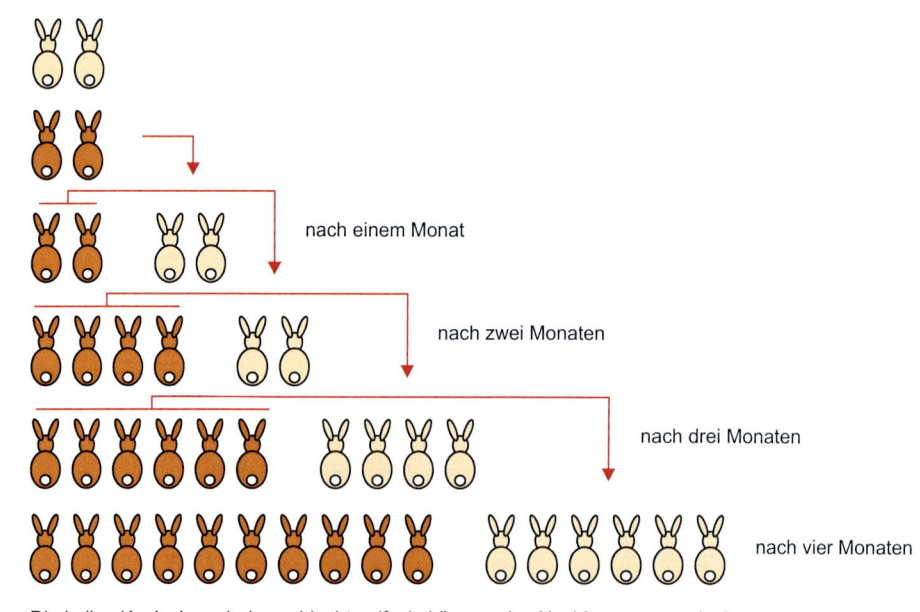

Die hellen Kaninchen sind geschlechtsreif, sie können also Nachkommen produzieren - die dunklen Kaninchen noch nicht.

Abb. 8.10-2: Entwicklung der Kaninchen-Population nach Fibonacci.

8.10 Spannung erzeugen *

Beispiel 3

Der Sage nach war der indische König Shehram vom **Schachspiel** so begeistert, dass er dem Erfinder Sessa Ebn Daher jeden Wunsch zu erfüllen versprach. Um so überraschter war er, als der Erfinder die *bescheidene* Bitte äußerte, der König möge ihm so viele Weizenkörner schenken, wie sich zusammen ergeben, wenn man auf das erste der 64 Felder des Schachbretts ein Weizenkorn legt, auf das zweite zwei, auf das dritte vier, auf das vierte acht und so fort, d. h. auf das nächste Feld immer die doppelte Anzahl von Körnern wie auf das vorhergehende (Abb. 8.10-3). Wie viele Körner kommen dabei zusammen?

Abb. 8.10-3: Schachbrett mit jeweils verdoppelter Reiskörneranzahl.

»... Spannung [spricht] sowohl emotionale als auch motivationale Anteile des Lesers an, so dass er einen bestimmten Textabschnitt mit starker psychophysischer Aktivierung und hoher Konzentration liest und die darin enthaltene Information geradezu aufsaugt« [Dago09, S. 61].

Wie?

Spannung lässt sich gut im Rahmen von Erzählungen erzeugen. Folgende Möglichkeiten gibt es u. a. [Dago09, S. 61]:

- **Affinität des Lernenden zum Thema**: Das Thema muss für den Lernenden wichtig sein und seine Interessen berühren.

Er muss sich beispielsweise mit der handelnden Figur in der Erzählung identifizieren können. Beispielsweise muss er sich in die Rolle des alten Mönchs im Beispiel 1 versetzen können.
- **Verzögerung und Unterbrechung**: Eine Story wird begonnen, aber nicht zu Ende erzählt, sondern unterbrochen. Der Lernende ist gespannt, wie es weitergehen wird (Beispiele 1, 2 und 3, wenn die Lösung später angegeben wird).
- **Verrätselung und Enträtselung**: Eine Begebenheit wird detailliert beschrieben, aber nicht gesagt, was sie bedeutet (Verrätselung). Der Lernende wartet auf die Auflösung (Enträtselung), die spätestens am Ende der Lerneinheit erfolgen muss.
- **Wechsel und Beschleunigung der Erzählzeit**: Der Wechsel der Erzählzeit zwischen Gegenwart und Rückblende wirkt spannungssteigernd. Am Ende muss die Erzählung beschleunigt werden.
- **Einsatz von zunehmend affektiveren Gestaltungsmitteln**: Gegen Ende sollten gefühlsbetontere Mittel – wie konkrete, bildhafte Ausdrücke usw. – in höherer Dichte gewählt werden.

Beispiel 4 »Man stelle sich ein riesiges Bankett vor. Mehrere hundert Millionen Menschen kommen zum Essen. Sie essen und trinken nach Herzenslust, Speisen besser und reichhaltiger als an den feinsten Tafeln des alten Athens oder Roms oder in den Schlössern des mittelalterlichen Europas. Dann taucht eines Tages ein Mann in einem weißen Smoking mit der Rechnung auf. Zweifellos wären die Gäste geschockt. Einige würden bestreiten, dass es ihre Rechnung sei. Andere zweifeln, dass es überhaupt eine Rechnung gäbe. Wieder andere meinen, sie hätten überhaupt nicht an dem Festmahl teilgenommen. Ein Gast schlägt vor, der Mann sei kein echter Kellner, sondern wolle nur Aufmerksamkeit auf sich ziehen oder Geld für seine eigenen Zwecke bekommen. Schließlich beschließt die Gruppe, den Kellner einfach zu ignorieren, dann würde er sicher wieder verschwinden« [OrCo14, S. 343].

Wissen Sie jetzt, um was es geht?

»Das ist die Situation, in der wir uns heute mit der Klimaerwärmung befinden.«

Das Beispiel 4 zeigt, wie man eine spannende Story (siehe »Storys – Fakten in Geschichten verpackt«, S. 237) schreiben kann.

Tipp Sehen Sie sich die Sendung »Wissen vor acht« in der ARD an. Dort wird in 145 Sekunden ein jeweils spezielles Thema in Form einer spannenden Geschichte multimedial behandelt.

8.10 Spannung erzeugen *

Spannung ist, ...
- wenn sich der Lernende Fragen stellt,
- wenn etwas Unerwartetes passiert,
- wenn ein äußerer Konflikt stattfindet,
- wenn ein innerer Konflikt stattfindet,
- wenn der Lernende kombiniert,
- wenn der Lernende sich etwas wünscht [Jack09].

Erzeugen Sie Spannung durch:
- **Geheimnisse**: Enthalten Sie dem Lernenden etwas vor und machen Sie ihm klar, dass er etwas nicht weiß.
- **Überraschungen**: Lassen Sie etwas Unerwartetes passieren, um den Lernenden aus der Fassung zu bringen.
- **Konflikte**: Lassen Sie zwei unterschiedliche Standpunkte aufeinandertreffen und der Lernende wird wissen wollen, wie es ausgeht.
- **Verbindungen**: Verbinden Sie mehrere Methoden, um den Spannungsgrad zu erhöhen.
- **Tragweite**: Stellen Sie Fragen, die im Zusammenhang mit der ganzen Geschichte von Interesse sind.
- **Theorien**: Geben Sie dem Lernenden Raum, damit er seine eigenen Theorien aufstellen kann.
- **Antworten**: Geben Sie dem Lernenden Antworten und werfen Sie am besten noch vorher neue Probleme auf [Jack09].

Hinweis

Als Lehrender haben Sie normalerweise schon genügend Probleme, Lerninhalte didaktisch gut aufzubereiten. In der Regel wird es Ihnen *nicht* gelingen, jede Lerneinheit spannend darzustellen. Ein Lehrbuch muss ja auch kein Thriller sein.

8.11 Emotionen hervorrufen – Gefühle ansprechen **

Durch emotionale Elemente werden Lernende nicht rational, sondern auf der Gefühlsebene angesprochen. Die Verarbeitung von Emotionen erfolgt weitgehend unbewusst, direkt und noch vor der bewussten Verarbeitung. Emotionale Geschichten werden von Lernenden besonders gut behalten – können im Überfluss aber auch störend sein. Der Schreibstil unterscheidet sich wesentlich von einem sachlichen Stil.

Frage
»An welche der folgenden Geschichten würden Sie sich besser erinnern?
A) ›Der König starb, und dann starb die Königin‹
B) ›Der König starb, und dann starb die Königin vor Trauer‹« [Dobe11, S. 55].

Antwort
»Wenn Sie so ticken wie die meisten Menschen, werden Sie die zweite Geschichte besser behalten. Hier folgen die beiden Tode nicht einfach aufeinander, sondern sind emotional miteinander verknüpft. Geschichte A ist ein Tatsachenbericht. Geschichte B macht ›Sinn‹. Nach der Informationstheorie sollte eigentlich Geschichte A einfacher zu speichern sein. Sie ist kürzer. Aber so tickt unser Hirn nicht« [Dobe11, S. 55].

Zitate
»Lernen wird durch **Emotionen** vielfältig beeinflusst. Sie regen an, steuern die Aufmerksamkeit, erschließen Erinnertes und fördern die Ordnung von Denkinhalten« [Lehn09, S. 105].

»Emotionale Prozesse spielen beim Denken und Handeln *immer* eine Rolle. Emotionen mobilisieren oder hemmen Wahrnehmungs-, Erkenntnis-, Motivations- und Gedächtnisprozesse, schaffen aber auch (biografische) Kontinuität, helfen bei der Ordnung und Hierarchisierung (etwa nach Wichtigkeit) von Denkinhalten, können Komplexität reduzieren (z. B. durch Auswählen, Ausblenden, Vergessen) und sind damit für das Lernen von besonderer Bedeutung« [Ciom05] zitiert nach [Rein15, S. 99].

8.11 Emotionen hervorrufen – Gefühle ansprechen **

»Emotionale Wörter werden vom Gehirn auch schneller erkannt und verarbeitet, und sie bleiben besser im Gedächtnis« [ScWü15, S. 85].

Als Lehrstoff wollen Sie das Konzept der **Mikrokredite** vermitteln.

Beispiel

Im sachlich-nüchternen Stil können Sie dies wie folgt tun:

Ein Mikrokredit ist ein Kleinkredit in der Höhe von 1000 € bis zu 25.000 €, insbesondere zur Finanzierung von Existenzgründern und zur Finanzierung von unternehmerischen Aktivitäten. In Entwicklungsländern werden Mikrokredite in der Regel an Kleingewerbetreibende vergeben. Es handelt sich dabei um Kleinstkredite von einem Euro bis zu einigen Tausend Euro. 1976 initiierte Muhammad Yunus (siehe Marginalspalte) in Bangladesch ein Mikrokredit-Programm, aus dem 1983 die Grameen Bank hervorging. 2006 erhielten Yunus und die Grameen Bank dafür den Friedensnobelpreis.

Im emotionalen Stil könnte dies wie folgt aussehen:

»Was Armut in Bangladesch wirklich bedeutet, habe ich von einer Dorfbewohnerin namens Sufiya Begum gelernt. Wie viele Frauen im Dorf lebte Sufiya mit ihrem Mann und ihren kleinen Kindern in einer maroden Lehmhütte mit undichtem Strohdach. Um zum Lebensunterhalt ihrer Familie beizutragen, fertigte Sufiya in ihrem matschigen Hinterhof den ganzen Tag lang Bambushocker. Trotz ihrer harten Arbeit schaffte sie es jedoch nicht, ihre Familie von der Armut zu befreien. Warum? Wie viele andere im Dorf war Sufiya darauf angewiesen, dass der örtliche Geldverleiher ihr die Mittel gab, um den Bambus für ihre Hocker zu kaufen. Doch dieser gab ihr das Geld nur unter der Bedingung, dass er allein das Recht haben würde, alle von ihr hergestellten Hocker zu einem von ihm festgelegten Preis zu kaufen. Damit nicht genug – er berechnete horrende Zinsen, von 10 Prozent pro Woche bis hin zu 10 Prozent pro Tag. Sufiya war nicht die einzige Betroffene. Ich habe eine Liste mit den Opfern dieses Halsabschneiders im Dorf Jobra erstellt. Als ich fertig war, standen 42 Namen auf der Liste, deren Kredite zusammen insgesamt 856 Taka ausmachten, was weniger als 27 Dollar entspricht. Das war eine echte Lektion für mich, den Wirtschaftswissenschaftler! Um diese Opfer aus den Fängen des Geldverleihers zu befreien, bot ich ihnen 27 Dollar aus meiner eigenen Tasche an. Die Aufregung, die dieser Vorstoß unter den Menschen verursachte, hat mich dazu gebracht, mich weiter zu engagieren. Wenn ich so viele Menschen mit einem so geringen Betrag glücklich machen konnte, warum dann nicht noch mehr? Seitdem ist dies meine Mission« [Gube10, S. 11]. So erzählt Muhammad Yunus die Geschichte über den Ursprung der Mikrokredite. Dafür erhielt er 2006 den Friedensnobelpreis. Heute gibt es auch in Deutschland Kleinkredite in der Höhe von 1000 € bis zu 25.000 €, insbesondere zur Finanzierung von Existenzgründern und zur Finanzierung von unternehmerischen Aktivitäten.

Welcher Stil gefällt Ihnen als Lernender besser?

Sicher berührt und fesselt einen eine emotionale Geschichte wesentlich mehr als eine sachliche Lernstoffvermittlung mit nüchternen Informationen und »nackten« Zahlen. Auch dürften Sie sich an die emotionale Geschichte besser und länger erinnern als an eine reine Sachinformation. Aber: Stellen Sie sich vor, der gesamte Lehrstoff wird in Form von solchen Geschichten vermittelt. Dann werden Sie sich vor lauter Fülle von Geschichten auch nicht mehr an jede einzelne erinnern – abgesehen von den vielen überflüssigen Details, in die die fachlichen Informationen »eingepackt« sind.

Empfehlung | Übertreiben Sie es nicht mit emotionalen Geschichten. Ein Lehrbuch oder ein E-Learning-Kurs ist keine populäre Zeitschrift. Emotionale Geschichten eignen sich besonders für Fallstudien (siehe »Fallstudien – Wissen auf komplexe Probleme angewandt«, S. 318).

Unter der Überschrift »Warum Sie lieber Romane lesen als Statistiken« schreibt Rolf Dobelli [Dobe12, S. 159]: »Die Medien wissen schon lange, dass mit Tatsachenberichten und Balkendiagrammen keine Leser zu gewinnen sind. Also lautet die Devise: Kein Artikel ohne Namen, keiner ohne Gesicht! [...] möchten Sie Menschen bewegen, aufrütteln, motivieren – dann sorgen Sie dafür, dass es ordentlich menschelt.«

Siehe auch: »Emotionale Einstimmung – Fotos, Illustrationen«, S. 40.

Nutzen Sie Storys um ...
- Assoziationen und Emotionen auszulösen,
- Identifikationspotenzial zu bieten,
- mit Worten und emotionalen Adjektiven Bilder zu erzeugen, die Ihre Lernenden verzaubern und deren Vorstellungen anregen,
- nicht nur den Kopf, sondern auch das Herz zu berühren.

8.12 Der Schreibstil – gut lesbar, verständlich und anschaulich *

Ein Lehrbuch und ein E-Learning-Kurs sollen für die Lernenden gut lesbar, verständlich, anschaulich und abwechslungsreich geschrieben sein. Eine Mischung aus akademischer Prosa und Gebrauchsprosa (ca. 70 Prozent), Sachprosa (ca. 20 Prozent) und künstlerischer Prosa (ca. 10 Prozent) sorgen für Abwechslung. Gute Lesbarkeit wird durch gutes Deutsch erleichtert. Richtiges Deutsch, angemessenes Deutsch und elaboriertes Deutsch ergibt zusammen ein gutes Deutsch. Verständlichkeit wird durch die vier Merkmale »Einfachheit«, »Gliederung & Ordnung«, »Kürze & Prägnanz« und »anregende Zusätze« bestimmt. Ein guter Schreibstil wird durch klare und präzise Aussagen, durch die Beschränkung auf das Wesentliche, durch verständliche Sätze und eine lebendige und anschauliche Schreibweise erreicht. Durch Vorlesen des eigenen Textes lässt sich feststellen, ob der Text einen »guten Klang« ergibt.

Frage: Welchen Schreibstil erwarten Sie in einem guten Lehrbuch oder einem guten E-Learning-Kurs?

Antwort: Der Schreibstil für ein Lehrbuch oder einen E-Learning-Kurs unterscheidet sich sicher von dem Schreibstil eines Romans. Aber er unterscheidet sich sicher auch von wissenschaftlichen Arbeiten. Der Schreibstil für ein Lehrbuch oder einen E-Learning-Kurs soll sicher verständlich und anschaulich, aber auch abwechselungsreich sein.

Textarten

Die Abb. 8.12-1 zeigt, dass die Literatur in verschiedene Textarten untergliedert werden kann, die jeweils eigene Charakteristika haben. Damit ein Lehrbuch bzw. ein E-Learning-Kurs für den Lernenden abwechslungsreich genug ist (siehe »Abwechslung – den Geist aktiv halten«, S. 174), sollte eine geeignete Mischung verschiedener Textarten verwendet werden. Mehrheitlich sollte meiner Meinung nach (ich bin für ca. 70 Prozent) ein Schreibstil verwendet werden, der bei der Gebrauchsprosa und der akademischen Prosa üblich ist, aber auch spannende und emotionale Geschichten sollten verwendet werden.

Gutes Deutsch

Als Autor von Lehrbüchern und E-Learning-Kursen sollten Sie **gutes Deutsch** schreiben.

Frage: Was verstehen Sie unter »Gutem Deutsch«?

8 Erweiterung – Aufbau von Lerneinheiten *

```
                           Literatur
                ┌─────────────┴─────────────┐
             Poesie                        Prosa
              │            ┌──────────┬─────┴─────┬──────────────┐
           Gedichte    Künstlerische Sachprosa  Gebrauchsprosa  Akademische
                         Prosa                                    Prosa
                       ─ Romane    ─ Nachrichten  ─ Nicht künstlerische  ─ Bachelor-Arbeiten
                       ─ Erzählungen ─ Reportagen    Texte               ─ Master-Arbeiten
                       ─ Essays    ─ Berichte     ─ Dokumente            ─ Dissertationen
                       ─ Märchen                  ─ Anleitungen
                                                  ─ Technische
                                                    Literatur
```

Künstlerisch	Emotional	Spannend		Wahrheit
Emotional	Spannend	Wahrheit		Klarheit
Sinnbildlich				Vollständigkeit
				Nüchtern

⇑ 10%   ⇑ 20%   ⇑ 70%

Lehrbuch / E-Learning-Kurs

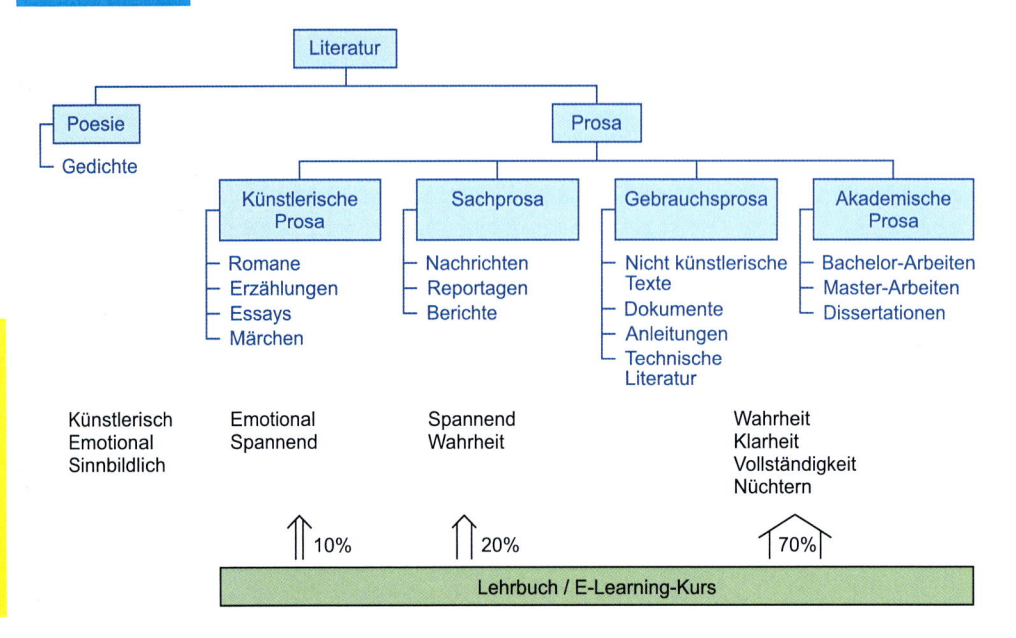

Abb. 8.12-1: Textarten und ihre Charakteristika und der Bezug zu Lehrbüchern und E-Learning-Kursen.

Antwort In dem Artikel »Gutes Deutsch« von Dieter E. Zimmer wird folgende Definition vorgenommen [Zimm, S. 386]:
gut = richtig + angemessen + elaboriert

Richtiges Deutsch bedeutet richtige Rechtschreibung und richtige Verwendung der Grammatik (siehe »(Hand-)Werkzeuge für den Autor«, S. 459).

Unter **angemessenem Deutsch** versteht Zimmer das Sprachbewusstsein, das dafür sorgt, dass man sein Deutsch flexibel den verschiedensten Sprechsituationen anpasst. »Was in der einen Situation angemessen ist, ist in der anderen unangemessen« [a. a. O., S. 387]. Auf einem Wochenmarkt redet man natürlich nicht wie in einer Vorlesung an einer Universität.

Angemessenes Deutsch wird durch **Lernendenorientierung** erreicht. Versetzen Sie sich in die Rolle Ihrer Lernenden. Wechseln Sie die Perspektive und fragen Sie sich: Was brauche ich als Lernender, damit ich die Inhalte störungsfrei und leicht aufnehmen, richtig verstehen und das Wesentliche behalten kann? Dann tun Sie alles, was dem Lernenden das Verständnis erleichtert.

Elaboriert steht für die differenzierte sprachliche Ausdrucksfähigkeit, d. h. die Verwendung eines größeren Wortschatzes, einer komplexeren Syntax, einer geringeren Verwendung von klischeehaften Wendungen – im Gegensatz zu einer restringierten, d. h. eingeschränkteren Ausdrucksfähigkeit. »Wenn das richtige und

8.12 Der Schreibstil – gut lesbar, verständlich und anschaulich *

angemessene Boulevarddeutsch gut ist – dann ist das ›elaborierte‹ Mediendeutsch besser und das Deutsch seriöser Belletristik noch besser« [a. a. O., S. 388].

Einige Beispiele für »falsches« Deutsch, die immer wieder zu finden sind:

- Fehlende Bindestriche zwischen Wörtern: »Eine Liste mit Buch Exemplaren.« Richtig: »Eine Liste mit Buch-Exemplaren.«
- Falsches Komma vor usw., etc., bzw.: »Balkendiagramm, Kuchendiagramm**,** etc.« Richtig: »Balkendiagramm, Kuchendiagramm etc.«
- Falsche Kleinschreibung nach Doppelpunkt: »Sie sollten Folgendes beachten: *k*eine zu langen Sätze schreiben.« Richtig: »Sie sollten Folgendes beachten: *K*eine zu langen Sätze schreiben.« Regel: Folgt nach einem Doppelpunkt ein vollständiger Satz, dann beginnt er mit einem Großbuchstaben.

Beispiele: falsches Deutsch

Einige Beispiele für »schlechtes« Deutsch, die immer wieder zu finden sind:

- Übertreibungen bei Adjektiven: »Die Mustermann AG will nur die **erstklassigsten** Absolventen einstellen.« Richtig: »Die Mustermann AG will nur **erstklassige** Absolventen einstellen.« Das Adjektiv »erstklassig« lässt sich nicht steigern.
- Übertreibungen bei Adjektiven: »Der allerbeste Ansatz ist zu finden in ...« Richtig: »Der beste Ansatz ist zu finden in ...«
- Verwendung von überflüssigen Füllwörtern: »**Vor allem aber** Projekte, in denen ein klares Auftraggeber-/Auftragnehmerverhältnis besteht, sind typisch.« Besser: »Projekte, in denen ein klares Auftraggeber-/Auftragnehmerverhältnis besteht, sind typisch.«

Beispiele: schlechtes Deutsch

»Richtiges Deutsch« bedeutet also *nicht* automatisch »Gutes Deutsch«.

Gilt auch der Umkehrschluss: »Gutes Deutsch« bedeutet *nicht* automatisch »Richtiges Deutsch«?

Frage

Eigentlich sollte »Gutes Deutsch« immer »Richtiges Deutsch« implizieren. Jemand, der »Gutes Deutsch« schreibt, kann aber dennoch Rechtschreib- und/oder Grammatikschwächen besitzen.

Antwort

Die folgenden Ausführungen beziehen sich auf den Schreibstil für die Gebrauchsprosa und die akademische Prosa. Dieser Schreibstil dominiert ein Lehrbuch und einen E-Learning-Kurs.

Hinweis

Informieren Sie sich über den Schreibstil für Sachprosa und künstlerische Prosa.

Verständlich schreiben

Frage »Die Vorfreude auf die Frauen-WM, die ist groß, und sie wird jeden Tag auch größer« (Angela Merkel) [Spie11b]. Bringen Sie diesen Satz in eine verständliche Form.

Antwort »Ich freue mich riesig auf die Frauen-Weltmeisterschaft.« Verständliche Inhalte zeichnen sich dadurch aus, dass sie dem Sprachniveau der Lernenden entsprechen. Ihre Aufgabe als Autor ist es daher, Ihre Lerninhalte auf verständliche Art und Weise darzustellen: Was Sie schreiben und visuell veranschaulichen, sollen die Lernenden auf keinen Fall missverstehen.

Frage Wie schaffen Sie das?

Antwort Aus der Lesbarkeitsforschung haben zwischen 1969 und 1974 die Psychologen Inghard Langer, Friedemann Schulz von Thun und Reinhard Tausch ein »Hamburger Verständlichkeitskonzept« entwickelt. Danach wird die Verständlichkeit eines Textes anhand von vier Merkmalen beschrieben. Jedes dieser Merkmale ist messbar und trägt je nach Ausprägung zur Verständlichkeit eines Textes bei oder nicht. Die vier Merkmale lauten [Schu81, S. 140 ff.]:

- Einfachheit
- Gliederung und Ordnung
- Kürze und Prägnanz
- Anregende Zusätze

Einfachheit

Inhalt
- Stellen Sie die Inhalte möglichst einfach dar, so einfach, wie der Gegenstand es erlaubt, aber nicht einfacher. Überlegen Sie, welches **Sprachniveau** für Ihre Lernenden angemessen ist.
- Welche Reizbegriffe erwarten Ihre Lernenden und welche Fachbegriffe sind ihnen möglicherweise unbekannt? Unbekannte **Begriffe** und spezielle Fachwörter müssen definiert werden (siehe »Glossar – die Mini-Enzyklopädie«, S. 314).
- **Abkürzungen** müssen erläutert werden.

Regel Bei Begriffen mit Abkürzungen **zuerst die Abkürzung** einführen und in Klammern die Langfassung angeben. Anschließend im Wesentlichen die Kurzfassung verwenden. Die Kurzfassung als Glossarbegriff erfassen.

— Nicht so: Hypertext Markup Language (HTML) ist ...
+ Sondern so: **HTML** (Hypertext Markup Language) ist ...

Satzbau
- Ein Satz sollte *einen* Gedanken ausdrücken, ein Absatz eine Folge zusammenhängender Gedanken.
- Kombinieren Sie Hauptsätze mit Nebensätzen.

8.12 Der Schreibstil – gut lesbar, verständlich und anschaulich *

- Überlegen Sie, ob Sie einen Satz aktiv oder passiv formulieren. Bei einer aktiven Formulierung wird der Urheber (Täter, wie die Grammatiker sagen) genannt, bei einer passiven Formulierung wird der Urheber verschwiegen.

Passive Formulierung: »Es können die Textarten Poesie und Prosa unterschieden werden.« *Beispiel*
Aktive Formulierungen: »Man kann zwischen den Textarten Poesie und Prosa unterscheiden.«
Oder: »In der Literatur wird zwischen den Textarten Poesie und Prosa unterschieden«.
Oder: »Sie können zwischen den Textarten Poesie und Prosa unterscheiden.« (siehe auch: »Anrede – ich, Sie, wir, man, es, Mann/Frau«, S. 21).

- Wählen Sie treffende Worte. Verwenden Sie Fachbegriffe, wenn diese definiert sind und dem üblichen Sprachgebrauch entsprechen. *Wortwahl*
- Verwenden Sie keine Fremdwörter, nur weil sie beeindruckend wirken.
- Vermeiden Sie blumige Umschreibungen wie »Ein Hund ist ein Hund und nicht der Vierbeiner.«
- Verzichten Sie auf abgedroschene Phrasen wie »Nicht für die Schule, für das Leben lernen wir.«
- Reduzieren Sie Füllwörter wie durchaus, erheblich, wohlgemerkt, gewissermaßen.

Gliederung und Ordnung
- Bauen Sie Ihr Werk übersichtlich und folgerichtig auf: Ein roter Faden soll erkennbar sein.
- Gliedern Sie den Text in Lerneinheiten, Abschnitte und Absätze (»Schnelleinstieg – Aufbau von Büchern/Kursen«, S. 59).
- Optische Gliederungen – wie Überschriften, Zwischenüberschriften, Formatierungen und Aufzählungen – machen Ihr Werk übersichtlich.
- Durch Fußnoten, Exkurse und Anhänge unterscheiden Sie **Wichtiges** und **Sekundäres**.
- Aufzählungen werden als Liste dargestellt mit **Aufzählungszeichen** oder **Nummerierungen**. (Nummerierungen nur, wenn sie eine Reihenfolge anzeigen sollen.) Siehe: »Zwischenüberschriften – Strukturieren der Inhalte«, S. 27.

Konjunktionen bzw. **Bindewörter** gehören **an das Ende** eines Aufzählungselements. *Regel*
Nicht so:
Für die vertragstypologische Einordnung grundsätzlich zu unterscheiden sind

- die Lieferung von Standardsoftware und die Erstellung von Individualsoftware
- *sowie* die Softwareüberlassung auf Dauer oder auf Zeit.

Sondern so:
Für die vertragstypologische Einordnung grundsätzlich zu unterscheiden sind

- die Lieferung von Standardsoftware und die Erstellung von Individualsoftware *sowie*
- die Softwareüberlassung auf Dauer oder auf Zeit.

Regel In einen Satz **keine Aufzählungselemente** einbetten, da die Lesbarkeit darunter leidet. Nicht so:
Zulässig ist das

- Erheben,
- Speichern,
- Verändern oder
- Übermitteln oder
- die Nutzung als Mittel für eigene Geschäftszwecke

von personenbezogenen Daten, wenn ...

Sondern so:
Zulässig ist das Erheben, Speichern, Verändern oder Übermitteln oder die Nutzung als Mittel für eigene Geschäftszwecke von personenbezogenen Daten, wenn ...

Nicht so:
In der KLR ist zunächst eine grundlegende Unterscheidung zwischen

- Aufwand und Kosten vorzunehmen und einige
- spezielle Kostenbegriffe und Kostendeterminanten

sollten bekannt sein.

Sondern so:
In der KLR ist zunächst eine grundlegende Unterscheidung zwischen Aufwand und Kosten vorzunehmen und einige spezielle Kostenbegriffe und Kostendeterminanten sollten bekannt sein.

■ Vergessen Sie nicht, auch **Tabellen, Abbildungen** usw. zu **nummerieren** und ggf. in speziellen Verzeichnissen aufzuführen.

Regel Vor eine Abbildungsreferenz immer einen Artikel setzen – liest sich besser.

  − Nicht so: Abb. 5.3–1 zeigt ...
  + Sondern so: Die Abb. 5.3–1 zeigt ...

8.12 Der Schreibstil – gut lesbar, verständlich und anschaulich *

Kürze und Prägnanz
- Schreiben Sie weder weitschweifig noch gedrängt. Beide Extreme erschweren das Verständnis.
- Bringen Sie **nur die wirklich relevanten Informationen**: so kurz wie möglich, so lang wie nötig! Aber: Schreiben Sie volle, grammatikalisch richtige Sätze.

Direkte Aussage – führt zu kürzeren Sätzen, die leichter lesbar sind. *Regel*
- Nicht so: »Die Wiederherstellung soll anhand des Objekts 2 verdeutlicht werden.«
+ Sondern so: »Die Wiederherstellung wird anhand des Objekts 2 verdeutlicht.«

Keine verkürzten Bezüge, wenn dadurch die Verständlichkeit und Lesbarkeit leidet. *Regel*
- Nicht so: Der Anspruch aus einer Beschaffenheits- oder Haltbarkeitsgarantie ...
+ Sondern so: Der Anspruch aus einer Beschaffenheitsgarantie oder Haltbarkeitsgarantie ...
- Nicht so: Für die Einordnung sind grundsätzlich die Lieferung von Standard- und die Erstellung von Individualsoftware zu unterscheiden.
+ Sondern so: Für die Einordnung sind grundsätzlich die Lieferung von Standardsoftware und die Erstellung von Individualsoftware zu unterscheiden.

Vollständige Sätze mit Punkt abschließen, *nicht* künstlich verlängern. *Regel*
- Nicht so: Mit Hilfe des gleichen Dialogfeldes lassen sich viele weitere Anzeigeeinstellungen vornehmen, die meisten sind standardmäßig aktiviert.
+ Sondern so: Mit Hilfe des gleichen Dialogfeldes lassen sich viele weitere Anzeigeeinstellungen vornehmen. Die meisten sind standardmäßig aktiviert.
- Nicht so: Die Angaben müssen nicht immer nur direkter Natur sein, sie können sich auch aus dem Zusammenhang ergeben.
+ Sondern so: Die Angaben müssen nicht immer nur direkter Natur sein. Sie können sich auch aus dem Zusammenhang ergeben.
- Nicht so: Auf die Darstellung mathematischer Details wird in der Regel verzichtet, das Schwergewicht liegt vielmehr auf der Illustration der relevanten Methoden anhand von ausführlichen Beispielen.
+ Sondern so: Auf die Darstellung mathematischer Details wird in der Regel verzichtet. Das Schwergewicht liegt vielmehr auf der Illustration der relevanten Methoden anhand von ausführlichen Beispielen.

- Stellen Sie die Sachverhalte prägnant dar: Wählen Sie dazu **treffende Begriffe**, und verzichten Sie auf inhaltsleere Wörter.
- Verwenden Sie Verben statt Substantive.

Regel **Keinen Nominalstil** verwenden, d. h. keine substantivierten Verben benutzen, da dadurch die Verständlichkeit erschwert wird.

- − Nicht so: Zulässig ist das Erheben, Speichern, Verändern oder Übermitteln oder die Nutzung als Mittel für eigene Geschäftszwecke von personenbezogenen Daten, wenn ...
- + Sondern so: Personenbezogene Daten dürfen erhoben, gespeichert, verändert oder übermittelt oder als Mittel für eigene Geschäftszwecke genutzt werden, wenn ...

Anregende Zusätze

- Bringen Sie **Praxisbeispiele**.
- Erinnern Sie an aktuelle Ereignisse, die für das Thema von Belang sind.
- Machen Sie schwierige Inhalte anschaulich. Liefern Sie Ihren Lernenden **Wahrnehmungs- und Verarbeitungshilfen**: Zeichnungen, Grafiken, Fotos, Schaubilder, Tabellen und Diagramme (siehe »Abwechslung durch alternative Darstellungsformen«, S. 204).
- Sprechen Sie den Lernenden durch wörtliche Rede und direkte Ansprache an.

Den Stil verbessern

Lernende sollen die Lerninhalte gut verstehen können, relativ schnell aufnehmen und behalten. Dazu trägt ein guter Schreibstil bei.

Was ist aber ein guter Stil? Nach Peter Rechenberg setzt sich ein guter Stil für technisches Schreiben aus folgenden Komponenten zusammen [Rech06, S. 175]:

Wortwahl, Satzbau und die Gesamtkomposition müssen, jedes für sich genommen, gut sein. Sie müssen zusammenpassen und dem behandelten Gegenstand angemessen sein. Wählen Sie Ihre Worte so, dass sie klar, kurz und einfach sind. Vermeiden Sie beim Satzbau Monotonie, indem Sie zwischen einfachen und komplizierteren, kurzen und längeren Sätzen harmonisch abwechseln. Wählen Sie Ihre Ausdrucksweise so, dass sie dem dargestellten Gegenstand und der ins Auge gefassten Leserschaft angemessen ist. Wenn Sie das alles tun und nicht versuchen, durch Originalität zu glänzen, dann werden Sie einen annehmbaren Stil schreiben, der Sie aus der Masse heraushebt.

8.12 Der Schreibstil – gut lesbar, verständlich und anschaulich *

Es gibt zahlreiche stützende empirische Belege für das »Hamburger Verständlichkeitskonzept« [Rey09, S. 92]. — Empirie

Sagen Sie klar und präzise, was gemeint ist
Beschreiben Sie konkret, worum es geht. Wenn Sie im Abstrakten und Allgemeinen verharren, wird der Lerninhalt unklar und unanschaulich.

Schreiben Sie nicht: »Viele fleißige Ökonomen glaubten früher...« Hier lassen Sie die Lernenden im Unklaren. Wie viele Menschen glaubten das? Fünfzig, tausend, eine Million? Wann ist »früher«? Wodurch zeichnet sich ein »fleißiger« Ökonom aus? Wer zählt zu diesem Kreis der Ökonomen? Sind hier nur Ökonomen im eigenen Land gemeint oder Ökonomen aus aller Welt? — Beispiel

Finden Sie das jeweils treffende Wort, das Wort, das die Sache exakt bezeichnet.

»Fleiß«, »Eifer«, »Aktivität«, »Ehrgeiz«, »Emsigkeit«, »Arbeitsfreudigkeit« ersetzen *nicht* einander. Die Begriffe bezeichnen Unterschiedliches. Das Gleiche gilt für »Bequemlichkeit«, »Schläfrigkeit«, »Gemächlichkeit«, »Lässigkeit«. — Beispiele

In Fachsprachen, besonders auch im technischen Bereich, gibt es für viele Begriffe *keine* Synonyme!

»Das treffende Wort hat fast nie ein Synonym« [Schn84, S. 69]. — Zitat

Prüfen Sie, welches Wort oder welche Darstellung wirklich trifft, was Sie meinen. Der **Genauigkeitsgrad** ist dabei vom Kontext abhängig. Achten Sie auf die Zweckmäßigkeit und gehen Sie dem Lernenden nicht mit übergenauen Ausführungen auf die Nerven.

In Tabellen ist es beispielsweise häufig *nicht* erforderlich, auch noch die fünfte Stelle hinter dem Komma aufzuführen. — Beispiel

Sich auf das Wesentliche beschränken
Konkret und präzise schreiben und zugleich kurz und knapp ist *kein* Widerspruch. »Fasse Dich kurz« ist eine bewährte Schreibregel. Streichen Sie alles, was inhaltsleer wirkt und den Text nur aufbläht. Prüfen Sie dazu den Informationsgehalt Ihrer Sätze. **Floskeln** sind ohne echten Informationsgehalt.

Der Satz: »Ein Bild sagt mehr als tausend Worte.« fasziniert z. B. keinen mehr so richtig. — Beispiel

Verzichten Sie auch auf überflüssige **Füllwörter** wie: »gewissermaßen«, »natürlich«, »auf jeden Fall«, »durchaus«, »selbstverständlich«, »an und für sich«.

Die meisten **Adjektive** kann man streichen, weil sie den Lesefluss unnötig unterbrechen.

Beispiel
»Die umfangreiche Datenflut verursacht, dass moderne Menschen im aufreibenden Arbeitsprozess unter massiven Zeitdruck geraten.«

Es würde reichen, zu schreiben: »Die Datenflut verursacht, dass Menschen im Arbeitsprozess unter Zeitdruck geraten.«

Wenn Adjektive allerdings wirklich etwas unterscheiden oder aussondern, dann sind sie richtig am Platze. »Eine sehr gute Leistung« ist etwas anderes als »eine mangelhafte Leistung«. Eine »rote« Ampel unterscheidet sich deutlich von einer »grünen«.

Oft kann man auch ein Adjektiv durch ein Substantiv ersetzen, z. B. »sportliche Kleidung« durch »Sportbekleidung« (die Kleidung selbst ist nicht sportlich). »Unternehmerische Strategien« nennt man besser »Strategien der Unternehmer«.

Auch Komparative und **Superlative** sollten Sie unter die Lupe nehmen. Bei Wörtern wie rund, eindeutig, ideal, optimal, alltäglich, vorurteilsfrei und bei Adjektiven, die mit »...-los« enden, ist eine Steigerung nicht möglich.

Vorsicht ist auch bei **Tautologien** (der gleiche Inhalt eines Wortes wird wiederholt) geboten wie z. B. »nach unten fallen«, »restlos überzeugt«, »ein positiver Geschäftserfolg«.

Verständliche Sätze konstruieren

Der Gebrauch von vielen Zwischensätzen erschwert die Verständlichkeit. Wenn Sie Schachtelsatz an Schachtelsatz reihen, verringert dies die Aufnahmebereitschaft Ihrer Lernenden beträchtlich. Zerlegen Sie einen Schachtelsatz in Haupt- und Nebensatz oder in mehrere Hauptsätze.

Der Wechsel von langen Hauptsätzen und kurzen Haupt- und Nebensätzen macht den Stil lebendig. Der ausschließliche Gebrauch von kurzen Hauptsätzen wirkt dagegen langweilig.

Lange Sätze mit Aufzählungen können Sie umstrukturieren, indem Sie Listen mit Aufzählungspunkten oder Nummerierungen daraus machen (siehe »Zwischenüberschriften – Strukturieren der Inhalte«, S. 27).

Prüfen Sie zusätzlich, ob Ihre Satzkonstruktionen auch semantisch funktionieren. Der Inhalt muss eindeutig sein. Ist er mehrdeutig, müssen Sie den Satz umbauen.

Beispiel
»Er sah das Mädchen mit dem Fernglas« [Rech06, S. 33]. Bauen Sie den Satz bitte um.

8.12 Der Schreibstil – gut lesbar, verständlich und anschaulich *

Lebendig und anschaulich schreiben
Verben drücken aus, dass etwas geschieht. Sie machen Texte lebendig und anschaulich. Ersetzen Sie deshalb sperrige Substantive durch **aktive Verben**.

Schreiben Sie nicht: »Er übte sich in Zurückhaltung.« sondern »Er hielt sich zurück.« — Beispiel

Schreiben Sie nicht: »Die Versuchsleiter nahmen eine Stichprobenauswahl vor.«, sondern »Die Versuchsleiter wählten eine Stichprobe aus.«

Durch anschauliche Verben aktivieren Sie die Vorstellungskraft. Tote Verben wirken erstarrt und langweilig. Ersetzen Sie tote Verben wie »gehören«, »liegen«, »beinhalten«, »sich befinden«, denn sie regen nicht zum Denken an. Aktive Verben machen Ihre Texte lebendig. Passivkonstruktionen sollte man nur verwenden, »wenn die Leideform wirklich ein Erleiden ausdrückt (Der Briefträger wurde zum 13. Mal gebissen) oder wenn die handelnde Person keinen interessiert (Das Museum wird um 18 Uhr geschlossen)« [Schn84, S. 50].

Achten Sie auch auf den richtigen **Gebrauch der Zeiten**: Das Imperfekt drückt eine abgeschlossene Handlung aus (das Dargestellte ist für den Lernenden beendet). Im Perfekt werden Geschehnisse beschrieben, die bis in die Gegenwart hineinreichen (und für den Lernenden bis heute nachwirken). Das Plusquamperfekt (Vorvergangenheit) erschwert oft den Lesefluss und sollte nur verwendet werden, wenn es sich nicht vermeiden lässt.

Schließlich sei noch darauf hingewiesen, dass Ihre Lerninhalte spannend und lebendig werden: Wenn Sie Widersprüche aufzeigen, Kritik üben, auf Fragwürdigkeiten und Folgen hinweisen.

> Wenn Sie eine Lerneinheit vollendet haben, dann lesen Sie Ihren Text sich selbst laut vor. Denn ein guter Text lässt sich nicht nur gut lesen und verstehen, sondern er lässt sich auch gut vorlesen. Beim **Vorlesen** merken Sie, ob sich Ihr Text flüssig und angenehm oder holprig liest. Achten Sie auf das Zusammenspiel der Wörter und auf den Klang und die Harmonie der Sätze. — Tipp

○ Vor dem Vorlesen: — Beispiele
 »Dazu *beitragen* können Fragen, die der Lehrende dem Lernenden stellt.«
○ Nach dem Vorlesen und dem Umstellen des Satzes (Bessere Lesbarkeit):
 »Dazu können Fragen *beitragen*, die der Lehrende dem Lernenden stellt.«

- Vor dem Vorlesen:
  »Übliche Abkürzungen sollten anstelle der Langformen verwendet werden, um *nicht* Sätze unnötig zu verlängern.«
- Nach dem Vorlesen und dem Umstellen des Satzes (Bessere Lesbarkeit):
  »Übliche Abkürzungen sollten anstelle der Langformen verwendet werden, um Sätze *nicht* unnötig zu verlängern.«
- Vor dem Vorlesen:
  »Für den Lernenden eröffnet ein *Überblick* das Thema.«
- Nach dem Vorlesen und dem Umstellen des Satzes (Das Wichtige zuerst):
  »Ein *Überblick* eröffnet für den Lernenden das Thema.«

⚠️ Schreiben Sie *nicht* so, wie Sie sprechen. Die gesprochene Sprache hat folgende Nachteile [Schn84, S. 126 f.]:

- Ein komplizierter Sachverhalt kann von den wenigsten mündlich angemessen ausgedrückt werden.
- Die wenigsten können ihre Sätze bei mündlicher Rede zu dem Ende bringen, das sie vorgesehen hatten. Das führt zu einer drastischen Einbuße an Verständlichkeit.
- Mündliche Rede verleitet zu Geschwätzigkeit.
- Gesprochene Sprache enthält Füllwörter und Flickvokabeln.
- Modeworte und Klischees werden häufiger verwendet.

Weiterführende Literatur [Rech06], [Prev13], [Schn84], [BSS11, S. 239–265], [Clar12], [RCC15], [Schn83]

8.13 Das Lokalitätsprinzip – alles im Blick ***

Damit der Lernende alle wichtigen Informationen zum Verstehen einer Lerneinheit kompakt an einer Stelle findet, sollten bei Lehrbüchern lebende Kolumnentitel, deutliche Seitenzahlangaben und absolute Referenzen vorhanden sein. Anmerkungen und Fußnoten sollen auf derselben Seite sichtbar sein. Ein Glossarverzeichnis, ein Literaturverzeichnis und ein Index sollen sich am Ende des Buches (in dieser Reihenfolge) befinden. In E-Learning-Kursen muss es möglich sein, Anmerkungen, Fußnoten, Literaturquellen und Glossarbegriffserläuterungen durch Dialogfenster innerhalb der Lerneinheit angezeigt zu bekommen. Referenzen auf andere Kontexte sollten nach dem Anklicken in eigenen Fenstern angezeigt werden.

Aus der Programmierung stammt das **Prinzip der Lokalität** [Wein71, S. 229]. Man hat festgestellt, dass die Einarbeitung – beispielsweise in ein Programm – dann erleichtert wird, wenn alle zum Verständnis notwendigen Informationen lokal, zum Beispiel auf einer Seite, zur Verfügung stehen. Durch eine gute Lokalität kann daher das Zusammensuchen benötigter Informationen, z. B. das Blättern auf verschiedenen Seiten, das Suchen oder Nachschlagen referenzierter Texte, vermieden werden.

Eine **optimale Lokalität** liegt vor, wenn zum Verstehen eines Lernstoffs sich alle benötigten Informationen auf einer oder mehreren zusammenhängenden Seiten befinden. Das bedeutet andererseits, dass *nicht* benötigte Informationen *nicht* vorhanden sind.

Lokalität bei Lehrbüchern

Befindet sich der Lernende auf einer Buchdoppelseite, dann sollte er auf diesen zwei Seiten folgende Informationen vorfinden (Abb. 8.13-1):

- ■ **Wo bin ich?** Angabe von Kapitel- und Unterkapitel (jeweils Nr. und Überschrift) im lebenden Kolumnentitel am oberen Rand der Seiten (siehe »Was kann/sollte ein Verlag für ein Lehrbuch tun?«, S. 509). Dadurch wird die Orientierung (siehe »Orientierung – Inhalte schnell finden«, S. 163) und Navigation (siehe »Navigation – Hilfe bei der Orientierung«, S. 310) unterstützt. Deutliche und große Anzeige der Seitenzahl, auf der man sich befindet, am besten oben, da man dort zuerst hinschaut. Dadurch wird auch der Zugriff auf referenzierte Seiten beschleunigt.

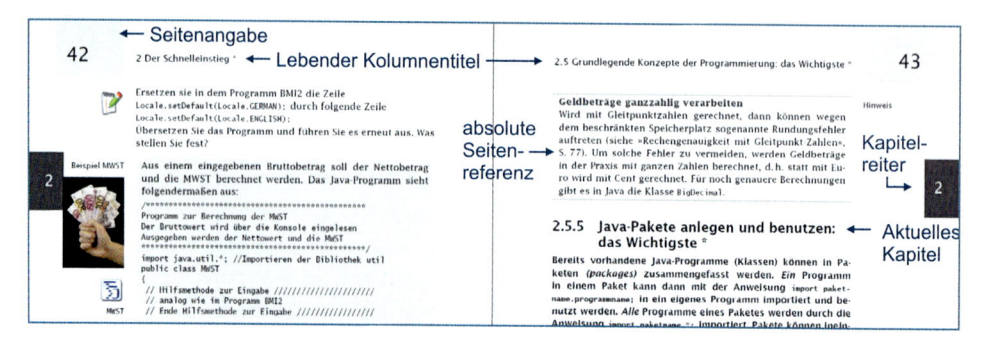

Abb. 8.13-1: Informationen in einem Lehrbuch zur Frage »Wo bin ich?« [Balz13, S. 42 f.].

Beispiel   Bei einigen Lehrbüchern fehlt im lebenden Kolumnentitel die Kapitel- und Abschnittsnummerierung, z. B. [Lehn09]. Referenzen können sich dann nicht auf eine Abschnittsnummerierung beziehen.

Manche Lehrbücher haben den lebenden Kolumnentitel unten auf der Seite, was wegen der bevorzugten Blickrichtung beim Lesen nicht optimal ist, z. B. [KlLe12]. Bei manchen dieser Bücher fehlt auch noch die Kapitelüberschrift, z. B. [FrFr06].

- **Wie komme ich woanders hin?** Referenzen auf andere Seiten sind als absolute Seitenzahlen anzugeben, um einen schnellen Zugriff zu ermöglichen.

Beispiel   In vielen Büchern werden Referenzen noch in der Form »Kapitelnummer« angegeben, obwohl es technisch kein Problem darstellt, beim Buchsatz absolute Seitenzahlen für Referenzen zu erzeugen, siehe z. B. [Terh09] (Angabe: z. B. Kap. I,5 – im Kolumnentitel fehlt zusätzlich auch noch die Kapitelangabe), [Myer08], [Baum11].

- **Wie können Referenzen vermieden werden?** Wird auf eine Abbildung oder eine Tabelle an anderer Stelle im Buch Bezug genommen, dann sollte überlegt werden, ob die Abbildung oder Tabelle nicht doppelt abgedruckt wird, um ein Nachschlagen zu vermeiden.
- **Wo finde ich Anmerkungen und Fußnoten?** Wenn Sie als Autor Anmerkungen und Fußnoten zum Text haben, dann sollten diese auf der gleichen Seite unten in kleinerer Schrift dargestellt werden.

Beispiel   In manchen Büchern werden Anmerkungen und Fußnoten erst am Ende des Buches oder am Ende des jeweiligen Kapitels aufgeführt, sodass der Lernende dauernd zum Nachschlagen gezwungen wird, wenn er die Anmerkungen und Fußnoten lesen will, siehe z. B. in [Lehn09] und [Mede06].

- **Wo wird der Glossarbegriff erläutert?** Sind in einem Text Glossarbegriffe explizit ausgezeichnet, dann befinden sich die Erklärungen in der Regel in einem Glossarverzeichnis am Ende des Buches (siehe auch »Glossar – die Mini-Enzyklopädie«, S. 314). In einigen Büchern – Voraussetzung ist eine breite Marginalspalte – werden Glossarbegriffe sowohl lokal in der Marginalspalte erklärt als auch zusammengefasst im Glossarverzeichnis am Ende des Buches, z. B. in [Myer08].
- **Wo ist die Literaturangabe?** In der Regel werden im Text Referenzen auf das Literaturverzeichnis angegeben. Die Referenz kann jedoch unterschiedlich aussagekräftig sein – von einer Nummer bis hin zum Autorennamen (siehe »Formal richtig zitieren – Plagiate vermeiden«, S. 473). Eine vollständige Angabe der Literaturquelle auf der jeweiligen Seite ist *nicht* praktikabel, da die Informationen dann mehrmals wiederholt auftauchen würden.
- **Wo steht der Index?** Damit ein schneller Zugriff auf den Inhalt möglich ist, gehört der Index bzw. das Sachverzeichnis an das Ende des Buches. In manchen Büchern gibt es noch einen zusätzlichen Personen- und/oder Organisationsindex. Besser ist es, die Indizes zu einem Index zusammenzufassen und Personen und/oder Organisationen typografisch anders auszuzeichnen, zum Beispiel *kursiv* oder durch Kapitälchen, z. B. [Rech06]. Schlecht ist es, wenn der Index *nicht* am Ende des Buches steht, sondern wenn noch Anmerkungen oder das Literaturverzeichnis nach dem Index folgen, z. B. [Lehn13], oder das Personenverzeichnis nach dem Sachindex steht, z. B. [Baum11]. Lehrbücher ohne Index sind *nicht* akzeptabel!

Lokalität bei E-Learning-Kursen

Befindet sich der Lernende in einer Lerneinheit in einem E-Learning-System, dann sollte er in dieser Lerneinheit folgende Informationen vorfinden bzw. Zugriff darauf haben:

- **Wo bin ich?** In einem Navigationsbaum (evtl. auf- und zuklappbar) sollte er sehen, wo sich die Lerneinheit innerhalb des Kurses befindet.

Im Gegensatz zu Lehrbüchern kann in E-Learning-Kursen noch angegeben werden, wo der Lernende hergekommen ist und wohin er gehen kann (siehe »Navigation – Hilfe bei der Orientierung«, S. 310).

- **Wie komme ich woanders hin?** Referenzen können optisch gekennzeichnet und als Link realisiert werden. Durch einen Klick auf die Referenzstelle wird der referenzierte Kontext angezeigt – optimal in einem getrennten Fenster, so dass der Ausgangstext *nicht* unsichtbar wird.

- **Wo finde ich Anmerkungen, Fußnoten, Literaturquellen und Glossarbegriffserläuterungen?** Alle diese Elemente können optisch gekennzeichnet werden. Bei Mausberührung oder Mausklick werden die entsprechenden Erklärungen in aufgeblendeten kleinen Dialogfenstern angezeigt (Abb. 8.13-2).

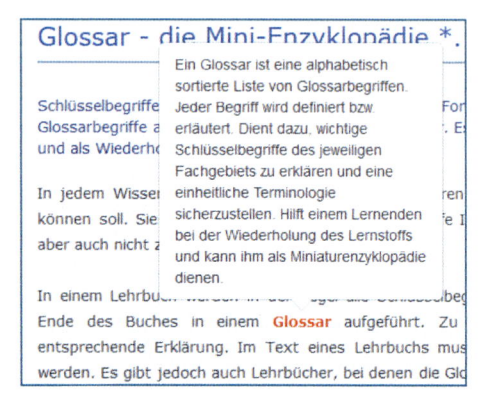

Abb. 8.13-2: Beispiel für die Anzeige eines Glossarbegriffs in der W3L-E-Learning-Plattform.

Im Gegensatz zu Lehrbüchern wird in E-Learning-Kursen kein Index benötigt, da E-Learning-Plattformen über eine Volltextsuche verfügen sollten.

- **Wo finde ich das Glossarverzeichnis und das Literaturverzeichnis?** Werden in einem E-Learning-Kurs Glossarbegriffe und Literaturquellen direkt angezeigt, dann sollte es trotzdem möglich sein, sich ein Glossarverzeichnis aller Glossarbegriffe und ein Literaturverzeichnis getrennt anzeigen zu lassen.

In E-Learning-Kursen ist es also leichter möglich, das Prinzip der Lokalität zu verwirklichen.

Hinweis | Achten Sie als Autor darauf, dass Ihnen in Ihrem Lehrbuch und der E-Learning-Plattform entsprechende Möglichkeiten zur Verfügung stehen, um Lokalität zu verwirklichen (siehe »Was kann/sollte ein Verlag für ein Lehrbuch tun?«, S. 509, »Was kann/sollte eine E-Learning-Plattform bieten?«, S. 513).

Keine unnötigen Informationen

Ziel ist es, dass der Lernende sich auf den jeweiligen Lerninhalt konzentrieren kann. Alle Informationen, die irrelevant für den jeweiligen Lerninhalt sind, sollten daher *nicht* vorhanden sein, da sie den Lernenden unnötig ablenken.

8.13 Das Lokalitätsprinzip – alles im Blick ***

In den Lehrbüchern »Schrödinger programmiert Java – Das etwas andere Fachbuch« [Acke14] und »Entwurfsmuster von Kopf bis Fuß« [FrFr06] werden jeweils eine Vielzahl von grafischen und typografischen Elementen verwendet, die meiner Meinung nach den Lernenden vom eigentlichen Inhalt stark ablenken (Abb. 8.13-3 und Abb. 8.13-4). Die deutschen Wörter »geöffnet« und »geschlossen« müssen *nicht* durch Grafiken veranschaulicht werden. Es handelt sich um »Schnickschnack«, um Aufmerksamkeit auf den ersten Blick zu »erhaschen«, der aber ohne semantische Bedeutung für den Lerninhalt ist. Die Seiten sind überladen.

Beispiel

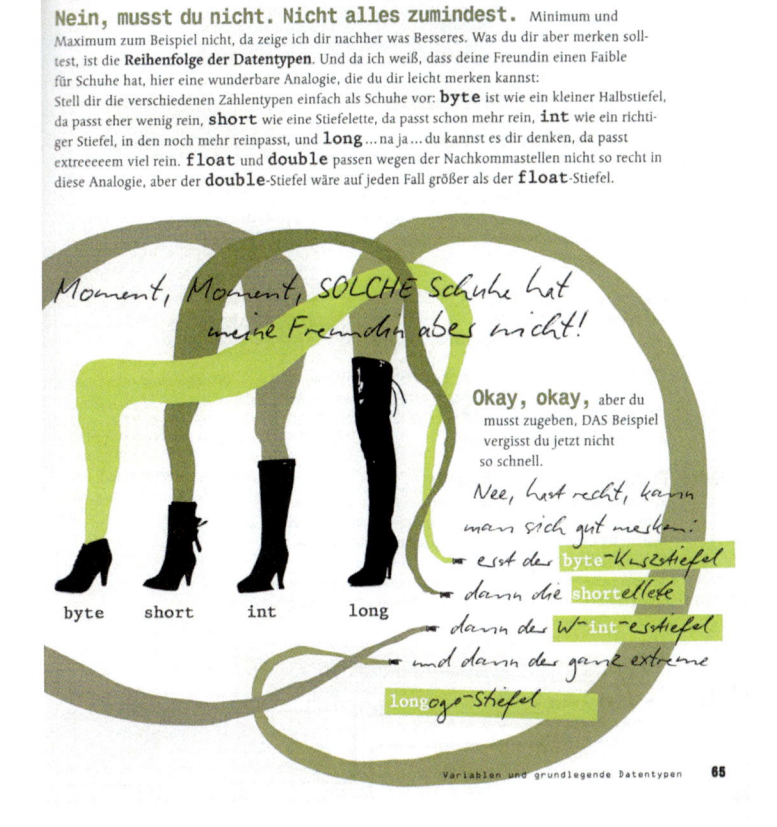

Abb. 8.13-3: Viel Grafik für einen einfachen Lerninhalt in der Programmierung [Acke14, S. 65].

■ »Rein dekorative Bilder sind ästhetisch ansprechende Bilder mit einem relativ geringen Informationsgehalt [...]. [...] auch bei dekorativen Bildern [ist] unklar, ob sich diese als lernför-

Empirie

8 Erweiterung – Aufbau von Lerneinheiten *

Das Offen/Geschlossen-Prinzip

Das Offen/Geschlossen-Prinzip

Grashüpfer ist auf dem Weg zur Erkenntnis eines der wichtigsten Entwurfsprinzipien:

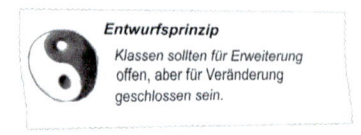

> **Entwurfsprinzip**
> Klassen sollten für Erweiterung offen, aber für Veränderung geschlossen sein.

Treten Sie ein. Es ist **GEÖFFNET**

Treten Sie ein. Es ist geöffnet. Wenn Sie wollen, erweitern Sie unsere Klassen mit jedem neuen Verhalten, das Ihnen gefällt. Wenn sich Ihre Bedürfnisse oder Anforderungen ändern (und wir wissen, dass sie das werden), gehen Sie einfach weiter und schreiben Ihre eigenen Erweiterungen.

GESCHLOSSEN Öffnungszeiten Mo / Di / Mi / Do / Fr

Leider haben wir geschlossen. Ja, so ist es. Wir haben sehr viel Zeit damit verbracht, diesen Code richtig und fehlerfrei zu machen. Deswegen können wir nicht zulassen, dass Sie bestehenden Code modifizieren. Er muss für Änderungen geschlossen bleiben. Falls Ihnen das nicht passt, können Sie sich an den Geschäftsführer wenden.

Unser Ziel ist es zu ermöglichen, dass Klassen leicht erweitert werden können, um neue Verhalten zu integrieren, ohne bestehenden Code zu verändern. Was es uns bringt, wenn wir das erreichen? Entwürfe, die für Veränderungen offen und flexibel genug sind, um neue Funktionalitäten aufzunehmen und so geänderten Anforderungen gerecht zu werden.

86 Kapitel 3

Abb. 8.13-4: Viel Platz für wenig Inhalt mit überflüssiger Grafik [FrFr06, S. 86].

derlich oder lernhinderlich erweisen« [Rey09, S. 98 f.]. Die besten Leistungen ergeben sich bei einem mittleren Grad an anregenden Elementen (goldener Mittelweg).

- Es konnte gezeigt werden, dass vielfach die dekorativen Bilder, nicht jedoch die relevanten Informationen behalten wurden. »Inwiefern aber dekorative Bilder eine motivationsstützende Funktion haben, so dass Informationen gründlicher bearbeitet werden, ist bisher nicht eindeutig geklärt« [ScHo11, S. 91].

8.13 Das Lokalitätsprinzip – alles im Blick ***

Die Einhaltung des Prinzips der Lokalität bringt folgende Vorteile:
+ Ermöglicht die schnelle Einarbeitung.
+ Fördert die Verständlichkeit und Lesbarkeit.
+ Vermeidet die Ablenkung durch Zugriff auf andere Kontexte.

8.14 Redundanzen vermeiden – kein Informations-»Rauschen« ***

Unnötige Wörter und grafische Elemente, die *keine* zusätzlichen Informationen liefern, sollten weggelassen werden. Übliche Abkürzungen sollten anstelle der Langformen verwendet werden, um Sätze nicht unnötig zu verlängern.

Inhaltliche Redundanzen, die den Lehrstoff aus verschiedenen Perspektiven beschreiben, sind sinnvoll und erwünscht.

Formale Redundanzen führen jedoch zu einem unnötigen Informations-»Rauschen« und sollten vermieden werden.

Beispiele
- Wird in Texten eine Abbildung referenziert, dann genügt die Angabe der Abbildungsnummer, ein Hinweis mit »siehe« ist überflüssig.
- Wird in Texten eine Literaturstelle zitiert, dann genügt die Angabe der Literaturstelle, ein Text »vgl.« ist überflüssig.

Regel: Bei einer Abbildungsreferenz in Klammern kein »siehe« oder »vergleiche« davor setzen – ist redundant.

− Nicht so: ... (siehe Abb. 5.3-1) ...
+ Sondern so: ... (Abb. 5.3-1) ...

Regel: Keine Angaben, die *keine* Informationen enthalten.

Beispiele
- In dem Buch »Entwurfsmuster von Kopf bis Fuß« [FrFr06] steht auf jeder rechten Seite unten: »Sie sind hier« Seitenzahl.
- In dem Buch »Schrödinger programmiert Java« [Acke14] befindet sich unten links im lebenden Kolumnentitel immer das Wort »Kapitel«, obwohl klar ist, dass dort immer die Kapitelnummer steht. Sie würde völlig ausreichen. Das Wort »Kapitel« bringt keinen Informationsgewinn.
- In dem Buch »Psychologie« [Myer08] befindet sich vor jeder Abbildungsreferenz ein blaues Symbol, das außerdem sehr dominant wirkt (Abb. 8.14-1).

Regel: Verwenden Sie übliche und gebräuchliche Abkürzungen – vermeiden Sie die Langformen.

Beispiele
- Statt »Beispiel«: z. B.
- Statt »vergleiche«: vgl.
- Statt »Abbildung«: Abb.
- Statt »eventuell«: evtl.
- Statt »unter Umständen«: u. U.
- Statt »zur Zeit«: z. Z.

8.14 Redundanzen vermeiden – kein Informations-»Rauschen« ***

6.3 · Wahrnehmungsorganisation

merkmale einer Szene, wie Farbe, Bewegung und Hell-Dunkel-Kontrast, verarbeiten wir sofort und automatisch (Treisman 1987). Um Ordnung und Form in diese grundlegenden Empfindungen zu bringen, folgt unser Denken bestimmten Gesetzen der **Gruppierung** dieser Reize (◘ Abb. 6.5). Diese Gesetze, die von den Gestaltpsychologen entdeckt wurden und sogar schon bei Babys zur Anwendung kommen, veranschaulichen die Auffassung, dass sich das wahrgenommene Ganze von der Summe seiner Teile unterscheidet (Quinn et al. 2002, Rock u. Palmer 1990):

- **Nähe:** Figuren, die räumlich nahe beieinander liegen, werden von unserer Wahrnehmung gruppiert. Links oben in ◘ Abb. 6.5 sehen wir nicht 6 einzelne Linien, sondern 3 Gruppen von 2 Linien.
- **Ähnlichkeit:** Figuren, die ähnlich sind, werden von unserer Wahrnehmung gruppiert. Rechts oben in ◘ Abb. 6.5 sehen wir die Dreiecke und Kreise als senkrecht stehende Säulen aus ähnlichen Formen und nicht als waagrechte Reihen unähnlicher Formen.
- **Kontinuität:** Wir nehmen Figuren als glatte, durchgehende und weniger als unterbrochene Muster wahr. Das Muster links unten in ◘ Abb. 6.5 könnte auch als eine Reihe von Halbkreisen bezeichnet werden, die abwechselnd oberhalb und unterhalb der Linie liegen, aber wir nehmen das Muster als 2 durchgehende Linien wahr: eine Wellenlinie und eine Gerade.
- **Zusammenhang:** Wenn 2 Punkte die gleiche Form haben und durch eine Linie miteinander verbunden sind, nehmen wir sie als eine Einheit wahr.
- **Geschlossenheit:** Wir füllen die Lücken, um uns ein vollständiges, ganzes Objekt zu schaffen. Wir nehmen also an, dass die Kreise (▶ Abbildung Geschlossenheit) vollständig sind, aber teilweise von einem (illusionären) Dreieck verdeckt werden. Man muss gar nicht mehr als ein paar kleine Kreisabschnitte hinzufügen, die den Kreis jeweils schließen (◘ Abb. Geschlossenheit, rechte Seite), und schon hört Ihr Gehirn auf, ein Dreieck konstruieren zu wollen.

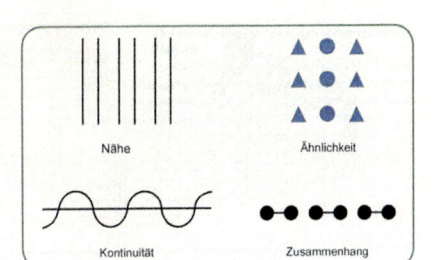

◘ **Abb. 6.5. Gruppierung von Reizen**
Wir könnten die hier gezeigten Reize auf vielerlei Art wahrnehmen, doch die Menschen überall auf der Welt sehen sie auf ganz ähnliche Weise. Die Gestaltpsychologen sahen darin einen Beleg dafür, dass das Gehirn nach bestimmten »Gesetzen« vorgeht, um die über die Sinne gewonnenen Informationen zu ganzheitlichen Strukturen zu ordnen

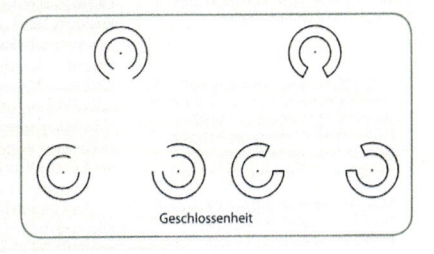

Abb. 8.14-1: Beispiel für unnötige Symbole bei Abbildungsreferenzen [Myer08, S. 265].

9 Erweiterung – Aufbau von Büchern/Kursen *

Als Autor müssen Sie bei der Konzeption eines Lehrbuchs oder eines E-Learning-Kurses eine Vielzahl von Gesichtspunkten beachten. Wichtige Gesichtspunkte sind im Folgenden zusammengestellt und beschrieben.

Damit Sie als Autor erfolgreich sind, müssen Sie wissen, für wen Sie schreiben:

- »Die Zielgruppe – Maßstab für Inhalt und Didaktik«, S. 276

Lernende sind neugierig auf den Autor, der ihnen Wissen vermittelt. Stellen Sie sich daher Ihren Lernenden in geeigneter Form vor:

- »Selbstdarstellung – Sich als Autor richtig präsentieren«, S. 279

Als Lehrender stehen Sie bei einer Präsenzveranstaltung immer vor der so genannten »Stoffmengenproblematik«. Sie müssen immer überlegen, wie viel Lernstoff Sie in einer Unterrichtseinheit oder einer Vorlesungsstunde den Lernenden präsentieren.

Stoffmenge

Als Autor eines Lehrbuchs dürfen Sie einen bestimmten Seitenumfang *nicht* überschreiten. In Abhängigkeit von der Bindungsart (siehe »Was kann/sollte ein Verlag für ein Lehrbuch tun?«, S. 509) liegt der maximale Seitenumfang bei 500 bis 1000 Seiten.

Bei einem E-Learning-Kurs gibt es eine solche Umfangsbeschränkung *nicht* – die Beschränkung ergibt sich aber aus dem Zeitbudget der Lernenden.

Es gibt die These, dass die Stoffmenge und die Lernqualität zusammenhängen (Abb. 9.0-1): Je größer die Stoffmenge ist, desto geringer ist die Lernqualität und umgekehrt.

Stoffmenge vs. Lernqualität

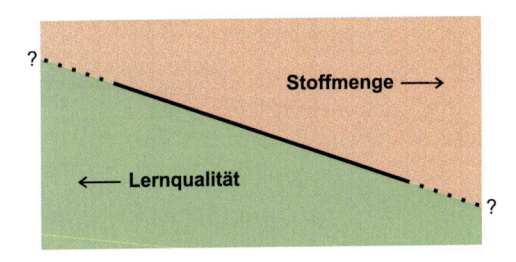

Abb. 9.0-1: Das Verhältnis von Stoffmenge zur Lernqualität (in Anlehnung an [Lehn13, S.30]).

Entspricht dies Ihrer Erfahrung? Ist die Lernqualität optimal, wenn die Stoffmenge gegen null geht? Wie sieht es aus, wenn die Stoffmenge zunimmt?

Frage

Antwort Meiner Erfahrung nach besteht eine komplexe Abhängigkeit zwischen der Stoffmenge und der Lernqualität.

Ist der Lernstoff didaktisch gut aufbereitet, z. B. durch anschauliche Beispiele und Grafiken, dann wird der Umfang der Stoffdarbietung u. U. zunehmen, die Lernenden werden den Stoff aber in kürzerer Zeit verstehen.

Ist die Stoffmenge *nicht* didaktisch aufbereitet, dann nimmt sie in der Darstellung u. U. weniger Platz ein, so dass bei vergleichbarem Platz die Stoffmenge größer sein kann. Der Lernende benötigt aber wegen der schlechten didaktischen Aufbereitung und dem zusätzlichen Stoff wesentlich mehr Zeit zum Lernen. Eventuell hat er Schwierigkeiten, den Stoff überhaupt zu verstehen.

Als Maßstab für den Stoffumfang sollte daher *nicht* der benötigte Platzumfang – beispielsweise in Buchseiten – dienen, sondern die dem Lernenden eingeräumte Zeit zum Erlernen des Stoffs. Dieser Weg wird heute auch bei Studiengängen an Hochschulen beschritten, bei denen die zeitliche Arbeitsbelastung *(workload)* des Studierenden für einen Modul festgelegt wird.

Um die Stofffülle zu reduzieren, gibt es verschiedene Möglichkeiten:

- »Reduktion der Stofffülle – Kriterien und Techniken«, S. 286

Die ausgewählten Inhalte sind anschließend noch einer didaktischen Transformation zu unterziehen, damit der Lernende den Lernstoff »gut verarbeiten« kann:

- »Reduktion der Komplexität – Konzentration & Vereinfachung«, S. 296

Auch wenn Sie sich auf die wesentlichen Lerninhalte beschränkt haben, so sind doch nicht alle Lerninhalte für den Lernenden gleich wichtig. Sie sollten den Lernenden daher einen Hinweis geben, welcher Stoff wie wichtig ist:

- »Inhalte gewichten – was ist relevant?«, S. 304

Wenn Sie ein sehr umfangreiches Lehrbuch oder einen umfangreichen E-Learning-Kurs erstellt haben, dann stellt sich die Frage, wie sie eine tiefe Gliederung (mehr als drei Ebenen) reduzieren können:

- »Ausflachung von Gliederungsebenen: Buch-/ Kursteile«, S. 306

Ein gutes Lehrbuch und ein guter E-Learning-Kurs enthalten eine Reihe von didaktischen Gestaltungselementen, die Sie Ihren Lernenden erläutern sollten:

- »Didaktik erläutern – Motivation fördern«, S. 308

Damit der Lernende sich insbesondere in umfangreichen Lehrbüchern bzw. E-Learning-Kursen zurechtfindet, muss er jederzeit wissen, wo er sich befindet und wohin er gehen kann:

- »Navigation – Hilfe bei der Orientierung«, S. 310

Wichtig für das Verständnis eines Wissensgebiets ist die Kenntnis der Fachterminologie. Dazu gehören insbesondere die Kenntnis der relevanten Begriffe:

- »Glossar – die Mini-Enzyklopädie«, S. 314

Neues Wissen wird oft in »kleinen« Portionen und an einzelnen Beispielen vermittelt. Es ist jedoch auch erforderlich, Wissen miteinander zu verknüpfen und in größere Zusammenhänge zu stellen:

- »Fallstudien – Wissen auf komplexe Probleme angewandt«, S. 318

Für Lernende ist ein Index in Lehrbüchern ausgesprochen wichtig, damit sie gesuchte Inhalte schnell finden. Für Autoren ist die Erstellung eines Index sehr mühselig und aufwendig. Dennoch führt kein Weg daran vorbei:

- »Index – Hilfe bei der Suche von Inhalten«, S. 324

9 Erweiterung – Aufbau von Büchern/Kursen *

9.1 Die Zielgruppe – Maßstab für Inhalt und Didaktik *

Die Hauptzielgruppe mit ihren Voraussetzungen und Charakteristika muss bekannt sein, damit die Lernziele, die Lehrinhalte und die Didaktik entsprechend ausgerichtet werden können. Die Voraussetzungen und die Zielgruppen sollten im Lehrbuch und im E-Learning-Kurs explizit genannt werden, um Enttäuschungen bei den Lernenden zu vermeiden.

Damit Lehrbücher und E-Learning-Kurse erfolgreich sind, müssen Sie sich als Autor am Anfang überlegen, was Ihre **Hauptzielgruppe** ist. Die Lernziele (siehe »Lernziele – angestrebter Lerngewinn«, S. 62), die Inhalte (siehe »Reduktion der Komplexität – Konzentration & Vereinfachung«, S. 296), die Didaktik und die angenommenen Voraussetzungen müssen sich an dieser Hauptzielgruppe orientieren.

Es ist z. B. ein Unterschied, ob Sie Gymnasiasten, Bachelor-Studierende oder Master-Studierende ansprechen. Oder ob die Zielgruppe jung oder alt ist, ob es Berufstätige sind oder nicht. Je genauer Sie Ihre Zielgruppe kennen, desto »passgenauer« können Sie für sie schreiben.

Explizit angeben

Die Zielgruppen sollten sowohl beim Lehrbuch als auch beim E-Learning explizit benannt werden. Unspezifische oder zu breit gefasste Zielgruppen erhöhen vielleicht den Verkaufserfolg, lassen dafür aber viele frustrierte Lernende zurück. Auch sollten die **Voraussetzungen** für eine erfolgreiche Durcharbeitung explizit genannt werden.

9.1 Die Zielgruppe – Maßstab für Inhalt und Didaktik *

Zu dem Lehrbuch »Java: Objektorientiert programmieren« werden auf der Buchrückseite folgende Angaben gemacht [Balz14]:

Wissensgebiete Informatik | Programmierung | Objektorientierung | Java

Zielgruppen Studierende der Informatik (Haupt- & Nebenfach) | Quereinsteiger in die Informatik | Fachinformatiker | Schüler

Voraussetzungen Grundlagen der strukturierten & prozeduralen Programmierung in Java

Beispiel

Neben der Hauptzielgruppe kann es noch weitere Zielgruppen geben. Das didaktische Konzept muss jedoch auf die Hauptzielgruppe zugeschnitten sein. Wichtige Informationen für andere Zielgruppen können durch Nebentexte, Zusatzinformationen oder Exkurse vermittelt werden. In E-Learning-Kursen können die Zusatzinformationen vom Lernenden evtl. auch ein- oder ausgeblendet werden.

Die Abb. 9.1-1 zeigt eine Buchseite, die sowohl im Schreibstil (siehe »Der Schreibstil – gut lesbar, verständlich und anschaulich«, S. 251) als auch in den Grafiken (siehe »Grafiken, Bilder und Bildschirmabzüge erstellen«, S. 485) an die Zielgruppe »Jugendliche« angepasst ist.

Beispiel

307. Schwingende Feder

Du brauchst:
- 1 Drahtfeder (Spirale)

Und so wird's gemacht:
Ziehe die Drahtfeder zuerst auseinander und schiebe sie dann wieder zusammen.

Was wird geschehen?
Beim Auseinanderziehen erzeugst du in der Feder eine Schwingung, die an der Spule entlang läuft. Du erkennst Verdichtungen und Verdünnungen, wie in der Abbildung gezeigt. So ähnlich kann man sich die Schwingungen des Schalls vorstellen.

Warum denn das?
Schallwellen sind mechanische Schwingungen, die beim Durchgang von Schall in einem Medium (z. B. Luft) entstehen. Eine Schallwelle versetzt die Luft in Schwingung. Die Schwingungen breiten sich in der Luft aus. Eine Schallwelle besteht aus Gebieten mit hohem Druck (den Verdichtungen) und Gebieten mit niedrigem Druck (Entdichtungen). Bei hohem Druck sind die Luftmoleküle dichter, bei Entdichtungen sind sie weiter voneinander entfernt als normal.

> **Wenn du mehr wissen willst:**
> Schallwellen sind Longitudinalwellen, d. h. Schwingung und Wellenausbreitung laufen in gleicher Richtung. Die Moleküle der Luft bewegen sich aufeinander zu und voneinander weg in derselben Richtung wie die Welle und erzeugen dabei Bereiche hohen und niedrigen Luftdrucks.

308. Das springende Salzkorn   ECHT EASY!

Du brauchst:
- Plastikfolie (z. B. ein geplatzter Luftballon)
- 1 Gummiband
- 1 kleine Plastikschale
- 1 Topf
- 1 Kochlöffel
- grobkörniges Salz oder Reiskörner

Und so wird's gemacht:
1. Spanne die Plastikfolie über die Schale und befestige sie mit einem Gummiband.
2. Lege die Salz- bzw. Reiskörner auf die gespannte Folie.
3. Halte den Topf in die Nähe der Schale und klopfe kräftig mit dem Holzlöffel gegen die Topfwand.

Was wird geschehen?
Die Salzkörner hüpfen in die Luft.

Warum denn das?
Durch dein Klopfen vibriert die Luft, es bilden sich Schallwellen, du nimmst das Geräusch wahr. Die Schallwellen treffen auf die Schüssel und lassen die Folie vibrieren. Die Salzkörner werden von den Schwingungen in Bewegung versetzt und in die Luft gewirbelt.

Abb. 9.1-1: Beispiel für zielgruppengerechte Texte und Grafiken [Saan15, S. 211].

9.2 Selbstdarstellung – Sich als Autor richtig präsentieren *

Lernende wollen etwas über den Autor wissen, der ihnen Lerninhalte vermittelt. Angaben zur eigenen Person und zum beruflichen Werdegang tragen dazu bei, eine Vertrauensbasis zu schaffen (Selbstoffenbarung). Anrede, Schreibstil sowie Buch-/ E-Learning-Kurs-Gestaltung (wenn möglich) sagen etwas darüber aus, wie der Autor seine Beziehung zu den Lernenden sieht. Durch Appelle kann der Autor die Lernenden zu etwas veranlassen. In einem Vorwort kann der Lernende begrüßt werden.

Bei Präsenzveranstaltungen übermittelt der Dozent nicht nur Fachinhalte, sondern überträgt bewusst oder unbewusst weitere Informationen an die Zuhörer. Schulz von Thun erklärt die zwischenmenschliche Kommunikation durch ein »Vier Seiten einer Nachricht-Modell« (Abb. 9.2-1), auch als Kommunikationsquadrat bezeichnet [Schu02, passim].

Jede Nachricht beinhaltet viele verschiedene Botschaften. In diesem Modell werden vier Seiten unterschieden, die den Kommunikationsvorgang entscheidend beeinflussen:

9 Erweiterung – Aufbau von Büchern/Kursen *

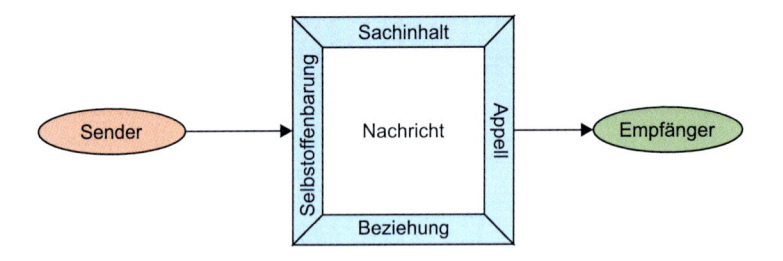

Abb. 9.2-1: Die vier Seiten einer Nachricht nach Schulz von Thun.

Sachinhalt
Eine Nachricht enthält eine Sachinformation.

Selbstoffenbarung
Jede Nachricht enthält auch Botschaften über den Sender. In jeder Nachricht steckt ein Stück Selbstoffenbarung des Senders. Dazu zählen sowohl die gewollte Selbstdarstellung als auch die unfreiwillige Selbstenthüllung.

Mit dieser Seite der Nachricht verbinden sich viele Probleme der zwischenmenschlichen Kommunikation. Der Sender kann damit z. B. versuchen sich anders darzustellen, als er eigentlich ist.

Beziehung
Aus der Nachricht geht außerdem hervor, wie der Sender zum Empfänger steht, was er von ihm hält, wie der Sender die Beziehung zwischen sich und dem Empfänger sieht.

Dies zeigt sich oft in der gewählten Formulierung, im Tonfall und anderen nichtsprachlichen Begleitaspekten. Für diese Seite hat der Empfänger ein besonders sensibles Ohr, denn hier fühlt er sich als Person entweder gut behandelt, d. h. angenommen oder schlecht behandelt, d. h. abgelehnt.

Eine Ablehnung kann sich sowohl gegen den Sachaspekt als auch gegen den Beziehungsaspekt richten.

Appell
In den seltensten Fällen wird etwas nur so gesagt. Fast alle Nachrichten haben die Funktion, den Empfänger zu veranlassen, etwas zu tun. Der Versuch, Einfluss zu nehmen, kann mehr oder weniger offen oder aber auch versteckt sein.

Frage	Wie wirkt sich das Kommunikationsquadrat auf Sie als Autor aus? Was können Sie als Autor tun, um die Kommunikation in Ihrem Sinne zu beeinflussen?
Antwort	Sehen Sie sich die folgenden Ausführungen und Beispiele dazu an.

9.2 Selbstdarstellung – Sich als Autor richtig präsentieren *

Die Selbstoffenbarung

Die Selbstoffenbarung drückt sich beispielsweise darin aus, wie Sie sich den Lernenden vorstellen. Dies können Sie beispielsweise in einem Vorwort oder einer Einführung tun. Sie können etwas zu Ihrem beruflichen Werdegang, zu Ihrer jetzigen Tätigkeit und/oder zu Ihren Erfahrungen als Autor sagen. Durch diese Informationen kann der Lernende sich ein Bild über Sie als Mensch und Experte machen. Je besser Sie Ihre Kompetenz als Experte darstellen, umso eher wird der Lernende Ihre Aussagen akzeptieren. Ein Foto von Ihrer Person ergänzt die textuellen Informationen. In E-Learning-Kursen können Sie die Lernenden auch durch einen Videoclip begrüßen und sich selbst vorstellen.

»Ich heiße Sylvia Löhken. Ich bin eine introvertierte Kommunikatorin. Das ist vielleicht ungewohnt: [...]« [Löhk12, S. 11]. — Beispiel

Hallo! — Beispiel
Mein Name ist Prof. Dr. Helmut Balzert. Ich leite die Forschungsgruppe Softwaretechnik an der Ruhr-Universität Bochum und habe das didaktische Konzept der W3L-E-Learning-Plattform entwickelt. Lernen ist anstrengend und erfordert Selbstdisziplin. Beides können wir Ihnen nicht abnehmen. Aber wir können Sie optimal unterstützen. Daher haben wir in die W3L-E-Learning-Plattform eine Vielzahl an Funktionen eingebaut, die Ihnen das Lernen erleichtern. Damit Sie diese Funktionen alle kennen, haben wir den Kurs »Mit W3L effizient lernen« erstellt, der Ihnen automatisch mit der ersten Kursbuchung zur Verfügung gestellt wird. Wenn Sie zum ersten Mal einen Kurs gebucht haben, dann empfehlen wir Ihnen dringend, zuerst diesen Kurs durchzuarbeiten. Die Zeit, die Sie hierfür benötigen, holen Sie bei der Bearbeitung Ihres gebuchten Kurses wieder ein. Wenn Sie Vorschläge oder weitere Ideen haben, schreiben Sie mir eine E-Mail:

■ W3LManagement@W3L.de

Zur Selbstoffenbarung zählt auch die äußere Erscheinungsform des Lehrbuchs oder des E-Learning-Kurses. Ein Buchcover kann elegant und zurückhaltend oder aufreißerisch und bunt gestaltet werden. Außerdem spiegelt sich die Selbstoffenbarung auch in der verwendeten Schrift, dem Satzspiegel und der grafischen Gestaltung der Seiten wider.

Als Autor haben Sie darauf aber oft keinen oder nur einen geringen Einfluss (siehe »Was kann/sollte ein Verlag für ein Lehrbuch tun?«, S. 509). Inhalt und Form sollten aber zueinander passen.

Oft erscheinen Lehrbücher in einer Lehrbuchreihe, die einen bestimmten Charakter besitzt. Auch hier sollten Sie prüfen, ob Ihr Werk der richtigen Lehrbuchreihe zugeordnet ist.

Beispiel — Die Buchreihe »... für Dummies« vermittelt den Eindruck, dass alle Themen für absolute Laien aufbereitet sind. Dies trifft aber *nicht* immer zu. Dadurch fühlt man sich als Leser dann nicht mehr ernst genommen.

Die Beziehung

Die Beziehung, die Sie zu den Lernenden eingehen wollen, hängt wesentlich vom textuellen »Tonfall« ab, den Sie in Ihren Lerneinheiten verwenden. Die Art und Weise des gewählten Tonfalls hängt natürlich auch von der Zielgruppe ab.

Wollen Sie seriös wahrgenommen werden, dann bietet sich sicher ein sachlicher Sprachstil an. Sprechen Sie den Lernenden direkt mit Sie an oder verwenden Sie die Passivform oder nutzen Sie den man-Stil (siehe auch »Anrede – ich, Sie, wir, man, es, Mann/Frau«, S. 21).

Beispiele — »Wenn Sie Manager sind, dann überlegen Sie, wie und wo Sie das Management erlernt haben. Wenn Sie noch *kein* Manager sind, dann überlegen Sie, welchen Ausbildungsgang Sie einschlagen würden, um für den Management-Beruf gerüstet zu sein« [Balz08, S. 11].

»Man kann sich mit vielen verschiedenen Dingen *beschäftigen*, aber man kann nur auf einem oder wenigen Gebieten *erfolgreich* sein. Fast alle Persönlichkeiten, die aufgrund ihrer Leistungen berühmt geworden sind, haben sich auf eine Sache, eine Aufgabe, ein Problem konzentriert: **Konzentration ist der Schlüssel zum Ergebnis!**« [Balz08, S. 31].

Wollen Sie eine junge Zielgruppe ansprechen oder sich von anderen Lehrbüchern unterscheiden, dann ist eine lockere Ansprache – oft verbunden mit dem DU-Stil – geeignet.

Beispiel — »*Wir können ruhig du sagen – mache ich mit Schrödinger ja auch. Ich nehme mal an, du hältst dieses Buch in den Händen, weil du genau wie Schrödinger schnell und trotzdem gründlich Java lernen und deine eigenen Anwendungen schreiben willst*« [Acke14, S. 21].

Sie können auch einen gesprächsorientierten Stil mit persönlicher Ansprache wählen (z. B. Abb. 9.2-2).

Sie können beim Wir-Stil auch den Lernenden mit in Ihre Gedankenwelt einbeziehen.

Beispiel — »Wir wissen einiges über die internen und die externen Bedingungen menschlichen Lernens und Denkens« [Nieg01, S. 23]. Hier ist allerdings unklar, ob der Autor den Leser mit dem »wir« einbeziehen will, oder ob er die Didaktik-Community mit »wir« meint.

9.2 Selbstdarstellung – Sich als Autor richtig präsentieren *

Und das können SIE tun, um sich Ihr Gehirn untertan zu machen

So, wir haben unseren Teil der Arbeit geleistet. Der Rest liegt bei Ihnen. Diese Tipps sind ein Anfang; hören Sie auf Ihr Gehirn und finden Sie heraus, was bei Ihnen funktioniert und was nicht. Probieren Sie neue Wege aus.

Schneiden Sie dies aus und heften Sie es an Ihren Kühlschrank.

(1) **Immer langsam. Je mehr Sie verstehen, umso weniger müssen Sie auswendig lernen.**
Lesen Sie nicht nur. Halten Sie inne und denken Sie nach. Wenn das Buch Sie etwas fragt, springen Sie nicht einfach zur Antwort. Stellen Sie sich vor, dass Sie das wirklich jemand *fragt*. Je gründlicher Sie Ihr Gehirn zum Nachdenken zwingen, umso größer ist die Chance, dass Sie lernen und behalten.

(2) **Bearbeiten Sie die Übungen. Machen Sie selbst Notizen.**
Wir haben sie entworfen, aber wenn wir sie auch für Sie lösen würden, wäre dass, als ob jemand anderes Ihr Training für Sie absolviert. Und sehen Sie sich die Übungen *nicht einfach nur an*. **Benutzen Sie einen Bleistift.** Es deutet vieles darauf hin, dass körperliche Aktivität *beim* Lernen den Lernerfolg erhöhen kann.

(3) **Lesen Sie die Abschnitte »Es gibt keine dummen Fragen«.**
Und zwar alle. Das sind keine Zusatzanmerkungen – *sie gehören zum Kerninhalt!* Überspringen Sie sie nicht.

(4) **Lesen Sie dies als Letztes vor dem Schlafengehen. Oder lesen Sie danach zumindest nichts Anspruchsvolles mehr.**
Ein Teil des Lernprozesses (vor allem die Übertragung in das Langzeitgedächtnis) findet erst statt, *nachdem* Sie das Buch zur Seite gelegt haben. Ihr Gehirn braucht Zeit für sich, um weitere Verarbeitung zu leisten. Wenn Sie in dieser Zeit etwas Neues aufnehmen, geht ein Teil dessen, was Sie gerade gelernt haben, verloren.

(5) **Trinken Sie Wasser. Viel.**
Ihr Gehirn arbeitet am besten in einem schönen Flüssigkeitsbad. Austrocknung (zu der es schon kommen kann, bevor Sie überhaupt Durst verspüren) beeinträchtigt die kognitive Funktion.

(6) **Reden Sie drüber. Laut.**
Sprechen aktiviert einen anderen Teil des Gehirns. Wenn Sie etwas verstehen wollen oder Ihre Chancen verbessern wollen, sich später daran zu erinnern, sagen Sie es laut. Noch besser: Versuchen Sie es jemand anderem laut zu erklären. Sie lernen dann schneller und haben vielleicht Ideen, auf die Sie beim bloßen Lesen nie gekommen wären.

(7) **Hören Sie auf Ihr Gehirn.**
Achten Sie darauf, Ihr Gehirn nicht zu überladen. Wenn Sie merken, dass Sie etwas nur noch überfliegen oder dass Sie das gerade erst Gelesene vergessen haben, ist es Zeit für eine Pause. Ab einem bestimmten Punkt lernen Sie nicht mehr schneller, indem Sie mehr hineinzustopfen versuchen; das kann sogar den Lernprozess stören.

(8) *Aber bitte mit Gefühl!*
Ihr Gehirn muss wissen, dass es *um etwas Wichtiges geht*. Lassen Sie sich in die Geschichten hineinziehen. Erfinden Sie eigene Bildunterschriften für die Fotos. Über einen schlechten Scherz zu stöhnen ist *immer noch* besser, als gar nichts zu fühlen.

(9) *Entwerfen Sie etwas!*
Wenden Sie das hier Gelernte auf einen Entwurf an, an dem Sie gerade arbeiten, oder gestalten Sie ein älteres Projekt damit um. Tun Sie *irgendetwas*, um neben den Übungen in diesem Buch weitere Erfahrungen zu sammeln. Sie brauchen dazu nur einen Bleistift und ein zu lösendes Problem ... ein Problem, das von einem oder mehreren Entwurfsmustern profitieren würde.

Sie sind hier ▸ xxix

Abb. 9.2-2: Beispiel für einen lockeren gesprächsorientierten Stil [FrFr06, S. xxix].

»Generell gilt, dass wir in einer Gesellschaft leben, die tagtäglich neues Wissen hervorbringt« [Lehn13, S. 13]. Hier bezieht der Autor den Lernenden in das »wir« mit ein.

Der Appell

In jeder Lerneinheit wollen Sie durch einen Appell den Lernenden dazu motivieren, etwas zu tun. Dies können Sie durch direkte Anweisungen an den Lernenden betonen, evtl. verstärkt durch ein Ausrufezeichen am Satzende.

Beispiele

»Tipps zur eigenen Motivation:
Tipp 1: Setzen Sie sich inspirierende Ziele und fragen Sie nach dem Sinn [...]
Tipp 2: Bauen Sie Ihre Demotivatoren ab [...]
Tipp 3: Unterdrücken Sie negative Gedanken«
[Hoff07, S. 122 ff.].

»Vergleichen Sie Ihre persönlichen Ziele mit denen des Unternehmens« [Ment08, S. 31].

Bleiben Sie authentisch. Ihre Selbstdarstellung muss zu Ihnen passen. Biedern Sie sich den Lernenden nicht an. Es sieht komisch aus, wenn Sie als Hochschullehrer mittleren Alters Ihre Lernenden mit DU und im lockeren Jugendslang ansprechen.

Hinweis

Bei mehreren Autoren müssen/sollten Sie sich natürlich auf eine Darstellungsform einigen.

Das Vorwort

Zu jedem Lehrbuch gehört am Anfang ein Vorwort, zu jedem E-Learning-Kurs eine Begrüßungs-Lerneinheit. Am Anfang des Vorwortes bzw. der Begrüßungs-Lerneinheit sollten Sie den Lernenden begrüßen und Ihre Freude zum Ausdruck bringen, dass er dieses Buch bzw. diesen Kurs erworben hat.

Beispiele

○ Vielen Dank, dass Sie sich für dieses Buch entschieden haben. Es führt Sie ein in die faszinierende Welt des Internets. Sicher haben auch Sie schon beruflich und/oder privat Kontakt mit dem Internet gehabt. Vielleicht hat Sie dabei ein zwiespältiges Gefühl befallen. In der Zeitung, im Radio und im Fernsehen liest, hört und sieht man täglich etwas über das Internet. Es gibt tolle Berichte über die vielfältigen Möglichkeiten des Internets, aber auch viele Horrorstorys über die Gefahren des Internets, angefangen von (Computer-)Viren über Trojaner bis hin zu Würmern.

○ Vielen Dank, dass Sie sich für dieses Buch entschieden haben. Es führt Sie ein in die faszinierende Welt statischer Websites. Sie lernen Schritt für Schritt und praxisorientiert, wie Sie mit HTML *(hypertext markup language)* – der Sprache des Internets – Homepages und Websites systematisch erstellen.

9.2 Selbstdarstellung – Sich als Autor richtig präsentieren *

○ Schön, dass Ihre Wahl auf dieses Buch gefallen ist. Das Festhalten und schnelle Wiederauffinden von Informationen ist eine Tätigkeit, mit der sich fast jeder in irgendeiner Form auseinandersetzen muss. Es beginnt beim Verwalten der privaten Adressen und Telefonnummern und geht weiter bis zur Speicherung komplexer Sachverhalte über Produkte, Lagerbestände und vieles mehr.

Nach der Begrüßung können Sie etwas darüber sagen, warum und für wen Sie das Lehrbuch bzw. den Kurs geschrieben haben, was man mit dem Wissen anschließend anfangen kann und wie das Buch bzw. der Kurs gegliedert ist.

Der Abschluss des Vorwortes bzw. der Begrüßungs-Lerneinheit sollte persönlich sein. Wünschenswert ist es, wenn Sie Ihre Unterschrift an das Ende des Vorwortes setzen. — *Abschluss*

Starten Sie jetzt mit Ihrem Einstieg in die Welt der objektorientierten Programmierung. Viel Spaß und Erfolg! — *Beispiele / Ans Werk*

Ihr

[Unterschrift: Helmut Balzert]

Und nun wünsche ich Ihnen viel Erfolg bei der Erstellung und Nutzung der eigenen Datenbank. — *An den Start*

Ihr

[Unterschrift: U. Kling]

Stellen Sie sich als Autor richtig dar durch ...
- geeignete eigene Darstellung in Wort, Bild, Videoclip im Vorwort und auf dem Buchcover (bei Lehrbüchern),
- passende Gestaltung des Buches/E-Learning-Kurses (Schrift, Satzspiegel, grafische Gestaltung),
- zielgruppengerechte und zu Ihrer Persönlichkeit passende Anrede der Lernenden (Sie, man, passiv, du, wir),
- Wahl eines geeigneten textuellen »Tonfalls«,
- Aufforderung der Lernenden, etwas zu tun (Appell),
- ein Vorwort, in dem Sie den Lernenden begrüßen.

9.3 Reduktion der Stofffülle – Kriterien und Techniken *

Eine Kombination von Übersichtswissen über ein Fachgebiet und beispielhafte Vertiefungen ermöglichen eine Reduktion der Stofffülle. Außerdem können Lehrstoffe auch nach verschiedenen Kriterien ausgewählt werden: nach fachlichen, inhaltlichen und/oder didaktischen Kriterien. Folgende Techniken können für die Inhaltsauswahl verwendet werden: »Die Siebe der Reduktion«, die »In-Out-Technik«, das »Sterne-System«. Nebensächliches kann besonders gekennzeichnet werden (Unter der Lupe), Merkeboxen können wichtige Aussagen betonen.

Als Lehrender bzw. als Autor stehen Sie immer vor der sogenannten »Stoffmengenproblematik«. Der Lernende hat ein vorgegebenes oder selbstbestimmtes Zeitbudget, den von Ihnen präsentierten Stoff zu lernen. Es gibt verschiedene Ansätze, die Stofffülle systematisch zu reduzieren.

Vollständigkeit vs. Gründlichkeit

Als Experte auf Ihrem Fachgebiet haben Sie ein umfangreiches Wissen, das Sie gerne an Ihre Lernenden vermitteln wollen. Ihr Ziel ist daher oft die **Vollständigkeit**: je mehr Stoff, desto besser. Dieser quantitative, enzyklopädische Ansatz orientiert sich meistens an der Fachsystematik des jeweiligen Faches.

Frage Welche Vor- und Nachteile hat dieser Ansatz?

Antwort + Der Lernende erhält einen Einblick in alle Gebiete des jeweiligen Fachgebiets.

9.3 Reduktion der Stofffülle – Kriterien und Techniken *

- Das vermittelte Wissen bleibt oberflächlich, da nicht genügend Zeit für das »tiefe« Eindringen in das jeweilige Gebiet möglich ist. Viele Inhalte werden nur noch »angesprochen«.

Die Alternative zur Vollständigkeit ist **Gründlichkeit**. Es werden nur ausgewählte Themen behandelt, die es ermöglichen, den fachlichen Kern und das zentrale Anliegen eines Gebietes zu vermitteln. Gibt es einen Kompromiss zwischen diesen beiden Alternativen? Ja. Er besteht darin, Übersichtswissen über das Fachgebiet mit exemplarischen Vertiefungen zu kombinieren (Abb. 9.3-1).

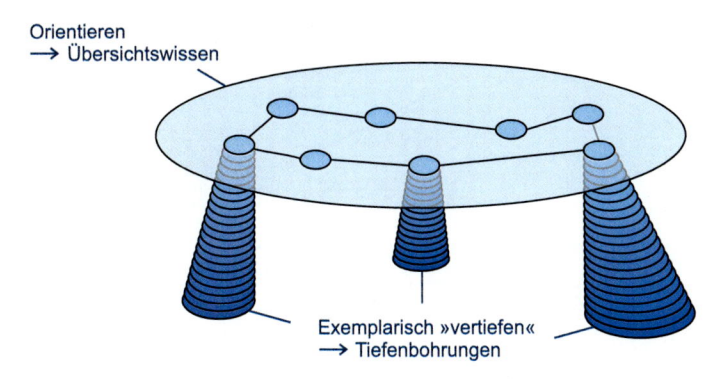

Abb. 9.3-1: Grundlandschaften und Tiefenbohrungen (in Anlehnung an [Lehn13, S.34]).

Dieses Konzept von der **Grundlandschaft und den Tiefenbohrungen** geht auf Martin Wagenstein [Wage13, S. 37 f.] zurück, Erstveröffentlichung 1956. »Die Grundlandschaft steht für den Überblick und das Ganze, die Tiefenbohrungen für sorgfältige Vertiefungen und die intensive Auseinandersetzung mit dem Einzelnen und Wesentlichen. So, wie die Grundlandschaft das Verbindende und Allgemeine anhaftet, stehen die Tiefenbohrungen als Muster oder Modell für etwas Fachtypisches« [Lehn12, S. 83 f.].

Die Grundlandschaft ist in der Regel systematisch aufgebaut und hilft dem Lernenden sich in dem Fachgebiet zu orientieren. Bei den Tiefenbohrungen kann es sich um fachsystematische Details, aber auch um eine situationsorientierte Konkretisierung handeln (siehe auch »Fallstudien – Wissen auf komplexe Probleme angewandt«, S. 318).

Die Abb. 9.3-2 gibt einen Überblick über das Urheberrecht (siehe »Urheberrechte beachten«, S. 465). Der Lernende erhält ein Gefühl für die einzelnen Urheberrechtsgebiete und ihre Zusammenhänge. Durch Tiefenbohrungen können die Themen »Autor«, »Zitatrecht«, »Großzitat« und »Zitatpflicht« vertieft werden, die für Autoren relevant sind.

Beispiel

Concept Map zum Urheberrecht

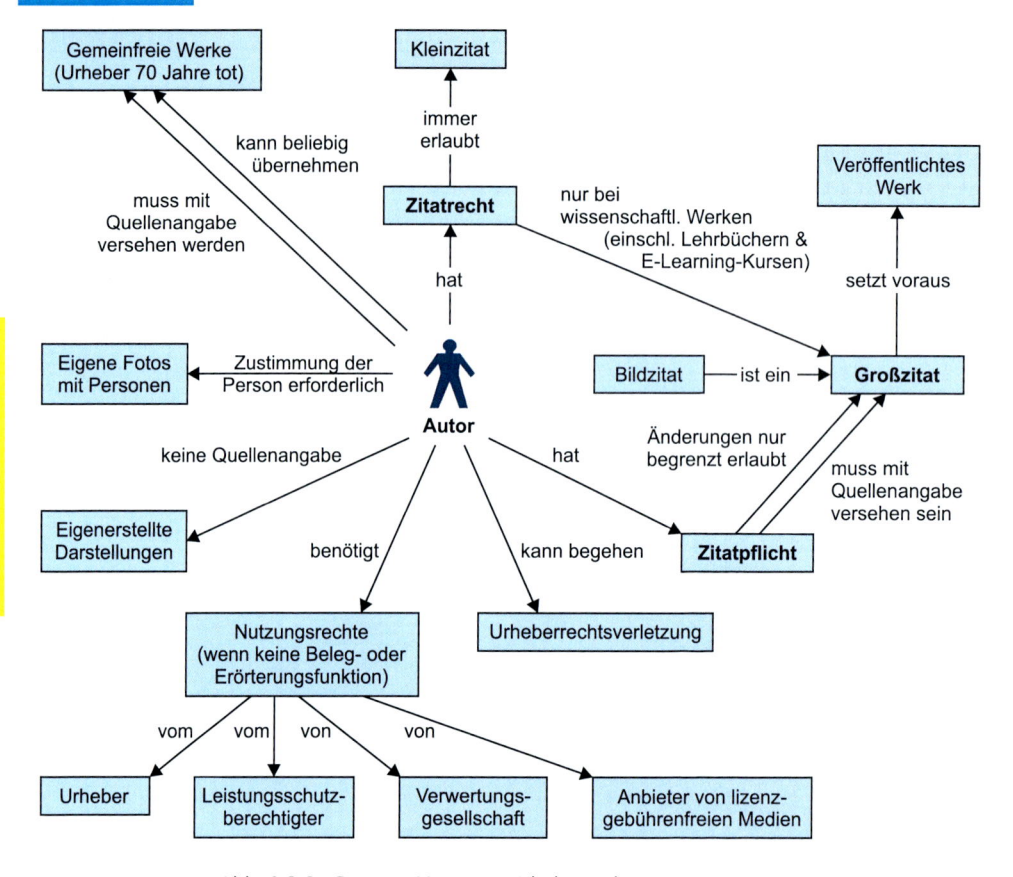

Abb. 9.3-2: Concept Map zum Urheberrecht.

Kriterien für die Inhaltsauswahl

Frage Nach welchen Kriterien wählen Sie Ihren Lehrstoff aus, damit er das vorgesehene Zeitbudget des Lernenden nicht überschreitet?

Antwort Für die Auswahl des Lehrstoffs können fachliche und/oder didaktische Kriterien verwendet werden.

Klafki hat bereits 1958 fünf inhaltliche Kriterien formuliert ([Klaf96, S. 270 ff.] zitiert nach [Lehn13, S. 19]):

- **Gegenwartsbedeutung**: Welche Bedeutung hat oder sollte der betreffende Inhalt für den Lernenden haben?
- **Zukunftsbedeutung**: Worin liegt die Bedeutung des Themas für die Zukunft des Lernenden?
- **Sachstruktur**: Wie sieht die Inhaltsstruktur aus?
- **Exemplarische Bedeutung**: Welchen allgemeineren Sinn- oder Sachzusammenhang erschließt dieser Inhalt? Welches Grundprinzip, welches Gesetz, welches Problem, welche Methode, welche Haltung lässt sich in der Auseinandersetzung mit diesem Inhalt exemplarisch erkennen?

9.3 Reduktion der Stofffülle – Kriterien und Techniken *

- **Zugänglichkeit**: Wie kann die Struktur des jeweiligen Inhalts den Lernenden interessant, fragwürdig, zugänglich, begreiflich, anschaulich gemacht werden?

Euler und Hahn [EuHa07, S. 126 ff.] kombinieren drei Auswahlprinzipien:

- Das **Wissenschaftsprinzip**: Welche wissenschaftlichen Erkenntnisse haben sich als besonders wichtig und relevant erwiesen?
- Das **Situationsprinzip**: Orientierung an der sozio-ökonomischen Lebenssituation der Lernenden, z. B. dem Arbeitskontext.
- Das **Bildungsprinzip**: Wie gut passen die Inhalte zu Grundwerten, z. B. Entfaltung der Persönlichkeit, Entwicklung von Verantwortung usw.

Die Fachhochschule Zentralschweiz gibt folgende Empfehlungen für die Stoffauswahl [Lehn13, S. 26]:

- Inhalte wählen, die dem aktuellen Wissensstand in Wissenschaft, Praxis und Kunst entsprechen.
- Über aktuelle Praxiserfahrungen berichten.
- Balance zwischen Theorie- und Praxisorientierung finden.
- Inhalte reduzieren zugunsten von Anwenden, Üben, Experimentieren, Problemlösen und Entwickeln.

Didaktische Raster können ebenfalls die Auswahl von Inhalten unterstützen. Sie legen Auswahlkategorien fest [Lehn12, S. 91 ff.]:

- Differenzierung nach Verwendungs-, Konflikt- oder Problemsituationen.
- Unterscheidung nach deklarativem Wissen (Faktenwissen, Theoriewissen) und prozeduralem Wissen (Erfahrungs- bzw. Handlungswissen, praktisches Wissen).
- Differenzierung nach Wissen (deklaratives Wissen), Verstehen (analytisches Wissen) und Können (prozedurales Wissen).
- Unterscheidung nach den Wissensdimensionen Faktenwissen, konzeptionelles Wissen, verfahrensorientiertes Wissen, metakognitives Wissen.

Das exemplarische Prinzip ist ein Stoffauswahlprinzip, bei dem es darum geht, ein umfassendes Etwas durch ein prägnantes Beispiel abzubilden (siehe »Beispiele – Regeln erkennen«, S. 223). Dieses Auswahlprinzip ist besonders für Fächer mit vielen Formen und Erscheinungen geeignet, z. B. Biologie. Die Abb. 9.3-3 zeigt das exemplarische Prinzip am Beispiel des Impressionismus (Abb. 9.3-3).

Beispiel

Abb. 9.3-3: Exemplarik am Beispiel der bildenden Kunst (Impressionismus) [Lehn12, S. 107].

Zitat »Das Exemplarische stellt eine mögliche Form der inhaltlichen ›Tiefenbohrung‹ dar. Um das ›größere Ganze‹ zu erfassen, bedarf es in der Regel sowohl weiterer, möglichst exemplarischer Beispiele als auch einer Einbettung in einen größeren Kontext, der inhaltlichen ›Grundlandschaft‹« [Lehn12, S. 108].

Situiertheit vs. Systematik? Der Lehrstoff kann auch danach ausgewählt werden, inwieweit er auf Anwendungssituationen angewandt werden kann. Ziel ist es, das situierte Lernen zu unterstützen.

Unter **situiertem Lernen** versteht man Lernsituationen, die sich an Anwendungssituationen orientieren, damit die Lernenden Probleme wie im »echten Leben« lösen. Sachverhalte werden aufgrund von situativen Elementen beschrieben, wie konkrete Beispiele, handlungsorientierte Fälle und Situationen (siehe auch »Fallstudien – Wissen auf komplexe Probleme angewandt«, S. 318).

Symbiose Oft erfolgt eine Stoffreduktion nach einer fachsystematischen Abstraktion. Es werden Kategorienschemata, Ordnungssysteme und allgemeine Prinzipien ermittelt (siehe oben).

Beide Ausprägungen werden oft als Gegensatz gesehen, ergänzen sich aber in Wirklichkeit:

Zitat »Inzwischen lässt sich die wissenschaftlich fundierte Schlussfolgerung ziehen, dass Lernen sowohl sachsystematisch als auch situiert erfolgen muss. Mit anderen Worten: Neben einem wohl organisierten disziplinären Wissenserwerb bedarf es von Anfang an einer Nutzung des erworbenen Wissens in lebensnahen, transdisziplinären, sozialen und problemorientierten Kontexten. Die Förderung sowohl des situierten als auch des systematischen Lernens ist eine wesentliche Bedingung für den Erwerb intelligenten, flexibel nutzbaren Wissens. [...] Nur wer neben der sachlogischen Systematik des Wissens auch die situativen Kontexte seiner möglichen Anwendung mitgelernt hat, erhöht die Wahrscheinlichkeit, dass es in lebenspraktischen, variablen Kontexten kreativ angewandt wird« [Wein98, S. 24].

Techniken für die Inhaltsauswahl
Die Siebe der Reduktion

Ein Hilfsmittel zur Auswahl von Lerninhalten sind die sogenannten »Siebe der Reduktion« [Lehn12, S. 95]. Man stellt sich in Gedanken unterschiedlich feine Siebe vor. Jedes Sieb steht stellvertretend für ein zur Verfügung stehendes Zeitbudget (für den Lehrenden oder den Lernenden) oder Seitenkontingent (bei Lehrbüchern und E-Learning-Kursen). Die Lerninhalte stellt man sich als Sand mit verschiedenen Körnungen vor (Abb. 9.3-4). Siebt man nun die Lerninhalte durch das grobe Sieb, dann bleiben nur wenige Lerninhalte im Sieb hängen.

Diese Lerninhalte kann man in einem knappen Zeitbudget von z. B. 15 Minuten vermitteln bzw. analog auf wenigen Seiten beschreiben. Im feinsten Sieb dagegen bleiben wesentlich mehr Lerninhalte »hängen«, für die man z. B. zwei Tage zur Vermittlung benötigt oder über 100 Seiten zum Beschreiben benötigt.

Grobes Sieb **gS** (15 Minuten bzw. 1 Seite)

Mittleres Sieb **mS** (1 Stunde bzw. 10 Seiten)

Feines Sieb **fS** (2 Tage bzw. 100 Seiten)

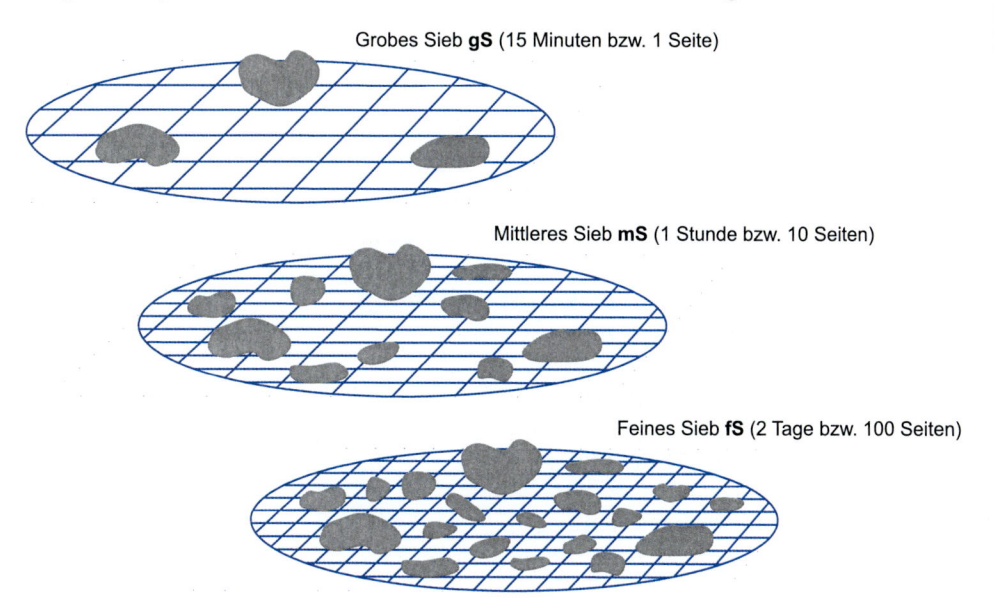

Abb. 9.3-4: Die Siebe der Reduktion [Lehn12, S. 96].

Es gibt zwei mögliche Vorgehensweisen:
- Es kann schrittweise vom feinen Sieb über das mittlere Sieb zum groben Sieb vorgegangen werden (schrittweise Reduzierung).
- Es kann erst stark reduziert (grobes Sieb) und anschließend wieder angereichert werden.

Beispiel | Sie wollen für Lehrbuchautoren die wichtigsten Regeln für das Zitieren und die Quellenangaben vermitteln. Es stehen maximal 10 Seiten dafür zur Verfügung. Sie haben diese Regeln bereits in einem anderen Buch auf insgesamt 50 Seiten beschrieben [BSS11, S. 165–214].

Folgende Inhalte liegen vor:

- <u>Anforderungen an die Quellen</u>
- **<u>Zitieren fremder Quellen</u>**
  - <u>Direktes Zitat</u>
  - **<u>Indirektes Zitat – Paraphrase</u>**
  - Sekundäres Zitat
  - Zitat im Zitat
  - Fremdsprachliche Zitate
  - **<u>Auf Quellen verweisen</u>**
  - **<u>Seitenangaben zu den Quellen</u>**
  - Passim
  - »Derselbe«, »Ebenda«, »a. a. O.«
  - <u>Kleinzitat vs. Großzitat</u>
  - Grafiken, Tabellen und Fotos
- **<u>Kurzzitierweisen</u>**
  - <u>Klassische Harvard-Zitierweise</u>
  - Modifizierte Harvard-Zitierweise
  - Autor-Stichwort-Jahr-Zitierweise
  - **<u>Kurzzitierweise mit Namenskürzel</u>**
  - <u>Kurzzitierweise mit numerischem Index</u>
- **<u>Formen der Veröffentlichung</u>**
  - **<u>Monografien</u>**
  - Fachzeitschriften
  - Sammelwerke
  - **<u>Internetquellen</u>**
  - Gesetzestexte
  - Gerichtsurteile
  - Konferenzbeiträge
  - Herstellerinformationen
  - Graue Literatur
  - Persönliche Mitteilung
- **<u>Quellenangaben im Literaturverzeichnis</u>**

Nach der ersten Reduzierung (feines Sieb) bleiben die <u>unterstrichenen Inhalte</u> übrig. Sie benötigen einen Seitenumfang von 30 Seiten. Da diese Reduzierung noch nicht ausreicht, wird im nächsten Schritt ein mittleres Sieb genommen. Es bleiben nur die **fett** gesetzten Inhalte übrig. Der Seitenumfang liegt jetzt bei ca. 15 Seiten. Um den Lernstoff um weitere fünf Seiten zu reduzieren, wird nun noch ein grobes Sieb genommen. Das Ergebnis finden Sie im Kapitel »Formal richtig zitieren – Plagiate vermeiden«, S. 473.

Die In-Out-Technik

Viele Wissensgebiete entwickeln sich sehr dynamisch, sodass oft in kurzen Abständen Aktualisierungen nötig sind. Neben **Aktualisierungen** gibt es aber auch **Erweiterungen**, d. h. neue Themen, die bisher nicht behandelt wurden. Als Lehrender neigt man dazu, neue Themen als Lernstoff hinzuzunehmen, ohne veralteten Lernstoff zu entfernen. Die In-Out-Technik besagt, dass immer, wenn ein neuer Lernstoff hinzukommt, ein anderer Lernstoff entfernt werden muss.

Das Sternesystem

Eine Alternative für die Reduktion durch den Lehrenden besteht bei Lehrbüchern und E-Learning-Kursen darin, den Lernenden selbst die Reduktion vornehmen zu lassen. Dies kann dadurch geschehen, das den Lernenden die Priorität der Lerninhalte angezeigt wird.

In den W3L-Lehrbüchern und den W3L-E-Learning-Kursen wird jedes Kapitel bzw. jede Lerneinheit durch ein Sternesystem gekennzeichnet: *Beispiel*

* = Grundlagenwissen
** = Vertiefungswissen
*** = Spezialwissen
**** = Expertenwissen

Dieses Sternesystem hilft den Lernenden, sich am Anfang auf die wesentlichen Inhalte zu konzentrieren (1 und 2 Sterne) und sich vielleicht erst später mit speziellen Themen (3 und 4 Sterne) zu befassen oder diese ganz zu überspringen.

Unter der Lupe

Eine andere Möglichkeit Nebensächliches bei Lehrbüchern und E-Learning-Kursen zu erklären, besteht darin, dies besonders zu kennzeichnen.

In den W3L-Lehrbüchern und den W3L-E-Learning-Kursen werden Zusatzinformationen für den interessierten Lernenden in der Marginalspalte durch ein Piktogramm »Unter der Lupe« gekennzeichnet. Die dort aufgeführten Inhalte gehören *nicht* zum Prüfungsstoff.   *Beispiel*

Beispiel

Das Wort Algorithmus

Die Bezeichnung Algorithmus geht zurück auf den arabischen Schriftsteller Abu Dshafar Muhammed Ibn Musa **al-Khwarizmi**. Er lebte um 825 n. Chr. in der Stadt Khiva im heutigen Usbekistan, die damals Khwarizm hieß und als Teil des Namens verwendet wurde. Er beschrieb die Erbschaftsverhältnisse, die sich ergaben, wenn ein wohlhabender Araber starb, der bis zu vier Frauen in unterschiedlichem Stand und eine Vielzahl von Kindern besaß. Dazu verwendete er algebraische Methoden und schrieb ein Lehrbuch mit dem Titel »Kitab al jabr w'almuqabalah« (Regeln zur Wiederherstellung und zur Reduktion), wobei die Übertragung von Gliedern einer Gleichung von einer zur anderen Seite des Gleichheitszeichens gemeint ist. Der Begriff *Algebra* leitete sich aus dem Titel des Lehrbuchs ab. Aus dem Namen des Schriftstellers wurde **algorism** und daraus **Algorithmus**.

Merkeboxen

Merkeboxen reduzieren den Lernstoff auf wichtige und merkbare Aussagen (siehe »Merkeboxen – Wesentliches kompakt«, S. 46). Bei der Formulierung dieser Aussagen können Sie als Autor prüfen, ob Sie das Wichtigste in der Lerneinheit dargestellt haben. Sie können bei den Aussagen eine etwas andere Perspektive einnehmen, die dem Lernenden hilft, den Lernstoff aus einem anderen Blickwinkel zu betrachten. Im Sinne der Stoffreduktion handelt es sich bei den Merkeboxen um eine Extremreduktion.

Nicht alle Ausnahmen

Sie kennen die Redensart »Den Wald vor lauter Bäumen nicht sehen«. Sie sehen nur die Einzelheiten, aber nicht das offensichtliche Ganze. Bei der Reduktion der Stofffülle ist daher immer zu überprüfen, ob Sie wirklich alle Ausnahmen aufführen sollten.

Zitat

»Man sollte sich hüten, alle Ausnahmen zu thematisieren. Manchmal ist es auch die Pflicht des Lehrers, die Schüler vor seinem Wissen zu schützen. So mancher Schüler bekommt es mit der Angst zu tun, wenn der Lehrer die gerade erarbeiteten Regelsysteme durch eine Flut von nachgereichten Ausnahmen praktisch zur Makulatur degradiert. Denn das Verstehen des ›Ausnahmefalls‹ ist meist anspruchsvoller« [Jürg05].

9.3 Reduktion der Stofffülle – Kriterien und Techniken *

Reduktion der Stofffülle bedeutet ...
- eine Auswahl wesentlicher Inhalte nach fachsystematischen und/oder didaktischen Kriterien,
- ein Weglassen oder eine Kennzeichnung (Unter der Lupe) weniger wichtiger Inhalte,
- *nicht* alle Ausnahmen eines Fachgebiets zu behandeln,
- Techniken zur systematischen Stoffreduktion anzuwenden.

[Lehn12], [Lehn13]

Weiterführende Literatur

9.4 Reduktion der Komplexität – Konzentration & Vereinfachung *

Durch eine Sachanalyse und eine anschließende didaktische Analyse kann ein Lehrstoff in einen Lernstoff transformiert werden. Aufgabe der didaktischen Analyse ist, durch Konzentration auf das Wesentliche und Vereinfachen des Komplizierten, die inhaltliche Komplexität qualitativ zu reduzieren. Als Technik können die »Siebe der Reduktion« verwendet werden. Gesiebt wird nach inhaltlichen Konstrukten.

»[...] wenn man bedenkt, dass der Lernstoff in der Regel die Komplexität einer vernetzten Struktur hat und dass im didaktischen Handeln diese vernetzte Struktur in eine lineare Struktur übersetzt werden muss.« *Prof. Dr. Norbert Meder*

Haben Sie als Autor die Stofffülle reduziert (siehe »Reduktion der Stofffülle – Kriterien und Techniken«, S. 286) dann besteht die nächste Aufgabe darin, den Lernstoff so aufzubereiten, dass er für die Lernenden »gut lernbar« ist.

Von der Fachlichkeit zur Fassbarkeit

Als Autor stehen Sie vor der Aufgabe, eine »Sache« bzw. einen **Lehrstoff** in einen »Unterrichtsgegenstand« bzw. einen **Lernstoff** zu übertragen. Lehrstoffe besitzen in der Regel eine fast ausschließlich von der **Fachlichkeit** geprägte Sachstruktur. Die Struktur muss von Ihnen in eine Sachstruktur für den Unterricht überführt werden, die den Anspruch auf **Fasslichkeit** weitgehend erfüllt [Lehn12, S. 65 f.].

Unter **Fachlichkeit** wird die Sachstruktur einer Fachwissenschaft verstanden, unter **Fasslichkeit** die Sachstruktur für den Unterricht.

9.4 Reduktion der Komplexität – Konzentration & Vereinfachung *

Um dies zu erreichen, sind eine Sachanalyse und eine didaktische Analyse erforderlich (Abb. 9.4-1).

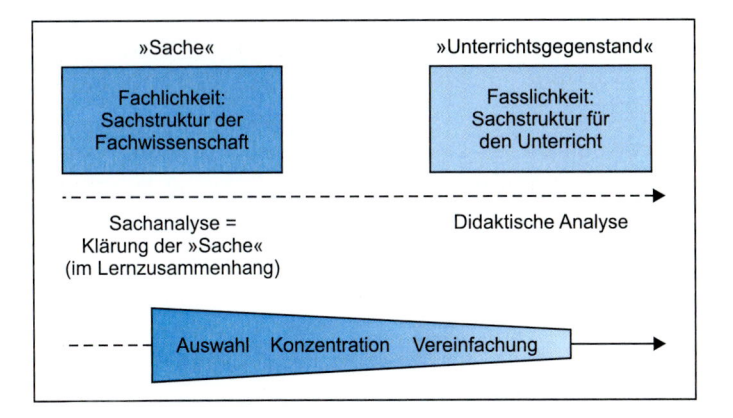

```
»Sache«                              »Unterrichtsgegenstand«
┌─────────────────┐                  ┌─────────────────┐
│  Fachlichkeit:  │                  │  Fasslichkeit:  │
│ Sachstruktur der│                  │ Sachstruktur für│
│ Fachwissenschaft│                  │  den Unterricht │
└─────────────────┘                  └─────────────────┘
---------------------------------------------------→
 Sachanalyse =                    Didaktische Analyse
 Klärung der »Sache«
 (im Lernzusammenhang)

 ----     ◁══════════════════════════════▷──────→
              Auswahl  Konzentration  Vereinfachung
```

Abb. 9.4-1: Sachanalyse und didaktische Analyse [Lehn12, S. 69].

Die Sachanalyse

»Die **Sachanalyse**, die im Rückgriff auf das verfügbare (wissenschaftliche) Wissen erfolgt, dient der Vergewisserung des Lehrenden, was zu einem Gegenstandsfeld an Wissen vorliegt, wie sich dieses Wissen entwickelt hat und welche Fragen noch ungeklärt sind« ([Nick06, S. 57], zitiert nach [Lehn12, S. 66]).

Zur Sachanalyse gehören vereinfacht drei Fragestellungen [Lehn12, S. 67]:

- ■ »Welche fachwissenschaftlichen **Grundlagen** sind für den Lerngegenstand bedeutsam?
- ■ Welche größeren fachwissenschaftlichen **Zusammenhänge** gilt es zu bedenken?
- ■ Welche fachlichen **Besonderheiten** sind zu berücksichtigen?«

Die didaktische Analyse

Aufbauend auf der Sachanalyse erfolgt die didaktische Analyse. In ihr wird die Sichtweise des Lernenden eingenommen. Folgende Fragestellungen sind zu untersuchen [Lehn12, S. 67]:

- ■ »Welchen **Stellenwert** besitzen die einzelnen Inhalte für die Zielgruppe, d. h., welche Begriffe, Prinzipien, Methoden und Theorien sind für die Lernenden von grundlegender Bedeutung?
- ■ Aus welcher **Perspektive** sollen die Inhalte erschlossen werden, und welche **Zugänge** zum Lerngegenstand lassen sich nutzen?

- In welcher **Reihenfolge** und nach welcher **Sachlogik bzw. didaktischen Logik** sollen die Inhalte erschlossen werden?«

Durch die didaktische Analyse werden die Inhalte so aufbereitet, dass der Lernende möglichst wenig Verständnisprobleme hat und viele Anknüpfungspunkte zu seinem Vorwissen herstellen kann [Rein15, S. 36].

Beide Analysen bieten die Möglichkeit, eine didaktische Reduktion vorzunehmen: Auswahl, Konzentration und Vereinfachung (Abb. 9.4-1).

Der Weg von der Fachlichkeit zur Fasslichkeit erfolgt durch eine Reduktion der inhaltlichen Komplexität in folgender Form [Lehn12, S. 119] (Abb. 9.4-2):

- Konzentration auf das Wesentliche, d. h. auf die für die Zielgruppe wesentlichen Begriffe, Aussagen, Erfahrungen und Strukturen.
- Vereinfachung des für die Zielgruppe Komplizierten auf fassliche Lernelemente.

Verglichen mit der Reduktion der Stofffülle geht es bei der Reduktion der inhaltlichen Komplexität stärker um eine qualitative Reduktion.

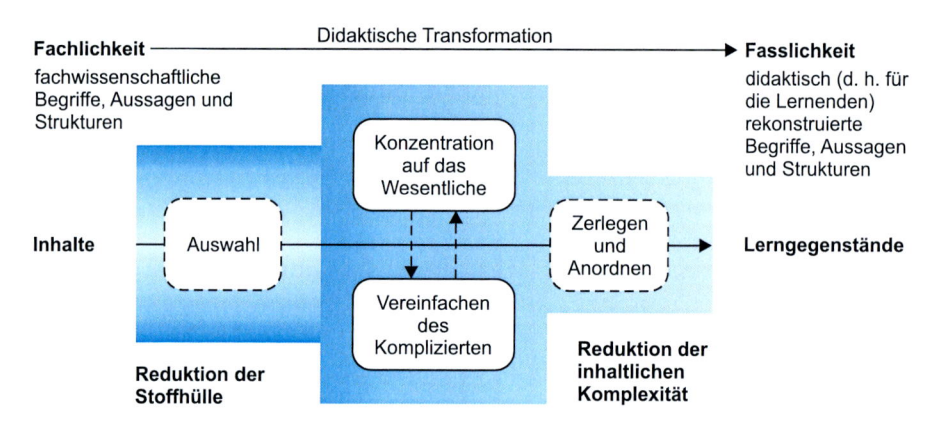

Abb. 9.4-2: Von der Fachlichkeit zur Fasslichkeit.

Den Inhalt umzuformen bedeutet:

- Den Inhalt aus verschiedenen Blickrichtungen zu betrachten.
- Den Inhalt in bildliche, mathematische, symbolische, körperliche Formen zu übersetzen.
- Den Inhalt zu interpretieren, z. B. in anderen Worten ausdrücken.

Beispiel Die Änderung einer Perspektive zeigt die Abb. 9.4-3 unter Beibehaltung der fachlichen Richtigkeit.

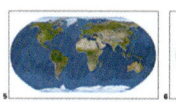

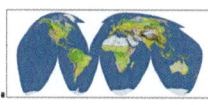

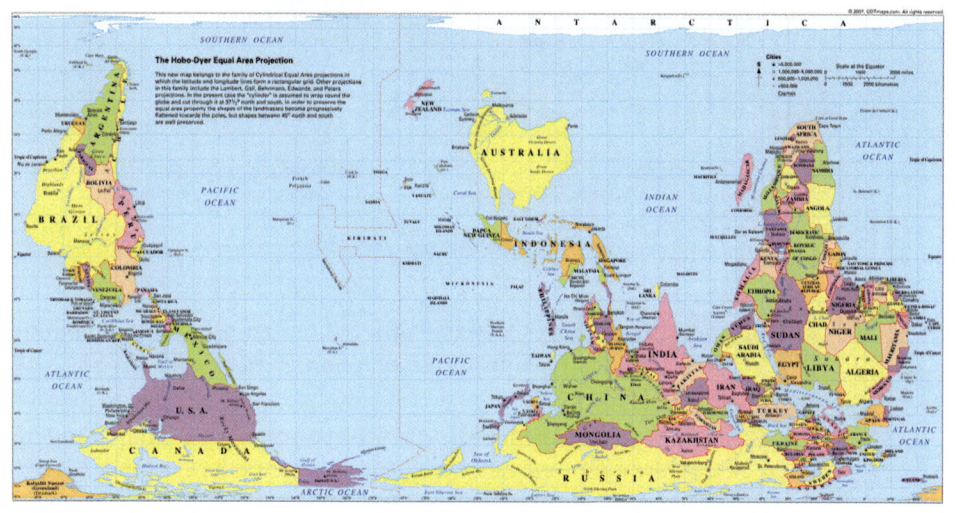

9.4 Reduktion der Komplexität – Konzentration & Vereinfachung *

Abb. 9.4-3: Beispiel für eine geänderte Perspektive (Quelle: www.ODTmaps.org).

Konzentration auf das Wesentliche
Elementares und Wesentliches

Was assoziieren Sie mit den Begriffen »elementar« und »wesentlich«? — *Frage*

Der Begriff **elementar** ist mehrdeutig: — *Antwort*

- Er steht für grundlegend, essenziell.
- Er steht aber auch für einfach, primitiv und anfängerhaft.

Der Begriff **wesentlich** steht für:

- den Kern einer Sache ausmachend.
- von entscheidender Bedeutung.
- substanziell.

Das Elementare kann in vielerlei Gestalt auftreten [Lehn12, S. 122]:

- als grundlegende Einsicht,
- als formuliertes Gesetz,
- als gültige Regel,
- als Zusammenhang, Nachwirkung,
- als einfache Erfahrung.

Wesentliches wird nach [Lehn12, S. 122] immer verknüpft mit »wesentlich für eine bestimmte Zielgruppe« (Abb. 9.4-4).

Inhalte
(z. B. Begriffe, Aussagen)

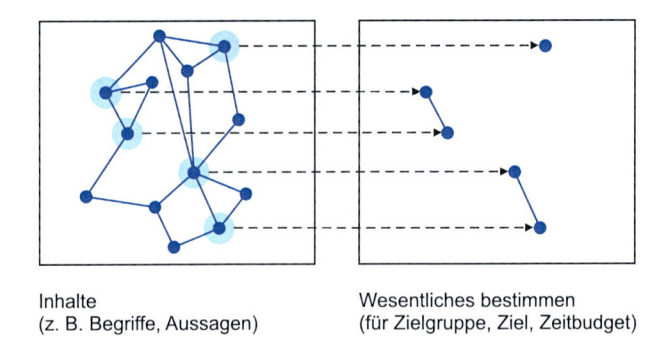

Wesentliches bestimmen
(für Zielgruppe, Ziel, Zeitbudget)

Abb. 9.4-4: Konzentration auf das Wesentliche.

Bei der inhaltlichen Konzentration können zwei verschiedene Formen der Abstraktion unterschieden werden [Lehn12, S. 124] (Abb. 9.4-5):

- Bei der **generalisierenden Abstraktion** wird nach Verallgemeinerungen und übergreifenden Merkmalen gesucht.
- Bei der **isolierenden Abstraktion** werden einzelne, typische Merkmale identifiziert.

Technik Als Technik, um die inhaltliche Komplexität zu reduzieren, eignen sich wiederum die »Siebe der Reduktion« (siehe »Reduktion der Stofffülle – Kriterien und Techniken«, S. 286). Gesiebt werden jetzt jedoch inhaltliche Konstrukte wie Begriffe, Aussagen und Strukturen (Abb. 9.4-5).

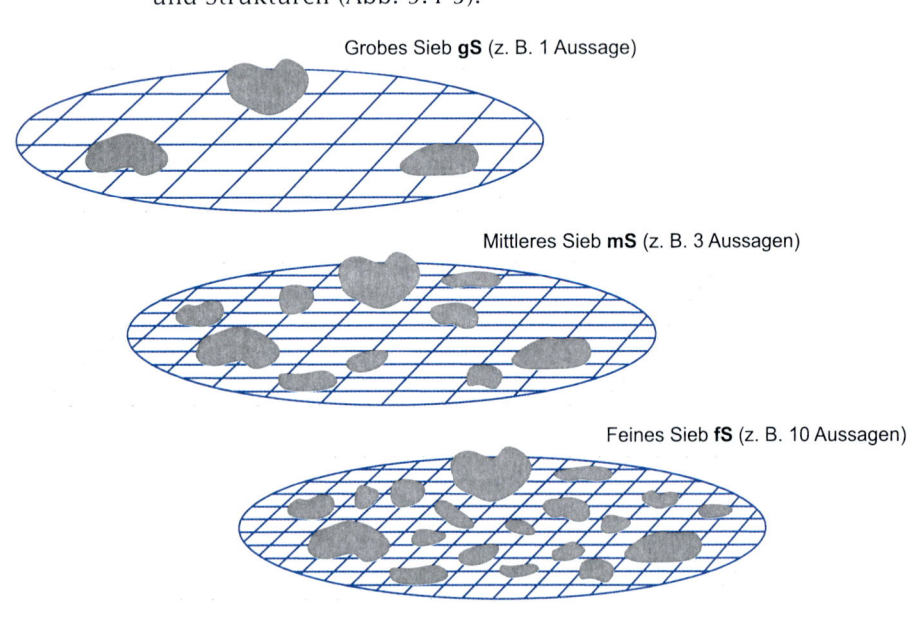

Grobes Sieb **gS** (z. B. 1 Aussage)

Mittleres Sieb **mS** (z. B. 3 Aussagen)

Feines Sieb **fS** (z. B. 10 Aussagen)

Abb. 9.4-5: Die Siebe der Reduktion [Lehn12, S. 96].

9.4 Reduktion der Komplexität – Konzentration & Vereinfachung *

Eine **Extremreduktion** liegt vor, wenn für eine Lerneinheit der Inhalt in einer Kernaussage gebündelt werden kann (siehe auch »Merkeboxen – Wesentliches kompakt«, S. 46). Witze können ebenfalls dazu dienen, einen Inhalt in einer Kernaussage zusammenzufassen.

Von der Häufigkeit früherer Ereignisse wird oft auf die Wahrscheinlichkeit der Folgeereignisse geschlossen. Beispielsweise beim Roulette: Es kam 3 x schwarz hintereinander, also muss jetzt doch die Wahrscheinlichkeit, dass rot als Nächstes kommt, steigen. Dieser Denkfehler wird als Monte-Carlo-Effekt *(gamblers fallacy)* bezeichnet. In Form eines Witzes wird dieser Denkfehler deutlich:
»Falls Sie demnächst ein Verkehrsflugzeug zu besteigen beabsichtigen, nehmen Sie aus Sicherheitsgründen bitte eine Bombe mit. Die Wahrscheinlichkeit, dass in einem Flugzeug zwei Leute mit einer Bombe sitzen, beträgt nämlich nahezu null« [Lehn12, S. 128].

Beispiel

Oft werden Trends unreflektiert fortgeschrieben. Die Problematik wird durch folgendes Beispiel verdeutlicht:
○ Als Elvis Presley 1977 starb, gab es weltweit 37 Elvis-Imitatoren.
○ 2014 war die Zahl auf 4.800 angestiegen.
○ Die Hochrechnung ergibt, dass im Jahr 2053 jeder dritte Erdenbürger ein Elvis-Imitator sein wird [Fink14].

Beispiel

Aussagen sind in der Regel besser als Begriffe geeignet, Inhalte zu konzentrieren [Lehn12, S. 128].

In jedem Wissensgebiet gibt es wichtige Begriffe, die der Lernende kennen und wiedergeben können sollte. Es ist jedoch darauf zu achten, dass *nicht* zu viele Begriffe als wesentlich angesehen werden. Eine Vorgehensweise zur Reduktion von Begriffsstrukturen wird in [MHV08, S. 113] angegeben:

Begriffe

1 Eine vollständige Liste aller benutzten Fachbegriffe erstellen, die zentralen Fachbegriffe markieren und gewichten.
2 Begriffsliste prüfen und ausdünnen, d. h. überflüssige, aktuell nicht benötigte Begriffe streichen.
3 Reduzierte Begriffsliste zusammenstellen und semantisch strukturieren, übergeordnete Zusammenhänge herausarbeiten.

Die so gefundenen Begriffe sollten in Form von Glossarbegriffen in den einzelnen Lerneinheiten aufgeführt und in einem Glossar zusammengefasst dargestellt werden (siehe »Glossar – die Mini-Enzyklopädie«, S. 314). Zum Überprüfen, ob Glossarbegriffe von den Lernenden beherrscht werden, eignen sich Kreuzworträtsel.

Qualitativ & quantitativ — In den Ingenieur- und Naturwissenschaften wird oft von umgangssprachlichen Beschreibungen schrittweise hin zu Formeln geführt:

1. qualitativ
2. halbquantitativ
3. quantitativ sprachlich
4. quantitativ mathematisch

Vereinfachung

Frage — Wann empfinden Sie einen Sachverhalt als schwierig – unabhängig von Ihren Vorkenntnissen?

Antwort — Folgende Aspekte tragen dazu bei, dass etwas als »schwierig« empfunden wird [Lehn12, S. 136]:

- Zwischen den einzelnen Elementen bestehen vielfältige Beziehungen.
- Der Abstraktionsgrad ist hoch und wird durch eine Vielzahl von Fachbegriffen erklärt.
- Theorie und Praxis stimmen *nicht* überein.
- Fragestellungen können unterschiedlich beantwortet bzw. interpretiert werden.

Eine Vereinfachung kann in zwei Dimensionen erfolgen:

- Wahl einer Darstellung, die weniger komplex ist bzw. weniger Merkmale enthält (Einschränkung).
- Reduktion der Abstraktion durch eine konkretere Form der Darstellung (Veranschaulichung).

»Während das Einschränken eine hohe Komplexität in Richtung einer weniger hohen entwickelt, führt das Veranschaulichen von wenig anschaulichen Darstellungen zu stärker anschaulichen bzw. von eher abstrakten Darstellungen – abstrakt bedeutet hier etwa: ungegenständlich – zu stärker konkreten Darstellungen« [Lehn12, S. 143].

Einschränken

Folgende Techniken unterstützen das Einschränken:

- **Abstrahieren**: Details weglassen, Einflussfaktoren vernachlässigen, Komplikationen ausklammern, Ausnahmen und seltene Fälle weglassen. Das Ergebnis ist eine allgemeinere Aussage (generalisierende Abstraktionen) oder eine pointiertere Aussage (isolierende Abstraktionen) (siehe oben und »Abstraktion – richtigen Abstraktionsgrad wählen«, S. 168).
- **Partikularisieren**: Auf einen bestimmten Aspekt beschränken, z. B. auf eine Funktion, auf ein Prinzip, auf ein Phänomen, auf das Qualitative.

9.4 Reduktion der Komplexität – Konzentration & Vereinfachung *

Veranschaulichen

Das Veranschaulichen wird durch folgende Techniken gefördert:

- **Idealisieren**: Entwicklung von theoretischen Modellen, wobei störende Abweichungen vernachlässigt werden.
- **Analogien nutzen**: Ein in der Zielgruppe bekannter Sachverhalt wird in eine Ähnlichkeitsbeziehung zum zu vermittelten Sachverhalt gesetzt. Achtung: Analogien können auch zu falschen Vorstellungen führen. Beispiel: Vergleich des elektrischen Stromkreises mit einem Wasserkreislauf.
- **Visualisieren**: Einen Sachverhalt durch realistische Bilder und Fotos, Skizzen, Grafiken, Metaphern, gegenständliche Modelle, Symbole, Audio- und Videoclips veranschaulichen (siehe »Visualisierung – die Kunst der Veranschaulichung«, S. 30).
- **Aktiv handeln**: Durch Experimente, Übungen, praktische Tätigkeiten eigene Erfahrungen ermöglichen (»Ausprobieren und Experimentieren«, S. 383).

> **Reduktion der inhaltlichen Komplexität bedeutet ...**
> - eine inhaltliche Konzentration,
> - ein Weglassen weniger wichtiger inhaltlicher Aspekte,
> - eine inhaltliche Vereinfachung,
> - eine weniger merkmalsreiche inhaltliche Darstellung.

[Lehn12], [Rein15, S. 35 ff.]

Weiterführende Literatur

9.5 Inhalte gewichten – was ist relevant? **

Inhalte können nach Wichtigkeit, nach Art des Wissens und nach prüfungsrelevanz kategorisiert werden. Den Lernenden kann dies quantitativ (Wiederholungen) oder qualitativ (Hervorhebung, Herabsetzung, Ausgliederung) deutlich gemacht werden.

Als Autor müssen Sie zunächst die für Ihre Zielgruppe und für die zu erreichenden Lernziele relevanten Inhalte ermitteln:

- »Reduktion der Stofffülle – Kriterien und Techniken«, S. 286
- »Reduktion der Komplexität – Konzentration & Vereinfachung«, S. 296

Haben Sie dies erledigt und Ihre Inhalte erstellt, dann werden Sie trotzdem feststellen, dass *nicht* alle Ihre Inhalte gleich wichtig für die Lernenden sind.

Inhalte lassen sich drei Kategorien zuordnen [Dago09, S. 51]:

Nach Wichtigkeit

- **Sehr wichtig**: Sie sind für ein grundlegendes Verständnis der Thematik unentbehrlich und besitzen oft einen hohen Abstraktionsgrad.
- **Wichtig**: Sie fördern zusätzlich das Verständnis und sind für eine tiefgreifende Auseinandersetzung mit dem Thema wichtig. Sie besitzen meist einen mittleren Abstraktionsgrad.
- **Weniger wichtig**: Sie behandeln Teilaspekte, die zwar interessant, für das Verständnis aber weniger wichtig und daher entbehrlich sind. Ihr Abstraktionsgrad ist oft gering.

Nach Art des Wissens

Eine andere Kategorisierung wird in den W3L-Lehrbüchern und den W3L-E-Learning-Kursen vorgenommen. Jede Lerneinheit wird mit folgendem Sternesystem ausgezeichnet:

* = Grundlagenwissen, ** = Vertiefungswissen
*** = Spezialwissen, **** = Expertenwissen

Dieses Sternesystem hilft dem Lernenden, sich am Anfang auf die wesentlichen Inhalte zu konzentrieren (1 und 2 Sterne) und sich vielleicht erst später mit speziellen Themen (3 und 4 Sterne) zu befassen.

Nach prüfungsrelevanz

Viele Lehrbücher und E-Learning-Kurse werden durchgearbeitet, um sich auf eine Prüfung vorzubereiten. Es ist für den Lernenden daher hilfreich, wenn Sie ihn auf wichtige prüfungsrelevante Dinge aufmerksam machen:

- Auf Fehler, die häufig gemacht werden, sollten Sie hinweisen – oft handelt es sich um Denkfallen.
- Da Prüfungen oft in Klausurform durchgeführt werden, möchten Lernende gerne Beispielklausuren zum Üben erhalten. Streuen Sie entsprechende Aufgaben in Ihre Stoffvermit-

9.5 Inhalte gewichten – was ist relevant? **

telung ein – mit dem Hinweis, dass es sich um eine Prüfungsmusteraufgabe handelt.
- Helfen Sie dem Lernenden durch Eselsbrücken, komplexe Sachverhalte sich einzuprägen.

In den W3L-Lehrbüchern und W3L-E-Learning-Kursen werden folgende didaktischen Elemente verwendet, um prüfungsrelevantes Lernen zu unterstützen:

Beispiele

- Kurzfassungen am Beginn jeder Lerneinheit sind gut geeignet, um relevanten Stoff zu wiederholen.
- Merkekästen beschreiben wichtige Inhalte aus anderer Perspektive.
- Randnotizen in der Marginalspalte komprimieren Inhalte zu Stichpunkten – gut geeignet zur Stoffauffrischung.
- Selbsttestaufgaben in E-Learning-Kursen geben Klausuraufgaben wieder – die Lösung ist zunächst zugeklappt. Der Lernende kann seine eigene Lösung mit der Musterlösung vergleichen und sich selbst bewerten.
- Auf Denkfehler wird durch dieses Piktogramm hingewiesen.

Die Bedeutung der verschiedenen Inhalte kann quantitativ oder qualitativ deutlich gemacht werden.

Darstellungsarten

Quantitativ bedeutet, dass wichtige Inhalte an verschiedenen Stellen (z. B. Merkekästen, Zusammenfassungen) wiederholt werden, während weniger wichtige Inhalte nur einmal vorkommen.

Qualitativ bedeutet, dass wichtige Inhalte hervorgehoben, weniger wichtige Inhalte gestaltlich herabgesetzt oder aus der Lerneinheit ausgegliedert werden:

- **Hervorhebung**: Fett-, Kursiv- oder Farbdarstellung, Aufnahme wichtiger Begriffe in das Glossar und den Index, zusätzliche bildliche oder multimediale Darstellung.
- **Herabsetzung** und/oder **Ausgliederung**: Unwichtige Inhalte können in einer kleineren Schriftart dargestellt werden (Herabsetzung), als Exkurse gekennzeichnet (Ausgliederung) oder als Fußnoten (Herabsetzung und Ausgliederung) formuliert werden.

In den W3L-Lehrbüchern und den W3L-E-Learning-Kursen werden unwichtige Informationen oder Zusatzinformationen durch ein Lupenpiktogramm gekennzeichnet. Ergänzende Informationen können auch in einer Fußnote aufgeführt werden (hat automatisch eine kleinere Schrift).

Beispiel

9.6 Ausflachung von Gliederungsebenen: Buch-/ Kursteile ***

Mehr als drei Gliederungsebenen erschweren den Lernenden den Überblick. Eine Gliederungsebene kann eingespart werden, wenn Lehrbücher oder E-Learning-Kurse in Teile gegliedert werden, die mit römischen Nummern versehen werden.

Damit der Lernende den Überblick über die Struktur Ihres Lehrbuchs oder Ihres E-Learning-Kurses behält, sollten nicht mehr als drei Gliederungsebenen verwendet werden. Tiefere Gliederungsebenen sollten »ausgeflacht« werden. Eine Möglichkeit besteht darin, **Buchteile** bzw. **Kursteile** einzuführen. Dadurch kann eine Gliederungsebene eingespart werden (Abb. 9.6-1). Buchteile/Kursteile werden in der Regel mit römischen Ziffern nummeriert.

Bei Büchern:	Hauptkapitel	Kapitel	Unterkapitel	»Ausgeflachte« Gliederung	
				Variante 1	Variante 2
				I 1	I 1
				II Aufbau	II Aufbau
				1	2
				1.1	2.1
				1.2	2.2
				1.3	2.3
				2	3
				3	4
				3.1	4.1
				3.2	4.2
				3.3	4.3
				III Aufbau	III Aufbau
				1	5
				2	6
				3	7
				3.1	7.1
				3.2	7.2
				IV Aufbau	IV Aufbau
				1	8
				2	9
				V Aufbau	V Aufbau
				1	10
				1.1	10.1
				1.2	10.2
				1.3	10.3
				1.4	10.4
				1.5	10.5
				1.6	10.6
				2	11
				VI Aufbau	VI Aufbau
				1	12
				2	13
				VII 1	VII 14

9 Gruppierungen
24 Wissensbausteine

Legende: ▶ Zweig des Baums/Gruppierung
● Blatt des Baums/Wissensbaustein

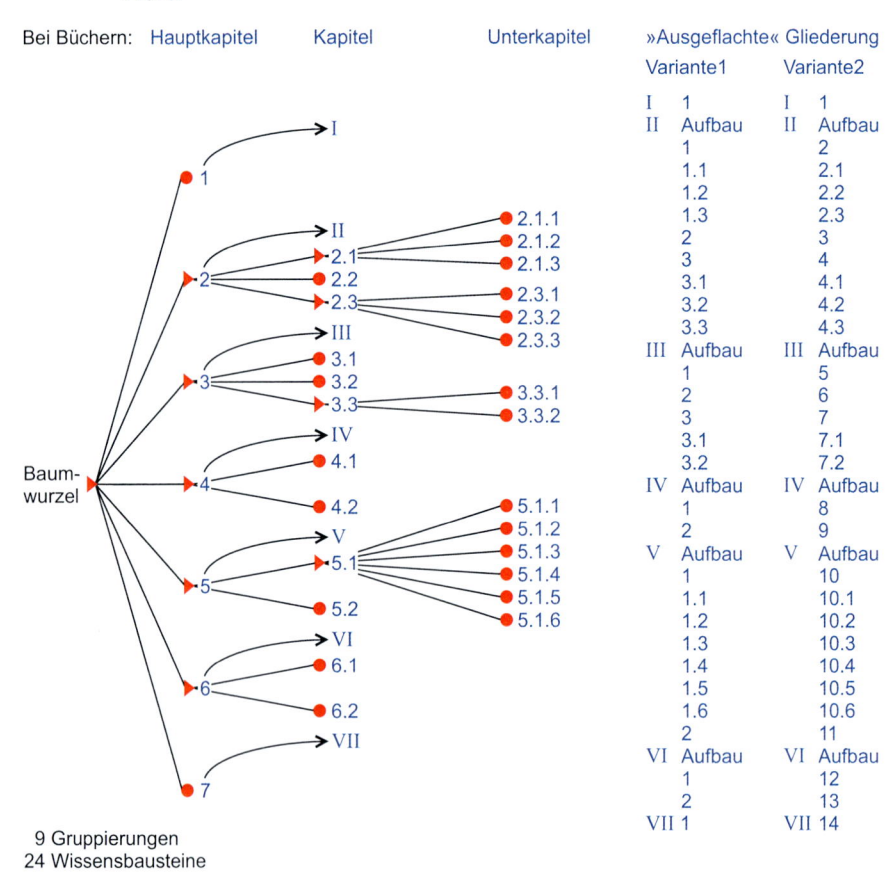

Abb. 9.6-1: »Ausflachen« einer Hierarchie.

9.6 Ausflachung von Gliederungsebenen: Buch-/ Kursteile ∗∗∗

Die Abb. 9.6-1 zeigt, wie aus einer dreistufigen Hierarchie durch Buch- bzw. Kursteile eine zweistufige Hierarchie erreicht wird. Die Hauptkapitel bzw. die obersten Gruppierungen werden als Übersichtsbausteine vor die Kapitel gesetzt und mit römischen Ziffern nummeriert. Für die Strukturierung gibt es zwei Varianten. In der Variante 1 (Abb. 9.6-1, linke Spalte) werden die Bausteine pro Buch- bzw. Kursteil jeweils von eins an neu gezählt, wobei in dem Baustein mit der alleinigen römischen Ziffer der Aufbau und die Gliederung des jeweiligen Buch- bzw. Kursteils beschrieben werden. Da der Kurs- bzw. Buchteil I nur aus einem Baustein besteht, fällt »Aufbau & Gliederung« weg.

In der Variante 2 werden alle Bausteine unabhängig von der Buchteil- bzw. Kursteilgliederung fortlaufend durchgezählt (Abb. 9.6-1, rechte Spalte). In der W3L-E-Learning-Plattform ist nur diese Variante möglich.

Beispiel

Sie sollten eine Hierarchie nur dann »ausflachen«, wenn Sie sonst über drei Hierarchiestufen hinauskommen oder wenn Ihr Buch bzw. Kurs sehr umfangreich ist, sodass die Gliederung in Buch- bzw. Kursteile dem Lernenden eine zusätzliche Hilfestellung gibt.

Tipp

Die hier verwendete Terminologie unterscheidet klar zwischen Wissensbausteinen bzw. Lerneinheiten – die den originären Lehrstoff enthalten – und **Gruppierungen**, die Wissensbausteine und/oder Gruppierungen thematisch zusammenfassen – und einen Überblick über die nächste Gliederungsebene geben. Bei Büchern gibt es eine Terminologie, die sich nur an der Hierarchie der Gliederung orientiert: Hauptkapitel, Kapitel, Unterkapitel, Abschnitte – unabhängig davon, ob es sich um Blätter oder Zweige des Baums handelt. Oft wird auch nur von Kapiteln oder Abschnitten unabhängig von der Gliederungsebene gesprochen.

Terminologie

9.7 Didaktik erläutern – Motivation fördern **

Die in einem Lehrbuch oder in einem E-Learning-Kurs verwendeten didaktischen Gestaltungselemente müssen den Lernenden an geeigneter Stelle erläutert werden. Dies kann bei einem Lehrbuch auf der vorderen Buchumschlags-Innenseite oder nach dem Vorwort erfolgen, in einem E-Learning-Kurs z. B. als besondere Lerneinheit am Anfang.

Für Ihr Lehrbuch oder Ihren E-Learning-Kurs werden Sie eine Reihe von didaktischen Gestaltungselementen einsetzen. Diese Gestaltungselemente sollten Sie Ihren Lernenden vorstellen und erläutern, damit Sie Ihre didaktischen Absichten verstehen.

Die Erläuterung kann eingebettet in den betreffenden Lerneinheiten erfolgen. In der Regel ist es jedoch sinnvoller, alle verwendeten didaktischen Elemente am Anfang des Lehrbuchs, z. B. nach dem Vorwort oder auf der vorderen Innenseite des Buchumschlags zu erläutern. Bei einem E-Learning-Kurs kann die Erläuterung in einer getrennten Lerneinheit am Anfang des Kurses erfolgen, oder wenn für alle Kurse dieselben didaktischen Elemente gelten, genügt *eine* Erklärung innerhalb der verwendeten E-Learning-Plattform.

Beispiel Am Anfang der W3L-Lehrbücher werden die verwendeten didaktischen Elemente wie folgt vorgestellt:

Sternesystem Jedes Kapitel und Unterkapitel ist nach einem **Sternesystem** gekennzeichnet:

* = Grundlagenwissen
** = Vertiefungswissen
*** = Spezialwissen
**** = Expertenwissen

Dieses Sternesystem hilft Ihnen, sich am Anfang auf die wesentlichen Inhalte zu konzentrieren (1 und 2 Sterne) und sich vielleicht erst später mit speziellen Themen (3 und 4 Sterne) zu befassen.

Übungen ermöglichen eine Selbstkontrolle und Vertiefung des Stoffes. Sie sind durch ein Piktogramm in der Marginalspalte gekennzeichnet.

Beispiel **Beispiele** helfen, Sachverhalte zu verdeutlichen. Sie sind in der Marginalspalte mit »Beispiel« gekennzeichnet. Der Beispieltext ist mit einem Grauraster unterlegt.

Tipps/ Hinweise Hilfreiche **Tipps**, **Empfehlungen** und **Hinweise** sind durch eine graue Linie vom restlichen Text getrennt.

9.7 Didaktik erläutern – Motivation fördern **

Definitionen sind durch graue, senkrechte Balken hervorgehoben.

Definition

Glossarbegriffe sind fett gesetzt, **wichtige Begriffe grau** hervorgehoben. Ein vollständiges Glossarverzeichnis finden Sie am Buchende.

Glossar

Dieses Piktogramm zeigt an, dass wichtige Inhalte nochmals in einer sogenannten Merkebox zusammengefasst wiederholt werden – oft unter einer anderen Perspektive, um den Lerneffekt zu erhöhen.

In den meisten Lehrbüchern wird »die Welt« so erklärt, wie sie ist – ohne dem Leser vorher die Möglichkeit gegeben zu haben, über »die Welt« nachzudenken. In einigen Kapiteln werden Ihnen Fragen gestellt. Diese Fragen sollen Sie dazu anregen, über ein Thema nachzudenken. Erst nach dem Nachdenken sollten Sie weiter lesen. (Vielleicht sollten Sie die Antwort nach der Frage zunächst durch ein Papier abdecken).

Frage & Antwort

Dieses Piktogramm weist darauf hin, dass jetzt ein Sachverhalt für den interessierten Leser detailliert vorgestellt wird.

Zu den didaktischen Gestaltungsmöglichkeiten gehört auch die grafische Textstruktur bzw. Textgliederung. Eine Lerneinheit kann z. B. immer einen gleichartigen Aufbau besitzen. Inhaltlich zusammengehörende Textabschnitte können durch eine Zwischenüberschrift eingeleitet werden. Beispiele können hervorgehoben werden, z. B. durch einen grauen Hintergrund oder durch Farbe.

Textstruktur

Achten Sie darauf, dass die Anzahl der didaktischen Elemente, die besonders hervorgehoben werden, nicht zu viel werden, damit der Lernende nicht durch zu viele Gestaltungselemente verwirrt und abgelenkt wird.

In einer Lerneinheit kann es z. B. nur eine Zwischenüberschriftenart geben. Aufzählungen in Listen beschränken sich auf drei Gliederungsebenen, z. B.

Beispiel

- Gliederungsebene 1
- ☐ Gliederungsebene 2
- ○ Gliederungsebene 3

Die Möglichkeiten und Beschränkungen der einsetzbaren didaktischen Elemente hängen natürlich stark von dem Lehrbuchverlag bzw. der verwendeten E-Learning-Plattform ab:

- »Was kann/sollte ein Verlag für ein Lehrbuch tun?«, S. 509
- »Was kann/sollte eine E-Learning-Plattform bieten?«, S. 513

9.8 Navigation – Hilfe bei der Orientierung *

In einem Lehrbuch soll der Lernende auf einer Seite jederzeit wissen, wo er sich befindet. Dies wird durch ein lebenden Kolumnentitel, eine deutliche Seitenangabe und einen Kapitelreiter ermöglicht. Verweise auf andere Seiten sollten als absolute Seitenzahlen angegeben werden. In E-Learning-Kursen gibt es verschiedene Möglichkeiten dem Lernenden zu zeigen, wo er hergekommen ist, wohin er gehen kann und wo er z.Z. ist.

Eine gute **Software-Ergonomie** liegt vor, wenn der Benutzer eines Softwaresystems jederzeit weiß, wo er ist, wie er dorthin gekommen ist und wohin er von hierher gehen kann.

Frage — Wie kann in einem Lehrbuch dem Lernenden die Frage beantwortet werden: »Wo bin ich?«

Antwort — Hat der Lernende eine Seite in einem Lehrbuch aufgeschlagen, dann können ihm folgende Informationen über das »Wo bin ich?« gegeben werden (Abb. 9.8-1):

- Ein lebender Kolumnentitel zeigt am Kopf der Seite an, in welchem Kapitel sich der Lernende gerade befindet (Kapitelnummer und Kapitelüberschrift). Oft wird auf der rechten Seite das aktuelle Kapitel und auf der linken Seite das übergeordnete Kapitel angegeben. Alternativ wird auf linken Seite das Hauptkapitel (oberste Gliederungsebene) und auf der rechten Seite das Kapitel der 2. Gliederungsebene aufgeführt.
- Eine gut lesbare Seitenangabe (Pagina) auf jeder Seite informiert den Lernenden darüber, wo er sich innerhalb des Lehrbuchs befindet.

9.8 Navigation – Hilfe bei der Orientierung *

- Ein mit der Kapitelnummer beschrifteter Kapitelreiter zeigt dem Lernenden, wo er sich innerhalb des Lehrbuchs befindet.

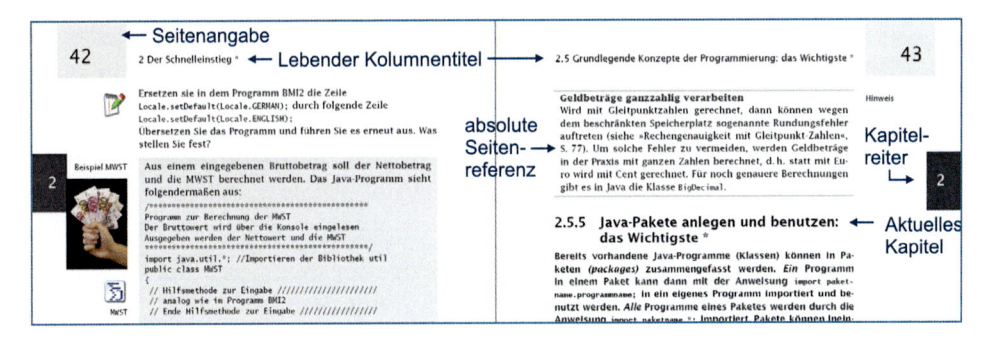

Abb. 9.8-1: Informationen in einem Lehrbuch zur Frage »Wo bin ich?« [Balz13, S. 42 f.].

Die Frage, »Wie bin ich hierhergekommen?«, kann in einem Lehrbuch nicht beantwortet werden.

Die Frage, »Wohin kann ich von hierher gehen?«, muss in einem Lehrbuch *nicht* beantwortet werden, da der Leser jederzeit auf jede andere Seite gehen kann. Bei Verweisen ist es jedoch möglich, nicht nur eine Kapitelnummer anzugeben, sondern die konkrete Seite, die er für den Verweis aufschlagen soll. Als Autor können Sie durch viele Querverweise dafür sorgen, dass der Lernende sich mit den Lernkontexten beschäftigt und sie leicht und schnell aufschlagen kann.

Alle diese Möglichkeiten muss jedoch der Verlag, der das jeweilige Lehrbuch herausgibt, zur Verfügung stellen. Achten Sie als Autor bei der Wahl eines Verlags daher auf diese Punkte (siehe »Was kann/sollte ein Verlag für ein Lehrbuch tun?«, S. 509).

Welche Möglichkeiten gibt es in E-Learning-Kursen, um dem Lernenden bei der Orientierung und der Navigation zu unterstützen? — *Frage*

Wo bin ich? — *Antwort*

- Anzeige des Inhaltsverzeichnisses in Form eines Navigationsbaums (permanent oder ein- und ausblendbar).

Wohin kann ich von hierher gehen?

- Links im Navigationsbaum, die nach dem Anklicken dazu führen, dass die gewählte Lerneinheit angezeigt wird.
- Links innerhalb einer Lerneinheit, die nach dem Anklicken dazu führen, dass eine interne Lerneinheit angezeigt wird oder eine Webseite im Internet.

Wie bin ich hierhergekommen?
- Ein gespeicherter Lernpfad, ein Logbuch oder eine Leseliste kann dem Lernenden zeigen, woher er gekommen ist.
- Die Vorwärts- und Rückwärts-Blätterfunktion des jeweiligen Webbrowsers erlaubt es, wieder auf die vorangegangenen Lerneinheiten zu navigieren.

Beispiele Die W3L-E-Learning-Plattform bietet zur Orientierung und Navigation folgende Möglichkeiten (Abb. 9.8-2):

Wo bin ich?
- Ein- und ausblendbarer Navigationsbaum mit Kurztiteln der Lerneinheiten (werden vom Autor vergeben).
- Die aktuell angezeigte Lerneinheit ist im Navigationsbaum hervorgehoben (fette Darstellung des Kurztitels).
- Standardmäßig wird die oberste Gliederungsebene angezeigt (Hauptkapitel). Jede weitere Gliederungsebene kann auf- und zugeklappt werden.
- Durch Symbole im Navigationsbaum wird angegeben, ob es sich bei der Lerneinheit um eine **Gruppierung**, einen erklärungsorientierten Wissensbaustein, eine Fallstudie oder eine enzyklopädische Einheit handelt.

Wohin kann ich von hierher gehen?
- Die Kurztitel im Navigationsbaum sind Links, die nach dem Anklicken dazu führen, dass die entsprechende Lerneinheit geladen wird.
- Die Pfeile der Baustein-Navigation (siehe Marginalspalte) führen den Lernenden über die einfachen Pfeile bausteinweise vor- bzw. zurück zum vorherigen oder nächsten Baustein im aktuellen Kurs. Über das Symbol mit dem Doppelpfeil nach unten öffnet der Lernende im Navigationsbaum den gesamten Kurs vollständig, das entspricht dem Inhaltsverzeichnis des Kurses (wie in einem Buch). Mit dem rechten Symbol kann der Lernende den Navigationsbaum ein- und ausblenden.
- Alle in einer Lerneinheit dargestellten orangefarbenen Wörter sind Links, die nach dem Anklicken das angegebene Ziel anzeigen. Dabei wird zwischen internen Links (innerhalb des aktuellen Kurses) und externen Links unterschieden. Bei externen Links wird ein neues Browserfenster bzw. ein neuer Browser-Tab geöffnet.
- Nach dem jeweiligen Anmelden eines Lernenden in der W3L-E-Learning-Plattform wird ihm pro Kurs als Empfehlung angezeigt, welche Lerneinheit er als Nächstes bearbeiten sollte. Ein Anklicken des Links öffnet sofort die empfohlene Lerneinheit. Außerdem wird angegeben, wie viel Punkte der Lernende in den Tests und Aufgaben des jeweiligen Kurses bereits

9.8 Navigation – Hilfe bei der Orientierung *

erreicht hat. Außerdem erhält er nach Anklicken des Kurstitels Informationen über die zuletzt bearbeitete Lerneinheit, einen Link zu dem Übungszettel, der alle Tests und Aufgaben auflistet, einen Link zum Inhaltsverzeichnis und ein Link zur Beschreibung des Kurses (Gültigkeitsdauer, nötige Zeit, Autoren, Voraussetzungen, Lerngebiet, Lernziele, Statistik).

Wie bin ich hierhergekommen?

- Ein Ampelsystem im Navigationsbaum vermittelt dem Lernenden folgende Information:
  - Rot bedeutet: Der Lernende hat diese Lerneinheit noch nie geöffnet.
  - Gelb bedeutet: Der Lernende hat diese Lerneinheit mindestens einmal geöffnet.
  - Grün bedeutet: Der Lernende hat zu dieser Lerneinheit bereits die Tests/Aufgaben bestanden.

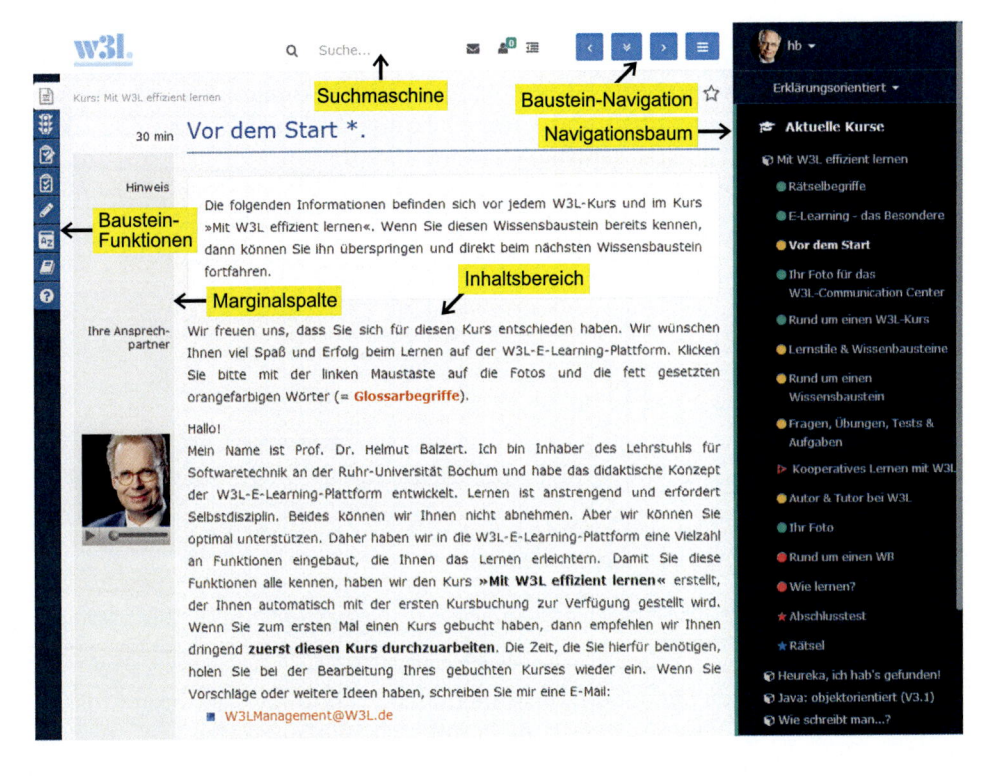

Abb. 9.8-2: So sieht der grundsätzliche Aufbau eines Wissensbausteins in der W3L-E-Learning-Plattform aus.

Siehe auch:

- »Orientierung – Inhalte schnell finden«, S. 163

9.9 Glossar – die Mini-Enzyklopädie *

Schlüsselbegriffe des jeweiligen Fachgebiets werden in Form von Glossarbegriffen definiert und erklärt. Alle Glossarbegriffe alphabetisch sortiert bilden das Glossar. Es dient dem Lernenden als Miniatur-Enzyklopädie und als Wiederholungshilfe.

In jedem Wissensgebiet gibt es wichtige Begriffe, deren Bedeutung der Lernende kennen und erklären können soll. Sie als Autor entscheiden, welche Begriffe Ihres Fachgebiets wichtig sind. Nicht zu wenige, aber auch nicht zu viele Schlüsselbegriffe einführen.

In einem Lehrbuch werden in der Regel alle Schlüsselbegriffe in einer alphabetisch geordneten Liste am Ende des Buches in einem **Glossar** aufgeführt. Zu jedem dieser **Glossarbegriffe** gibt es eine entsprechende Erklärung. Im Text eines Lehrbuchs muss ein Glossarbegriff optisch kenntlich gemacht werden. Es gibt jedoch auch Lehrbücher, bei denen die Glossarbegriffe zusätzlich direkt im Text oder in der Marginalie erklärt werden, z. B. in [Myer08]. In E-Learning-Plattformen können Begriffe optisch hervorgehoben und beim Klick auf den Begriff kann ein Erklärungsfenster geöffnet werden (Abb. 9.9-1).

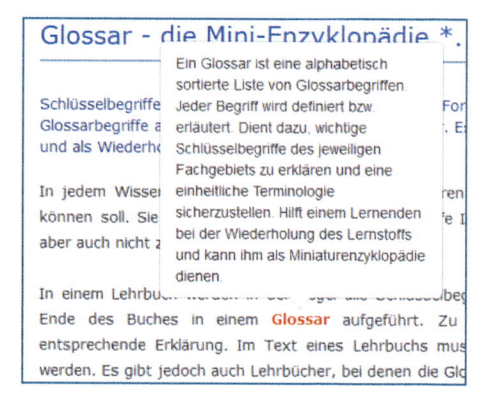

Abb. 9.9-1: Beispiel für die Anzeige eines Glossarbegriffs in der W3L-E-Learning-Plattform.

Achten Sie darauf, dass Sie in den Erklärungen zu Ihren Glossarbegriffen den Begriff *nicht* mit sich selbst erklären:

»Die *erste* Forderung ist: *das zu Definirende darf nicht wieder in der Definition vorkommen (terminus definitus non debet ingredi definitionem)*, denn wäre Diess, so erführe man ja nicht, Was das zu Definirende ist, es würde Dasselbe durch Dasselbe erklärt, idem per idem. wie man sagt« [Krau1836, S. 502] (1. Grundgesetz der Definition).

9.9 Glossar – die Mini-Enzyklopädie *

- Glossarbegriffe sollten an der Stelle eingeführt und erklärt werden, an der sie thematisch zum ersten Mal *eingehend* behandelt werden.
- Es sollten *nur* die Begriffe als Glossarbegriffe definiert werden, die wirklich für das Fachgebiet wesentlich sind und wo man erwartet, dass der Lernende sie nach der Durcharbeitung des Lehrbuchs bzw. Kurses erklären kann.
- Begriffe, die im weiteren Verlauf *nicht* mehr benötigt werden oder die von einem Anfänger nicht verstanden werden können, sollten *nicht* in das Glossar aufgenommen werden.
- Ziel muss es sein, die Anzahl der Glossarbegriffe auf das Wesentliche zu reduzieren. Diese soll der Lernende dann aber auch beherrschen und im Kontext verstanden haben. Weniger ist hier mehr!
- In der Erklärung eines Glossarbegriffs kann auf andere Glossarbegriffe verwiesen werden. Dadurch wird es dem Lernenden erleichtert, Zusammenhänge zu erkennen.
- Sie sollten *nicht* bereits in Übersichten zu Kapiteln bzw. Gruppierungen definiert werden.
- Innerhalb einer Lerneinheit sollten sie *nicht* mehrfach hervorgehoben aufgeführt werden. Eine Hervorhebung sollte nur beim erstenmal in der Lerneinheit erfolgen.
- Begriffe, die im Titel eines Lehrbuchs oder eines E-Learning-Kurses verwendet werden, sind auf jeden Fall zu definieren.

Empfehlungen

In Lexika und Enzyklopädien werden aus Platzgründen die zu erklärenden Begriffe bei der Erklärung *nicht* wiederholt.

Alternativen

Marginalie: Fasst in der Regel die Kernaussage eines Abschnitts in einem Wort oder in wenigen Worten zusammen und befindet sich neben dem korrespondierenden Haupttextabschnitt, meist in einer Marginalspalte angeordnet.

Beispiel 1a

In E-Learning-Plattformen werden Glossarbegriffe in einem Text oft optisch hervorgehoben und können angeklickt werden. Es erscheint dann ein entsprechendes Erklärungsfenster (Abb. 9.9-1). In solchen Texten können Glossarbegriffe beispielsweise im Plural auftreten. Daher ist es sinnvoll, den Glossarbegriff in der Erklärung zu wiederholen.

Text, in dem der Glossarbegriff hervorgehoben ist:

Beispiel 1b

Marginalien fassen den Inhalt des jeweils nebenstehenden Abschnitts zu einer Kernaussage auf einem mittleren Abstraktionsniveau zusammen.

In einem solchen Kontext ist es daher sinnvoll, den Glossarbegriff in der Erklärung zu wiederholen:

Marginalie: *Eine Marginalie* fasst in der Regel die Kernaussage eines Abschnitts in einem Wort oder in wenigen Worten zusammen und befindet sich neben dem korrespondierenden Haupttextabschnitt, meist in einer Marginalspalte angeordnet.

_{Kreuzwort-}
_{rätsel}

In der W3L-E-Learning-Plattform kann der Lernende sein Wissen über Glossarbegriffe in Form eines interaktiven Kreuzworträtsels überprüfen (Abb. 9.9-2).

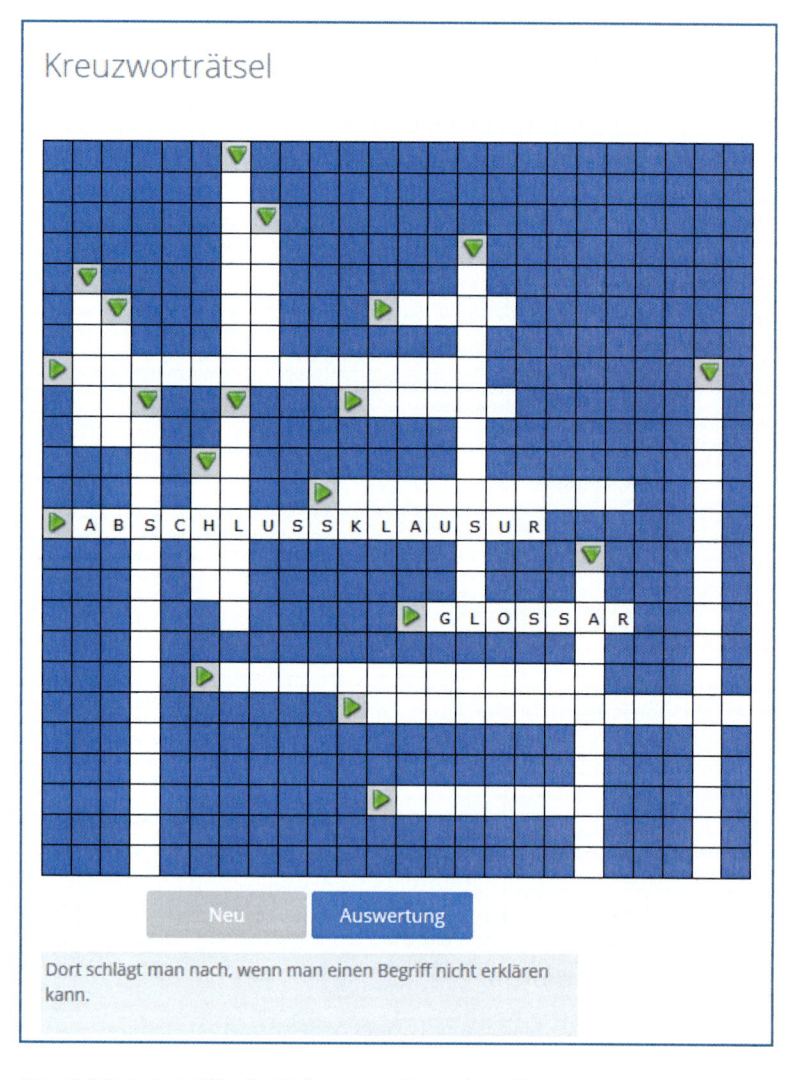

Abb. 9.9-2: Beispiel für die Abfrage von Glossarbegriffen in Form eines interaktiven Kreuzworträtsels in der W3L-E-Learning-Plattform.

Gibt es eine solche Möglichkeit, dann sollten die Glossarbegriffe und die zugehörigen Erklärungen separat formulierbar sein.

- Die Glossarbegriffe sollten keine Bindestriche enthalten und nur aus einem Wort bestehen. Mehrere Worte sollten ohne Leerzeichen zu einem Wort zusammengefasst werden (gewünschte Schreibweise angeben).
- Die Erklärungen dürfen nicht zu lang sein. Es können auch unübliche Erklärungen verwandt werden, da die Begriffe im Kontext des Rätsels ermittelt werden.

Normale Erklärung: **Bit**: Ein Bit ist ein Binärzeichen, das nur jeweils einen von zwei Zuständen darstellen bzw. speichern kann, z. B. Null oder Eins. Acht Bits fasst man zu einem Byte zusammen.

Beispiele

Fragestellung beim Kreuzworträtsel (regt das Querdenken an):
Bitte ein ...

Normale Erklärung: **Typ**: Der Typ gibt an, aus welchem Wertebereich die Werte sein dürfen, die einem Attribut bzw. einer Variablen zugewiesen werden können.

Fragestellung beim Kreuzworträtsel:
Dieses Mädchen ist nicht mein ... Bei Programmiersprachen beschwert sich der Compiler.

+ Die alternative Wissensabfrage über ein Kreuzworträtsel ist motivierend, abwechslungsreich und bietet eine andere Perspektive auf den Wissensstoff.

Ein Glossar erfüllt folgende Aufgaben:
- »*Wiederholung* wichtiger Begriffe und ihrer Bedeutung.
- *Abstraktion*, d. h. Wiedergabe von im Haupttext ausführlich gestalteten Erklärungen in einem höheren Abstraktionsgrad, wodurch sich Beziehungen zwischen Elementen deutlicher erkennen lassen.
- *Spezifizierung*, d. h. genauere Erklärung von Begriffen, die im Haupttext nur kurz erwähnt worden sind« [Dago09, S. 63].

9.10 Fallstudien – Wissen auf komplexe Probleme angewandt *

Typische, repräsentative und umfangreiche Beispiele aus der Praxis können gut als Fallstudien präsentiert werden. Sie können in Geschichten »verpackt« werden. Sie können mit Lösungen dargeboten oder für entdeckendes Lernen aufbereitet werden. In der Regel umfasst eine Fallstudie mehrere Lerneinheiten, die zusammenhängend innerhalb des »normalen« Lernstoffs angeordnet werden kann. Alternativ kann sie auch zwischen die einzelnen »normalen« Lerneinheiten eingestreut werden.

Neues Wissen werden Sie als Autor in der Regel in einer Lerneinheit in kleinen Schritten und an kleinen, überschaubaren Beispielen vermitteln. Es wird oft ein einzelnes, neues Konzept erklärt und geübt.

Beispiel In dem Buch bzw. E-Learning-Kurs HTML5, XHTML & CSS [KrBa11, S. 26] wird das Konzept der Tabelle wie folgt erläutert:

»In vielen Webseiten werden Tabellen zur Anzeige von Aufzählungen eingesetzt. Die Liste der Bücher in der Website von Marie Risser lässt sich sehr gut mit einer Tabelle darstellen (Abb. 9.10-1). Der HTML-Quellcode dazu sieht folgendermaßen aus:

hobbys.html (Auszug)
```
<table>
   <caption>Favoriten</caption>
     <tr>
        <th>Titel</th>
        <th>Autor</th>
     </tr>
     <tr>
        <td>Stirb Ewig</td>
        <td>Peter James</td>
     </tr>
     <tr>
        <td>Romantiker</td>
        <td>Annette Mingels</td>
     </tr>
</table>
```

- Die komplette Tabelle wird mit dem HTML-Element `table` definiert.
- Eine Tabelle ist standardmäßig randlos (blinde Tabelle). [...]«

In der Praxis sind die zu lösenden Probleme in der Regel komplex und benötigen den Einsatz vielfältiger Konzepte, um sie zu lösen. **Fallstudien** *(case studies)* – auch Fallgeschichten oder Fallbeispiele genannt – eignen sich dazu, zu zeigen, wie solche komplexen Probleme aussehen und wie sie gelöst werden können. In der Regel ist es damit möglich, einen realistischen Bezug zur Berufspraxis herzustellen.

9.10 Fallstudien – Wissen auf komplexe Probleme angewandt *

```
        Favoriten
  Titel       Autor
Stirb Ewig   Peter James
Romantiker   Annette Mingels
```

Abb. 9.10-1: Beispiel für eine einfache Tabelle.

In manchen Disziplinen, in denen fallbasiert gearbeitet wird – z. B. Medizin, Jura – erfolgt die gesamte Lehre fallbasiert (siehe »Entdeckendes Lernen – Entdeckenlassendes Lehren«, S. 109).

Ich halte eine rein fallbasierte Lehre *nicht* für sinnvoll, sondern plädiere für die Integration von Fallstudien in die Lehre. Im Folgenden wird daher davon ausgegangen, dass Fallstudien eine sinnvolle, notwendige und bereichernde Ergänzung darstellen.

Meine Meinung

Fallstudien können im darbietenden Lehren präsentiert oder beim entdeckenlassenden Lehren dem Lernenden zur eigenen Lösung überlassen werden:

- »Rezeptives Lernen – Darbietendes Lehren«, S. 104
- »Entdeckendes Lernen – Entdeckenlassendes Lehren«, S. 109

Beim darbietenden Lehren werden **ausgearbeitete Lösungsbeispiele** *(worked out examples)* Schritt für Schritt erläutert, sodass die Lernenden das richtige Vorgehen schrittweise verfolgen können. Beim entdeckenlassenden Lehren werden komplexe Fälle vorgegeben, die Freiraum für explorative Aktivitäten bieten, um auch aus Fehlern zu lernen.

- Das Lernen mit ausgearbeiteten Lösungsbeispielen belastet das Arbeitsgedächtnis der Lernenden weniger als das selbstständige Erarbeiten einer Problemlösungsaufgabe [Kerr12, S. 353].
- Eine Kombination aus ausgearbeiteten Lösungsbeispielen mit Problemlöseaufgaben hat sich als vorteilhaft erwiesen [Kerr12, S. 354].
- Anfänger erzielen mit ausgearbeiteten Lösungsbeispielen und Fortgeschrittene mit Problemlösungsaufgaben bessere Lernerfolge [Kerr12, S. 354].

Empirie

Folgende Eigenschaften sollte eine gute Fallstudie besitzen:

Eigenschaften

- Sie sollte realitätsnah sein.
- Sie sollte im Zusammenhang mit dem behandelten Thema stehen. Besonders in amerikanischen Lehrbüchern findet man oft Fallstudien, die es dem Lernenden erschweren, den Transfer auf realistische Anwendungen herzustellen.

9 Erweiterung – Aufbau von Büchern/Kursen *

Eine Fallstudie ist für den Lernenden dann besonders einprägsam, wenn sie in eine Geschichte verpackt wird und einen Anknüpfungspunkt zur Lebenssituation des Lernenden bietet (siehe »Storys – Fakten in Geschichten verpackt«, S. 237).

Beispiele
- Sie können als Autor eine fiktive Firma mit fiktiven Mitarbeitern erfinden (Abb. 9.10-2).
- Sie können den Lernenden eine eigene Rolle innerhalb der Fallstudie zuordnen (Juniorprogrammiererin Frau Jung, Abb. 9.10-3).
- Sie können als Autor eine Fallstudie an die persönliche Lebenssituation der Lernenden anpassen (Abb. 9.10-4).

Die Firma WebSoft stellt sich vor.

Die Firma WebSoft ist ein junges, innovatives Unternehmen, das sich auf die Erstellung von Websites spezialisiert hat, d.h. auf Software, die über das Web zu bedienen ist. Aufträge werden durch ein interdisziplinäres Team bearbeitet. Jedes Teammitglied ist auf ein Fachgebiet spezialisiert.

Die folgenden Abbildungen zeigen die einzelnen Mitarbeiter und ihr Arbeitsgebiet.

Das Bild zeigt Frau Schick, die Web- und Multimedia-Designerin der Fa. WebSoft.

Abb. 9.10-2: Die fiktive Firma WebSoft.

Analogieschluss Stellen Sie dem Lernenden eine Aufgabe, die er analog und parallel zur präsentierten Fallstudie selbst lösen muss:
- »Transfer üben – neue Situationen bewältigen«, S. 219

Anordnung Eine Fallstudie wird in der Regel aus mehreren Lerneinheiten bestehen. Diese können zusammenhängend beispielsweise in der Mitte oder am Ende eines Lehrbuchs oder Kurses angeordnet sein, um das vorher vermittelte Wissen auf ein komplexes Problem anzuwenden.

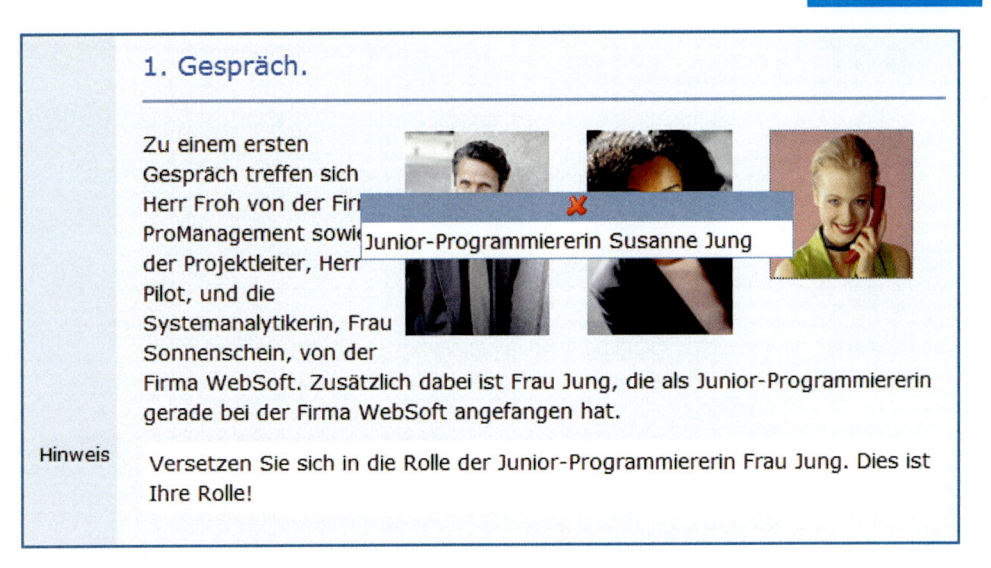

9.10 Fallstudien – Wissen auf komplexe Probleme angewandt *

> **1. Gespräch.**
>
> Zu einem ersten Gespräch treffen sich Herr Froh von der Firma ProManagement sowie der Projektleiter, Herr Pilot, und die Systemanalytikerin, Frau Sonnenschein, von der Firma WebSoft. Zusätzlich dabei ist Frau Jung, die als Junior-Programmiererin gerade bei der Firma WebSoft angefangen hat.
>
> *Hinweis:* Versetzen Sie sich in die Rolle der Junior-Programmiererin Frau Jung. Dies ist Ihre Rolle!

Abb. 9.10-3: Beispiel für die Einbindung der eigenen Person.

In dem Kurs/Buch »Java: Objektorientiert programmieren« [Balz14, S. 415–442] wird eine Fallstudie »Aufgabenplaner« vorgestellt, bei der es darum geht, zu erledigende Aufgaben zu erfassen und sortiert anzuzeigen. Die Fallstudie besteht aus acht Lerneinheiten, die hintereinander angeordnet sind (Abb. 9.10-5, links). | Beispiel

Alternativ können die einzelnen Lerneinheiten der Fallstudie zwischen die normalen Lerneinheiten eingestreut sein (Verzahnung) und jeweils zeigen, wie der Lernfortschritt es ermöglicht, die Fallstudie schrittweise zu lösen.

In dem Kurs/Buch »HTML5, XHTML & CSS« [KrBa11, passim] wird eine Fallstudie »Web-Anzeigenmarkt« dargestellt, die zwischen die einzelnen Lerneinheiten eingestreut ist (Abb. 9.10-5, rechts). | Beispiel

Das Lernen anhand von Fallstudien zählt zum entdeckenden Lernen, wenn der Lernende die Fälle selbst lösen muss: | Zur Theorie

■ »Entdeckendes Lernen – Entdeckenlassendes Lehren«, S. 109

Gute Erfahrungen habe ich in meinen E-Learning-Kursen damit gemacht, Fallstudien zu präsentieren und ihre Lösungen zu zeigen. Parallel zu diesen präsentierten Fallstudien habe ich analoge Fallstudien als Aufgaben gestellt, bei denen die Lernenden einen entsprechenden Transfer herstellen mussten. | Empfehlung

[Kerr12, S. 349–355] | Weiterführende Literatur

Familie Schulze: Die Bilanz*.

⏱ 20 min

Herr Schulze arbeitet durchschnittlich 20 Tage/Monat freiberuflich als Wirtschaftsberater zu einem Tagessatz von 500,- € netto. Sein Einkommenssteuersatz liegt bei 30%.

Er hat investiert in:

- Ein Haus (Kaufpreis 250.000,- €, 5 Jahre alt, Resthypothek 125.000,- €, Zinsen 6,5%, Abschreibungsdauer 10 Jahre, Tilgung 10%/Jahr).
- Einrichtung und Geräte (Kaufpreis 10.800,- €, 5 Jahre alt, Abschreibung 10%).
- Ein Auto (Kaufpreis 50.000,- €, 8 Jahre alt, Abschreibung 10%.)

Er hat monatliche Ausgaben in Höhe von:

- Lebensversicherung: 100,- €
- Weitere Versicherungen (Hausrat, Haftpflicht, private Krankenzusatzversicherung usw.) 150,- €
- Altersvorsorge: 100,- €
- Sparbücher für seine beiden Kinder: 50,- €
- Lebenshaltungskosten: 800,- €

Frau Schulze führt eine Galerie, malt Bilder, stellt diese aus und verkauft sie. Die Auslieferung führt sie selbst mit einem eigenen Auto aus (Kaufpreis 25.000,- €, neu, es soll 10 Jahre halten). Der durchschnittliche Jahreserlös beträgt 10.000,- €, die Kosten betragen 3.000,- €/a für Material und 2.000,- €/a für Werbung. Der Wert ihrer noch nicht verkauften Bilder stieg durch 5 neue Arbeiten von 10.000,- € auf 15.000,- € im laufenden Jahr.

Im März 2004 gewann Frau Schulze 25.000,- € im Lotto, musste allerdings 10.000,- € für die Reparatur ihres Parkettfussbodens ausgeben.

Herr Schulze zieht jährlich Bilanz über den Stand des Familienvermögens, erstellt eine finanzielle Erfolgsrechnung für seinen Haushalt und überwacht seine Liquidität. Zum Zeitpunkt der Bilanzerstellung hat er offene Rechnungen an seine Kunden in Höhe von 10.000,- €. Wertsteigerungen des Anlagevermögens, insbesondere der Immobilie, bleiben hier unberücksichtigt.

Abb. 9.10-4: Beispiel für die Anknüpfung an die persönliche Lebenssituation.

9.10 Fallstudien – Wissen auf komplexe Probleme angewandt *

- ▷ Von OOA zu OOP
  - ◆ Aufgabenplaner: 1. Gespräch
  - ◆ **Aufgabenplaner: OOA-Modell**
  - ◆ Aufgabenplaner: Benutzungsoberfläche
  - ◆ Aufgabenplaner: OOD-Modell
  - ◆ Aufgabenplaner: OOP - Fachkonzept
  - ◆ Aufgabenplaner: OOP - UI-Klasse
  - ◆ Aufgabenplaner: OOP - Container
  - ◆ Aufgabenplaner: OOP - Datenhaltung

- ❂ HTML5, XHTML & CSS
  - ■ Programme & Buchkorrekturen: HTML5 ...
  - ● Aufbau und Gliederung
  - ▷ Schnelleinstieg
  - ▷ Web-Anwendungen - Grundlagen
  - ▷ HTML & XHTML - Grundlagen
  - ◆ Web-Anzeigenmarkt (Stufe 1)
  - ▷ Multimedia-Inhalte einbinden
  - ▷ CSS-Grundlagen
  - ◆ Web-Anzeigenmarkt (Stufe 2)
  - ▷ Tabellen mit HTML & CSS
  - ▷ Formulare mit HTML & CSS
  - ◆ Web-Anzeigenmarkt (Stufe 3)
  - ▷ JavaScript
  - ▷ Vertiefung HTML5
  - ▷ Vertiefung CSS
  - ▷ Barrierefreiheit
  - ◆ Web-Anzeigenmarkt (Stufe 4)

Abb. 9.10-5: Links ist eine Fallstudie hintereinander angeordnet, rechts zwischen einzelne Lerneinheiten eingestreut.

9.11 Index – Hilfe bei der Suche von Inhalten *

Lehrbücher beinhalten eine Menge einzelner Themenbereiche. Um es dem Lernenden zu erleichtern, die entsprechenden Stellen schnell zu finden, ist ein Sachindex unbedingt notwendig, in dem alphabetisch angeordnete Stichworte auf die jeweiligen Seiten im Textteil verweisen.

»Ein Register ohne Buch hat mir manchmal genützt, ein Buch ohne Register nie«
Thomas Carlyle, schottischer Historiker, 1795–1881

Jedes Lehrbuch *muss* einen **Sachindex** – auch Register oder Stichwortverzeichnis genannt – besitzen. Ein Sachindex soll es einem Lernenden ermöglichen, Inhalte schnell zu finden. Während ein Inhaltsverzeichnis am Anfang eines Lehrbuchs den Aufbau des Buches wiedergibt, listet ein **Sachindex** wichtige in dem Lehrbuch behandelte Begriffe und Themen in alphabetischer Reihenfolge am Ende auf.

Aufbau — Ein Sachindex besteht aus Stichworten. Hinter dem Stichwort sind die Seitenzahlen angegeben, wo das Stichwort in dem Buch verwendet wird. Manche Stichworte beschreiben Themenbereiche, denen Unterstichworte zugeordnet werden können. Dadurch wird ein Sachindex übersichtlicher. Kriterium für den Aufbau ist der Lernende. Nach welchen Stichworten wird er wahrscheinlich suchen?

Beispiel — Sehen Sie sich den Sachindex dieses Buches an. Er ist zweispaltig gesetzt, wobei Glossarbegriffe durch halbfette Seitenzahlen hervorgehoben sind.

Auszeichnung — Einen Sachindex stellt man *nicht* manuell zusammen. Jeder eingefügte oder gelöschte Text führt zu einer geänderten Seitennummerierung und damit zu einer neuen Seitenzuordnung im Sachindex. Textverarbeitungssysteme bieten Möglichkeiten, ein Stichwort im Text als Sachindex auszuzeichnen. Der Index kann nach der Auszeichnung dann automatisch erzeugt werden. E-Learning-Plattformen ermöglichen es dem Autor ebenfalls, Stichworte als Index zu kennzeichnen, wenn ein Indexregister für einen E-Learning-Kurs in der Plattform vorgesehen ist oder wenn Bücher oder Skripten aus der Plattform erzeugt werden. Eine E-Learning-Plattform kann Indexauszeichnungen auch für Suchmaschinen verwenden (siehe unten).

Systematik — Bevor Sie mit der Auszeichnung beginnen, sollten Sie sich für Ihre Lerninhalte eine geeignete Systematik überlegen, da jede Änderung später sehr aufwendig ist. Folgende Entscheidungen sind zu treffen:

9.11 Index – Hilfe bei der Suche von Inhalten *

- Singular oder Plural (in der Regel Singular),
  z. B. Dateiname vs. Dateinamen.
- Oberbegriffe – Unterbegriffe,
  z. B. Liste, Liste geordnet, Liste ungeordnet.
  Eine solche Liste wird dann wie folgt im Sachindex dargestellt:
  Liste
      geordnet
      ungeordnet
- Reihenfolge, z. B. systematische Programmierung vs. Programmierung, systematische
  In der Regel sollten beide Varianten angegeben werden, damit der Lernende seinen Begriff schneller findet.
- Einheitliche Schreibweise,
  z. B. Dokumenten-Typ vs. Dokumententyp.
- Doppelte Bedeutungen kennzeichnen,
  z. B. Schimmel. Auszeichnung wie folgt:
  Schimmel
      (Fäulnis)
      (Pferd)
- Glossarbegriffe: Wenn Ihr Lehrbuch ein Glossarverzeichnis besitzt, dann sollten die Glossarbegriffe auch im Sachindex vorhanden sein. Sie sollten sowohl auf die Glossarbegriffe im Text als auch auf die entsprechende Seite des Glossarverzeichnisses verweisen.
- *Siehe auch*-Verweise: Häufig verweist ein Sachindex auf ähnliche, sachlich über- oder untergeordnete oder auf weiterführende Begriffe hin, z. B. Tagesplanung, siehe auch ABC-Analyse.
- *Siehe*-Verweise: Oft wird von einem Stichwort auf ein synonymes Stichwort verwiesen, wobei die Seitenzahl oft nur bei dem Stichwort angegeben ist, auf das verwiesen wird, z. B. WWW, siehe Web.
  Im Index sieht das dann oft folgendermaßen aus:
  WWW, siehe Web
  Web 125
  Wenn Sie auf Synonyme verweisen, dann sollte bei allen Stichworten die Seitenzahl stehen!

Begriffe sollten nur dann als Index ausgezeichnet werden, wenn an dieser Stelle weitere Informationen (wichtige Aussagen) oder Definitionen stehen. Wenn der Begriff *nur* erwähnt wird, gehört er *nicht* in den Index. Beim Index-Erstellen sollten Sie überlegen, wie der Lernende den Index verwendet: Er sucht Definitionen oder wichtige Aussagen. Wird er dagegen im Index zu vielen Seiten verwiesen, wo der Begriff nur mal erwähnt ist, aber keine weiteren Informationen dazu stehen, wird er den Index bald nicht mehr benutzen.

Stichworte sorgfältig wählen

9 Erweiterung – Aufbau von Büchern/Kursen *

Zur Historie — Der Bischof von Petina, Antonio Zara (* 1574), fügte seiner Enzyklopädie »Anatomia ingeniorum et scientiarum« (Venedig 1614) erstmals einen Index an.

Leider gibt es sogar Didaktikbücher, die über keinen Index verfügen, z. B. [Terh09], [Hatt13], [MHV08], [Mede06]. Wenn Sie in einem solchen Buch etwas suchen, dann werden Sie verzweifeln. Mir ist es unverständlich, wie ein Verlag so etwas zulassen kann. Die Faulheit des Autors wird auf dem Rücken der Lernenden ausgetragen.

Weitere Indizes — Lassen sich in einem Lehrbuch Stichworte nach bestimmten Kategorien ordnen, dann kann es auch sinnvoll sein, für jede Kategorie einen separaten Index anzulegen, zum Beispiel einen Namens- bzw. Personenindex, einen Organisationsindex oder einen Ortsindex.

Beispiel — Die Abb. 9.11-1 zeigt ein Beispiel für einen erweiterten Namensindex [Lenz07].

Namens- und Organisationsindex

Abel, Niels Henrik; norwegischer Mathematiker, 1802-1829   196
Adleman, Leonard; amerikanischer Informatiker, geb. 1945   247
Aitken, Alexander Craig; neuseeländischer Mathematiker, 1895-1967   121
Bézier, Pierre Etienne; französischer Mathematiker, 1910-1999   126
Banach, Stefan; polnischer Mathematiker, 1892-1945   27
Bernstein, Sergej Natanowitsch; sowjetischer Mathematiker, 1880-1968   127

Euler, Leonard; schweizer Mathematiker, 1707-1783   223
Fermat, Pierre de; französischer Mathematiker, 1601-1665   223
Galois, Évariste; französischer Mathematiker, 1811-1832   207
Gauß, Carl Friedrich; deutscher Mathematiker, 1777-1855   84
Geiringer von Mises, Hilda; österreichische Mathematikerin, 1893-1973   91
Gouraud, Henri; französischer Informatiker, geb. 1944   150

Abb. 9.11-1: Beispiel für einen erweiterten Namens- und Organisationsindex [Lenz07, S. 312].

Empfehlung — Gibt es für ein Lehrbuch einen umfangreichen Sachindex, aber nur einen kleinen Namens- bzw. Personenindex, dann sollte der Namensindex in den Sachindex integriert werden. Zur Unterscheidung kann der Namensindex kursiv oder in **Kapitälchen** gesetzt werden.

9.11 Index – Hilfe bei der Suche von Inhalten *

Ein Sachindex gehört ganz an das Ende eines Lehrbuchs! Mir ist es unerklärlich, warum in manchen Lehrbüchern der Sachindex nicht am Buchende steht.

Beispiele

- In den Didaktikbüchern [Lehn09], [Lehn12] und [Lehn13] befinden sich am Buchende seitenweise nummerierte Anmerkungen, erst davor steht der Index. Solche Anmerkungen liest man in der Regel während des Buchlesens einmal. Daher gehören diese Anmerkungen als Fussnoten auf die betreffenden Seiten und nicht an das Ende des Buches (siehe »Das Lokalitätsprinzip – alles im Blick«, S. 263).
- In dem Buch »Lehren und Lernen« [KlLe12] steht am Buchende zuerst das Personenverzeichnis und davor erst das Sachwortverzeichnis. Ich glaube, ein Leser sucht mehr nach Stichworten als nach Personen.
- In dem Buch »Online-Lernen« [KlIs11] steht am Buchende zuerst das Autorenverzeichnis, davor das 56seitige Literaturverzeichnis und erst davor das Sachverzeichnis.

Der Vorteil bei E-Learning-Kursen besteht darin, dass der Autor *keinen* Index anlegen muss, sofern die entsprechende E-Learning-Plattform eine Volltextsuche oder eine semantische Suche unterstützt. Um eine Volltextsuche zu ermöglichen, müssen die Texte automatisch indexiert – auch Verschlagwortung genannt – werden. Anschließend werden nach Eingabe eines Stichworts oder eines Textausschnitts alle gefundenen Stellen angezeigt.

Beispiel

Die Abb. 9.11-2 zeigt, wie früher in der W3L-E-Learning-Plattform nach Begriffen gesucht werden konnte. Wurde »Volltext« ausgewählt, dann wurden alle Texte durchsucht. Die Suche konnte eingeschränkt werden auf Texte in Titeln von Wissensbausteinen, auf Texte in Links (URL), in Texte auf herunterladbaren Inhalten (Download), auf Texte in Glossarbegriffen und Literatureinträgen. Damit hatte der Lernende eine Vielzahl von Möglichkeiten, gezielt nach Inhalten zu suchen.

Bei einer semantischen Suche wird versucht, die inhaltliche Bedeutung von Texten zu berücksichtigen. Zusammenhänge zwischen Begriffen werden automatisch aufgezeigt. Synonyme und Homonyme, z. B. Sitzbank vs. Bank als Finanzinstitut, werden berücksichtigt.

Beispiel

Die Abb. 9.11-3 zeigt die semantische Suche in der W3L-E-Learning-Plattform, die die Volltextsuche abgelöst hat, da sie wesentlich mächtiger ist. Gesucht wird nach den Begriffen »Kostenrechnung« und »Deckungsbeitrag«. Unter dem Suchfenster werden Vorschläge für eine Verfeinerung der Suche automatisch angezeigt. Auf der linken Seite oben wird ein semantisches Begriffsnetz dargestellt. Es ist zu sehen, mit welchen anderen Begriffen

9 Erweiterung – Aufbau von Büchern/Kursen *

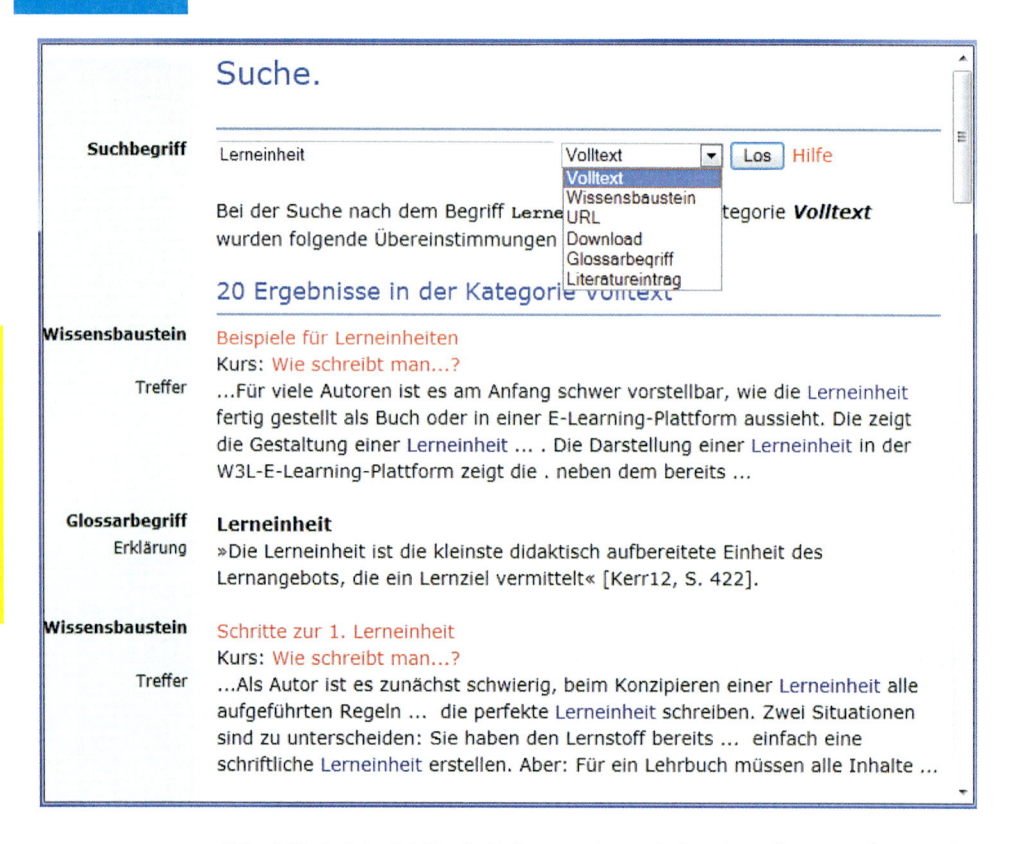

Abb. 9.11-2: Beispiel für die Volltextsuche nach dem Begriff »Lerneinheit« in der W3L-E-Learning-Plattform.

die gesuchten Begriffe wie eng im Zusammenhang stehen. Darunter ist aufgeführt, in welchen Facetten die Begriffe gefunden wurden: in 16 Wissensbausteinen und als ein Glossarbegriff. Darunter ist angegeben, in welchen E-Learning-Kursen die Begriffe wie oft auftreten. Rechts in der Mitte sind die gefundenen Begriffe farbig markiert, die im Wissensbaustein »Deckungsbeitragsrechnung mit relevanten Einzelkosten« des Kurses »Basiswissen Internes Rechnungswesen« gefunden wurden. Unten rechts sind ähnliche Wissensbausteine und relevante Glossarbegriffe aufgeführt.

Dieses Beispiel zeigt die Mächtigkeit einer semantischen Suche. Er werden Zusammenhänge und Querbezüge sichtbar, die mit einer »normalen« Suche *nicht* gefunden werden.

9.11 Index – Hilfe bei der Suche von Inhalten *

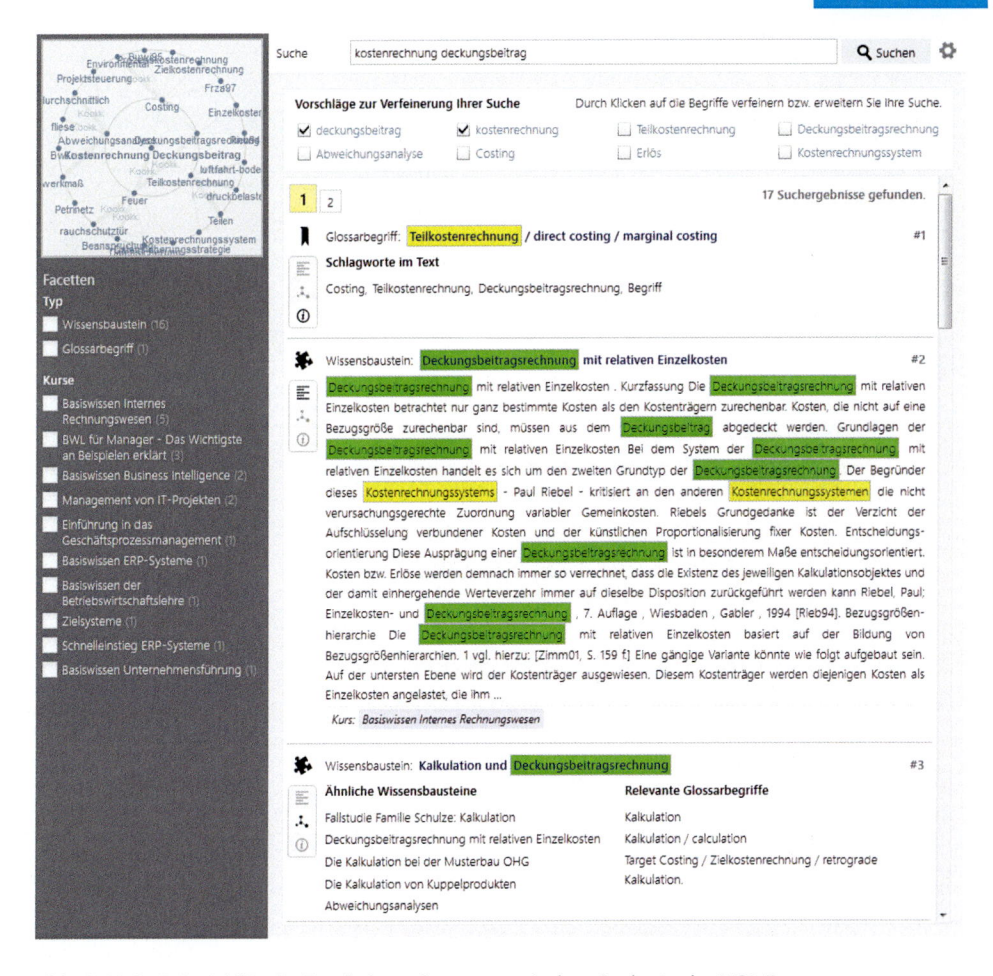

Abb. 9.11-3: Beispiel für die Ergebnisse einer semantischen Suche in der W3L-E-Learning-Plattform.

Teil III E-LEARNING *

Überlegen Sie, welche Gemeinsamkeiten Lehrbücher und E-Learning-Kurse haben.	Frage
Beide ermöglichen ein zeit- *und* ortsunabhängiges Lernen. Das Lerntempo *und* die Lernstoffreihenfolge können selbst gewählt werden (siehe auch »Mischformen und Vergleich«, S. 137).	Antwort
Überlegen Sie, welche zusätzlichen Möglichkeiten E-Learning-Kurse gegenüber Lehrbüchern bieten (können).	Frage
Als Autor eines E-Learning-Kurses haben Sie sehr viel mehr Möglichkeiten als in Lehrbüchern, um Ihren Lernstoff aufzubereiten und darzubieten. Das hat für Sie als Autor Vor- und Nachteile.	Antwort

Wichtige Vorteile sind:

+ Es stehen Ihnen wesentlich mehr Gestaltungselemente zur Verfügung. Dadurch können Sie den Lernstoff abwechslungsreicher gestalten.
+ Sie können die Lerninhalte ständig aktuell halten, was aber auch ein Nachteil ist, da Sie sich ständig darum kümmern müssen.
+ Sie können Fehler schnell korrigieren und müssen nicht wie bei einem Lehrbuch auf die nächste Auflage warten.

- + Rückkopplungen der Lernenden vermitteln Ihnen schnell einen Eindruck, inwieweit Ihre Lerninhalte bei den Lernenden »ankommen«.
- + Sie können Ihre Lerneinheiten schrittweise verbessern.

Wichtige Nachteile sind:

- − Der Aufwand zur Erstellung von Lerneinheiten steigt, da die zusätzlichen Gestaltungselemente in der Regel aufwendig sind.
- − Sie benötigen zusätzliche Fertigkeiten, um die neuen Gestaltungselemente didaktisch sinnvoll einzusetzen.

linear vs. vernetzt

In einem Lehrbuch müssen alle Lerneinheiten in einer festgelegten linearen Folge angeordnet werden. Querverweise oder andere Reihenfolgen können nur durch Verweise auf andere Seiten oder Kapitel erfolgen. In E-Learning-Kursen erfolgen Querverweise durch die Angabe von Links. Außerdem besteht die Möglichkeit, die Reihenfolge der Lerneinheiten nach bestimmten Kriterien unterschiedlich anzuordnen.

Beispiel

In der W3L-E-Learning-Plattform können die Lerneinheiten nach folgenden Kriterien geordnet werden:

- ○ Erklärungsorientiert (Standardeinstellung): Der Lernstoff wird aufeinander aufbauend erklärt. Wird in dieser (linearen) Reihenfolge vorgegangen, dann sind für jede Lerneinheit jeweils die notwendigen Voraussetzungen erfüllt.
- ○ Fallstudienorintiert: Die Lerneinheiten werden so umsortiert und angezeigt, dass die Fallstudien auf der obersten Gliederungsebene angeordnet werden (siehe auch »Fallstudien − Wissen auf komplexe Probleme angewandt«, S. 318).
- ○ Enzyklopädisch: Der Lernstoff wird wie in einer Enzyklopädie zum Nachschlagen dargestellt.
- ○ Testorientiert: Der Lernstoff wird in Form von Tests und Aufgaben vermittelt.

Noch weitergehend ist die Idee, dass sich ein E-Learning-System adaptiv an den Lernenden anpasst oder sich der Lernende individuelle Lernpfade zusammenstellt bzw. zusammenstellen läßt (siehe »Visionen − illusionär oder realisierbar?«, S. 519).

Empirie

»Anfängliche Erwartungen, netzartige Sequenzierungen würden besser als lineare Sequenzierungen das Verstehen und Behalten fördern, haben sich empirisch allerdings nicht bestätigen lassen« [Terg02] zitiert nach [Rein15, S. 39].

Betrachten Sie die folgenden zusätzliche Möglichkeiten als ein Potpourri, aus dem Sie sich je nach Bedarf etwas aussuchen können. Versuchen Sie *nicht*, alle Möglichkeiten auf einmal in einer Lerneinheit zu nutzen.

Teil III E-LEARNING *

Die Lerninhalte können interaktiv gestaltet werden, sodass jeder Lernende zu einer Aktivität angeregt wird:

- »Interaktivität – Lerneinheiten interaktiv gestalten«, S. 337

Zusätzlich zur Interaktivität können verschiedene multicodale, aufeinander abgestimmte Medien verwendet werden, um den Lernenden das Erlernen eines Lernstoffs zu erleichtern:

- »Multimedia – Lerneinheiten multimedial gestalten«, S. 343

Der Leseanteil in Lerneinheiten kann durch den Einsatz von Audio-Medien reduziert werden:

- »Audio – Sprache und Ton einsetzen«, S. 349

Videoclips und Desktop-Videos eignen sich gut dazu, um bewegte Abläufe zu veranschaulichen:

- »Video – Bewegung darstellen«, S. 355

Im Gegensatz zu Präsenzveranstaltungen ist es im E-Learning möglich, dass jeder Lernende in simulierten Rollenspielen die verschiedenen Rollen auch einnehmen kann:

- »Rollenspiele – in simulierte Realitäten schlüpfen«, S. 363

Animationen ermöglichen es, – insbesondere komplexe – Vorgänge schrittweise bewegend darzustellen, wobei der Lernende die Animation vielfältig steuern können sollte:

- »Animation – Vorgänge zum Leben erwecken«, S. 367

Viele Zeitungen und Zeitschriften verwenden statische Infografiken, um in visueller Form komplexe Zusammenhänge zu erläutern. E-Learning ermöglicht es, Infografiken interaktiv zu gestalten:

- »Interaktive Infografiken – Zusammenhänge in Bildern«, S. 379

Selbst etwas auszuprobieren führt zu aktivem Lernen. Nutzen Sie dafür die Möglichkeiten im E-Learning:

- »Ausprobieren und Experimentieren«, S. 383

Wenn Lernende neue, komplexe, dynamische Situationen bewältigen oder eigene Modelle aufbauen und ändern können sollen, dann kann dieses entdeckende und forschende Lernen durch E-Learning unterstützt werden:

- »Simulation und Mikrowelt: Aktiv Erfahrungen sammeln«, S. 387

Wer von uns spielt nicht gerne oder hat in seiner Jugend nicht gerne gespielt? Neben Unterhaltungsspielen können Spiele aber auch dazu benutzt werden, um unterschiedliche Fähigkeiten spielerisch zu erwerben:

- »Lernspiel: spielerisch zum Lernziel«, S. 395

Kommunikation und Kooperation unter den Lernenden können durch die Bereitstellung von sozialen Lernumgebungen gefördert werden:

- »Soziale Medien: soziale Lernumgebungen«, S. 401

Ausblicke

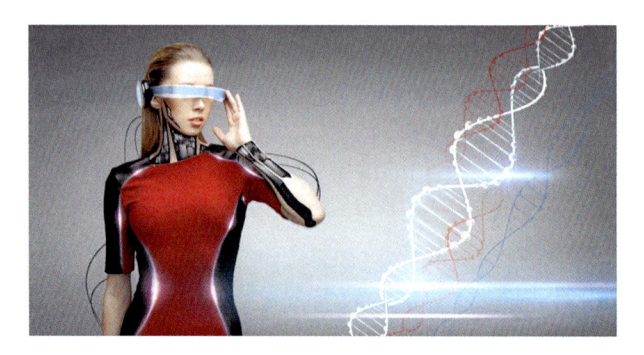

Neue Techniken ermöglichen es in Zukunft, E-Learning um weitere Möglichkeiten zu ergänzen. Wann und ob dies passiert, ist jedoch noch nicht abzusehen. Im Folgenden werden einige Zukunftsmöglichkeiten skizziert.

Augmented reality

Unter dem Begriff *Augmented reality* (erweiterte Realität) versteht man die Erweiterung der Realitätswahrnehmung. Diese zusätzlichen Informationen können alle menschlichen Sinne betreffen. In der Regel werden heute jedoch Bilder oder Videos durch Einblendung oder Überlagerung mit generierten Zusatzinformationen oder virtuellen Objekten ergänzt. Beispielsweise werden bei Fußballübertragungen die Entfernung bei Freistößen oder Abseitspositionen mithilfe von eingeblendeten Linien gekennzeichnet. Inwieweit solche Möglichkeiten für E-Learning-Kurse sinnvoll genutzt werden können, ist im Moment noch nicht abzusehen.

Ambiente Lernräume

»Ambiente Lernumgebungen sind eine Form gemischter Realität (Mixed Reality), in der der Körper des Lernenden und der ihn umgebende Raum durch vernetzte digitale und personalisierte Medien angereichert werden« [WSH14, S. 445]. Das Ziel ambienter Lernräume ist es, den Lernenden bei der selbstbestimmten, ganzheitlichen, aktiven Aneignung von Kompetenzen zu unterstützen und eine Vielzahl von Sinnen dabei einzubeziehen. Es werden dabei am Körper getragene Medien (z. B. in die

Kleidung oder in Schmuck integriert), mitgeführte Medien (z. B. Smartphones, Smartwatches), begreifbare Medien und periphere Medien integriert.

Virtuelle Lehrer

Fritz Breithaupt, Professor für Germanistik an der Indiana University Bloomington, sieht folgende Zukunft für das Lernen:

»*Wie wäre es mit Mathe? Ich sehe an deinem Blick und an deinem Blutdruck, dass du gerade sehr fokussiert bist.*

Die letzte Aufgabe war aber so hart!

Trotzdem geben wir nicht auf. Ich zeige dir ein Video dazu. Die meisten User mit ähnlichen Lerneigenschaften wie du konnten es danach lösen.

Okay, was bekomme ich, wenn ich es löse?

Wenn du das Problem in 17 Minuten meisterst, steigst du eine Kategorie auf.

Das ist nicht Science-Fiction. Das ist Deutschland 2036. In spätestens zwanzig Jahren wird Bildung so ablaufen – der Einzelne im Gespräch mit seinem virtuellen Lehrer. Der ist eine App, die Zugriff auf gewaltige Datenmengen hat. Vielleicht hat er ein Gesicht, das einen von intelligenten Oberflächen aus anschaut. Der virtuelle Lehrer straft nicht, wenn ein Schüler nicht genügend lernt. Er regt an. Wenn sein Schüler gerade nicht kann oder will, stellt der Lehrer sich ab. 2036 werden Eltern schon für ihre fünf Jahre alten Kinder einen virtuellen Lehrer abonnieren. Die Stimme des Computers wird uns durchs Leben begleiten.« [Brei16, S. 63].

Welche Visionen halten Sie für wahrscheinlich?
Welche Visionen halten Sie für wünschenswert?

10 Interaktivität – Lerneinheiten interaktiv gestalten *

E-Learning ermöglicht es, dass jeder Lernende individuell mit den Lerneinheiten interagiert und auf seine Interaktion eine Reaktion erfolgt. Durch das aktive Handeln des Lernenden wird der Lerneffekt verbessert. Interaktionen können sich auf die Navigation, die Steuerung, auf Zusatzinformationen, auf die Manipulation von Inhalten und auf die eigene Inhaltserstellung beziehen.

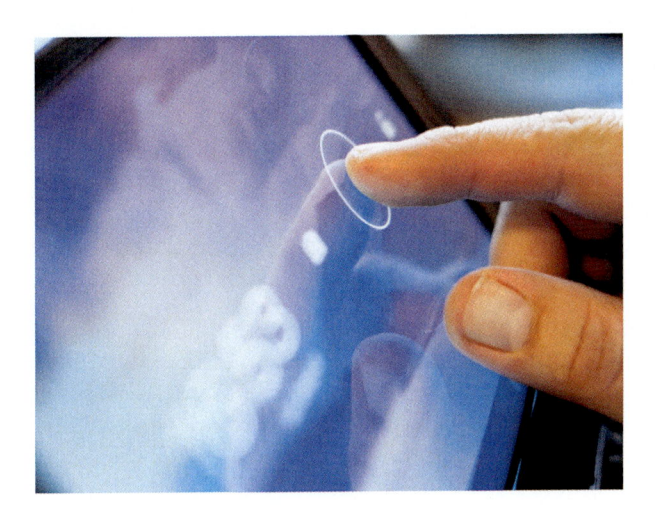

»*Tell me and I forget,
Teach me and I remember,
Involve me and I learn.*«

Dieses Zitat von *Benjamin Franklin* in »*Approaches and Methods in Language Teaching*«, Cambridge, 1989, zeigt, worauf es ankommt: den Lernenden möglichst viel selbst aktiv tun lassen!

Eine Möglichkeit, Lernende zu Aktivitäten anzuregen, besteht darin, ihnen Fragen zu stellen (siehe »Fragen stellen – Denken anregen«, S. 228) oder sie aufzufordern, etwas zu tun, z. B. Aufforderung zu Übungen, Aufforderung, Selbsttestaufgaben durchzuführen und sich anschließend die Musterlösung anzusehen. In Büchern kann jedoch nicht überprüft werden, ob der Lernende die Aktivitäten wirklich durchführt. Außerdem kann auf Aktivitäten nicht reagiert werden.

Im Gegensatz zu einem Buch können Sie als Autor bei E-Learning-Kursen dafür sorgen, dass der Lernende mit Ihrer Lerneinheit interagiert. Auf eine Interaktion kann in einem E-Learning-Kurs reagiert werden.

10 Interaktivität – Lerneinheiten interaktiv gestalten *

In Abhängigkeit von der Art der Interaktion und den Möglichkeiten der Reaktion lassen sich verschiedene Grade der Interaktion unterscheiden:

- Interaktion zum Zwecke der **Navigation**,
- Interaktion zum Zwecke der (Dialog-)**Steuerung**,
- Interaktion, um inhaltliche **Zusatzinformationen** zu erhalten,
- Interaktion, um Lerninhalte zu **manipulieren**,
- Interaktion, um Lerninhalte zu **explorieren**,
- Interaktion, um **eigene Informationen** zur Lerneinheit hinzuzufügen.

Interaktion zum Zwecke der Navigation

Der Lernende hat die Möglichkeit, innerhalb des E-Learning-Kurses zu navigieren und Inhalte auszuwählen. Die Inhalte werden dabei selbst nicht verändert. Führt der Lernende die Interaktion aus, dann erhält er als Reaktion neue Inhalte angezeigt. Es handelt sich um einen *niedrigen* Interaktivitätsgrad. Allerdings erhöht sich dadurch der Freiraum für den Lernenden.

Beispiel Das Anklicken eines **Links** in einer Lerneinheit (intern oder extern) führt zum Wechsel auf die Linkseite (im aktuellen Browserfenster oder in einem neuen Browserfenster bzw. Tab). Befindet sich die Maus über einem Link, dann wird im **Tooltip** die Linkbeschreibung angezeigt, z. B. W3L-Website (http://Akademie.W3L.de). Die verwendete E-Learning-Plattform muss diese Art der Interaktion unterstützen.

Interaktion zum Zwecke der (Dialog-)Steuerung

Diese Art der Interaktion kommt oft in Kombination mit Multimedia vor (siehe »Multimedia – Lerneinheiten multimedial gestalten«, S. 343). Es kann sich dabei um einen Start- oder Weiter-Druckknopf handeln, auch um eine Zoomfunktion oder um Kontextinformationen, die mit der Maus aktiviert werden können. Es handelt sich auch hierbei um einen *niedrigen* Interaktivitätsgrad.

Beispiel Sie stellen dem Lernenden ein Frage, über die er nachdenken soll. In ein (optionales) Antwortfeld kann der Lernende seine Antwort eingeben – muss er aber nicht. Über ein Glühlampen-Piktogramm in der Marginalspalte kann er sich dann die Antwort des Autors aufblenden lassen. Dann kann er seine Antwort mit der aufgeblendeten Antwort vergleichen und sich selbst bewerten. Die Interaktion des Lernenden besteht also darin, auf das Glühlampen-Piktogramm zu klicken, um die entsprechende Antwort ansehen zu können. Außerdem kann er sich anschließend selbst bewerten (Abb. 10.0-1).

10 Interaktivität – Lerneinheiten interaktiv gestalten *

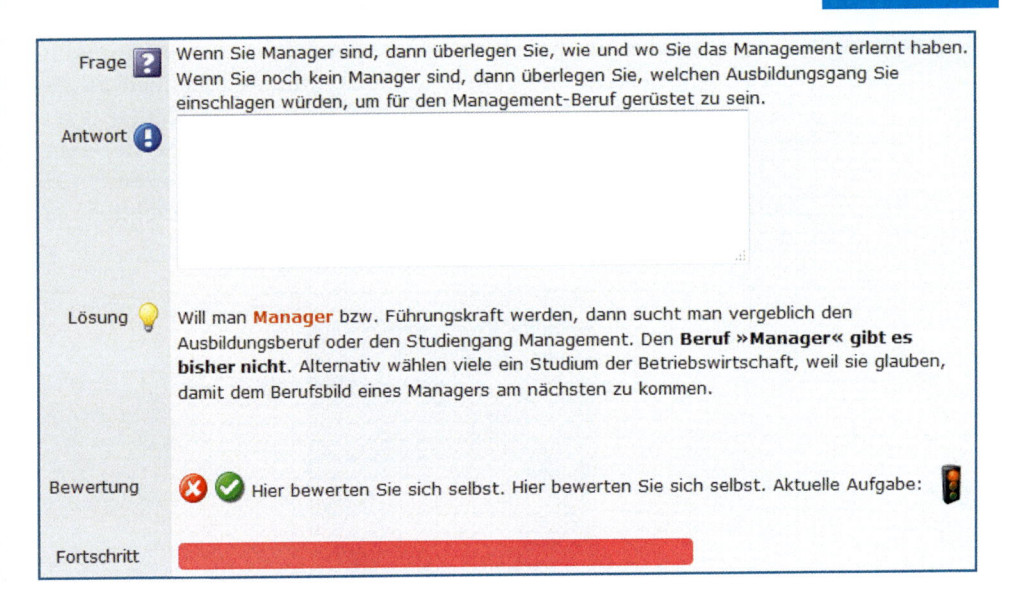

Frage ❓	Wenn Sie Manager sind, dann überlegen Sie, wie und wo Sie das Management erlernt haben. Wenn Sie noch kein Manager sind, dann überlegen Sie, welchen Ausbildungsgang Sie einschlagen würden, um für den Management-Beruf gerüstet zu sein.
Antwort 🅐	
Lösung 💡	Will man **Manager** bzw. Führungskraft werden, dann sucht man vergeblich den Ausbildungsberuf oder den Studiengang Management. Den **Beruf »Manager« gibt es bisher nicht.** Alternativ wählen viele ein Studium der Betriebswirtschaft, weil sie glauben, damit dem Berufsbild eines Managers am nächsten zu kommen.
Bewertung	❌ ✅ Hier bewerten Sie sich selbst. Hier bewerten Sie sich selbst. Aktuelle Aufgabe: 🚦
Fortschritt	▬▬▬▬▬▬▬▬▬▬▬▬▬▬▬

Abb. 10.0-1: Beispiel für eine Interaktion mit dem Lernenden.

In einem Audioclip, Videoclip oder einer Animation gibt es eine Steuerleiste, die es ermöglicht, den Ablauf zu starten, zu stoppen, an den Anfang zu verzweigen oder an das Ende zu gehen (siehe Beispiel in der Marginalspalte).

Beispiel

Eine E-Learning-Plattform ermöglicht es dem Lernenden, einen Kurs nach verschiedenen Lernstilen anzuordnen. Beispielsweise kann der Lernende den jeweils gewünschten Lernstil im Navigationsbereich in einer Klappliste auswählen (Abb. 10.0-2).

Abb. 10.0-2: Auswahlmenü für die Wahl der Lernstile.

| Beispiel | Eine einfache, in manchen Anwendungsfällen aber sinnvolle Steuerung besteht darin, dem Lernenden die Möglichkeit zu geben, in ein Bild herein- und herauszuzoomen. Ein Hautarzt betrachtet die Haut eines Patienten zunächst aus der Ferne, dann geht er näher an ihn heran, um das Krankheitsbild genauer zu betrachten. In der W3L-E-Learning-Plattform ist es möglich, jedes Bild mit einem Zoom zu versehen (Abb. 10.0-3). |

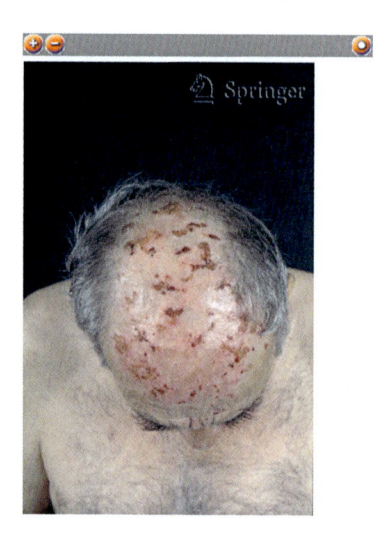

Abb. 10.0-3: Beispiel für ein Foto mit Zoom-Funktion (obere Interaktionsleiste).

Interaktion, um inhaltliche Zusatzinformationen zu erhalten

Oft werden nicht alle Lerninhalte in einer Lerneinheit angezeigt, da davon ausgegangen wird, dass die meisten Lernenden entsprechendes Wissen bereits haben. Lernende, die das entsprechende Vorwissen *nicht* haben oder nicht parat haben, können es abrufen. Die verwendete E-Learning-Plattform muss diese Art der Interaktion entsprechend unterstützen.

Beispiele
- **Glossarbegriffe**: Anklicken eines Glossarbegriffs öffnet eine Infobox, z. B. **Kreativität**. Die verwendete E-Learning-Plattform muss diese Art der Interaktion unterstützen.
- **Literatur**: Befindet sich die Maus über einem Literaturhinweis, dann wird im *Tooltip* der Titel der Literaturstelle angezeigt, z. B. [Schr08].
- **Medien**: Zu jedem Medium wird ein beschreibender Text angezeigt, wenn der Lernende auf das Medium, z. B. ein Bild, klickt.

○ **Dokumente, Daten, Programme usw. zum Herunterladen anbieten**: Oft benötigt der Lernende Dokumente oder Daten oder Programme auf seinem eigenen Computersystem, um damit Aufgaben erledigen zu können, z. B. Programme in einem Programmierkurs, die er weiterentwickeln soll. Dann müssen Sie ihm als Autor diese Informationen zum Herunterladen anbieten.

In einem Kurs zur Energieberatung soll dem Lernenden eine Checkliste zur Verfügung gestellt werden:

Beispiele

○ Checkliste_zur Vorbereitung der Energieaufnahme (Beim Anklicken des Links wird die Checkliste heruntergeladen)

In einem Kurs zu Microsoft Projekt soll der Lernende ein Fallbeispiel herunterladen, das er in seinem Programm verwenden soll:

○ MS Project – Fallbeispiel 11 (Beim Anklicken des Links wird das Fallbeispiel heruntergeladen)

Interaktion, um Lerninhalte zu manipulieren

Ein *mittlerer* Interaktivitätsgrad liegt vor, wenn der Lernende Lerninhalte manipulieren kann, z. B. durch einen Zeitschieberegler oder durch Menüpunkte in einer interaktiven Grafik, um so Veränderungen sichtbar zu machen und vergleichen zu können. Solche Interaktionsmöglichkeiten findet man oft in multimedialen Lernelementen (siehe »Multimedia – Lerneinheiten multimedial gestalten«, S. 343, und »Interaktive Infografiken – Zusammenhänge in Bildern«, S. 379).

Interaktion, um Lerninhalte zu explorieren

Ein *hoher* Interaktivitätsgrad ist vorhanden, wenn der Lernende durch Eingeben oder Filtern von Informationen oder durch eine Datenabfrage mit den Lerninhalten interagieren kann. Solche Interaktionsmöglichkeiten findet man oft in multimedialen Lernelementen (siehe »Multimedia – Lerneinheiten multimedial gestalten«, S. 343, und »Interaktive Infografiken – Zusammenhänge in Bildern«, S. 379). Diese Art der Interaktion ermöglicht auch exploratives Lernen (siehe »Entdeckendes Lernen – Entdeckenlassendes Lehren«, S. 109).

Interaktion, um eigene Informationen zur Lerneinheit hinzuzufügen

Bei diesem *hohen* Interaktivitätsgrad kann der Lernende den Lerninhalt sozusagen mitgestalten. Der Lernende wird zum Co-Autor [WeWe13, S. 12] (*User-to-documents*-Interaktivität, siehe auch »Soziale Medien: soziale Lernumgebungen«, S. 401). Die verwendete E-Learning-Plattform oder das multimediale Lernelement muss diese Art der Interaktion unterstützen (siehe »Notizen machen – nachhaltig lernen«, S. 231).

Nutzen Sie als Autor alle Möglichkeiten, um den Lernenden zur Interaktion mit Ihren Lerneinheiten zu animieren:
- Navigation zu anderen Inhalten anbieten.
- Steuerung der Inhaltsdarbietung ermöglichen.
- Zusatzinformationen zur Verfügung stellen.
- Möglichkeiten zur Manipulation und Exploration von Lerninhalten bieten.
- Aufforderung, eigene Informationen zu ergänzen.
- Die Möglichkeiten der jeweiligen E-Learning-Plattform nutzen.

Weiterführende Literatur [WeWe13]

11 Multimedia – Lerneinheiten multimedial gestalten *

Das Lernen wird erleichtert, wenn der Lehrstoff in kombinierter verbaler und bildhafter Form mit statischen und dynamischen Medien dargeboten wird *und* die Präsentation vom Lernenden interaktiv gesteuert werden kann. Folgende Prinzipien sind zu beachten: Multimedia-Prinzip, Kontiguitäts-Prinzip, Kohärenz-Prinzip, Modalitäts-Prinzip, Redundanz-Prinzip, Vor-Trainings-Prinzip, Segmentierungsprinzip.

Obwohl der Begriff »Multimedia« 1995 zum Wort des Jahres gekürt wurde, gibt es bis heute *keine* allgemein anerkannte Definition dieses Begriffs. In [Schu97, S. 19 ff.] wird auf über 50 Seiten versucht, den Begriff Multmedia definitorisch »in den Griff zu bekommen« – aus meiner Sicht mit einem unbefriedigenden Ergebnis.

Das Wort Multimedia setzt sich zusammen aus der Vorsilbe »Multi«, die »viel« bzw. »vielfach« bedeutet, und dem englischen Wort »Media«, das auf Deutsch »Medien« bzw. »Medium« im Singular bedeutet. Von der Sprachherkunft bedeutet Multimedia also: Einsatz vieler Medien. — Herkunft

Zu klären ist jetzt noch der Begriff Medium. In der Norm »Software-Ergonomie für Multimedia-Benutzungsschnittstellen« [ISO 14915–1, S. 6] wird der Begriff Medium definiert: — Medium

> Ein **Medium** bietet dem Benutzer verschiedene spezifische Darstellungsformen von Informationen an. Beispiele sind Text, Video, Grafik, Animation, Audio.

— Definition

Außerdem werden in der Norm statische und dynamische Medien unterschieden:

11 Multimedia – Lerneinheiten multimedial gestalten *

Definition
> Bei einem **statischem Medium** ändert sich die Darstellung für den Benutzer mit der Zeit *nicht*. Beispiele sind Text und Bilder.

Alternativ zu dem Begriff »Statisches Medium« wird auch der Begriff »Diskretes Medium« verwendet.

Definition
> Bei einem **dynamischen Medium** ändert sich die Darstellung für den Benutzer mit der Zeit. Beispiele sind Video, Musik, Animation.

Alternativ zu dem Begriff »Dynamisches Medium« wird auch der Begriff »Kontinuierliches Medium« verwendet.

Für den Begriff Multimedia gibt es weite und enge Definitionen. Eine enge Definition wird in der Norm »Software-Ergonomie für Multimedia-Benutzungsschnittstellen« [ISO 14915-1, S. 6] angegeben:

Definition 1
> **Multimedia** bezeichnet Kombinationen von statischen *und/oder* dynamischen Medien, die in einer Anwendung interaktiv gesteuert und gleichzeitig dargestellt werden können. Beispiele dafür sind Kombinationen von Text und Video oder Audio und Animation.

Nach dieser Definition handelt es sich bei der Kombination von Text und Grafik in einem Lehrbuch nicht um Multimedia, da der Leser diese Kombination in einem Buch *nicht* interaktiv steuern kann.

Bei den Interaktionsmöglichkeiten kann es sich um eine aktive Navigation, um die Manipulation von Inhalten und/oder die Steuerung über Parameter handeln (siehe »Interaktivität – Lerneinheiten interaktiv gestalten«, S. 337).

Didaktik
Unter didaktischen Gesichtspunkten spielt bei Multimedia die kognitive Verarbeitung der Informationen im menschlichen Gehirn eine wesentliche Rolle (Abb. 11.0-1). Es wird davon ausgegangen, dass im Gedächtnis zwei getrennte Subsysteme für die Verarbeitung von verbalen und nicht-verbalen Informationen verwendet werden ([Kerr12, S. 153 ff.], [Maye14, S. 2 ff.]).

Das verbale Subsystem (mit Worten, mithilfe der Sprache) codiert begriffliche Informationen, die auditiv (z. B. ein gesprochenes Wort) oder visuell (z. B. ein geschriebenes Wort) aufgenommen werden. Das nicht-verbale, piktorale System codiert bildhafte Informationen sowie Informationen, die über den Geruchs-, Geschmacks- und Tastsinn wahrgenommen werden. Die Verarbeitung dieser Informationen findet zeitgleich und ganzheitlich statt.

11 Multimedia – Lerneinheiten multimedial gestalten *

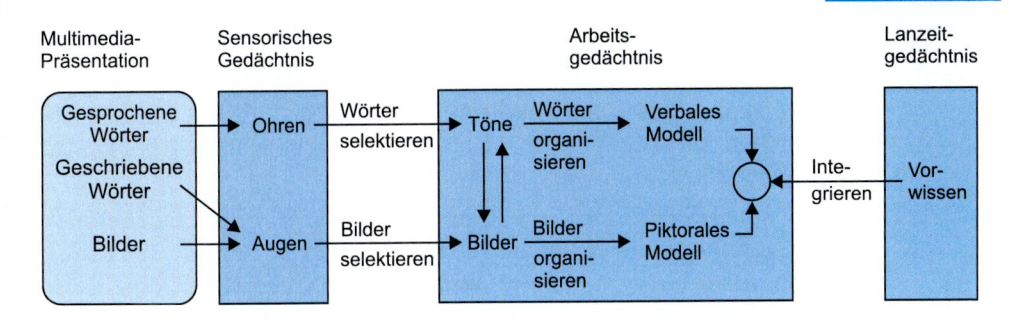

Multimedia-Präsentation	Sensorisches Gedächtnis	Arbeitsgedächtnis	Langzeitgedächtnis
Gesprochene Wörter / Geschriebene Wörter / Bilder	Ohren / Augen	Wörter selektieren → Töne → Wörter organisieren → Verbales Modell; Bilder selektieren → Bilder → Bilder organisieren → Piktorales Modell; Integrieren	Vorwissen

Abb. 11.0-1: Kognitives Modell des Lernens mit Multimedia ([Maye14, S. 52], [Rey09, S. 52]).

Werden Informationen in beiden Subsystemen abgespeichert – statt nur in einem –, dann werden die Informationen besser erinnert. Eine Doppel-Codierung liegt vor, wenn bildhafte *und* verbale Informationen zu einem Sachverhalt abgespeichert werden. Man spricht dann auch von **multicodalen Darstellungen**.

○ Wird ein Lehrstoff nur als Text vermittelt, nur durch gesprochenen Text erklärt oder beides kombiniert, dann liegt eine monocodale Darstellung vor. *Beispiel*
○ Wird ein Lehrstoff durch eine beschriftete Grafik oder eine textuell ergänzte Animation erklärt, dann liegt eine multicodale Darstellung vor.

Oft werden noch die verschiedenen Sinneskanäle (hören, sehen, tasten, schmecken, riechen), über die der Mensch Informationen wahrnimmt, berücksichtigt. Es hat sich jedoch gezeigt, dass die Präsentation einer Information über verschiedene Sinneskanäle (auch Multimodalität genannt) *nicht* vorteilhaft für das Lernen ist. Alleine die Codierung einer Information ist für das Lernen entscheidend – insbesondere für Lernende mit geringem Vorwissen [Kerr12, S. 156].

Da geschriebene Texte schneller erfasst werden, als Texte vorgelesen werden, muss der Lernende den visuell schnell erfassten Text und den langsam gehörten Text zusammenbringen. Daher sollten geschriebene Texte, die ein Lernender lesen muss, nicht gleichzeitig vorgelesen werden (gilt auch für Präsenzveranstaltungen)! Auf der Grundlage dieser Erkenntnisse findet man in der wissenschaftlichen Literatur folgende weit gefasste Definition:

Multimedia i.w.S. präsentiert Lehrstoff in verbaler Form (in Worten wie gesprochenem oder geschriebenem Text) *und* in bildhafter Form (wie Illustrationen, Fotos, Animationen, Videos) (in Anlehnung an [Maye14, S. 2 f.]). *Definition 2*

11 Multimedia – Lerneinheiten multimedial gestalten *

Nach dieser Definition fallen beispielsweise beschriftete Grafiken in einem Lehrbuch unter den Begriff Multimedia.

Ich halte diese Definition für zu weit gefasst, da sie mit dem üblichen Sprachgebrauch *nicht* übereinstimmt. Ein Lehrbuch wird *nicht* als multimedial angesehen.

Ich halte es daher für sinnvoll und mit dem Sprachgebrauch übereinstimmend, wenn als zusätzliches Kriterium die Benutzerinteraktion mit berücksichtigt wird – wie in der Norm »Software-Ergonomie für Multimedia-Benutzungsschnittstellen« [ISO 14915–1, S. 6].

Definition 3 | **Multimedia** bezeichnet den aufeinander abgestimmten, kombinierten Einsatz mehrerer, verschiedener multicodaler *und* interaktiv steuerbarer Medien, um dem Lernenden das Erlernen eines Lernstoffs zu erleichtern.

Prinzipien des multimedialen Lernens

Richard E. Mayer hat mit seiner Arbeitsgruppe an der University of California at Santa Barbara viele empirische Untersuchungen zum Lernen mit Multimedia durchgeführt, eine Theorie multimedialen Lernens (CTML, *Cognitive Theory of Multimedia Learning*) aufgestellt und hat aufgrund der Ergebnisse folgende Prinzipien aufgestellt ([Maye14, passim], [KlLe12, S. 114 ff.]):

- Das **Multimedia-Prinzip**: Mit aufeinander bezogenen verbalen und bildlichen Informationen lernt man besser als mit verbalen Informationen allein.
- Das **Kontiguitäts-Prinzip**: Der Multimediaeffekt wird gesteigert, wenn die jeweils aufeinander bezogene verbale und bildliche Information in räumlicher und zeitlicher Nähe dargestellt wird.
- Das **Kohärenz-Prinzip**: Der Multimediaeffekt wird *verringert*, wenn zusätzliche, ablenkende Informationen vorhanden sind, die für das Verständnis *nicht* erforderlich sind (z. B. irrelevante Texte, Bilder, Töne oder Musik) (siehe auch »Das Lokalitätsprinzip – alles im Blick«, S. 263).
- Das **Modalitäts-Prinzip**: Lernende lernen intensiver, wenn Texte gesprochen und *nicht* schriftlich dargeboten werden. Geschriebener Text ist jedoch dann vorteilhaft, wenn technische Begriffe oder Formeln zu vermitteln sind, wenn es sich nicht um die Muttersprache der Lernenden handelt oder wenn der gesprochene Text zu lang ist, um ihn im Arbeitsgedächtnis der Lernenden zu speichern [Maye14, S. 221–344] (siehe »Audio – Sprache und Ton einsetzen«, S. 349).
- Das **Redundanz-Prinzip**: Wenn neben der bildlichen Information die verbale Information als gesprochener Text und

gleichzeitig auch als geschriebener Text präsentiert wird, dann wird der Modalitäts-Effekt *reduziert*.
- Das **Vor-Trainings-Prinzip**: Lernende lernen intensiver, wenn sie die Namen und Charakteristika der wichtigsten Konzepte *vor* der Multimedia-Präsentation bereits kennen [Maye14, S. 316–344].
- Das **Segmentierungsprinzip**: Lernende lernen intensiver, wenn eine Multimedia-Präsentation in Segmenten statt kontinuierlich dargeboten wird. Der Lernende muss die Geschwindigkeit der Präsentation steuern können [Maye14, S. 316–344] (siehe »Video – Bewegung darstellen«, S. 355, und »Animation – Vorgänge zum Leben erwecken«, S. 367).

- »[...] ein ›Weniger ist mehr‹-Gedanke [...] [wird] bei der Gestaltung von Lernmaterialien vertreten. Ziel ist es, das Arbeitsgedächtnis nicht unnötig zu belasten [...]« [Rey09, S. 59].

Zur Theorie

- »Insgesamt kann die kognitive Theorie multimedialen Lernens [..] als theoretisch differenzierte Theorie bewertet werden, aus der sich eine Vielzahl von Empfehlungen für die Gestaltung multimedialer Lernumgebungen ableiten lässt« [Rey09, S. 60].
- »Die multimediale Präsentation an sich kann sogar zu schlechteren Lernergebnissen führen, weil sie die Lernenden in eine durch den Massenmedien-Konsum erworbene unterhaltungsorientierte Rezeptionshaltung versetzt, so dass sie eine geringere mentale Anstrengung [...] aufbringen als bei der Vorlage nüchterner Texte [...]« [Issi11, S. 29].
- »Multicodierte und multimodale Präsentation kann in besonderer Weise die Verarbeitung von Lernmaterial intensivieren und eine mentale Multicodierung des Lerngegenstandes durch den Lerner stimulieren. Dies verbessert die Verfügbarkeit des Wissens« [Weid11, S. 85].
- »Mit Multicodierung und Multimodalität gelingt es besonders gut, komplexe authentische Situationen realitätsnah zu präsentieren und den Lerngegenstand aus verschiedenen Perspektiven, in verschiedenen Kontexten und auf unterschiedlichen Abstraktionsniveaus darzustellen. Dies fördert Interesse am Gegenstand, flexibles Denken, die Entwicklung adäquater mentaler Modelle und anwendbares Wissen« [Weid11, S. 85].
- »Interaktive multicodale und multimodale Lernangebote eröffnen den Lernenden eine Vielfalt von Aktivitäten. Dies erweitert das Spektrum ihrer Lernstrategien und Lernerfahrungen« [Weid11, S. 85].

11 Multimedia – Lerneinheiten multimedial gestalten *

Nutzen Sie die Prinzipien des multimedialen Lernens ...

- durch Doppel-Codierungen (bildhafte *und* verbale Informationen in räumlicher und/oder zeitlicher Nähe),
- indem Sie für das Verständnis *nicht* erforderliche Informationen vermeiden,
- indem Sie gleichzeitig dargebotene geschriebene *und* gesprochene Texte vermeiden,
- indem Sie die wichtigsten Konzepte bereits vor der Multimedia-Präsentation vermitteln,
- indem Sie eine Multimedia-Präsentation in Segmenten darbieten.

Weiterführende Literatur — Einen Überblick über den Forschungsstand zu Multimedia wird in [Rey09, S. 27–80] gegeben.

12 Audio – Sprache und Ton einsetzen **

Audio-Informationen (gesprochene Sprache, Musik, Geräusche) können dazu beitragen eine Lerneinheit abwechslungsreicher zu gestalten und den Leseanteil zu reduzieren. Audio kann gut in Verbindung mit Standbildern oder wechselnden Bildern eingesetzt werden. Expertenmeinungen, Interviewsituationen und Bildbeschreibungen können mit Audio kombiniert werden. Eine Reihe von Gestaltungsrichtlinien sind zu beachten, damit Audio-Medien den Lernerfolg erhöhen.

»Zuhören ist wie das Lesen ein aktiver Prozess«
Prof. Dr. Gaby Reinmann

Der Begriff **Audio** bedeutet »hörbar«, »Gehör«. **Auditiv** beschreibt die Fähigkeit, Schallereignisse wahrzunehmen und zu analysieren. Bei den Schallereignissen kann es sich um gesprochene Sprache, Geräusche und Musik handeln.

Ein **Audio-Medium** ist jedes Medium, das gehört, d. h. über einen Audio-Kanal empfangen, werden kann [ISO 14915–3, S. 9]. Es ist dynamisch bzw. kontinuierlich. Es läßt sich gliedern in sprachbasiert (gesprochene Sprache) und nicht-sprachbasiert (Geräusche, Musik). Ein **Audioclip** ist eine bis zu einigen Minuten lange Audio-Sequenz.

»Im Gegensatz zum Lesen erfordert das Zuhören [..] eine konstante Aufmerksamkeit. Auch hat sich gezeigt, dass man pro Minute durch Zuhören weniger Informationen verarbeiten kann als durch Lesen« [NDH+08, S. 193] zitiert nach [Rein15, S. 42].

Empirie

Einsatzbereiche

Ein wichtiges Ziel bei Lerneinheiten muss es sein, den **Leseanteil** zu **reduzieren**. Daher spielt der Einsatz von Audio – insbesondere von gesprochener Sprache – eine große Rolle und gibt Ihnen als Autor neue Möglichkeiten. In manchen Situationen ist auch der Einsatz von Tönen in Form von Musik oder Geräuschen sinnvoll – insbesondere in Kombination mit Videoclips (siehe »Video – Bewegung darstellen«, S. 355).

In der Regel wird Audio in Verbindung mit **Standbildern** oder **wechselnden Bildern** eingesetzt, da eine reine Audio-Leiste in einem Baustein *nicht* ansprechend ist.

Beispiele

Expertenmeinung — Audio lässt sich gut einsetzen, um eine **Expertenmeinung** zu einem Thema zu vermitteln.

Beispiel — Das Beispiel der Abb. 12.0-1 zeigt, wie sich ein **Standbild mit Audio** kombinieren lässt. Passt das Standbild in die Marginalspalte, dann kann der Audioclip auch dort angeordnet werden.

Abb. 12.0-1: Beispiel für ein Standbild mit Audio.

Reale Situationen — Audio lässt sich gut einsetzen, um reale **Situationen** oder **Szenarien** darzustellen, z. B. **Interviewsituationen (mit wechselnden Standbildern)**. Der jeweilige Sprecher wird als Foto gezeigt. Eine solche Lösung ist kostengünstiger und benötigt weniger Speicherplatz als ein analoger Videoclip, wenn die Mundbewegung und Mimik keine entscheidende Rolle spielen – anders sieht es bei einem Rhetorikkurs aus.

Beispiele — Die folgenden Beispiele (Abb. 12.0-2) zeigen zwei Interviewsituationen, wobei beide Audioclips auch in der Marginalspalte angeordnet werden können.

Beispiel — Interviewsituationen lassen sich auch mit der Anzeige von Texten kombinieren (Abb. 12.0-3).

Beispiele zu Audioclips finden Sie im zugehörigen E-Learning-Kurs.

12 Audio – Sprache und Ton einsetzen **

Abb. 12.0-2: Beispiel für eine Interviewsituation mit wechselnden Standbildern.

Abb. 12.0-3: Beispiel für eine Interviewsituation kombiniert mit einer Animation.

Audio lässt sich auch dazu verwenden, komplexe Bilder oder Abbildungen zu erläutern.

Bildbeschreibung

In der Regel sind Audio-Informationen integraler Bestandteil von Videos (siehe »Video – Bewegung darstellen«, S. 355) und Animationen (siehe »Animation – Vorgänge zum Leben erwecken«, S. 367).

Bestandteil von Videos & Animationen

- »Gesprochene Sprache ist einprägsam [...], weckt Aufmerksamkeit und wirkt – wegen der paraverbalen Zusatzinformationen (Stimme, Ausdruck usw.) – auch persönlicher als gedruckte Sprache« [Weid11, S. 82].
- »[...] gesprochene Texte [verlangen] von den Lernenden erhebliche Konzentration [..]. Mehr als 120–150 Worte pro Minute – das liegt deutlich unter der üblichen Sprechgeschwindigkeit – sollten nicht überschritten werden« [Weid11, S. 82].

Empirie

Gestaltungsrichtlinien

- »Da Zuhören in der Regel anstrengender als Lesen ist, gilt beim gesprochenen Wort mehr noch als beim geschriebenen, dass Sätze auch bei komplexen Inhalten verständlich und eher kurz, die Wortwahl eingängig und der gesamte Vortrag gut gegliedert und lebendig gestaltet sein sollte« [Rein15, S. 43]. Siehe auch »Der Schreibstil – gut lesbar, verständlich und anschaulich«, S. 251.

- Ein Audio-Medium kann *nicht* beliebig beschleunigt werden. Ein Abhören bei doppelter Geschwindigkeit ist manchmal noch verständlich. Der Lernende muss sich also alles anhören. Damit wird sein eigenes Lerntempo eingeschränkt. Stellt der Lernende hinterher fest, dass er einen großen Teil bereits kannte, dann ärgert er sich vielleicht über die verlorene Zeit.
- Das konzentrierte Zuhören und Verarbeiten der Audio-Informationen ist anstrengend.

Richtlinien

- Audioclips sollten aus den aufgeführten Gründen *nicht* zu lange sein. Lieber mehrere kurze Audioclips als einen langen Audioclip.
- »Im Allgemeinen wird empfohlen, keine langen Monologe als Audios anzubieten. *Eine* Alternative besteht darin, Audios dialogisch zu gestalten. [...] Eine weitere Option ist, auditiv dargebotene Lehrinhalte zu *erzählen*« [Rein15, S. 45]. Siehe auch »Storys – Fakten in Geschichten verpackt«, S. 237.
- Audio-Medien sollen durch den Lernenden interaktiv steuerbar sein (siehe »Multimedia – Lerneinheiten multimedial gestalten«, S. 343): Start, Stop, (Vorwärts), (Rückwärts), An den Anfang, An das Ende. Wenn sinnvoll, dann sollte auch ein beschleunigtes Abspielen ermöglicht werden.

- Geschriebene Texte werden schneller erfasst als vorgelesene Texte. Der Lernende muss daher den schnell erfassten geschriebenen Text und den langsam gehörten Text in Übereinstimmung bringen.

Richtlinien

- Aus diesem Grund sollen Texte, die der Lernende in der Lerneinheit liest, *nicht* gleichzeitig vorgelesen werden. Das bedeutet auch, dass Bilder und Abbildungen, die beschriftet sind, *nicht* zusätzlich durch gesprochenen Text erklärt werden sollen.
- Für den Lernerfolg ist es besser, visuelle Darstellungen durch gesprochenen Text als durch geschriebenen Text zu erklären ([Maye14, S. 871], [ClMa02, S. 83 ff.]).

Hinweis

Wird eine komplexe visuelle Darstellung durch einen gesprochenen Text erläutert, dann ist es besser, eine Animation zu erstellen und die im gesprochenen Text erwähnten Teile der visuellen Darstellung durch optische Hervorhebungen (z. B. farbliche Hervorhebung) dem Lernenden kenntlich zu machen, d. h. seine Aufmerksamkeit auf die jeweils richtige Stelle zu lenken (siehe »Animation – Vorgänge zum Leben erwecken«, S. 367).

12 Audio – Sprache und Ton einsetzen **

Visuelle Darstellungen sollten durch gesprochene Sprache *oder* geschriebene Sprache erklärt werden, aber nicht durch beides (Redundanz-Prinzip, [Maye14, S. 871], [ClMa02, S. 97 ff.]).

Richtlinie

Geschriebener Text ist leichter zu erstellen und zu aktualisieren als dieselbe Information als gesprochenen Text zur Verfügung zu stellen. Als Autor sollten Sie daher zunächst mit geschriebenem Text beginnen und dann überlegen, wo der Wechsel zu gesprochenem Text den größten Lernerfolg verspricht. Beachten Sie, dass sich gesprochene Sprache von der Schriftsprache unterscheidet (siehe »Der Schreibstil – gut lesbar, verständlich und anschaulich«, S. 251)!

Hinweis

Audio-Medien ...
- sollen kurz sein,
- müssen interaktiv steuerbar sein,
- nicht benutzen, um zu lesenden Text gleichzeitig vorzulesen,
- sind aufwendiger zu ändern als geschriebene Texte.

[Maye14, S. 221–344], [ClMa02, S. 83 ff.]

Weiterführende Literatur

13 Video – Bewegung darstellen **

Mit Videoaufnahmen können zeitliche, visuelle Bewegungen aufgenommen und wiederholt abgespielt werden. In Lerneinheiten können reale Szenarien mit und ohne Audio-Anteil dazu benutzt werden, um Vorträge, Abläufe, dynamische Fertigkeiten usw. darzustellen. Vorgänge auf einem Computerbildschirm können als sogenannte Desktop-Videos dazu verwendet werden, um Abläufe, z. B. Bedienung einer Software, zu veranschaulichen. Da Videos – insbesondere mit Audio – nicht beliebig beschleunigt werden können, sollten nur kurze Videos (Videoclips) in Lerneinheiten eingesetzt werden. Diese müssen vom Lernenden steuerbar sein.

Video ist die visuelle Darstellung einer Sequenz von aufeinanderfolgenden Einzelbildern zum Zwecke einer Bewegtbilddarstellung. Ein Video ist zwar ein kontinuierliches bzw. dynamisches Medium, in Wirklichkeit aber besteht es aus einer Reihe von Einzelbildern, die mit einer bestimmten Geschwindigkeit nacheinander abgespielt werden. Ein **Videoclip** ist eine bis zu einigen Minuten lange Video-Sequenz. In der [ISO 14915–3, S. 9] gehören Videos zu Medien mit bewegten Bildern. Ein **Medium mit bewegtem Bild** ist ein visuelles Medium, das mit einer Geschwindigkeit dargestellt wird, sodass es vom Betrachter als ununterbrochenes Bild bewertet wird. Beispiele dafür sind Videos, Filme, animierte Diagramme, Simulationen. Einigermaßen gleichförmige Bewegungen entstehen bereits bei 16 Bildern pro Sekunde, klassische Kinofilme verwenden 24 Bilder pro Sekunde.

Videos kommen dort zum Einsatz, wo die Bewegung ein entscheidendes Kriterium ist. Videos lassen sich folgendermaßen klassifizieren:

- Videos ohne Audio
- Videos mit Audio
- Realistische Videos
- Nicht-realistische Videos

Klassifikation

13 Video – Bewegung darstellen **

In der [ISO 14915-3, S. 9 f.] werden realistische Medien und nichtrealistische Medien unterschieden. Ein **realistisches Medium** ist ein Medium, das vom Lernenden als wirklichkeitsgetreues Abbild der natürlichen Welt wahrgenommen wird. Ein Beispiel dafür ist ein Video, das Menschen in natürlichen Szenen zeigt. Ein **nichtrealistisches Medium** ist ein Medium, das vom Lernenden als nicht wirklichkeitsgetreues Abbild der natürlichen Welt wahrgenommen wird. Ein Beispiel dafür sind Zeichentrickfilme.

Zwischen realistisch und nichtrealistisch sind sogenannte Desktop-Videos einzuordnen. Bei **Desktop-Videos** *(Screencasts)* handelt es sich um Videoclips, die einen Ablauf auf dem Computerbildschirm aufzeichnen. Sie lassen sich sehr gut dazu einsetzen, um die Bedienung von Programmen zu zeigen.

Nichtrealistische Medien werden unter Animationen behandelt, siehe:

- »Animation – Vorgänge zum Leben erwecken«, S. 367

Einsatzbereiche

Videoclips eignen sich gut dazu, um reale, bewegte Vorgänge zu veranschaulichen, z. B. chirurgische Operationen, Verkehrssituationen, Vortragsstile, Bewegungs- und Arbeitsabläufe (Sport, Handwerk), soziale Interaktion usw.

Realistische Videos ohne Audio

Beispiele In einem Rhetorik-Kurs können Mimik und Gestik (Abb. 13.0-1) durch Videos dargestellt werden (hier kommt es bewusst nur auf die Mimik und Gestik an, Sprache spielt keine Rolle).

Beispiel Die wichtigsten Schritte bei einer Operation können in einem Video gezeigt werden (Abb. 13.0-2).

Realistische Videos mit Audio

Beispiele Das folgende Beispiel zeigt einen Videoclip, bei dem es auf die Rhetorik, die Mimik und die Gestik ankommt (Video mit synchroner Sprache der dargestellten Person) (Abb. 13.0-3).

Das folgende Beispiel zeigt für eine Energieberatung, wie eine Doppelverglasung überprüft werden kann (Video mit gesprochener Erklärung) (Abb. 13.0-4).

Beispiele zu Videoclips finden Sie im zugehörigen E-Learning-Kurs.

13 Video – Bewegung darstellen ** 357

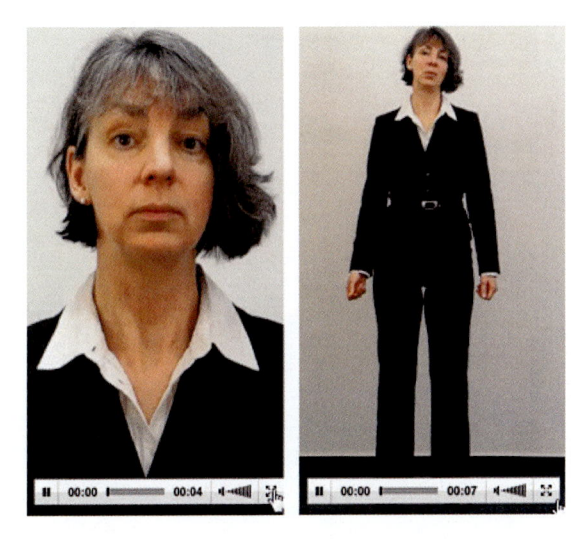

Abb. 13.0-1: Beispiel für ein Video zur Vermittlung von Mimik (links) und Gestik (rechts) (Bildschirmabzug).

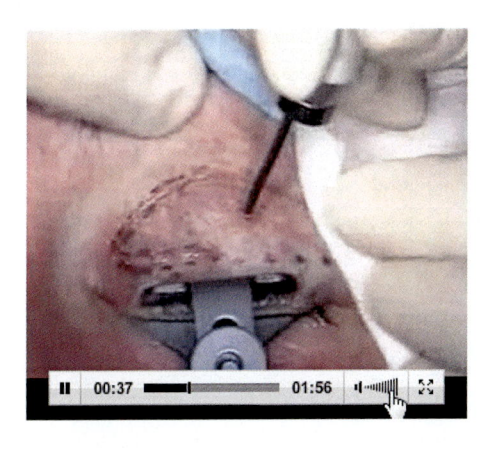

Abb. 13.0-2: Beispiel für ein Video, das eine Augenoperation zeigt (Bildschirmabzug).

Desktop-Videos *(Screencasts)*
Ein Desktop-Video sollte immer mit einem Kommentar versehen werden, der die Vorgänge erklärt. Der Lernende kann sich dann visuell auf das Video konzentrieren und den Kommentar dazu hören. Bei textuellen Erklärungen hinter oder vor dem Video muss er sonst einen ständigen Blickwechsel vornehmen.

Das folgende Desktop-Video zeigt, wie in Excel ein Makro aufgezeichnet wird (Abb. 13.0-5).   Beispiel

13 Video – Bewegung darstellen **

Abb. 13.0-3: Beispiel für ein Video zur Rhetorik (mit Audio).

Abb. 13.0-4: Beispiel für ein Video mit gesprochener Erklärung (Feststellung, ob eine Doppelverglasung vorliegt).

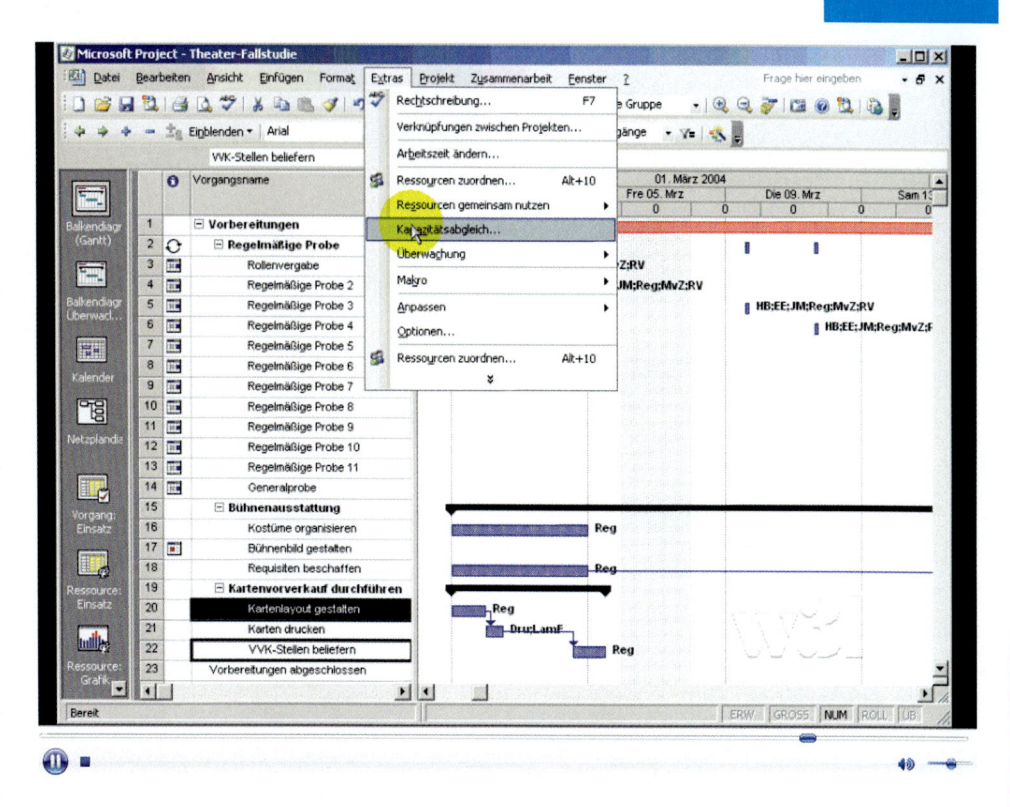

Abb. 13.0-5: Beispiel für ein Desktop-Video zur Erläuterung einer Bedienung.

Anstelle eines gesprochenen Kommentars können Erläuterungen auch in Form von Hinweisen in das Desktop-Video integriert werden (Abb. 13.0-6).   *Beispiel*

Ein Desktop-Video kann auch so gestaltet werden, dass der Lernende aktiv Eingaben durchführen muss (Abb. 13.0-2).   *Beispiel*

Beispiele zu Desktop-Videos finden Sie im zugehörigen E-Learning-Kurs.

Häufig eingesetzte Softwareprogramme zum Erstellen von Desktop-Videos sind Captivate von Adobe und Camtasia von TechSmith.   *Werkzeuge*

- »Soll [..] mit Videomaterial gelernt werden, stellt man immer wieder fest, dass sich Lernende dabei schwer tun, Aufmerksamkeitsprobleme zeigen und Informationen oft nur oberflächlich verarbeiten« [Weid06] zitiert nach [Rein15, S. 32].   *Zur Didaktik*
- »[Man] sollte [..] meinen, dass videobasierte Inhalte Lernende besonders gut motivieren und kognitiv aktivieren. Diese Erwartung aber lässt sich nur unter bestimmten Bedingungen erfüllen. Audiovisuelle Darstellungen gerade im Videoformat

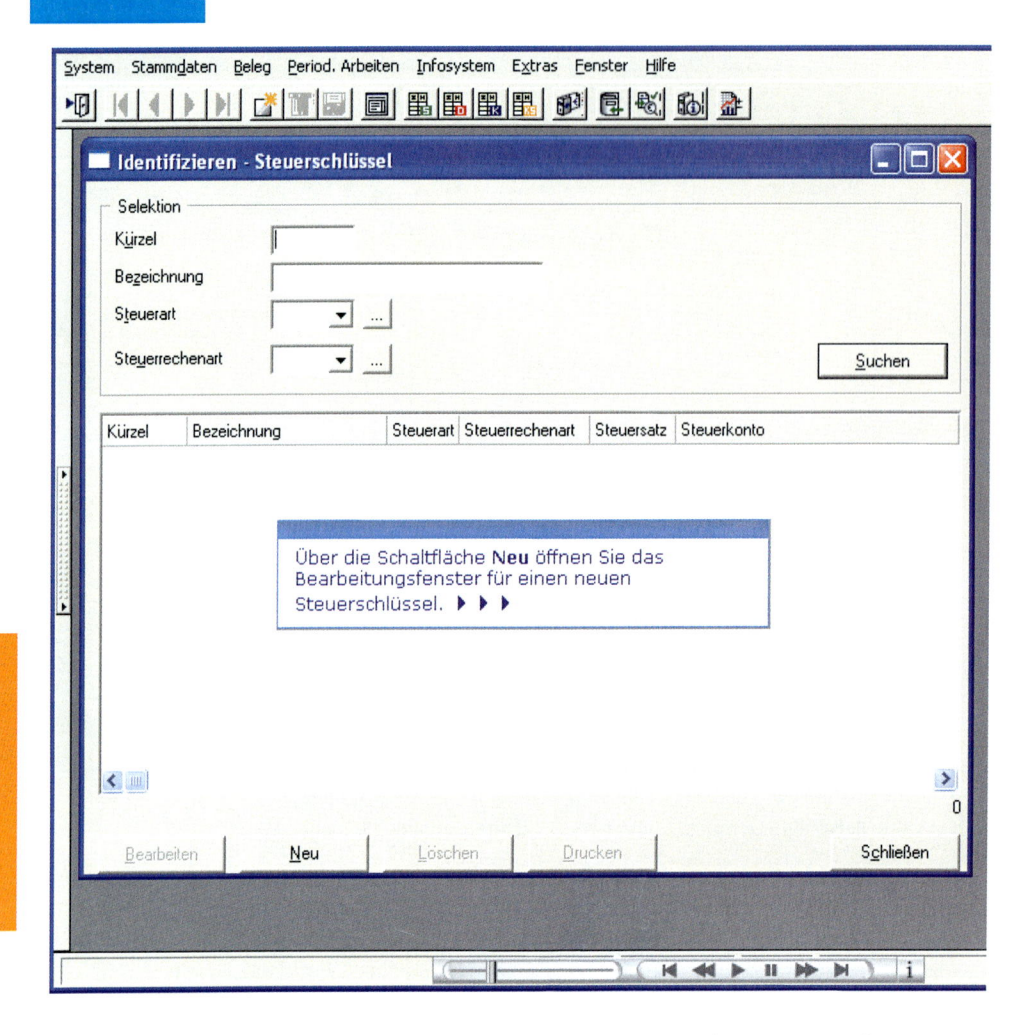

Abb. 13.0-6: Beispiel für ein Video mit textuellen Erläuterungen und Steuerungselementen für den Lernenden.

werden nach wie vor rasch mit Unterhaltung assoziiert, was Lernanstrengungen im Umgang mit Videomaterial erheblich beeinträchtigen kann. Zudem ist Video anderen Darstellungsformen *nicht prinzipiell* überlegen« [Rein15, S. 53].

Gestaltungsrichtlinien

- Ein Video kann *nicht* beliebig beschleunigt werden, wenn die Inhalte noch erfassbar sein sollen. Ein Video mit Audio ist maximal bei doppelter Abspielgeschwindigkeit noch verständlich. Der Lernende muss sich also alles ansehen. Damit wird sein eigenes Lerntempo eingeschränkt. Stellt der Lernende hinterher fest, dass er einen großen Teil bereits kannte, dann ärgert er sich vielleicht über die verlorene Zeit.

13 Video – Bewegung darstellen **

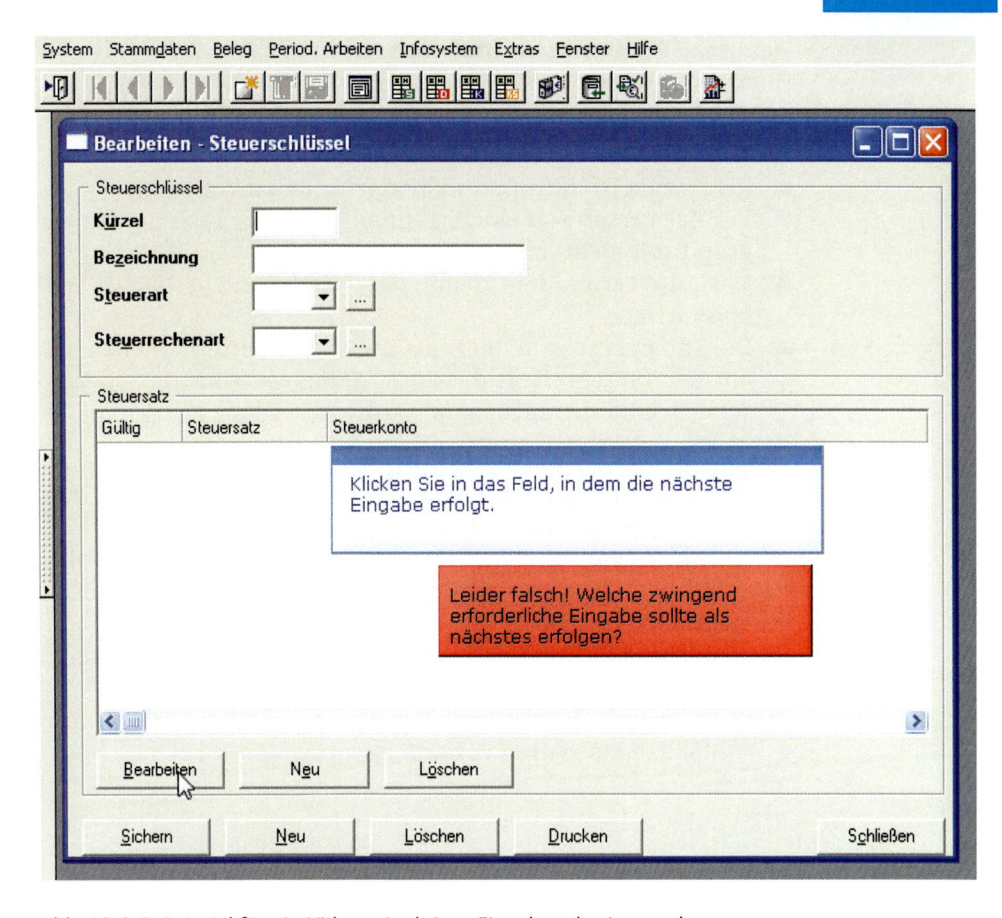

Abb. 13.0-7: Beispiel für ein Video mit aktiven Eingaben des Lernenden.

- Videos sollten aus den aufgeführten Gründen *nicht* zu lang sein. Lieber mehrere kurze Videoclips als ein langes Video. Die Videoaufzeichnung eines halbstündigen Vortrags und das Einstellen eines solchen Videos in einen E-Learning-Kurs machen einen Vorteil von E-Learning zunichte.
- Videos sollen durch den Lernenden interaktiv steuerbar sein (siehe »Multimedia – Lerneinheiten multimedial gestalten«, S. 343): Start, Stop, Vorwärts (Segmentweise), Rückwärts (Segmentweise), An den Anfang, An das Ende, fortlaufend. Wenn sinnvoll, dann sollte auch ein beschleunigtes (Zeitraffer) und ein verlangsamtes (Zeitlupe) Abspielen ermöglicht werden. Außerdem sollte die Möglichkeit bestehen, das Video auf voller Bildschirmgröße anzuzeigen.

Richtlinien

Wenn Sie **Personen aufnehmen**, beachten Sie bitte folgende Hinweise [BeHa12, S. 37]:

- Schlichte, einfarbige Kleidung.
- Alle Accessoires weglassen.
- Reizarmen Hintergrund wählen, z. B. einen Vorhang.
- Vor der Person soll eine Lichtquelle stehen, auch der Hintergrund soll nicht im Dunkeln sein.
- Make-up verwenden, damit das Gesicht nicht flächig und blass wirkt.
- Die Kamera muss mindestens drei Meter entfernt stehen, damit der Verzehreffekt der Linse reduziert wird. Der Bildausschnitt sollte herangezoomt werden.

Beachten Sie bei der Erstellung von Videos Folgendes:
- Bild schlägt Ton und Text, daher durch Texte und Ton den Lernenden nicht überfordern.
- Gefilmte Dinge und Menschen wirken weitaus größer, voluminöser, flächiger – und damit auch dicker – als sie es in Wirklichkeit sind.
- Mimik und Gestik werden durch die Kamera verstärkt, daher Bewegungen reduzieren.
- Da Lernende durch das Bild abgelenkt werden, sollten nur einfache Botschaften vermittelt werden [BeHa12].

14 Rollenspiele – in simulierte Realitäten »schlüpfen« ***

Problembasiertes Lernen wird durch Rollenspiele unterstützt. In simulierten Realitäten »schlüpfen« Lernende in die Rollen anderer Personen, um die Sichtweisen, Motive und Handlungen aus der jeweiligen Rollenperspektive »am eigenen Leibe« zu erfahren. Durch Rollenspiele können Meinungen und Einstellungen verändert werden und Erfahrungen durch »Trockenübungen« gesammelt werden. Im E-Learning kann jeder Lernende alle Rollen einnehmen und üben, während dies bei Präsenzseminaren aus Zeitgründen oft nicht möglich ist.

Was fällt Ihnen ein, wenn Sie den Begriff »Rollenspiel« hören oder lesen?	Frage
In Präsenzseminaren werden **Rollenspiele** dazu benutzt, reale Lebenssituationen zu simulieren. In Unternehmensseminaren werden in der Regel Verkaufsgespräche, Mitarbeitergespräche, Reklamationen und Planungsgespräche nachgeahmt. Simulation bedeutet, dass sich Seminarteilnehmer in eine Rolle hineinversetzen und diese Rolle »spielen« müssen. Beispielsweise übernimmt ein Teilnehmer die Rolle des Verkäufers, ein anderer Teilnehmer die Rolle des Käufers. Anschließend können beide Rollen vertauscht werden. Durch diesen Rollentausch lernen beide Teilnehmer die Sichtweise der jeweiligen Rolle kennen.	Antwort
Ziele von Rollenspielen sind:	Ziele

- Entwicklung der Kommunikations-, Kooperations- und Problemlösungsfähigkeit.
- Überprüfung der eigenen Wahrnehmung, Offenheit und **Empathie**.

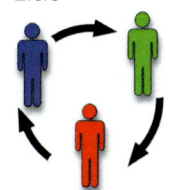

- Kennenlernen der eigenen Grenzen, zum Beispiel in Stresssituationen.
- Veränderung von Verhaltensweisen.
- Sammeln von Erfahrungen, um Fehler in echten Situationen von vornherein zu vermeiden.

Beispiele Für das Training von Führungskräften können komplexe Führungs- und Arbeitsprozesse simuliert werden:
- Personalgespräch führen
- Delegation und Überwachung von Aufgaben
- Motivation von Mitarbeitern
- Üben von Verhandlungsstrategien

In der Didaktik gehören Rollenspiele zum »problembasierten Lernen«:

- »Entdeckendes Lernen – Entdeckenlassendes Lehren«, S. 109
- »Transfer üben – neue Situationen bewältigen«, S. 219

Frage In einem Seminar für Führungskräfte soll die Situation »Gehaltsgespräch« zwischen dem Vorgesetzten und seinem Mitarbeiter in Form eines Rollenspiels trainiert werden. Zwölf Teilnehmer sind am Seminar beteiligt. Jeder Teilnehmer soll einmal die Rolle des Vorgesetzten und einmal die Rolle des Mitarbeiters annehmen. Für jedes Rollenspiel werden zehn Minuten benötigt. Wie viel Zeit wird benötigt, damit jeder Teilnehmer einmal jede Rolle »spielen« kann?

Antwort Jeder Teilnehmer muss sich einmal in jede Rolle versetzen, d. h. für jeden Teilnehmer werden 20 Minuten benötigt (2 x 10 min). Bei zwölf Teilnehmern gibt es eine Gesamtzeit von 240 min = 4 h, wenn die Rollenspiele nacheinander durchgeführt werden. Sie sehen also, dass für *ein* Rollenspiel bereits ein halber Seminartag benötigt wird. In der Praxis werden daher *nicht* alle Teilnehmer, sondern nur ein Teil der Teilnehmer in die verschiedenen Rollen »schlüpfen« können.

Dieser Nachteil lässt sich vermeiden, wenn man Rollenspiele im E-Learning simuliert. Dann hat jeder Lernende die Chance, sich in jede Rolle zu versetzen.

Beispiel für ein simuliertes Rollenspiel im E-Learning

In Ihrem Unternehmen gibt es für alle Mitarbeiter eine Kernarbeitszeit von 9:00 Uhr bis 16:00 Uhr. **Versetzen Sie sich bitte in die Rolle von Frau Fischer.**

Frau Fischer ist Vorgesetzte von Frau Peters. Frau Fischer hat festgestellt, dass Frau Peters schon zum zweiten Mal ohne Entschuldigung erst um 10:00 Uhr erscheint. Aktueller Anlass ist ein

14 Rollenspiele – in simulierte Realitäten »schlüpfen« ***

Kundenanruf kurz vor 10:00 Uhr. Der Kunde wollte Frau Peters sprechen, sie war aber nicht an ihrem Arbeitsplatz und auch die Kollegen wussten nicht, wo sie war.

Frau Fischer bittet daher Frau Peters zu einem Gespräch. Ziel des Gesprächs soll es sein, Frau Peters auf die Kernarbeitszeit hinzuweisen und dass sie als Arbeitnehmerin Zeitreserven einkalkulieren muss, um pünktlich zur Kernzeit im Unternehmen zu sein. Eventuell ist ein Hinweis auf eine mögliche Abmahnung angebracht.

Überlegen Sie bitte, wie Sie das Gespräch als Vorgesetzte von Frau Peters eröffnen. *Frage*

Nehmen Sie Ihre Gesprächseröffnung mit einer Webcam auf und vergleichen Sie sie anschließend mit der Musterlösung **(1)** (Abb. 14.0-1). Tragen Sie in das Antwortfeld Ihren gesprochenen Text ein.

Sehen Sie sich dann die Reaktion von Frau Peters auf Ihre Vorhaltungen an **(2)** und überlegen Sie ebenfalls, wie Sie das Gespräch fortsetzen. Sehen Sie sich dann wieder die Musterlösung an **(3)**.

Sehen Sie sich dann die Antwortalternative 1 der Mitarbeiterin an **(4)** und überlegen Sie sich Ihre Antwort darauf. Sehen Sie sich anschließend die Musterlösung an **(5)**.

Sehen Sie sich dann die Antwortalternative 2 der Mitarbeiterin an **(6)** und überlegen Sie sich Ihre Antwort darauf. Sehen Sie sich anschließend die Musterlösung an **(7)**.

Wenn Sie selbst eine besonders gute Gesprächsvariante haben, die Ihrer Meinung nach besser als die Musterlösung ist, dann senden Sie Ihren Videoclip an Ihren Tutor.

Die zu diesem Beispiel gehörenden Videoclips finden Sie im zugehörigen E-Learning-Kurs.

14 Rollenspiele – in simulierte Realitäten »schlüpfen« ***

(1) Musterlösung 1:
Vorgesetzte Frau Fischer

(2) Antwort der
Mitarbeiterin Frau Peters

(3) Musterlösung 2:
Vorgesetzte Frau Fischer

(4) Antwortalternative 1
der
Mitarbeiterin Frau Peters

Wie sieht Ihre Antwort aus?

(5) Musterlösung 3:
Vorgesetzte Frau Fischer

(6) Antwortalternative 2
der
Mitarbeiterin Frau Peters
Uneinsichtigkeit

Wie sieht Ihre Antwort aus?

(7) Musterlösung 4:
Vorgesetzte Frau Fischer

← Hier bewerten Sie sich selbst. Aktuelle Aufgabe:

Abb. 14.0-1: Beispiel für ein Video-Rollenspiel-Szenario.

15 Animation – Vorgänge zum Leben erwecken **

Animationen ermöglichen es, Inhalte bewegend darzustellen. Beispiele dafür sind die Darstellung von Prozessabläufen, die Arbeitsweise und der Aufbau von Geräten, die Sicht auf Objekte aus verschiedenen Perspektiven (*walk-around*, hineinzoomen, herauszoomen). Der Lernende soll Animationen geeignet steuern können sowie auf wichtige Aspekte aufmerksam gemacht werden (visuelle Hervorhebungen, verbale Hinweise). Bei der Konzeption von Animationen müssen die Wahrnehmungsfähigkeiten und kognitiven Fähigkeiten des Lernenden berücksichtigt werden. Animationen sind kein Selbstzweck, sondern es muss immer geprüft werden, ob derselbe Effekt nicht auch durch eine Anzahl von statischen Bildern erreicht werden kann.

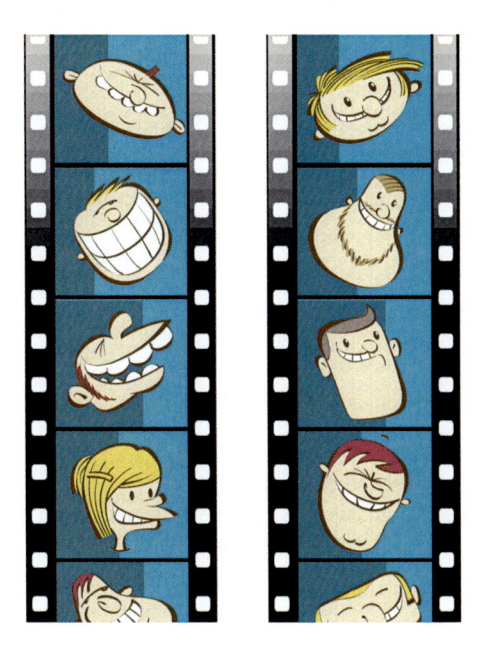

Was verbinden Sie mit dem Begriff Animation?	Frage
Der Begriff Animation leitet sich aus dem Lateinischen ab und bedeutet »zum Leben erwecken«. Ursprünglich bezog sich der Begriff auf ein filmtechnisches Verfahren, um unbelebten Objekten im Trickfilm Bewegung zu verleihen.	Antwort

In der Lehre dient eine Animation dazu, dem Lernenden durch einen Bewegungsablauf den Lernstoff anschaulich zu vermitteln. Während beim Video eine kontinuierliche Bewegung in diskrete Bilder umgesetzt wird, werden bei einer Animation voneinander unabhängige Bilder zu einer Einheit zusammengefasst, um die Illusion einer kontinuierlichen Bewegung zu erzeugen (animierte Bilder).

In [LoSc14, S. 515] wird Animation wie folgt definiert:

Definition

> Eine **Animation** ist eine konstruierte, bildhafte Darstellung, deren Struktur oder andere Eigenschaften sich über die Zeit ändern, sodass eine kontinuierliche Änderung wahrgenommen wird.

Diese Definition schließt folgende Beispiele mit ein:

- Dynamische Veranschaulichung bildhafter Darstellungen, die Objekte kontinuierlich von verschiedenen Perspektiven zeigen.
- Dynamische Veranschaulichung des Zusammenspiels komplexer Objekte mit ihren Teilen.
- Darstellung der Arbeitsweise eines technischen Geräts, z. B. einer Fahrradpumpe.
- Darstellung des dynamischen Verhaltens, z. B. eines meteorologischen Systems.
- Aufzeigen des Zusammenwirkens von Variablen, z. B. in einem Graphen.

Klassifizierung

Animationen lassen sich wie folgt klassifizieren:

- Art der räumlichen Darstellung:
  - Zweidimensionale Animationen
  - Dreidimensionale Animationen

- Art der bildlichen Darstellung:
  - grafikorientiert
  - fotorealistisch orientiert
  - gemischte Darstellung

- Ergänzungen der Animation durch:
  - gesprochene Sprache, z. B. in Form von Kommentaren
  - Töne, z. B. Geräusche oder Musik
  - geschriebenen Text, der die Animation erläutert

- Art der Animationssteuerung:
  - Keine Steuerung durch den Lernenden möglich, d. h. nach dem Start der Animation läuft die Animation bis zum Ende durch.
  - Steuerung durch den Lernenden möglich: Start, Stop, Vorwärts, Zurück, Wiederholung, Schneller, Langsamer, einzelne Teile ansehen, Navigieren, Zeitleiste zur Steuerung.
  - Änderung des dynamischen Ablaufs durch den Lernenden möglich.

- Art der Interaktion mit dem Lernenden:
  ☐ Keine Interaktion (außer evtl. Steuerung)
  ☐ Interaktion
  ☐ Interaktion mit integrierten Übungsanteilen

Abgrenzungen

Videos sind gegenüber Animationen weniger selektiv und flexibel bezogen auf das, was gezeigt werden soll. In Animationen können irrelevante Aspekte weggelassen und wichtige Aspekte dargestellt werden, die in einem Video vielleicht nicht sichtbar sind. Dadurch ist es in Animationen besser möglich, das darzustellen, was für den Lernenden wesentlich ist [LoSc14, S. 514 f.]. — Video vs. Animation

Es ist falsch, dass statische Darstellungen nur benutzt werden können, um statische Inhalte darzustellen. Umgekehrt ist es ebenso falsch, dass Animationen nur dazu verwendet werden können, um dynamische Inhalte zu zeigen. Statische Darstellungen können sehr wohl dazu verwendet werden, um dynamische Vorgänge darzustellen. Umgekehrt können auch Animationen dazu verwendet werden, um statische Dinge zu erklären. Es gilt also: Standbilder und Animationen können sowohl für die Darstellung statischer als auch dynamischer Inhalte verwendet werden [LoSc14, S. 516]. — Standbild vs. Animation

Klassifikation: — Beispiel 1
Zweidimensionale grafische Animation ohne Sprache/Ton mit einfacher Steuerung, ohne Interaktion (Abb. 15.0-1).

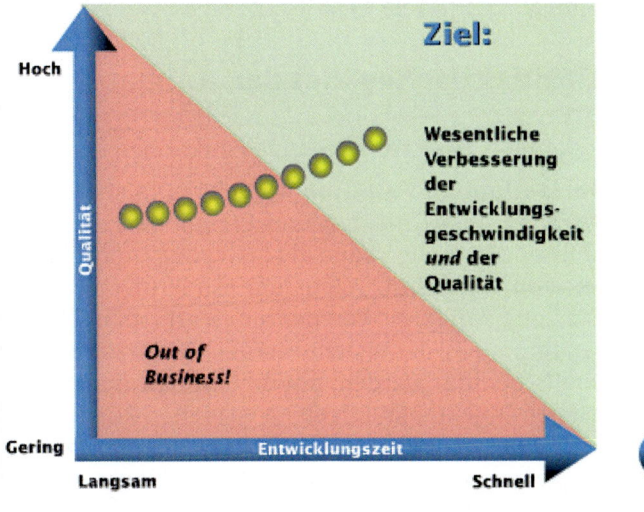

Abb. 15.0-1: Beispiel für eine Animation mit einfacher Steuerung.

Alternative Darstellung durch drei Standbilder (Abb. 15.0-2).

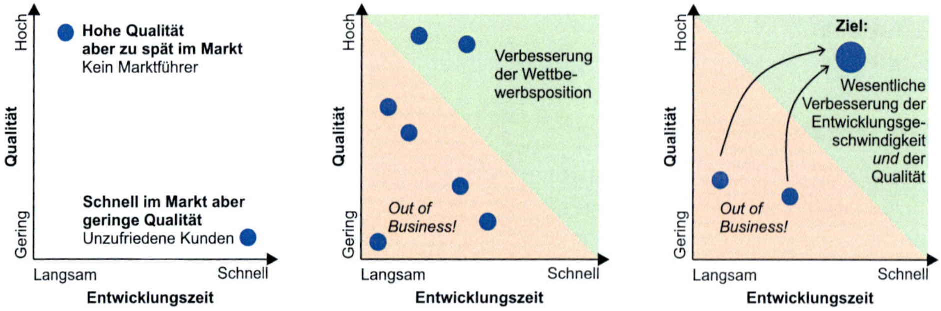

Abb. 15.0-2: Qualität vs. Entwicklungszeit.

Bewertung:
Es wird *kein* dynamischer Vorgang veranschaulicht. Die Animation wird dazu verwendet, die Aufmerksamkeit des Lernenden schrittweise auf drei Bereiche zu lenken. Als Abwechslung zu textlastigen Lerneinheiten geeignet. Alternativ wären auch drei Grafiken ausreichend. Um einen Überblick zu bekommen, vielleicht sogar geeigneter. Der Vorteil der statischen Darstellung durch drei Grafiken liegt darin, dass der Lernende die Unterschiede parallel »vor Augen« hat, während er bei der Animation die Zustände zum Vergleich im Gedächtnis behalten muss.

Animationsprinzipien

In [LoSc14] werden fünf Prinzipien für Animationen aufgestellt, die im Folgenden skizziert werden.

Prinzip 1: Didaktisches Ziel der Animation klar definieren

Animationen können zwei grundlegende Funktionen erfüllen:

- Bei der **darstellenden Funktion** werden räumliche und zeitliche Strukturen von Objekten und Ereignissen dargestellt. Das dynamische Verhalten kann als Bewegung (Änderung von Positionen von Objekten), Wachstum (Änderung von Größe oder Form) oder anderen Veränderungen (Farbänderungen, Strukturänderungen) dargestellt werden. Animationen können ebenfalls benutzt werden, um dreidimensionale Formen von statischen Objekten durch einen virtuellen Rundgang um diese Objekte herum zu zeigen. Außerdem können Animationen dazu benutzt werden, um die Aufbaustruktur von komplexen statischen Objekten dadurch zu zeigen, dass dargestellt wird, wie die Objekte aus ihren Teilen zusammengesetzt werden.

- Bei der **lenkenden Funktion** wird die visuelle Aufmerksamkeit des Lernenden auf aufgabenrelevante Eigenschaften der dargestellten Informationen gelenkt. Durch dynamische Hervorhebungstechniken wie visuelle Hinweise oder das Hineinzoomen in Szenarien wird der Lernende auf wichtige Informationen hingewiesen.

Besteht das didaktische Ziel darin, eine **Struktur** zu erklären, dann sollte die Animation so aufgebaut sein, dass die einzelnen Komponenten schrittweise eingeführt werden, bis die gesamte Struktur vollständig ist. Der Lernende kann sich durch eine solche Darstellung zunächst jeweils auf die einzelnen Teile konzentrieren und erfasst schrittweise die räumlichen Zusammenhänge zwischen den Komponenten.

Besteht das didaktische Ziel darin, einen **Prozess** zu erklären, dann sollte die Animation explizit darstellen, wie sich die Teile eines Geräts verhalten. Der Lernende versteht dadurch die Dynamik jedes Teils und das räumlich-zeitliche Zusammenspiel, das zentral für die Funktionalität ist.

Prinzip 2: Richtigen Kompromiss zwischen räumlicher und zeitlicher Information wählen

Da die menschliche Wahrnehmung selektiv und die kognitive Verarbeitungskapazität begrenzt ist, muss ein Kompromiss zwischen der Verarbeitung von räumlichen Mustern und der Verarbeitung von zeitlichen Mustern in einer Animation gefunden werden, insbesondere im Vergleich zu statischen Bildern (siehe Beispiel 1).

Prinzip 3: Wahrnehmungsattribute und kognitive Anforderungen in Einklang bringen

Dynamische Vorgänge müssen im Bereich der menschlichen Wahrnehmung liegen. Beispielsweise kann das Wachsen von Pflanzen *nicht* veranschaulicht werden, wenn die Geschwindigkeit in der Animation nicht beschleunigt wird (Zeitraffereffekt). Auf der anderen Seite können schnelle Vorgänge in der Natur nicht veranschaulicht werden, wenn sie nicht in einer Animation verlangsamt dargestellt werden (Zeitlupeneffekt).

Prinzip 4: Wahrnehmungsverarbeitung und kognitive Verarbeitung geeignet unterstützen

Durch die selektive Natur der visuellen Wahrnehmung wird der Erfolg von Animationen wesentlich dadurch bestimmt, dass die visuelle Aufmerksamkeit auf den rechten Platz zur rechten Zeit gerichtet wird. Relevante Information, die simultan in anderen Bereichen gezeigt wird, geht verloren. Die visuelle Aufmerksamkeit des Lernenden muss geeignet gesteuert werden. Dies kann sowohl grafisch als auch verbal erfolgen. Eine verbale Führung kann dem Lernenden sagen, wohin er zu schauen hat, wann er zu schauen hat und was er sich merken soll. Das gesprochene Wort hat einige Vorteile gegenüber visuellen Hinweisen, da es nicht denselben Informationskanal verwendet und daher die Aufmerksamkeit des Lernenden nicht aufgesplittet wird.

Prinzip 5: Interaktionsmöglichkeiten müssen mit den didaktischen Zielen und der Erfahrung des Lernenden übereinstimmen

Navigation und andere Formen der Interaktion sollten so einfach und intuitiv wie möglich sein, sodass sie sich nicht negativ auf die eigentliche Lernaktivität auswirken.

Einsatzbereiche

In [PPS94] (zitiert nach [Schu97, S. 57]) werden folgende Einsatzbereiche für Animationen aufgeführt:

1. Demonstration sequenzieller Abläufe beim Lernen von Prozeduren.
2. Simulation kausaler Modelle von komplexen Verhaltenssystemen.
3. Explizite Darstellung unsichtbarer Funktionen und unsichtbaren Verhaltens.
4. Illustration einer Aufgabe, die textuell nur schwer zu beschreiben ist.
5. Herstellung einer visuellen Analogie für abstrakte und symbolische Konzepte.
6. Hilfsmittel, um die Aufmerksamkeit für bestimmte Aufgaben zu erhalten.

Die folgenden Beispiele zeigen verschiedene Einsatzbereiche für Animationen und bewerten sie.

Beispiel 2

Klassifikation:
Zweidimensionale grafische Animation mit gesprochener Sprache und Steuerung, aber ohne Interaktion (Abb. 15.0-3).

Bewertung:
Es wird *kein* dynamischer Vorgang veranschaulicht. Die Animation wird dazu verwendet, die Aufmerksamkeit des Lernenden schrittweise auf einzelne Bereiche zu lenken. Als Abwechslung zu textlastigen Lerneinheiten geeignet. Alternativ wäre auch eine Grafik mit textueller Beschreibung ausreichend.

Beispiel 3

Klassifikation:
Zweidimensionale grafische Animation mit gesprochener Sprache und feingranularer Steuerung, aber ohne Interaktion (Abb. 15.0-4).

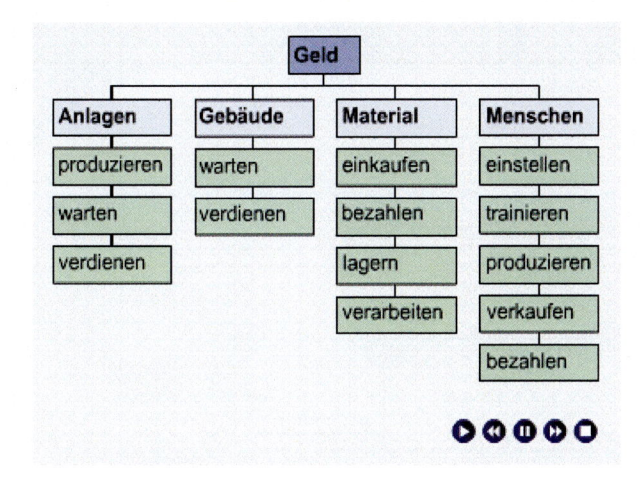

Abb. 15.0-3: Beispiel für eine Animation mit gesprochener Sprache und Steuerung.

Bewertung:
Es wird ein dynamischer Vorgang veranschaulicht. Ohne Animation lässt sich die Wirkung unterschiedlicher Übertragungsgeschwindigkeiten im Internet nicht so »plastisch« und einprägsam darstellen.

Klassifikation: Beispiel 4
Dreidimensionale grafische Animation mit textueller Beschriftung, ohne Ton, mit Steuerung und mit direkter Interaktion (Abb. 15.0-5).

Bewertung:
Es wird ein dynamischer Vorgang veranschaulicht – die Umschichtung von Scheiben. Der Lernende muss aktiv eine Tätigkeit ausführen, um ein Gefühl für den Aufwand zu bekommen. Ohne eine solche Animation mit direkter Interaktion ist diese Erfahrung *nicht* zu vermitteln.

Klassifikation: Beispiel 5
Zwei- und dreidimensionale gemischte Animation mit textueller Beschriftung, sprachlicher Erklärung, mit Steuerung einschl. Zeitleiste und Übung mit direkter Interaktion (Abb. 15.0-6).

Bewertung:
Es wird *kein* dynamischer Vorgang veranschaulicht. Dem Lernenden wird jedoch in Form von fotorealistischen Szenen und Grafiken ein Lernstoff anschaulich und unterhaltsam vermittelt. Außerdem sind interaktive Übungen durchzuführen.

Klassifikation: Beispiel 6
Zwei- und dreidimensionale grafische Animation mit textuel-

15 Animation – Vorgänge zum Leben erwecken **

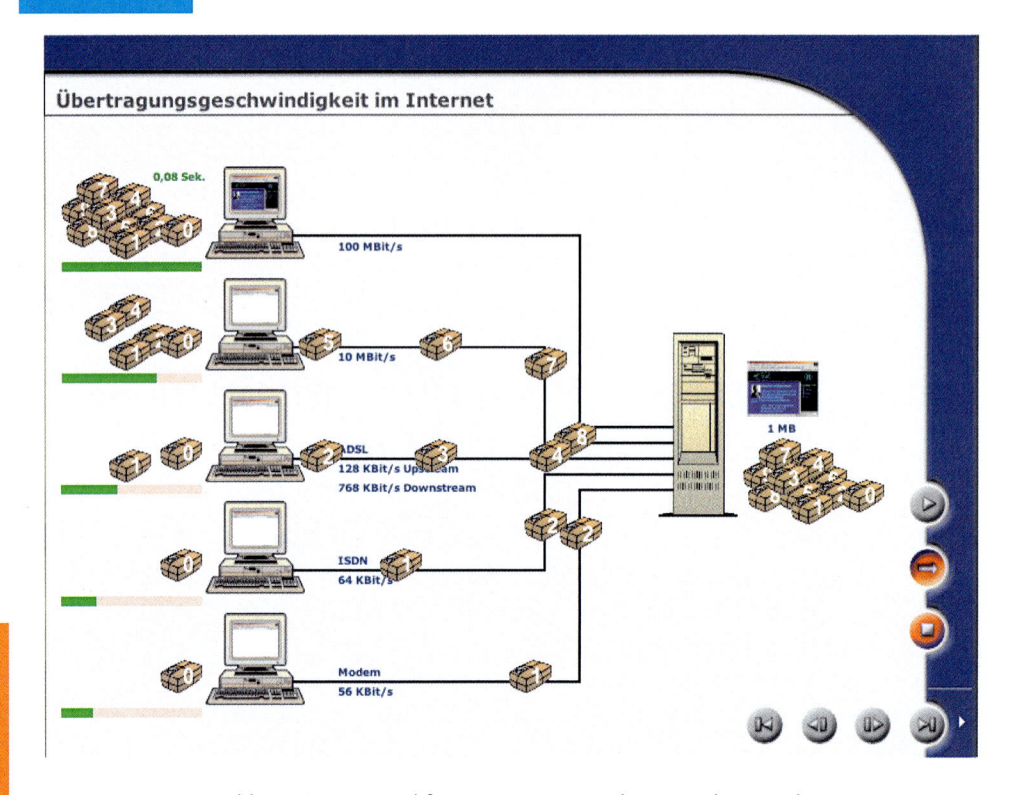

Abb. 15.0-4: Beispiel für eine Animation, die einen dynamischen Vorgang veranschaulicht.

ler Beschriftung, sprachlicher Erklärung, mit Steuerung einschl. Zeitleiste und Hervorhebung der jeweiligen Animationsteile parallel zur sprachlichen Erläuterung (Abb. 15.0-7).

Bewertung:
Es wird *ein* dynamischer Vorgang veranschaulicht und sprachlich erklärt. Alternativ wären viele Grafiken nötig, um die Dynamik zu erklären.

Beispiel 7 Klassifikation:
Zweidimensionale grafische Animation mit textueller Beschriftung, sprachlicher Erklärung, mit Steuerung, Hervorhebung der jeweiligen Animationsteile parallel zur sprachlichen Erläuterung und interaktiver integrierter Übung (Abb. 15.0-8).

Bewertung:
Es wird *ein* dynamischer Vorgang veranschaulicht und sprachlich erklärt. Alternativ wären viele Grafiken nötig, um die Dynamik zu erklären. Außerdem wäre es schwierig, situationsbezogene Übungen darzustellen.

15 Animation – Vorgänge zum Leben erwecken **

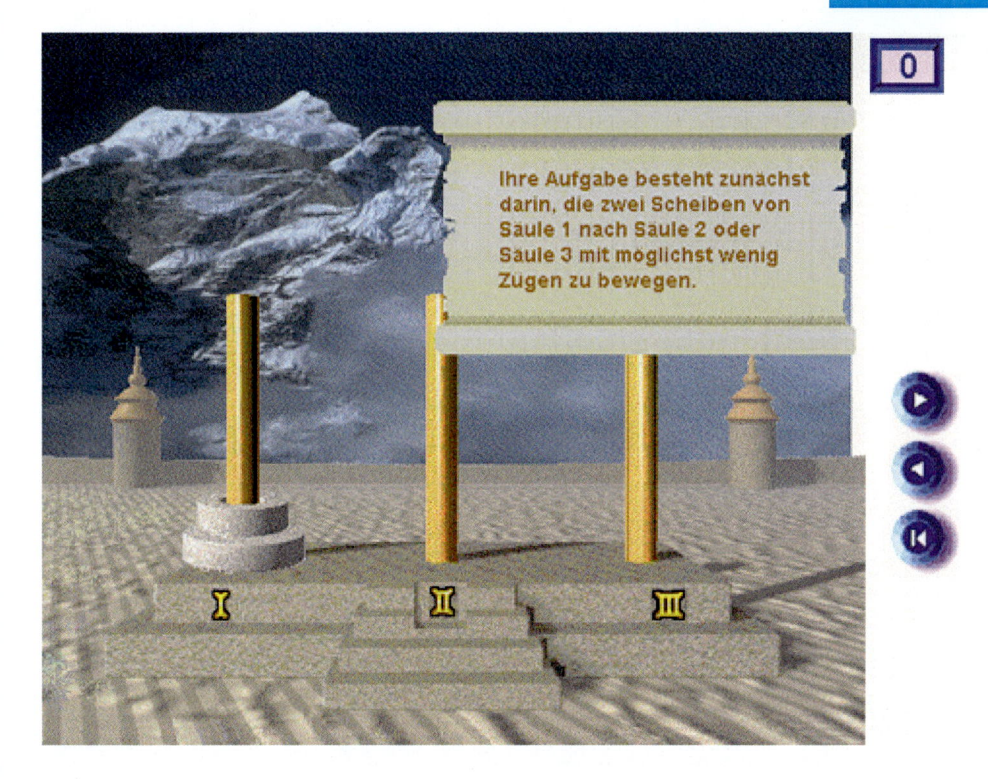

Ihre Aufgabe besteht zunächst darin, die zwei Scheiben von Säule 1 nach Säule 2 oder Säule 3 mit möglichst wenig Zügen zu bewegen.

Abb. 15.0-5: Beispiel für eine Animation, in der der Lernende selbst aktiv etwas tun muss.

Wie die Beispiele zeigen, sind Animationen gut geeignet, um insbesondere dynamische Vorgänge zu veranschaulichen. Von einfachen bis hin zu komplexen Animationen gibt es eine große Bandbreite. Sie sollten dabei immer überlegen, welcher Grad ausreichend bzw. notwendig ist, um Ihr didaktisches Ziel zu erreichen. Ist beispielsweise Ton erforderlich oder nicht. Wichtig ist, dass der Lernende die jeweilige Animation steuern kann (starten, stoppen, einzelne Teile ansehen, navigieren). Nutzen und Aufwand müssen in einem vernünftigen Verhältnis stehen.

Gestaltungsrichtlinien

- Setzen Sie Animationen nur dann ein, wenn sie für die Vermittlung des Lernstoffs dem Lernenden einen echten Mehrwert bieten. Dies gilt insbesondere dann, wenn es um die Veranschaulichung dynamischer Vorgänge geht. Eine Animation von Texten ist meist ungeeignet, wirkt effekthascherisch und kostet die Zeit des Lernenden.
- Bieten Sie dem Lernenden mindestens eine minimale Steuerung an: Start, Stop, Vorwärts, Rückwärts. Besser noch mit

Abb. 15.0-6: Beispiel für eine Animation mit fotografischen, textuellen und sprachlichen Elementen.

einer Segmentierung der Animation (Segmentierungsprinzip) mit Möglichkeiten von Segment zu Segment vorwärts und rückwärts zu springen (wichtig, um segmentweise Wiederholungen zu ermöglichen).
- Eine Animation sollte nicht zu lang sein, da der Lernende sich stark auf die Animation konzentrieren muss und diese Konzentration irgendwann nachlässt.
- Animationen sollten eher mit gesprochenen Texten erklärt werden als mit geschriebenen Texten (Modalitäts-Prinzip).
- Wenn bei gesprochenem Text sich auf einen Teil der Animation bezogen wird, dann muss dieser Teil optisch hervorgehoben werden, da das Suchen mit dem Auge zu lange dauert.
- Animationen müssen so gestaltet sein, dass die relevanten Informationen deutlich wahrnehmbar sind. Es muss deutlich sichtbar sein, was in Bewegung ist und was nicht (dynamische Kontraste) [Rein15, S. 53].
- Siehe auch »Multimedia – Lerneinheiten multimedial gestalten«, S. 343.

15 Animation – Vorgänge zum Leben erwecken **

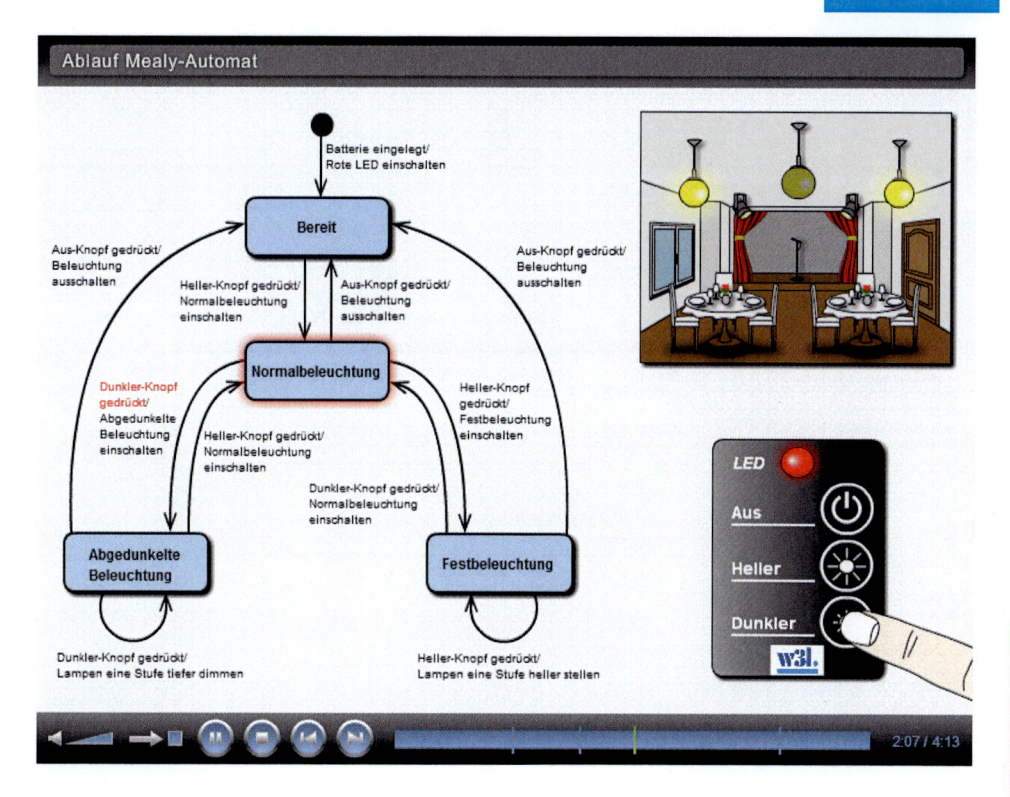

Abb. 15.0-7: Beispiel für eine Animation mit Hervorhebung der jeweiligen Animationsteile parallel zur sprachlichen Erläuterung.

- Zu einer Animation sollen gesprochene Erklärungen zeitgleich und nicht nachfolgend zur Verfügung gestellt werden (zeitliches Kontinuitätsprinzip) [Rey09, S. 101].
- Eine Animation soll in einzelne Teilsegmente untergliedert werden, die der Lernende durch eine Weiter-Taste nacheinander aktivieren kann (Segmentierungsprinzip, Schrittsteuerungsprinzip). Dies führt zu besseren Lernleistungen [Rey09, S. 102 f.].

Empirie

[LoSc14], [Butc14], [Rey09, S. 101 ff.]

Weiterführende Literatur

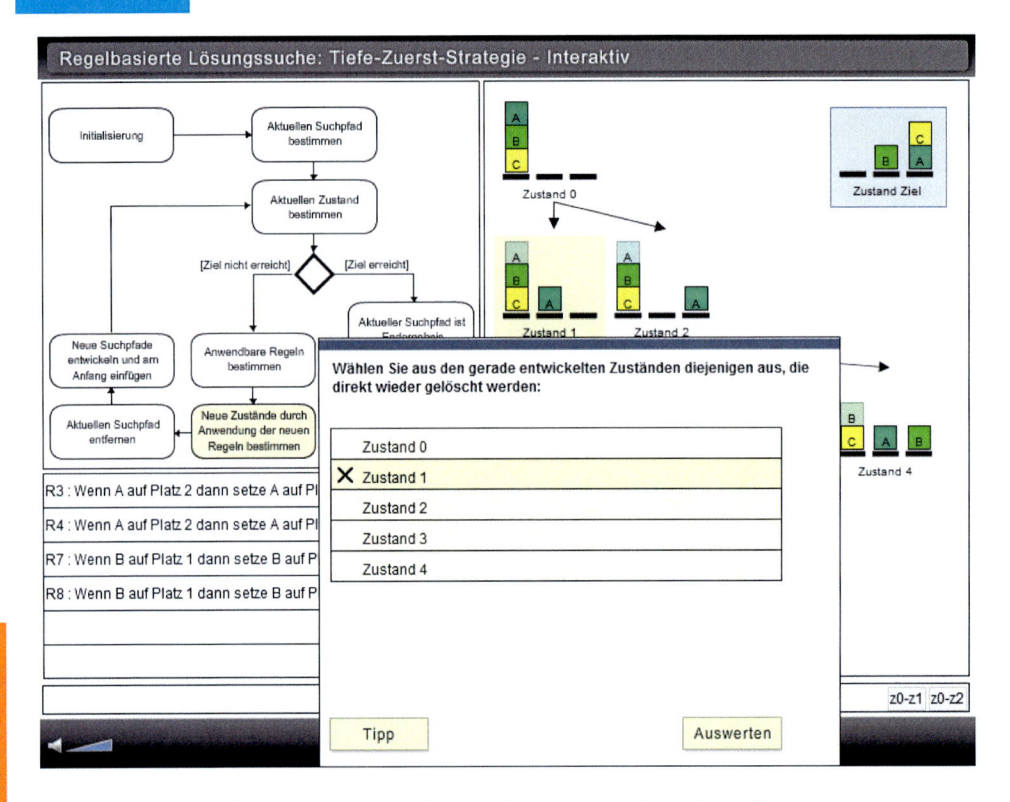

Abb. 15.0-8: Beispiel für eine Animation mit integrierter Übung.

16 Interaktive Infografiken – Zusammenhänge in Bildern ****

Interaktive Erklärgrafiken – eine Sonderform der Infografiken – ermöglichen es dem Lernenden, sein Wissen mehr oder weniger selbstständig zu einem Thema zu erweitern. Ein hoher Interaktivitätsgrad sowie eine nichtlineare oder linear-nichtlineare Dramaturgie ermöglichen entdeckendes Lernen.

Sie haben sicher schon viele Infografiken, vielleicht nicht unter diesen Begriff, gesehen. Alle großen deutschen und internationalen Zeitungen veröffentlichen zum Teil regelmäßig Infografiken. Ziel ist es, Zusammenhänge zwischen Informationen grafisch und textuell journalistisch zu vermitteln (siehe auch »Abwechslung durch alternative Darstellungsformen«, S. 204, und »Mit Diagrammen richtig informieren«, S. 493).

Durch die Nutzung des Computers können **statische Infografiken** interaktiv gestaltet werden.

»Eine Infografik gilt dann als interaktiv, wenn sie dem Nutzer (1) eine Steuerungsoption anbietet, (2) der Nutzer diese erkennen und bedienen kann und (3) die Infografik auf die Abfrage des Nutzers inhaltlich angemessen reagiert« [WeWe13, S. 13]. — Interaktivität

Folgende Eigenschaften werden interaktiven Infografiken zugeordnet [WeWe13, passim]: — Eigenschaften

- »Phänomenologisch betrachtet liegt die interaktive Infografik zwischen Karte, Diagramm und etwas Bildhaften.«
- »[...] die eigentliche Aufgabe einer Infografik: nämlich visuell zu informieren, Informationen grafisch zu präsentieren [...]«
- »In der Infografik verschränken sich Bild, Sprache und Zahl zu einem emergenten Ganzen.«
- »Infografiken machen beim Anschauen augenblicklich etwas sichtbar, veranschaulichen Erkenntnis.«

Infografiken lassen sich nach verschiedenen Kriterien klassifizieren: — Klassifikation

- Grad der **Interaktivität**:
  - ☐ Niedriger Interaktivitätsgrad: Der Lernende hat die Möglichkeit, innerhalb der Infografik zu navigieren und Inhalte auszuwählen.
  - ☐ Mittlerer Interaktivitätsgrad: Der Lernende kann die Grafik manipulieren, z. B. durch Menüpunkte oder Zeitschieberegler, um Veränderungen sichtbar zu machen und vergleichen zu können.

- Hoher Interaktivitätsgrad: Der Lernende kann die Grafik explorieren, z. B. durch Eingeben oder Filtern von Informationen, durch Datenabfrage oder Eingabe von Kommentaren (Lernender wird zum Co-Autor).

■ Art des **Dramaturgiemusters**:
- Die lineare Dramaturgie: Der Lernende kann sequenziell durch die Infografik navigieren (Start-, Stop-, Vorwärts-, Weiter- und Rückwärts-Druckknöpfe oder Navigationsleiste, die eine numerische oder alphabetische Übersicht über die einzelnen Sequenzen bietet und damit eine Reihenfolge der Nutzung vorgibt).
- Die nichtlineare Dramaturgie: Der Lernende kann die Infografik selbstständig erkunden. Er kann seinen Erkenntnisprozess durch Filter, Eingabeboxen, Datenabfragen und *Brushing* (Abruf gleicher Daten in unterschiedlichen Darstellungen) selbst steuern. Kann der Lernende zusätzlich persönliche Daten eingeben, dann kann er die Infografik auch zu Analysen benutzen. Bei dieser Art der Dramaturgie benötigt der Lernende Hinweise, um alle Möglichkeiten nutzen zu können.
- Die lineare-nichtlineare Dramaturgie: Mischung aus festgelegter Navigationsstruktur und gewisser Grad an Selektionsfreiheit für den Lernenden. Dem Lernenden werden Informationen strukturiert vermittelt, kombiniert mit der Möglichkeit der individuellen Exploration und Navigation. Interaktive Zeitleisten, Zeitregler oder in die Infografik integrierte Navigationsmenüs unterstützen diesen Dramaturgietyp (siehe auch [Webe13, S. 31 ff.], [WeWe13, S. 13 f.]).

■ Art der **kommunikativen Funktion**:
- Zeigen: Einen Sachverhalt, ein Ereignis, einen Prozess visualisieren, d. h. beschreiben (Infografik). Ziel ist es, ein Thema und seine Teilaspekte darzustellen und in Raum und Zeit einzuordnen.
- Erklären: Gibt Antwort auf die Frage nach dem »Wie«, dem »Warum«. Ist gekennzeichnet durch eine erklärende Themenentfaltung, daher manchmal auch **Erklärgrafik** genannt. Kennzeichen für eine Erklärgrafik sind Kausalbeziehungen in den Texten (Grund, Ursache, Bedingung, Folge usw., z. B. weil, denn, wenn; deshalb, folglich; wegen, infolge) und syntaktische Elemente in Bildern (Pfeile, animierte Objekte, gestrichelte Linien, Veränderung von Farbe und Form). Ziel ist es, Wissen zu erweitern. Dabei gehen Erklären und Beschreiben ineinander über (siehe auch »Rezeptive Wissensarten – Ideen für die Inhaltsdarbietung«, S. 190).
- Erzählen: Es wird eine Geschichte als eine zusammenhängende Abfolge von Handlungen oder Vorkommnissen erzählt. Ein Zustand oder eine Situation muss sich dabei verändern (siehe auch [WeWe13, S. 19 f.]).

16 Interaktive Infografiken – Zusammenhänge in Bildern ****

Anhand der Eigenschaften und der Klassifikation lässt sich folgende Definition für eine **interaktive Infografik** ableiten:

> »Eine interaktive Infografik ist eine visuelle Repräsentation von Informationen, die mehrere Modi (mindestens zwei), wie z. B. Bild/Bewegtbild, gesprochene oder geschriebene Sprache, Ton, Layout etc., wovon der Bildmodus konstitutiv ist, zu einem kohärenten Ganzen integriert und dafür dem Nutzer mindestens eine Steuerungsoption bietet; ihre kommunikative Funktion liegt vor allem darin zu informieren« [WeWe13, S. 21].

Definition

Für die Verwendung in Lehrbüchern und E-Learning-Kursen kommen vor allen Dingen **Erklärgrafiken** mit verschiedenen Interaktionsgraden und einer linearen-nichtlinearen oder einer nichtlinearen Dramaturgie infrage.

Auf der Webseite Infografiken der 20 Minuten AG (http://www.20min.ch/infografiken/) finden Sie eine Vielzahl von interaktiven Infografiken zu verschiedenen Themenbereichen. Die Abb. 16.0-1 zeigt einen Bildschirmabzug der Startseite der Erklärgrafik »Bohrplattformen«.

Beispiel 1

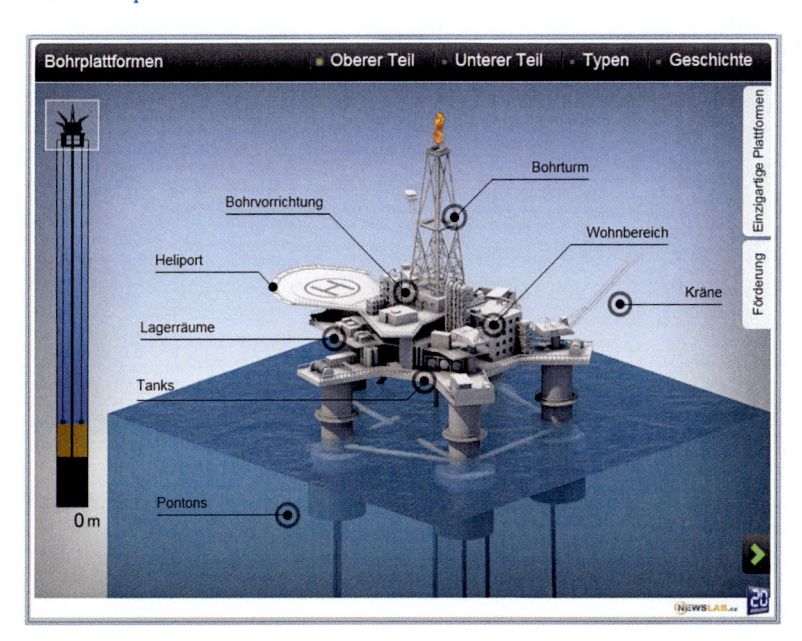

Abb. 16.0-1: Beispiel für eine interaktive Erklärgrafik mit linear-nichtlinearer Dramaturgie und einem niedrigen Interaktionsgrad (Quelle: http://www.20min.ch/interaktiv/vizualne/2013_07_RopnaPlosina/2013_07_Ropna PlosinaCHE.html).

Beispiel 2   Für Infografiken gibt es einen Malofiej Award – der Pulitzer-Preis für Infografiken. Einen Überblick über die Gewinner gibt die Webseite Malofiej Award-Gewinner (http://infographicsnews.blogspot.de/2011/03/all-malofiej-19-awards.html). Die Abb. 16.0-2 zeigt einen Ausschnitt aus der Erklärgrafik *Tracking the Oil Spill in the Gulf* (der *Deepwater Horizon*-Unfall im Golf von Mexiko) der New York Times (Gewinner der Gold-Medaille des *Malofiej Awards*, Kategorie Online).

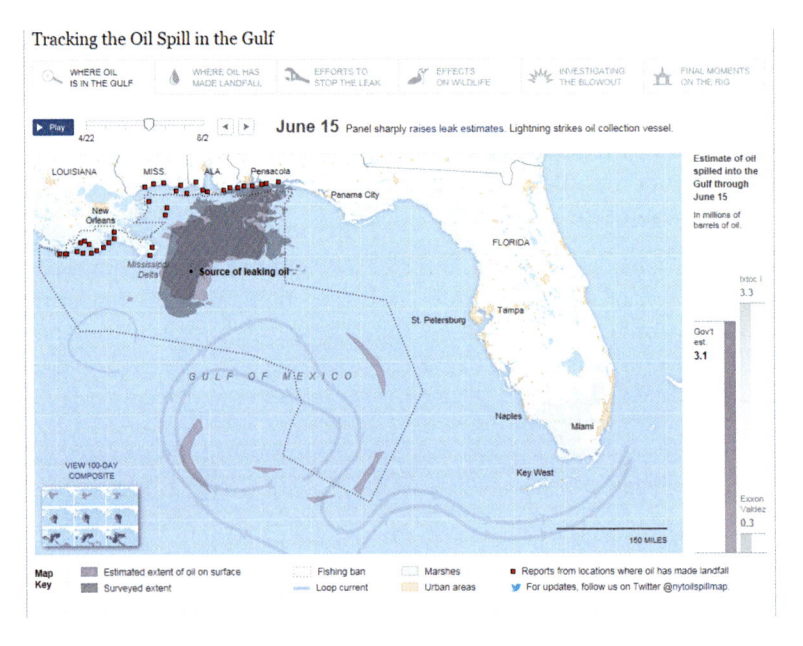

Abb. 16.0-2: Beispiel für eine interaktive Erklärgrafik mit vielfachen Interaktionsmöglichkeiten (Quelle: http://www.nytimes.com/interactive/2010/05/01/us/20100501-oil-spill-tracker.html).

Hinweis   Als Autor werden Sie in der Regel keine eigenen (interaktiven) Infografiken erstellen. Sie können aber vorhandene Infografiken einbinden oder darauf verweisen.

Empirie   »Infographiken bringen eine enge Verschränkung von Text und Abbildungen, die mitunter recht hohe Anforderungen an die Verarbeitungskapazität stellt« [KlLe12, S. 65].

Siehe auch:

- »Entdeckendes Lernen – Entdeckenlassendes Lehren«, S. 109

Weiterführende Literatur   [WBT13]

17 Ausprobieren und Experimentieren *

Lernende, die Experimente durchführen und Gelerntes ausprobieren können, befassen sich aktiv mit dem Lernstoff. Damit sie stressfrei agieren können, dürfen sie keine Angst haben, etwas »kaputt zu machen«. Außerdem sollte keine Vorbereitungszeit benötigt werden.

»Bei einem **Experiment** werden einzelne Parameter einer ›künstlichen‹ Situation unter kontrollierten Bedingungen methodisch-planmäßig herbeigeführt und variiert, um die daraus entstehenden Wirkungen auf die abhängigen Ziel-Variablen zu untersuchen. Alle anderen Faktoren, die das Ergebnis beeinflussen könnten, sind konstant zu halten. Voraussetzung für ein Experiment ist, dass sich die Bedingungen des Experiments künstlich herbeiführen und reproduzieren lassen. Die interessierenden Größen müssen vom Experimentator tatsächlich variiert werden können« [BSS11, S. 74 f.].

Durch den Einbau von Experimenten in Lerneinheiten können Sie die Lernenden dazu motivieren, aktiv etwas zu tun. Lehrbücher eignen sich dazu nur bedingt – Anleitungen und Musterlösungen können aber auch hier gegeben werden. In E-Learning-Kursen können dagegen in Form von interaktiven Animationen und Simulationen Experimente angeleitet und auch ausgewertet werden:

- »Animation – Vorgänge zum Leben erwecken«, S. 367
- »Simulation und Mikrowelt: Aktiv Erfahrungen sammeln«, S. 387

17 Ausprobieren und Experimentieren *

Beispiel
Stellen Sie sich vor, Sie hätten die Aufgabe, das folgende Problem zu lösen [Meye12, S. 5 ff.]:

Vor Ihnen liegt eine große Menge von Goldmünzen. Darunter befindet sich *genau eine* falsche Münze, die sich nur in ihrem Gewicht von den anderen Münzen unterscheidet, da sie leichter ist. Wie finden Sie die falsche Münze, wenn Ihnen nur eine Balkenwaage mit beliebig großen Waagschalen zur Verfügung steht (Abb. 17.0-1)? Ziel soll es sein, mit möglichst wenig Wägungen zum Ziel zu kommen. Nehmen Sie beispielsweise 10 Münzen und experimentieren Sie, bis Sie eine optimale Lösung gefunden haben. Am besten ist es, Sie überlegen sich zunächst eine Lösungsstrategie, die Sie anschließend durch das Experiment validieren.

Abb. 17.0-1: Skizze zum naiven Verfahren zum Auffinden der falschen Münze.

Lösen Sie die im obigen Beispiel gestellte Aufgabe.

Dieses Beispiel artet vielleicht mehr in ein Ausprobieren aus. Aber dadurch, dass sich der Lernende mit dem Problem intensiv beschäftigt, lernt er dazu. Außerdem bleibt bei diesem Beispiel für ihn die spannende Frage, ob er eine optimale Lösung gefunden hat.

Ein Lernender ist dann bereit, etwas auszuprobieren, wenn

- er möglichst keine Vorbereitungszeit dafür benötigt und
- er keine Angst haben muss, etwas kaputt zu machen.

Beispiel
Die Struktur von Webseiten wird durch **HTML** festgelegt. Es gibt eine Vielzahl von HTML-Befehlen mit vielen Varianten. Damit der Lernende ohne Vorbereitungsaufwand die Varianten ausprobieren kann, werden ihm in dem E-Learning-Kurs »HTML5, XHTML & CSS« [KrBa11] Übungen zum Ausprobieren angeboten (Abb.

17.0-2). In einem Fenster sieht er im linken Teilfenster die HTML-Befehle und rechts die Wirkung der Befehle. Er kann jederzeit die HTML-Befehle links ändern und nach Anklicken des Druckknopfes »Eingabe übernehmen« sofort die Wirkung seiner Änderungen betrachten.

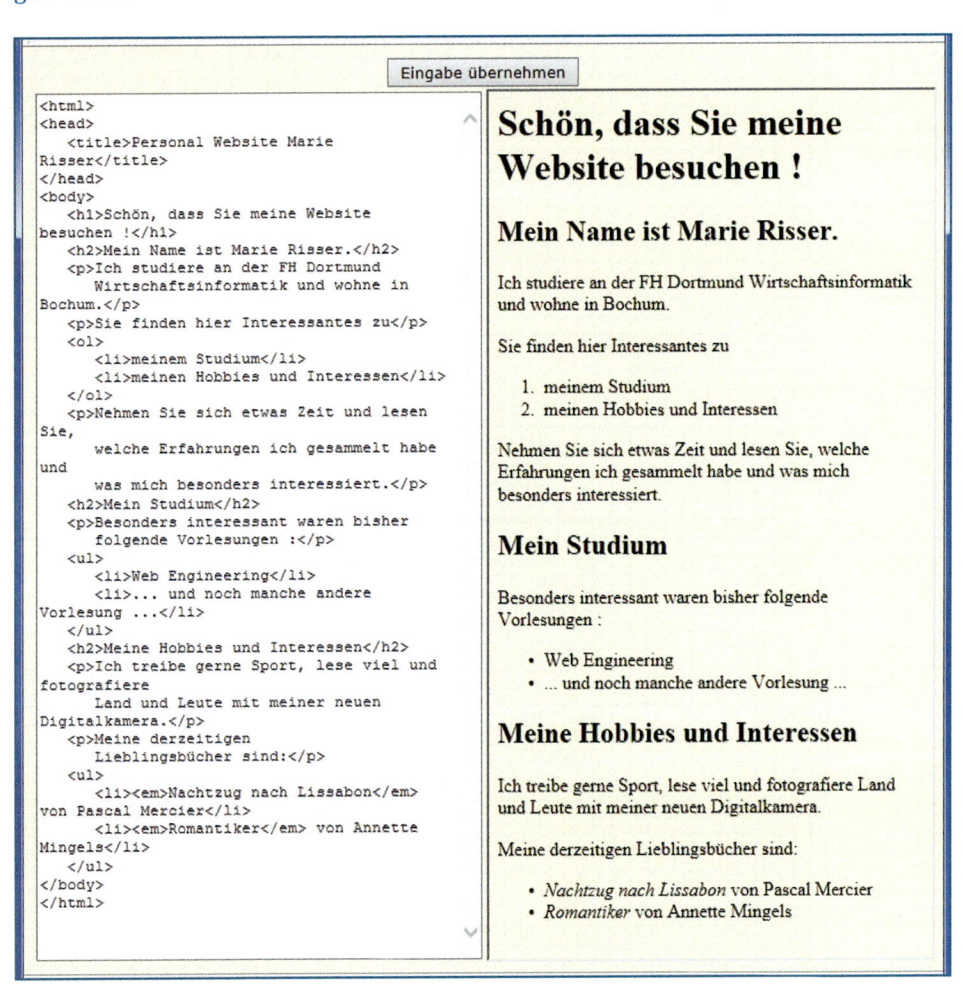

Abb. 17.0-2: Ausprobieren von HTML-Befehlen.

Eignen sich Lernende Wissen, Fertigkeiten und Kompetenzen dadurch an, dass sie Experimente selbst aufbauen, durchführen und auswerten, um alternative Möglichkeiten selbst zu entscheiden, dann spricht man auch von **experimentierendem Lernen** [Baum11, S. 312] (siehe auch »Entdeckendes Lernen – Entdeckenlassendes Lehren«, S. 109).

18 Simulation und Mikrowelt: Aktiv Erfahrungen sammeln ****

Durch die Nutzung von Simulationsprogrammen soll der Lernende bereits erworbenes Wissen richtig anwenden. Er wird in eine konkrete, dynamische Anwendungs- und Handlungssituation versetzt. Durch Simulationen werden komplexe Situationen veranschaulicht. Sie ermöglichen es dem Lernenden, die Wechselwirkungen eines dynamischen Systems herauszufinden. Bei Mikrowelten wird der Lernende nicht mit einer bestimmten Situation in einem gegebenen Modell konfrontiert, sondern muss dieses Modell oder diese Welt erst erschaffen und sich selbst Lernziele setzen.

Simulationen und Mikrowelten sind digitale Umgebungen, die es dem Lernenden ermöglichen, mit Modellen von Situationen und Phänomenen zu interagieren [PlSc14, S. 729]. Die Änderung von Objekten oder Parametern durch den Lernenden führt dazu, dass die Umgebung dynamische Antworten erzeugt, die auf Mengen von Regeln, Modellen oder Berechnungen beruhen. Simulationen und Mikrowelten erlauben es dem Lernenden aktiv zu lernen. Exploratives bzw. entdeckendes Lernen (siehe »Entdeckendes Lernen – Entdeckenlassendes Lehren«, S. 109) wird – anstelle der Bereitstellung von Erklärungen – dadurch ermöglicht.

Simulationen

> Eine Multimedia-**Simulation** hat das Ziel, Phänomene, Prozesse oder Systeme anschaulich darzustellen. Innerhalb einer Simulation kann der Lernende verschiedene Parameter einstellen und das zugrunde liegende Berechnungsmodell ermittelt daraus die Ergebnisse und zeigt sie dem Lernenden an. Durch wiederholte Interaktionen des Lernenden – z. B. Variation von Variablenwerten innerhalb eines vorgegebenen Bereichs und Beobachtung der Ergebnisänderungen – kann er das zugrunde liegende Modell verstehen [PlSc14, S. 730].

Definition

Folgende Charakteristika kennzeichnen Simulationen:

- Ziel einer Simulation ist *nicht* die Wissensvermittlung, sondern die Bewältigung neuer, komplexer, dynamischer Situationen.
- Der Lernende kann über verschiedene Parameter das System beeinflussen und die Wechselwirkungen beobachten.

18 Simulation und Mikrowelt: Aktiv Erfahrungen sammeln ****

- Simulationen ermöglichen das Erforschen verschiedener Bereiche.
- Eine Simulation endet, wenn ein bestimmter Zielzustand erreicht ist oder der Lernende eine »endlose« Simulation beendet.
- Jeder Simulation liegt ein mathematisches Modell zugrunde. Durch die Simulation sollen die Lernenden verstehen, wie das zugrunde liegende Modell arbeitet.

Beispiele

○ Typische Beispiele für Simulationsprogramme sind Flugsimulationen (Abb. 18.0-1), Unternehmensplanspiele und Wirtschaftssimulationen. Anders als etwas über das Fliegen zu lesen, kann ein Lernender in einem Flugsimulator ein animiertes Flugzeug »fliegen« und zunehmende Anforderungsstufen bewältigen. Der Unterschied besteht darin, dass bei einer Simulation das Lernen auf der Erfahrung basiert, ein Flugzeug zu »fliegen« anstelle von Erklärungen über Flugzeuge und das Fliegen. Natürlich sind sowohl Erklärungen als auch Erfahrungen wichtig für das Lernen.

Abb. 18.0-1: Beispiel für einen Flugsimulator.

○ Die Funktionsweise von Maschinen, wie Flugzeugen, Autos oder Schiffen, als auch die Zusammenhänge in ökonomischen, sozialen oder ökologischen Welten können erlernt werden.

- Im medizinischen Bereich können Patientenfälle simuliert werden. Anhand eines Patientenmodells muss der Lernende schrittweise eine Diagnose erstellen und dann anschließend eine geeignete Therapie vorschlagen bzw. durchführen (siehe auch »Fallstudien – Wissen auf komplexe Probleme angewandt«, S. 318).
- In virtuellen Laboren können Lernende Versuche vorbereiten, aufbauen und simulieren, wobei die Versuche durch die Lernenden gesteuert werden (siehe auch »Ausprobieren und Experimentieren«, S. 383).

Hinweis

Wird ein Lernender dazu aufgefordert eine andere Identität anzunehmen, in einem Flugsimulator z. B. als Militärpilot in einer wichtigen Mission, dann wird aus der Simulation ein Spiel (siehe »Lernspiel: spielerisch zum Lernziel«, S. 395).

Gestaltungsrichtlinien

- Simulationen sind dann am effektivsten, wenn sie traditionelle Lernvermittlungstechniken ergänzen und *nicht* ersetzen [PlSc14, S. 734].
- Bildhafte Darstellungen anstelle von textuellen Darstellungen erleichtern das Verständnis. Beispielsweise ist die Darstellung eines Drucks in einer Simulation durch Gewichte in Form von Piktogrammen besser als durch den Text »Druck«.
- Die mehrfache Darstellung derselben, miteinander verknüpften Informationen in verschiedener Art und Weise erlaubt es dem Lernenden bessere mentale Modelle zu bilden. Beispielsweise kann eine Simulation realitätsnah durch Fotos und parallel dazu in abstrakter Form durch Grafiken dargestellt werden.
- Das Lernen wird unterstützt, wenn der Lernende auf wichtige Aspekte visuell hingewiesen wird, z. B. durch Pfeile, Hervorhebungen, Farbe.
- Der Lernende soll die Simulation steuern können, soll Rückmeldungen erhalten und soll geführt werden.
- Rückmeldungen sollen den Lernenden korrigieren, evaluieren und ihm Vorschläge für das weitere Vorgehen vermitteln.
- Personalisierte Rückmeldungen sind besser als unpersönliche Rückmeldungen.
- Anleitungen helfen dem Lernenden z. B. durch spezielle Informationen zur Lerndomäne, Tipps, wann oder wie bestimmende Vorgänge auszuführen sind oder Werkzeuge, die dem Lernenden ermöglichen, Informationen aufzuzeichnen.
- Simulationsmodelle, die mit einer einfachen Version (z. B. wenige Variablen) beginnen und schrittweise komplexer werden können (z. B. zusätzliche Variablen), erleichtern dem Lernenden die Benutzung einer Simulation *(model progression)*.

Empirie
- In [Rey09, S. 105 ff.] sind Probleme aufgeführt, die Lernende im Umgang mit Simulationen besitzen. Außerdem werden empirisch abgesicherte Unterstützungsmaßnahmen aufgeführt, wie der Lernprozess gefördert und die Probleme beseitigt oder reduziert werden können.
- »Mayer (2004) spricht sich für ein angeleitetes Lernen (guided learning) aus und weist Lernumgebungen mit vollkommen freien Explorationsmöglichkeiten vehement zurück. Diese würden viele Lernende überfordern und hätten sich in vielen Untersuchungen als weniger lernwirksam herausgestellt« [Rey09, S. 107].

Mikrowelten

Definition

> Eine **Mikrowelt** ermöglicht es dem Lernenden das konzeptionelle Modell, das der Mikrowelt zugrunde liegt, zu ändern – während dies bei einer Simulation in der Regel *nicht* möglich ist.

»Das Mikrowelt-Konzept ist freier, es präsentiert eine Interaktionsumgebung, in der es etwas zu entdecken gilt. Das Konzept verlangt vom Lernenden eine Hypothesenbildung und fordert von ihm das Experimentieren mit diesen Hypothesen« [Schu97, S. 188]. Bereits erlernte Fähigkeiten sollen auf neue Problemsituationen angewandt werden (siehe auch »Transfer üben – neue Situationen bewältigen«, S. 219).

Informationen über den aktuellen Zustand der Mikrowelt und ihrer Variablen werden dem Lernenden präsentiert. Der Lernende kann die Werte einzelner Variablen verändern und kann dadurch den Zustand der gesamten Mikrowelt beeinflussen. Er gewinnt dadurch Informationen über die Beziehungen zwischen den Variablen.

Folgende Charakteristika kennzeichnen Mikrowelten:
- Mikrowelten stellen die Lernenden vor die Aufgabe, eine Situation zu erschaffen und eigene Lernziele zu definieren.
- Mikrowelten sind offene Systeme und setzen ein hohes Maß an Eigeninitiative und Selbstverantwortung voraus.
- Die Komplexität einer Mikrowelt hängt von der Vielzahl der Variablen ab, die durch verdeckte Zusammenhänge miteinander in Beziehung stehen.
- Die Dynamik einer Mikrowelt ergibt sich durch Veränderungen der Variablen, durch Eingriff des Lernenden oder durch Eigendynamik.
- Die meisten Mikrowelten sind intransparent, d. h. der Lernende sieht nicht alle Informationen, die er benötigt, um die Zusammenhänge zu erkennen.

18 Simulation und Mikrowelt: Aktiv Erfahrungen sammeln ****

Mikrowelten lassen sich durch drei gemeinsame Ziele kennzeichnen [Rieb05]:

- Lernende sollen Konzepte und Prinzipien verstehen und erforschen, die komplexen Systemen zugrunde liegen.
- Der Fokus liegt auf dem qualitativen Verstehen, basierend auf dem Konstruieren und Benutzen konkreter Modelle.
- Der Unterschied zwischen Lernen von Wissenschaft und Ausüben von Wissenschaft soll reduziert werden (siehe »Entdeckendes Lernen – Entdeckenlassendes Lehren«, S. 109, Abschnitt »Forschendes Lernen«).

Mikrowelten gibt es oft in den Naturwissenschaften wie Mathematik oder Physik.

Die Abb. 18.0-2 zeigt ein Beispiel zur Konstruktion von 3D-Geometrieobjekten. Beispiel

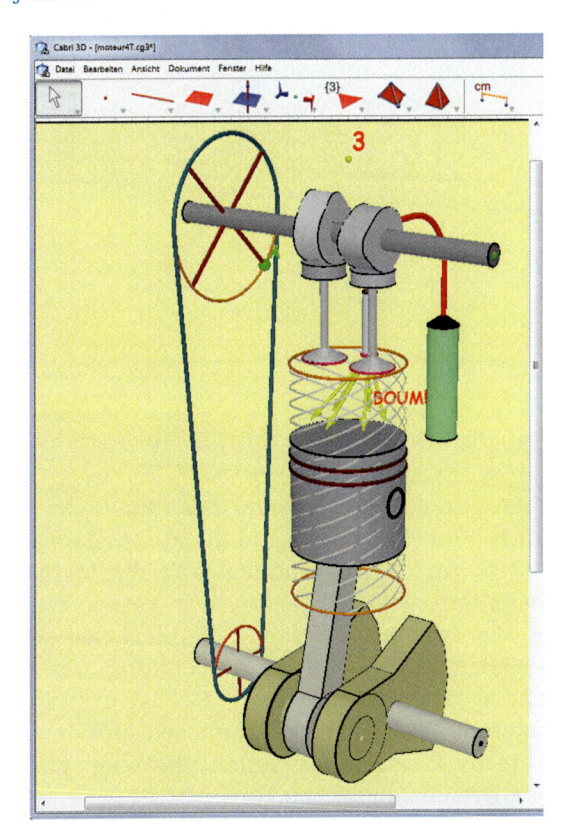

Abb. 18.0-2: Beispiel für die Capri-Mikrowelt zur 3D-Geometrie (Quelle: http://www.cabri.com/).

18 Simulation und Mikrowelt: Aktiv Erfahrungen sammeln ****

Zur Historie

Seymour Papert (* 1928) – siehe Marginalspalte – hat den Begriff Mikrowelt Anfang der achtziger Jahre in Zusammenhang mit der Programmiersprache Logo und der *Turtle*-Grafik eingeführt. Bei der *Turtle*-Grafik stellt man sich vor, dass ein stifttragender Roboter in Form einer Schildkröte *(turtle)* sich auf einer Zeichenebene bewegt und mit einfachen Kommandos (Stift heben, senken, vorwärts laufen und drehen) gesteuert werden kann. Eine solche Programmierumgebung ist eine typische Mikrowelt. Die Abb. 18.0-3 zeigt eine so erstellte Grafik, die mit einer in der Programmiersprache Java programmierten *Turtle*-Mikrowelt erstellt wurde.

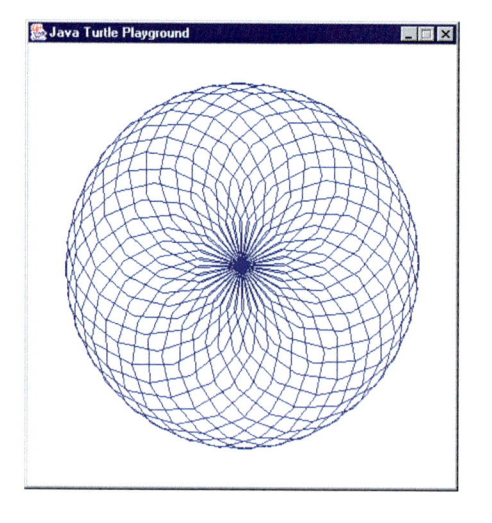

Abb. 18.0-3: Beispiel für eine Kreisfigur, die in einer Schildkröten-Mikrowelt erstellt wurde (Quelle: http://clab1.phbern.ch/stud/LpTurtle/Frameset.htm).

Empirie

Studien haben gezeigt, dass sowohl das inhaltliche Lernen als auch das konzeptionelle Wissen und die Prozessfähigkeiten verbessert werden. Außerdem erhöhen sich die Motivation und die Lerneinstellung. Mikrowelten fördern Lernen durch Entdecken (siehe »Entdeckendes Lernen – Entdeckenlassendes Lehren«, S. 109). Das Lernziel ist die Anwendung erlernter Fähigkeiten auf neue Problemsituationen. Ziel ist die Fähigkeit zur Verallgemeinerung von Einzelerkenntnissen und das Denken in Analogien. Eigene Erkenntnisse sollen reflektiert dazu genutzt werden, neue Wissensobjekte zu konstruieren.

Aber: »Lernende haben oft Schwierigkeiten, passende Eingabevariablen auszuwählen, geeignete Hypothesen zu formulieren, experimentell zu arbeiten, richtige Schlussfolgerungen zu ziehen und ihr Handeln zu überwachen« [Rein15, S. 57].

18 Simulation und Mikrowelt: Aktiv Erfahrungen sammeln ****

Gestaltungsrichtlinie
Eine Mikrowelt soll über eine leicht verständliche Menge von Operationen verfügen, damit Lernende Aufgaben, die für sie wertvoll sind, durchführen können. Wenn sie dies tun, dann verstehen sie die zugrunde liegenden Prinzipien.

Einsatzbereiche
Simulationen und Mikrowelten unterstützen den Lernenden bei der Konstruktion von Wissen über das jeweilige Fachgebiet. Aber: Diese Umgebungen sind *nicht* für alle Gebiete, alle Lernenden und alle Situationen geeignet.

Lernende *ohne* Vorwissen können in Simulationen keine sinnvollen Aktionen starten und keine komplexen Zusammenhänge erkennen.

Für das Erlernen von prozeduralen Fähigkeiten sollte entdeckendes Lernen nicht als Ausgangspunkt dienen. Aber: Ist die Lerndomäne ein komplexes System mit vielen sich gegenseitig beeinflussenden Variablen, dann ist exploratives Lernen sinnvoll.

Simulationen und Mikrowelten können Lernerfahrungen ermöglichen, die sonst unsichtbar, unpraktikabel oder unmöglich sind. Außerdem können sie einen positiven Einfluss auf die Interessen und die Motivation der Lernenden haben.

Als Autor müssen Sie überlegen, ob die Lernenden zuerst Erfahrungen auf einem Gebiet sammeln sollen (Simulation, Mikrowelt, Spiele) oder ob zuerst Erklärungen vorausgehen sollen. Startet der Lernende mit einer Simulation, einer Mikrowelt oder Lernspielen, dann müssen den Lernenden parallel dazu Informationen, Beratung oder geeignete Unterstützung gegeben werden.	Hinweis
Bei Simulationen wird mit bereits fertigen Modellen gearbeitet und es sollen bestehende Situationen bewältigt werden. Bei Mikrowelten geht es um die Konstruktion eines Modells und die Arbeit damit. Es werden neue Situationen generiert und diese sollen anschließend bewältigt werden. Der Lernende hat eine höhere Autonomie und Selbstverantwortung. Im Gegensatz zu Simulationen fordern Mikrowelten den Lernenden zum eigenständigen Konstruieren einer eigenen »Welt« auf. Dies erfordert eine ausgeprägte Eigeninitiative. Während Simulationen sich auf relativ geschlossene Themengebiete beschränken, versuchen Mikrowelten ein komplexes, größeres Themengebiet abzudecken.	Simulation vs. Mikrowelt

18 Simulation und Mikrowelt: Aktiv Erfahrungen sammeln ****

Tipp	Modellbildende Simulationen erlauben folgende Softwaresysteme: ■ NetLogo (https://ccl.northwestern.edu/netlogo/docs/) und ■ AgentSheets (http://www.agentsheets.com/products/index.html)
Weiterführende Literatur	[PlSc14], [Rieb05]

19 Lernspiel: spielerisch zum Lernziel ****

Lernspiele benutzen eine Spielhandlung und spielerische Elemente, wie sie in Unterhaltungsspielen verwendet werden, um Lerninhalte implizit zu vermitteln. Durch Spaß und Emotionen beim Spiel wird besser gelernt, wobei der Lernende oft nicht bewusst, sondern passiv durch aktives Handeln lernt. Die Aufmerksamkeit, der Wechsel zwischen Aufgaben und die Widerstandsfähigkeit gegen Störungen werden verbessert.

Digitale **Lernspiele** *(Game Based Learning)* haben – im Gegensatz zu unterhaltensorientierten Spielen – das primäre Ziel, den Erwerb von Wissen und Können zu unterstützen, dabei soll es aber auch »Spaß machen« und Emotionen freisetzen. Um den Spielspaß zu erreichen, werden spielerische Elemente eingesetzt: Rückkopplung, Belohnungen, Spielstufen, Ranglisten, Fortschrittsbalken, Auszeichnungen.	Definition
Lernspiele lassen sich wie folgt klassifizieren:	Klassifikation

- Lernspiele, die ein Lernender alleine spielt (Spiel ist auf den einzelnen Lerner ausgerichtet, *Single Player Games*).
- Lernspiele, die mehrere Lernende zusammenspielen (Spiel ist auf Lernen in Gruppen ausgerichtet, *Multiplayer Games*). Durch gruppenbasiertes Lernen können offene Aufgabenformate zugelassen werden. Die Korrektur der Ergebnisse wird

den anderen Mitspielern übertragen. Dadurch kann die Problemlösungskompetenz, das »Lernen durch Lehren« (siehe auch »Individuelles Lernen – Kooperatives Lernen«, S. 117) und das Lernen anhand von Lösungen (und Fehlern) anderer unterstützt werden.

- Lernspiele, die mit dem Ablauf der Spielzeit oder dem Gewinn eines Spielers enden (finite Spiele).
- Lernspiele, die kein Ende haben (infinite Spiele).
- Aktionsspiele, die eine schnelle zentrale und periphere Verarbeitung, schnelle Entscheidungen und den Wechsel zwischen Alternativen in komplexen, anspruchsvollen Umgebungen erfordern. Diese Spiele können das Handeln unter Zeit- und Erfolgsdruck simulieren und dem Lernenden entsprechende Erfahrungen vermitteln.
- Nicht-Aktionsspiele, z. B. Strategiespiele.
- Lernspiele mit einer fest definierten Gewinnsituation.
- Lernspiele, ohne Gewinnsituation oder einer nicht eindeutig definierten Gewinnsituation.

Beispiel

Escape From Wilson Island ist ein kollaboratives Multiplayer-Spiel für vier Personen. Die Rahmenhandlung besteht darin, dass die Spieler von einer einsamen Insel entkommen müssen (Abb. 19.0-1). Dazu müssen mehrere Aufgaben gelöst werden, die eine Zusammenarbeit der Spieler erfordern. Ziel ist es, Teamarbeit, Koordination und Kommunikation zu trainieren (siehe [GMW+14, S. 553]).

Beispiele

- Virtuelles Chemielabor
- Konstruktion von Gebäuden, z. B. Brücken, deren Statik spielerisch auf die Probe gestellt werden kann.

Planspiele

Eine Untermenge der Lernspiele sind (Online-)**Planspiele** *(gaming simulations)*, die folgende Charakteristika aufweisen:

- Es handelt sich um *Multiplayer Games*.
- Sie bestehen aus einer interaktiven Rollenspielkomponente, Spielregeln und einem Modell der (sozialen) Umwelt des Systems.

Planspiele unterstützen selbstgesteuertes und kreatives Arbeiten und Lernen. Unterschiedliche Rollen können ausprobiert werden. Die Identifikation mit ungewohnten Rollen kann dazu führen, eigene Ansichten zu überdenken.

Einsatzbereiche

Planspiele werden oft benutzt, um soziotechnische Systeme zu simulieren. Konfliktsituationen werden mithilfe von Szenarien mit vielen Lernenden durchgespielt, wobei jeder Lernende eine zugewiesene Rolle übernimmt (siehe auch »Rollenspiele – in simulierte Realitäten schlüpfen«, S. 363). In diesen Rollen versuchen die Lernenden ihre spezifischen Interessen zu vertreten.

19 Lernspiel: spielerisch zum Lernziel ****

Abb. 19.0-1: Beispiel aus dem Lernspiel *Escape From Wilson Island*.

- Unternehmensplanspiele zur Managementausbildung, siehe z. B. strategy dynamics (http://www.strategydynamics.com/microworlds/).
- Führungsplanspiele zum Training von Führungskompetenzen.
- Spielerische Vermittlung der betriebswirtschaftlichen Grundlagen eines Unternehmens, z. B. ProSim und Touroperator, Planspiel Wein.

Beispiele

> Bei der Konstruktion von Lernspielen muss beachtet werden, dass die Lernenden/Spieler sich nicht nur darauf konzentrieren, ihre Punktzahl in dem Spiel zu erhöhen. Nutzen sie ihre Spielerfahrungen ohne Reflexion, dann ist dies diametral zum Lernen.

Hinweis

Im Zusammenhang mit Lernspielen gibt es noch weitere Begriffe, die in der Literatur und z. T. Teil uneinheitlich verwendet werden.

19 Lernspiel: spielerisch zum Lernziel ****

Ein Oberbegriff zu Lernspielen ist der Begriff *Serios Games* (ernsthafte Spiele). Alle Lernspiele sind *Serious Games*, aber nicht alle *Serious Games* sind Lernspiele.

Definition

»Serious Games sind Spiele mit einem übergeordneten Zweck abgesehen von der reinen Unterhaltung« [GMW+14, S. 547].

»Serious Games [werden] durch zwei Kerneigenschaften charakterisiert [.]: a) Das Spiel hat ernsthaftes Ziel (z. B. Lerninhalte vermitteln, Gesundheitsbewusstsein fördern oder den Vitalstatus verbessern/erhalten) und b) das Spiel soll durch Spielspaß (gute User/Player/Game Experience) zum Erreichen des ›ernsthaften‹ Ziels motivieren. Der beabsichtigte Nutzen des Spiels kann von Spiel zu Spiel stark variieren, das angestrebte positive Erleben des Spiels haben alle Serious Games als Forderung gemeinsam« [GMW+14, S. 554].

Beispiele

- Personalisierte Freizeitangebote, z. B. Stadtführungen.
- Kognitive Trainingsprogramme für Senioren und Menschen mit angehender Demenz.
- Vermittlung der Philosophie und typischer interner Prozesse eines Unternehmens auf spielerische Art und Weise für neue Mitarbeiter.
- Spiele, um den Herz-Kreislauf zu trainieren, z. B. ErgoActive.
- Spiele zum Training von Kraft, Koordination und Balance, z. B. BalanceFit.
- Flugsimulationen.
- Schulung von Operationen.

Definition

Unter **Gamification** (auch Spielifizierung oder Spielifikation genannt) versteht man die Einbindung von spielerischen Elementen in spielfremde Prozesse in realen Umgebungen mit realen Ergebnissen.

Beispiel

Motivation von Benutzern von Fitnessgeräten durch Gamification, z. B. die Firma Expresso Games (Abb. 19.0-2).

Gestaltungsrichtlinien

- Ein Spiel soll motivieren. Es muss dem Benutzer das Gefühl geben, dass er die Möglichkeit hat, gestellte Herausforderungen zu bewältigen. Es darf aber auch nicht zu einfach sein, dann wird es schnell langweilig [Mits14].
- Vom Spieler sollen Entscheidungen verlangt werden, die nicht allzu leicht fallen, weil mehrere Möglichkeiten gleich gut erscheinen. Wenn sie relevant sind, beeinflussen sie den weiteren Spielverlauf stark.

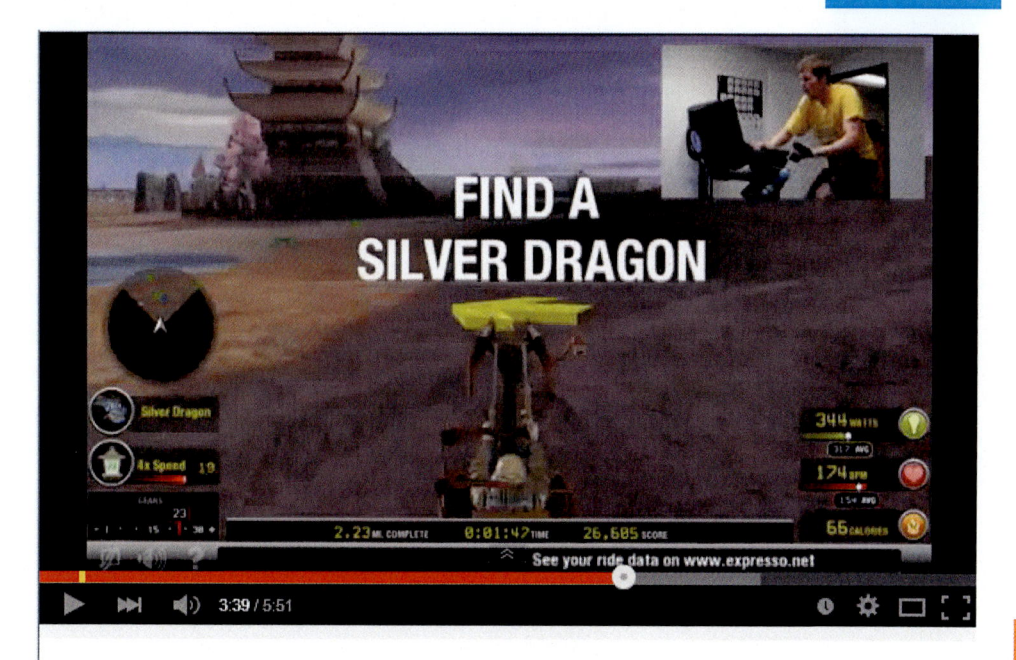

Abb. 19.0-2: Beispiel für die Motivation von Benutzern von Fitnessgeräten durch Gamification (Quelle: https://www.youtube.com/watch?v=qoEHcs8aHrk#t=190).

- Der Spieler soll unmittelbar eine Rückkopplung erhalten, ob eine von ihm getroffene Entscheidung richtig oder falsch war.
- Jede gemeisterte Herausforderung soll belohnt werden. Aber: Wichtig ist, dass der Spieler das Spiel nie meistert, sonst verliert er die Motivation.
- Es muss die richtige Balance zwischen Unterhaltungs- und Lernelementen gefunden werden.
- Spielelemente dürfen von den zu vermittelnden Lerninhalten nicht zu stark ablenken.

Empirische Erkenntnisse

- Lernspiele bieten dem Lernenden die Möglichkeit, kognitive Prozesse tief und wiederholt zu verarbeiten. Durch die intensive kognitive Verarbeitung wird ein besserer Transfer und eine längere Speicherung des Lernmaterials erreicht [TFB+14, S. 763].
- Aktionsspiele verbessern die Wahrnehmung und die Aufmerksamkeit.
- Schnelle Aktionsspiele verbessern die sensormotorische Koordination, erzwingen schnelle Entscheidungen zwischen Al-

ternativen in komplexen, anspruchsvollen Umgebungen und erfordern eine geteilte Aufmerksamkeit, eine periphere Verarbeitung und eine gute Vorausplanung.

- »Die empirische Befundlage zu digitalen Lernspielen wird von einigen Forschern als uneinheitlich beschrieben [...] Zudem mangelt es noch an empirischen Untersuchungen, die digitale pädagogische Spiele eingehender untersucht haben [...]« [Rey09, S. 190].

Hinweis Als Autor eines Lehrbuchs oder eines E-Learning-Kurses werden Sie in der Regel sicher kein eigenes Lernspiel entwickeln. Sie sollten aber wissen, dass es so etwas gibt und dass Sie unter Umständen vorhandene Lernspiele, die Ihre Lernziele unterstützen können, in Ihren E-Learning-Kurs einbetten können.

Weiterführende Literatur [TFB+14], [Cifu15], [Rey09, S. 186–190]

20 Soziale Medien: soziale Lernumgebungen ***

Soziale Medien bieten den Lernenden eine soziale Lernumgebung im Internet, in der sie Informationen austauschen und sich gegenseitig unterstützen können. Durch die Einrichtung von kursbezogenen oder lokalen Gruppen finden sich jederzeit Lernende mit gleichen Interessen. Social-Media-Plattformen ermöglichen den Lernenden eine Selbstorganisation und eigene Initiativen, um zusammen mit anderen Lernenden sich über den Lernstoff auszutauschen und Probleme und Fragen zu diskutieren.

Soziale Medien *(social media)* erlauben es Lernenden, sich im Internet gegenseitig zu vernetzen, miteinander zu kommunizieren, zu informieren und zu kooperieren (siehe auch »Individuelles Lernen – Kooperatives Lernen«, S. 117).

Die klassische Kommunikation über das Internet wird ermöglicht durch:

- **Instant Messaging**: 1:1-Kommunikation
- **Chat**: 1:n-Kommunikation
- **Foren**: n:n-Kommunikation

Erfahrungen mit W3L-E-Learning-Kursen – insbesondere im Zusammenhang mit Online-Studiengängen – haben gezeigt, dass die klassischen Kommunikationsformen, obwohl in die W3L-E-Learning-Plattform integriert, den Lernenden *nicht* ausreichen. Einige Lernende haben eigene **Blogs** eingerichtet, um über ihre Lernerfahrungen öffentlich zu berichten. Mehrere Lernende haben in Facebook eigene Gruppen eingerichtet, um über ihr Studium zu kommunizieren. Es hat sich jedoch herausgestellt, dass diese Art der Kommunikation und Kooperation *nicht* optimal ist. Auf Wunsch der Lernenden wurde daher die W3L-Plattform um eine Social-Media-Plattform erweitert, die die Lernenden ohne zusätzliche Autorisierung nutzen können.

Erfahrungen

Die W3L-E-Learning-Plattform wurde um eine *Social Academy* ergänzt (Abb. 20.0-1), die u. a. folgende Funktionen zur Verfügung stellt:

Beispiel

- Einrichten von lokalen Gruppen (siehe linke Spalte in der Abb. 20.0-1)
- Einrichten von Gruppen zu einzelnen E-Learning-Kursen (siehe linke Spalte unten in der Abb. 20.0-1)
- Einrichtung eigener Profile
- Informationen über anstehende Ereignisse
- Diskussionen führen

20 Soziale Medien: soziale Lernumgebungen ***

- Anfragen erstellen und senden
- Einfache und erweiterte Suche

Abb. 20.0-1: Social-Media-Plattform als Ergänzung zur W3L-E-Learning-Plattform.

Als Autor können Sie in der Regel keine eigene Social-Media-Plattform zur Verfügung stellen, Sie können Ihren Anbieter aber darauf hinweisen, dass eine solche Plattform für Lernende sinnvoll und nützlich ist (siehe auch »Was kann/sollte eine E-Learning-Plattform bieten?«, S. 513).

Steht eine solche Plattform zur Verfügung, dann können Sie als Autor mit Ihrem eigenem Profil vertreten sein und Lernende bei Fragen und Problemen unterstützen.

Weiterführende Literatur

[Kerr12, S. 175–190]

Teil IV LERNERFOLG ÜBERPRÜFEN *

Der Lernerfolg kann aus verschiedenen Perspektiven betrachtet werden:

- ■ Der **Lernende** will wissen, ob er den Lernstoff richtig verstanden hat und ihn entsprechend den vorgegebenen Lernzielen beherrscht.
- ☐ Damit die Motivation des Lernenden hoch bleibt, benötigt er möglichst kurzfristig nach der Lernerfolgskontrolle eine Rückmeldung, inwieweit er die Lernziele erreicht hat.
- ■ Der **Autor** will wissen, ob seine Darbietung des Lernstoffs zu erfolgreichem Lernen bei den Lernenden geführt hat.
- ☐ Der Autor benötigt kurzfristig eine Rückmeldung über den Lernerfolg der Lernenden, damit er zeitnah Verbesserungen bei der Darbietung seines Lehrstoffs vornehmen kann.

> Unabhängig von einer Lernerfolgskontrolle sollten zwischen Lehrenden und Lernenden informelle Rückkopplungen möglich sein und unterstützt werden (siehe »Rückkopplung – Feedback zum Autor und zum Lernenden«, S. 176).

Hinweis

Um den Lernerfolg kontrollieren und bewerten zu können, muss eine Bezugsnorm vorhanden sein und es muss festgelegt sein, wie die Bewertung erfolgen soll. In Lehrbüchern und bei E-Learning-Kursen ist die **Bezugsnorm** in der Regel eine **sachliche Norm**, bei der die Leistung des Einzelnen mit einem festen Außenkriterium verglichen wird. Bei dem Außenkriterium handelt es sich in der Regel um das Lernziel, das vorher festgelegt worden ist [KlLe12, S. 196]. Die **Bewertung** legt fest, ob das jeweilige Lernziel übertroffen, erreicht oder nicht erreicht worden ist.

Bezugsnorm & Bewertung

Neben der sachlichen Bezugsnorm gibt es auch noch die **soziale Bezugsnorm**, bei der die relative Position des Lernenden innerhalb einer Lerngruppe bewertet wird. In E-Learning-Kursen besteht die Möglichkeit, den Lernenden darüber zu informieren, ob er überdurchschnittlich, durchschnittlich oder unterdurchschnittlich bezogen auf alle Lernenden in seinem Kurs ist – oder sogar bezogen auf alle Kurse innerhalb einer E-Learning-Plattform.

Eine weitere mögliche Bezugsnorm ist die **individuelle Bezugsnorm**, d. h. dem einzelnen Lernenden werden Hinweise darauf gegeben, ob er sich verbessert, verschlechtert oder unverändert entwickelt hat. Besucht ein Lernender mehrere E-Learning-Kurse, dann könnte er automatisch Hinweise darüber erhalten, ob er – bezogen auf seine vergangenen Lernerfolge – langsamer, schneller, besser oder schlechter geworden ist.

Teil IV LERNERFOLG ÜBERPRÜFEN *

Bei allen Bewertungen ist jedoch immer zu berücksichtigen, dass der Lernende möglichst motiviert und nicht demotiviert wird.

Frage — Welche Möglichkeiten zur Lernerfolgskontrolle kennen Sie?

Antwort — Die Möglichkeiten zur Lernerfolgskontrolle lassen sich wie folgt klassifizieren:

- Tests: alle Arten von Fragestellungen, bei denen die Antworten objektiv und eindeutig automatisch oder manuell überprüft werden können.
- Aufgaben: Fragestellungen, deren Lösungen manuell korrigiert werden müssen.
- Kreuzworträtsel: Überprüfung, ob Fachbegriffe aus dem Lerngebiet bekannt sind (automatisch oder manuell auswertbar).

Lehrbücher — Lehrbücher können für die Lernerfolgskontrolle nur bedingt eingesetzt werden, da die Möglichkeiten zur Erfolgskontrolle auf Selbsttests und Aufgaben mit Musterlösungen beschränkt sind.

In einem Lehrbuch können Tests und Aufgaben gestellt werden, wobei beispielsweise am Ende des Lehrbuchs die Lösungen abgedruckt sind. Der Lernende kann dann die Musterlösungen mit seinen Lösungen vergleichen. Bei eindeutigen Tests ist dies sicher objektiv möglich, bei offenen Aufgaben ist ein Vergleich mit einer Musterlösung aber auch immer eine Interpretationsangelegenheit.

Bei dieser Form der Lernerfolgskontrolle kann der Lernende sich natürlich jederzeit selbst betrügen, indem er sich nach der Aufgabenstellung sofort die entsprechende Musterlösung ansieht.

E-Learning — Auch im E-Learning kann der Lernende sich selbst betrügen, wenn die Lösungen sofort einsehbar sind. In E-Learning-Kursen gibt es jedoch Möglichkeiten, den Selbstbetrug etwas zu erschweren.

Aufwendig — Als Autor werden Sie feststellen, dass das Erstellen von Tests und Aufgaben viel Zeit, Sorgfalt und »didaktisches Geschick« erfordert.

Tests und Aufgaben können in mehreren Schritten erstellt werden:

- »Konstruktion von Tests & Aufgaben – schwierig & aufwendig«, S. 407

Am objektivsten sind Tests, die automatisch oder manuell eindeutig ausgewertet werden können. Werden Sie automatisch ausgewertet, dann reduziert sich der Aufwand auf die Erstellung. Es gibt viele verschiedene Testarten, die es ermöglichen, verschiedene Arten von Lernzielen zu überprüfen:

- »Testarten – vielfältige Möglichkeiten«, S. 409

Ziel jeder Lernerfolgskontrolle sollte es sein, dass der Lernende durch die Erfolgskontrolle noch hinzulernt. Dies erreicht man u. a. dadurch, dass man dem Lernenden Tipps gibt und Begründungen für die jeweils richtige Lösung liefert:

- »Fallbeispiel: Aufbau von W3L-Tests«, S. 423

Bei der Erstellung von Mehrfachauswahltests müssen verschiedene Dinge berücksichtigt werden:

- »Mehrfachauswahltests richtig konzipieren«, S. 429

Für bestimmte Themenbereiche können zufallsbasierte Tests konzipiert werden. Für jeden Lernenden werden dann automatisch neue Tests erzeugt:

- »Zufallsbasierte Tests – immer neu«, S. 435

Sollen höherwertige Lernziele überprüft werden, dann kann dies in der Regel durch automatisch auswertbare Tests nicht mehr erfolgen. Es müssen dann Aufgaben gestellt werden, die manuell durch Autoren oder Tutoren korrigiert und bewertet werden müssen. Bei der Aufgabenkonstruktion muss sehr darauf geachtet werden, dass eine Bewertung möglichst objektiv möglich ist:

- »Aufgaben – höhere Lernziele überprüfen«, S. 437

Tests und Aufgaben können innerhalb einer E-Learning-Plattform unterschiedlich angeordnet werden:

- »Tests und Aufgaben: separat oder integriert«, S. 445

Soll eine Lernerfolgskontrolle *nicht* nur für jede Lerneinheit, sondern auch für einen gesamten Kurs erfolgen, dann benötigt man ein Gesamtkonzept für die Lernerfolgskontrolle:

- »Fallbeispiel: Prüfungen in W3L«, S. 451

21 Konstruktion von Tests & Aufgaben – schwierig & aufwendig *

Validität, Reliabilität und Objektivität sind Gütekriterien für Tests und Aufgaben. In Abhängigkeit von der jeweiligen Lernzielstufe sind entsprechende Tests und Aufgaben zu konzipieren. Aus der Aufgabenmenge, die sich aus dem Lernziel ergibt, ist repräsentativ oder zufällig eine Stichprobe auszuwählen. Qualitativ ist festzulegen, welcher Kompetenzgrad durch die Lernenden erreicht werden soll.

Die Konstruktion von geeigneten **Tests** und **Aufgaben** ist für Sie als Autor schwierig und aufwendig. Wenn Sie alle Lernziele durch Tests und Aufgaben ausreichend überdecken wollen (Lernfeld = Prüffeld), rechnen Sie mit dem ein- bis zweifachen Aufwand verglichen mit der Lerntexterstellung. Besonders aufwendig ist die Erstellung von Musterlösungen von Aufgaben, wenn Sie als Autor *nicht* selbst die Korrektur vornehmen, sondern zum Beispiel ein Online-Tutor im E-Learning diese Tätigkeit übernimmt.

Tests und Aufgaben müssen folgende Gütekriterien erfüllen [Lehn09, S. 165]:

Gütekriterien

- **Validität** (Gültigkeit): Wird das gemessen, was gemessen werden soll? Wird z. B. eine eigentlich einfach zu lösende Aufgabe in eine schwer verständliche Geschichte verpackt, dann wird nicht nur die eigentlich zu lösende Aufgabe geprüft.
- **Reliabilität** (Genauigkeit, Zuverlässigkeit): Wird das, was gemessen wird, genau gemessen?
- **Objektivität** (Durchführungs-, Auswertungs- und Interpretationsobjektivität): Sind die Ergebnisse der Prüfung unabhängig von den Prüfern? Durch die Angabe der zugelassenen Hilfsmittel wird z. B. Durchführungsobjektivität erreicht. Auswertungsobjektivität wird z. B. durch eine Musterlösung und einen Punkteschlüssel unterstützt.

In Abhängigkeit von den Lernzielstufen sind die Tests bzw. Aufgabenstellungen zu wählen [Lehn09, S. 163] (Tab. 21.0-1) (siehe auch »Lernziele und Lernstufen«, S. 481).

Die Erstellung von Tests und Aufgaben kann in drei Schritten erfolgen [KlLe12, S. 201]:

Vorgehen

1 **Definition des Lernziels als Aufgabenmenge**: Der Inhalt bestimmt, was den Prüfenden vorgelegt wird. Die Prozesse bestimmen, was die Prüfenden daran zu tun haben. Die Aufgabenmengen können unendlich groß sein oder sie umfassen eine bestimmte Anzahl von Aufgaben. Es können sich auch Teilmengen unterscheiden lassen.

21 Konstruktion von Tests & Aufgaben – schwierig & aufwendig *

Lernzielstufe	Lernnachweis
Wissen kennen & verstehen: Begriffe, Fakten, Vorgehensweisen, Modelle, Konzepte	○ Auswahltests ○ Assoziative Tests ○ Tests mit freien Antworten ○ Definitionsaufgaben, z. B. Kreuzworträtsel
Wissen anwenden & umsetzen: Fälle, Situationen, Probleme	○ Aufgaben & Übungen ausführen lassen ○ Theorie auf Situation übertragen & Folgerungen bestimmen ○ Thesen zu einer Situation vorgegeben (und wissensgeleitet kommentieren lassen)
Wissen analysieren, beurteilen & erfinden: Vergleiche, Analysen, Bewertungen, konzeptionelle Innovationen	○ Problem ohne Lösung vorgegeben (Fragestellung formulieren und Lösungen wissensgeleitet skizzieren) ○ Fall oder Beispiel mit Lösung vorgeben (Erkenntnisse ableiten) ○ Theorie analysieren & weiterentwickeln

Tab. 21.0-1: Lernzielstufen und Lernnachweis.

2 **Aus der definierten Aufgabenmenge wird repräsentativ oder zufällig eine Stichprobe von Aufgaben formuliert**: Sind Teilmengen vorhanden, dann ist festzulegen, wie sie in der Stichprobe vertreten sein sollen.
3 **Das Lernziel ist qualitativ festzulegen, in dem der Kompetenzgrad bestimmt wird, der erreicht werden soll**: Es ist zweckmäßig, 60 Prozent richtiger Lösung als quantitatives Kriterium zu wählen. Es kann auch ein höheres Kriterium angesetzt werden, z. B. 90 Prozent richtiger Lösungen wird gefordert. 100 Prozent zu fordern ist nicht sinnvoll, da Fehler immer auftreten können.

22 Testarten – vielfältige Möglichkeiten *

Mit Tests lassen sich die Lernzielstufen »Wissen« und »Verstehen« gut abprüfen, teilweise auch die Lernzielstufe »Anwenden«. Tests sind manuell oder automatisch objektiv auswertbar. Sie eignen sich für Lehrbücher und optimal für E-Learning-Kurse. Es gibt Tests mit vorgegebenen Antworten (Auswahltests, assoziative Tests, Konstruktionstests und entdeckende Tests) und Tests mit freien Antworten (Kurzantworttests und Freitexttests).

Unter **Tests** werden alle Arten von Fragestellungen verstanden, bei denen die Antworten *automatisch* überprüft werden können – eine manuelle Auswertung ist natürlich auch möglich. Folgende Testkategorien lassen sich unterscheiden (Abb. 22.0-1):

- Tests mit vorgegebenen Antworten
- Tests mit freien Antworten

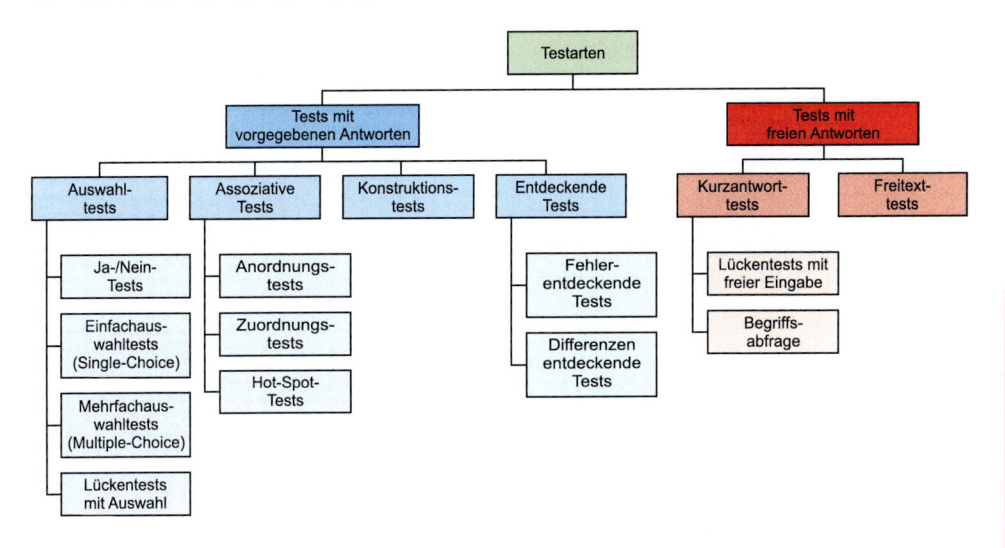

Abb. 22.0-1: Übersicht über Testarten.

Tests mit vorgegebenen Antworten

Bei Tests mit vorgegebenen Antworten werden dem Lernenden Antwortmöglichkeiten vorgegeben, die er auf ihren Wahrheitsgehalt prüfen oder miteinander in Beziehung setzen soll. Man unterscheidet **Auswahltests** – auch Ankreuztests genannt –, **assoziative Tests** und **Konstruktionstests**. Diese Testarten haben folgende Vor- und Nachteile:

- + Einfache, objektive und automatische oder manuelle Auswertung.
- + Der Testautor gibt die Antwortmöglichkeiten eindeutig vor.
- − Geringerer Schwierigkeitsgrad, da die Antwortmöglichkeiten vorgegeben sind.
- − Bei zu wenigen Antwortalternativen kann der Lernende durch Raten evtl. eine richtige Lösung erzielen.

Tests, bei denen die Antwortmöglichkeiten vorgegeben sind, erleichtern dem Lernenden die Antwort, da er sich konzeptionell keine Antwort überlegen muss. Diese Tests sind daher für den Lernenden leichter zu lösen, als Tests mit freien Antworten. Der Vorteil für den Testautor liegt darin, dass er die Antwortmöglichkeiten festlegen kann – und der Lernende keine anderen Antworten auswählen kann.

Empfehlung | Für **Abschlusstests** (siehe »Fallbeispiel: Prüfungen in W3L«, S. 451) sollten *nur* Tests mit vorgegebenen Antworten verwendet werden, um fehlerhafte freie Antworten zu vermeiden.

Auswahltests

Ja-/Nein-Tests

Ein Ja-/Nein-Test besteht aus *einer* Frage, die mit *Ja* oder *Nein* bzw. *richtig* oder *falsch* beantwortet werden kann (Abb. 22.0-2).

Empfehlung | Da Einfachauswahltests mit 50%iger Wahrscheinlichkeit durch Raten gelöst werden können, sollten sie *nicht* verwendet werden.

Einfachauswahltests/Mehrfachauswahltests

Ein Einfachauswahltest (Single-Choice-Test) stellt mehrere Antwortalternativen zur Verfügung, von denen genau eine Alternative (1 aus N) richtig ist.

Ein Mehrfachauswahltest (Multiple-Choice-Test) besteht aus mehreren Antwortalternativen zu einer Fragestellung. Keine, eine oder mehreren Lösungsalternativen (X aus N) sind richtig (Abb. 22.0-3). Alternativ kann ein Lernender auch die *beste* Antwort aus mehreren passenden Antworten auswählen müssen.

Empfehlung | Ein Mehrfachauswahltest sollte aus mindestens vier Antwortalternativen bestehen, um zu verhindern, dass durch Raten eine richtige Lösung erzielt wird.

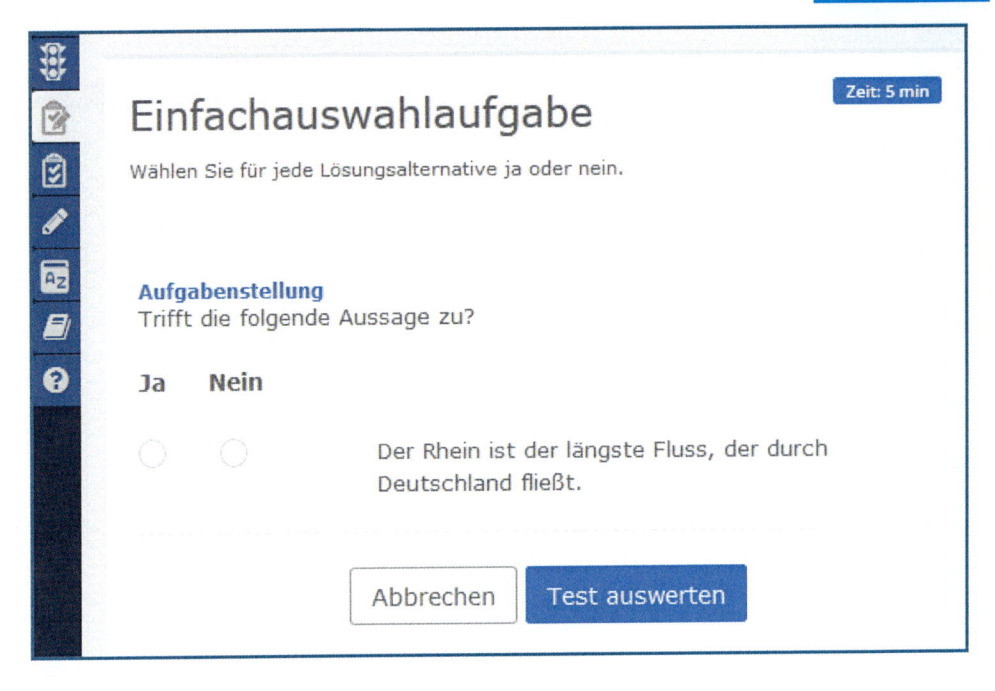

Abb. 22.0-2: Beispiel zu einer Einfachauswahlaufgabe in W3L.

Lückentests mit Auswahl
Bei Lückentests mit Auswahl muss der Lernende Textlücken dadurch füllen, dass er aus mehreren vorgegebenen Alternativen eine Alternative (1 aus N) auswählt (Abb. 22.0-4).

Assoziative Tests
Assoziative Tests – auch Ordnungstests genannt – verlangen, dass Elemente einer Menge definierter *Wahlobjekte* den Elementen einer Menge von *Zielobjekten* zugeordnet werden.

Anordnungstests
Anordnungstests – auch Reihenfolgetests oder Sequenzierungstests genannt – verlangen das Ordnen von gegebenen Objekten nach einem Kriterium, einer Regel oder einer Struktur (Abb. 22.0-5).

Sie können aber auch dazu verwendet werden, Grafiken mit Positionsnummern richtig zu beschriften (Abb. 22.0-6).

Zuordnungstests
Bei Zuordnungstests (M:N-Zuordnung) muss der Lernende Beziehungen zwischen gegebenen Objekten erkennen und diese dementsprechend zuordnen (Abb. 22.0-7). Bei *vollständigen* Zuordnungstests müssen *alle* Elemente einer Liste denen der ande-

Elemente der Mimik

Zeit: 4 min

Wählen Sie für jede Lösungsalternative ja oder nein.

Lernziel
Elemente der Mimik erkennen.

Motivation
Um Sicherheit in Ihrer Körpersprache zu gewinnen, ist die Erkennung der Mimik von grundlegender Bedeutung.

Aufgabenstellung
Welche der folgenden Aussagen über Mimik beziehen sich auf *negative* Attribute.

Ja Nein

○ ○ Augen verkniffen.
○ ○ Mundwinkel nach oben gezogen.
○ ○ Augen weit geöffnet.
○ ○ Nase gerümpft.
○ ○ Stirn nach oben gezogen.
○ ○ Stirn zur Mitte hin angespannt.
○ ○ Mundwinkel nach unten gesenkt.

[Abbrechen]   [Test auswerten]

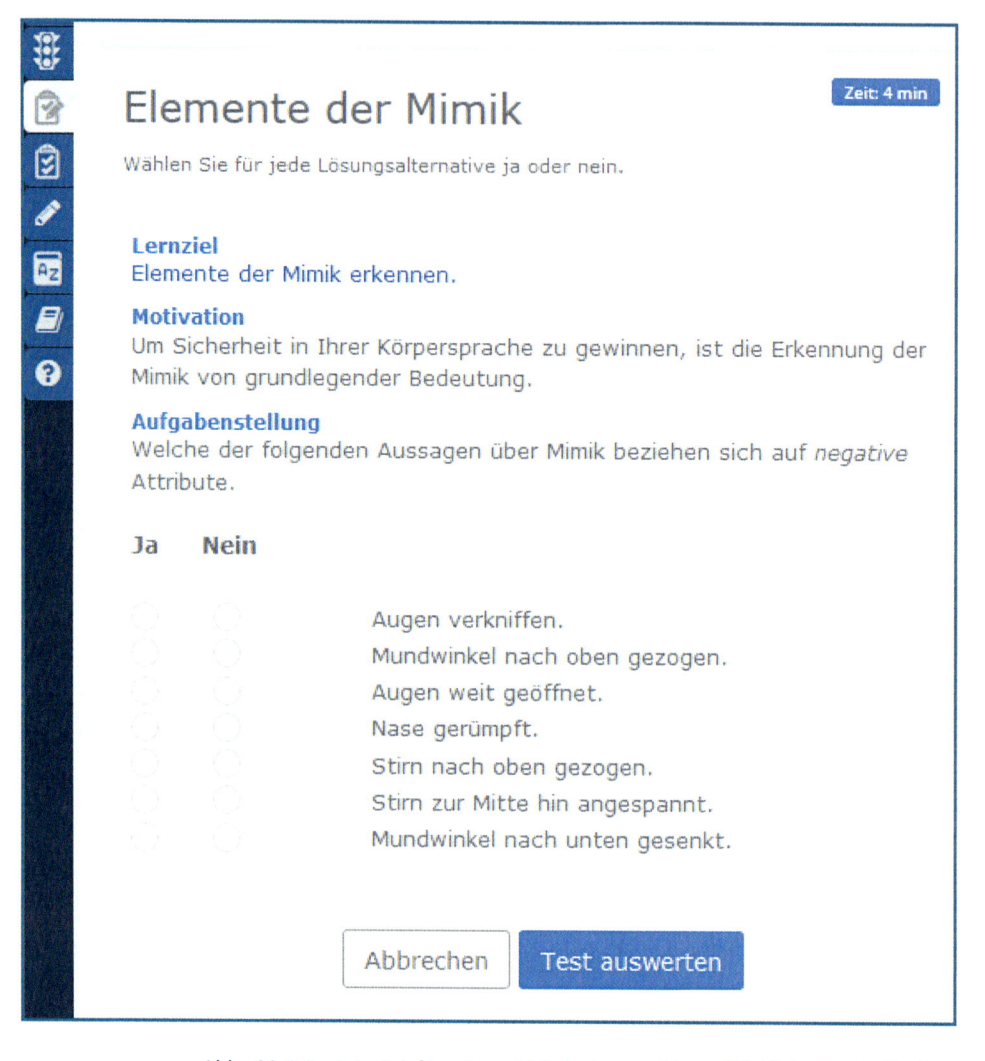

Abb. 22.0-3: Beispiel für einen Mehrfachauswahltest (Multiple-Choice-Test) in W3L.

ren Liste zugeordnet werden. Bei *unvollständigen* Zuordnungstests können einzelne Elemente doppelt oder mehrfach zugeordnet werden. Elemente können dann auch »übrig« bleiben.

Hot-Spot-Tests
Eine Sonderform des Zuordnungstests ist der Hot-Spot-Test (1:1-Zuordnung). Gestellte Fragen werden durch einen Klick auf den richtigen Bereich im dazugehörigen Bild beantwortet (Abb. 22.0-8).

22 Testarten – vielfältige Möglichkeiten *

Bitte füllen Sie die Lücken im Text aus.

Bitte wählen Sie den passenden Begriff aus den Auswahlboxen.

Von 1982-1998 war Helmut [____] Bundeskanzler von Deutschland. Im Anschluss an diese Zeit über[____]ard [____] dieses Amt. Seit 2005 begleitet Angela [____] [____]en.

Merkel
Kohl
Schröder

[Auswertung] [Abbrechen]

Abb. 22.0-4: Beispiel für einen integrierten Lückentest mit vorgegebenen Auswahlalternativen.

Mimik, Gestik usw.

Zeit: 2 min

Bringen Sie die einzelnen Elemente in die richtige Reihenfolge! Ziehen Sie per Drag & Drop die Elemente an die richtige Position.

Lernziel
Einordnen der Mimik, Gestik, Kleidung und des Gesagten nach Priorität.

Motivation
Als Redner müssen Sie wissen, auf was Sie am meisten achten müssen.

Aufgabenstellung
Sortieren Sie folgende Begriffe aufsteigend nach der Bedeutung und Wirkung auf die Zuhörer.

Artikulation

Gestik

Mimik

Kleidung

[Abbrechen] [Test auswerten]

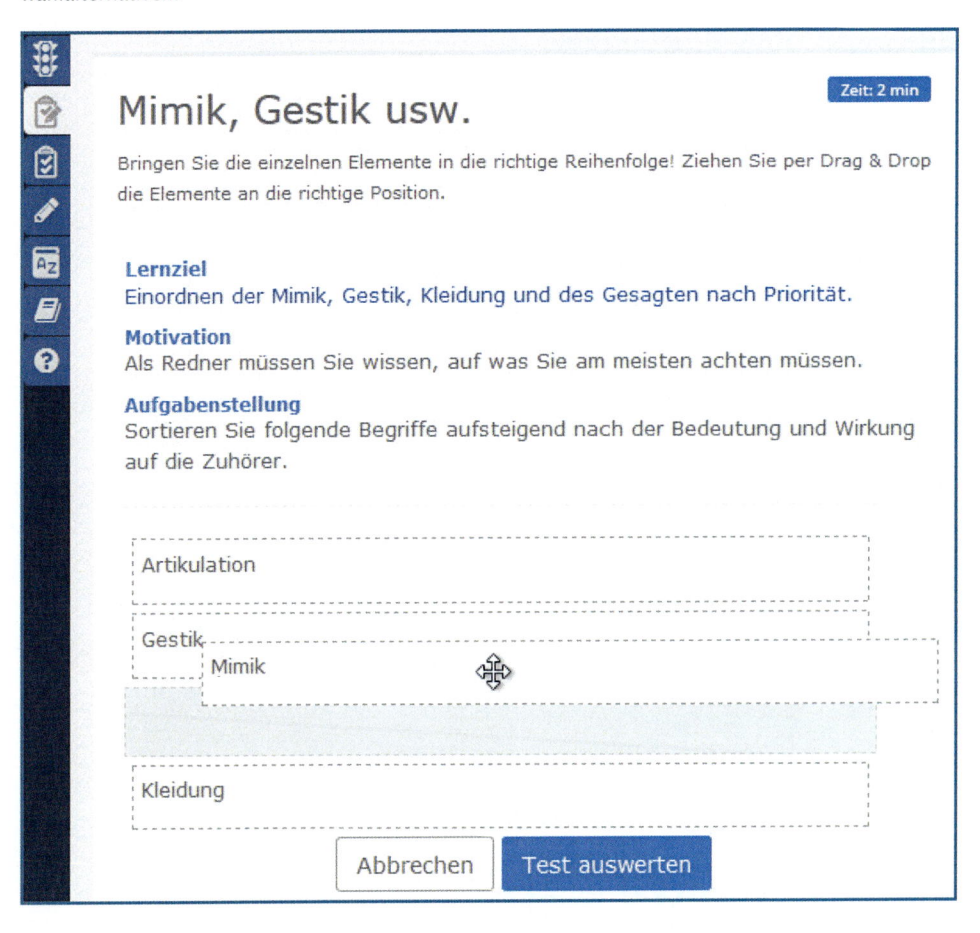

Abb. 22.0-5: Beispiel für einen Anordnungstest in W3L.

22 Testarten – vielfältige Möglichkeiten *

Haus der Qualität (2)

Zeit: 5 min

Bringen Sie die einzelnen Elemente in die richtige Reihenfolge! Ziehen Sie per Drag & Drop die Elemente an die richtige Position.

Lernziel
Wissen, wie das »Haus der Qualität« aufgebaut ist.

Motivation
Das »Haus der Qualität« zeigt, wie Kundenanforderungen in technische Merkmale unter Berücksichtigung wichtiger Faktoren für den Entwicklungsprozess umgesetzt werden.

Aufgabenstellung
Ordnen Sie die Bezeichnungen für das »Haus der Qualität« in der richtige Reihenfolge an.

Abb. 1

Bedeutung der technischen Merkmale berechnen

Vergleich mit dem Wettbewerb

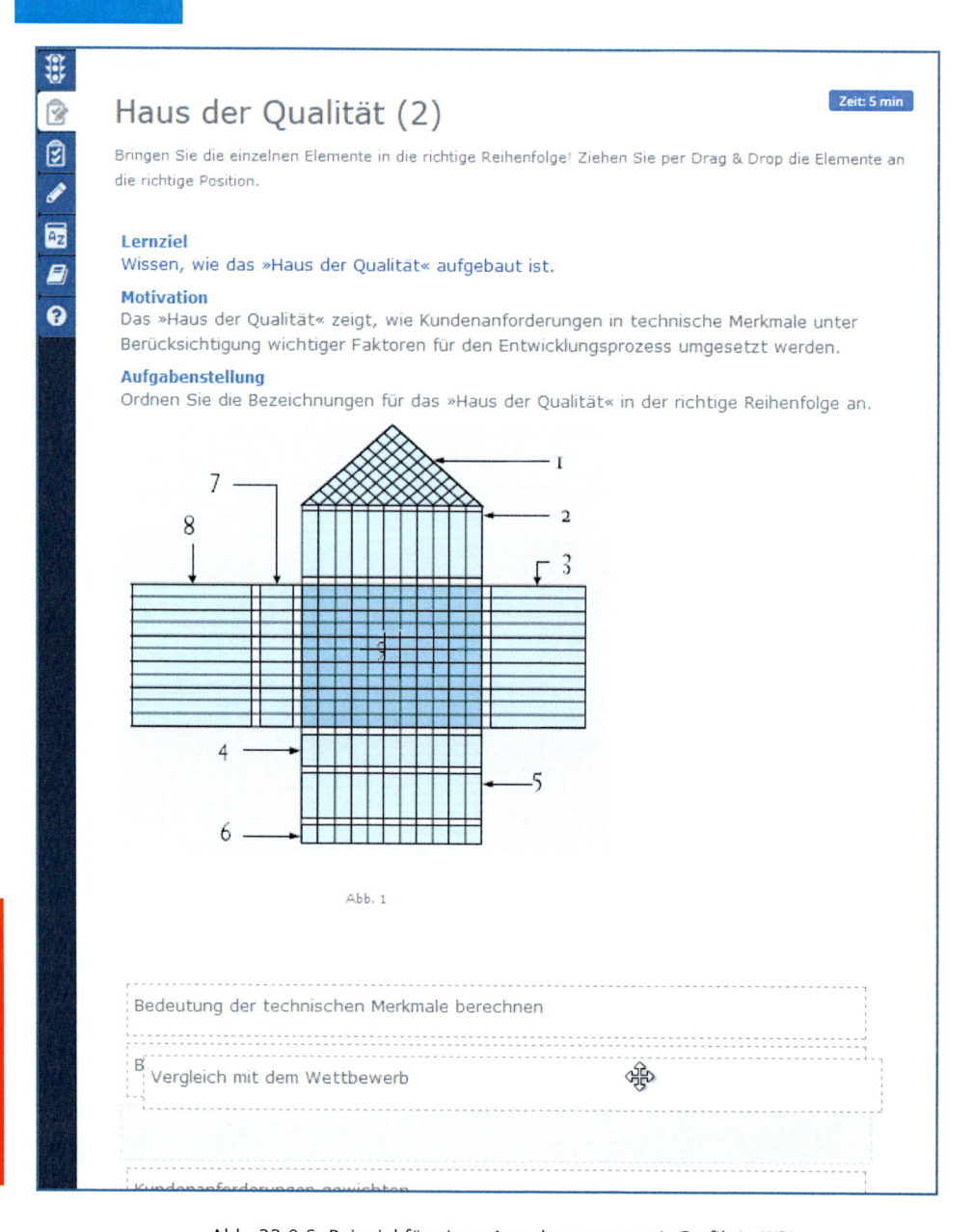

Abb. 22.0-6: Beispiel für einen Anordnungstest mit Grafik in W3L.

Konstruktionstests

Bei **Konstruktionstests** geht es oft darum, aus Teilen das Ganze zusammensetzen. In [Mede06, S. 77] wird noch zwischen technischen Konstruktionen, Satzkonstruktionen und Dokumentenkonstruktionen unterschieden. Die Abb. 22.0-9 zeigt den Teil ei-

22 Testarten – vielfältige Möglichkeiten *

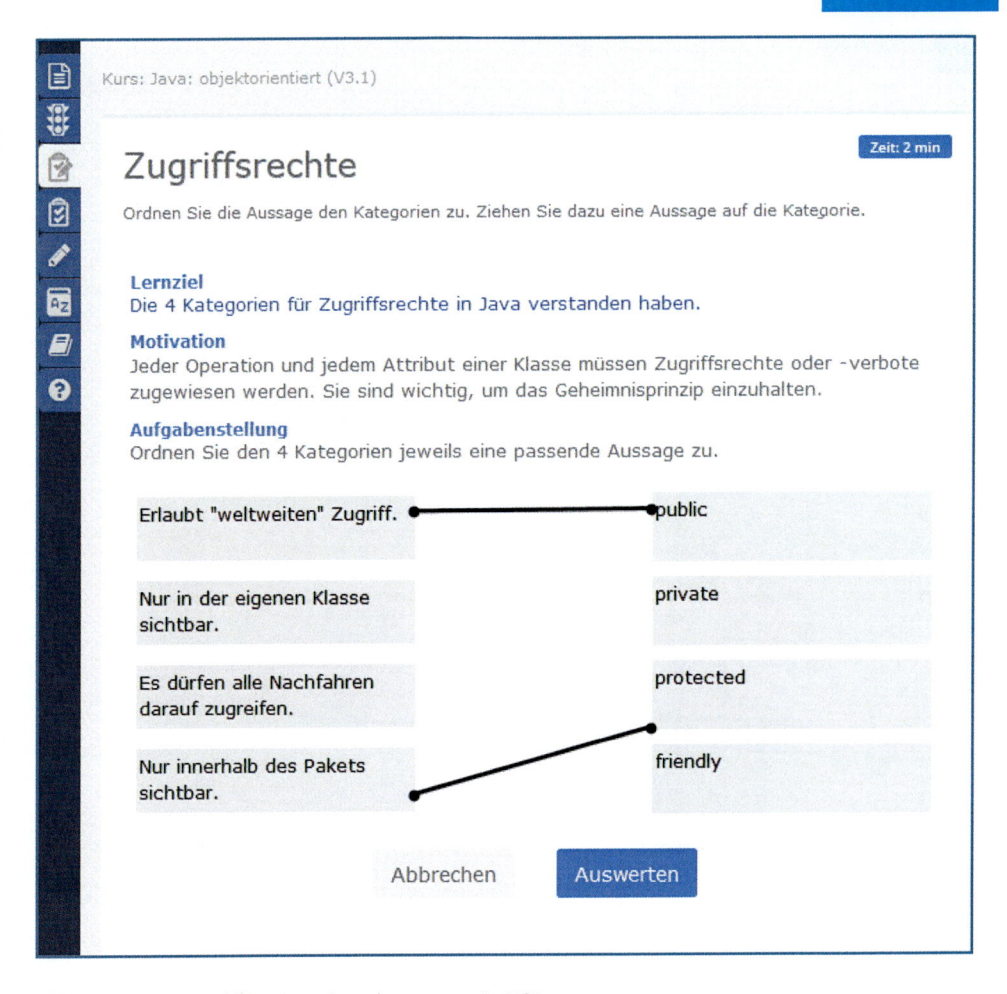

Abb. 22.0-7: Beispiel für einen Zuordnungstest in W3L.

nes technischen Konstruktionstests, bei dem zwischen den Teilen eines »technischen Gerüsts« Beziehungen hergestellt werden müssen.

Entdeckende Tests
Bei **entdeckenden Tests** soll der Lernende in der vorgelegten Aufgabe Regeln, Gesetzmäßigkeiten oder Zusammenhänge erkennen.

Fehlerentdeckende Tests
Ein **fehlerentdeckender Test** dient dazu, Fehler in einem Text, einer Tabelle, einem Bild oder einer Abbildung zu finden, evtl. auch durch einen Vergleich.

22 Testarten – vielfältige Möglichkeiten *

Organe zuordnen

Zeit: 5 min

Bitte beantworten Sie jede Frage! Wählen Sie dazu zunächst den jeweiligen Radio-Button aus und klicken Sie anschliessend in das Bild.

Lernziel
Die Lage menschlicher Organe im Körper kennen.

Motivation
Jeder sollte wissen, welche Organe wo im Körper angeordnet sind.

Aufgabenstellung
Beantworten Sie die unten gestellten Fragen durch einen Mausklick auf das dazugehörige Bild.

- Wo befindet sich die Lunge?
- Suchen Sie die Leber
- Klicken Sie auf die Milz
- Wo befindet sich die Harnblase?
- Markieren Sie den Dickdarm

Abbrechen   Test auswerten

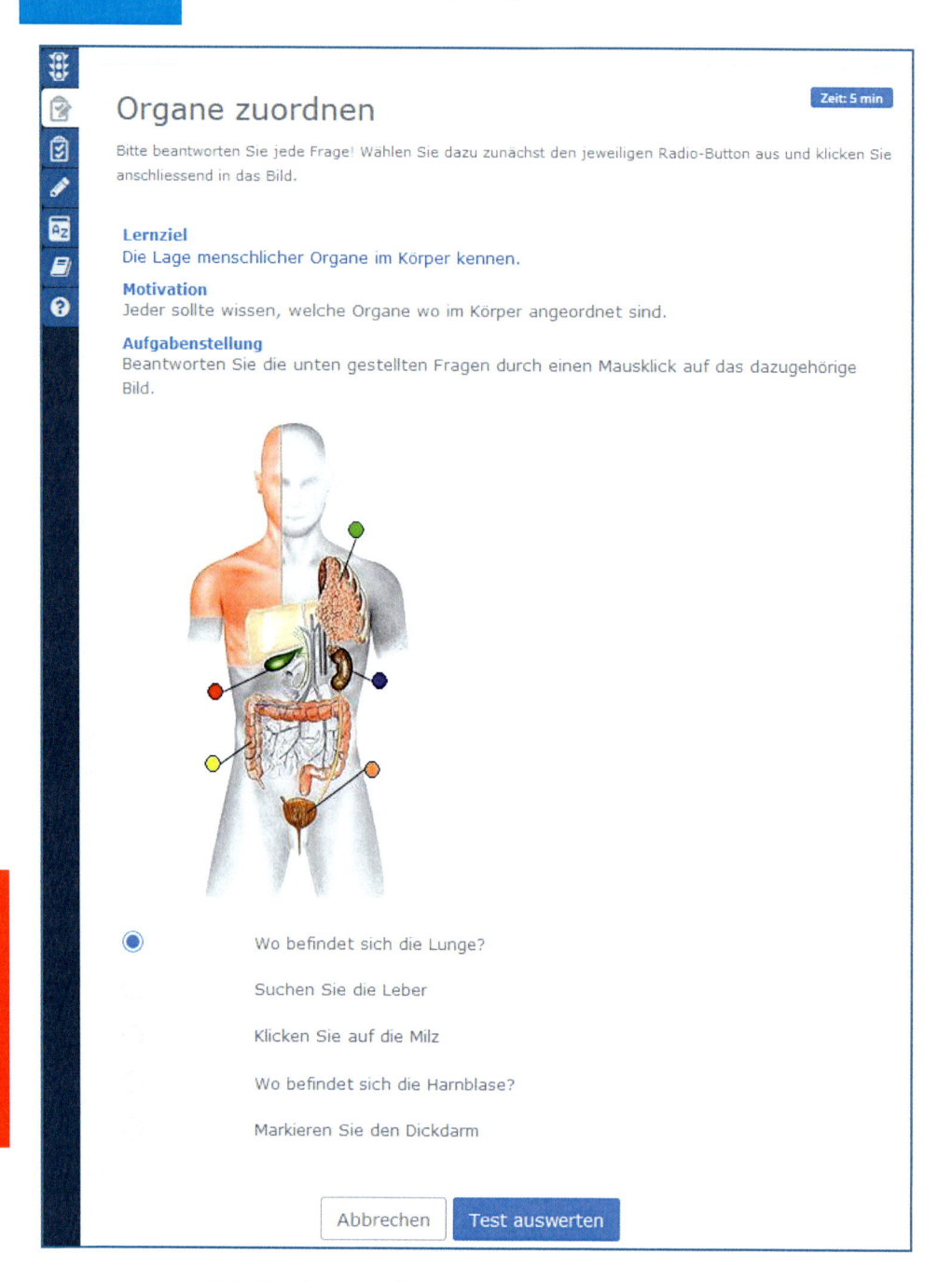

Abb. 22.0-8: Beispiel für einen Hot-Spot-Test in W3L.

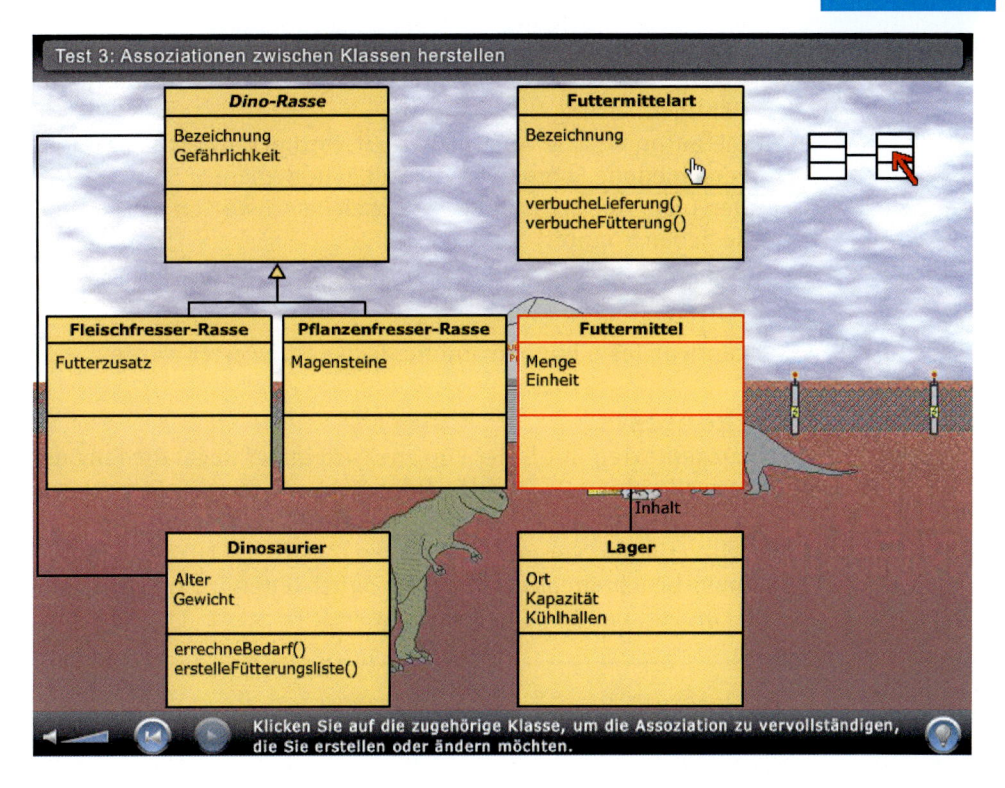

Abb. 22.0-9: Beispiel für einen Konstruktionstest.

Der Lernende soll in einem Computerprogramm Fehler identifizieren. Dazu wird ihm eine Liste möglicher Fehler angegeben und er soll angeben, an welchen Stellen des Programms welcher Fehler auftritt.

Beispiel

Differenzenentdeckende Tests

Bei einem **differenzenentdeckenden Test** soll der Lernende Unterschiede zwischen zwei vorliegenden Materialien identifizieren.

Ein echtes Gemälde soll mit einem gefälschten Gemälde verglichen werden. Der Lernende soll in dem gefälschten Gemälde alle Stellen anklicken, bei denen Abweichungen zum Original bestehen.

Beispiel

Tests mit freien Antworten

Tests mit freien Antworten sind dadurch gekennzeichnet, dass *keine* Antwortalternative vorgegeben wird. Dies bringt folgende Vor- und Nachteile mit sich:

- Der Schwierigkeitsgrad für den Lernenden erhöht sich.
- Es wird erschwert, durch Rate- oder Ausschlussverfahren zur richtigen Lösung zu gelangen.
- Die automatische Auswertbarkeit wird erschwert z. B. durch verschiedene Schreibweisen und Synonyme.
- Der Testautor muss überlegen, welche Antworten der Lernende geben könnte.

Kurzantworttests

Kurzantworttests können automatisch ausgewertet werden.

Lückentests

Bei Lückentexten mit freier Eingabe wird in der Regel die Eingabe von jeweils einem Wort oder einer Zahl gewünscht. Für die automatische Auswertung muss für jede Lücke die Lösung einschl. Schreibvarianten vorgegeben werden (Abb. 22.0-10). Der Testautor muss beachten, dass mehrere Möglichkeiten in Betracht kommen können, bei Zahlen z. B. 3 oder drei.

Abb. 22.0-10: Beispiel für einen Lückentest in W3L.

Begriffsabfragen

Zum Beherrschen eines Lernstoffs gehört es auch, wichtige Begriffe aus dem Lerngebiet zu kennen. Um Begriffe abzufragen, eignet sich besonders gut die Testform »Kreuzworträtsel«. Sie ermöglicht es, begriffliche Umschreibungen einem Fachbegriff zuzuordnen. Außerdem sind Kreuzworträtsel für die Lernenden motivierend und abwechslungsreich (Abb. 22.0-11).

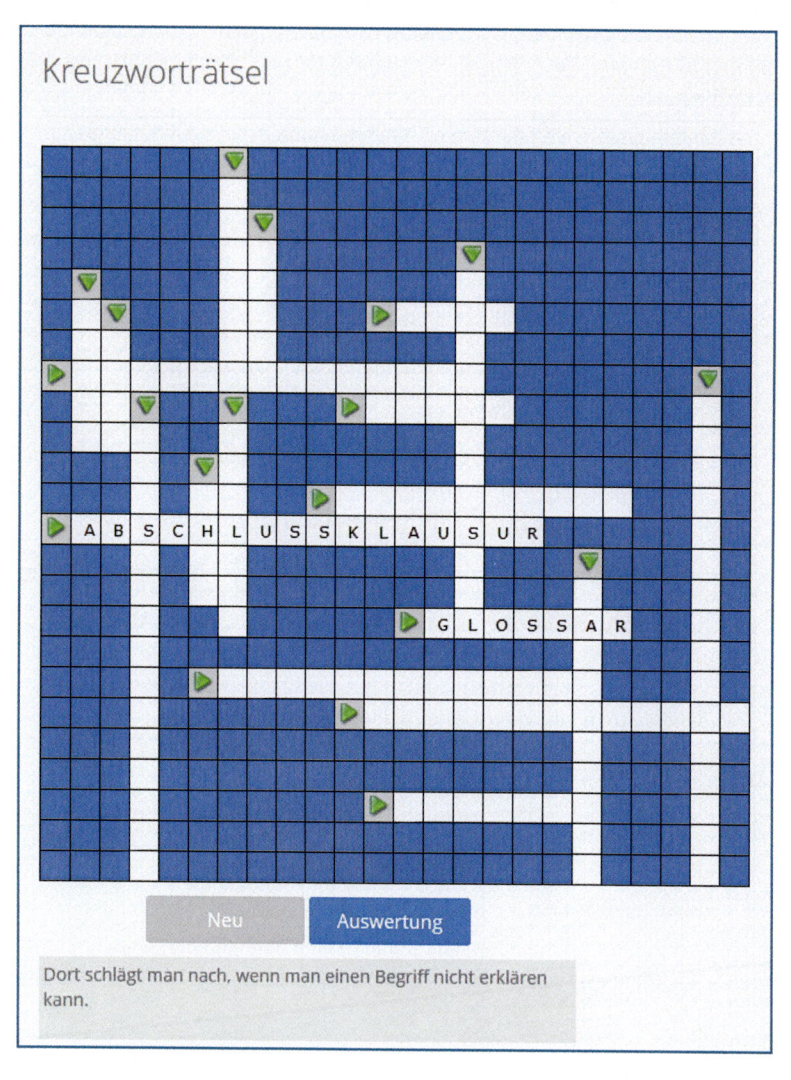

Abb. 22.0-11: Beispiel für die Abfrage von Glossarbegriffen in Form eines interaktiven Kreuzworträtsels in der W3L-E-Learning-Plattform.

In der W3L-E-Learning-Plattform erstellt jeder Autor in einem Kurs Glossarbegriffe. Zu jedem Glossarbegriff wird vom Autor eine Kreuzworträtsel-Frage erfasst. Im Navigationsbaum der W3L-

Beispiel

E-Learning-Plattform findet der Lernende am Ende seines Kurses den Eintrag **Rätsel** aufgeführt. Ein Klick auf »Rätsel« öffnet im Inhaltsbereich ein Kreuzworträtsel, mit dem er überprüfen kann, ob er alle im Kurs verwendeten Glossarbegriffe beherrscht. Bei jedem Aufruf wird das Rätsel mit einem Zufallszahlengenerator automatisch neu erstellt. Außerdem wird immer nur ein Teil der Glossarbegriffe dargestellt.

Für Autoren stellt die W3L-E-Learning-Plattform zusätzlich eine Möglichkeit zur Verfügung, Kreuzworträtsel für Lehrbücher zu erstellen.

Freitexttests

Eine weitere Form der Kurzantworttests ist die Möglichkeit, Texteingaben zu verlangen. Bei dieser Testart werden ein Text und eine Lücke vorgegeben – evtl. auch mehrere (Abb. 22.0-12). Das Problem besteht für den Testautor darin, mögliche Lösungsalternativen zu überlegen und vollständig zu hinterlegen.

Hinweis

Die verwendete E-Learning-Plattform sollte an allen Stellen, an denen Text möglich ist, ergänzend oder alleine beliebige Medien (Grafiken, Bilder, Audio, Video, Animationen) erlauben. Das sollten Sie als Autor immer nutzen, wenn es didaktisch möglich und sinnvoll ist. Ein Beispiel zeigt die Abb. 22.0-13.

Tipp

In einigen Fachdisziplinen ist es üblich, den Lernerfolg im Wesentlichen durch Mehrfachauswahltests zu überprüfen, z. B. in der Medizin. Als Autor sollten Sie jedoch auch alle anderen zur Verfügung stehenden Testarten nutzen, um Abwechslung und Motivation bei den Lernenden zu erzeugen.

Ergänzende Literatur

[Mede06, S. 75–80]

Entwicklungszeiten evolutionär & nebenläufig

Zeit: 15 min

Bitte beantworten Sie jede Frage! Nutzen Sie für Ihre Antworten das Feld unter der jeweiligen Frage.

Lernziel
Entwicklungszeiten für verschiedene Prozess-Basismodelle in Kombination berechnen können.

Motivation
Als Projektleiter müssen Sie in der Lage sein, für verschiedene Situationen Entwicklungszeiten berechnen können.

Aufgabenstellung
Sie benötigen für jede Version bei einer evolutionären Entwicklung pro Phase 1 Monat. Es werden zwei Versionen sequenziell hintereinander entwickelt. Wie lange dauert die Entwicklungszeit für Version 1, für Version 2 und wie lang ist die Entwicklungszeit für das gesamte Produkt, wenn Sie die evolutionäre Entwicklung mit der nebenläufigen Entwicklung kombinieren? Der Mehraufwand in den Phasen Entwurf und Implementierung beträgt 20%, die Überlappung 75%. Geben Sie die Entwicklungszeiten als Zahl mit Komma ein.

Geben Sie die Entwicklungszeit für die Version 1 an:

Geben Sie die Entwicklungszeit für die Version 2 an:

Geben Sie die Entwicklungszeit für das Gesamtprodukt an:

[Abbrechen] [Test auswerten]

Abb. 22.0-12: Beispiel für einen Freitexttest in W3L.

22 Testarten – vielfältige Möglichkeiten *

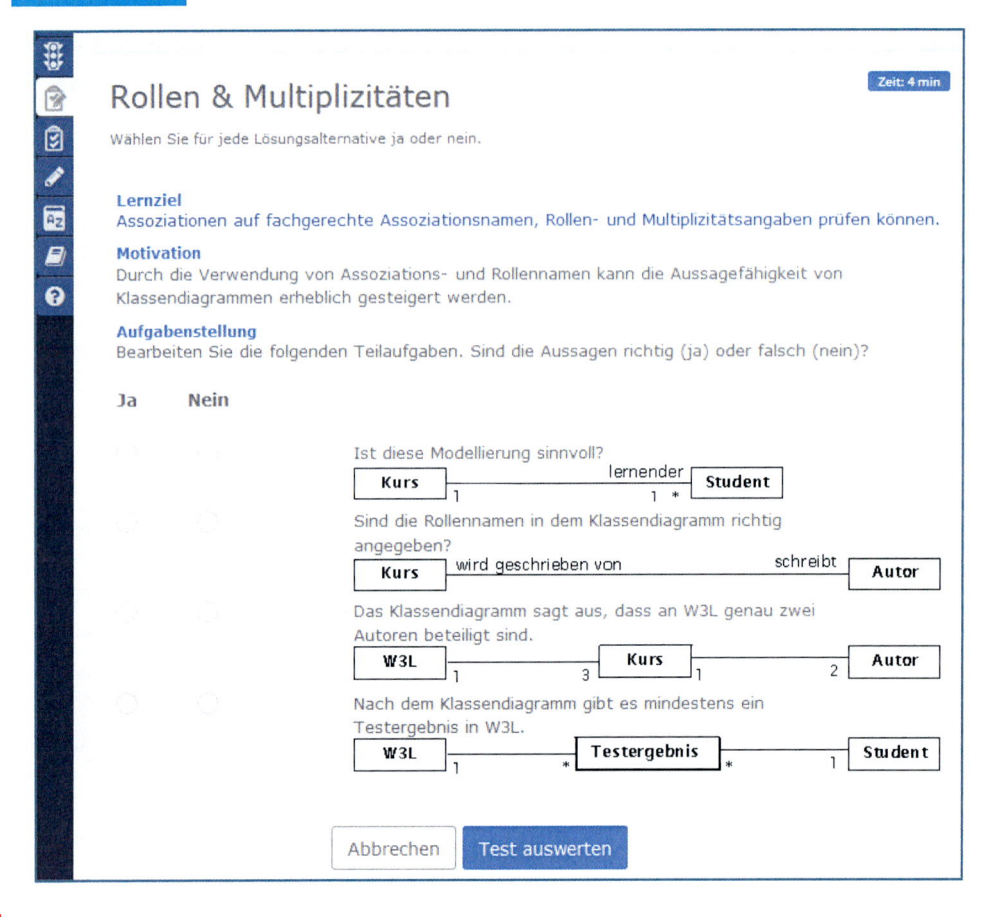

Rollen & Multiplizitäten

Zeit: 4 min

Wählen Sie für jede Lösungsalternative ja oder nein.

Lernziel
Assoziationen auf fachgerechte Assoziationsnamen, Rollen- und Multiplizitätsangaben prüfen können.

Motivation
Durch die Verwendung von Assoziations- und Rollennamen kann die Aussagefähigkeit von Klassendiagrammen erheblich gesteigert werden.

Aufgabenstellung
Bearbeiten Sie die folgenden Teilaufgaben. Sind die Aussagen richtig (ja) oder falsch (nein)?

Ja   Nein

Ist diese Modellierung sinnvoll?

Kurs —lernender— Student
     1   1 *

Sind die Rollennamen in dem Klassendiagramm richtig angegeben?

Kurs —wird geschrieben von — schreibt— Autor

Das Klassendiagramm sagt aus, dass an W3L genau zwei Autoren beteiligt sind.

W3L — Kurs — Autor
  1   3   1   2

Nach dem Klassendiagramm gibt es mindestens ein Testergebnis in W3L.

W3L — Testergebnis — Student
  1   *   *   1

[Abbrechen] [Test auswerten]

Abb. 22.0-13: Beispiel für einen Test mit Abbildungen in W3L.

23 Fallbeispiel: Aufbau von W3L-Tests ***

Damit der Lernende bei der Bearbeitung eines Tests nicht nur sein Wissen überprüft, sondern auch hinzulernt, werden Tests in W3L nach einem bestimmten Schema aufgebaut. Dieses Schema verlangt die Formulierung des Lernziels, der Motivation, der Aufgabenstellung, der Tipps und der Begründungen und die Bestimmung von Schwierigkeitsgrad und der benötigten Zeit zur Bearbeitung.

Der Lernende soll bei jedem Test, den er bearbeitet, sein Wissen nicht nur überprüfen, sondern auch hinzulernen – insbesondere wenn er einen Test *nicht* richtig gelöst hat. Daher ist jeder Test in W3L nach folgendem Schema aufgebaut:

- **Lernziel**: Zu jedem Test sind ein oder mehrere Lernziele anzugeben, damit der Lernende sieht, was von ihm in dem Test verlangt wird.
- **Motivation/Kontext**: Es ist anzugeben, warum der Test für den Lernenden wichtig ist, damit er motiviert ist, den Test durchzuführen. Da Lernende die Tests auch unabhängig von den Lerneinheiten bzw. Wissensbausteinen eines Kurses durchführen können, sollte der Kontext, in dem der Test sich befindet, angegeben werden.
- **Aufgabenstellung**: Die Aufgabenstellung des Tests beschreibt, was zu tun ist. Es kann auch ein Szenario geschildert werden, auf das sich die anschließenden Fragen beziehen.
- **Tipps**: Wenn ein Lernender einen Test löst, dann ist er sich bei einigen Fragen oft nicht ganz sicher und rät dann u. U. eine Lösung. In W3L bekommt der Lernende bei einem Test mit fehlerhaften Antworten *nicht* die richtige Lösung angezeigt, sondern bekommt mitgeteilt, dass seine Lösung nicht richtig ist. Es gibt *keine* Mitteilung darüber, wo etwas falsch gemacht wurde und wie viel falsch gemacht wurde. Der Lernende kann zu den Lösungsalternativen Tipps abrufen, die die Fragestellung näher beschreiben oder ihm durch Zusatzangaben dabei helfen, auf die richtige Lösung zu kommen. Jeder Testautor kann in Abhängigkeit von der Komplexität des Tests entscheiden, ob er eine Tippstufe oder zwei Tippstufen wählt – *eine* Tippstufe ist für W3L-Autoren Pflicht.
- **Begründungen**: Hat ein Lernender einen Test abgeschlossen, dann kann er zu jeder richtigen oder falschen Lösung eine Begründung abrufen. Wird einem Lernenden bei einem Mehrfachauswahltest beispielsweise eine gewählte Alternative als falsch angezeigt, dann war der Lernende ja der Mei-

nung, dass seine Lösung richtig war. Er möchte daher wissen, warum seine Antwort falsch war. Anhand der Begründung kann er dann erfahren, warum seine Lösung falsch war. Jeder Testautor muss daher zu jeder Lösung eine Begründung schreiben. Ziel ist es, dass der Lernende bei fehlerhaften Lösungen dazulernt, indem er sich die Begründungen ansieht.

- **Schwierigkeitsgrad**: Jeder Testautor kann einen Test in `leicht`, `mittel` oder `schwer` einstufen. Dies gibt dem Lernenden eine Orientierungshilfe für die Bearbeitungsfolge von Tests. Je nach Lernstil starten manche Lernende zunächst mit den leichten, andere zunächst mit den schweren Tests. Das Verhältnis `leicht : mittel : schwer` sollte ungefähr 1 : 2,5 : 5 (Voreinstellung) sein. Dieses Verhältnis ist pro Kurs einstellbar.

- **Benötigte Zeit**: Damit ein Lernender sein Zeitbudget einteilen kann, muss jeder Test vom Testautor mit einer Zeitangabe versehen werden. Die Zeitdauer soll angeben, wie lange der Lernende für die Lösung des Tests maximal benötigen sollte. Überschreitet ein Lernender diese Zeitspanne, dann hat er ein Problem und sollte den Wissensbaustein nochmals durcharbeiten und bei mehrmaligen Nichtlösen des Tests sich mit seinem Mentor/Tutor in Verbindung setzen.

Hinweis

Da manche Lernende nervös werden, wenn sie Tests und Aufgaben *gegen die Zeit* lösen müssen, bietet die W3L-E-Learning-Plattform die Möglichkeit, diese Stresssituation zu üben. Jeder Test und jede Aufgabe kann nach Wahl des Lernenden **mit Zeitbegrenzung** ausgeführt werden (Abb. 23.0-1). Nach Start des Tests läuft dann eine Uhr rückwärts, sodass der Lernende sieht, wie viel Zeit er noch zur Lösung zur Verfügung hat. Als Zeitvorgabe wird die vom Autor angegebene benötigte Zeit verwendet. 30 Sekunden vor Ablaufende fängt die Uhr an zusätzlich zu blinken, um die Nerven des Lernenden zu strapazieren.

Beispiel: Multiple-Choice-Test

Lernziel: Passende Bilder für Websites finden und auswählen können.
Motivation: Bilder animieren Nutzer, sich ausführlicher mit den Seiten zu beschäftigen. Bei falschem Einsatz von Bildern und Bildkompositionen wirkt eine Website allerdings schnell unprofessionell, sodass der Besucher die Website möglicherweise sogar wieder verlässt.
Aufgabenstellung: Bewerten Sie die Aussagen mit »Ja« (Richtig) oder »Nein« (Falsch).
Aussage 1 (Ja): Speziell bei der Nutzung von Bildern als Stimmungsträger und zur Erzeugung einer gewünschten Atmosphäre zeichnet sich ein gutes Bild auch dadurch aus, dass es Blickfang ist und die Nutzer neugierig macht.

23 Fallbeispiel: Aufbau von W3L-Tests ***

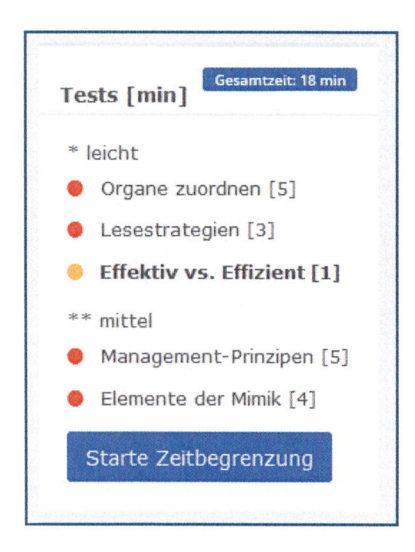

Abb. 23.0-1: In der W3L-E-Learning-Plattform können Tests und Aufgaben auf Wunsch des Lernenden mit Zeitbegrenzung ausgeführt werden.

Tipp 1: Überlegen Sie, ob für den Nutzer völlig uninteressante Bilder Stimmungen oder Atmosphären erzeugen können.
Begründung: Ja, speziell bei der Nutzung von Bildern als Stimmungsträger und zur Erzeugung einer gewünschten Atmosphäre zeichnet sich ein gutes Bild auch dadurch aus, dass es Blickfang ist und die Nutzer neugierig macht.
Aussage 2 (Nein): Viele Bilder sind grundsätzlich besser als wenige.
Tipp 1: Der Inhalt der Seite darf nicht zu kurz kommen!
Begründung: Nein, das ist falsch. Beim Einsatz von unpassenden oder qualitativ schlechten Bildern und überladenen Bildkompositionen wirkt eine Website schnell unprofessionell, im schlimmsten Fall verlässt der Besucher die Website sogar.
Aussage 3 (Nein): Lizenzfreie Bilder können kostenfrei beliebig für private und geschäftliche Website-Projekte genutzt werden.
Tipp 1: Überlegen Sie, wo der Unterschied zwischen »lizenzfreien« und »freien« Bildern besteht.
Begründung: Nein, lizenzfreie Bilder sind nicht kostenfrei! Für diese Bilder (sogenannte Royalty Free-Bilder) muss eine einmalige Gebühr bezahlt werden. Die Nutzung ist danach räumlich und zeitlich beliebig frei. Lizenzfrei bedeutet also nicht, dass das Bild kostenlos ist, sondern dass keine hohen Lizenzgebühren für verschiedene Nutzungen anfallen.
Aussage 4 (Ja): Passende Bilder erleichtern es Lesern, sich besser an die Inhalte zu erinnern und wirken wie Lesezeichen, wenn der Nutzer die Website erneut besucht.

Tipp 1: Überlegen Sie, ob ein zum Thema passendes Bild die Erinnerung an den Seiteninhalt unterstützen kann.
Begründung: Ja, das stimmt. Wenn ein Bild zur Seite passt, dann kann es das Interesse des Nutzers wecken und Inhalte veranschaulichen. So wirken Bilder innerhalb von Textblöcken als optische Lesezeichen. Sie erleichtern es dem Leser sich besser an die Inhalte zu erinnern und helfen bei der Orientierung, wenn der Nutzer die Site erneut besucht.
Schwierigkeitsgrad: leicht
Benötigte Zeit: 4 [min]
Siehe auch: Abb. 24.0-2

Beispiel: Anordnungstest

Lernziel: Die einzelnen Phasen des Spannungsbogens richtig anordnen können.
Motivation/Kontext: Um einen effektiven Spannungsbogen in einem Vortrag zu erzielen, müssen Sie die Abfolge der einzelnen Phasen berücksichtigen.
Aufgabenstellung: Bringen Sie die einzelnen Phasen des Spannungsbogens in die richtige Reihenfolge.
Anordnungsobjekte:
1 Einführungsphase
Tipp 1: Wie beginnt ein Spielfilm?
Tipp 2: Nicht gleich mit der Tür ins Haus fallen.
Begründung: Zuviel Spannung zu Beginn einer Veranstaltung verunsichert das Publikum.
2 Problemstellung
Tipp 1: Ohnedem fehlt es an Substanz.
Tipp 2: Worum geht es?
Begründung: Sogleich nach der Einleitung ist die Neugierde auf das, was kommt, sehr groß. Hier sollte das Publikum bzw. sollten die Teilnehmer über das Problem informiert werden, um die weitere Stoßrichtung vorzugeben.
3 Praxisphase
Tipp 1: Jetzt wird ausprobiert.
Tipp 2: Jeder packt mit an.
Begründung: Über die praktischen Einsatzmöglichkeiten werden beste Lernergebnisse erzielt. Hier ist die Motivation der Teilnehmer sehr ausgeprägt und die Ergebnisse entsprechend vielsagend.
4 Auflösung
Tipp 1: Jetzt möchte man Ergebnisse sehen.
Tipp 2: Jeder hat vielleicht ein anderes Ergebnis.
Begründung: Nach intensiver Bearbeitung werden die Ergebnisse in Relation zu dem zuvor definierten Ziel gestellt. Es wird resümiert und ein Maßnahmenkatalog verfasst, welcher sich auch in Form von Aktionsplänen verfassen lässt.

5 Ablösung
Tipp 1: Die Gruppenstruktur wird aufgegeben.
Tipp 2: Jeder nimmt seinen persönlichen Eindruck mit.
Begründung: Der Moderator begleitet in dieser Phase die Teilnehmer aus ihren Gruppenstrukturen heraus. In einer letzten Gesprächsrunde können Eindrücke oder letzte offene Fragen diskutiert werden.
Schwierigkeitsgrad: leicht
Benötigte Zeit: 5 [min]

Damit der Lernende bei der Mehrfachausführung desselben Tests sich *nicht* die Reihenfolge der richtigen Lösungen merken kann, wird bei jedem Aufruf des Tests die Lösungsreihenfolge mit einem Zufallszahlengenerator neu erstellt.

Zufallsanordnung

Tests werden jeweils einer Lerneinheit bzw. einem Wissensbaustein zugeordnet und im Laufe einer Kursbearbeitung vom Lernenden durchgeführt. Am Ende eines Kurses und nachdem eine festgelegte Anzahl von Tests bestanden wurden, wird automatisch ein **Abschlusstest** freigeschaltet. Tests für den Abschlusstest sind vom Testautor als »Klausurrelevant« zu kennzeichnen. Diese Tests sieht der Lernende nur beim Abschlusstest.

Tests für Abschlusstests

Die Anzahl der Tests bestimmt der Kursautor in Abhängigkeit von den Lernzielen. Es ist jedoch davon auszugehen, dass es in der Regel zu jedem Wissensbaustein – außer wenn es sich bei den Wissensbausteinen um Installationsanleitungen und Bedienungshinweisen handelt – mindestens einen Test gibt. Für den Abschlusstest ist eine ausreichende Menge von Tests zur Verfügung zu stellen, da das W3L-E-Learning-System nach dem Zufallsprinzip aus der Testmenge einen jeweils individuellen Abschlusstest pro Lernendem zusammenstellt.

Anzahl der Tests

24 Mehrfachauswahltests richtig konzipieren *

Durch Tests soll der Lernende sein Wissen überprüfen und gleichzeitig anhand der Tests lernen. Mehrfachauswahltests sollen deshalb so konzipiert werden, dass sie neben einer Anzahl von voneinander unabhängigen Lösungsalternativen eine aussagekräftige Aufgabenstellung, Lösungshinweise und eine Lösungsbegründung beinhalten.

Ein guter Test soll **zwei Aufgaben** erfüllen: *Gute Tests entwickeln*
- Er soll er dazu dienen, dass der Lernende überprüfen kann, ob er den Inhalt der zugehörigen Lerneinheit verstanden hat.
- Der Lernende soll anhand des Tests lernen.

Ein Mehrfachauswahltest (Multiple-Choice-Test) kann **beliebig viele Lösungsalternativen** enthalten. Jede muss eindeutig mit richtig oder falsch beantwortet werden können. *Lösungsalternative*

Als Lösung können alle richtig, alle falsch oder eine beliebige Kombination von richtig und falsch gewählt werden.

Es sollten **mindestens vier Alternativen** angeboten werden, um richtiges Raten zu erschweren. *Anzahl Alternativen*

Die Alternativen sollten unabhängig voneinander sein, damit bei jedem Aufruf die Reihenfolge der Alternativen von der E-Learning-Plattform nach dem Zufallsprinzip ermittelt werden kann. *Unabhängig*

> **Medien einsetzen** *Hinweis*
> In jeder Test-Aufgabenstellung und in jeder Alternative sollten beliebige Medien eingesetzt werden können – wenn die verwendete E-Learning-Plattform dies zulässt. Wenn ja, dann nutzen Sie diese Möglichkeit!

Mit Multiple-Choice-Tests lässt sich mehr überprüfen, als Sie am Anfang vielleicht denken. In Programmierkursen kann das Verständnis von Sprachkonstruktionen beispielsweise wie folgt abgeprüft werden: *Beispiel*

Es wird eine Problemstellung geschildert. Es werden als Alternativen vier verschiedene Programmausschnitte gezeigt. Es ist zu entscheiden, welche Programmausschnitte das Problem richtig lösen.

Wenn die verwendete E-Learning-Plattform Lösungshinweise ermöglicht, dann nutzen Sie diese (siehe »Fallbeispiel: Aufbau von W3L-Tests«, S. 423). In der W3L-E-Learning-Plattform gibt es zweistufige Lösungshinweise (**Tipps**). *Lösungshinweise*

24 Mehrfachauswahltests richtig konzipieren *

Stufe 1 — Bei der Stufe 1 soll der Lernende angeregt werden, nochmal über die Fragestellung genauer nachzudenken. Der Lösungshinweis muss *nicht* unbedingt eine Hilfestellung für die Lösung geben. Eventuell kann der Lösungshinweis auch die jeweilige Lösungsalternative mit anderen Worten beschreiben, um Missverständnisse zu beseitigen.

Stufe 2 — Bei der Stufe 2 soll der Lernende einen deutlichen Hinweis auf die korrekte Lösung erhalten: Wink mit dem Zaunpfahl.

Die Lösungshinweise sollten – wenn möglich – **in Frageform** geschrieben werden, um zum Nachdenken anzuregen.

In der W3L-E-Learning-Plattform entscheidet der Autor, ob er nur einen Tipp oder ob er zwei Tipps dem Lernenden gibt. Zwei Tipps werden oft nur bei schwierigen Tests aufgeführt.

Beispiel — Die Abb. 24.0-1 zeigt, wie ein Tipp in einem Mehrfachauswahltest in der W3L-E-Learning-Plattform angezeigt wird.

Aufgabenstellung — Wenn es möglich ist, sollte die **Aufgabenstellung in ein Szenario** verpackt werden. Am Ende sollte gefragt werden, ob die folgenden Lösungsalternativen richtig oder falsch sind.

Lösungsbegründung — Wenn die verwendete E-Learning-Plattform Lösungsbegründungen ermöglicht, dann sollten Sie als Autor diese nutzen. Eine Lösungsbegründung soll aussagen, warum die Lösungsalternative richtig oder falsch ist. Sie kann darüber hinaus noch weitere Informationen vermitteln, die im betrachteten Kontext interessant sind. Der Lernende soll sich also nicht nur durch das Lesen von Lerneinheiten, sondern auch durch das Lesen von Lösungsbegründungen neuen Stoff erarbeiten können. Bei der Lösungsbegründung bitte zunächst mitteilen, ob die Lösung richtig oder falsch ist.

Beispiel — Die Abb. 24.0-2 zeigt die Auswertung eines Mehrfachauswahltests in der W3L-E-Learning-Plattform. Eine von vier Antworten war richtig, daher die absolute Erfolgsquote von 25 %. Da ein Tipp in Anspruch genommen wurde, gibt es 5 % Abzug von der Erfolgsquote, daher nur 20 % relativen Erfolg. Bei der letzten Alternative ist die Lösungsbegründung aufgerufen worden.

Vorgehen — Beim Erstellen der Tests hat sich folgendes **Vorgehen** bewährt:

1. Gehen Sie vom Lernziel aus. Was soll durch den Test überprüft werden? Was soll der Lernende wissen, verstehen oder anwenden?
2. Wie Sie Lernziele formulieren und welche Lernstufen es gibt, finden Sie hier: »Lernziele und Lernstufen«, S. 481.
3. Formulieren Sie die Aufgabenstellung und die verschiedenen Lösungsalternativen.

24 Mehrfachauswahltests richtig konzipieren *

Lernziel
Elemente der Mimik und Gestik erkennen.

Motivation
Um Sicherheit in Ihrer Körpersprache zu gewinnen, ist die Erkennung von Mimik und Gestik von grundlegender Bedeutung.

Aufgabenstellung
Sehen Sie sich bitte das zum Test zugehörige Video an und entscheiden Sie, welche Elemente der Mimik und Gestik die gezeigte Person aufweist bzw. welche Stimmung sie vermittelt.

Ihr 1-ter Lösungsversuch ist leider falsch. Nutzen Sie bitte die Tipps!

Ja   Nein

Betrachten Sie bitte die Hände und insbesondere die Position der Handflächen.

...erndes Lächeln (= Zuspruch).
...winkelt, Unterarme öffnen sich (= ...röffnung).
... = Positive Ausstrahlung).
Handflächen zeigen zum Publikum (= Sympathie).
Arme formen kreisförmige Geste (= Abschlussandeutung).

Abb. 24.0-1: Beispiel für die Anzeige eines Tipps bei einem Mehrfachauswahltest.

4   Schreiben Sie zu jeder Lösungsalternative zuerst die Begründung. **Warum** ist sie falsch bzw. richtig?
5   Schreiben Sie dann den Lösungshinweis 2, der sozusagen »einen Wink mit dem Zaunpfahl« auf die richtige Antwort enthält. Ein Lernender, der diesen Hinweis in Anspruch nimmt, wird mit einem starken Punktabzug »bestraft«.

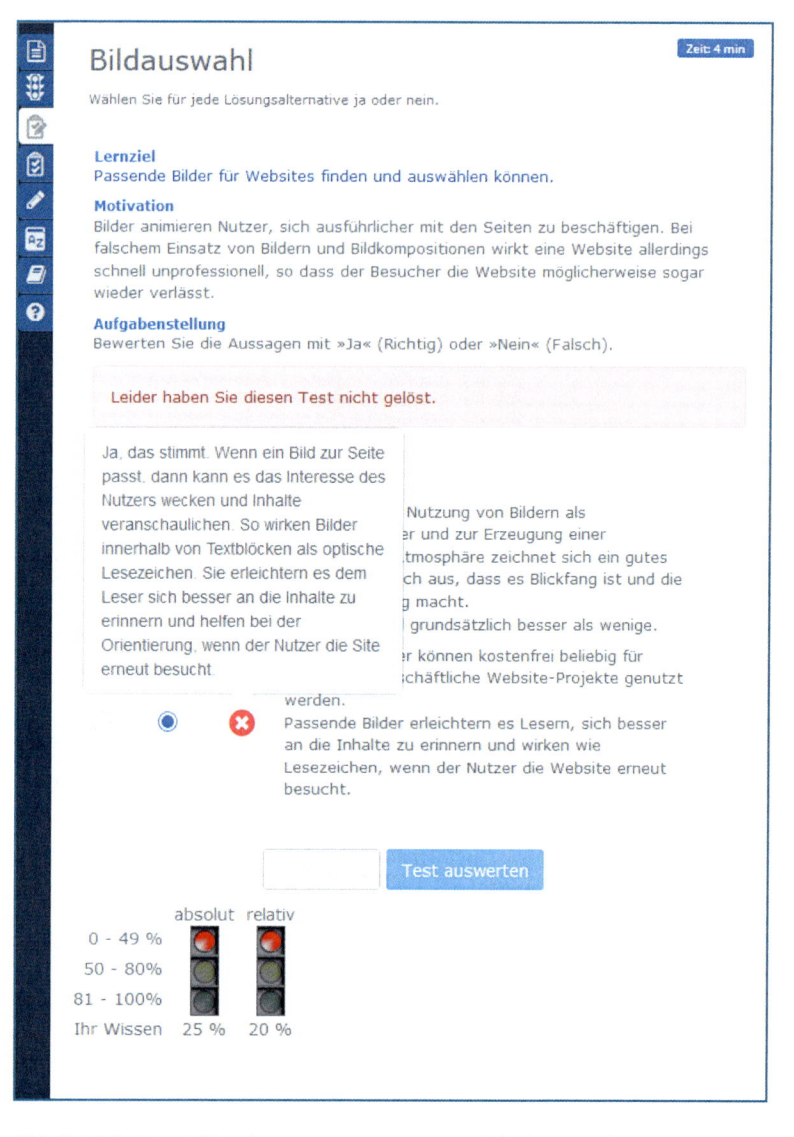

24 Mehrfachauswahltests richtig konzipieren *

Abb. 24.0-2: Beispiel für die Auswertung eines Mehrfachauswahltests in der W3L-E-Learning-Plattform.

6 Formulieren Sie dann den Lösungshinweis 1. Überlegen Sie, ob die Aufgabenstellung bezüglich der gewählten Lösungsalternative noch ergänzt werden kann. Regen Sie den Lernenden zum Nachdenken an. Geben Sie hier aber *keinen* Hinweis auf die richtige Lösung. Ein Lernender, der den Hinweis 1 in Anspruch nimmt, erhält nur einen geringen Punktabzug.

Sie sollten auch für jede **Gruppierung** (siehe »Aufbau einer Gruppierung«, S. 87) Tests schreiben. Diese sollten eine inhaltliche Kombination der zugehörigen untergeordneten Lerneinheiten abfragen. Sie sollten allerdings zuerst die Tests zu den einzelnen Lerneinheiten schreiben, bevor Sie Tests für eine Gruppierung erstellen.

Tests in Gruppierungen

25 Zufallsbasierte Tests – immer neu ***

Manche Lerninhalte können durch zufallsbasierte Tests überprüft werden. Ein Zufallsgenerator erzeugt für jeden Lernenden jeweils einen neuen Test einschließlich der richtigen Lösung. Voraussetzung ist, dass dem Autor ein entsprechendes Werkzeug zur Verfügung steht.

Beim E-Learning besteht die Gefahr, dass Lernende von Tests Bildschirmabzüge machen und diese an andere Lernende weitergeben. Eine Möglichkeit, dieses Problem zu umgehen, besteht darin, die Tests so zu gestalten, dass bei jedem Testaufruf die Tests durch einen Zufallsgenerator modifiziert werden.

Bei solchen zufallsbasierten Tests gibt es folgende Schwierigkeiten:

- Es müssen die technischen Möglichkeiten für solche Tests zur Verfügung stehen.
- Das Spektrum der möglichen Tests ist eingeschränkt. Nicht jede Problemstellung kann durch zufallsbasierte Tests überprüft werden.

Beispiel

In dem W3L-E-Learning-Kurs »Lineare Algebra« kann jeder Lernende mit einem zufallsbasierten Test sein Wissen selbst überprüfen (Selbsttest). Die Abb. 25.0-1 zeigt die Aufgabenstellung. Nach Anklicken der Schaltfläche »Generierung der Zahlen« werden zwei komplexe Zahlen zufallsbasiert erzeugt und in einem Dialogfenster angezeigt. Das richtige Ergebnis kann sich der Lernende durch Anklicken der Schaltfläche »Produkt der Zahlen« anzeigen lassen (Abb. 25.0-2).

25 Zufallsbasierte Tests – immer neu ***

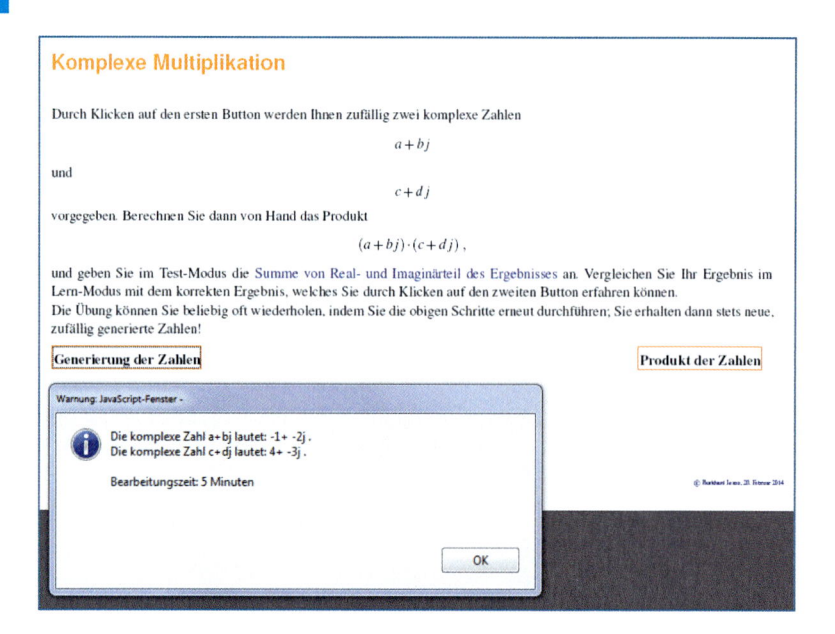

Abb. 25.0-1: Beispiel für einen zufallsbasierten Test (Generierung der Zahlen).

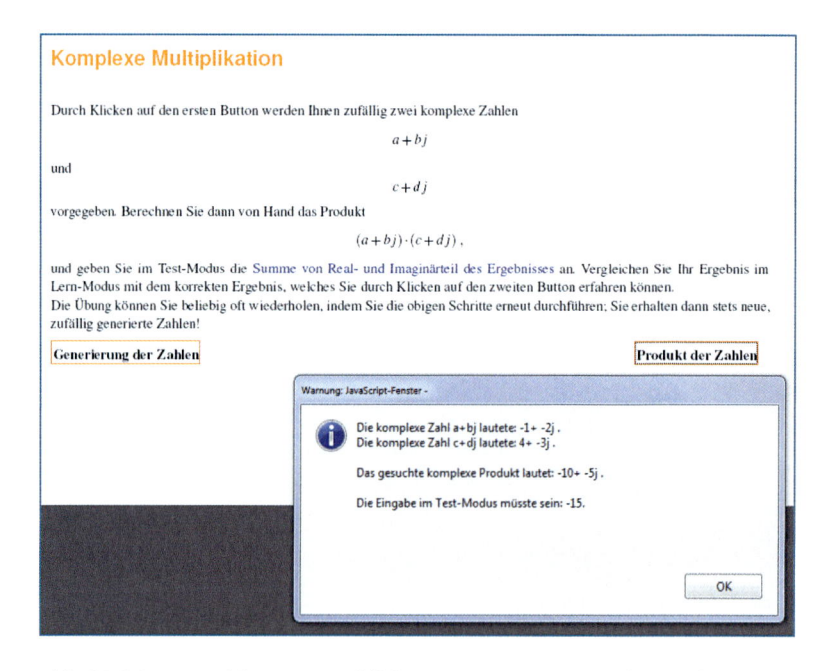

Abb. 25.0-2: Beispiel für einen zufallsbasierten Test (Anzeige des Ergebnisses).

26 Aufgaben – höhere Lernziele überprüfen *

Aufgaben eignen sich gut dazu, Lernziele zu überprüfen, bei denen die Lösungen von Aufgabenstellungen nicht eindeutig und objektiv bewertbar sind, sondern immer ein Mensch die Korrektur vornehmen muss. Die Aufgabenstellung muss möglichst präzise sein, es muss ein transparentes Beurteilungsraster und ein oder mehrere Musterlösungen geben. Es lassen sich geschlossene, offene, allgemeine und individualisierte Aufgaben unterscheiden. Autoren müssen insbesondere die Schwierigkeit der Aufgabe und die Bearbeitungszeit richtig einschätzen.

Aufgaben dienen dazu, höherwertige Lernziele zu überprüfen, die *nicht* durch automatisch auswertbare Tests abgedeckt werden können. Ein höherwertiges Lernziel ist beispielsweise »Anwenden«, d.h. der Lernende soll das, was er gelernt hat, aktiv anwenden. Beim Programmieren soll der Lernende beispielsweise ein gelerntes Konzept auf eine neue Problemstellung anwenden und ein entsprechendes Programm entwickeln.

Aufgabenlösungen müssen bei E-Learning-Kursen vom Lernenden auf einen Server geladen werden und werden von einem menschlichen **Online-Tutor** korrigiert.

Werden Aufgaben für E-Learning-Kurse konzipiert, dann ist darauf zu achten, dass der Autor oft nicht diejenige ist, der die Aufgaben auch korrigiert. In der Regel werden Online-Tutoren eingesetzt, Aufgaben zu korrigieren. Als Autor müssen Sie daher darauf achten, dass die Musterlösungen so gestaltet werden, dass ein fachkundiger Online-Tutor die eingereichten Lösungen möglichst objektiv und eindeutig korrigieren kann. Zu beachten ist außerdem, dass die Lösungen ökonomisch zu korrigieren sind, d.h. nicht zu viel Zeit für die Korrektur benötigt wird.

E-Learning

Folgendes ist bei der **Konzeption von Aufgaben** zu beachten:

Aufgabenkonzeption

- Die Aufgabenstellung muss möglichst präzise sein, sodass missverständliche Interpretationen möglichst ausgeschlossen werden können. In der Regel ist es sinnvoll, eine Aufgabe in Teilaufgaben zu gliedern. Pro Teilaufgabe ist dann anzugeben, wie viele Punkte es dafür jeweils gibt. Vergeben Sie für die gesamte Aufgabe z.B. 100 Punkte. Wenn möglich, sollte für jede Aufgabe das **Beurteilungsraster** angegeben werden, damit es für den Lernenden transparent ist.
- Die verwendete E-Learning-Plattform sollte es erlauben, für die Aufgabe einen **Schwierigkeitsgrad** anzugeben. Für den Lernenden muss der Schwierigkeitsgrad sichtbar sein, sodass er sich mental darauf einstellen kann. Muss er mehrere Auf-

gaben lösen, dann kann er entscheiden, mit welchem Schwierigkeitsgrad er beginnt.
- Zu jeder Aufgabe müssen ein oder mehrere **Musterlösungen** angegeben werden. Diese Musterlösungen sind *nur* für den Tutor bestimmt. Sie werden dem Lernenden *nicht* freigeschaltet, da sonst die Gefahr besteht, dass die Musterlösung elektronisch an andere Lernende weitergegeben wird und dann nur noch Musterlösungen eingereicht werden.

Aufgabenarten

Es lassen sich folgende **Aufgabenarten** unterscheiden:
- Geschlossene Aufgaben
- Offene Aufgaben
- Allgemeine Aufgaben
- Individualisierte Aufgaben

Geschlossene Aufgaben

Bei einer geschlossenen Aufgabe ist der **Lösungsraum begrenzt**, sodass *konkrete* Musterlösungen für den Tutor angegeben werden können.

Beispiel

Lernziel: Die Zitierfähigkeit von Quellen überprüfen und begründen können.
Aufgabenstellung: Susanne studiert Pädagogik. Sie ist im dritten Semester ihres Bachelorstudiums und möchte eine Hausarbeit zum Thema »Spracherwerb in den ersten drei Lebensjahren« verfassen. Bisher hat sie vier mögliche Quellen recherchiert.
Bitte geben Sie zu jeder der unten aufgelisteten Quellen an, ob sie zitierfähig ist. Begründen Sie dabei stichwortartig, woran Sie Ihr Urteil festmachen.
Folgende Quellen hat Susanne bisher recherchiert:

1. Eine Hausarbeit zum Thema »Sprachentwicklung bei Kindern fördern«, die von einer Mitstudentin und Freundin von Susanne verfasst wurde,
2. ein Buch von Gisela Szagun: Szagung, Gisela: Sprachentwicklung beim Kind, überarbeitete Neuausgabe, Beltz-Verlag, Weinheim 2006,
3. ein Buch von Susanne Nußbeck: Nußbeck, Susanne: Sprache – Entwicklungen, Störungen und Intervention, Kohlhammer-Verlag, Stuttgart 2007 und
4. einen Fachartikel aus der Zeitschrift »Die Sprachheilarbeit.«. In der Bibliothek ihrer Universität kann Susanne sich den Artikel aus der Zeitschrift kopieren: Kauschke, Christina: Sprache im Spannungsfeld von Erbe und Umwelt, in: Die Sprachheilarbeit, 2007, Ausgabe 1, S. 4–16.

Sie erhalten für jede richtig beurteilte Quelle 25 Punkte. Bitte achten Sie darauf, Ihre Beurteilung zu begründen. Denken Sie dabei an die Kriterien, die eine Quelle erfüllen muss, um zitierfähig zu sein.

Tippen Sie Ihre Lösung in das Texteingabefeld zu dieser Aufgabe ein.
Schwierigkeitsgrad: leicht
Benötigte Zeit: 10 Minuten
Musterlösung für den Tutor:
Die Zitierfähigkeit einer Quelle beruht auf drei Kriterien: Veröffentlichung, Identifizierbarkeit und Kontrollierbarkeit. Werden diese Kriterien erfüllt, ist eine Quelle zitierfähig.
Die Lernenden müssen bei jeder Quelle angeben, ob sie zitierfähig ist, oder nicht. Ist eine Quelle nicht zitierfähig, müssen die Lernenden angeben, welches der drei Kriterien *nicht* erfüllt wird.
Quelle 1: Ist nicht zitierfähig. Haus- und Seminararbeiten gelten als nicht veröffentlicht und erfüllen daher das Kriterium »Veröffentlichung« nicht.
Quelle 2: Ist zitierfähig, da alle Anforderungen erfüllt werden.
Quelle 3: Ist zitierfähig, da alle Anforderungen erfüllt werden.
Quelle 4: Ist zitierfähig, da alle Anforderungen erfüllt werden.

Wenn der Lernende seine Lösung auf den Server hochladen muss, dann geben Sie genau an, welche Dateiformate Sie erwarten.

Offene Aufgaben

Bei offenen Aufgaben kann es höchstens eine **beispielhafte Musterlösung** oder mehrere geben. Es sollten jedoch die Kriterien aufgeführt werden, nach denen der Tutor die Aufgabe bewerten soll.

Beispiel

Lernziel: Verschiedene Veröffentlichungsformen recherchieren und korrekt zitieren können.
Aufgabenstellung: Im Rahmen einer wissenschaftlichen Arbeit sollte man sich nicht auf eine einzige Quellenart beschränken. Denn eine ausgewogene Mischung verschiedener Veröffentlichungsformen trägt zur Qualität eines wissenschaftlichen Artefaktes bei. Recherchieren Sie zu den beiden unten genannten Themen bitte jeweils:

- eine Monografie
- einen Artikel aus einer Fachzeitschrift (Printmedium)

Natürlich müssen Sie nicht die Inhalte der Texte studieren. Wichtig ist nur, dass die Texte sich mit den genannten Themen befassen.

Fassen Sie Ihre Ergebnisse in einem Quellenverzeichnis zusammen und achten Sie dabei auf die korrekte Quellenangabe. Laden Sie ihre Lösung als Textdatei (.txt oder .rtf-Dateiformat) hoch oder nutzen Sie das Texteingabefeld zu dieser Aufgabe.

- Thema 1: Weblogs
- Thema 2: Jean Jacques Rousseau

Sie erhalten pro Thema 50 Punkte (je 25 Punkte für die Monografie und je 25 Punkte für den Zeitschriftenartikel).
Schwierigkeitsgrad: mittel
Benötigte Zeit: 30 Minuten

Musterlösung für den Tutor:
Die Lernenden müssen ein Quellenverzeichnis mit 4 Quellenangaben einreichen. Wichtig ist dabei, dass sie die gefundenen Quellen richtig angeben. Die Quellenangabe muss den unter »Tabellen zur Zitierweise« angegebenen Regeln entsprechen.
Beispiele:

Monografie:
Sturma, Dieter: Jean Jacques Rousseau, Beck-Verlag, München 2000

Zeitschriftenartikel:
Egger, Rudolf: Jean Jacques Rousseau: Emile oder Ueber die Erziehung, in: Erwachsenenbildung in Österreich, 1988, Ausgabe 3, S. 35–38

Allgemeine vs. individualisierte Aufgaben

Allgemeine Aufgaben sind für alle Lernenden gleich. Da Lernende sich oft untereinander kennen, besteht die Gefahr, dass sie gut bewertete eigene Aufgabenlösungen an andere Lernende weitergeben. Eine Möglichkeit, die *direkte* Übernahme fremder Aufgabenlösungen einzuschränken bzw. zu erschweren, besteht darin, die Aufgaben zu **individualisieren**.

Beispiel: Individualisierte, geschlossene Aufgabe

Lernziel: Die Operationen für ganzzahlige Java-Typen in Programmen problemgerecht einsetzen können.
Aufgabenstellung: In einem Programm soll ein Tageswert, z. B. 400 Tage, über die Konsole eingelesen und in Jahre, Monate und restliche Tage umgerechnet werden. Der eingelesene Wert sowie die restlichen Tage, Monate und Jahre sind auf der Konsole wieder auszugeben. Zur Vereinfachung wird angenommen, dass jeder Monat genau 30 Tage umfasst. Verwenden Sie zum Einlesen das Paket inout.
Kopieren Sie Ihre Lösung in das Lösungstextfeld einschl. zweier Durchläufe durch das Programm. Das Programm muss Sie als Autorenangabe sowie das Erstellungsdatum enthalten. Für den ers-

ten Durchlauf wählen Sie zum **Anfangsbuchstaben Ihres Vornamens** den Zahlenwert und multiplizieren ihn mit 100, analog für den **Nachnamen**, z. B. Vorname H = 8. Buchstabe im Alphabet * 100 = 800 Tage.
Schwierigkeitsgrad: leicht
Benötigte Zeit: 40 Minuten

Musterlösung für den Tutor:

```
//Berechnung der Tage, Monate und Jahre
//aus Tagen
//Autor: Helmut Balzert
//Datum: 30.10.2009

import inout.*;
class Tage
{
 public static void main (String args[])
 {
    int Tage, Resttage, Monate, Jahre;
    System.out.println("Bitte Tage eingeben:");
    Tage = Console.readInt();
    System.out.println("Eingegebene Tage: " + Tage);
    Jahre = Tage / 365;
    Resttage = Tage % 365; //restliche Tage
    Monate = Resttage / 30;
    Resttage = Resttage % 30;
    System.out.println("Tage: " + Resttage);
    System.out.println("Monate: " + Monate);
    System.out.println("Jahre: " + Jahre);
 }
}
```

Beispiel für einen Durchlauf:

```
Bitte Tage eingeben: 400
Eingegebene Tage: 400
Tage: 5
Monate: 1
Jahre: 1
```

Lernziel: Durch das Verfassen freier, nicht themengebundener Texte den Spaß am Schreiben wiedergewinnen.
Aufgabenstellung: Schreibblockaden können jeden treffen. Man sitzt vor dem Computer oder einem Blatt Papier und schreibt entweder gar nichts oder streicht jeden begonnenen Satz sofort wieder durch, weil man ihn für nicht gelungen hält. In solchen Situationen können kleine Übungen wie die folgende helfen, den Spaß am Schreiben wieder zu finden.
Unten sehen Sie vier Satzanfänge. Diese sollen Ihnen als Ideenkeime für kleine Texte dienen. Vervollständigen Sie jeden Satz, und fügen Sie noch 4–5 weitere Sätze an.

Beispiel: »Eine aktuelle Studie belegt, dass Deutschland ...«

Beispiel: Individualisierte, offene Aufgabe

26 Aufgaben – höhere Lernziele überprüfen *

Eine aktuelle Studie belegt, dass Deutschland ein Land von Schokoladen-Liebhabern ist. Der Studie zufolge verzehrt jeder Deutsche pro Jahr 10 Kilogramm der süßen Sünde. Damit befinden wir uns im europäischen Vergleich auf dem dritten Platz. Noch größere Naschkatzen findet man nur in Italien (Platz 2) und in der Schweiz (Platz 1).

Begehrt ist bei uns vor allem die klassische Tafelschokolade. Auf Platz 1 befindet sich hier die Sorte Vollmilch, gefolgt von Vollmilch-Nuss und zartbitterer Schokolade.

Bei dieser Aufgabe geht es nicht um die Darstellung belegbarer Daten. Die Daten der oben zitierten Studie sind frei erfunden. Schreiben Sie, was immer Ihnen einfällt! Lassen Sie Ihrer Kreativität freien Lauf. Genau das ist der Sinn dieser Aufgabe!

Bitte laden Sie Ihre Lösung als Textdatei hoch oder nutzen Sie das Texteingabefeld.

a Ich sah ihn auf mich zukommen und wusste in diesem Moment …
b Das Studium ist für viele Menschen eine Zeit voller …
c Viele Menschen schätzen Zimmerpflanzen, weil …
d Wenn ich mich in einem Bahnhof befinde, denke ich oft …

Bei dieser Aufgabe geht es um Kreativität. Sie erhalten die volle Punktzahl, wenn Sie den vorgegebenen Umfang einhalten (pro Teilaufgabe 25 Punkte).

Schwierigkeitsgrad: mittel
Benötigte Zeit: 20 Minuten

Musterlösung für den Tutor: Bei dieser Aufgabe geht es um Kreativität, sodass die Lösungen wohl sehr individuell sein werden.

Wichtig ist, dass sich die Lernenden an den vorgegebenen Umfang von 4–5 Sätzen pro Textabschnitt halten.

Für jeden Textabschnitt werden 25 Punkte vergeben.

Die Tab. 26.0-1 zeigt, wie sich die Aufgabenarten kombinieren lassen und welche Eigenschaften die Kombinationen besitzen.

Andere Klassifikationen

Aufgaben lassen sich auch nach den verschiedenen Lernaktivitäten unterscheiden [Rein15, S. 69]:

- **Aufgaben zur Wissenseinübung**: basieren auf festgelegten Inhalten und führen zu vorhersehbaren Ergebnissen.
- **Aufgaben zur Wissenserschließung**: stützen sich auf weitgehend festgelegte Inhalte und resultieren in vorhersehbaren Resultaten.
- **Aufgaben mit Wissenstransformation**: greifen auf festgelegte Inhalte, aber auf neue Inhalte zurück und führen zu Ergebnissen, die zum Teil vorhersehbar, zum Teil aber auch unplanbar sind.

	Geschlossene Aufgaben	Offene Aufgaben
Allgemeine Aufgaben	+ Leicht zu erstellen + Gut korrigierbar − Leicht manipulierbar	+ Leicht zu erstellen − Schwer korrigierbar
Individualisierte Aufgaben	+ Schwer manipulierbar + Gut korrigierbar − Schwerer zu erstellen	+ Schwer manipulierbar + Schwer korrigierbar − Schwer zu erstellen

Tab. 26.0-1: Vergleich der Aufgabenarten.

- **Aufgaben mit Wissensschaffung**: setzen auf neue, nicht vorher festgelegte Inhalte. Es ergeben sich wenig planbare Ergebnisse bzw. kaum vorhersehbare Resultate.

Aufgaben können natürlich auch danach unterschieden werden, ob sie in Einzelarbeit, in Partnerarbeit, in Team- oder Kleingruppenarbeit zu lösen sind. Auch die Art der Zusammenarbeit kann unterschiedlich sein: Die Aufgabe kann kooperativ (arbeitsteilig), kollaborativ (gemeinsam zu lösen) oder kompetitiv (im Wettbewerb stehend) zu bearbeiten sein.

»Allerdings haben Lehrkräfte nachweislich Probleme, die Schwierigkeit von Aufgaben richtig einzuschätzen [...], weswegen die Anzahl der Punkte, die einzelnen Aufgaben zugeordnet sind, vielleicht nicht immer gerechtfertigt ist« [KlLe12, S. 200]. — Empirie

Erfahrungen mit W3L-E-Learning-Kursen haben gezeigt, dass Autoren oft sowohl die Schwierigkeit von Aufgaben als auch die notwendige Zeit zur Aufgabenlösung unterschätzen. Es ist daher hilfreich, wenn eine E-Learning-Plattform Rückmeldungen bezüglich der benötigten Zeit durch die Lernenden ermöglicht. [Rein15, S. 68 f.] — Erfahrungen

Weiterführende Literatur

27 Tests und Aufgaben: separat oder integriert ***

Tests und Aufgaben können in E-Learning-Plattformen als eigenständige Elemente behandelt und in eigenen Fenstern geöffnet und angezeigt werden. Alternativ ist es auch möglich, Tests und Aufgaben direkt in die Lerneinheiten zu integrieren. Selbsttests und Selbsttestaufgaben werden in der Regel *nicht* bewertet, sondern der Lernende kann sich selbst bewerten – und natürlich sich auch selbst betrügen. Da Musterlösungen für heraufgeladene Aufgaben den Lernenden nicht zur Verfügung gestellt werden sollten – wegen der Gefahr der digitalen Weitergabe –, sollten Autoren den Lernenden Musteraufgaben mit Musterlösungen zur Verfügung stellen.

Tests und Aufgaben können für sich stehen und jeweils einer Lerneinheit zugeordnet werden oder sie können in Lerneinheiten integriert werden.

Tests und Aufgaben separat

In der W3L-E-Learning-Plattform stehen Tests und Aufgaben in der Regel für sich. Sie können jeweils einer oder mehreren Lerneinheiten zugeordnet werden. Die jeweils einer Lerneinheit zugeordneten Tests und Aufgaben werden durch Piktogramme in der linken Menüspalte dem Lernenden angezeigt. Ein Klick auf ein solches Piktogramm öffnet die Tests oder Aufgaben im Inhaltsbereich. Die erzielten Punkte für Tests und Aufgaben werden pro Lernenden und pro Kurs von der W3L-E-Learning-Plattform verwaltet. Damit der Lernende jederzeit einen Überblick darüber hat, wie viel Tests und Aufgaben er bereits bestanden hat bzw. noch bearbeiten muss, kann er jederzeit seinen individuellen Übungszettel aufrufen (Abb. 27.0-1).

Beispiel

Die W3L-E-Learning-Plattform ermöglicht noch ein sogenanntes **testorientiertes Lernen**. Dabei werden die Tests und Aufgaben, die normalerweise in einem gesonderten Fenster zu einer Lerneinheit geöffnet werden (über die in der linken Menüspalte angeordneten Piktogramme), im Inhaltsbereich angezeigt und im Navigationsbaum auf der obersten Ebene angeordnet. Dadurch ist es für den Lernenden möglich, unabhängig von den Lerneinheiten nacheinander alle Tests und Aufgaben durchzuarbeiten. Falls er an einer Stelle Schwierigkeiten mit einem Test oder einer Aufgabe hat, kann er jederzeit direkt auf die im Navigationsbaum darunter angezeigte Lerneinheit zugreifen.

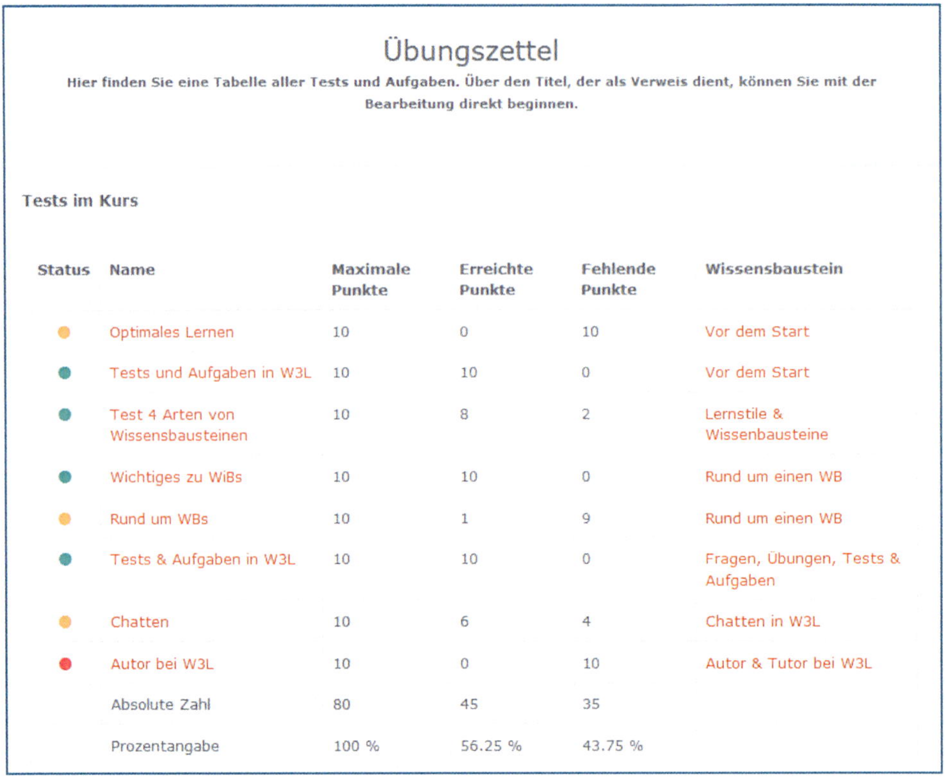

Übungszettel

Hier finden Sie eine Tabelle aller Tests und Aufgaben. Über den Titel, der als Verweis dient, können Sie mit der Bearbeitung direkt beginnen.

Tests im Kurs

Status	Name	Maximale Punkte	Erreichte Punkte	Fehlende Punkte	Wissensbaustein
●	Optimales Lernen	10	0	10	Vor dem Start
●	Tests und Aufgaben in W3L	10	10	0	Vor dem Start
●	Test 4 Arten von Wissensbausteinen	10	8	2	Lernstile & Wissenbausteine
●	Wichtiges zu WiBs	10	10	0	Rund um einen WB
●	Rund um WBs	10	1	9	Rund um einen WB
●	Tests & Aufgaben in W3L	10	10	0	Fragen, Übungen, Tests & Aufgaben
●	Chatten	10	6	4	Chatten in W3L
●	Autor bei W3L	10	0	10	Autor & Tutor bei W3L
	Absolute Zahl	80	45	35	
	Prozentangabe	100 %	56.25 %	43.75 %	

Abb. 27.0-1: Ausschnitt des Fensters, das sich öffnet, wenn auf das Piktogramm »Übungszettel« in der W3L-E-Learning-Plattform geklickt wird.

Tests und Aufgaben integriert

Für die Vermittlung mancher Lehrinhalte ist es sinnvoll, Tests und Aufgaben direkt in den Lerntext zu integrieren. Dabei kann es wünschenswert sein, dass Tests dem Lernenden gar nicht als Tests erscheinen.

Tests

Beispiel Die Abb. 27.0-2 zeigt ein Lückentest mit Auswahlantworten, der so in eine Lerneinheit integriert ist, dass er bewusst nicht als Leistungstests wahrgenommen wird, sondern als Selbsttest fungiert. Das Ergebnis wird auch nicht gespeichert.

Beispiel Die Abb. 27.0-3 zeigt einen integrierten Mehrfachauswahltest, der bewusst als Test sichtbar gemacht ist und Tipps und Begründungen enthält.

27 Tests und Aufgaben: separat oder integriert ***

> Bitte füllen Sie die Lücken im Text aus.
>
> Bitte wählen Sie den passenden Begriff aus den Auswahlboxen.
>
> Von 1982-1998 war Helmut ▢ Bundeskanzler von Deutschland. Im Anschluss an diese Zeit über Merkel / Kohl / Schröder ard ▢ dieses Amt. Seit 2005 begleitet Angela ▢ ten.
>
> [Auswertung] [Abbrechen]

Abb. 27.0-2: Beispiel für einen integrierten Lückentest mit vorgegebenen Auswahlalternativen.

Aufgaben

Da es zu den Aufgaben, die Lernende lösen und zur Korrektur auf einen Server laden, keine Musterlösungen gibt (wegen der Gefahr der Weitergabe an andere Lernende), »beschweren« sich oft Lernende, dass sie ohne Musterlösung sich nicht optimal auf die hochzuladenden Aufgaben vorbereiten können.

Die verwendete E-Learning-Plattform sollte es daher ermöglichen, Aufgaben mit Musterlösungen als **Selbsttestaufgaben** in Lerneinheiten zu integrieren.

Bei Selbsttestaufgaben in der W3L-E-Learning-Plattform ist die Aufgabenstellung sichtbar, die Musterlösung aber zunächst unsichtbar. Durch einen Mausklick auf ein Lampenpiktogramm kann der Lernende die Musterlösung »aufklappen«. Es gibt zwei Arten von Selbsttestaufgaben:

Beispiel

○ Selbsttestaufgabe mit Antwortfeld
○ Selbsttestaufgabe ohne Antwortfeld

Bei einer Selbsttestaufgabe mit Antwortfeld erhält der Lernende hinter der Aufgabenstellung ein Eingabefeld eingeblendet, in der er seine Lösung eingeben kann, um sie hinterher mit der Musterlösung zu vergleichen. Außerdem kann der Lernende seine Lösung selbst beurteilen.

Selbsttestaufgabe mit Antwortfeld

Die Abb. 27.0-4 zeigt eine Selbsttestaufgabe mit Antwortfeld.

Beispiel

Selbsttestaufgabe ohne Antwortfeld

Ein Antwortfeld ist dann *nicht* nötig, wenn nur ein Begriff oder eine Zahl zu ermitteln ist, die sich der Lernende gut merken kann. Oder es muss ein Programm geschrieben werden, das der Lernende in einer Programmierumgebung erstellt und nicht in ein Antwortfeld eintippt (siehe Beispiel in Abb. 27.0-5).

27 Tests und Aufgaben: separat oder integriert ***

Klassendiagramm

Lernziele: Konkrete UML-Syntax für Klassen verstehen.

Motivation: In der UML können Klassen grafisch dargestellt werden. Hierfür gilt eine festgelegte Grafiknotation.

Aufgabenstellung:

[Diagramm: Person als Oberklasse von Student; Student mit Assoziation zu Vorlesung]

Bitte entscheiden Sie, welche Lösungsalternativen korrekt sind.

Schwierigkeitsgrad: * leicht
Zeit: 5 min

❶ 💡 ☑ Die Klasse Person ist die Oberklasse der Klasse Student.
❷ 💡 ☐ Die Klasse Student hat eine Assouiation zu der Klasse Vorlesung.
❸ 💡 ☐ Die Klasse Vorlesung hat eine Assoziation zu der Klasse Student.
❹ 💡 ☑ Die Klasse Student ist die Oberklasse der Klasse Person.

Ihr 1. Lösungsversuch ist leider falsch. Bei Bedarf benutzen Sie bitte die Tipps (Symbol "Glühbirne").

[Auswertung] [Abbrechen]

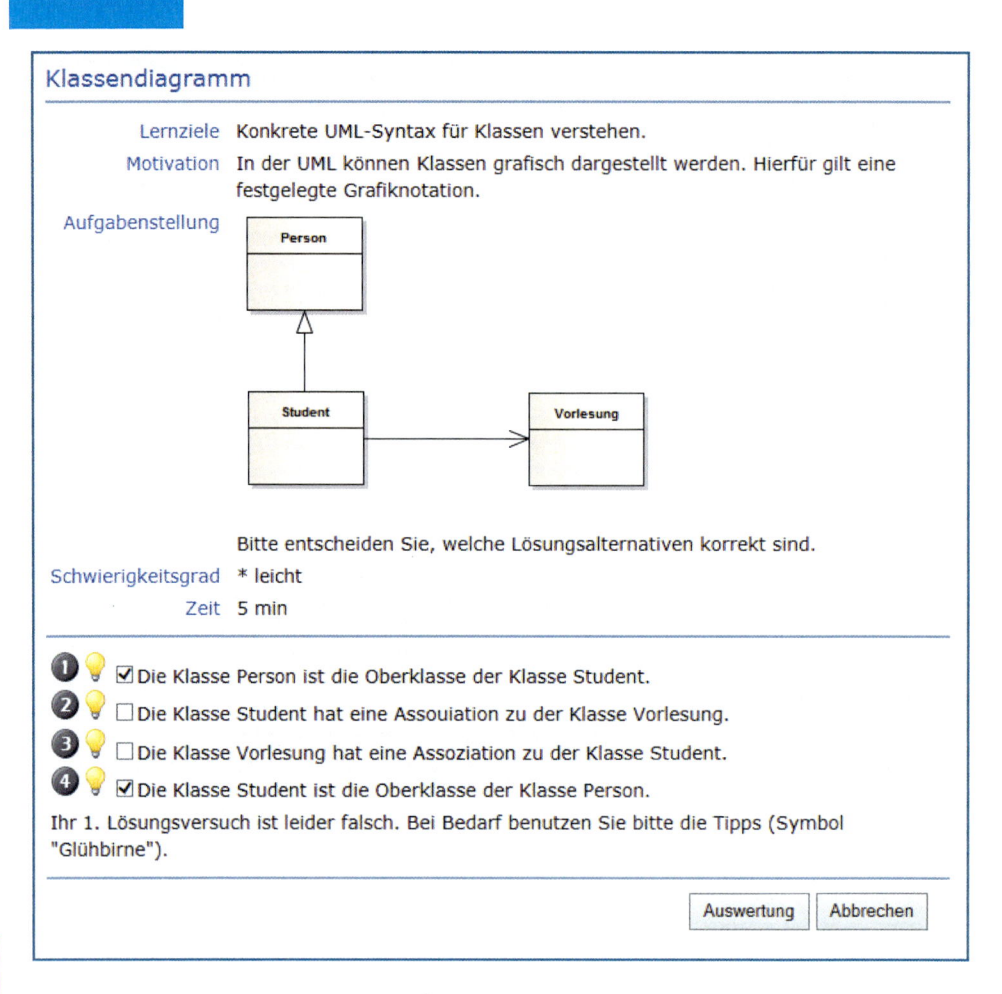

Abb. 27.0-3: Beispiel für einen sichtbaren, integrierten Test mit Tipps und Begründungen.

Beispiel: Die Abb. 27.0-5 zeigt eine Selbsttestaufgabe ohne Antwortfeld.

Verwenden Sie in Abhängigkeit von Ihren Lernzielen ...
- separate Test und Aufgaben oder
- in die Lerninhalte integrierte Tests und Aufgaben,
- Selbsttestaufgaben mit zunächst verdeckten Musterlösungen zum selbstverantwortlichen Üben der Lernenden.

27 Tests und Aufgaben: separat oder integriert ***

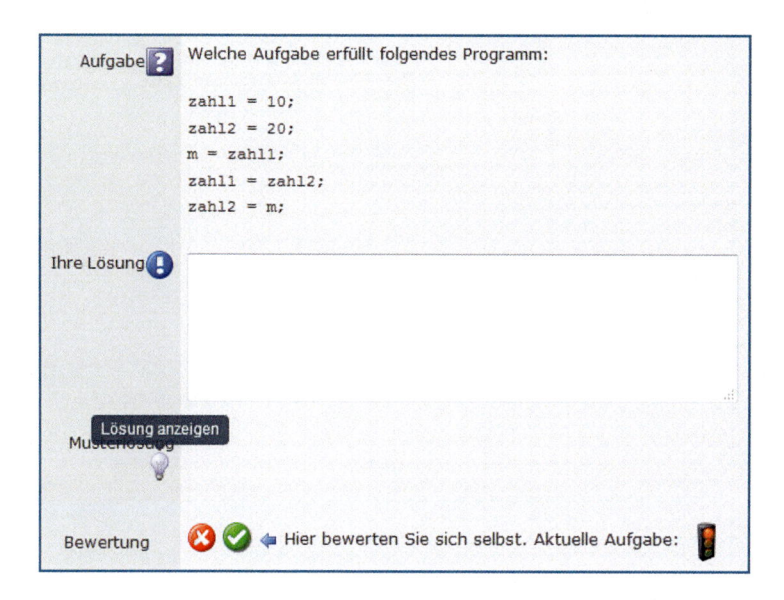

> **Aufgabe** Welche Aufgabe erfüllt folgendes Programm:
>
> ```
> zahl1 = 10;
> zahl2 = 20;
> m = zahl1;
> zahl1 = zahl2;
> zahl2 = m;
> ```
>
> **Ihre Lösung**
>
> [   ]
>
> **Musterlösung** [Lösung anzeigen]
>
> **Bewertung** ❌ ✅ ← Hier bewerten Sie sich selbst. Aktuelle Aufgabe: 🚦

Abb. 27.0-4: Selbsttestaufgabe mit Antwortfeld.

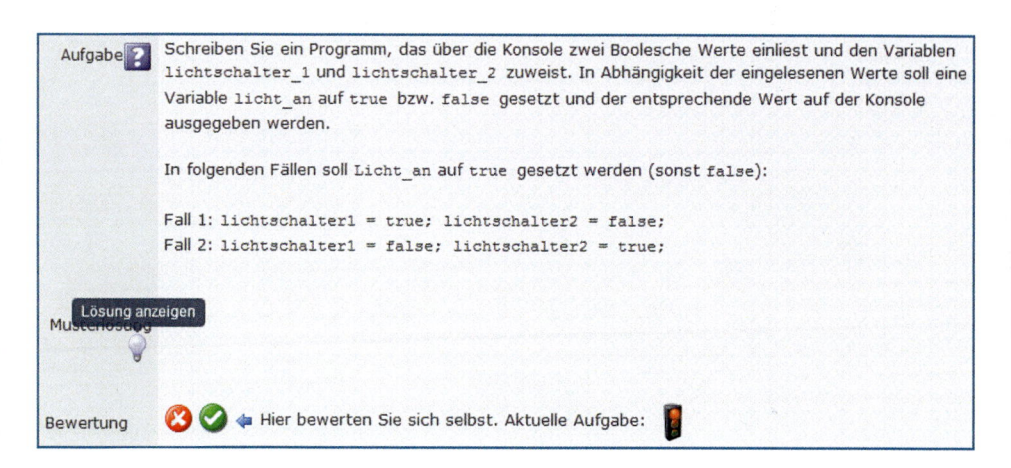

> **Aufgabe** Schreiben Sie ein Programm, das über die Konsole zwei Boolesche Werte einliest und den Variablen `lichtschalter_1` und `lichtschalter_2` zuweist. In Abhängigkeit der eingelesenen Werte soll eine Variable `licht_an` auf `true` bzw. `false` gesetzt und der entsprechende Wert auf der Konsole ausgegeben werden.
>
> In folgenden Fällen soll `Licht_an` auf `true` gesetzt werden (sonst `false`):
>
> Fall 1: lichtschalter1 = true; lichtschalter2 = false;
> Fall 2: lichtschalter1 = false; lichtschalter2 = true;
>
> **Musterlösung** [Lösung anzeigen]
>
> **Bewertung** ❌ ✅ ← Hier bewerten Sie sich selbst. Aktuelle Aufgabe: 🚦

Abb. 27.0-5: Selbsttestaufgabe ohne Antwortfeld.

28 Fallbeispiel: Prüfungen in W3L ✳✳✳

Eine Lernerfolgskontrolle sollte sich nicht nur auf eine Lerneinheit beziehen, sondern es ermöglichen, den gesamten Lernstoff zu überprüfen. Es muss daher auch möglich sein, Tests und Aufgaben zu stellen, die sich auf mehrere Lerneinheiten oder den gesamten Lernstoff beziehen.

Soll die erfolgreiche Durcharbeitung eines E-Learning-Kurses zu einem Zertifikat oder als Vorbereitung auf eine (staatliche) Präsenzprüfung dienen, dann wird ein durchgängiges und stimmiges **Konzept für die Lernerfolgskontrolle** benötigt.

Im Folgenden wird das Konzept vorgestellt, das die W3L-Akademie verwendet, um im Rahmen ihrer wissenschaftlichen Online-Weiterbildung Informatik und im Rahmen ihrer zwei Bachelor-Online-Studiengänge »Web- und Medieninformatik« und »Wirtschaftsinformatik« eine Lernerfolgskontrolle durchzuführen und auf die jeweilige **Präsenzprüfung** vorzubereiten.

Da es heute an Hochschulen und Universitäten in der Regel möglich ist, für besondere Leistungen der Studierenden sogenannte Bonuspunkte zu vergeben, ist in die W3L-E-Learning-Plattform ebenfalls ein **Bonuspunktekonzept** integriert.

Tests und Aufgaben

Mit **Tests** und **Aufgaben** bereiten sich Lernende in W3L auf den Abschlusstest und die Abschlussklausur vor.

Aufgaben können immer *erst dann* bearbeitet, wenn die Tests der jeweiligen Lerneinheit vorher bestanden wurden. Der Sinn dieses Konzepts liegt darin, dass dadurch verhindert wird, dass Lernende zunächst mit den höheren Lernzielen (verstehen, beurteilen) anfangen, obwohl sie vielleicht die niedrigeren Lernziele (wissen, verstehen) noch nicht beherrschen (die meistens durch Tests abgedeckt werden) (siehe »Lernziele und Lernstufen«, S. 481).

Der **Online-Tutor**, der die Aufgaben korrigiert, benötigt dann zusätzliche Zeit, um die Wissens- und Verstehenslücken der Lernenden zu beheben.

Jeder Autor entscheidet, wie viel Tests und Aufgaben nötig sind, um die angegebenen Lernziele zu erreichen. Alle E-Learning-Kurse, die auch höhere Lernziele vermitteln (was die Regel ist), müssen zwingend auch Aufgaben enthalten, um diese Lernziele geeignet abprüfen zu können.

Tests und Aufgaben können ohne Zeitbegrenzung (**Übungsmodus**) und mit Zeitbegrenzung (**Klausurmodus**) vom Lernenden aufgerufen werden (siehe »Fallbeispiel: Aufbau von W3L-Tests«, S. 423). Beide Modi können beliebig genutzt werden. Die Tests können **beliebig oft wiederholt** werden. Es wird immer das beste Ergebnis gezählt. Die Abb. 28.0-1 zeigt den Weg bis hin zum Abschlusstest und zur Abschlussklausur.

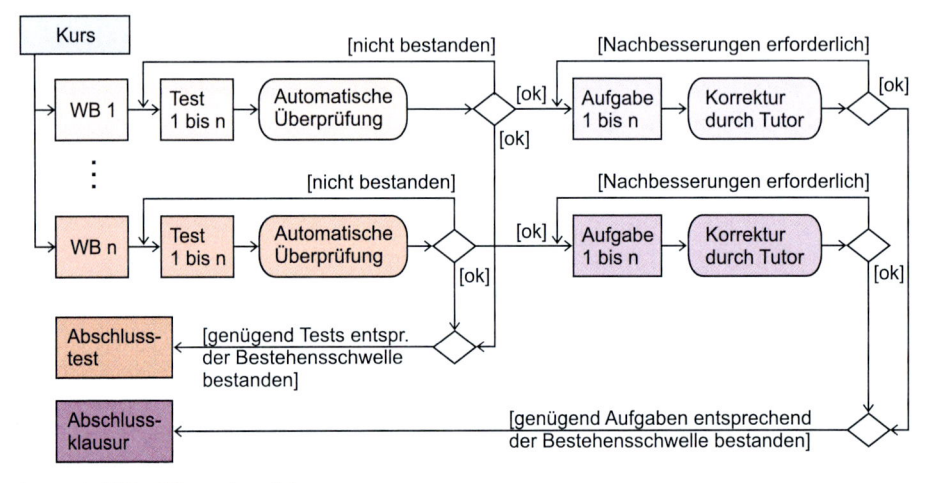

Abb. 28.0-1: Sind die Tests in W3L zu einem Wissensbaustein entsprechend der eingestellten Bestehensschwelle erfolgreich bestanden, dann werden die zugehörigen Aufgaben freigeschaltet. Sind alle Tests entsprechend der Bestehensschwelle erfolgreich, dann wird der Abschlusstest freigeschaltet. Analog gilt dies für die Abschlussklausur.

Abschlusstest und Abschlussklausur

In der Regel endet jeder Kurs mit einem **Abschlusstest** und einer **Abschlussklausur**. Ein Abschlusstest besteht aus mehreren Tests und eine Abschlussklausur aus mehreren Aufgaben. Beide werden von den Lernenden online bearbeitet. Der Abschlusstest wird automatisch benotet. Die Abschlussklausur wird von einem Online-Tutor benotet.

Der Autor entscheidet, welche Tests und welche Aufgaben für den Abschlusstest und die Abschlussklausur verwendet werden. Diese Tests und Aufgaben werden besonders gekennzeichnet, sodass sie der Lernende nur beim Abschlusstest bzw. bei der Abschlussklausur sieht.

Dauer & Bestehensschwelle

Dauer und Bestehensschwelle sind in der W3L-E-Learning-Plattform pro Kurs einstellbar.

Die Dauer eines Abschlusstests und einer Abschlussklausur sollte in einem ausgewogenen Verhältnis zur Länge eines Kurses stehen. Für mittelgroße Kurse, die eine Bearbeitungsdauer (ohne Tests und Aufgaben) zwischen 20 und 60 Stunden haben, sollten folgende Zeiten verwendet werden:

- **Dauer: 30 Minuten**
Bei den Tests sollte ein Mix der verschiedenen Testarten mit vorgegebenen Antworten verwendet werden – also Mehrfachauswahltests, Anordnungstests, Zuordnungstests, Hot-Spot-Tests, Konstruktionstests und entdeckende Tests (siehe »Testarten – vielfältige Möglichkeiten«, S. 409). Die Zeiten für die Tests sollten relativ knapp bemessen werden, damit die Lernenden den Stoff *nicht* nachschlagen können.

- **Bestehen des Abschlusstests: 70 Punkte** von 100 Punkten für Tests müssen erreicht werden (70 %-Bestehensschwelle). Die Freischaltung des Abschlusstests erfolgt automatisch, wenn 70 Prozent der Tests in den Lerneinheiten bestanden wurden. Jeder Teilnehmer hat maximal drei Versuche.

Abschlusstest

- **Dauer: 90 Minuten**
Bei der Abschlussklausur ist zu beachten, dass die Lernenden Rüstzeiten für das Hochladen der Aufgaben benötigen, sodass die eigentliche Zeit für die Erledigung der Aufgaben bei ca. 60 bis 70 Minuten liegen sollte. Außerdem sollten die Aufgaben so gestellt werden, dass eine schnelle und korrekte Korrektur durch den Online-Tutor möglich ist (siehe auch »Aufgaben – höhere Lernziele überprüfen«, S. 437).

- **Bestehen der Abschlussklausur: 50 Punkte** von 100 Punkten für Aufgaben müssen erreicht werden (50 %-Bestehensschwelle). Die Freischaltung der Abschlussklausur erfolgt, wenn 50 Prozent der Aufgaben in den Lerneinheiten bestanden wurden. Jeder Teilnehmer hat einen Versuch. Voraussetzung für die Freischaltung ist der bestandene Abschlusstest.

Abschlussklausur

Tests für den Abschlusstest und Aufgaben für die Abschlussklausur sollten leichter sein, als die Tests und Aufgaben, die während der Kursbearbeitung zu bewältigen sind.

Jeder Autor muss für seinen Kurs sicherstellen, dass **genügend Tests und Aufgaben zur Verfügung stehen**. Die W3L-Plattform stellt für den Abschlusstest und für die Abschlussklausur automatisch aus dem verfügbaren Test- bzw. Aufgabenpool entsprechende Abschlusstests und Abschlussklausuren pro Lernenden entsprechend der Zeitvorgabe zusammen. Sind mehr Tests und Aufgaben vorhanden, als für die jeweilige Zeitdauer benötigt wird, dann erfolgt für jeden Lernenden eine Zusammenstellung nach dem Zufallsprinzip, d. h. jeder Lernende kann unterschiedliche Tests und Aufgaben erhalten.

Die Kurse werden von W3L standardmäßig so konfiguriert, dass die Lernenden keine Tests und Aufgaben erhalten, die sie bereits aus dem Kurs kennen.

Präsenzklausuren und Bonuspunkte

Werden **Kurse in Studiengängen** eingesetzt, dann müssen zusätzlich noch **Präsenzklausuren** gestellt werden.

Für eine Präsenzklausur werden Bonuspunkte angerechnet, die im jeweiligen Kurs wie folgt erworben werden können:

Bonuspunkte — Im Abschlusstest werden Bonuspunkte wie folgt berechnet:

$$\text{Bonuspunkte}_{\text{Tests}} = (\text{Erreichte Testklausurquote} - 70)*6/20$$

Ab einem Ergebnis von 90 Prozent gibt es die volle Bonuspunktzahl. Maximal können 6 Bonuspunkte durch einen Abschlusstest erzielt werden.

Die Bonuspunkte für eine Abschlussklausur werden wie folgt berechnet:

$$\text{Bonuspunkte}_{\text{Aufg.}} = (\text{Erreichte Aufg.klausurquote} - 50)*10/40$$

Ab einem Ergebnis von 90 Prozent gibt es die volle Bonuspunktzahl. Maximal können 10 Bonuspunkte erworben werden.

Beispiel — Ein Studierender hat den Abschlusstest im Modul »Mathematisch-logische Grundlagen der Informatik« mit einer Erfolgsquote von 85 % bestanden, das ergibt (85–70)*6/20 = 4,5 Bonuspunkte. Die Abschlussklausur besteht er mit einer Erfolgsquote von 80 %, das ergibt (80–50)*10/40= 7,5 Bonuspunkte. Besteht der Studierende die Präsenzklausur mit 50 Punkten (gerade bestanden, Note 4,0), dann erhält er mit den Bonuspunkten 62 Punkte, die Modulnote ist daher 3,3.

Mit den Bonuspunkten »im Rücken« können Studierende also ganz beruhigt die Präsenzklausuren angehen. Selbst wenn sie eine Präsenzklausur nur bestehen, erreichen sie durch die Bonuspunkte noch eine gute Note!

Hinweis — Bonuspunkte gibt es nur auf den Abschlusstest und die Abschlussklausur, nicht auf die Tests und Aufgaben, die während der Kursbearbeitung gelöst werden müssen.

Erfahrungen — Die mit diesem Bonuskonzept gemachten Erfahrungen sind sehr positiv. Die Studierenden strengen sich sehr an, den jeweiligen Abschlusstest und die jeweilige Abschlussklausur in der E-Learning-Plattform möglichst gut zu bestehen, um möglichst viele Bonuspunkte zu sammeln.

Teil V   EXKURSE **

In diesem Teil des Buches habe ich Informationen für Sie als Autor zusammengefasst, die *nicht* im Mittelpunkt dieses Buches stehen, aber für Sie als Autor vielleicht wichtig sind.

Wenn Sie bereits ein Lehrbuch oder einen Lern-E-Learning-Kurs geschrieben haben, dann ist Ihnen als Autor sicher vieles bekannt, was im Folgenden beschrieben wird. Wenn Sie als Autor beginnen, dann sollten Sie wissen, über welche Eigenschaften und Fähigkeiten Sie verfügen müssen oder sollten, um erfolgreich zu sein:

- »Autor – mit Leidenschaft Wissen vermitteln«, S. 457

Im Gegensatz zu früheren Zeiten gibt es heute eine ganze Reihe von Werkzeugen, die Ihnen als Autor das Leben leichter machen:

- »(Hand-)Werkzeuge für den Autor«, S. 459

Als Autor werden Sie nicht alles neu erfinden, sondern auf Erkenntnissen und Beispielen anderer Autoren aufbauen. Daher müssen Sie wissen, wie Sie Urheberrechte in Ihrem Werk berücksichtigen müssen:

- »Urheberrechte beachten«, S. 465

Im Zusammenhang mit Urheberrechten ist es wichtig, wie Sie andere Autoren korrekt zitieren, um Plagiate zu vermeiden:

- »Formal richtig zitieren – Plagiate vermeiden«, S. 473

Damit die Lernenden wissen, was Sie von Ihnen erwarten, sollten Sie Lernziele richtig formulieren und Lernstufen zuordnen können:

- »Lernziele und Lernstufen«, S. 481

Wenn Sie als Autor selbst Grafiken und Bilder erstellen, dann sollten Sie als Nicht-Experte auf diesem Gebiet einige Regeln beachten:

- »Grafiken, Bilder und Bildschirmabzüge erstellen«, S. 485

Um Lerninhalte anschaulich darstellen zu können, sind Diagramme wichtig:

- »Mit Diagrammen richtig informieren«, S. 493

In der populären Didaktik-Literatur findet man oft Aussagen, die empirisch *nicht* abgesichert sind – das sollten Sie wissen:

- »Empirisch nicht gesicherte Annahmen«, S. 507

Wenn Sie als Autor einen Verlag zur Veröffentlichung Ihres Lehrbuchs suchen, dann sollten Sie darauf achten, dass Ihr Lehrbuch gut verlegt wird:

- »Was kann/sollte ein Verlag für ein Lehrbuch tun?«, S. 509

Teil V EXKURSE **

Ebenso sollte eine E-Learning-Plattform Ihnen geeignete didaktische Gestaltungsmöglichkeiten zur Verfügung stellen:

- »Was kann/sollte eine E-Learning-Plattform bieten?«, S. 513

In der didaktischen Literatur zum E-Learning gibt es eine Reihe von Ideen, deren Realisierbarkeit aufgrund gemachter Erfahrungen »abgeklopft« wird:

- »Visionen – illusionär oder realisierbar?«, S. 519

Als Lektor und Autor von vielen Lehrbüchern und E-Learning-Kursen möchte ich Ihnen von meinen gemachten Erfahrungen und empirischen Untersuchungen berichten, da die didaktische Literatur oft nur theoretische Vorschläge macht, ohne einen Praxistest durchzuführen:

- »Eigene Erfahrungen und empirische Erkenntnisse «, S. 529

29 Autor – mit Leidenschaft Wissen vermitteln **

Ein Autor sollte Spaß und Freude daran haben, anderen »die Welt« zu erklären und zu veranschaulichen. Fachwissen, Didaktikwissen, Erfahrungen in der Präsenzlehre, Sendungsbewusstsein, Geduld und Muße sowie die Fähigkeit zur Finalisierung kennzeichnen einen guten Autor.

»It's hard to make complicated things simple, but it is usually worth it«
Marjorie Scardino, Head of the Pearson publishing group

Damit Sie als Autor gute Lehrbücher und E-Learning-Kurse schreiben können, sollten Sie über folgende **Eigenschaften** verfügen:

- Sie sollten **gerne und gut schreiben** (siehe »Der Schreibstil – gut lesbar, verständlich und anschaulich«, S. 251). Es ist ein wesentlicher Unterschied, nur ein Stichwort auf eine Folie oder Tafel zu schreiben und in der Unterrichtssituation spontan etwas dazu zu erzählen oder etwas in schriftlicher Langform ausführlich und eindeutig zu formulieren. Viele Autoren, die nur Präsenzunterricht gewöhnt waren, hatten teilweise große Schwierigkeiten, den Lernstoff in Worten zu formulieren.
- Sie sollten auf dem Gebiet, für das Sie Lehrbücher und E-Learning-Kurse schreiben, ein **Experte sein**.
- Sie sollten **Wissen über Didaktik** haben, wie es z. B. in diesem Buch vermittelt wird.

- Sie sollten **Lehrerfahrung in der Präsenzlehre** haben, da man dabei oft unmittelbar am besten erkennt, wie die Stoffvermittlung beim Lernenden »ankommt«.
- Sie sollten ein gewisses **Sendungsbewusstsein** mitbringen, den Willen etwas gut und gerne Lernenden zu erklären.
- **Enthusiasmus** und »Hingabe« sind erforderlich, um die Zeit vom Beginn des Schreibens bis zum fertigen Lehrbuch bzw. E-Learning-Kurs »durchzuhalten«.
- **Sorgfalt** ist erforderlich, um Lehrinhalte korrekt in Lerninhalte zu transferieren.
- Sie sollten **Geduld** und **Muße** mitbringen – unter Zeitdruck entsteht kein gutes Lehrbuch und kein guter E-Learning-Kurs. Ich habe z. B. an diesem Lehrbuch und E-Learning-Kurs fünf Jahre gearbeitet.
- Sie sollten die **Fähigkeit zur Finalisierung** besitzen. In der Regel wird für die letzten 20 Prozent der Fertigstellung noch einmal genauso viel Aufwand benötigt wie für die ersten 80 Prozent. Dies wird oft unterschätzt und führt im Endstadium oft zu einer starken Frustration. Sie benötigen also Ausdauer und Durchhaltungswillen.
- Gehen Sie davon aus, dass die Erstellung eines E-Learning-Kurses ungefähr **dreimal so aufwendig** wie Schreiben eines Lehrbuchs ist.

Empfehlungen

- Erfassen Sie bei der Konzeption konsequent alle **Literaturquellen** mit Seitenangaben, die Sie benutzen. Später ist es sehr schwer möglich, die verwendeten Literaturquellen wieder zu finden. Dadurch vermeiden Sie auch unbeabsichtigte Plagiate (siehe »Formal richtig zitieren – Plagiate vermeiden«, S. 473).
- Notieren Sie sofort alle **Ideen**, die Sie bezogen auf Ihr Lehrbuch bzw. Ihren E-Learning-Kurs haben. Einordnen, sortieren und verwerfen können Sie die Ideen noch später, vergessene Ideen nicht.
- Sammeln Sie alles **Material**, das vielleicht relevant sein könnte, z. B. Zeitungsausschnitte, Grafiken, Fotos usw.

Siehe auch: »GRUNDLAGEN«, S. 3

30 (Hand-)Werkzeuge für den Autor *

Ein komfortables Textverarbeitungssystem mit Rechtschreib- und Grammatiküberprüfung und/oder ein Literaturverwaltungssystem gehören zur Grundausstattung jedes Autors. (Digitale) Lexika und Wörterbücher helfen bei der Formulierung und dienen zum Nachschlagen.

Bevor Sie mit Ihrem Lehrbuch oder Ihrem E-Learning-Kurs aktiv beginnen, sollten Sie das Handwerkszeug »bereitlegen«, das Sie benötigen, um effektiv und professionell zu arbeiten. Bei diesem Handwerkszeug handelt es sich um Softwareprogramme. Es gibt eine Vielzahl von Programmen, die Sie bei der Arbeit unterstützen können.

> Wenn Sie ein Lehrbuch schreiben, wird Ihnen Ihr Verlag in der Regel Empfehlungen für Werkzeuge geben.
>
> Wenn Sie einen E-Learning-Kurs schreiben, wird Ihnen in der Regel der Zugriff auf eine E-Learning-Plattform mit den entsprechenden Werkzeugen zur Verfügung gestellt.

Hinweis

Textverarbeitungssystem

Bevor Sie sich mit dem Erstellen Ihres Werks befassen, müssen Sie eine Reihe von Entscheidungen treffen:
- Mit welchem Textverarbeitungssystem wollen Sie arbeiten?
- Wie wollen Sie die Texte erfassen?
- Wie prüfen Sie die erfassten Texte auf Rechtschreib- und Grammatikfehler?

30 (Hand-)Werkzeuge für den Autor *

Grundlegend ist ein komfortables Textverarbeitungssystem, das spezielle Funktionen wie Indexerstellung, relative Abbildungsnummerierung, relative Verweise usw. ermöglicht. Am häufigsten verwendet werden heute sicher die Textverarbeitungssysteme

- Microsoft Word und
- OpenOffice Writer.

Texte erfassen

Texte können heute auf zwei verschiedene Arten erfasst werden:

- Über eine PC-Tastatur oder
- über ein Mikrofon und den Einsatz einer Spracherkennungssoftware.

Überwiegend werden heute Texte über eine Tastatur erfasst. Glücklich können Sie sich schätzen, wenn Sie mit dem Zehnfingersystem schreiben gelernt haben und dadurch eine gewisse Geschwindigkeit und Fehlerfreiheit erreichen.

In den letzten Jahren ist Spracherkennungssoftware, die einen über ein Mikrofon erfassten gesprochenen Text in geschriebenen Text wandelt, immer besser geworden. Fehler, wie z. B. Buchstabendreher, die beim Erfassen über eine Tastatur leicht auftreten, macht eine Spracherkennungssoftware nicht, da sie nur korrekte Worte ausgibt. Dafür treten andere Fehler auf. Kennt die Spracherkennungssoftware ein gesprochenes Wort nicht, dann zeigt sie oft ein ähnliches Wort an. Daher ist es nötig, die gesprochenen Sätze anschließend auf Korrektheit zu prüfen. Von der Geschwindigkeit her übertrifft eine Spracherkennungssoftware einen guten 10-Finger-Schreiber. 600 Anschläge pro Minute sind realistisch. Ich verwende übrigens eine Spracherkennungssoftware und habe damit gute Erfahrungen gemacht.

Texte prüfen

Jedes gute Textverarbeitungssystem besitzt heute eine integrierte Rechtschreibprüfung. Neben **Rechtschreibfehlern**, die durch fehlerhafte Texterfassung entstehen, z. B. Buchstabendreher, oder durch Unkenntnis der deutschen Rechtschreibung unterlaufen Ihnen als Autor in der Regel auch **grammatikalische Fehler**. Manche Fehler entstehen dadurch, dass Texte mehrmals überarbeitet werden und dabei zum Beispiel die notwendige Pluralbildung von Verben übersehen wird, wenn ein Satz erweitert wird.

Beispiel

○ Erste Fassung eines Satzes:
  Ein guter Schreibstil *ist* für jeden Autor wichtig.
○ Zweite Fassung eines Satzes:
  Ein guter Schreibstil und die Fähigkeit, verständlich zu schreiben, *ist* für jeden Autor wichtig. Anstelle von *ist* muss hier *sind* stehen.

Derartige Fehler finden spezialisierte Grammatikprüfprogramme (Abb. 30.0-1).

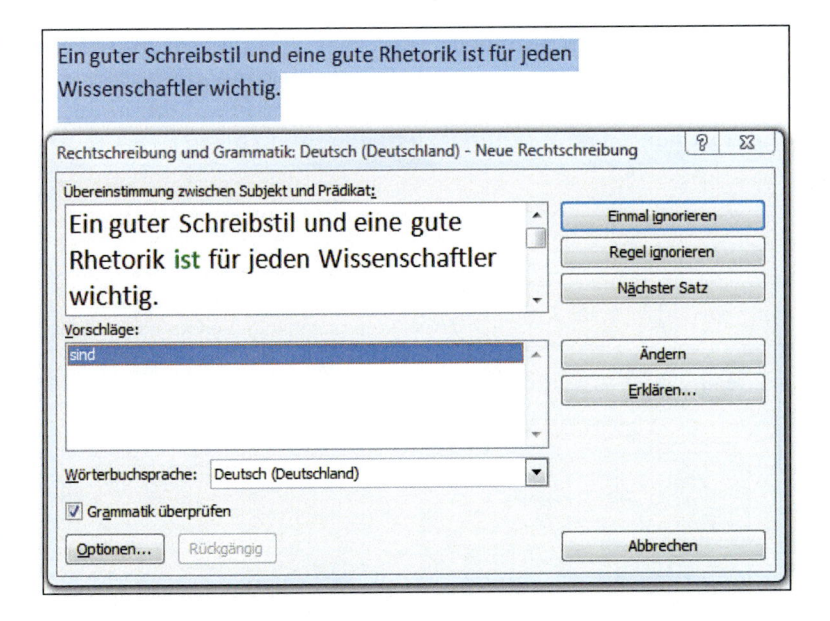

Abb. 30.0-1: Grammatiküberprüfung eines Textes mit dem Duden-Korrektor.

Als Autor sollten Sie auf jeden Fall **richtiges Deutsch** nach Duden schreiben, d.h. korrekte Rechtschreibung und korrekte Grammatik (siehe »Der Schreibstil – gut lesbar, verständlich und anschaulich«, S. 251). Es ist daher sinnvoll, wenn Sie den elektronischen Duden auf Ihrem Computersystem verfügbar haben, um jederzeit nachschlagen zu können (Duden (http://www.duden.de/)).

Lexika und Wörterbücher

Weitere wichtige Werkzeuge sind **Lexika** und **Wörterbücher**. Sehr bewährt haben sich die folgende Wörterbücher (als Software) vom Duden-Verlag (Duden (http://www.duden.de/)):

- Duden – Das Fremdwörterbuch
- Duden – Das Synonymwörterbuch
- Duden – Richtiges und gutes Deutsch
- Duden – Das Stilwörterbuch

Ein populäres Lexikon Englisch-Deutsch (und andere Sprachen) einschl. Beispielen und Audioclips für die Aussprache ist LEO Deutsch-Englisches Wörterbuch (http://dict.leo.org/).

Literaturverwaltungssystem

Ein Literaturverwaltungssystem erlaubt es, Ideen und Texte zu erfassen, Literatur zu recherchieren, direkte und indirekte Zitate zu notieren und zu kommentieren sowie das entstehende Werk zu strukturieren. Exportfunktionen erlauben es, die gesammelten Informationen in Textverarbeitungssysteme zu übernehmen und dort dann das Werk fertigzustellen (Abb. 30.0-2).

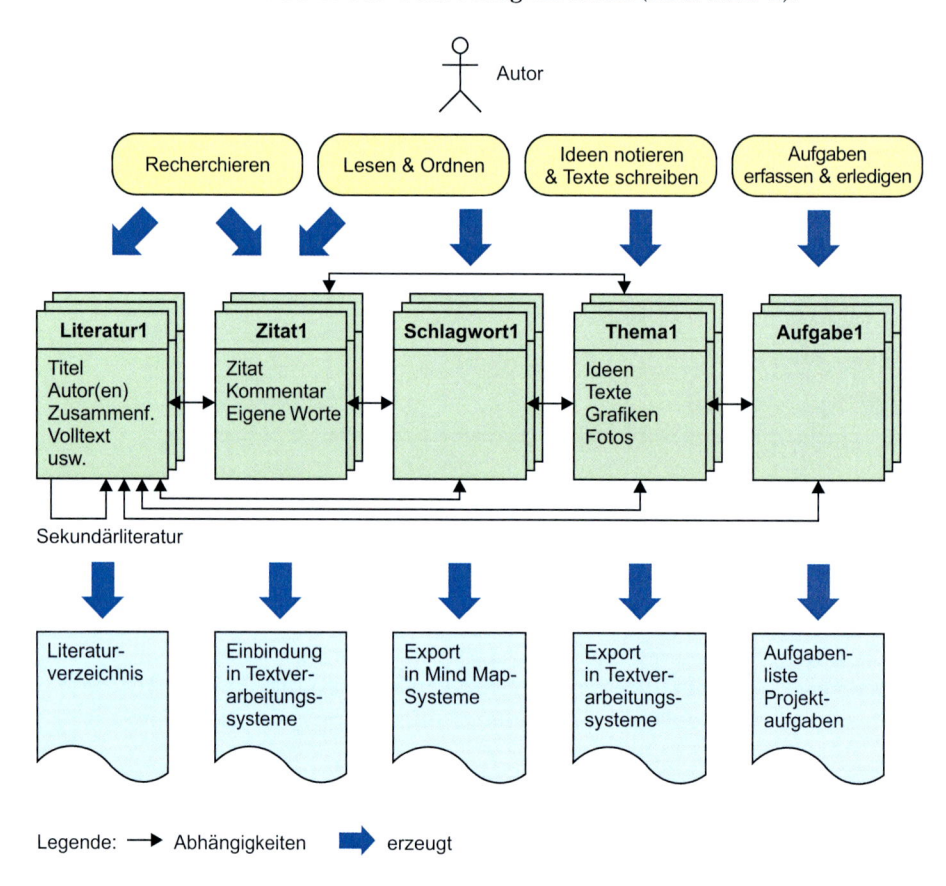

Abb. 30.0-2: Funktionen von Literaturverwaltungssystemen.

Beispiel In dem weitverbreiteten Literaturverwaltungssystem Citavi (kostenlos, wenn nicht mehr als 100 Titel gespeichert werden) können Kapitelgliederungen (Kategorien genannt) angelegt und auch jederzeit neu geordnet werden. Zu jedem Kapitel können Ideen (in Citavi Gedanken genannt, durch eine Glühbirne dargestellt), direkte und indirekte Zitate (Sprechblase) sowie Zwischenüberschriften (Zwischentitel genannt) eingefügt werden (Abb. 30.0-3).

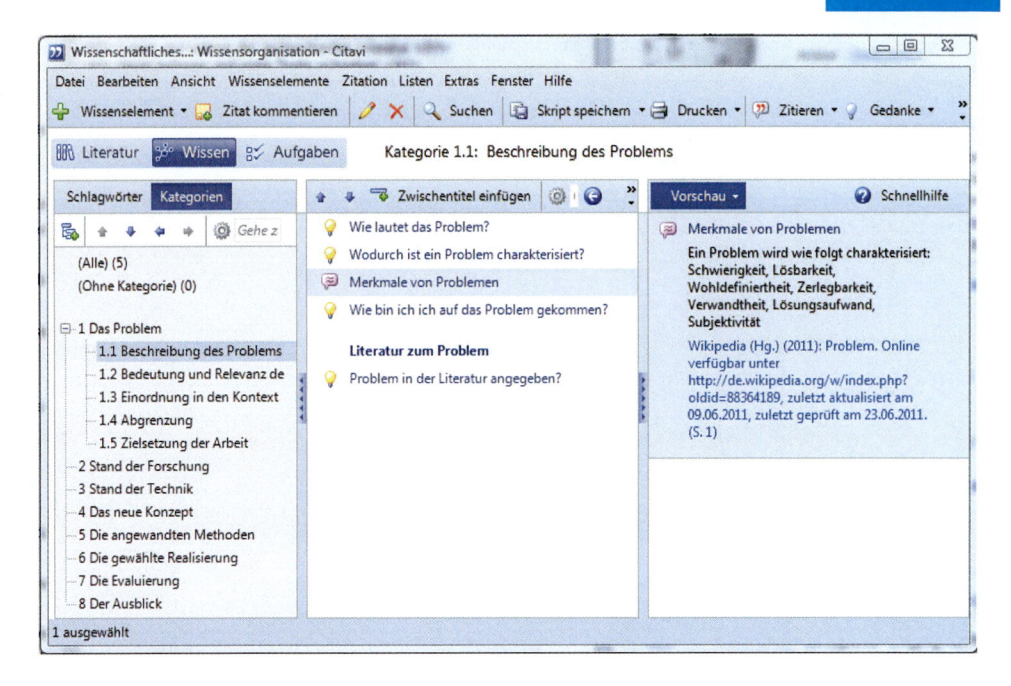

Abb. 30.0-3: Wissensorganisation in Citavi mit Kapitelgliederung (links), Gedanken (Glühbirne), indirektes Zitat (Gedankenwolke) und Zwischenüberschrift – Literatur zum Problem – (in der Mitte) sowie Vorschau (rechts).

Wenn Sie sich in Ihrem Werk viel auf andere Literatur stützen, dann empfiehlt es sich, mit einem Literaturverwaltungssystem zu beginnen und erst anschließend die Ergebnisse in ein Textverarbeitungssystem zu importieren.	Tipp

31 Urheberrechte beachten *

Als Autor eines Lehrbuchs oder eines Lern-E-Learning-Kurses können – ohne Einwilligung des Urhebers und ohne Vergütung – Sprachwerke, Bilder und Filme als Großzitate zitiert werden, wenn die Zitate die Ausführungen des Autors belegen und erörtern und die Quelle angegeben ist.

Zitatpflicht und Zitatrecht

Als Autor eines Lehrbuchs oder eines Lern-E-Learning-Kurses erstellen Sie **schöpferisch ein eigenes Werk**. Selbst wenn Sie viele eigene Ideen in Ihr eigenes Werk einbringen, werden Sie dennoch auf Ideen Anderer aufbauen. Nicht nur ethisch, sondern auch rechtlich sind Sie verpflichtet, die Ideen Anderer, die Sie in Ihrem Werk verwenden, zu zitieren. — Zitatpflicht

Sie haben nicht nur eine Zitatpflicht, sondern auch ein Zitatrecht, das es Ihnen erlaubt, aus fremden Werken Ideen zu übernehmen. Das deutsche Urheberrecht unterscheidet zwischen einem Kleinzitat und einem Großzitat. Welche Zitatart Sie verwenden dürfen, hängt entscheidend von Ihrem eigenen Werk ab. — Zitatrecht

Das **Zitatrecht** hat nur der Autor, der selbst eine **Schöpfungsleistung** erbringt, d. h. ein urheberrechtlich geschütztes Werk schafft [Vedd01, S. 78]. — Schöpfungsleistung

In so genannten »selbstständigen wissenschaftlichen Werken« sind **Großzitate** (§ 51 Nr. 1 UrhG) erlaubt, die im Extremfall die Übernahme von ganzen, bereits erschienenen Werken in das eigene Werk ermöglichen. — Zitatumfang

Für sonstige Werke sind nur **Kleinzitate** (§ 51 Nr. 2 UrhG) zulässig, die grundsätzlich nur die Übernahme von Werkteilen erlauben.

Der Gesetzestext im Urheberrecht (UrhG) lautet wörtlich: — § 51 UrhG

»§ 51 Zitate

Zulässig ist die Vervielfältigung, Verbreitung und öffentliche Wiedergabe eines veröffentlichten Werkes zum Zweck des Zitats, sofern die Nutzung in ihrem Umfang durch den besonderen Zweck gerechtfertigt ist. Zulässig ist dies insbesondere, wenn

1 einzelne Werke nach der Veröffentlichung in ein selbständiges wissenschaftliches Werk zur Erläuterung des Inhalts aufgenommen werden,
2 Stellen eines Werkes nach der Veröffentlichung in einem selbständigen Sprachwerk angeführt werden,
3 einzelne Stellen eines erschienenen Werkes der Musik in einem selbständigen Werk der Musik angeführt werden.«

31 Urheberrechte beachten *

Wissenschaftliches Werk — Zu den wissenschaftlichen Werken zählen auch populärwissenschaftliche Werke, deren Wesen weniger die Erarbeitung wissenschaftlicher Erkenntnis als deren **Vermittlung** ist ([DKM08, S. 730], [Vedd01, S. 79]): »Sofern daher online oder offline vertriebene Lern- und Lehrmodule durch die fachliche, methodische Auseinandersetzung mit dem Material gekennzeichnet sind, darf man sich des Großzitatrechts bedienen« [Vedd01, S. 80].

Werke, die hauptsächlich der Unterhaltung, der Information ohne eigene Untersuchung, der Propaganda oder der geschäftlichen Werbung dienen, sind *keine* wissenschaftlichen Werke [DKM08, S. 730].

Zitatzweck — Ein Zitat ist kein Selbstzweck, sondern muss als **Beleg-** und **Erörterungsfunktion** für selbstständige Ausführungen des Zitierenden erscheinen. Zwischen dem eigenen Werk und dem zitierten Werk muss daher eine innere Verbindung mit den eigenen Gedanken hergestellt werden. »Das zitierte Werk muss zum Gegenstand geistiger Auseinandersetzung gemacht werden. [...] Das zitierende Werk muss die Hauptsache, das Zitat die Nebensache bleiben« [Wand13, S. 288 f.]. Ist der Zitatzweck *nicht* vorhanden, dann ist das gesamte Zitat unzulässig.

Bild- & Filmzitate — Bleibt der Zitatzweck gewahrt, dann sind bei wissenschaftlichen Werken auch **Bild-** und **Filmzitate** möglich (Großzitat). Ein Bild ist dabei als *ganzes Werk* anzusehen. »Allerdings dürfen die Abbildungen nicht nur als Blickfang oder unterhaltendes Beiwerk dienen, sondern müssen dazu bestimmt sein, den im Worttext offenbarten Gedankeninhalt aufzuhellen oder zu veranschaulichen. Dabei genügt es, wenn Bilder beispielhaft wirken« [Vedd01, S. 80].

⚠️ Verwenden Sie motivierende Bilder, um Assoziationen zum behandelten Lernstoff herzustellen (siehe »Emotionale Einstimmung – Fotos, Illustrationen«, S. 40), dann benötigen Sie vom Urheber das entsprechende Nutzungsrecht.

Änderungen — Ein zulässiges Zitat darf *ohne* Zustimmung des Urhebers wie folgt bearbeitet oder umgestaltet werden (§§ 62, 39 UrhG):

- Übersetzung von Sprachwerken in eine andere Sprache,
- Dimensions-, Größen- und Qualitätsänderungen von Fotos und Abbildungen, die sich durch die Digitalisierung ergeben,
- Reproduktion von Farbfotos in Schwarz-Weiß,
- Übertragung von Musikwerken in eine andere Tonart oder Stimmlage.

⚠️ Ausschnitte von Bildern oder Veränderungen von Bildern sind *keine* zulässigen Änderungen und benötigen die Zustimmung des Urhebers.

Zitate müssen als Zitate im Werk erkennbar sein. Sie müssen mit einer Quellenangabe (§ 63 UrhG) versehen werden, die Folgendes enthält:

- Namen des Urhebers
- Titel des Werks
- Angabe des Publikationsorgans

Quellenangabe

Das Setzen eines Links auf eine Quelle in einem E-Learning-Kurs als Quellenangabe ist *nicht* ausreichend.

Wird eine mögliche Quellenangabe *nicht* vorgenommen, dann ist das Zitat unzulässig.

Das richtige Zitieren wird im Kapitel »Formal richtig zitieren – Plagiate vermeiden«, S. 473, behandelt.

Das Zitieren von fremden Werken ist **vergütungsfrei**.

Vergütung

Wenn Sie sich als Autor im Rahmen des Zitatrechts bewegen, dann benötigen Sie bei der Einbindung des betreffenden Materials *keine* Zustimmung des Rechteinhabers.

Zustimmungspflicht

Unabhängig davon, ob ein wissenschaftliches Werk vorliegt oder nicht, können Werke, die *nicht* schutzfähig sind oder deren Schutzfrist bereits abgelaufen ist, von jedermann frei verwendet werden (**gemeinfreie Werke**). Zu den gemeinfreien Werken gehören beispielsweise amtliche Werke (Gesetzestexte, Verordnungen, amtlich verfasste Leitsätze von Gerichtsentscheidungen) und Werke, deren Urheber bereits mehr als 70 Jahre tot sind.

Gemeinfrei

Auch die Zitate von gemeinfreien Werken müssen mit Quellenangaben versehen werden.

Keine amtlichen Werke sind technische Normenwerke (z. B. DIN-Normen, VOB) und AGBs (Allgemeine Geschäftsbedingungen).

Urheberschutzrechte und Leistungsschutzrechte

Der Schöpfer eines Werkes ist sein **Urheber** (§ 7 UrhG). Das Urheberrecht selbst ist *nicht* übertragbar, außer durch Vererbung (§ 29 Abs. 1 UrhG). Der Urheber kann aber Nutzungsrechte an dem Urheberrecht einräumen (§§ 31 ff. UrhG).

Urheberschutz

Geschriebene Texte sind als **Sprachwerke** urheberrechtlich geschützt, wenn sie ein Mindestmaß an Individualität besitzen. Als **Werke der Musik** sind Musikdateien, Unterhaltungsmusik, Erkennungsmelodien und ausgefallene akustische Signale geschützt. Urheber ist der jeweilige Komponist. Einzelne Akkorde, Klänge, Töne und Geräusche sind hingegen *nicht* geschützt. **Fotos**, die ein Mindestmaß an individueller Gestaltung besitzen, sowie Bildschirmabzüge einzelner Fernseh- oder Filmbilder sind ebenfalls geschützt, entweder als Lichtbildwerk oder als Lichtbild (§ 72 UrhG). Urheber oder Lichtbildner ist derjenige, der die Aufnahme gemacht hat (»Lichtbildner« stammt aus § 72 Abs. 2 UrhG).

Die Verwendung von Fotos und Filmaufnahmen von Personen ist ohne Einwilligung der abgebildeten Personen grundsätzlich verboten: »Bildnisse dürfen nur mit Einwilligung des Abgebildeten verbreitet oder öffentlich zur Schau gestellt werden. Die Einwilligung gilt im Zweifel als erteilt, wenn der Abgebildete dafür, daß er sich abbilden ließ, eine Entlohnung erhielt.« (§ 22 KUG[1]).

Keine Zustimmung ist erforderlich, wenn

- es sich bei der Person um eine Person der Zeitgeschichte handelt (Politiker, Schauspieler, Sportler usw.) oder
- »die Person als Beiwerk einer Landschaft oder sonstigen Örtlichkeit oder auf dem Bild einer Versammlung oder einer öffentlichen Veranstaltung (z. B. Demonstrationen, Wahlkampfveranstaltungen und Sportfesten) erscheint« [Vedd01, S. 18].

Fotos von Werken der **bildenden Kunst** (§ 2 Abs. 1 Nr. 4 UrhG) (Werke der Malerei, der Architektur, der Bildhauerei, Designermöbel, Modeschöpfungen, Bühnenbilder) benötigen die Zustimmung des Fotografen *und* des bildenden Künstlers.

Leistungsschutz

Ein sogenanntes Leistungsschutzrecht steht allen Personen zu, die Leistungen vollbringen, die der schöpferischen Leistung eines Urhebers ähnlich sind oder im Zusammenhang mit den Werken der Urheber erbracht werden.

Beispiele

○ Ein Dirigent und sein Orchester bringen kein eigenes urheberrechtlich geschütztes Werk hervor, besitzen aber ein Leistungsschutzrecht für ihre Aufführungen.
○ Ein Musikproduzent trägt im Zusammenhang mit Urheberleistungen Investitionsrisiken.

Hinweis 1

Als Autor können Sie über **Verwertungsgesellschaften** gegen Entgelt die notwendigen Rechte erwerben. In der Regel erhalten Sie dafür eine räumlich, zeitlich, anwendungsmäßig oder inhaltlich beschränkte (sog. einfache oder ausschließliche) Erlaubnis zur Nutzung eines Werks.

Die GEMA vermarktet beispielsweise die Nutzungsrechte von Komponisten, Textdichtern und Verlegern von Musikwerken. Die GVL verwertet beispielsweise die Rechte von Leistungsschutzberechtigten im Bereich von Film, Fernsehen und Musik.

---

[1]Gesetz betreffend das Urheberrecht an Werken der bildenden Künste und der Photographie

Auf einer Reihe von Websites werden Fotos, Grafiken, Video- und Audioclips zur lizenzgebührenfreien Benutzung *(royalty-free)* nach Bezahlung einer einmaligen Nutzungsgebühr zur Verfügung gestellt. In der Regel darf das Werk dann unbegrenzt oft, zeitlich unbegrenzt, in verschiedenen Medien und auch kommerziell verwendet werden. Beispiele für solche Anbieter sind:

- Photocase (http://www.photocase.de/)
- iStockphoto (http://www.istockphoto.com)
- Fotolia (http://www.fotolia.com)
- shutterstock (http://www.shutterstock.com)
- pixelio (http://www.pixelio.de/)
- ClipDealer (http://de.clipdealer.com/)

Hinweis 2

Fotos können Sie in der Regel in verschiedenen Auflösungen erhalten. Denken Sie daran, dass für Bücher mindestens 300 dpi *(dots per inch)* erforderlich sind, für Webdarstellungen bzw. E-Learning-Kurse reichen in der Regel 72 dpi.

Es ist hilfreich, die jeweils für das verwendete Foto geltenden Nutzungsbedingungen des Anbieters zu speichern, um für den Fall, dass der Anbieter die Nutzungsbedingungen später ändert, auf der sicheren Seite zu sein.

Hinweis 3

In der freien Enzyklopädie Wikipedia und dem freien Medienarchiv Wikimedia Commons findet man oft Grafiken und Fotos, die in vielen Fällen frei benutzt werden dürfen. Bei allen diesen Grafiken und Fotos ist angegeben, unter welchen Lizenzbedingungen sie verwendet werden können.

Tipp

Der Urheber eines Werks allein entscheidet über die Veröffentlichung, die Verbreitung und die öffentliche Wiedergabe seines Werks (§ 15 UrhG). Er kann anderen Personen Nutzungsrechte an seinem Werk einräumen. Der Urheber des Werks kann darüber entscheiden, ob und an welcher Stelle des Werks er als Urheber zu bezeichnen ist (Namensnennungsrecht, § 13 UrhG).

Verwertungsrechte

»Nur wenn der Nutzungsvorgang durch eine Schranke des Urheberrechts (z. B. das Zitatrecht) gedeckt ist, ist die Nutzung zustimmungsfrei« [Vedd01, S. 56]. »Hinsichtlich geschützter Werke bzw. Werkteile gewährt das Urheberrecht das sog. Zitatrecht, in dessen Rahmen fremde Werke zustimmungsfrei vervielfältigt, verbreitet und öffentlich wiedergegeben werden dürfen (§ 51 UrhG). Damit ist das Zitatrecht eine der wichtigsten Schrankenbestimmungen des UrhG, da die Vorschrift sowohl den Online- als auch den Offline-Vertrieb einschließlich der erforderlichen Vervielfältigungshandlungen von der Zustimmungspflicht freistellt. Wer sich im Rahmen des Zitatrechts bewegt, muss bei der Einbindung des betreffenden Materials keine Zustimmung des Rechteinhabers einholen« [Vedd01, S. 77]. Großzitate dürfen nur aus erschienenen Werken entnommen werden.

Sanktionen Bei Verletzungen des Urheberrechts können zivilrechtliche und strafrechtliche Sanktionen die Folge sein (§ 97 Abs. 1 und § 106 UrhG).

Das Zitatrecht (§ 51 UrhG) erlaubt es ...
- Ihnen als Autor eines wissenschaftlichen, selbstständig geschützten Werks
- zur Veranschaulichung oder Untermauerung Ihrer eigenen Aussagen
- das Vervielfältigen, Verbreiten und öffentliche Wiedergeben geschützter Werke (Großzitat)
- ohne Zustimmung des Urhebers (zustimmungsfreier Online- und Offline-Vertrieb),
- aber mit Quellenangabe (Name des Urhebers, Werktitel, Publikationsorgan).

Die Abb. 31.0-1 zeigt die wichtigsten Gesichtspunkte für Autoren zum Urheberrecht.

Tipp Als Autor sollten Sie beim Konzipieren Ihres Werks alle Quellen, die Sie möglicherweise zitieren werden, sofort notieren. Erfahrungen zeigen, dass man sonst später mühevoll die Quellen wieder suchen muss. Bewährt haben sich dafür Literaturverwaltungssysteme, z. B. Citavi (http://www.citavi.de) (siehe »(Hand-)Werkzeuge für den Autor«, S. 459).

31 Urheberrechte beachten *

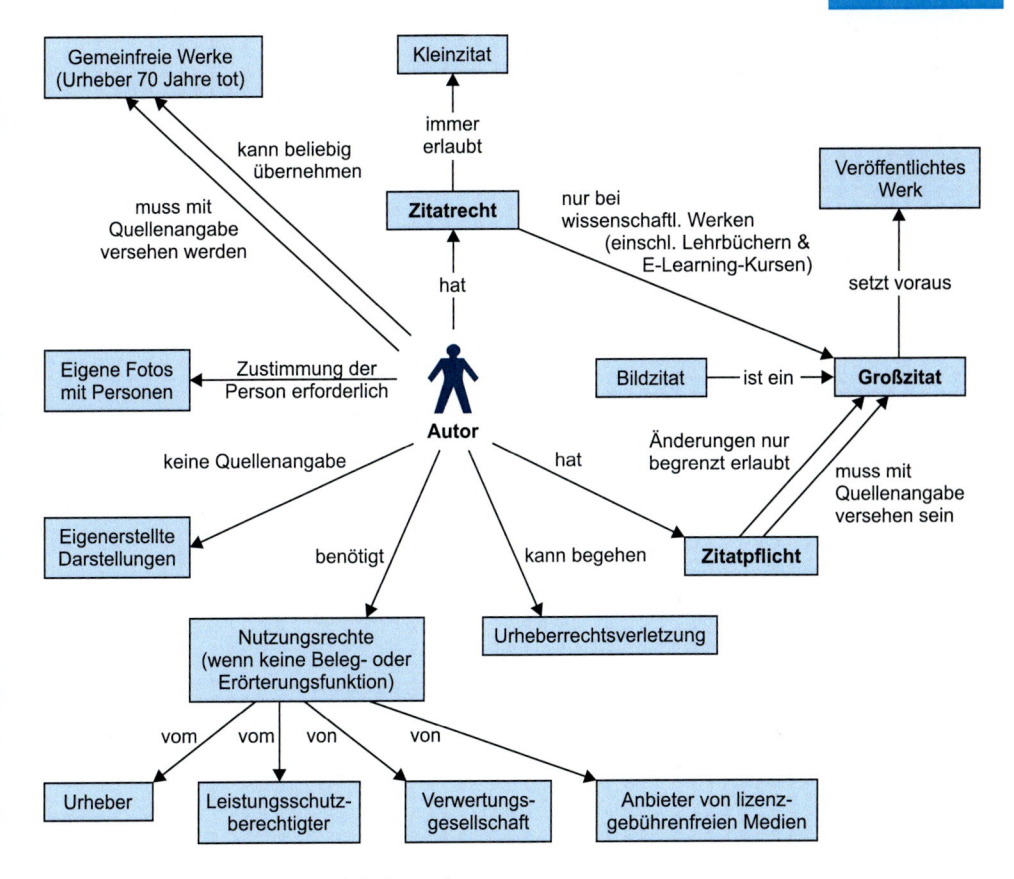

Abb. 31.0-1: *Concept Map* zum Urheberrecht.

32 Formal richtig zitieren – Plagiate vermeiden *

Die Bezüge auf Konzepte und Ideen fremder Quellen müssen im eigenen Werk durch direkte oder indirekte Zitate (Paraphrase) kenntlich gemacht werden. In der Regel werden die Bezüge durch Zitatverweise im laufenden Text bzw. durch direkte Quellenangabe bei Fotos und Abbildungen kenntlich gemacht. In einem Quellen- bzw. Literaturverzeichnis werden alle Quellen aufgeführt. Zu jeder Quelle werden dort angegeben: verwendeter Zitatverweis, Autor(en), Titel und Untertitel, Erscheinungsort, Verlag, Erscheinungsjahr.

Wenn Sie als Autor Ideen, Auffassungen, Fotos von anderen Urhebern übernehmen, diskutieren oder sich mit ihnen auseinandersetzen, dann müssen Sie nach dem Urhebergesetz (UrhG) diese Übernahmen kenntlich machen und die Quellen angeben (siehe »Urheberrechte beachten«, S. 465). Die Quellenangabe muss Folgendes enthalten: Name des Urhebers, Titel des Werks, Angabe des Publikationsorgans (§ 63 UrhG).

Langzitierweise: Lokale vollständige Quellenangabe

Wenn Sie in Ihrem Werk eine Quelle nur einmal verwenden, zum Beispiel ein Foto, dann können Sie bei dem zitierten Werk alle Quellenangaben direkt hinschreiben. — *Einmalige Angabe*

Kurzzitierweise: Verweise auf das Quellenverzeichnis

Beziehen Sie sich in Ihrem Werk aber mehrmals auf eine Quelle, dann wird für eine jeweils vollständige Quellenangabe viel Platz benötigt. Außerdem sind Änderungen an der Quellenangabe aufwendig, da sie an mehreren Stellen durchgeführt werden müssen, z. B. beim Erscheinen einer neuen Auflage. — *Mehrmalige Angabe*

Aus diesem Grunde hat man sich verschiedene Möglichkeiten überlegt, die vollständige Quellenangabe zum Beispiel am Buchende in einem Quellen- bzw. Literaturverzeichnis nur jeweils einmal aufzuführen und im Werk nur auf die vollständige Quellenangabe zu verweisen. — *Quellenangaben*

> Es gibt mehrere Möglichkeiten, einen Zitatverweis in einem Text kenntlich zu machen, z. B. durch eckige Klammern [...] oder durch runde Klammern (...) oder durch Schrägstriche /.../. Da die eckigen Klammern am wenigsten Platz beanspruchen und auch in Texten für andere Zwecke in der Regel *nicht* verwendet werden, sind sie zu bevorzugen. — *Hinweis*

32 Formal richtig zitieren – Plagiate vermeiden *

Verweise auf Quellen

Es gibt verschiedene Möglichkeiten auf Quellen zu verweisen:

- **Klassische Harvard-Zitierweise** (auch Autor-Jahr-System oder Namen-Datum-System genannt): Quellenverweise werden in verkürzter Form unmittelbar an der Zitatstelle, also im laufenden Text, angegeben und nennen Autor und Jahreszahl des zitierten Werks, z. B. [Balzert 2013, S. 7]. Kommt der Name des Autors bereits im Text vor, dann wird das Jahr und die Seitenangabe in Klammern oder Schrägstrichen dahinter angegeben [DIN 690 2013, S. 31], z. B. ... betont Balzert [2013, S. 7], dass ... Bisweilen wird der Autorenname auch in Großbuchstaben geschrieben.
- **Modifizierte Harvard-Zitierweise**: Der Kurzverweis auf die Originalquelle wird in einer Fußnote angegeben. Im laufenden Text findet sich lediglich die entsprechende Fußnotennummer, z. B. [1]
- **Autor-Stichwort-Jahr-Zitierweise**: Zusätzlich zum Autor und Jahr wird ein prägnanter Begriff aus dem zitierten Werk aufgeführt, z. B.[2] und der Verweis als Fußnote aufgeführt.
- **Kurzzitierweise mit Namenskürzel**: Der Verweis enthält einige wenige Buchstaben des Autorennamens, eine Jahreszahl (letzte zwei Stellen) und in der Regel eine Seitenangabe. Als Namenskürzel werden oft die ersten vier Anfangsbuchstaben des Nachnamens verwendet und die letzten zwei Zahlen des Erscheinungsjahrs angehängt, z. B. [Balz13, S. 7].
- **Kurzzitierweise mit numerischem Index**: Alle Literaturquellen werden aufsteigend in der Reihenfolge durchnummeriert, in der sie zum ersten Mal zitiert wurden. Ihre jeweilige Indexnummer wird im laufenden Text in Klammern, z. B. [15, S. 7], oder hochgestellt angegeben, z. B. [15, S. 7]. Bei nachfolgenden Zitierungen derselben Quelle wird dieselbe Zahl wie bei der ersten Zitierung verwendet.

Überlegen Sie, welche Vor- und Nachteile die verschiedenen Kurzzitierweisen haben.

Beim Lesen eines Zitatverweises ist es natürlich hilfreich, wenn der vollständige Name des Autors der Quelle angegeben wird, da man als Leser dann in der Regel sofort weiß, um welche Quelle es sich handelt. Wird eine Quelle jedoch oft zitiert, manchmal mehrmals auf einer Seite, dann hemmt dies den Lesefluss und nimmt viel Platz in Anspruch. Ein weiterer Nachteil spricht gegen die Verwendung des vollständigen Autorennamens. Autorennamen sind Eigennamen, die von automatischen Trennprogrammen *nicht* oder nicht richtig getrennt werden können. Daher müssen sie nach dem Satz eines Buches manuell getrennt

---

[1] Balzert 2013, S. 7
[2] Balzert, Java: Einstieg, 2013, S. 7

werden. Dabei werden notwendige Trennungen oft übersehen. Aus diesen Gründen werden in diesem Werk Namenskürzel verwendet.

Oft sind die Urheber eines Werkes mehrere Autoren. Dies wird in den Kurzzitierweisen unterschiedlich gehandhabt:

- **Klassische Harvard-Zitierweise**: Bei zwei Autoren werden beide Autorennamen aufgeführt, z. B. [Balzert; Priemer 2014, S. 99]. Bei mehr als zwei Autoren wird nur der Name des zuerst in der Quelle aufgeführten Autors genannt und das Kürzel »et al.« hinzugefügt, was bedeutet »und andere«, z. B. [Balzert et al. 2011, S. 193]. Enthält die Quelle keine Autorenangabe, dann wird »o.V.« (ohne Verfasser), z. B. [o.V. 2012, S. 10] oder »Anonym« angegeben, z. B. [Anonym 2012, S. 10].
- **Modifizierte Harvard-Zitierweise**: analog wie bei der klassischen Harvard-Zitierweise.
- **Autor-Stichwort-Jahr-Zitierweise**: analog wie bei der klassischen Harvard-Zitierweise.
- **Kurzzitierweise mit Namenskürzel**: Bei zwei Autoren werden die ersten zwei Anfangsbuchstaben der Nachnamen beider Autoren für die Abkürzung verwendet, z. B. [BaPr14, S. 99]. Bei drei Autoren wird der jeweils erste Anfangsbuchstaben des Nachnamens verwendet, z. B. [BSS11, S. 193]. Bei vier oder mehr Autoren wird den Anfangsbuchstaben der ersten drei genannten Autoren der Zusatz »+« hinzugefügt, z. B. [WKS+09, S. 12]. Fehlt in der Quelle die Autorenangabe, dann wird »Anonym« angegeben, z. B. [Anon12, S. 20].
- **Kurzzitierweise mit numerischem Index**: keine Autorenangabe im Zitatverweis.

Hat ein Autor in einem Jahr mehrere Veröffentlichungen, dann werden die Jahreszahlen um einen Index in der Form »a, b, c..., z« ergänzt, z. B. [Balz13a, S. 7] (nicht bei der Kurzzitierweise mit numerischem Index).

Das Quellen- bzw. Literaturverzeichnis

Das Quellenverzeichnis enthält alle Quellen, auf die im eigenen Werk verwiesen wird. Die Quellenangabe muss für Monografien (Buch, das sich einem Thema widmet) folgende Informationen enthalten (siehe auch [DIN 690 2013, S. 40]):

- Alle Personen, die als **Autoren** bzw. Schöpfer eines Werkes genannt sind (Nachname, Vorname). Akademische Titel werden *nicht* aufgeführt. Ist der Autor nicht bekannt, dann wird »o.V.« oder »Anonymus« angegeben, je nach verwendeter Kurzzitierweise (siehe oben). Fungiert ein Autor als Herausgeber, dann wird in Klammern das Kürzel »(Hrsg.)« hinzugefügt.

32 Formal richtig zitieren – Plagiate vermeiden *

- **Bezeichnung des Werks**, in der Regel Titel, Untertitel und Auflage (1. Auflage wird nicht aufgeführt). Fehlt der Titel, dann wird »Ohne Titel« angegeben. Untertitel sollten angegeben werden, wenn sie grundlegende Informationen zum Inhalt bereitstellen.
- **Erscheinungsort** (wenn nicht bekannt: »o.O.«), **Verlag** (wenn nicht bekannt: »ohne Verlagsangaben«), **Erscheinungsjahr** (wenn nicht bekannt: »o.J.«). Ist eine Angabe nicht bekannt, wird sie oft auch einfach weggelassen.
- Optional kann noch die ISBN (Internationale Standardbuchnummer) angegeben werden.

Vor der Quellenangabe wird der Verweis exakt so eingetragen, wie er an der Zitatstelle verwendet wurde, jedoch ohne Angabe zur Seitennummer in der Originalquelle.

Beispiel
[BSS11]
Balzert, Helmut; Schröder, Marion; Schäfer, Christian; *Wissenschaftliches Arbeiten – Ethik, Inhalt & Form wiss. Arbeiten, Handwerkszeug, Quellen, Projektmanagement, Präsentation*, 2. Auflage, Herdecke, W3L-Verlag, 2011, ISBN 978–3-86834–034–1.

Wird die klassische Harvard-Zitierweise verwendet, dann wird der Nachnamen des ersten Autors mit dem Erscheinungsjahr zuerst aufgeführt.

Beispiel
BALZERT, H., 2013. Schröder, M., Schäfer, C. *Wissenschaftliches Arbeiten – Ethik, Inhalt & Form wiss. Arbeiten, Handwerkszeug, Quellen, Projektmanagement, Präsentation*. 2. Auflage. Herdecke: W3L-Verlag, ISBN 978–3-86834–034–1 (entsprechend [DIN 690 2013, S. 31], die Interpunktion ist in DIN ISO 690 nicht genormt, sie sollte nur einheitlich sein).

Zeitschriften, Zeitungen
Nach der Autoren- und Titelangabe wird Folgendes aufgeführt: »in: Name der Zeitschrift, Band- oder Heftnummer oder Erscheinungsdatum, Jahrgang, erste und letzte Seite des Artikels«.

Beispiel
[Klei11]
Kleiner, M.; *Den Doktoranden tief in die Augen schauen*, in: DIE ZEIT, 14. April 2011, Nr. 16, S. 70.

Bei wissenschaftlichen Zeitschriften werden die Jahrgänge oft als Bände (Vol.) und die jeweilige Ausgabe pro Jahrgang als Heftnummer (No.) bezeichnet. Im Quellenverzeichnis kann man dies wie folgt angeben: »Band x, Nr. y« oder abgekürzt »x(y)«, wobei die Bandnummer oft fett ausgezeichnet wird: »**x**(y)«. Auch »S.« für Seite kann weggelassen werden.

Beispiel
[CoWe98]
Conradi, R.; Westfechtel, B.; *Version models for software configu-*

ration management, in: ACM Computing Surveys, Vol. 30, No. 2., 1998, S. 232–282.
oder alternativ:
[CoWe98]
Conradi, R.; Westfechtel, B.; *Version models for software configuration management*, in: ACM Computing Surveys, **30**(2), 1998, 232–282.

Optional kann für eine Zeitschrift noch die ISSN *(International Standard Serial Number)* angegeben werden (analog wie die ISBN bei Büchern).

Ein Sammelwerk ist ein Fachbuch mit Einzelbeiträgen mehrerer Autoren. Nach der Autoren- und Titelangabe des Einzelbeitrags wird Folgendes aufgeführt: »in: Autorennamen des Sammelwerks (in der Regel Herausgeber), Titel und Untertitel des Sammelwerks, Auflage (wenn mind. 2. Auflage), Erscheinungsort, Verlag, Erscheinungsjahr, erste und letzte Seite des Artikels, optional ISBN«.   — Sammelwerke

[Sing00]   — Beispiel
Singer, W.; *Ein neurobiologischer Erklärungsversuch zur Evolution von Bewusstsein und Selbstbewusstsein*, in: Newen, A. (Hrsg.), Vogeley, K. (Hrsg.); *Selbst und Gehirn. Menschliches Selbstbewusstsein und seine neurobiologischen Grundlagen*, Paderborn, Mentis, 2000, S. 333–351.

Handelt es sich um eine Internetquelle, dann sind als zusätzliche Informationen nach dem Titel die Angabe »[online]«, nach dem Jahr Datum und Uhrzeit des Zugriffs (in eckigen Klammern) sowie die Webadresse (**URL**) anzugeben.   — Internetquelle

[Stil03]   — Beispiel
Stiller, Andreas; *Lücke im Primzahl-Beweis* [online], 2003, [Zugriff am: 22.7.2014, 15:00]. Verfügbar unter: http://www.heise.de/newsticker/meldung/Luecke-im-Primzahl-Beweis-79877.html.

Da sich die Webadressen von Internetquellen ändern können, gibt es besonders für Online-Artikel von wissenschaftlichen Fachzeitschriften den **DOI** *(Digital Object Identifier)* – vergleichbar mit der ISBN für Bücher –, der unverändert bleibt. Gibt es einen DOI, dann sollte er immer angegeben werden. Datum und Uhrzeit des Zugriffs entfallen, da sich die DOI nicht ändert. Vor der eigentlichen DOI ist anzugeben: http://dx.doi.org/   — Internetquelle mit DOI

[Balz97]   — Beispiel
Balzert, Heide; *Wie erstellt man ein objektorientiertes Analysemodell?*, in: Informatik-Spektrum, Band 20, Nr. 1, S. 38–47. Verfügbar unter: DOI http://dx.doi.org/10.1007/s002870050051

32 Formal richtig zitieren – Plagiate vermeiden *

Kommentare — Im Anschluss an die Quellenangaben können Sie noch persönliche Kommentare hinzufügen.

Beispiel
[Bloc05]
Bloch, Joshua; *Effective Java – Programming Language Guide*, 11. Auflage, Boston, Addison-Wesley, 2005.
Ausgezeichnetes Buch, das zeigt, bei welchen Java-Sprachkonstrukten welche Alternativen welche Vor- & Nachteile haben.

Alle Quellen werden im Quellenverzeichnis alphabetisch nach dem ersten Autorennamen angeordnet – außer bei der Zitierweise mit dem numerischen Index. Dort entspricht die Reihenfolge dem aufsteigenden numerischen Index.

Beispiel
[1] International DOI Foundation, DOI Handbook [online]. © 2006. Aktualisiert am 17. März 2014 [Zugriff am: 25. Juli 2014]. Verfügbar unter: http://www.doi.org/hb.html
[2] ISO 2108, Information and documentation – International standard book number (ISBN)

Eigenzitate — Wenn Sie bereits mehrere eigene Werke geschaffen haben und wollen daraus Teile in Ihrem neuen Werk verwenden, dann müssen Sie sich selbst zitieren!

Hinweis — Enthält ein Buch viele Fotos – u. U. von einem Urheber – dann wird oft im Impressum ein Quellenverzeichnis der Fotos mit Verweis auf die jeweilige Buchseite angegeben.

Seitenangaben zu den Quellen

Insbesondere bei Zitaten von Sprachwerken muss angegeben werden, auf welche Seiten sich die Zitate beziehen, damit ein Leser bzw. Lernender bei Bedarf das Zitat in der Quelle identifizieren kann. Folgende Fälle können auftreten:

- Zitat bezieht sich auf eine Seite, Angabe z. B. [Balz13, S. 12].
- Zitat bezieht sich auf eine Seite und die Folgeseite, Angabe z. B. [Balz13, S. 12 f.] (»f.« für »folgend«).
- Zitat bezieht sich auf eine Seite und mehrere Folgeseiten, Angabe z. B. [Balz13, S. 12 ff.] (»ff.« für »fortlaufend folgend«).
- Zitat bezieht sich auf mehrere, *nicht* aufeinanderfolgende Seiten, Angabe z. B. [Balz13, S. 12, 15 u. 23 bis 25].
- Zitat bezieht sich auf Webseiten, die keine Seitenangabe enthalten: Angabe des Absatzes durch »Abs.« oder »Absatz«, z. B. [Baua14, Abs. 2].

Zitatarten

Es gibt verschiedene Arten der Übernahme von anderen Werken: *Arten der Übernahme*

- Direktes Zitat: Wörtliche Übernahme
- Indirektes Zitat – **Paraphrase**: Eigene Formulierung fremder Ideen
- **Passim**: Bezugnahme auf die Ideen eines ganzen Werkes
- Übernahme eines ganzen Werkes, trifft insbesondere bei Bildern und Fotos zu.

Wörtliche Zitate sind ohne Änderungen – auch mit alter Rechtschreibung oder grammatikalischen oder Rechtschreibfehlern – zu übernehmen. Sie sind in Anführungs- und Abführungszeichen zu setzen („..." oder »...«). Befindet sich in einem Zitat ein weiteres Zitat, dann sind halbe Anführungs- und Abführungszeichen zu verwenden („...' oder ›...‹). Falls es sinnvoll oder notwendig ist, dürfen wörtliche Zitate gekürzt werden. Die eigentliche Aussage der Quelle darf aber nicht verändert werden. Wird ein einzelnes Wort entfernt, dann wird es wie folgt gekennzeichnet: »[..]«, werden mehrere Worte oder ganze Sätze entfernt: »[...]«. Müssen Wörter aus grammatikalischen Gründen angepasst oder eingefügt werden, dann geschieht dies mit eckigen Klammern. Anmerkungen des Autors im Zitat werden wie folgt vorgenommen: [... Anm. d. Autors]. *Direktes Zitat*

»Die I. [Ingenieurwissenschaften, Anm. der Autoren] lassen sich [...] durch vier typ. Merkmale charakterisieren, die für die Naturwissenschaften nur sehr bedingt zutreffen« [Broc88, S. 504]. *Beispiel*

Bei einem indirekten Zitat geben Sie die Aussagen fremder Quellen mit eigenen Worten wieder. Die Quelle ist wie bei einem direkten Zitat anzugeben, oft mit dem Hinweis »vgl.« für »vergleiche« oder »vgl. hierzu«. *Indirektes Zitat*

Ignaz Semmelweis erkannte, dass Studenten zuerst Leichen sezierten und anschließend werdende Mütter untersuchten, ohne sich die Hände zu desinfizieren. Durch die Einführung von Hygienevorschriften konnte Semmelweis die Sterblichkeitsrate senken (vgl. [Howa10]). *Beispiel*

In manchen Fällen wollen Sie als Autor den Gedankengang oder die Idee, die in einem ganzen anderen Werk oder auf vielen verschiedenen Seiten eines anderen Werks skizziert wird, zitieren. In einem solchen Fall wird beim Quellenverweis das Wort »passim« hinzugefügt, z. B. (vgl. [Meye12, passim]). *Passim*

Werden Fotos und Abbildungen unverändert aus anderen Werken übernommen, werden sie wie bei Zitaten mit Seitenangabe zitiert. Werden Abbildungen auf der Grundlage vorhandener Abbildungen aus anderen Werken neu erstellt, dann ist zu ergänzen: »in Anlehnung an«, z. B. (in Anlehnung an [BSS11, S. 99]). *Fotos, Abb.*

32 Formal richtig zitieren – Plagiate vermeiden *

Einen Überblick über die wichtigen Konzepte zeigt die Abb. 32.0-1.

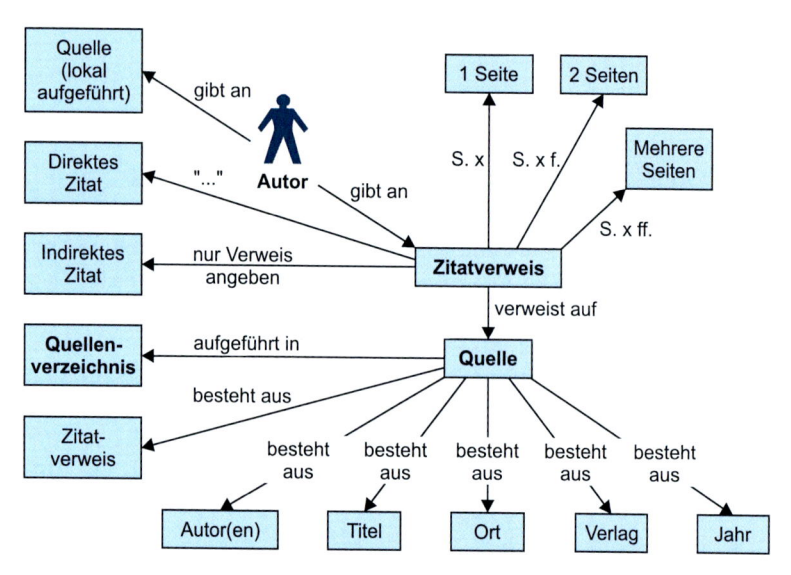

Abb. 32.0-1: *Concept Map* mit den wichtigsten Konzepten zum Zitieren.

Weiterführende Literatur

Neben den aufgeführten Zitierregeln gibt es noch eine ganze Reihe von Sonderfällen, wie das Zitieren von Gesetzestexten, Gerichtsurteilen, Konferenzbeiträgen, Herstellerinformationen, persönlichen Mitteilungen usw. Entsprechende Informationen finden Sie in der weiterführenden Literatur, z. B. in [BSS11].

In der [DIN 690 2013] wird allgemein die Zitierung von Informationsressourcen behandelt. Dazu gehören auch elektronische Nachrichten, Software, Filme, Videos, Rundfunksendungen, grafische Werke, Karten, Tonaufnahmen, Partituren, Patente. Eine Vielzahl von Beispielen verdeutlichen die Titelangaben.

33 Lernziele und Lernstufen **

Lernziele geben an, was vom Lernenden nach Durcharbeitung des Lernstoffs erwartet wird. Die Lernziele können nach den vier Lernstufen »Wissen«, »Verstehen«, »Anwenden« und »Beurteilen« klassifiziert werden.

Lernziele sollen aufgeführt werden, damit der Lernende weiß, was ihn erwartet und was er nach dem Lernen können soll. Es ist ein Unterschied, ob man etwas liest, was man anschließend nur wissen soll, oder ob man das Gelesene anschließend auf eigene Situationen anwenden können soll. Die Lernziele dienen dazu, dem Lernenden eine Orientierung zu vermitteln, welche Kenntnisse und Fähigkeiten er nach dem Durcharbeiten des Lernstoffs besitzen soll.

Lernziele

Für Lernziele gibt es in der Didaktik verschiedene **Taxonomien**. In den W3L-Lehrbüchern und W3L-E-Learning-Kursen wird die Lernzieltaxonomie des Bundesinstituts für Berufsforschung, Berlin, verwendet.

Lernstufen

Es werden folgende vier Lernstufen unterschieden:

4 Lernstufen

- **Lernstufe a: Wissen**
  Sie wird definiert durch elementare Kenntnisse. Darunter sind zu verstehen: Wiedergabe von Begriffen, Fakten, Klassifikationen und Kriterien.
- **Lernstufe b: Verstehen**
  Sie wird definiert durch funktionale Kenntnisse. Darunter sind u. a. zu verstehen: Beschreibung von Verfahren, Methoden, Regeln und Gesetzmäßigkeiten.
- **Lernstufe c: Anwenden**
  Sie wird definiert durch den sachkundigen Umgang mit Formeln und Verfahren zur Lösung von Problemen, zu denen die Übertragung von »Wissen« und »Verstehen« in direktem Bezug auf einzelne und konkrete Situationen notwendig ist.
- **Lernstufe d: Beurteilen**
  Sie wird definiert durch die Lösung von komplexen Aufgaben, zu denen anhand von Analysen Auswahlentscheidungen zutreffen und/oder Verfahren zu entwickeln sind.

Der Lehrstoff muss natürlich jeweils so aufbereitet und im Umfang darauf abgestimmt sein, dass die Lernziele auf der jeweiligen Lernstufe erreicht werden können. Wollen Sie beispielsweise die Lernstufe »Anwenden« vermitteln, dann müssen Sie dem Lernenden z. B. zeigen, wie Konzepte methodisch angewandt werden.

Zur Erleichterung bei der Formulierung von Lernzielen als auch zur Orientierung, welche Lernstufe vorliegt, können Sie folgende Teilziele heranziehen:

Teilziele

33 Lernziele und Lernstufen **

Stufe a
: **Grobziel wissen (kennen)**
Teilziele: anführen, angeben, aufführen, aufsagen, aufzählen, benennen, berichten, bezeichnen, erinnern (an Informationen), informiert sein (über Tatbestände), kennen, nennen, orientiert sein, vertraut sein, wiedergeben, wissen

Stufe b
: **Grobziel verstehen**
Teilziele: abgrenzen, aufzeigen, begreifen, beschreiben, bestimmen, charakterisieren, darstellen, deuten, definieren, einordnen, erfassen, erkennen, erklären, erläutern, festlegen, gegenüberstellen, identifizieren, interpretieren, kennzeichnen, klassifizieren, ordnen, schildern, skizzieren, überblicken, ... überzeugen, unterscheiden, vergleichen, Verständnis zeigen, zuordnen

Stufe c
: **Grobziel anwenden**
Teilziele: abrechnen, anfertigen, anwenden, aufstellen, auswählen, ausführen, ausfüllen, auswerten, bedienen, benutzen, berechnen, ... bilden, buchen, durchführen, einsetzen, erarbeiten, erstellen, formalisieren, gestalten, handhaben, konstruieren, lösen, mahnen, modellieren, ... schreiben, ... setzen, testen, überführen, übersetzen, übertragen (auf andere Sachverhalte), umsetzen, verwenden, vornehmen, wählen, zeichnen, zusammenstellen

Stufe d
: **Grobziel beurteilen**
Teilziele: ableiten, abschätzen, abwägen, analysieren, begründen, bewerten, einschätzen, entscheiden, entwerfen, entwickeln, ermitteln, finden, folgern, gestalten, kommentieren, kontrollieren, kritisch betrachten, kritisch würdigen, planen, prüfen, Stellung nehmen, untersuchen, würdigen, zergliedern, zerlegen

Beispiel
: Sie wollen, dass der Lernende auf der Lernzielstufe **Verstehen** etwas kann:

    Sie formulieren folgendes Lernziel:

    »**Erklären** können, wie Quellenverweise und Quellenverzeichnis zusammenhängen.«

    »Erklären« gehört hier als Teilziel zu »verstehen«, sodass Sie dieses Verb zur Lernzielformulierung verwenden können.

Lernzielstufung
: Die Tab. 33.0-1 hilft Ihnen, Lernziele auf der jeweiligen Lernzielstufe zu finden und zu formulieren. Die Teilziele sind in alphabetischer Reihenfolge aufgeführt und den Grobzielen (GZ) zugeordnet.

Beispiel
: Sie formulieren folgendes Lernziel: »Ein Literaturverwaltungssystem **bedienen** können.« Sie sind sich aber nicht sicher, welche Lernstufe vorliegt. Sie sehen in der Tab. 33.0-1 unter dem Begriff »bedienen« nach und finden die Zuordnung zur Lernstufe **anwenden**.

33 Lernziele und Lernstufen **

Teilziel	Stufe/GZ	Teilziel	Stufe/GZ	Teilziel	Stufe/GZ
abgrenzen	**b** verstehen	deuten	**b** verstehen	lösen	**c** anwenden
ableiten	**d** beurteilen	durchführ.	**c** anwenden	mahnen	**c** anwenden
abrechnen	**c** anwenden	einordnen	**b** verstehen	modelli.	**c** anwenden
abschätz.	**d** beurteilen	einschätz.	**d** beurteilen	nennen	**a** wissen
abwägen	**d** beurteilen	einsetzen	**c** anwenden	ordnen	**b** verstehen
analysier.	**d** beurteilen	entscheid.	**d** beurteilen	orient. sein	**a** wissen
anfertigen	**c** anwenden	entwerfen	**d** beurteilen	planen	**d** beurteilen
anführen	**a** wissen	entwickeln	**d** beurteilen	prüfen	**d** beurteilen
angeben	**a** wissen	erarbeiten	**c** anwenden	... setzen	**c** anwenden
anwenden	**c** anwenden	erfassen	**b** verstehen	schildern	**b** verstehen
aufführen	**a** wissen	erinnern an	**a** wissen	...schreib.	**c** anwenden
aufsagen	**a** wissen	erkennen	**b** verstehen	Stell. nehm.	**d** beurteilen
aufstellen	**c** anwenden	erklären	**b** verstehen	skizzieren	**b** verstehen
aufzählen	**a** wissen	erläutern	**b** verstehen	testen	**c** anwenden
aufzeigen	**b** verstehen	ermitteln	**d** beurteilen	überführ.	**c** anwenden
ausführen	**c** anwenden	erstellen	**c** anwenden	überblick.	**b** verstehen
ausfüllen	**c** anwenden	festlegen	**b** verstehen	übersetzen	**c** anwenden
auswerten	**c** anwenden	finden	**d** beurteilen	übertragen	**c** anwenden
auswählen	**c** anwenden	folgern	**d** beurteilen	überz. sein	**b** verstehen
bedienen	**c** anwenden	formalisier.	**c** anwenden	umsetzen	**c** anwenden
begreifen	**b** verstehen	gegenüber-stellen	**b** verstehen	unterscheiden	**b** verstehen
begründen	**d** beurteilen	gestalten	**c** anwenden	untersuch.	**d** beurteilen
benennen	**a** wissen		**d** beurteilen	vergleich.	**b** verstehen
benutzen	**c** anwenden	handhaben	**c** anwenden	Verständnis zeigen	**b** verstehen
berechnen	**c** anwenden	identifi.	**b** verstehen	verstehen	**b** verstehen
berichten	**a** wissen	inform. sein	**a** wissen	vertr. sein	**a** wissen
beschreib.	**b** verstehen	interpreti.	**b** verstehen	verwenden	**c** anwenden
bestimmen	**b** verstehen	kennen	**a** wissen	vornehm.	**c** anwenden
bewerten	**d** beurteilen	kennzeichn.	**b** verstehen	wählen	**c** anwenden
bezeichnen	**a** wissen	klassifizieren	**b** verstehen	wiedergeben	**a** wissen
...bilden	**c** anwenden	kommentie.	**d** beurteilen	würdigen	**d** beurteilen
buchen	**c** anwenden	kontrollie.	**d** beurteilen	zeichnen	**c** anwenden
charakteri.	**b** verstehen	konstruier.	**c** anwenden	zergliedern	**d** beurteilen
darstellen	**b** verstehen	kritisch betrachten	**d** beurteilen	zuordnen	**b** verstehen
definieren	**b** verstehen	kritisch würdigen	**d** beurteilen	zusammenstellen	**c** anwenden

Tab. 33.0-1: Von Teilzielen zu Lernstufen.

34 Grafiken, Bilder und Bildschirmabzüge erstellen ✱✱✱

Bevor Grafiken, Bilder und Bildschirmabzüge erstellt werden, müssen die maximale Breite und Höhe anhand des Satzspiegels (beim Lehrbuch) oder der Fenstergröße (beim E-Learning) festgelegt werden. Grafiken sollten mit einem vektorbasierten Grafikprogramm gezeichnet werden. Dabei sind einige Richtlinien zu beachten, um eine gleichmäßige Gestaltung mehrerer Grafiken sicherzustellen. Für die Bearbeitung von Bildern und Bildschirmabzügen sind pixelbasierte Zeichenprogramme notwendig. Skalierungen sollten vermieden werden.

In Lehrbüchern und E-Learning-Kursen sollen komplexe Sachverhalte anschaulich beschrieben werden. Durch Grafiken, Fotos und Bildschirmabzüge kann das Verständnis für den Lernenden wesentlich erleichtert werden (siehe »Visualisierung – die Kunst der Veranschaulichung«, S. 30). Beim Erstellen dieser Medien ist einiges zu beachten, damit sie bei einem Lehrbuch für den Buchdruck verwendbar sind.

Grafiken erstellen

Grafiken sollten immer *unabhängig* von dem verwendeten Textverarbeitungssystem erstellt und gespeichert werden, damit man für eine Überarbeitung, für eine andere Platzierung im Dokument oder für eine spätere Wiederverwendung flexibel ist.

Es lassen sich vektorbasierte und pixelbasierte Grafiken unterscheiden. Wenn Sie selbst neue Grafiken erstellen, dann sollten Sie dafür immer ein vektorbasiertes Grafikprogramm verwenden, z. B. CorelDRAW. Vektorbasierte Grafiken haben den Vorteil, dass sie sich auf verschiedene Größen skalieren lassen, ohne einen Qualitätsverlust zu erleiden. So erstellte Grafiken können ohne Probleme in Textverarbeitungssysteme importiert werden. Wenn Ihre Grafiken in einem Lehrbuch erscheinen sollen, dann achten Sie darauf, dass Sie die Grafiken mit mindestens 300 dpi *(dots per inch)* exportieren. — Vektorbasiert

Wenn Sie *kein* professioneller Grafiker sind, dann sollten Sie bei der Erstellung von Grafiken folgende **Empfehlungen** beachten: — Empfehlungen

■ Da beim Skalieren von Grafiken Schriftgröße und Linienstärke ebenfalls verändert werden, müssen Sie von Anfang an eine maximale Breite und Höhe für Ihre Grafiken festlegen. Die Breite und die Höhe hängen vom **Satzspiegel** (Abb. 34.0-1) des Lehrbuchs (wird vom Verlag vorgegeben) bzw. der Fenstergröße im E-Learning-Kurs ab. Konzipieren Sie alle Ihre Grafiken daher so, dass sie die einmal von Ihnen festgelegte Breite und Höhe *nicht* überschreiten. — Breite & Höhe

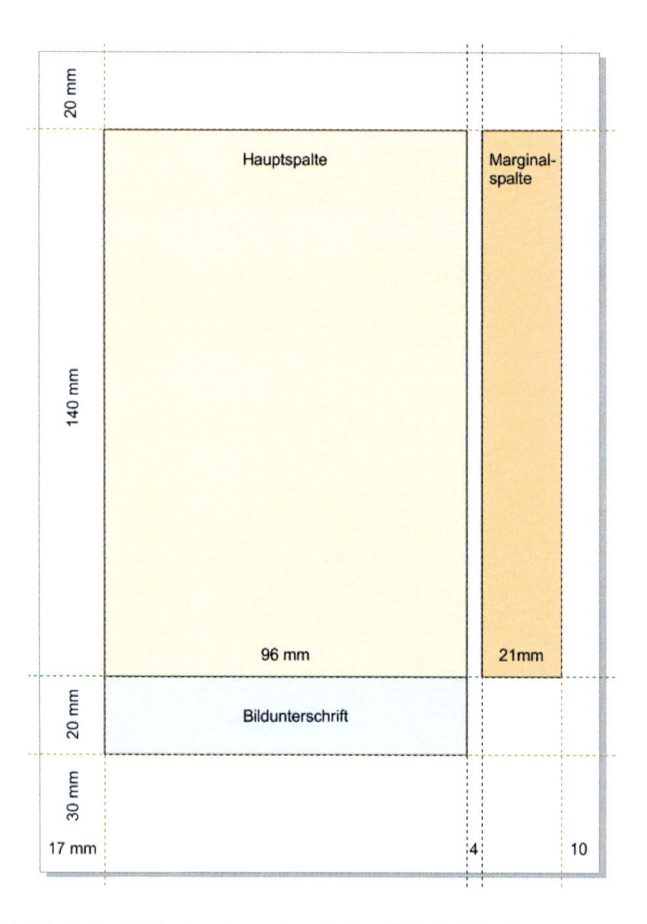

34 Grafiken, Bilder und Bildschirmabzüge erstellen ***

Abb. 34.0-1: Beispiel für den Satzspiegel eines W3L-Lehrbuchs.

Gestaltung
- Oberstes Gebot bei jeder Gestaltung ist der Grundsatz: **weniger ist mehr**. Zu viele Elemente erschweren die Konzentration auf das Wesentliche. Suchen Sie daher zunächst immer nach einer einfachen Lösung bei der Umsetzung Ihrer Grafiken. Das wird um so wichtiger, je komplexer und komplizierter der zu veranschaulichende Sachverhalt ist.
- Legen Sie Ihre Grafiken im Regelfall **zweidimensional** an. Verwenden Sie die dritte Dimension nur, wenn dies fachlich unbedingt nötig ist bzw. für die Anschaulichkeit von besonderem Nutzen.
- Legen Sie *keinen* Schatten hinter die einzelnen Grafikbestandteile.
- Grafiken werden in der Regel *nicht* mit einem Rahmen versehen.
- Achten Sie darauf, dass mehrere **gleichartige Grafikelemente**, z. B. Rechtecke oder Kreise oder Ovale, in der Regel **gleich groß** sind.

- Damit ein ästhetischer Gesamteindruck entsteht, ist auf horizontale und insbesondere **vertikale Fluchtlinien** zu achten. Das gibt dem Auge zudem Halt und trägt somit zur leichteren Orientierung bei.
- Bei der Schrift sollte es sich um eine **serifenlose Schrift** handeln, z. B. **Arial**.

  Schrift
- Die **Standard-Schriftgröße** sollte **8 Punkt** betragen, keinesfalls kleiner, damit die Schrift lesbar bleibt. Abweichungen nach oben sind zwar für Auszeichnungszwecke möglich, Sie sollten sich dann aber auf höchstens 2 zusätzliche Schriftgrößen beschränken.
- Die Schrift in Kästen, Kreisen usw. ist im Regelfall **linksbündig**, nicht zentriert, anzuordnen. Ausnahmen sind z. B. einzelne Ziffern oder Buchstaben.
- Werden in einer Grafik Ziffern oder Buchstaben zur Nummerierung verwendet, dann sind diese fett und ohne anschließenden Punkt zu schreiben, d. h. »**1**« statt »1.«.
- Die **Linienstärke** von Verbindungslinien und Konturen sollte **0,25 mm** oder – falls erforderlich – **0,5 mm** betragen (Abb. 34.0-2).

  Linien/Pfeile

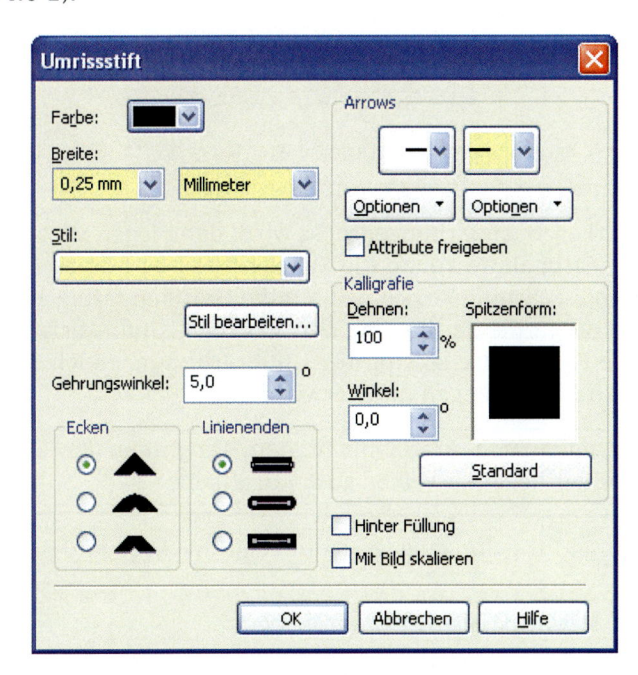

Abb. 34.0-2: Beispiel: CorelDRAW Dialogfenster Umrissstift (F12).

- Bei **gestrichelten Linien** weder eine zu kurze noch eine zu lange Unterteilung wählen, damit sowohl lange als auch kurze Linien eindeutig als gestrichelt erkennbar bleiben (Abb. 34.0-3).

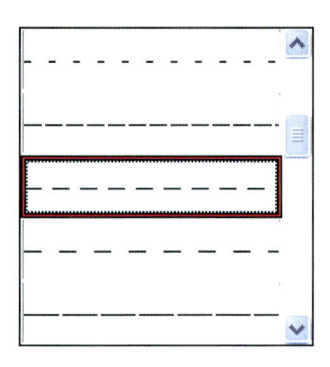

Abb. 34.0-3: Beispiel: CorelDRAW Dialogfenster Umrissstift (F12), Einstellung Stil.

- Wählen Sie als Pfeilspitze, wenn es fachlich nicht anders vorgeschrieben ist, ein geschlossenes Dreieck, da dieses immer deutlich erkennbar bleibt (Abb. 34.0-4).

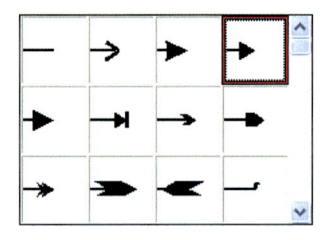

Abb. 34.0-4: Beispiel: CorelDRAW Dialogfenster Umrissstift (F12), Einstellung Pfeile.

Farbe — Wenn Ihr Lehrbuch farbig gedruckt wird, dann legen Sie sich vorher eine Farbpalette an, an die Sie sich bei Ihren Grafiken dann halten. In E-Learning-Kursen sollten die Grafiken farbig angelegt werden, da Lernende dies im Web gewöhnt sind. Auch hierbei gilt: Eine Farbpalette sowohl für Hintergrund- als auch für Vordergrundfarben anlegen und verwenden.

Hinweis — Das Erstellen von Grafiken mit dem Programm PowerPoint führt in der Regel zu *keinen* guten Grafiken!

Beispiele — Ein Beispiel für gelungene Grafiken zeigt die Abb. 34.0-5.

Bilder und Fotos bearbeiten

Wenn Sie Fotos, zum Beispiel von Laboraufbauten oder Experimenten, in Ihrem Werk verwenden wollen, müssen Sie diese u. U. zuschneiden und/oder beschriften. Dafür benötigen Sie ein Bildbearbeitungsprogramm, z. B. Adobe Photoshop. Diese Programme arbeiten pixelbasiert, d. h. bei einer Skalierung gehen Informationen verloren.

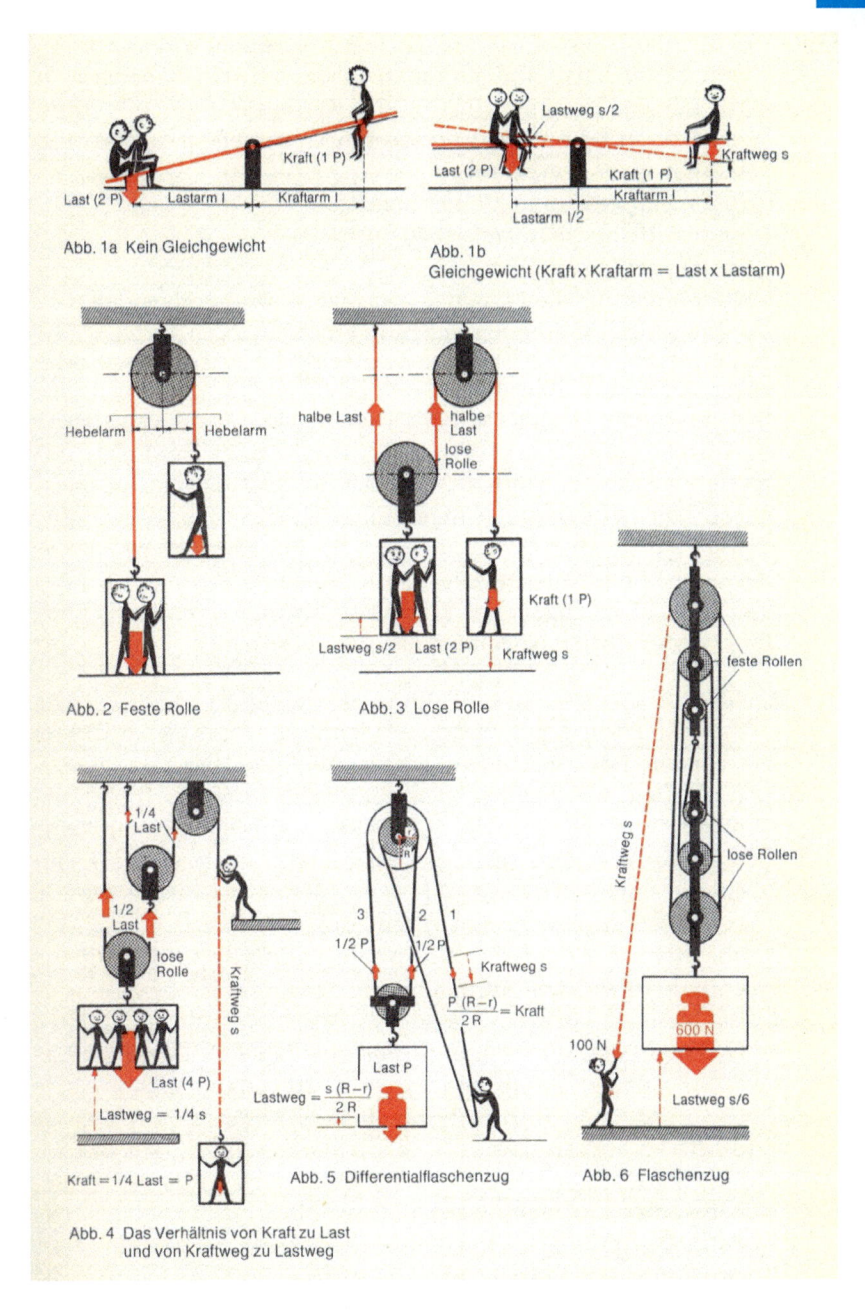

Abb. 34.0-5: Beispiel für klare, reduzierte, professionelle Grafiken zum Thema »Flaschenzug« [Thom86, S. 19].

Üblich sind heute folgende Bildformate: Formate

- Ein häufig verwendetes Bildformat ist **JPEG** *(Joint Photographic Experts Group)*. JPEG-Bilder besitzen die Dateiendungen

.jpg oder .jpeg. Das JPEG-Format verwendet eine Farbtiefe von 24 Bit bzw. 16,7 Millionen Farben und ist daher für Fotos bestens geeignet. JPEG-Bilder werden mit einem verlustbehafteten Komprimierungsverfahren erstellt. Das JPEG-Format ist *nicht* geeignet für:

- Bilder mit Texten in kleiner Schrift.
- Bilder, die nur wenige Farben enthalten.
- Liniengrafiken.
- Bilder, die nur die Farben Schwarz und Weiß verwenden.
- Bilder mit größeren Bereichen in einer einzigen Farbe.

Tipp: Wegen der Qualitätsverluste beim Abspeichern sollte man immer mit einem Originalbild arbeiten, das in einem verlustfreien Format gespeichert ist (z. B. **TIFF**, BMP oder PNG). Erst im letzten Arbeitsschritt wird das Bild im JPEG-Format gespeichert. Für spätere Änderungen empfiehlt es sich, das Originalbild aufzuheben. Wenn Sie ein JPEG-Bild abspeichern, dann wird der Komprimierungsverlust im Allgemeinen *nicht* sofort am Bildschirm angezeigt. Erst wenn Sie die Datei schließen und wieder öffnen, sehen Sie das veränderte Bild.

- **GIF** steht als Abkürzung für *Graphics Interchange Format*. Das GIF-Format gilt zwar als technisch veraltet, wird aber trotzdem noch häufig eingesetzt. GIF-Bilder besitzen die Dateiendung .gif. Beim GIF-Format wird eine verlustfreie Komprimierung verwendet, d. h. beim Komprimieren gehen keine Bildinformationen verloren. Ein GIF-Bild besitzt jedoch nur eine geringe **Farbtiefe**. D.h. jedes Bild kann nur bis zu 256 verschiedene Farben enthalten. Das GIF-Format eignet sich vor allem für Grafiken, die wenige optische Informationen enthalten, wie z. B. Grafiken und Logos.
- Das neueste Format für Bilder ist **PNG** (gesprochen »Ping«). PNG steht als Abkürzung für *Portable Network Graphics*. Das PNG-Format erlaubt es, Bilder verlustfrei abzuspeichern, d. h. es verliert *keine* Informationen bei der Kompression. Es wurde als Verbesserung des GIF-Formats konzipiert. Mit der 24-Bit-Farbtiefe können – wie bei JPEG-Bildern – über 16 Millionen Farben angezeigt werden. Obwohl Farbfotos bei der **true color**-Einstellung optimal im PNG-Format gespeichert werden können, benötigen sie wesentlich mehr Speicherplatz als im JPEG-Format.

Das PNG-Format bietet folgende Vorteile:

+ Es ermöglicht die *true color*-Darstellung.
+ Es verwendet eine verlustfreie Komprimierungstechnik.
+ Die Transparenz von Farben kann gezielter als bei GIF-Bildern spezifiziert werden.

Bildschirmabzüge erstellen und bearbeiten

Wenn Sie nur wenige Bildschirmabzüge (*Screenshots*) benötigen und sie nur einfache Zusatzbeschriftungen auf dem Bildschirmabzug vornehmen wollen, dann genügt in der Regel ein kostenloses Screenshot-Programm, z. B. das kostenlose Programm »Greenshot« (GNU General Public Licence). Sie können einen Bildschirmabzug natürlich auch mit einem Bildbearbeitungsprogramm weiterverarbeiten, z. B. Photoshop, oder ein professionelles Programm für Bildschirmabzüge benutzen, z. B. CorelCAPTURE.

Breite & Höhe

Da die Qualität eines Bildschirmabzugs von der Auflösung des Bildschirms abhängt und beim Skalieren Informationen verloren gehen, sollten Sie versuchen, die Informationen, die auf dem Bildschirm »fotografiert« werden sollen, so in der Größe anzuordnen, dass eine spätere Skalierung überflüssig wird.

Hinweis

Bei einem Lehrbuch wird in der Regel für Grafiken, Bilder und Bildschirmabzüge ein EPS-Format *(Encapsulated PostScript)* mit 300 dpi benötigt. Viele Grafikbearbeitungsprogramme erlauben einen Export in das EPS-Format.

35 Mit Diagrammen richtig informieren ***

Die visuelle Wahrnehmung kann durch die Darstellung von Diagrammen (auch logische Bilder genannt) bewusst oder unbewusst getäuscht werden. Daher sind das Proportionalitäts-, das Vergleichs- und das Konformitätsgebot bei der Gestaltung von Diagrammen einzuhalten. Durch folgende neue grafische Darstellungsformen können Informationen kompakt und korrekt dargestellt werden: Kachelgrafiken *(Small Multiples)*, *Sparklines* (Microchart, Schwunglinie, Wortgrafik), Punktbalken *(Dot Plots)*, grafische Tabellen.

Viele Zahlen, die in Tabellenform vorhanden sind, werden oft in eine grafische Darstellung transformiert, damit sie besser wahrgenommen werden können. Häufig werden Torten-, Säulen-, Balken- und Zeitreihendiagramme verwendet. Unterschiede zwischen Zahlen werden dann in den Diagrammen durch Unterschiede in Länge, Fläche, Volumen oder Farben dargestellt.

Diagramme sollen in Syntax, Semantik und Pragmatik optimal gestaltet werden. Die Beziehungen der Bildelemente zueinander werden durch die **Syntax** festgelegt. Elemente, die zusammengehören, sind entsprechend kenntlich zu machen, z. B. durch eine entsprechende farbliche Gestaltung. Die **Semantik** der einzelnen Bildelemente muss deutlich werden. Unterschiedliche Ob-

Zur Gestaltung

jektemengen müssen z. B. durch entsprechende proportionale Größendarstellungen präsentiert werden. Außerdem muss die Darstellungsform auf die vorgesehene Verwendung abgestimmt sein (**Pragmatik**). Die Gestaltung sollte außerdem inhaltlich und formal sparsam sein, damit die Komplexität von Diagrammen in Grenzen gehalten wird und sich auf das jeweils Wesentliche beschränkt. Eine zu repräsentierende Größe sollte z. B. *nicht* durch die Höhe *und* die Breite eine Figur dargestellt werden, da es sonst zu wahrnehmungsbedingten Verzerrungen der Größenunterschiede kommt. Dreidimensionale Darstellungen sollten nur verwendet werden, bei denen die Tiefendimension eine Repräsentationsfunktion hat [ScHo11, S. 96 f.].

Probleme Bei der Darstellung von Zahlen in Diagrammform können folgende Probleme auftreten:

- Durch die menschliche visuelle Wahrnehmung werden Unterschiede zwischen Zahlen in der grafischen Darstellung u. U. anders – als unbewusst oder bewusst gewollt – wahrgenommen.
- Diagramme benötigen viel Platz für wenige Daten.

Lösung Um das erste Problem zu vermeiden, müssen Regeln und Gebote bei der Gestaltung von Diagrammen eingehalten werden.

Für das zweite Problem werden neue kompakte grafische Darstellungsformen benötigt.

Regeln und Gebote

In [BiBu13] werden folgende Gebote aufgestellt, um Informationen korrekt in Diagrammen darzustellen:

- Das Proportionalitätsgebot
- Das Vergleichsgebot
- Das Konformitätsgebot

Im Folgenden wird auf diese Gebote kurz eingegangen.

Das Proportionalitätsgebot
Unterschiedliche Zahlenwerte sollen in Diagrammen visuell deutlich gemacht werden. Es muss jedoch sichergestellt sein, dass die visuellen Unterschiede proportional zu den Wertunterschieden sind.

Beispiel Die Abb. 35.0-1 zeigt, dass die Säule für den Wert 34 zweimal so groß ist wie für den Wert 30, obwohl der Unterschied gerade einmal 10,33 % beträgt. Achtung: Wenn Sie mit Excel arbeiten, wird bei automatischer Einstellung der Säulenfuß automatisch abgeschnitten, wenn die Werte eng zusammenliegen.

35 Mit Diagrammen richtig informieren ***

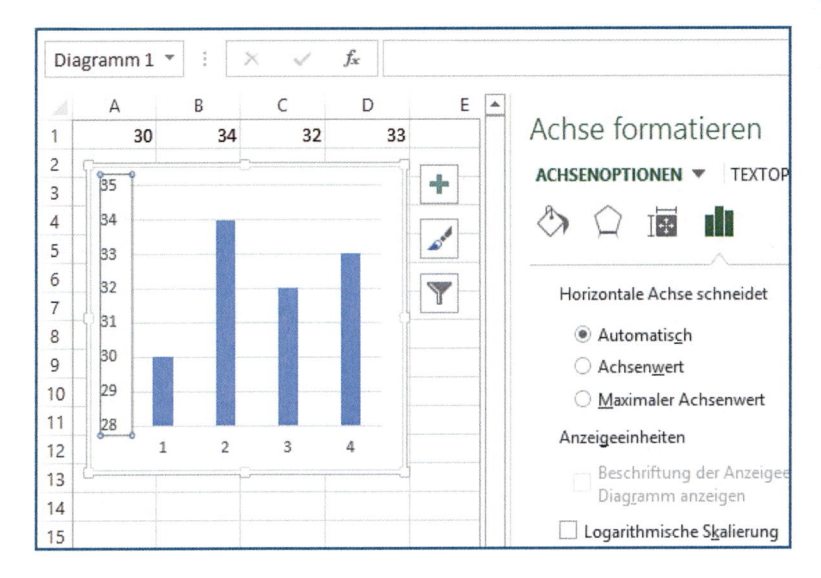

Abb. 35.0-1: Beispiel für eine verzerrte Grafik durch Abschneiden der Säulenfüße (Quelle: http://www.bella-beraet.de/achsenoptionen-excel-2013).

Ist eine ausreichende Differenzierung mit Säulen nicht möglich, dann muss auf eine andere Diagrammform ausgewichen werden. Alternativ kann man *nicht* die Ursprungswerte angeben, sondern ihre Abweichung zum Durchschnitt, Startwert oder einem anderen Referenzwert.

»Schneide Säulen *nicht* die Füße ab« [BiBu13, S. 136]. »Alles muss proportional zu den dargestellten Werten sein. Zum Beispiel Balkenlängen. Ohne Proportion ist Manipulation« Blog: Bella berät (http://www.bella-beraet.de/).	Merke

Eine analoge Regel gilt für Balken.

Die Abb. 35.0-2 zeigt, dass das Abschneiden von Balkenköpfen bei Extremwerten irreführend ist. Wertveränderungen über 5 Prozent sind in der Tabelle abgeschnitten. Die Wertveränderung bei der Allianz mit 5,49 wird gleich dargestellt wie bei Continental mit 11,58. Außerdem ist der Proportionalbezug zu den anderen Werten in der Tabelle nicht mehr gegeben.	Beispiel

»Schneide Balken nicht die Köpfe ab« [BiBu13, S. 136].	Merke

Gleichförmige und gleich lange Abschnitte bei Zeitachsen werden als gleichbedeutend interpretiert. Daher sollen in Zeitreihendiagrammen Säulenabstände den Zeitabständen entsprechen. Vergangenheitswerte und Prognosewerte sollen unterschiedlich aussehen.

35 Mit Diagrammen richtig informieren ***

	Div.	15.07. Schluss	14.07. Schluss	Tages-Veränderung in Prozent	Tages-Hoch / Tief
Dax	–	6081,70	6200,25	-1,91	6164,73 / 6006,58
Adidas	0,50	34,85	36,23	-3,81	35,82 / 34,36
* Allianz	5,50	102,56	108,52	-5,49	107,69 / 99,77
* BASF	1,95	40,36	40,69	-0,81	40,68 / 40,12
* Bayer	1,35	53,78	54,91	-2,06	54,63 / 53,48
BMW	1,06	27,71	28,22	-1,81	28,15 / 26,64
Commerzbank	1,00	19,17	19,88	-3,57	19,64 / 18,57
Continental	2,00	73,42	65,80	+11,58	74,35 / 65,40
* Daimler	2,00	36,38	37,54	-3,09	37,39 / 35,82
* Deutsche Bank	4,50	49,94	52,22	-4,37	51,00 / 49,02
* Deutsche Börse	2,10	62,42	66,72	-6,44	64,00 / 61,78

Abb. 35.0-2: Beispiel für das Abschneiden von Balkenköpfen (Quelle: Süddeutsche Zeitung, 16.7.2008, zitiert nach http://www.bella-beraet.de/nicht-kupieren).

Beispiel Die Gegenüberstellung in der Abb. 35.0-3 zeigt, wie nichtproportionale Zeitachsen zu einer falschen Interpretation der Zahlen führen können. Positiv zu bewerten ist, dass Prognosewerte andersfarbig dargestellt werden.

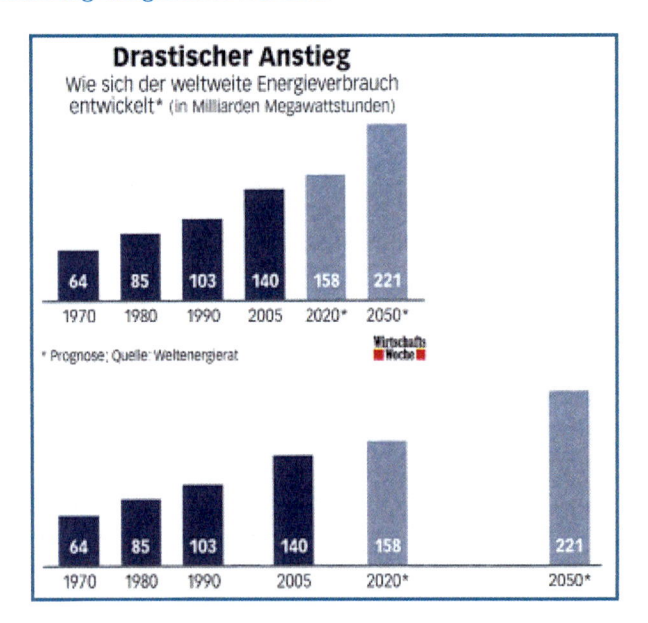

Abb. 35.0-3: Beispiel, wie eine nichtproportionale Zeitachse die Interpretation verfälscht (Quelle: Wirtschaftswoche, 30.6.2008, modifizierte untere Fassung von http://www.bella-beraet.de/fakten) .

Merke »Schneide nicht an der Zeitachse herum« [BiBu13, S. 137].

Das Auge vergleicht bei Säulen und Balken die Höhen und Längen. Wird die Null-Linie abgeschnitten, dann stimmen die Proportionen nicht mehr. Bei Liniendiagrammen ist dagegen der Linienverlauf dominierend. Daher sollte gleiche Steilheit zwischen benachbarten Punkten für eine gleiche relative Veränderung stehen. Das Seitenverhältnis des Diagramms ist so zu wählen, dass der Durchschnitt aller Winkel 45° beträgt. Dadurch werden alle Wertunterschiede deutlich gemacht.

In der Abb. 35.0-4 sind die Unterschiede zu sehen. Das Diagramm (a) zeigt eine flache Kurve, da die x-Achse im Verhältnis zur y-Achse sehr lang gewählt wurde. Das Diagramm (b) zeigt den Kurvenverlauf, wenn die 45°-Regel angewandt wird. Wird die y-Achse beschnitten, ergibt sich die Grafik (c). Eine erneute Anwendung der 45°-Regel ergibt die optimale und kompakte Grafik (d).	Beispiel

»Schneide Linien ruhig die Füße ab« [BiBu13, S. 137]. Wende die 45°-Regel an.	Merke

Bei linearen Skalen machen große Wertunterschiede Probleme. Durch eine logarithmische Skalierung wird das Problem gelöst. Gleichgroße Veränderungen werden gleich steil oder gleich flach wiedergegeben. Dadurch wird das Proportionalitätsgebot eingehalten.

In der Abb. 35.0-5 werden mehrere Zeitreihen auf unterschiedlichem Wertniveau dargestellt. In der linken Grafik hat man den Eindruck, dass der Strom stärker steigt als das Erdgas. In der rechten Grafik mit logarithmischer Skala werden die Verhältnisse visuell richtig wahrgenommen: Heizöl plus 122 Prozent, Erdgas plus 83 Prozent, Strom plus 36 Prozent.	Beispiel

Wähle eine logarithmische Skalierung, wenn die Wertunterschiede zu groß sind.	Merke

Das Vergleichsgebot
Oft werden mehrere Linien und/oder Säulen in einem Diagramm dargestellt, um Vergleiche zu ermöglichen. Solche Diagramme sind jedoch oft schwer zu lesen. Besser ist es, kleine Einzeldiagramme als **Kachelgrafiken** (*Small Multiples*) nebeneinander darzustellen. Die Wahrnehmung wird durch solche Grafiken rhythmisiert, es entsteht eine entlastende Blickroutine.

Die Abb. 35.0-6 zeigt Neuzulassungen von Autos nach Farben. Das obere Diagramm sieht verwirrend aus. Das mittlere Diagramm zeigt die Separation in Einzeldiagramme. Noch deutlicher werden die Unterschiede, wenn die Einzeldiagramme eine logarithmische y-Achse erhalten.	Beispiel

(a)

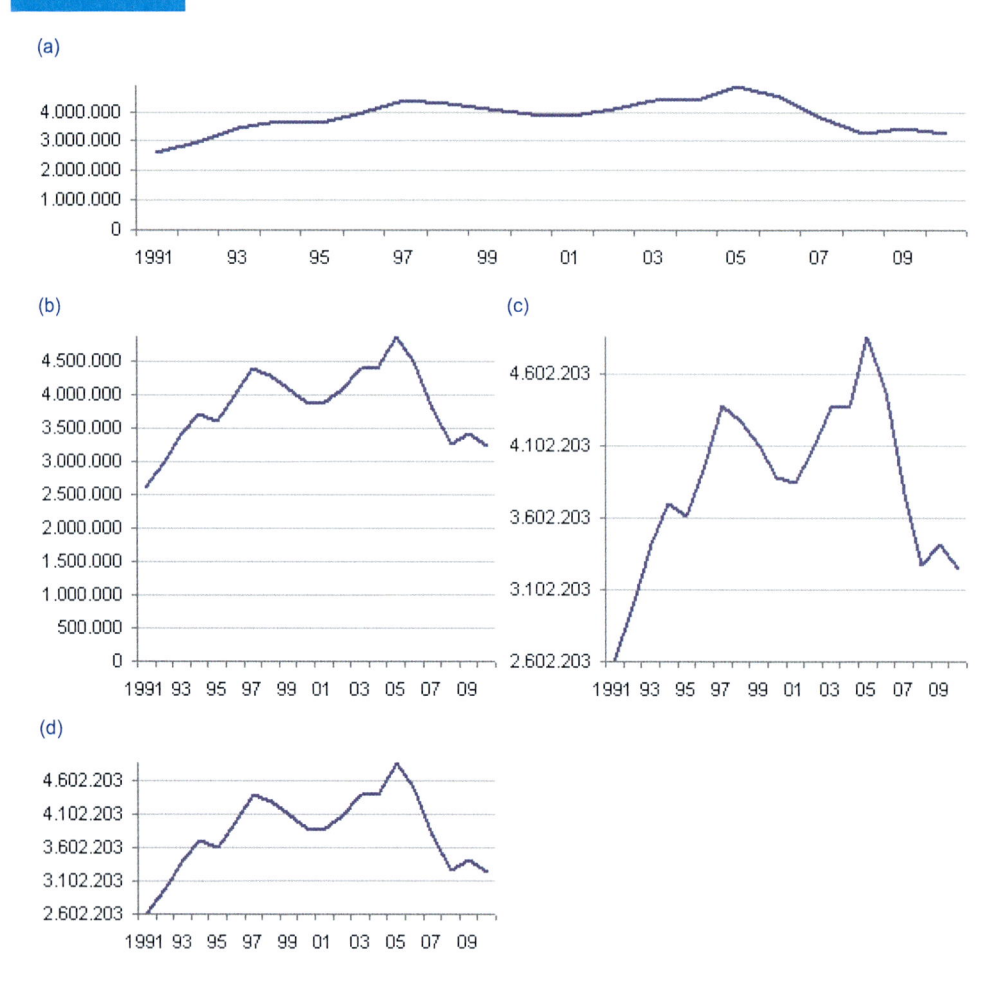

(b)   (c)

(d)

Abb. 35.0-4: Diagramm mit einem breiten Seitenverhältnis (a), mit einem Seitenverhältnis, sodass der Durchschnitt aller Winkel 45 Grad beträgt (b), wie (b) aber mit beschnittener Y-Achse (c) und erneuter Anwendung der 45-Grad-Regel (d) (Quelle: Arbeitslose in Deutschland, 1991–2010. Daten: Statistisches Bundesamt, entnommen aus: http://www.bella-beraet.de/45-grad-regel).

Merke »Small Multiples: Wiederhole die Form, ändere den Inhalt« [BiBu13, S. 141].

Zeitliche Entwicklungen werden oft durch sogenannte Zeitreihen dargestellt. In der Regel interessiert dabei nur der aktuelle Wert, aber nicht die exakte Wertfolge. Es soll zu sehen sein, ob der aktuelle Wert höher oder niedriger als zuvor ist, ob er einen vorläufigen Höhepunkt oder einen Tiefpunkt markiert. Dafür geeignete Darstellungsformen sind **Sparklines** (auch *Microchart*,

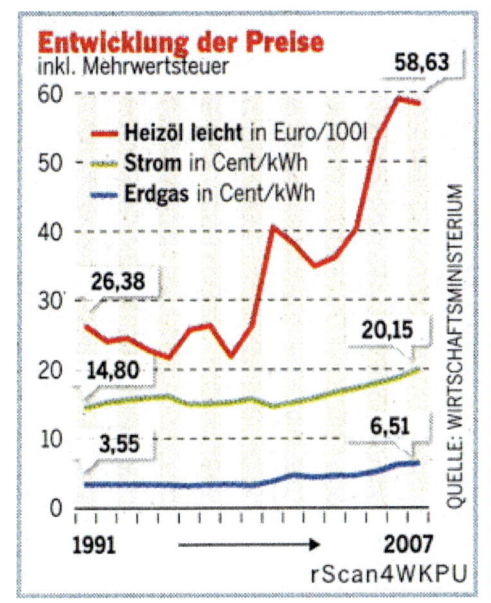

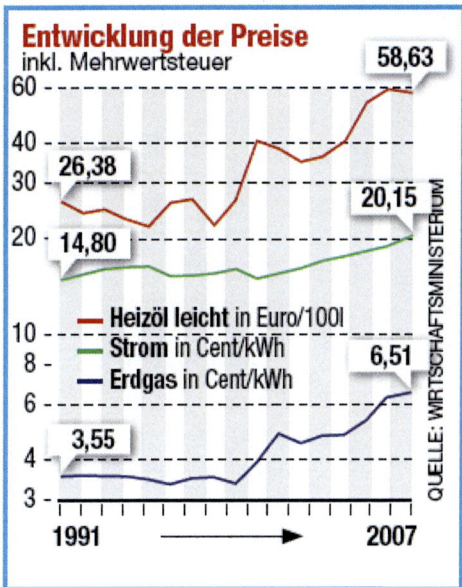

Abb. 35.0-5: Die linke Grafik eine linear skalierte y-Achse, während bei der rechten Grafik die y-Achse logarithmisch skaliert ist (Quelle links: Welt am Sonntag, 08.06.2008, rechts: http://www.bella-beraet.de/ueberhaupt-was-sehen).

Schwunglinie oder Wortgrafik genannt), die in der Regel die Größe von Worten haben. Sie lassen sich dadurch gut in Texte aber auch in grafische Tabellen integrieren.

Die Abb. 35.0-7 zeigt die Entwicklung von Börsenkursen. Beschriftet sind der letzte Wert, der höchste Wert und der niedrigste Wert. *Beispiel*

Wie kompakt Vergleiche dargestellt werden können, zeigt die Abb. 35.0-8. Sie zeigt den Ausgang aller 306 Spiele und die konsolidierten Ergebnisse der Fussball-Bundesliga der Saison 2010/2011. *Beispiel*

»Sparklines: Zeige Zeitreihen, auch ohne Zeit und Zahlen« [BiBu13, S. 141]. *Merke*

Tabellen erlauben es, eine große Anzahl von Zahlen kompakt darzustellen. Auffälligkeiten sind jedoch schwer zu erkennen. **Grafische Tabellen** erlauben es, Grafiken – z. B. in Form von *Sparklines* – in Tabellen zu integrieren, um Wertverteilungen visuell zu zeigen.

35 Mit Diagrammen richtig informieren ***

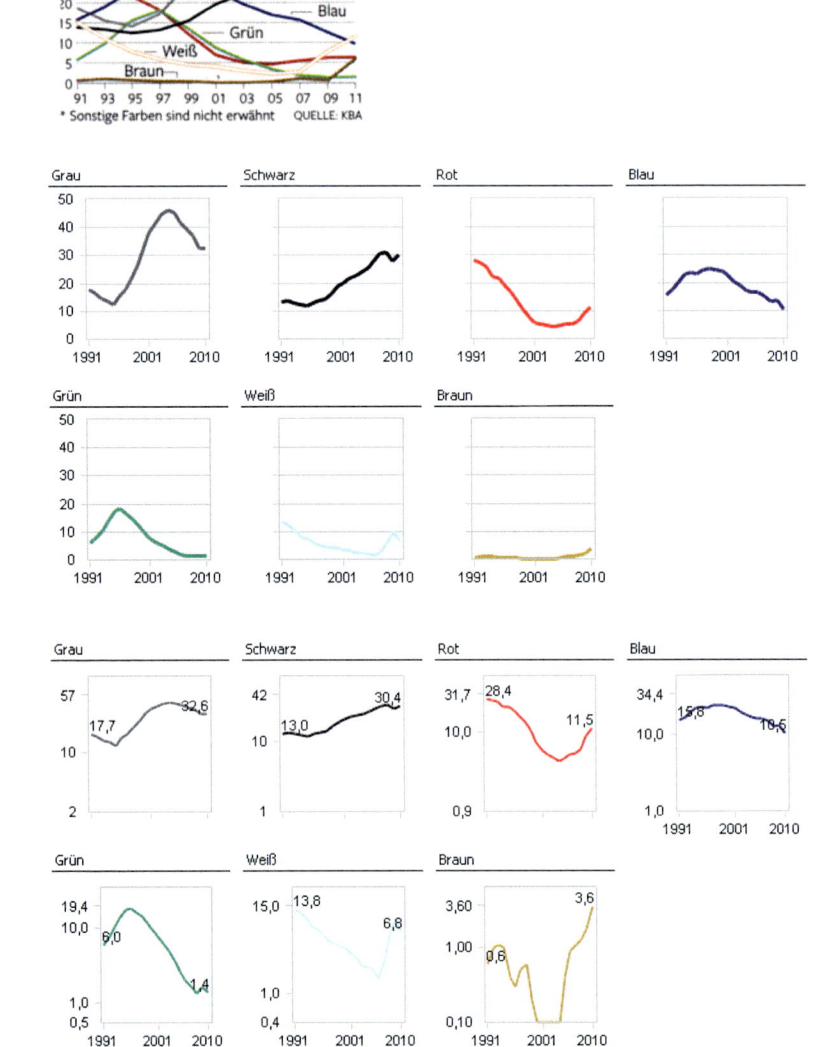

Abb. 35.0-6: Beispiel für Anordnung in Kachelform statt übereinander (oben) (Quelle oben: Die Welt, 27.11.2011, S. 99, darunter: http://www.bella-bera-et.de/ueberlagerte-zeitreihen).

Beispiel   Die Abb. 35.0-9 zeigt, wie kompakt und anschaulich Tabellen mit integrierter Grafik dargestellt werden können. Die Originaltabelle ohne Grafik besteht aus vier Seiten mit zwölf detaillierten Monatszahlen.

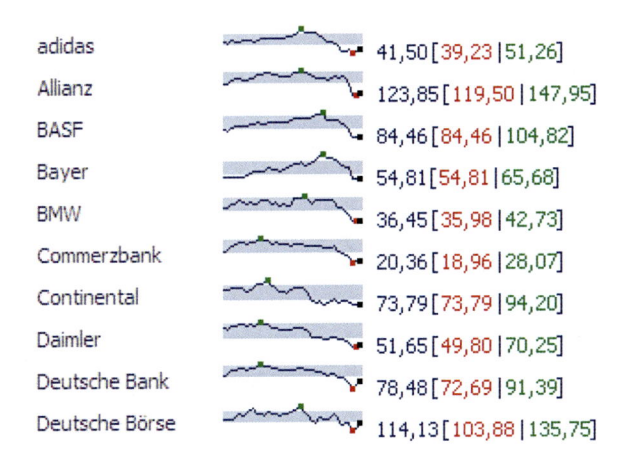

adidas	~~~	41,50 [39,23 | 51,26]
Allianz	~~~	123,85 [119,50 | 147,95]
BASF	~~~	84,46 [84,46 | 104,82]
Bayer	~~~	54,81 [54,81 | 65,68]
BMW	~~~	36,45 [35,98 | 42,73]
Commerzbank	~~~	20,36 [18,96 | 28,07]
Continental	~~~	73,79 [73,79 | 94,20]
Daimler	~~~	51,65 [49,80 | 70,25]
Deutsche Bank	~~~	78,48 [72,69 | 91,39]
Deutsche Börse	~~~	114,13 [103,88 | 135,75]

Abb. 35.0-7: Beispiel für die Integration von Sparklines in eine Tabelle (Quelle: http://www.bella-beraet.de/stock-quotes-sparklined).

> »Grafische Tabellen: Lass Zahlen in Tabellen, füg Grafik hinzu. [...] Als robustes Standardformat schlagen wir zellweise skalierte Säulen-Sparklines vor« [BiBu13, S. 142].

Merke

Weit auseinanderliegende Werte können – anders als in Balkendiagrammen – mit logarithmisch skalierten **Punktbalken** – *Dot Plots* genannt – differenziert dargestellt werden.

Die Abb. 35.0-10 zeigt in der linken Darstellung, dass die volle Bandbreite der Werte mit einem Balkendiagramm nicht dargestellt werden kann. Die rechte Darstellung mit Punktbalken (x-Achse abgeschnitten und logarithmisch) zeigt die Unterschiede deutlich.

Beispiel

> »Dot Plots: Male Punktbalken, wo Balken versagen. [...] Punktbalken [dürfen wir] beschneiden und logarithmisch skalieren« [BiBu13, S. 142].

Merke

Das Konformitätsgebot

Bei der Gestaltung von Diagrammen ist auf gewohnte Sichtweisen, Konventionen und Gewohnheiten zu achten. Beispielsweise sollten Verluste in Rot, Gewinne in Grün dargestellt werden, Unterschiede zwischen Plan und Ist sollten formal unterschieden werden (Istwerte zum Beispiel vollflächig, Planwerte hohl zeichnen).

> »Zeige Gleiches gleich, Verschiedenes verschieden [...] Farbe folgt Funktion« [BiBu13, S. 143 f.].

Merke

35 Mit Diagrammen richtig informieren ***

Pl	Team	Sp	g	u	v	Tore	Diff.	P	Verlauf
1	Borussia Dortmund	34	23	6	5	67 : 22	45	75	
2	Bayer Leverkusen	34	20	8	6	64 : 44	20	68	
3	Bayern München	34	19	8	7	81 : 40	41	65	
4	Hannover 96	34	19	3	12	49 : 45	4	60	
5	FSV Mainz 05	34	18	4	12	52 : 39	13	58	
6	1. FC Nürnberg	34	13	8	13	47 : 45	2	47	
7	1. FC Kaiserslautern	34	13	7	14	48 : 51	-3	46	
8	Hamburger SV	34	12	9	13	46 : 52	-6	45	
9	SC Freiburg	34	13	5	16	41 : 50	-9	44	
10	1. FC Köln	34	13	5	16	47 : 62	-15	44	
11	1899 Hoffenheim	34	11	10	13	50 : 50	0	43	
12	VfB Stuttgart	34	12	6	16	60 : 59	1	42	
13	Werder Bremen	34	10	11	13	47 : 61	-14	41	
14	Schalke 04	34	11	7	16	38 : 44	-6	40	
15	VfL Wolfsburg	34	9	11	14	43 : 48	-5	38	
16	Bor. Mönchengladbach	34	10	6	18	48 : 65	-17	36	
17	Eintracht Frankfurt	34	9	7	18	31 : 49	-18	34	
18	FC St. Pauli	34	8	5	21	35 : 68	-33	29	

Abb. 35.0-8: Sparklines integriert in eine Fußball-Bundesligatabelle (Balken nach oben: gewonnen, Balken nach unten: verloren, Strich in der Mitte: unentschieden), Quelle: http://www.bella-beraet.de/bundesligatabelle-mit-sparklines.

	Ist		Plan	Abw. abs.		Abw. %
Umsatz		15.385	16.411		-1.026	-6,3%
Rabatt		1.003	1.056		-53	-5,0%
Erlösschmälerungen		537	595		-58	-9,7%
Nettoumsatz		13.844	14.759		-915	-6,2%
Lohnkosten		6.756	7.228		-472	-6,5%
Materialkosten		292	309		-17	-5,6%
Deckungsbeitrag		6.796	7.223		-427	-5,9%

Abb. 35.0-9: Tabelle mit integrierten Balkenelementen und *Sparklines* (Quelle: http://blog.bissantz.de/grafische-tabellen).

Piktogramme werden in Grafiken oft benutzt, um durch eine Figur ein Objekt der Realität darzustellen, zum Beispiel Menschen, Schiffe usw.

GROSSSTÄDTE MIT DER HÖCHSTEN VERSCHULDUNG
Schuldenstand aus Krediten, Wertpapieren und Kassenkrediten* in Mrd. Euro

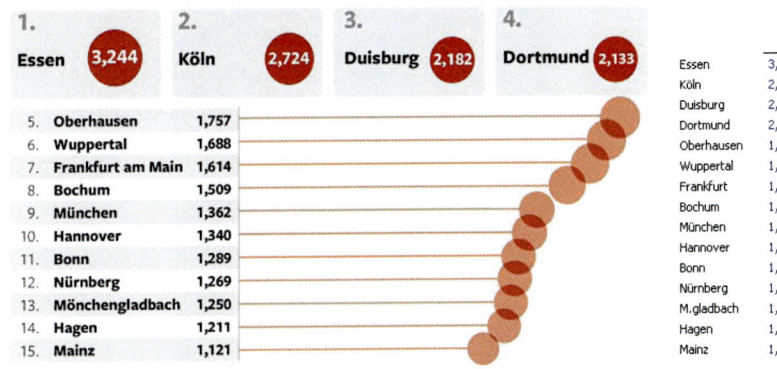

Rang	Stadt	Schulden (Mrd. €)
1.	Essen	3,244
2.	Köln	2,724
3.	Duisburg	2,182
4.	Dortmund	2,133
5.	Oberhausen	1,757
6.	Wuppertal	1,688
7.	Frankfurt am Main	1,614
8.	Bochum	1,509
9.	München	1,362
10.	Hannover	1,340
11.	Bonn	1,289
12.	Nürnberg	1,269
13.	Mönchengladbach	1,250
14.	Hagen	1,211
15.	Mainz	1,121

*ohne Schulden der Eigenbetriebe   QUELLEN: STATISTISCHES BUNDESAMT UND STATISTISCHE LANDESÄMTER

Dot Plot Schulden (Mrd. €):
Essen 3,24; Köln 2,72; Duisburg 2,18; Dortmund 2,13; Oberhausen 1,76; Wuppertal 1,69; Frankfurt 1,61; Bochum 1,51; München 1,36; Hannover 1,34; Bonn 1,29; Nürnberg 1,27; M.gladbach 1,25; Hagen 1,21; Mainz 1,12

Abb. 35.0-10: Das rechte *Dot Plot* zeigt die Unterschiede deutlich. Quelle links: Die Welt vom 10.12.13, rechts: http://www.bella-beraet.de/punktbalken.

Beispiel — In der Abb. 35.0-11 werden Piktogramme verwendet, um Menschen darzustellen. Dabei werden Menschen geviertelt und Arme amputiert. Ein Piktogramm steht für 500 Menschen. Auf solche Darstellungen sollte verzichtet werden.

Merke — »Tranchiere nicht« [BiBu13, S. 144]. Figuren sollten nicht geschrumpft, gedehnt oder tranchiert werden, weil sie für mehr als ein Objekt der Realität stehen.

Grafiken werden verwendet, um etwas verständlich darzustellen. Es muss aber darauf geachtet werden, dass diese Darstellungen nicht zu Vereinfachungen oder Fehlinterpretationen führen.

Beispiel — Die Abb. 35.0-12 zeigt eine verzerrte und gestauchte Grafik. Die Zeitachse ist nichtlinear. Die Säule mit dem Wert 4.2 ist 25-mal so groß wie die Säule mit dem Wert 2.1.

In vielen Diagrammen werden auch Ampeldarstellungen verwendet, insbesondere um auf Risiken hinzuweisen. Dabei ist aber oft nicht klar, nach welchen Kriterien eine Einordnung in Grün, Gelb und Rot erfolgt.

Merke — Verständliche Darstellungen dürfen *nicht* zu unzulässigen Vereinfachungen oder Missverständnissen führen.

Hinweis — Für die Erstellung der dargestellten neuartigen Grafiken und Diagramme gibt es Softwarewerkzeuge.

Abb. 35.0-11: Eine Piktogrammdarstellung, wie sie nicht sein sollte (Quelle: Financial Times, 27.08.2010, Seite 5, entnommen: http://www.bella-bera-et.de/piktogramme).

Neue kompakte grafische Darstellungsformen

In den obigen Beispielen wurden bereits neue kompakte grafische Darstellungsformen gezeigt, die die Regeln und Gebote einhalten:

- Kachelgrafiken *(Small Multiples)*
- *Sparklines* (Microchart, Schwunglinie, Wortgrafik)
- Punktbalken *(Dot Plots)*
- Grafische Tabellen

Empirie
- »Offenbar haben viele Menschen auch Probleme mit der Analyse statistischer Daten, wenn sie in Form von Tabellen vorliegen, kommen jedoch mit demselben Material ungleich besser zurecht, wenn die Daten in Form von Säulendiagrammen dargeboten werden« [KlLe12, S. 65].

35 Mit Diagrammen richtig informieren ***

WARENHÄUSER
Entwicklung der Marktanteile von Warenhäusern am Gesamteinzelhandelsumsatz
in den Jahren 2000 bis 2012* (in %)

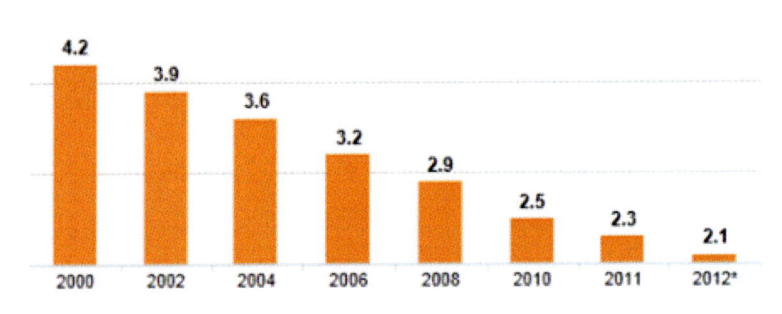

Jahr	Marktanteil (%)
2000	4.2
2002	3.9
2004	3.6
2006	3.2
2008	2.9
2010	2.5
2011	2.3
2012*	2.1

* Prognose
Handelsblatt

Abb. 35.0-12: Beispiel für eine irreführende Grafik (Quelle: handelsblatt.com, Abruf am 02.08.2012, entnommen aus: http://blog.bissantz.de/fluktuationssicher).

Diagramme:
- Dazu nutzen, um Daten visuell zu veranschaulichen.
- Informieren, nicht desinformieren. Daher das Proportionalitäts-, das Vergleichs- und das Konformitätsgebot einhalten.
- Neue Diagrammformate für kompakte Darstellungen verwenden.

[WBT13], [Dunc13], Blog Bissantz (http://blog.bissantz.de/grafische-tabellen), Blog: Bella berät (http://www.bella-beraet.de/)

Weiterführende Literatur

36 Empirisch *nicht* gesicherte Annahmen **

Lehren und Lernen sollten sich an empirisch gesicherten Ergebnissen orientieren. Eine Reihe von didaktischen Annahmen sind empirisch jedoch *nicht* validiert. Daher sollte nicht auf diesen Annahmen aufgebaut werden.

In der Didaktik wird oft von Annahmen ausgegangen, die empirisch *nicht* abgesichert sind. Einige dieser Annahmen werden im Folgenden aufgeführt. Auf diesen Annahmen sollten Sie Ihre Lehrkonzepte daher *nicht* aufbauen.

Lerntypen

Frederic Vester hat in seinem Buch »Denken, Lernen, Vergessen« [Vest98] die Auffassung vertreten, dass die Lerneffektivität je nach Lerntyp gesteigert werden kann, wenn der jeweils richtige Wahrnehmungskanal (optisch/visuell, auditiv, haptisch, kognitiv) beim Lernenden angesprochen wird.

Die empirisch orientierte Psychologie konnte dies *nicht* bestätigen:

»Die Suche nach aussagekräftigen Ergebnissen zu solchen Lerntypen verlief bislang uneinheitlich, insgesamt aber enttäuschend. [...] Statt überdauernde Lernertypen findet man innerhalb jeder Person eine Vielfalt von Verarbeitungsweisen, deren Einsatz von der Aufgabe, den wahrgenommenen Informationen, der Erinnerungssituation und anderen Bedingungen abhängt« ([Weid01], zitiert nach [Lehn09, S. 38]).

»So wird eine Typologisierung in Visualisierer und Verbalisierer vorgenommen, für die es tatsächlich keine diagnostische Grundlage [...] gibt« ([NeSt07, S. 254], zitiert nach [Lehn09, S. 38]).

Zitate

Exploratives Lernen

Die generelle Behauptung, dass aktives exploratives Lernen effektiver ist als eine direkte Instruktion, konnte nicht bewiesen werden [PlSc14, S. 746] (siehe auch »Entdeckendes Lernen – Entdeckenlassendes Lehren«, S. 109).

Behaltenswirkung von Sinnesmodalitäten

In der populärwissenschaftlichen Literatur wird bereits seit mehreren Jahrzehnten behauptet, dass die Behaltenswirkung von Sinnesmodalitäten abhängt, etwa wie in der Tab. 36.0-1 dargestellt (siehe auch [Lehn09, S. 104]), obwohl wissenschaftlich fundierte Belege dazu fehlen[1].

Behaltenswirkung	Sinnesmodalitäten
Lesen	ca. 10 %
Hören	ca. 20 %
Sehen	ca. 30 %
Hören und Sehen	ca. 50 %
Etwas selbst sagen	ca. 70 %
Etwas selbst tun	ca. 90 %

Tab. 36.0-1: Behaltenswirkung und Sinnesmodalitäten.

Zitat

Bernd Weidenmann schreibt dazu: »Es ist wissenschaftlich nicht gesichert, dass etwa bei visueller und auditiver Darbietung mehr als doppelt soviel behalten wird als bei lediglich auditiver Präsentation. Die Lernpsychologie geht eher davon aus, dass der Wissenserwerb von einer Vielzahl von Bedingungen abhängt und die Sinneskanäle dabei eher eine zweitrangige Rolle spielen« ([Weid09, S. 14], zitiert nach [Lehn09, S. 104]).

Aber: »Viele Forschungsergebnisse weisen darauf hin, dass Lernen als Aktivität aufzufassen ist und dass die Qualität des Lernens von der **Verarbeitungstiefe** [..] abhängt. Wer sich mit bestimmten Inhalten intensiv auseinandersetzt, hat große Chancen, diese auch erfolgreich zu lernen« [Lehn09, S. 101 f.].

Animationen

Viele Multimediaentwickler gehen davon aus, dass Animationen von vornherein besser sind als statische Grafiken. In [LoSc14, S. 523] wird dagegen ausgeführt:

»There is no conclusive evidence in the research literature for an unqualified overall superiority of animations.«

Die Forschungsergebnisse weisen vielmehr darauf hin, dass Animationen in speziellen Gebieten unter speziellen Umständen in der Lage sind, das Lernen zu erleichtern (siehe »Animation – Vorgänge zum Leben erwecken«, S. 367).

---

[1] Bereits vor mehr als 30 Jahren habe ich in einem Problemlösungs-Workshop des damaligen Battelle-Instituts in Frankfurt diese Zahlen kennengelernt.

37 Was kann/sollte ein Verlag für ein Lehrbuch tun? ***

Ein Lehrbuchverlag sollte dem Autor durch das Buchlayout geeignete didaktische Gestaltungselemente ermöglichen, um eine optimale didaktische Qualität sicherzustellen.

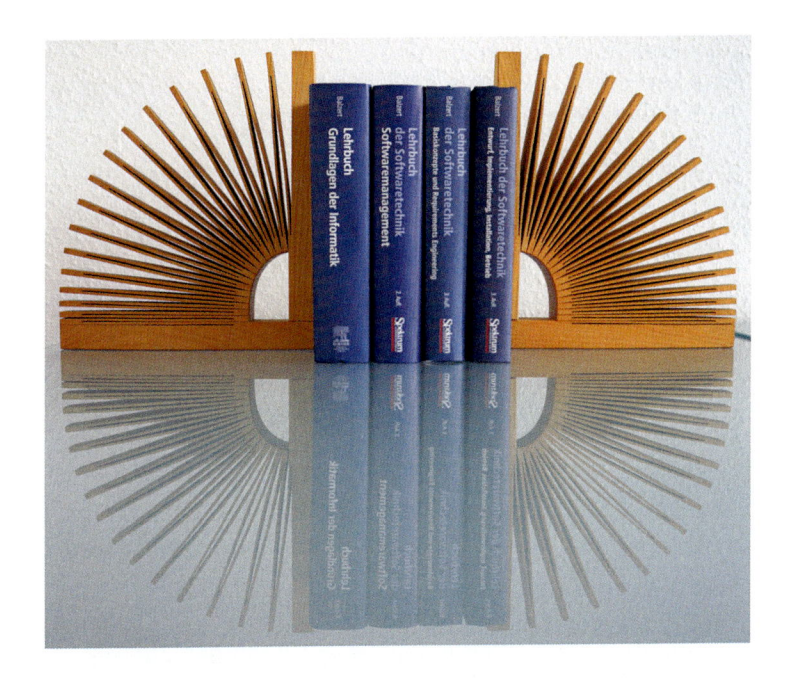

Wenn Sie als Autor ein Lehrbuch schreiben möchten, dann sollten Sie einen Verlag auswählen, der Lehrbücher so gestaltet, dass Ihre didaktischen Ziele optimal unterstützt werden.

Folgende **Eigenschaften** sollte ein Lehrbuch von Verlagsseite aus besitzen:

- Gut lesbare Schrift. Optimal ist eine **serifenbehaftete** Schrift mit den Schriftschnitten normal, kursiv und nichtproportional *(monospace)*. Dadurch haben Sie als Autor die Möglichkeit, verschiedene didaktische Elemente durch den Schriftschnitt zu unterscheiden.
- Zeilenlänge und Zeilenabstand so gewählt, dass eine gute Lesbarkeit sichergestellt ist. Als Richtwert gilt: 50–70 Zeichen bei einspaltigem Text in 8–11 pt Schriftgröße (siehe Typefacts (http://typefacts.com/artikel/grundlagen/zeilenlaenge)). Leider verstossen selbst Didaktikbücher gegen diese Regel, z.B. [KlIs11].
- Seitenlayout mit Marginalspalte (siehe »Marginalie – Stichwort des entsprechenden Abschnitts«, S. 48).

- Lebende Kolumnentitel mit Angabe von Kapitel- und Unterkapitel (jeweils Nr. und Überschrift), damit der Lernende den Lernkontext im Auge hat, und jederzeit weiß, wo er sich befindet (Unterstützung der Navigation, siehe »Navigation – Hilfe bei der Orientierung«, S. 310, und Unterstützung der Lokalität, siehe »Das Lokalitätsprinzip – alles im Blick«, S. 263).
- Große Seitennummern, oben angeordnet (Erleichterung der Navigation).
- Absolute Seitenreferenzierung bei Verweisen.
- Drucken einer seitlichen Registerlasche zum schnellen Auffinden einzelner Kapitel.

Beispiel Die Abb. 37.0-1 zeigt einen entsprechenden Seitenaufbau.

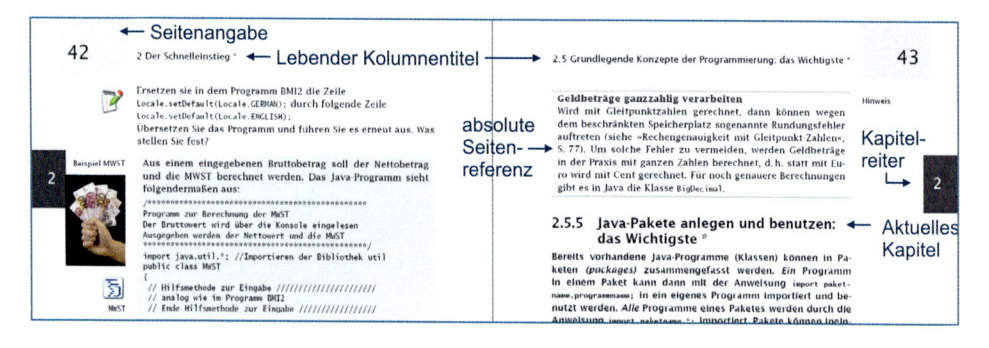

Abb. 37.0-1: Informationen in einem Lehrbuch zur Frage »Wo bin ich?« [Balz13, S. 42 f.].

- Detailliertes Inhaltsverzeichnis am Anfang des Buches – bei umfangreichen Lehrbüchern zusätzlich eine Inhaltsübersicht vor dem eigentlichen Inhaltsverzeichnis (siehe »Orientierung – Inhalte schnell finden«, S. 163).
- Neben Überschriften können auch Zwischenüberschriften und Zusammenfassungen bzw. Kurzfassungen erstellt werden (siehe »Abstraktion – richtigen Abstraktionsgrad wählen«, S. 168).
- Kennzeichnung oder Hervorhebung von Elementen wie Beispiele, Tipps, Definitionen, Lernziele usw.
- Möglichkeit, Glossarbegriffe im Text hervorzuheben und ein Glossarverzeichnis am Ende des Buches und/oder am Ende jedes Kapitels (Lokalitätsprinzip) zu drucken (siehe »Glossar – die Mini-Enzyklopädie«, S. 314).
- Erstellung eines Indexes (Sachregister) am Ende des Buches (siehe »Index – Hilfe bei der Suche von Inhalten«, S. 324).
- Erstellung von Fußnoten, um Ergänzungen und Hinweise zum Text zu ergänzen. Dabei sollten die Fußnotentexte auf derselben Seite angeordnet sein, auf der die Fußnotenverweise aufgeführt sind (Lokalitätsprinzip), damit der Lernende *nicht*

blättern muss (siehe »Das Lokalitätsprinzip – alles im Blick«, S. 263).
- Die verwendeten didaktischen Elemente müssen auf der vorderen Buchumschlagsinnenseite oder nach dem Vorwort erläutert werden können (siehe »Didaktik erläutern – Motivation fördern«, S. 308).

Folgende **optionale Eigenschaften** sollte ein Lehrbuch von Verlagsseite aus besitzen:
- Freie Flächen für Notizen: Marginalspalte, Freiraum am Ende eines Kapitels, freie Fläche nach Fragen (siehe »Notizen machen – nachhaltig lernen«, S. 231).
- Lesebändchen, das am Buchrücken befestigt ist und als Lesezeichen für den Leser dienen kann (siehe »Navigation – Hilfe bei der Orientierung«, S. 310).
- Zweifarbiger Druck, z. B. schwarz und blau. Dadurch ist es möglich, Hervorhebungen in einer anderen Farbe darzustellen. Das ist optisch ansprechender als zum Beispiel eine Grauhinterlegung von Beispielen.
- Mehrfarbige Seiten: Heute ist es technisch möglich, einzelne Seiten eines Buches mehrfarbig zu drucken, beispielsweise um Bildschirmabzüge oder komplexe Grafiken farbig zu zeigen.
- Mehrfarbiger Druck: Kommt aus Kostengründen oft nur bei hohen Auflagen infrage oder wenn es aus didaktischen Gründen notwendig ist. Oft reichen mehrfarbige einzelne Seiten.
- Das Lehrbuch muss als Lernumgebung für den Lernenden attraktiv und anregend sein. Es muss Spaß machen, das Lehrbuch in die Hand zu nehmen und darin zu lesen oder zu schmökern.
- Falls das Lehrbuch in einer Lehrbuchreihe erscheint, dann muss es vom Charakter zu der Lehrbuchreihe passen (siehe auch »Selbstdarstellung – Sich als Autor richtig präsentieren«, S. 279).

Ein Verlag sollte Ihnen folgende **Dienstleistungen** anbieten:
- Bereitstellung einer Dokumentvorlage für Ihr Textverarbeitungssystem.
- Bereitstellung von Richtlinien für Ihre Arbeit als Autor.
- Der Verlag sollte Ihr Lehrbuch professionell lektorieren.
- Bereitstellung oder Vermittlung eines Grafikers, der Ihre Bilder professionell und einheitlich über das gesamte Lehrbuch hinweg erstellt (siehe »Abwechslung durch alternative Darstellungsformen«, S. 204).

38 Was kann/sollte eine E-Learning-Plattform bieten? ***

Damit E-Learning-Kurse didaktisch anspruchsvoll gestaltet werden können, müssen E-Learning-Plattformen dem Autor eine Reihe von didaktischen Gestaltungselementen zur Verfügung stellen. Außerdem müssen den Lernenden eine Reihe von Funktionalitäten geboten werden, damit sie erfolgreich lernen können.

Aus der Sicht des Autors

Damit Sie als Autor didaktisch gute E-Learning-Kurse schreiben können, sollte die verwendete E-Learning-Plattform über folgende **Eigenschaften** verfügen:

- Die Plattform sollte dem Autor ermöglichen, die Lerninhalte einschl. der zugehörigen Medien online oder offline zu erfassen und/oder Dokumente aus Textverarbeitungssystemen zu importieren.
- Der Autor soll sich *nicht* mit dem äußeren Erscheinungsbild seiner Lerneinheit befassen müssen, wie Wahl der Schriftart, Wahl der Schriftgröße, Wahl der Hintergrundfarbe usw. Dies sollte die Plattform einheitlich für alle Einheiten automatisch einstellen.

- Lernziele sollten sowohl für einen ganzen Kurs als auch für einzelne Lerneinheiten angebbar sein (siehe »Lernziele – angestrebter Lerngewinn«, S. 62).
- Neben Überschriften können auch Zwischenüberschriften und Zusammenfassungen bzw. Kurzfassungen erstellt werden (siehe »Abstraktion – richtigen Abstraktionsgrad wählen«, S. 168).
- Der Autor kann Glossarbegriffe und Literaturhinweise in den Lerneinheiten anlegen.
- Der Autor kann Lerninhalte gegenseitig verlinken (interne Verlinkung) und Links ins Internet (externe Verlinkung) angeben.
- Fallstudien können besonders gekennzeichnet werden.
- Der Autor kann beliebige Medien, zum Beispiel Videos, Animationen, Simulationen, Virtualisierung von Lernobjekten usw. (Multimedialität), einsetzen, um seinen Lehrstoff didaktisch in Lernstoff umzusetzen.
- Der Autor kann angeben, wie viel Lernzeit für eine Lerneinheit benötigt werden sollte (Lernzeitangabe).
- Der Autor kann prüfungsrelevante Inhalte und/oder nichtprüfungsrelevante Vertiefungen kennzeichnen.
- Der Autor kann über die Plattform dem Lernenden informative Rückmeldungen geben (siehe »Rückkopplung – Feedback zum Autor und zum Lernenden«, S. 176).
- Der Autor kann seine Lerninhalte jederzeit aktualisieren und Fehler korrigieren.
- Der Autor kann Interaktionselemente zur Navigation, zur (Dialog-)Steuerung, zur Ausgabe von Zusatzinformationen (z. B. Herunterladen von Checklisten usw.), zur Manipulation und Exploration von Lerninhalten durch Lernende und zur Eingabe von Informationen durch Lernende in seinen Lerneinheiten einsetzen (siehe »Interaktivität – Lerneinheiten interaktiv gestalten«, S. 337).
- Der Autor kann in Tests und Aufgaben alle Medien (Text, Bilder, Abbildungen, Videos, Audioclips, Animationen) seiner Wahl verwenden.
- Dem Autor stehen vielfältige Test- und Aufgabentypen zur Verfügung, die er zur Lernerfolgskontrolle verwenden kann (siehe »Testarten – vielfältige Möglichkeiten«, S. 409, und »Aufgaben – höhere Lernziele überprüfen«, S. 437).
- Der Autor kann bei Tests und Aufgaben Bearbeitungsdauer und Schwierigkeitsgrad angeben sowie Musterlösungen für Tutoren bereitstellen.

Optional
- Der Autor kann Fragen von Lernenden in einer FAQ-Liste beantworten.

38 Was kann/sollte eine E-Learning-Plattform bieten? ***

- Der Autor kann Fragen in die Lerneinheiten integrieren. Die Antworten werden erst nach einer Aktion des Lernenden angezeigt.
- Der Autor kann in der Plattform Notizfelder in die Lerneinheiten einfügen, in die der Lernende Notizen eintragen kann (siehe »Notizen machen – nachhaltig lernen«, S. 231).

Aus der Sicht des Lernenden

Der Erfolg eines E-Learning-Kurses hängt nicht nur von den Fähigkeiten des Autors ab, sondern auch davon, welche Funktionalitäten die E-Learning-Plattform den Lernenden zur Verfügung stellt:

- Der Kontext zu einer Lerneinheit muss sichtbar sein, z. B. durch einen Navigationsbaum, der die Gliederung anzeigt (siehe »Orientierung – Inhalte schnell finden«, S. 163).   *Orientierung & Navigation*
- Der Lernende muss jederzeit erkennen können, wo er sich gerade befindet (Navigationsbaum), wie er dorthin gekommen ist (Lernpfad, Logbuch, Leseliste) und wohin er von hier gehen kann (Orientierung und Navigation) (siehe »Navigation – Hilfe bei der Orientierung«, S. 310).
- Es muss sichtbar sein, welche Lerneinheiten bereits bearbeitet worden sind.
- Ergänzende Informationen, zum Beispiel Erklärung von Glossarbegriffen, Fußnotenerklärungen, Literaturangaben sollten lokal abrufbar sein, um einen Kontextwechsel für den Lernenden zu vermeiden (Lokalitätsprinzip) (siehe »Das Lokalitätsprinzip – alles im Blick«, S. 263).
- Zusätzlich sollten ein vollständiges Glossarverzeichnis und ein Literaturverzeichnis angezeigt werden können.
- Der Lernende muss die Möglichkeit haben, ein Feedback an den Autor und Tutor zu geben (siehe »Rückkopplung – Feedback zum Autor und zum Lernenden«, S. 176).   *Rückkopplung*
- Die Plattform muss eine Evaluation über einen Kurs ermöglichen, zum Beispiel durch die Beantwortung eines Evaluationsfragebogens durch den Lernenden (siehe »Rückkopplung – Feedback zum Autor und zum Lernenden«, S. 176).
- Die Plattform zeigt dem Lernenden den Lernfortschritt im Vergleich zu Lernenden im selben Kurs (optional).
- Die Plattform zeigt dem Lernenden, wie viel Zeit voraussichtlich noch benötigt wird, um den Kurs zu beenden (optional).
- Die Plattform muss es ermöglichen, dass sich Lernende untereinander synchron und/oder asynchron austauschen können (Chat, Foren, Instant Messaging, Soziale Medien, siehe »Soziale Medien: soziale Lernumgebungen«, S. 401, und »Individuelles Lernen – Kooperatives Lernen«, S. 117).   *Kommunikation & Kooperation*

38 Was kann/sollte eine E-Learning-Plattform bieten? ***

- Bereitstellung von Kooperations-Möglichkeiten, z. B. gemeinsames Bearbeiten von Dokumenten, Einbindung von Lernspielen (siehe »Lernspiel: spielerisch zum Lernziel«, S. 395).
- Anzeige von Mitlernenden, die denselben E-Learning-Kurs nutzen (abschaltbar).

Betreuung
- Möglichkeit, einen **Online-Mentor** zu kontaktieren, um Probleme zu lösen, z. B. Installation von Software.
- Möglichkeit einen **Online-Tutor** zu kontaktieren, der hochgeladene Aufgaben des Lernenden korrigiert und Fragen zur Korrektur oder allgemeine Fragen beantwortet.
- Möglichkeit einen Online-Coach in Anspruch zu nehmen, der den Lernenden im Lernprozess berät und unterstützt (optional).

Notizen
- Der Lernende sollte sich eigene Notizen zu den Lerneinheiten in der Plattform machen können (siehe »Notizen machen – nachhaltig lernen«, S. 231, und »Marginalie – Stichwort des entsprechenden Abschnitts«, S. 48).
- Der Lernende soll ein Lerntagebuch führen können (optional).

Eigene Beiträge
- Möglichkeit, eigene Inhalte zu vorgegebenen Inhalten zu ergänzen, die andere Lernende sehen können (optional).
- Möglichkeit, dass mehrere Lernende gemeinsam Inhalte erstellen und bearbeiten (optional).

Erfolgskontrolle
- Die Plattform muss eine vielfältige Lernerfolgskontrolle in Form von Tests, Aufgaben und Prüfungen ermöglichen (siehe »LERNERFOLG ÜBERPRÜFEN«, S. 403). Wünschenswert ist, dass auch multimediale Elemente verwendet werden können.
- Der Lernende kann jederzeit seinen Wissensstand abfragen (Erfolgsquote bei Tests und Aufgaben).
- Der Lernende erhält Informationen im Vergleich zu Mitlernenden, z. B. wie der Lernfortschritt anderer Lernender im Vergleich zum eigenen Fortschritt ist (optional).
- Die Plattform gibt dem Lernenden Hinweise darüber, ob er sich verbessert, verschlechtert oder unverändert entwickelt hat. Besucht ein Lernender mehrere E-Learning-Kurse, dann könnte er automatisch Hinweise darüber erhalten, ob er – bezogen auf seine vergangenen Lernerfolge – langsamer, schneller, besser oder schlechter geworden ist (optional).

Suche
- Eine Volltextsuche und/oder semantische Suche soll es ermöglichen, nach Lerninhalten zu suchen.

Optik
- Die Plattform muss attraktiv und anregend als Lernumgebung für den Lernenden sein.

Nutzung
- Der Lernende soll die E-Learning-Kurse sowohl auf einem PC als auch auf einem Tablettcomputer und evtl. eingeschränkt auf einem Smartphone nutzen können, einschließlich einer Gestenbedienung.

38 Was kann/sollte eine E-Learning-Plattform bieten? ***

Wählen Sie als Autor für Ihren E-Learning-Kurs eine E-Learning-Plattform, die sowohl Ihnen als Autor als auch Ihren Lernenden optimale Voraussetzungen für die Lehre und das Lernen bietet.

Tipp

39 Visionen – illusionär oder realisierbar? ****

In der E-Learning-Didaktik wird die Anpassung der Lerninhalte und Lernwege an den individuellen Lerner als wünschenswert gefordert. Die E-Learning-Plattform soll das Lernverhalten jedes Lernenden analysieren und ihm individuelle Hilfestellung anbieten bzw. Lerninhalte und Lernwege dynamisch anpassen. Autoren sollen eine Vielfalt didaktischer Objekte zur Verfügung stellen, die nach den Wünschen der Lernenden individuell und dynamisch zusammengestellt werden. Außerdem sollen Lernobjekte möglichst vielseitig wieder verwendet werden können. Unter dem Begriff »Rapid E-Learning« fasst man Konzepte zusammen, E-Learning-Kurse möglichst schnell und kostengünstig zu erstellen.

In der didaktisch orientierten E-Learning-Literatur gibt es eine Reihe von Vorstellungen, die man als Illusionen abtun oder für realisierbar halten kann. Auf drei häufig formulierte Vorstellungen wird im Folgenden eingegangen:

- Adaptivität und individuelle Lernpfade
- Wiederverwendung von Lernobjekten
- Rapid E-Learning

Adaptivität und individuelle Lernpfade

Seit es E-Learning gibt, wird in der didaktischen Literatur dazu von der Möglichkeit »geschwärmt«, dem Lernenden individuelle Lernpfade anzubieten:

39 Visionen – illusionär oder realisierbar? ****

Zitate

»Die Lerneinheit kann einen *Lernpfad* vorgeben, der mehr oder weniger strikt durchzuarbeiten ist. Zugleich kann der Abruf der einzelnen Bestandteile der Lerneinheit auch wahlfrei gestaltet werden. In einem solchen offenen Lernangebot können sich die Lernenden ›frei‹ in den Informationsbestandteilen über Verweise bewegen« [Kerr12, S. 423].

»E-Learning bietet in der Regel die Möglichkeit, große Mengen an Information verfügbar zu machen. Dieser Umstand bietet einerseits die Chance, Lernprozesse hochgradig zu individualisieren, indem passgenau **Lernpfade** bereitgestellt werden« [Lehn09, S. 154].

»Eines der wichtigsten Ziele von IT-Systemen ist die Individualisierung des Lernens. Die Individualisierung versucht ein ITS [Intelligentes tutorielles System] durch die Adaptivität des Systems zu erreichen« [Schu97, S. 199].

Meine Erfahrungen

Meine Vorlesung »Grundlagen der Informatik 1« für Erstsemester habe ich sowohl als Präsenzlehre als auch als E-Learning-Kurs angeboten. Um festzustellen, wie die Vorkenntnisse bei den Studierenden sind, habe ich einige Jahre lang einen Einstufungstest am Vorlesungsbeginn durchführen lassen. Ungefähr 10 Prozent der Studierenden hatten eine Erfolgsquote größer 70 Prozent, ca. 20 Prozent eine Erfolgsquote zwischen 50 und 70 Prozent, der Rest lag unter 50 Prozent. Ein individueller Lernpfad würde bedeuten, den Studierenden die Themengebiete, in denen sie eine hohe Erfolgsquote aufwiesen, im E-Learning-Kurs *nicht* mehr anzubieten, sondern nur die Teile, bei denen ihre Erfolgsquote nicht ausreichend war.

Mein Kommentar

Meine Konsequenz aus den Ergebnissen war, den Studierenden durch die Kurzfassungen am Anfang jeder Lerneinheit die Möglichkeit zu geben, selbst zu entscheiden, ob sie den Stoff bereits genügend kennen (siehe »Die Kurzfassung – die Essenz der Lerneinheit«, S. 14). Wenn sie die Kurzfassung verstehen, können sie direkt zur nächsten Lerneinheit gehen, sonst gilt die Empfehlung, die Lerneinheit komplett durchzuarbeiten.

Generell sollte jeder Lernende in einem E-Learning-Kurs die Möglichkeit haben – wie in einem Lehrbuch – sich *alle* Lerninhalte wahlfrei anzuschauen und selbst entscheiden, ob und in welcher Reihenfolge er die Lerneinheiten bearbeitet. Er sollte darauf hingewiesen werden, dass er bei Einhaltung der vorgegebenen Reihenfolge die jeweils benötigten Voraussetzungen für eine Lerneinheit besitzt.

Nach meinen Erfahrungen ist es *nicht* sinnvoll, einzelne Lerneinheiten eines E-Learning-Kurses erst zu bestimmten Zeitpunkten freizuschalten, wie es oft bei MOOCs der Fall ist (siehe »Mischformen und Vergleich«, S. 137). Damit »beraubt« man dem Lernenden die Möglichkeit, im eigenen Lerntempo zu lernen, und sich bereits die vollständigen Lerninhalte anzuschauen.

»Aufgrund ihrer Interaktivität ermöglichen computer-basierte Lernumgebungen es, den Lernprozess adaptiv, d. h. individuell angepasst, zu unterstützen, indem Informationen über das augenblickliche Lernverhalten aufgenommen, verarbeitet und direkt in instrukturelle Maßnahmen umgesetzt werden. [...] Defizite der Lernenden [können] im Hinblick auf die Lehrfunktion ›Steuern und Kontrollieren‹ kompensiert werden [..], z. B. durch Kohärenzbildungshilfen sowie durch online-dynamische Adaptionsmöglichkeiten wie die Anpassung der Aufgabenmenge und der Instruktionszeit, die Anpassung der Aufgabenschwierigkeit und Systemwartezeit sowie die Anpassung von Hinweisen beim explorierenden Lernen« [KlLe12, S. 122, 127]. — Zitat

Eine E-Learning-Plattform kann das Lernverhalten eines Lernenden unterstützen durch: — Mein Kommentar

- Informationen über seinen Wissensstand (Erfolgsquote bei Tests und Aufgaben),
- Informationen im Vergleich zu Mitlernenden,
- Hinweise, ob er sich verbessert, verschlechtert oder unverändert entwickelt hat,
- Angabe der im Durchschnitt benötigten Lernzeit,
- Klassifizierung von Tests und Aufgaben nach »einfach«, »mittel«, »schwer«.

Eine Anpassung der Aufgabenmenge und der Instruktionszeit, die Anpassung der Aufgabenschwierigkeit und Systemwartezeit halte ich *nicht* für sinnvoll, da es den Lernenden »bevormundet«.

»Eine Lernumgebung ist die Abbildung der Bedeutungsbeziehungen in alle bekannten zeitlichen Strukturen des Lernens, sodass jeder Lernende den zeitlichen Verlauf, den Weg, wählen kann, der ihn am besten darin unterstützt, seinen Lern- und Bildungsprozess in den logischen Raum der Bedeutungsbeziehungen – in sein mentales Modell – zu transformieren« [Mede06, S. 37]. — Zitat

Während die meisten Didaktiker Adaptivität und individuelle Lernpfade als Wunsch postulieren, aber keine konkreten Vorschläge unterbreiten, ist dies in dem Buch »Web-Didaktik« von Norbert Meder anders [Mede06, passim]. Sein Konzept sieht in vereinfachter Form wie folgt aus: — Konzept von Meder

Die kleinste Einheit ist ein **didaktisches Objekt** (auch Wissenseinheit genannt), das durch fünf Eigenschaften kategorisiert wird (Abb. 39.0-1) und in der Regel auf einer Bildschirmseite dargestellt werden soll:

- Sachkategorie: Gibt das behandelte Themengebiet an.

- Zielkategorie: Gibt den mit dem didaktischen Objekt erreichbaren Kompetenzgrad bzw. das erreichbare Lernziel an, z. B. Lehrling, Geselle, Meister, Techniker, Ingenieur.
- Wissensart: Gibt an, zu welcher Wissensart das didaktische Objekt gehört (Orientierung, Erklärung, Handlung, Quellen, Tests/Aufgaben, siehe auch »Rezeptive Wissensarten – Ideen für die Inhaltsdarbietung«, S. 190).
- Medienart: Gibt an, in welcher Medienart das didaktische Objekt vorliegt (Präsentations-, Interaktions-, Kommunikationsmedien, siehe auch »Präsentationsmedien – Ideen für die Inhaltsdarstellung«, S. 200).
- Verlaufsform: Gibt didaktische Relationen zwischen den didaktischen Objekten an (didaktisch vor, gehört zu).

Abb. 39.0-1: Kategorisierung eines didaktischen Objekts.

Alle didaktischen Objekte, die zu einer Sachkategorie gehören, werden zu einer **Lerneinheit** zusammengefasst. Eine Lerneinheit fungiert sozusagen als Container für viele verschiedene didaktische Objekte (Abb. 39.0-2). Jeder Lerneinheit sollen mindestens vier didaktische Objekte angehören: ein didaktisches Objekt der Wissensart »Orientierungswissen«, ein didaktisches Objekt der Wissensart »Erklärungswissen«, ein didaktisches Objekt der Wissensart »Fallerklärung (Beispiel)«, ein didaktisches Objekt der Wissensart »Handlungswissen«. In der Regel dürften es aber mehr als vier didaktische Objekte sein, z. B. Szenario, Was-Erklärung, Fallerklärung (Beispiel), Regel, Test, Aufgabe, Quellenwissen. Diese didaktischen Objekte können mehrfach, d. h. in unterschiedlichen Medien und auf unterschiedlichen Kompetenzniveaus auftreten.

Zitat »Je mehr unterschiedliche Wissenseinheiten [= didaktischen Objekte] in einer Lerneinheit enthalten sind, desto eher findet jeder Lerner seinen Weg. Mit jeder zusätzlichen unterschiedlichen Wissenseinheit wächst die Adaptivität der Lerneinheit, d. h. der Lernende kann sich die Lernumgebung auf der Mikroebene anpassen« [Mede06, S. 57].

39 Visionen – illusionär oder realisierbar? ****

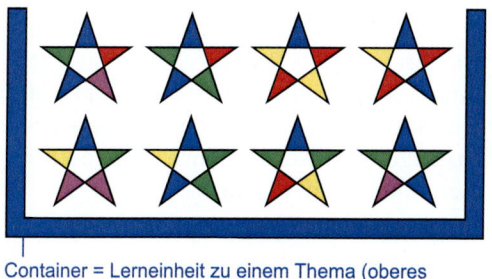

Container = Lerneinheit zu einem Thema (oberes Dreieck blau dargestellt)

Abb. 39.0-2: Beispiel für eine Lerneinheit mit verschiedenen Lernobjekten.

Die Struktur und Ordnung der didaktischen Objekte innerhalb einer Lerneinheit stellt die **Mikrostruktur** der Lernumgebung dar. Auf der Grundlage einer solchen Mikrostruktur können nun **Mikro-Lernstrategien** abgeleitet werden. Beispielsweise sind zwei Varianten möglich: eine angeleitete und eine entdeckende Variante:

- Die angeleitete Variante *(guided tour)* legt jeweils eine lineare Abfolge der didaktischen Objekte fest (Abb. 39.0-3). Der Lernende navigiert ausschließlich durch eine Vorwärts/Rückwärts-Navigation und erhält zu keinem Zeitpunkt eine Auswahl verschiedener didaktischer Objekte. Die didaktischen Objekte werden anhand der »didaktisch-vor«-Relation zur Laufzeit in einer entsprechenden Reihenfolge angeordnet (siehe auch »Rezeptives Lernen – Darbietendes Lehren«, S. 104).

Orientierungswissen → Erklärungswissen → ◇ → Handlungswissen → ◇ → Quellenwissen

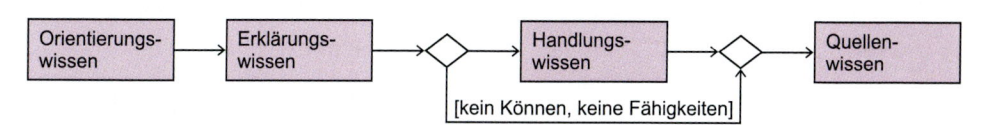

[kein Können, keine Fähigkeiten]

Abb. 39.0-3: Mögliche Reihenfolge von rezeptiven Wissensarten in einer Lerneinheit.

- Bei der entdeckenden Variante stehen dem Lernenden an bestimmten Punkten im didaktischen Verlauf eine Anzahl von didaktischen Objekten zur Auswahl zur Verfügung. Der Lernende bestimmt an diesen Punkten den weiteren Lernverlauf selbstständig (siehe auch »Entdeckendes Lernen – Entdeckenlassendes Lehren«, S. 109).

Von 50 vorstellbaren Mikrostrategien werden in [Mede06, S. 210 ff.] 15 Mikrostrategien näher erläutert.

Lerneinheiten, die einem Themenbereich oder einem Problemkomplex zugeordnet sind, werden zu Kurseinheiten zusammengefasst. Zwischen den Lerneinheiten werden sachlogische Relationen (Hierarchierelationen, Assoziationsrelationen) und didaktische Relationen (didaktisch vor, ist Voraussetzung von, gehört zu) definiert. Anhand der sachlogischen Relationen können **Makrostrategien** abgeleitet werden. Zwei makrostrategische Lernverläufe wurden bisher umgesetzt:

- Deduktives Lernen
- Zielorientiertes, intuitives Lernen

Für den Lernenden wird eine **didaktische Suchmaschine** bereitgestellt, in die er beispielsweise eingeben kann: »Nur Erklärungswissen, nur Texte oder Diagramme, nur Techniker- oder Ingenieursniveau. Und der Filter, der über die Verschlagwortung in den Metadaten funktioniert, liefert die entsprechenden Wissenseinheiten eines Themas« [Mede06, S. 56]. Das Konzept von Meder wurde softwaretechnisch im L3-Projekt (Konsortialleiter SAP) partiell umgesetzt [Mede15]. Einen öffentlich zugänglichen E-Learning-Kurs, der auf diesem Konzept basiert, gibt es z.Z. nicht.

Bewertung

Ich halte den Ansatz von Meder für theoretisch gut durchdacht und begründet.

Aus der Sicht eines Autors lässt sich jedoch feststellen, dass ein Autor ein absoluter didaktischer Experte sein muss, um die vielen Kategorisierungen richtig vornehmen zu können. Außerdem muss er eine Vielzahl von didaktischen Objekten konzipieren und erstellen, ohne zu wissen, ob diese didaktischen Objekte von Lernenden später genutzt werden. Er muss dabei in der Lage sein, sich auf verschiedene Kompetenzniveaus einzustellen, um verschiedene Zielgruppen abdecken zu können (z.B. Lehrling, Geselle, Meister, Techniker, Ingenieur). Eine solche Leistung kann ein einzelner Autor *nicht* erbringen, sondern nur ein Autorenteam mit verteilten Kompetenzen. Ein solches Autorenteam muss finanziert werden und es stellt sich die Frage, ob es durch Erträge refinanziert werden kann.

Zweifel habe ich außerdem daran, ob Definitionen, Beispiele, Szenarien usw. wirklich zusammenpassen, wenn sie durch verschiedene Mikrostrategien zusammengeführt werden. Ein didaktisch versierter Experte wird oft intuitiv eine Lerneinheit konzipieren, in der alle didaktischen Objekte in sich schlüssig zusammenpassen und wo eine andere Reihenfolge oder Anordnung zu einer schlechteren Didaktik führt. Ich halte den beschriebenen Ansatz daher für sehr mechanistisch und algorithmisch. Ich halte ihn *nicht* für »massentauglich« und für umfangreiche Lehrinhalte für *nicht* praktikabel (siehe auch »Vorab einige persönliche Bemerkungen«, S. v, Anforderungen an eine Didaktik, und »Eigene Erfahrungen und empirische Erkenntnisse «, S. 529).

Es wird außerdem von einem Idealbild des Lernenden ausgegangen, der sich in der Didaktik auskennt, über seinen Lernprozess selbstständig reflektiert und zielgerichtet in eine didaktische Suchmaschine geeignete Begriffe eingibt. Meiner Erfahrung nach haben Lernende oft noch nicht mal Interesse daran, sich beschriebene Lernziele anzusehen.

Ich glaube, bezogen auf Adaptivität und individuelle Lernpfade geben wir uns einer Illusion hin. Beides ist *nicht* ökonomisch, für die Mehrzahl der Autoren nicht praktikabel und für Lernende nur eingeschränkt wünschbar. Jede »Bevormundung« der Lernenden sollte vermieden werden. Die Didaktiker sollten ihre Energie zunächst darauf konzentrieren, eine Didaktik zu entwickeln, die es vielen Autoren ermöglicht, für definierte Zielgruppen gute Lehrbücher und E-Learning-Kurse zu entwickeln. *Resümee*

Aber: Die in dem Konzept von Meder enthaltenen Ideen sind für jeden Autor wertvoll und geben ihm Anregungen, seine eigenen Lerninhalte vielfältig zu gestalten und dabei didaktische Gesichtspunkte immer im Blickpunkt zu haben.

- »In der Literatur zu adaptiven E-Learning Umgebungen finden sich teilweise nicht belegte Behauptungen, dass Lerner von diesen Lernumgebungen profitieren [...]« [Rey09, S. 182]. *Empirie*
- »Des Weiteren können Studien, die eine adaptive mit einer nicht adaptiven Versuchsbedingung vergleichen, als zu unspezifisch kritisiert werden« [Rey09, S. 183].

Wiederverwendung von Lernobjekten

Anders als bei Lehrbüchern entstand im E-Learning-Bereich schon frühzeitig die Idee, Teile von E-Learning-Kursen in anderen Kontexten und auf anderen E-Learning-Plattformen wieder zu verwenden. Wiederverwendbare Lerninhalte werden als Lernobjekte *(learning objects)* bezeichnet, die um Metadaten ergänzt werden, um die Inhalte zu beschreiben. Der IEEE-Standard LOM *(Learning Object Metadata)* beschreibt neun Hauptkategorien für Metadaten mit jeweils mehreren Unterkategorien. Die Kategorie *Educational* beschreibt didaktische Merkmale, u. a. Grad der Interaktivität, Kontext, Alter der Zielgruppe, Schwierigkeitsgrad, benötigte Lernzeit, Inhaltsbeschreibung, Sprache. Das Problem dieser Kategorie besteht darin, dass es keinen Standard für die Angaben dieser Merkmale gibt.

Ein weiteres Problem stellt die Granularität von Lernobjekten dar. Handelt es sich um eine Lerneinheit oder ist eine Animation oder ein Video auch bereits ein Lernobjekt.

In der W3L-E-Learning-Plattform stehen alle E-Learning-Kurse aus Wissensbausteinen bzw. Lerneinheiten. Jeder Wissensbaustein *Meine Erfahrungen* und jede Gruppierung von Wissensbausteinen können in jedem anderen Kurs unverändert wieder verwendet werden. Ändert der Autor eines solchen Wissensbausteins seinen Baustein, dann sind diese Änderungen automatisch in allen anderen Kursen auch vorhanden. Voraussetzung ist, dass jeder Autor seine Wissensbausteine kontextunabhängig schreibt, d.h. Bezüge auf andere Wissensbausteine nur über Verweise, aber *nicht* über absolute Angaben – wie »Wie im letzten Wissensbaustein beschrieben ...« herstellt.

Die Erfahrung mit über 60 umfangreichen E-Learning-Kursen hat gezeigt, dass insbesondere die in verschiedenen Kursen notwendigen Erklärungen zu Softwareinstallationen (z. B. wie installiert man einen Java-Compiler oder eine Programmierumgebung), zur Handhabung von Werkzeugen (z. B. ein Projektplanungssystem oder ein Grafikprogramm) sowie Schnelleinstiege oder Exkurse zu bestimmten Themen (z. B. Einführung in HTML, Urheberrecht, Rhetorik) mehrfach verwendet werden. Meistens handelt es sich dabei nicht um einen einzelnen Wissensbaustein, sondern um eine Gruppierung, die aus mehreren Wissensbausteinen besteht.

Ein Autor kann vorhandene Wissensbausteine aber auch durch eine Funktion der W3L-E-Learning-Plattform kopieren und dann auf seine Wünsche hin anpassen.

Eine meines Wissens in der E-Learning-Literatur bisher nicht behandelte Wiederverwendbarkeit bezieht sich auf Glossarbegriffe, Literatureinträge, Medien (Bilder, Diagramme, Videos, Audio, Animationen, Links), Tests, Aufgaben und Tabellen. Für mich sind das feingranulare Lernobjekte, die von vielen anderen Lernobjekten gut wieder verwendet werden können. In der W3L-E-Learning-Plattform werden diese Lernobjekte unabhängig von einem Wissensbaustein erfasst und können dann von jedem Autor in seinen Wissensbaustein durch Verweise integriert werden.

Folgendes Mengengerüst zeigt die Mächtigkeit der potenziellen Wiederverwendbarkeit dieser Lernobjekte:

- 8.000 Glossarbegriffe
- 5.000 Literatureinträge
- 25.000 Medien
- 4.000 Tests
- 3.000 Aufgaben
- 1.250 Tabellen
- 15.000 Wissensbausteine

Dieses Mengengerüst bezieht sich nur auf die von der W3L AG selbst angebotenen Kurse, nicht auf Kurse bei W3L-Kunden. Wie kritisch Wiederverwendbarkeit zu sehen ist, hat sich bei der W3L AG bei den Glossarbegriffen herausgestellt. Ein einmal von einem Autor definierter Glossarbegriff kann nicht in allen Kontexten sinnvoll wieder verwendet werden. In Abhängigkeit von der Didaktik ist ein Glossarbegriff einmal allgemeiner, ein anderes Mal sehr viel spezieller und detaillierter zu erklären. Daher ist es in der W3L-E-Learning-Plattform auch möglich, gleiche Begriffe mehrfach zu definieren. Sie unterscheiden sich durch unterschiedliche Identifizierungsnummern.

Ich schätze die Wiederverwendbarkeitsquote wie folgt ein:

- Tests, Aufgaben, Tabellen: ca. 1 Prozent
- Medien: ca. 2 Prozent
- Wissensbausteine: ca. 3 Prozent
- Glossarbegriffe: ca. 10 Prozent
- Literatureinträge: ca. 15 Prozent

Obwohl diese Wiederverwendbarkeitsquote gering aussieht, erspart sie – bei diesem Mengengerüst – den Autoren doch eine ganze Menge Arbeit.

Neben der Wiederverwendbarkeit von Lernobjekten innerhalb einer E-Learning-Plattform besteht natürlich auch der Wunsch, Lernobjekte zwischen verschiedenen E-Learning-Plattformen auszutauschen. Für diesen Austausch hat sich der SCORM-Standard *(Sharable Content Object Reference Model)* etabliert. Er ermöglicht es insbesondere, vollständige E-Learning-Kurse auf andere E-Learning-Plattformen zu exportieren. Nachteilig daran ist, dass die Kompatibilität nicht immer garantiert ist, sondern dass umfangreiche Tests auf der Zielplattform notwendig sind, um Probleme zu identifizieren und zu beheben. Außerdem gehen didaktische Gestaltungsmöglichkeiten, die auf der Zielplattform nicht zur Verfügung stehen, bei der Transformation verloren bzw. müssen vorher entfernt werden.

Die Vision, Lernobjekte wieder zu verwenden, ist teilweise realisierbar bzw. bereits realisiert. Die präzise Attributierung von Lernobjekten mittels didaktischen Metadaten und die daraus abgeleitete Vision der vielfachen Wiederverwendung in unterschiedlichen Kontexten ist meiner Meinung nach eine Illusion.

Resümee

Rapid E-Learning

Vor über zehn Jahren entstand der Begriff des *Rapid E-Learning*. Ziel war es, E-Learning-Kurse schnell, kostengünstig und mit geringer Einarbeitungszeit für Autoren zu entwickeln. E-Learning-Kurse wurden dabei oft auf der Basis von Microsoft PowerPoint erstellt. Die Idee dahinter war, dass viele Autoren sowohl PowerPoint bedienen können als auch bereits fertiges Lernmaterial in Form von PowerPoint-Folien vorliegen haben. Oft wurde PowerPoint durch zusätzliche Software ergänzt.

Zutreffend war bei diesem Ansatz sicher, dass viele Autoren PowerPoint bereits beherrschen und sich nicht in eine neue E-Learning-Plattform einarbeiten müssen. E-Learning-Plattformen können jedoch auch so gestaltet sein, dass sie leichter als Microsoft PowerPoint zu bedienen sind.

Richtig ist sicher auch, dass viele Autoren für Präsenzveranstaltungen bereits fertige PowerPoint-Foliensätze besitzen. Kritisch ist jedoch, dass eine Präsenzdidaktik nicht 1:1 in eine E-Learning-Didaktik übertragen werden kann[1]. PowerPoint ist seitenorientiert. Die Vermittlung eines Lerninhalts ist in der Regel nicht auf einer PowerPoint-Folie vorzunehmen. Verglichen mit einem Lehrbuch würde das bedeuten, dass in sich abgeschlossene Lerninhalte immer auf einer Buchseite vermittelt werden. Außerdem ist PowerPoint für längere Textpassagen nicht geeignet.

Mein Kommentar — Eine gute Didaktik bekommt man *nicht* geschenkt. Analog wie man Lehrbücher nicht schnell schreiben kann, so kann man auch E-Learning-Kurse nicht schnell erstellen. Sorgfältige Überlegungen zur Didaktik sind notwendig, um dem Lernenden den Lernstoff geeignet zu vermitteln. Die Lernstoffvermittlung bei Präsenzveranstaltungen orientiert sich immer an einem Zeitraster, z. B. einer Unterrichtsstunde oder einer Vorlesungsstunde. Ein solches Zeitraster existiert bei Lehrbüchern und E-Learning-Kursen nicht, daher sieht die Didaktik dafür auch anders aus.

2003 wurde Wikibooks als Lehrbuchabteilung von Wikipedia kreiert. Während Wikipedia sich als Enzyklopädie weltweit durchgesetzt hat, wurden seit 2003 nur 82 deutsche Bücher in Wikibooks fertig gestellt, das sind sechs Bücher pro Jahr (Stand 2016). Von Wikibooks selbst werden von diesen 82 Büchern nur vier Bücher als exzellent bezeichnet, das sind 4 Prozent. Meiner Meinung nach liegt das daran, dass man nicht mit vielen, sich gegenseitig unbekannten Autoren ohne gegenseitige Absprache und Koordination sowie ohne oder nur mit geringen Didaktikkenntnissen zeitlich versetzt gute Lehrbücher erstellen kann. Nicht umsonst gibt es bei Buchverlagen Herausgeber, die bei mehreren Autoren für eine einheitliche inhaltliche und didaktische Linie sorgen.

Weiterführende Literatur — [Kerr12, S. 444–454], [Rey09, S. 179 -183]

---

[1] Man könnte sonst ja auch auf die Idee kommen, alle PowerPoint-Folien für einen Lernstoff als Buch zu binden, mit einem Inhaltsverzeichnis zu versehen und als Rapid-Lehrbuch zu veröffentlichen.

40 Eigene Erfahrungen und empirische Erkenntnisse ****

Eine Didaktik muss massentauglich, mengentauglich, lernertauglich, empirisch überprüft, ökonomisch und skalierbar sein. Nur dann kann von einer bewährten und praktikablen Didaktik gesprochen werden. Das Berücksichtigen und Anwenden einer Didaktik ist für einen Lehrenden immer mit Aufwand verbunden – kostenlos gibt es eine Didaktik nicht.

Als Softwareingenieur habe ich gelernt, dass eine Software erst dann als anwendbar und einsetzbar gilt, wenn nicht nur die eigenen Entwickler, sondern viele fremde Anwender mit der Software arbeiten können. Bezogen auf didaktische Konzepte bedeutet dies, dass nicht nur der Entwickler einer Didaktik in der Lage sein muss, diese anzuwenden, sondern dass es darauf ankommt, dass viele andere Lehrende in der Lage sind, die Didaktik in die Praxis umzusetzen.

In fast allen von mir gelesenen Didaktik-Büchern fehlt jede Angabe darüber, wer die beschriebene Didaktik in der Praxis angewandt hat. Von Evaluationen ist schon gar nicht die Rede.

Anders verhält es sich mit der hier von mir dargestellten pragmatischen Didaktik. Seit meinem ersten 1976 geschriebenen Schulbuch habe ich schrittweise eine Didaktik für Lehrbücher entwickelt und sie ab 2002 auf E-Learning-Kurse erweitert. Seit 2003 habe ich diese didaktischen Konzepte in Form von Workshops an Autoren von E-Learning-Kursen und Lehrbüchern vermittelt und schrittweise dazu einen eigenen E-Learning-Kurs entwickelt.

Über 100 Autoren – in der Mehrzahl Hochschullehrer – haben auf der Grundlage dieser Didaktik eigene E-Learning-Kurse und Lehrbücher entwickelt. Auf den meisten dieser E-Learning-Kurse basieren die Online-Bachelor-Studiengänge »Web- und Medieninformatik« sowie »Wirtschaftsinformatik«, die zusammen mit der FH Dortmund angeboten werden. Zu allen E-Learning-Kursen gibt es entsprechende Lehrbücher, die aus der E-Learning-Plattform automatisch generiert werden – eine Besonderheit der W3L-E-Learning-Plattform. Dies zeigt außerdem, dass eine E-Learning-Didaktik und eine Lehrbuch-Didaktik eng zusammenhängen.

Autorengerecht

Ich selbst habe über zehn E-Learning Kurse und über 40 Bücher nach dieser Didaktik konzipiert und über 100 E-Learning-Kurse und Lehrbücher lektoriert.

Ausschnitte aus allen E-Learning-Kursen der W3L AG sind auf der W3L-Akademie-Website (www.W3L-Akademie.de) öffentlich und kostenlos zugänglich.

Expertenurteil

Im Gutachten zur Akkreditierung des Online-Studiengangs »Wirtschaftsinformatik« heißt es: »Insgesamt machen die Lehrinhalte als auch die Lernplattform einen hervorragenden Eindruck. Es wurde großer Wert auf didaktische Gesichtspunkte gelegt. [...] Das Qualitätssicherungskonzept des Studiengangs setzt sich aus verschiedenen Komponenten zusammen. In Summe wird es von den Gutachtern als angemessen und gegenüber vielen traditionellen Studiengängen sogar als ausgesprochen elaboriert angesehen.«

Im Gutachten zur Akkreditierung des Online-Studiengangs »Web- und Medieninformatik« heißt es: »Insgesamt kann gesagt werden, dass das Prüfungssystem durch die Staffelung der unterschiedlichen E-Learning Aufgaben und Prüfungen zusammen mit der Präsenzprüfung gut durchdacht ist und angemessen erscheint. [...] Die Gutachter zeigen sich beeindruckt von der online-Plattform mit ihren vielfältigen didaktischen Möglichkeiten, die auch genutzt werden.«

Urteil der Lernenden

Insgesamt haben bisher über 10.000 Lernende mit der W3L-E-Learning-Plattform gelernt:

- In sechs Vorlesungen an der Ruhr-Universität Bochum wurden neben den Präsenzvorlesungen E-Learning-Kurse auf der W3L-Plattform den Studierenden angeboten. In den letzten Jahren haben ca. 2/3 aller Studierenden das Lernen über die W3L-Plattform der Präsenzlehre vorgezogen.
- In den Online-Bachelor-Studiengängen »Web- und Medieninformatik« sowie »Wirtschaftsinformatik« der W3L AG (zusammen mit der FH Dortmund) wird die gesamte Lehre in Form von über 50 Modulen den Studierenden über E-Learning angeboten. Zu jedem Modul erhält jeder Studierende außerdem noch ein gedrucktes Lehrbuch, das aus der E-Learning-Plattform automatisch generiert wird.
- Außerdem gibt es viele Lernende in Organisationen, Verbänden und Unternehmen, die auf der W3L-E-Learning-Plattform eigene Online-Kurse für ihre Mitarbeiter und Führungskräfte anbieten.

Eine Auswertung der studentischen Lehrveranstaltungsbewertung für die Studiengänge »Web- und Medieninformatik« sowie »Wirtschaftsinformatik« hat u. a. folgende Ergebnisse erbracht:

- Frage: Wie beurteilen Sie die Lehre in Ihrem Studiengang?
  - sehr gut: 15 % | gut: 70 % | befriedigend: 15 %
- Frage: Wie beurteilen Sie die Qualität des Lehrangebots?
  - sehr gut: 13,1 % | gut: 68,9 % | befriedigend: 16,4 %
- Freie Antworten zu Gründen für das Studium:
  - »Didaktischer Aufbau des W3L-Studiums«
  - »Art und Weise des Lernens online«

- »Didaktische Herangehensweise mit Tests, Aufgaben, Abschlusstest, Abschlussklausur«
- »Dass ich sowohl mit dem Buch als auch online lernen kann«
- »Bücher zum Kurs«

Eine Auswertung der kursbezogenen Online-Befragung (siehe »Rückkopplung – Feedback zum Autor und zum Lernenden«, S. 176) hat über alle Module der Studiengänge »Web- und Medieninformatik« sowie »Wirtschaftsinformatik« zu folgenden Ergebnissen geführt:

- ■ Die didaktische Aufbereitung des Stoffes war:
- sehr gut: 67 % | befriedigend: 22 % | ausreichend: 6 %
- ■ Haben Tests und Aufgaben das Verständnis der Lernstoff erleichtert?
- ja: 90 % | nein: 10 %
- ■ Die Tipps und Begründungen bei den Tests fand ich:
- sehr hilfreich: 56 % | hilfreich: 31 % | überflüssig: 13 %
- ■ Sonstige Bemerkungen und Verbesserungsvorschläge (freie Antworten, Auswahl):
- »Ich habe mich in kürzester Zeit zurecht gefunden. Alles ist klar gegliedert und verständlich. Prima! «
- »Sehr hilfreiche Rückmeldungen zu den Einsendeaufgaben, top! «
- »Der Kurs hat mir insgesamt sehr gut gefallen.«
- »Keine Verbesserungsvorschläge, einfach nur WELTKLASSE! Didaktisch ein Meisterwerk und die Betreuung in punkto Geschwindigkeit und Inhalt ebenfalls Weltklasse! Das klingt vielleicht etwas übertrieben, aber das ist es nicht. Andere Worte wären nicht zutreffend.«
- »Die Tipps und Begründungen zu jeder Antwort waren sehr hilfreich.«
- »Vor allem die Aufgaben waren/sind hilfreich um sich über das Gelesene noch einmal Gedanken zu machen. Auch die Musterlösungen bei den Aufgaben, die man für sich selbst machen konnte, waren hilfreich.«
- »So sollte es in jedem Kurs sein – ein bunter Mix aus unterschiedlichen Kombinationen. Mal Zuordnungstest, mal Ja-Nein, mal Lückentests, Hotspots, etc ... und ganz wichtig -> es waren Tipps und auch Hinweise zu den Lösungen hinterlegt!!«
- »Der Tutor war sehr schnell und die Antworten waren immer hilfreich und ausführlich. «
- »Toll war, dass zu jeder Aufgabe, bei der keine 100 % erreicht wurden, hilfreiche Anmerkungen gegeben wurden. «
- »Betreuung sehr gut, Antworten immer hilfreich.«
- »Herr [..] hatte einen anderen Stil als meine Tutorin aus [..]. Er war ein bisschen knapper, ein bisschen direkter und hat

immer wieder kleine Hinweise gegeben, wie gewisse Dinge in der beruflichen Praxis laufen. Ich finde das toll, dass auch im Online-Kontakt spürbar bleibt, dass man es mit verschiedenen Menschen zu tun hat. Insgesamt eine tolle Betreuung.«
- »Der Tutor ist äußerst vorbildlich. Sehr freundliche Beantwortung der Aufgaben. Davon können sich andere Tutoren inspirieren lassen!«
- »Ich finde es super, dass der Lehrtext als gedrucktes Buch zur Verfügung steht und ich habe das auch sehr viel genutzt, z. B. in Bus und Bahn.«

Mein Resümee

Die hier vorgestellte **pragmatische Didaktik** ist …

- **massentauglich**, d. h. sowohl viele fremde Autoren haben sie verstanden, erfolgreich auf eigene Themengebiete transferiert und erfolgreich angewandt sowie viele Lernende haben damit gelernt (über 10.000),
- **mengentauglich**, d. h. umfangreiche Themengebiete wurden didaktisch umgesetzt (allein zwei komplette Studiengänge),
- **lernertauglich**, d. h. viele Lernende haben umfangreiche Lerninhalte erfolgreich gelernt (Spektrum: Schüler bis 60-Jährige),
- **empirisch überprüft**, sowohl durch Experten (z. B. Akkreditierungskommission bei den Studiengängen) als auch durch vielfältige Evaluationen (Mikroevaluation pro Lerneinheit, Evaluationsfragebogen pro Kurs, Evaluationsfragebogen pro Studiengang) auf breiter Basis,
- **ökonomisch**, d. h. die didaktischen Konzepte können mit vernünftigem Aufwand in vernünftiger Zeit umgesetzt werden,
- **skalierbar**, d. h. es müssen nicht alle Konzepte sofort umgesetzt werden, sondern die Konzepte können schrittweise berücksichtigt werden (Schnelleinstieg, Erweiterungen),
- **nachhaltig**, d. h. sie wird bereits seit über zehn Jahren eingesetzt und ist unabhängig von aktuellen Trends.

Ich würde mich freuen, wenn Sie die hier vorgestellte pragmatische Didaktik selbst einsetzen, weiterempfehlen und weiterentwickeln.

Glossar

Abschlussklausur *(final examination)*
Im W3L-E-Learning-System kann nach dem erfolgreichem Lösen einer vorgegebenen Anzahl von →Aufgaben eine Abschlussklausur durchgeführt werden. Sie besteht aus Aufgaben, die der Lernende lösen und die Lösungen an den →Online-Tutor schicken muss, der sie bewertet. Nach erfolgreich bestandener Klausur erhält er ein Klausurzertifikat.

Abschlusstest *(final test)*
In dem W3L-E-Learning-System kann ein Abschlusstest durchgeführt werden, wenn der Lernende eine dem Kurs zugeordnete Erfolgsquote durch Bearbeitung der →Tests in den Wissensbausteinen erreicht hat. Nach einem erfolgreichen Abschlusstest erhält der Lernende ein Testzertifikat.

Animation *(animation)*
Eine Animation ist eine visuelle Darstellung, die dynamischen, sich bewegenden Inhalt zeigt. Obwohl die Steuerung (z. B. Stop, Abspielen, Pause) durch den Lernenden vorgenommen wird, kann der dargestellte Inhalt oder Prozess in der Animation typischerweise nicht durch den Lernenden manipuliert werden (im Gegensatz zu einer →Simulation) (in Anlehnung an [Butc14, S. 197]).

Audio-Medium *(audio medium)*
»[Ein] Audio-Medium [ist] jedes Medium, das gehört (über einen Audio-Kanal empfangen) werden kann« [ISO 14915–3, S. 9] (→Medium).

Aufgabe *(exercise)*
Eine Aufgabe dient zur Lernerfolgskontrolle eines Lernstoffs. Im Gegensatz zu automatisch auswertbaren →Tests können mit Aufgaben auch höherwertige Lernziele überprüft werden. Es lassen sich geschlossene, offene, allgemeine und individualisierte Aufgaben unterscheiden. In E-Learning-Kursen werden Lösungen von Aufgaben in der Regel auf einen Server hochgeladen und von menschlichen →Online-Tutoren korrigiert.

Beispiel *(example)*
Ein Beispiel dient dazu, einen Sachverhalt oder einen Vorgang durch einen typischen Einzelfall zu erklären. (Syn.: Exempel, Muster)

Blended Learning *(blended learning)*
Beim Blended Learning werden die Vorteile von Präsenzveranstaltungen mit den Vorteilen von E-Learning-Kursen kombiniert. Präsenzphasen und E-Learning-Phasen wechseln sich ab. (Syn.: hybrides Lernen, integriertes Lernen)

Blog *(blog)*
Ein Blog ist die Kurzform für *Weblog*, Wortkreuzung aus *World Wide Web* und *Log* für *Logbuch*: Private Webseiten oder Unternehmens-Webseiten, die journalartige, chronologisch geordnete, periodisch neue und meist mit anderen *Weblogs* verwiesene Beiträge enthalten, die von anderen kommentiert werden können. Neben persönlichen *Weblogs* (Online-Tagebücher) gibt es themenspezifische und firmenorientierte *Weblogs*, die der Diskussion, Kommunikation und Wissensvermittlung dienen.

Brainstorming *(brainstorming)*
Brainstorming ist eine Kreativitätstechnik, um durch Sammeln und wechselseitiges Assoziieren von spontanen, verbal vorgetragenen Einfällen von Teilnehmern in einer Gruppensitzung die beste Lösung eines Problems zu finden.

Chat *(chat)*
Ein Chat erlaubt Internet-Benutzern gemeinsame interaktive Gespräche in Echtzeit. (Syn.: Plaudern im Internet)

Glossar

Concept Map *(concept map)*
Eine *Concept Map* visualisiert die Zusammenhänge zwischen Begriffen, Konzepten, Ideen und Themen *(concepts)*. Die Zusammenhänge zwischen *concepts* werden durch beschriftete Pfeile dargestellt. Die Beschriftung gibt die Art der Beziehung zwischen den miteinander verbundenen *concepts* an. (Syn.: Begriffslandkarte, Begriffsnetz)

Desktop-Video *(desktop video, screencast)*
Ein Desktop-Video gibt vom Bildschirm aufgezeichnete Abläufe wieder (mit oder ohne Ton), z. B. um die Bedienung von Programmen zu demonstrieren (→Video).

Didaktik *(didactics)*
Didaktik ist die Wissenschaft von der Theorie und Praxis des Lehrens und Lernens.

DOI *(Digital Object Identifier)*
Ein DOI ist eine eindeutige und dauerhafte Identifizierungsnummer für digitale Publikationen.

E-Learning *(e-learning)*
Beim E-Learning im weiteren Sinne (i.w.S.) werden Lerninhalte mithilfe von digitalen Medien dem Lernenden vermittelt. E-Learning im engeren Sinne (i.e.S.) ist internetbasiertes, interaktives Online-Lernen unter Einsatz einer →E-Learning-Plattform. (Syn.: elektronisches Lernen)

E-Learning-Plattform *(e-learning platform)*
Eine E-Learning-Plattform ist eine Software, die →E-Learning i.e.S. technisch ermöglicht. Die Komponente LCMS *(learning content management System)* unterstützt die Autoren und das Management bei der Erfassung, Verwaltung, Zuordnung und Aktualisierung von Lerninhalten. Die Komponente LMS *(learning management System)* stellt den Lernenden die Lerninhalte in Form von Kursen zur Verfügung, verwaltet die Lernenden und unterstützt sie beim Lernen zum Beispiel durch →Online-Tutoren.

Emotion *(emotion)*
Unter Emotion versteht man die »Reaktion des gesamten Organismus, die 1. physiologische Erregung, 2. Ausdrucksverhalten und 3. bewusste Erfahrung beinhaltet« [Myer08, S. 951]

Empathie *(empathy)*
Empathie ist die Fähigkeit, sich in Andere einzufühlen.

Entdeckendes Lernen *(enquiry based learning)*
Beim entdeckenden Lernen baut sich der Lernende sein Wissen durch eigene Aktivitäten auf und sucht selbstständig Fakten und Zusammenhänge. Entdeckendes Lernen wird durch entdeckenlassendes Lehren ermöglicht. Das Gegenteil zum entdeckenden Lernen ist das →rezeptive Lernen. (Syn.: exploratives Lernen)

ERP-System *(ERP system)*
Ein ERP-System ist ein integriertes System, das auf Basis einer standardisierten Software alle oder wesentliche Teile der Geschäftsprozesse eines Unternehmens aus betriebswirtschaftlicher Sicht IT-technisch unterstützt. Die zur Verfügung stehenden Systemfunktionalitäten liefern dabei aktuelle Informationen auf Basis der erfassten und verarbeiteten Daten und ermöglichen hierdurch eine unternehmensweite Planung, Steuerung und Kontrolle.

Fakten *(facts)*
»Fakten sind objektive Daten zu Gegenständen, Sachverhalten und Ereignissen« [Mede06, S. 134]. (Syn.: Singular: Faktum, Fakt)

Fallstudie *(case study)*
In einer Fallstudie werden typische – meist praxisbezogene – Beispiele für den jeweiligen Anwendungsbereich zusammenhängend und umfassend dargestellt und behandelt. Die dazu notwendige Wissensvermittlung orientiert sich an der Fallstudie. Die Fallstudie dient dazu, das allgemeine Wissen, das bereits vermittelt wurde oder als bekannt vorausgesetzt wird, auf ein umfangreiches Beispiel anzuwenden. (Syn.: Fallgeschichte, Fallbeispiel)

FAQ *(FAQ)*
(frequently asked questions) In einer FAQ-Liste werden Antworten auf häufig gestellte Fragen aufgeführt. Es kann sich um echte Fragen und die Antworten darauf handeln oder um Fragen, die antizipiert wurden. Oft in Listenform – insbesondere im Internet – zu finden.

Forum *(forum)*
Ein Forum ist im Internet die Bezeichnung für eine (elektronische) Diskussionsgruppe, ähnlich wie eine Newsgroup.

Gamification *(gamification)*
Unter Gamification versteht man die Verknüpfung »ernster Situationen« mit Spielelementen. (Syn.: Spielifizierung, Spielifikation)

GIF
(Graphics Interchange Format) GIF ist ein im Web häufig benutztes Bildformat mit maximal 256 Farben (Dateiendung: .gif).

Glossar *(glossary)*
Ein Glossar ist eine alphabetisch sortierte Liste von →Glossarbegriffen. Jeder Begriff wird definiert bzw. erläutert. Dient dazu, wichtige Schlüsselbegriffe des jeweiligen Fachgebiets zu erklären und eine einheitliche Terminologie sicherzustellen. Hilft einem Lernenden bei der Wiederholung des Lernstoffs und kann ihm als Miniaturenzyklopädie dienen.

Glossarbegriff *(glossary entry)*
Ein Glossarbegriff dient dazu, einen wichtigen Begriff in einem Wissensgebiet zu definieren und zu beschreiben. Er ist Teil eines →Glossars.

Gruppierung *(main chapter, grouping)*
Eine Gruppierung fasst mehrere fachlich zusammengehörende →Lerneinheiten und/oder Gruppierungen zu einer Einheit zusammen. In der Gruppierung werden ein Überblick über die untergeordneten Lerneinheiten und evtl. eine Einführung in die Thematik gegeben. In Büchern spricht man oft von Hauptkapiteln, die aus Kapiteln bestehen.

HTML *(HTML)*
(hypertext markup language) HTML ist eine Dokumentenauszeichnungssprache, die es mit Hilfe von HTML-Befehlen *(tags)* erlaubt, inhaltliche Kategorien von HTML-Dokumenten, z.B. Überschriften und Absätze, zu kennzeichnen. So ausgezeichnete Dokumente werden von Web-Browsern interpretiert und dargestellt. Die Dateiendung einer HTML-Datei lautet .html bzw. .htm.

Ikone *(icon)*
Eine Ikone ist ein Zeichen, das eine wahrnehmbare Ähnlichkeit mit dem bezeichneten Gegenstand hat (Referenzobjekt). Beispiel: Motivbilder, die realen Objekten sehr ähnlich sind. (Syn.: Ikonisches Zeichen)

Index *(index)*
Ein Index ist ein »visuelles Zeichen mit sowohl Ähnlichkeitsbezug zu einem Objekt als auch abstrakt-logischem Bezug« [Dago09, S. 64]. Beispiel: Spritze als Darstellung einer Spritze mit der gleichzeitigen Bedeutung von Medikamentenapplikation.

Instant Messaging *(Instant Messaging)*
Instant Messaging ist ein Dienst im Internet, der es erlaubt, auf dem eigenen Computersystem eine Liste mit Freunden, Arbeitskollegen usw. zu führen. Immer wenn ein Mitglied dieser Liste online ist, wird dies angezeigt. Man kann auch einen privaten Chat führen, aber auch Dateien austauschen usw. Auch Audio-Chats sind möglich. Eine Art E-Mail in Echtzeit. Als Software wird ein *Instant Messenger* benötigt. Es gibt mehrere Systeme im Markt, die aber nicht kompatibel sind. (Abk.: IM)

Interaktive Infografik *(interactive information graphic)*
Eine interaktive Infografik repräsentiert visuelle Informationen, die mehrere Modi (mindestens zwei) zu einem kohärenten Ganzen integriert, und dem Nutzer mindestens eine Steuerungsoption bietet (in Anlehnung an [WeWe13, S. 21]).

JPEG *(JPEG)*
(Joint Photographic Experts Group) JPEG ist ein im Web weitverbreitetes Bildformat, das im Gegensatz zum →GIF-Format beliebig viele Farben darstellen kann (Dateiendung:.jpg oder .jpeg).

Kapitälchen *(small-caps font)*
Bei Kapitälchen besitzen Buchstaben, die üblicherweise als Kleinbuchstaben geschrieben werden, die Form von Großbuchstaben. Im Gegensatz zu »normalen« Großbuchstaben besitzen diese Buchstaben aber nicht die volle Versalhöhe (Höhe von Großbuchstaben in einer Schrift).

Kognition *(cognition)*
Kognition ist die »Gesamtheit der geistigen Aktivitäten im Zusammenhang mit Denken, Wissen, Erinnern und Kommunizieren« [Myer08, S. 956] (→Metakognition).

Kompetenz *(competence)*
»Kompetenzen charakterisieren die Fähigkeit von Menschen, sich in offenen und unüberschaubaren, komplexen und dynamischen Situationen zurechtzufinden« [Lehn09, S. 122].

Kreativität *(creativity)*
Kreativität liegt vor, wenn neue Ideen und Lösungen durch schöpferische Übertragung von Wissen und Erfahrungen aus anderen Bereichen gefunden werden, wobei traditionelle Denkmuster überwunden werden.

Lehrbuch *(textbook)*
Ein Lehrbuch vermittelt didaktisch aufbereiteten →Lehrstoff zu einem oder mehreren Themen in gut lernbarer, lesbarer, verständlicher und anschaulicher Form.

Lehre *(teaching)*
»Lehren zielt darauf ab, dass der oder die Belehrte(n) etwas lernen« [Terh09, S. 13].

Lehrstoff *(subjects taught)*
Lehrstoff ist der Stoff, der durch Lehren vermittelt werden soll (didaktisch noch nicht aufbereitet) (→Lernstoff).

Lehrziel *(teaching target)*
»Wenn es um Ziele geht, die der Lehrende im Lehr-Lern-Prozess ansteuert, wird von Lehrzielen gesprochen« [KlLe12, S. 24] (→Lernziel).

Lerneinheit *(learning lesson)*
»Die Lerneinheit ist die kleinste didaktisch aufbereitete Einheit des Lernangebots, die ein Lernziel vermittelt« [Kerr12, S. 422]. (Syn.: Wissensbaustein)

Lernen *(learning)*
Lernen ist die »relativ dauerhafte Veränderung im Verhalten eines Organismus aufgrund von Erfahrung« [Myer08]. »Die moderne Psychologie versteht Lernen als einen Prozess der Informationsverarbeitung. Die vier zentralen Stadien dieses Prozesses sind die Informationsaufnahme, die Verarbeitung und Speicherung der Information sowie ihr Transfer auf neue Zusammenhänge« [KlLe12, S. 48].

Lernspiel *(Game Based Learning)*
Ein digitales Lernspiel soll dem Lernenden spielerisch den Erwerb von Wissen und Können ermöglichen, »Spaß machen« und Emotionen freisetzen.

Lernstoff *(learning matter)*
Lernstoff ist für Lernende didaktisch aufbereiteter →Lehrstoff.

Lernziel *(educational objective, learning outcome)*
»Lernziele beschreiben das angestrebte Verhalten am Ende eines Lernvorgangs. Sie lassen sich durch die Angabe von Inhalten und erwünschtem Verhalten bezeichnen« [Lehn09, S. 118] (→Lehrziel).

Link *(link)*
Ein Link ist ein Verweis auf ein anderes Dokument; in Webbrowsern meist farblich oder unterstrichen hervorgehoben; ein Mausklick auf einen Link bewirkt, dass zu dem Dokument, auf das verwiesen wird, verzweigt wird. Kurzform von Hyperlink. (Syn.: Hyperlink, Verweis, Referenz)

Lokalität *(locality)*
Das Prinzip der Lokalität wird eingehalten, wenn alle für einen Gesichtspunkt relevanten Informationen sich räumlich zusammenhängend angeordnet auf einer oder wenigen Seiten befinden. Für den Gesichtspunkt irrelevante Informationen sind *nicht* vorhanden.

Manager *(manager)*
Person, die dafür sorgt, dass Ressourcen/Wissen in Nutzen transformiert wird. Dazu ist es erforderlich eine Organisation/ein System zu kontrollieren und zu steuern (in Anlehnung an Fredmund Malik). (Syn.: Führungskraft)

Marginalie *(marginal note)*
Eine Marginalie fast in der Regel die Kernaussage eines Abschnitts in einem Wort oder in wenigen Worten zusammen und befindet sich neben dem korrespondierenden Haupttextabschnitt, meist in einer Marginalspalte angeordnet. (Syn.: Randnotiz)

Medium *(media)*
Medium: »verschiedene spezifische Darstellungsformen von Informationen für den Benutzer« [ISO 14915-1, S. 6].

Metakognition *(meta cognition)*
»Metakognitionen beziehen sich auf das Wissen vom eigenen Wissen und auf das Wissen vom eigenen Können, also auch darauf, in welcher Weise man die eigenen Kognitionen steuern und kontrollieren kann« [KlLe12, S. 45] (→Kognition).

Metapher *(metaphor)*
Eine Metapher bezeichnet ein Sinnbild bzw. eine sinnbildhafte Übertragung. Abstraktes wird mit Konkretem veranschaulicht, um komplizierte Sachverhalte zu erklären. Die Sprachbilder einer Metapher aktivieren assoziative Netzwerke. Beispiele: Rettungsschirm, Steuerflüchtling, Treibhauseffekt, »Ein Atom ist aufgebaut wie ein Sonnensystem«, »Ein Antikörper funktioniert wie ein Schlüssel für ein Schloss«.

Glossar

Mikrowelt *(microworld)*
Eine Mikrowelt ist eine interaktive, digitale Umgebung, die es dem Lernenden ermöglicht, ein laufendes System zu untersuchen, zu bauen oder zu modifizieren. Er erhält dynamische Reaktionen von dem zugrunde liegenden Berechnungsmodell (in Anlehnung an [PlSc14, S. 753]). Siehe auch →Simulation.

Mindmap *(mindmap)*
Eine Mindmap ist eine grafische Visualisierungstechnik, um Informationen zu sammeln und zu strukturieren. Begriffe werden an Haupt- und Unteräste geschrieben. Eine Mindmap liefert eine Übersicht über ein Thema und seine Bestandteile und regt zu neuen Einfällen an.

MOOC *(MOOC)*
(Massive Open Online Course) Ein MOOC ist ein für jeden frei zugänglicher, kostenloser Online-Web-Kurs, der Lerninhalte durch Videosequenzen, Skripte und ergänzende Lernmaterialien vermittelt. Der Lernerfolg wird meist durch automatisch auswertbare Multiple-Choice-Selbsttests überprüft. Lernende können sich über soziale Netzwerke zu den Lerninhalten austauschen.

Multimedia *(multimedia)*
Multimedia bezeichnet den aufeinander abgestimmten, kombinierten Einsatz mehrerer, verschiedener multicodaler *und* interaktiv steuerbarer Medien, um dem Lernenden das Erlernen eines Lernstoffs zu erleichtern.

Notiz *(note)*
Eine Notiz ist eine kurze schriftliche Information, die dazu dient, in knapper Form umfangreiche Informationen zu verdichten oder Stichworte, Ideen oder Gedanken als Gedächtnisstütze zu notieren. (Syn.: Vermerk)

Online-Mentor *(online mentor)*
Bei E-Learning-Kursen ist ein Online-Mentor oft ein menschlicher Ansprechpartner, der Fragen der Lernenden beantwortet, aber *keine* Aufgaben korrigiert. Siehe auch →Online-Tutor.

Online-Tutor *(online tutor)*
Bei E-Learning-Kursen ist ein Online-Tutor oft ein menschlicher Ansprechpartner, der den Lernenden betreut, berät und seine Aufgaben korrigiert. Siehe auch →Online-Mentor.

Paraphrase *(paraphrase)*
Eine Paraphrase kennzeichnet die Wiedergabe von Erkenntnissen anderer Autoren in eigenen (umschreibenden) Worten. Wichtig ist die Quellenangabe.

passim
Passim – Lateinisch – »überall«, »da und dort« – ist ein Fachterminus, der in wissenschaftlichen Texten anstelle von konkreten Seitenangaben gebraucht wird, wenn keine konkrete Zeile oder kein bestimmter Absatz zum Sachverhalt angegeben werden kann, sondern der Sachverhalt sich durch den gesamten Text oder ein großes Textstück zieht.

Piktogramm *(icon)*
Ein Piktogramm ist eine grafisch abstrakte Darstellung von Objekten, Funktionen, Anwendungen, Geräten, Hilfsmitteln und Prozessen auf dem Bildschirm und in Büchern. Bei Anwendungssoftware im Bürobereich findet man als Piktogramme z. B. Symbole für Ordner, Papierblatt, Papierkorb. (Syn.: Ikone)

PNG
(Portable Network Graphics) PNG ist ein neueres Bildformat, das die besten Eigenschaften von →GIF und →JPEG vereint (Dateiendung: .png). Die Kompression ist verlustfrei.

Prinzip *(principle)*
Ein Prinzip ist ein Grundsatz, den man seinem Handeln zugrunde legt.

Rezeptives Lernen *(receptive learning)*
Beim rezeptiven Lernen wird der Lehrinhalt dem Lernenden in didaktisch aufbereiteter Form »vorgelegt«, sodass der Lernende zielgerichtet durch die vorgegebene Sachstruktur und Lernwege geführt wird. Die dazugehörige Lehrmethode ist das darbietende Lehren. Das Gegenteil vom rezeptiven Lernen ist das →entdeckende Lernen. (Syn.: aufnehmendes Lernen, expositorisches Lernen)

Rollenspiel *(role play)*
In einem Rollenspiel setzen sich Teilnehmer spielerisch mit Lebens- oder Unternehmenssituationen auseinander, indem sie eine Rolle oder nacheinander mehrere Rollen einnehmen, um die mit den Rollen verbundenen Perspektiven, Ansichten und Handlungsweisen »am eigenen Leibe« kennenzulernen.

Sachindex *(index)*
Ein Sachindex ist ein alphabetisch sortiertes Verzeichnis von Stichwörtern, das am Ende eines Buches aufgeführt ist, um dem Leser die Suche nach Begriffen und Themenbereichen zu erleichtern. Zu jedem Stichwort sind die Seiten aufgeführt, an denen im Buch das entsprechende Thema behandelt wird. Neben einem Sachindex kann es auch einen separaten Namens-, Organisations- oder Ortsindex geben, je nachdem, welche Stichwortkategorien in einem Buch oft verwendet werden. Oft wird ein Hauptstichwort noch in Unterstichworte gegliedert. (Syn.: Sachverzeichnis, Register, Stichwortverzeichnis)

Selbsttestaufgabe *(self test exercise)*
Selbsttestaufgaben befinden sich innerhalb von →Lerneinheiten bzw. →Wissensbausteinen. Der Lernende kann sein Wissen selber überprüfen und bewerten. Eine Selbsttestaufgabe beinhaltet immer eine Frage und eine Musterlösung.

Serifen *(serifs)*
Serifen sind kleine Häkchen an den Buchstaben-Enden. Man unterscheidet generell zwischen Schriften mit (z. B. Times) und ohne Serifen (z. B. Arial).

Simulation *(simulation)*
Eine Simulation ist eine Multimedia-Form, in der der Lernende Schlüsseleigenschaften selektiert und/oder steuert, um das Verhalten eines dynamischen Modells festzulegen. Simulationen werden typischerweise verwendet, um interaktiv zu untersuchen, auf welche Art und Weise sich Prozesse der realen Welt oder Systeme in Abhängigkeit von spezifischen Variablen verhalten (in Anlehnung an [Butc14, S. 198]). Siehe auch →Mikrowelt.

Situiertes Lernen *(anchored instruction)*
Situiertes Lernen ist Lernen, das in einem Kontext stattfindet, der dem Anwendungskontext ähnelt.

Software-Ergonomie *(usability, software ergonomics)*
Menschengerechte Gestaltung eines Software-Arbeitsplatzes, d. h. der Anwendungssoftware und der Arbeitsoberfläche.

Soziale Medien *(social media)*
Soziale Medien sind internetbasierte Anwendungen, die es ermöglichen, dass Benutzer eigenen Inhalt erfassen, mit anderen teilen und diskutieren. Beispiele: Facebook, Wikipedia, YouTube.

Story *(story)*
Eine Story ist eine reale oder fiktive (ungewöhnliche) Geschichte oder Erzählung, die sich so zugetragen haben soll. Der Begriff wird auch für einen (außergewöhnlichen) Bericht, eine spannende oder unterhaltsame Schilderung

verwendet. Oft wird dabei der Eindruck erweckt, etwas Selbst erlebtes wird erzählt. Story steht auch im Zusammenhang mit der Fiktion, d. h. das Erzählte könnte zumindest teilweise frei erfunden sein, auch wenn der Erzähler etwas anderes behauptet. (Syn.: Narration, narrative)

Struktur *(structure)*
Eine Struktur ist eine reduzierte Darstellung eines Systems, die den Charakter des Ganzen offenbart unter Verzicht auf untergeordnete Details.

Symbol *(symbol)*
Ein Symbol ist ein »visuelles Zeichen mit oder ohne Ähnlichkeitsbeziehung zu einem Objekt und mit abstrakter Bedeutung« [Dago09, S. 64]. Beispiel: Ausgeglichene Waage als Symbol für Gleichheit von zwei Variablen.

Taxonomie *(taxonomy)*
Eine Taxonomie ist eine systematische Klassifikation (Prozess und Ergebnis), um Dinge, Erscheinungen, Prozesse usw. nach einheitlichen sachlogischen Prinzipien, Verfahren und Regeln in Gruppen zu ordnen (in Anlehnung an [Baum11, S. 362]).

Teleteaching *(teleteaching)*
Beim Teleteaching werden über Videokonferenzsysteme Präsenzveranstaltungen synchron über Video und Audio an andere Orte übertragen. Die Lernenden sehen über Präsentationsbildschirme die Lernenden an den anderen Orten. Bild und Ton des Lehrenden und seine Präsentation werden ebenfalls an die anderen Orten übertragen. Fragen an den Lehrenden sind in der Regel von allen Orten aus möglich. (Syn.: distance teaching, educational videoconferencing)

Test *(test)*
Ein Test dient zur Überprüfung des Lernstoffs. In der Regel sind Tests Aufgaben, deren Lösungen *automatisch* oder manuell objektiv auswertbar sind. Dazu gehören z. B. Mehrfachauswahltests *(multiple choice tests)*, Zuordnungstests, Anordnungstests, Lückentests mit freier Eingabe, Freitexttests, Begriffsabfragen in Form von Kreuzworträtseln und Hot-Spot-Tests als spezielle Zuordnungstests.

TIFF
(Tagged Image File Format) TIFF ist ein Bildformat, das eine verlustfreie Speicherung und eine hohe Qualität der Bilder ermöglicht. Nachteilig ist sein hoher Speicherbedarf.

Tooltip *(tooltip)*
Ein *Tooltip* ist ein Kurztext, der in einer kleinen Box angezeigt wird, wenn sich die Maus eine bestimmte Zeit über einem Hyperlink oder einem Bild (einer Webseite) befindet. Nach kurzer Zeit wird die Erklärung dann automatisch wieder ausgeblendet.

Top-Down *(top-down)*
Unter Top-Down versteht man die Verarbeitung von oben nach unten in der Regel innerhalb einer Hierarchie.

true color *(true color)*
true color bezeichnet eine Farbdarstellung mit 24 Bit, die ca. 16,7 Millionen Farben ermöglicht (24-Bit-Farbtiefe).

URL *(URL)*
(uniform resource locator) Eine URL ist eine im Web verwendete standardisierte Darstellung von Internetadressen; Aufbau: `protokoll://domain-Name/Dokumentpfad`.

Glossar

Ursache-Wirkungs-Diagramm *(Fishbone Chart, Wishbone Chart)*
Ein Ursache-Wirkungs-Diagramm zeigt Ursache-Wirkungs-Zusammenhänge in einer Diagrammdarstellung. Zu einem Problem (Wirkung) – dargestellt durch einen zentralen horizontalen Pfeil, der auf ein Problem zeigt – werden die Hauptursachen und Nebenursachen in Form von Fischgräten grafisch angeordnet. (Syn.: Ishikawa-Diagramm, Fischgräten-Diagramm, Gabelbein-Diagramm)

Video *(video)*
Ein Video ist ein »visuelles Medium, das mit einer Geschwindigkeit dargestellt wird, dass es vom Betrachter als ununterbrochenes Bild bewertet wird« [ISO 14915–3, S. 9].

Virtuelles Klassenzimmer *(virtual classroom)*
Ein virtuelles Klassenzimmer simuliert einen Präsenzunterricht in einem Klassenraum. Alle Lernenden sehen synchron an ihrem Computer räumlich getrennt den Lehrenden in Bild und Ton sowie das Lernmaterial und können mit ihm und anderen Lernenden (hängt von der Anzahl der Lernenden ab) per Text und/oder Ton und/oder Video kommunizieren.

Visualisierung *(visualization, visualisation)*
Unter Visualisierung versteht man die Darstellung sprachlich schwierig oder gar nicht beschreibbarer Zusammenhänge mithilfe von visuellen Medien, z. B. Grafiken, →Animationen, →Simulationen.

Webinar *(webinar)*
Webinare sind Live-Seminare, die über das Web übertragen werden (sprachliche Neubildung aus den Wörtern *Web* und Sem*inare*). Ein oder mehrere Dozenten erklären in der Regel anhand von Folien Lehrinhalte. Die Teilnehmer hören den Dozenten per Audio und sehen ihn per Videostream oder per Standbild. Fragen können per Chat oder mündlich gestellt werden, die in der Regel am Ende der Präsentation individuell oder für alle Teilnehmer beantwortet werden. Die Teilnehmer selbst sehen und hören sich nicht untereinander. Webinare können aufgezeichnet werden und zeitunabhängig ohne Rückkopplungsmöglichkeit zur Verfügung gestellt werden. (Syn.: Online-Seminar, Live-Webcast, Webkonferenz)

Wiederholung *(repetition, rehearsal)*
Die Wiederholung von Lernstoff ist eine Lernmethode, die das Ziel hat, das Gelernte im Langzeitgedächtnis zu verankern. (Syn.: Repetition, Rekapitulieren)

Wissensbaustein *(knowledge unit)*
Im W3L-E-Learning-System bestehen Kurse aus Wissensbausteinen, in denen die Lerninhalte vermittelt werden. Ein Wissensbaustein besteht i. Allg. aus 1 bis 5 Webseiten. Jeder Wissensbaustein besitzt folgende Charakteristika: Überschrift, Sterne-Klassifikation, Angabe zur durchschnittlichen Lernzeit, Kurzfassung, Inhalt, Marginalspalte mit optionalen Marginaltexten oder -medien, optional Glossarbegriffe, Literaturangaben, interne oder externe Links sowie Medien zur Veranschaulichung oder Einstimmung. Siehe auch →Lerneinheit.

Literatur

[Acke14]
Ackermann, Philip; *Schrödinger programmiert Java – Das etwas andere Fachbuch*, Bonn, Galileo Press, 2014.

[Aebl11]
Aebli, Hans; *Zwölf Grundformen des Lehrens*, 14. Auflage, Klett-Cotta, 2011.

[Agen15]
Agena, Gesine; *Wortgewaltig*, in: DIE ZEIT, 26.11.2015, Nr. 48, 2015, S. 15. Die Autorin ist frauenpolitische Sprecherin der Grünen.

[AKS99]
Arnold, Rolf; Krämer-Stürzl, Antje; Siebert, Horst; *Dozentenleitfaden – Planung und Unterrichtsvorbereitung in Fortbildung und Erwachsenenbildung*, Berlin, 1999.

[Allw05]
Allweyer, Thomas; *Geschäftsprozessmanagement*, Herdecke, W3L-Verlag, 2005.

[Ange12]
Angela, Alberto; *Vom Plagiator zur Hure – Die Reise einer Münze durch das Römische Reich*, München, Riemann Verlag, 2012.

[AnKr00]
Anderson, Lorin; Krathwohl, David; *A Taxonomy for Learning, Teaching, and Assessing: A Revision of Bloom's Taxonomy of Educational Objectives, Abridged Edition*, Allyn & Bacon, 2000.

[Balz01]
Balzert, Helmut; *Lehrbuch der Softwaretechnik – Software-Entwicklung*, 2. Auflage, Heidelberg, Spektrum Akademischer Verlag, 2001.

[Balz08]
Balzert, Helmut; *Lehrbuch der Softwaretechnik – Softwaremanagement*, 2. Auflage, Heidelberg, Spektrum Akademischer Verlag, 2008.

[Balz11]
Balzert, Helmut; *Lehrbuch der Softwaretechnik. Entwurf, Implementierung, Installation und Betrieb*, 3. Auflage, Heidelberg, Spektrum Akademischer Verlag, 2011.

[Balz13]
Balzert, Helmut; *Java: Der Einstieg in die Programmierung – Strukturiert & prozedural programmieren*, 4. Auflage, Dortmund, W3L-Verlag, 2013.

[Balz14]
Balzert, Helmut; *Java: Objektorientiert programmieren – Vom objektorientierten Analysemodell bis zum objektorientierten Programm*, 3. Auflage, Dortmund, W3L-Verlag, 2014.

[Balz76]
Balzert, Helmut; *Informatik 1 – Vom Problem zum Programm*, München, Hueber-Holzmann-Verlag, 1976.

[BaSp15]
Bahnsen, Ulrich; Spiewak, Martin; *Mein IQ ist mir egal*, in: DIE ZEIT, 3. Juni 2015, Nr. 23, 2015, S. 35–36.

[Baum11]
Baumgartner, Peter; *Taxonomie von Unterrichtsmethoden – Ein Plädoyer für didaktische Vielfalt*, Münster, Waxmann, 2011.

[BeHa12]
Bell, Inge; Hafner, Bettina; *Kamera läuft – Ihr Auftritt!*, in: Trainingaktuell, August 2012, 2012, S. 36–38.

[BiBu13]
Bissantz, Nicolas; Butterwegge, Gerald; *Das Diagramm ist tot, es lebe das Diagramm*, in: Interaktive Infografiken [WBT13], Berlin-Heidelberg, Springer-Verlag, 2013, S. 135–146.

Literatur

[BKB+05]
: Balzert, Helmut; Krengel, Andrea; Balzert, Heide; Poguntke, Werner; *Das Internet – Beruflich & privat effizient & sicher nutzen*, Herdecke, W3L-Verlag, 2005.

[BlKr56]
: Bloom, Benjamin; Krathwohl, David; *Taxonomy of educational objectives: The classification of educational goals, by a committee of college and university examiners. Handbook 1: Cognitive domain*, New York, Longmans, 1956.

[Brei16]
: Breithaupt, Fritz; *Ein Lehrer für mich allein*, in: DIE ZEIT, 28. Januar 2016, Nr. 5, 2016, S. S. 63–64.

[Brin15]
: Brinck, Christine; *Massiv gescheitert*, in: DIE ZEIT, 29. Oktober 2015, Nr. 44, 2015, S. 70.

[Brun60]
: Bruner, Jerome; *The Process of Education*, Harvard University Press, 1960.

[BSS11]
: Balzert, Helmut; Schröder, Marion; Schäfer, Christian; *Wissenschaftliches Arbeiten – Ethik, Inhalt & Form wiss. Arbeiten, Handwerkszeug, Quellen, Projektmanagement, Präsentation*, 2. Auflage, Herdecke, W3L-Verlag, 2011.

[Butc14]
: Butcher, Kirsten R.; *The Multimedia Principle*, in: The Cambridge Handbook of Multimedia Learning [Maye14], 2014, S. 174–205.

[CHS15]
: Coen, Amrai; Henk, Malte; Sussebach, Henning; *Diese Bilder lügen*, in: DIE ZEIT, Juli 2015, Nr. 28, 2015, S. 13–15.

[Cifu15]
: Cifuentes, Reza; *Gamification – Spielend zum Erfolg*, in: Java-Spektrum, 2/2015, 2015, S. 48–53.

[Ciom05]
: Ciompi, L.; *Die emotionalen Grundlagen des Denkens. Entwurf einer fraktalen Affektlogik*, Göttingen, Vandenhoeck & Ruprecht, 2005.

[Clar12]
: Clark, Roy Peter; *Die 50 Werkzeuge für gutes Schreiben – Handbuch für Autoren, Journalisten & Texter*, Berlin, Autorenhaus, 2012.

[ClMa02]
: Clark, Ruth Colvin; Mayer, Richard E.; *e-learning and the Science of Instruction*, San Francisco, Jossey-Bass/Pfeiffer, 2002.

[Cusu14]
: Cusumano, Michael A.; *MOOCs Revisited, With Some Policy Suggestions*, in: Communications of the ACM, April 2014, 2014, S. 24–26.

[Dago09]
: Dagobert, Onkel; *Lehrbuchrhetorik im Medizinstudium*, WIKIBOOKS, 2009, http://upload.wikimedia.org/wikipedia/commons/3/33/Lehrbuchrhetorik_im_Medizinstudium.pdf.
Als PDF aus dem Internet herunterladbar. 79 Seiten.

[DCM+79]
: Danserau, D.F.; Collins, K.W.; McDonals, B.A.; Holley, C.D.; Garland, J.C.; *Development and evaluation of a learning strategy training program*, in: Journal of Educational Psychology 71, 1–1979, 1979, S. 64–73.

[DIN 690 2013]
: NABD im DIN; *DIN ISO 690 – Information und Dokumentation – Richtlinien für Titelangaben und Zitierung von Informationsressourcen*, Berlin, Beuth Verlag, 2013.

[DKM08]
    Dreyer, Gunda; Kotthoff, Jost; Meckel, Astrid; *Urheberrecht*, 2. Auflage, Verlagsgruppe Hüthig-Jehle-Rehm, 2008.

[Dobe11]
    Dobelli, Rolf; *Die Kunst des klaren Denkens – 52 Denkfehler, die Sie besser anderen überlassen*, München, Hanser-Verlag, 2011.

[Dobe12]
    Dobelli, Rolf; *Die Kunst des klugen Handelns – 52 Irrwege, die sie besser anderen überlassen*, München, Hanser-Verlag, 2012.

[Dörn79]
    Dörner, Dietrich; *Problemlösen als Informationsverarbeitung*, 2. Auflage, Kohlhammer, 1979.

[Drös15]
    Drösser, Christoph; *Im Hirn der Pianisten*, in: DIE ZEIT, 29. Oktober 2015, Nr. 44, 2015, S. 40.

[Dubs03]
    Dubs, Rolf; *Qualitätsmanagement für Schulen*, St. Gallen, 2003.

[Dunc13]
    Duncan, Kevin; *Das Buch der Diagramme – 50 Wege, um jedes Problem visuell zu lösen*, Zürich, Midas Management Verlag, 2013.

[Eibl11]
    Eibl, Maximilian; *Dynamische Medien: Multimedia: Bild – Audio – Video – Animation*, Herdecke, W3L-Verlag, 2011.

[EuHa07]
    Euler, D.; Hahn, A.; *Wirtschaftsdidaktik*, Bern, Haupt-Verlag, 2007.

[FaLa10]
    Faller, Hermann; Lang, Hermann; *Medizinische Psychologie und Soziologie*, 3. Auflage, Springer, 2010.

[Fink14]
    Fink, Alexander; *Trendfortschreibungen misstrauen ...*, 2014. Vortrag in Köln, 16.6.2014, Werkstatt der Easy Software AG.

[Focu06a]
    Die Alpha-Faktoren, in: Focus, 28/2006, 2006.

[FrFr06]
    Freeman, Eric; Freeman, Elisabeth; *Entwurfsmuster von Kopf bis Fuß*, Köln, O'Reilly, 2006.

[Gell87]
    Gellius, A.; *Attische Nächte*, Leipzig, Insel-Verlag, 1987.

[GMW+14]
    Göbel, Stefan; Mehm, Florian; Wendel, Viktor; Konert, Johannes; Hardy, Sandro; *Erstellung, Steuerung und Evaluation von Serious Games*, in: Informatik Spektrum, 37-6-2014, 2014, S. 547–557.

[Graw04]
    Grawe, Klaus; *Neuropsychotherapie*, Göttingen, Hogrefe-Verlag, 2004.

[GrCa87]
    Grady, R. B.; Caswell, D. L.; *Software Metrics: Establishing a Company-Wide Program*, Prentice Hall, Englewood Cliffs, 1987.

[GuAd14]
    Guzdial, Mark; Adams, Joel C.; *MOOCs Need More Work; So Do CS Graduates*, in: Communications of the ACM, January 2014, Vol. 57, No. 1, 2014, S. 18–19.

[Gube10]
    Guber, Peter; *Die Macht von Geschichten*, 2010, http://www.harvardbusinessmanager.de/heft/artikel/a-590476-druck.html. Harvard Business Manager, Heft 3/2008, zuletzt aktualisiert 26.7.2010, abgerufen am 7.8.2015.

[GuSc14]
    Guldner, Jan; Schmidt, Marion; *Stirbt der Schulbuch?*, in: DIE ZEIT, 1. Oktober 2014, Nr. 41, 2014, S. 93.

[HaTh08]
    Hackenbach, Veronika; Thimm, Katja; *Volkskrankheit Schmerz*, in: Der Spiegel, 36/2008, 2008, S. 154–166.

[Hatt13]
    Hattie, John; *Lernen sichtbar machen*, Baltmannsweiler, Schneider Verlag Hohengehren, 2013.
    Überarbeitete deutschsprachige Übersetzung von Visible Learning, übersetzt von Wolfgang Beywl und Klaus Zierer.

[HeGö09]
    Hesseler, Martin; Görtz, Marcus; *ERP-Systeme im Einsatz*, Herdecke, W3L-Verlag, 2009.

[Hero02]
    Herold, Helmut; *Das HTML/XHTML Buch*, Nürnberg, Suse Press, 2002.

[HHS09]
    Huber, Ludwig; Hellmer, J.; Schneider, F.; *Forschendes Lernen im Studium*, Bielefeld, Universitätsverlag Webler, 2009.

[Hoff07]
    Hoffmann, Erwin; *Manage Dich selbst und nutze Deine Zeit*, Herdecke, Witten, W3L-Verlag, 2007.

[HQW06]
    Heyer, Gerhard; Quasthof, Uwe; Wittig, Thomas; *Text Mining: Wissensrohstoff Text – Konzepte, Algorithmen, Ergebnisse*, Herdecke, W3L-Verlag, 2006.

[Hube09]
    Huber, Ludwig; *Warum Forschendes Lernen nötig und möglich ist*, in: Forschendes Lernen im Studium [HHS09], 2009, S. 9–35.

[ISO 14915–1]
    DIN EN ISO 14915–1: Software-Ergonomie für Multimedia-Benutzungsschnittstellen – Teil 1: Gestaltungsgrundsätze und Rahmenbedingungen, Berlin, Beuth-Verlag, 2003.

[ISO 14915–3]
    DIN EN ISO 14915–3: Software-Ergonomie für Multimedia-Benutzungsschnittstellen – Teil 3: Auswahl und Kombination von Medien, Berlin, Beuth, 2003.

[Issi11]
    Issing, Ludwig; *Psychologische Grundlagen des Online-Lernens*, in: [KlIs11], 2011, S. 19–33.

[Jack09]
    Jacky; *Wie kann ich Spannung erzeugen?*, 2009, http://www.schriftsteller-werden.de/handlung-und-plot/spannung-erzeugen.
    Abgerufen am 6.8.2015.

[JaMe05]
    Jank, Werner; Meyer, Hilbert; *Didaktische Modelle*, 7. Auflage, Berlin, 2005.

[JaMe94]
    Jank, Werner; Meyer, Hilbert; *Didaktische Modelle*, Cornelsen Verlag, 1994.
    Neueste Auflage: 10. Auflage, Mai 2002.

[Jürg05]
    Jürgensen, Frank; *Didaktische Vereinfachung*, in: Chemiedidaktik – Praxishandbuch für die Sekundarstufe I und II, Eberhard Rossa (Hrsg.), Berlin, 2005, S. 98.

[Kell83]
Keller, J.M.; *Motivational design of instruction*, in: Instructional design theories and models: An overview of their current status, Hillsdale, Erlbaum, 1983, S. 383–433.

[Kerr12]
Kerres, Michael; *Mediendidaktik – Konzeption und Entwicklung mediengestützter Lernangebote*, 3. Auflage, München, Oldenbourg Verlag, 2012.

[Klaf96]
Klafki, Wolfgang; *Neue Studien zur Bildungstheorie und Didaktik – Zeitgemäße Allgemeinbildung und kritisch-konstruktive Didaktik*, 5. Auflage, Weinheim, 1996.

[KlIs11]
Klisma, Paul (Hrsg.); Issing, Ludwig J. (Hrsg); *Online-Lernen – Handbuch für Wissenschaft und Praxis*, 2. Auflage, München, Oldenbourg-Verlag.

[KlLe12]
Klauer, Karl Josef; Leutner, Detlev; *Lehren und Lernen – Einführung in die Instruktionspsychologie*, 2. Auflage, Weinheim, Beltz-Verlag, 2012.

[Krau1836]
Krause, Karl Christian Friedrich; *Die Lehre vom Erkennen und von der Erkenntnis, als erste Einleitung in die Wissenschaft. Vorlesung für Gebildete aus allen Ständen*, Göttingen, Dietrich'sche Buchhandlung, 1836.

[KrBa11]
Krüger, Sandra; Balzert, Helmut; *HTML5, XHTML & CSS – Websites systematisch und barrierefrei entwickeln*, 2. Auflage, Herdecke, Witten, W3L-Verlag, 2011.

[LAC87]
Levin, J.R.; Anglin, G.J.; Carney, R.N.; *On empirically validating functions of pictures in prose*, in: The psychology of illustration, Vol. 1, New York, 1987, S. 51–86.

[Lehn09]
Lehner, Martin; *Allgemeine Didaktik*, Bern, Haupt Verlag, 2009.

[Lehn12]
Lehner, Martin; *Didaktische Reduktion*, Bern, Haupt Verlag, 2012.

[Lehn13]
Lehner, Martin; *Viel Stoff – wenig Zeit: Wege aus der Vollständigkeitsfalle*, 4. Auflage, Bern, Haupt Verlag, 2013.

[Lenz06]
Lenze, Burkhard; *Basiswissen Lineare Algebra*, Herdecke, W3L-Verlag, 2006.

[Lenz07]
Lenze, Burkhard; *Basiswissen Angewandte Mathematik*, Herdecke, W3L-Verlag, 2007.

[Löhk12]
Löhken, Sylvia; *Leise Menschen – starke Wirkung*, 3. Auflage, Offenbach, Gabal, 2012.

[LoSc14]
Lowe, Richard K.; Schnotz, Wolfgang; *Animation Principles in Multimedia Learning*, in: The Cambridge Handbook of Multimedia Learning [Maye14], 2014, S. 513–546.

[MaFr06]
Mandl (Hrsg.), Heinz; Friedrich (Hrsg.), Helmut Felix; *Handbuch Lernstrategien*, Göttingen, Hogrefe, 2006.

[Maye14]
Mayer, Richard E. (Hrsg.); *The Cambridge Handbook of Multimedia Learning*, 2. Auflage, New York, Cambridge University Press, 2014.

[McCl94]
McCloud, Scott; *Understanding Comics: The Invisible Art*, William Morrow Paperbacks, 1994.

[Mede06]
Meder, Norbert (Hrsg.); *Web-Didaktik – Eine neue Didaktik webbasierten, vernetzten Lernens*, Bielefeld, W. Bertelsmann Verlag, 2006.

[Mede15]
Meder, Norbert; *Zur Web-Didaktik*, 2015.
Persönliche E-Mail-Korrespondenz, 6.11.2015.

[Mein15]
Meinel, Christoph; *MOOCs – am Beispiel openHPI*, in: Informatik-Spektrum, 2/2015, Nr. 38, 2015, S. 142–146.

[Ment08]
Mentzel, Klaus; *Basiswissen Unternehmensführung*, Herdecke, W3L-Verlag, 2008.

[Ment13]
Mentzel, Klaus; *Basiswissen der Betriebswirtschaftslehre – Mit zwei durchgehenden Fallstudien*, Dortmund, W3L-Verlag, 2013.

[Meye12]
Meyer, Manfred; *Java: Algorithmen und Datenstrukturen*, Herdecke, W3L-Verlag, 2012.

[MHV08]
Macke, Gerd; Hanke, Ulrike; Viehmann, Pauline; *Hochschuldidaktik – Lehren, Vortragen, Prüfen*, Weinheim, 2008.

[Mits14]
Mitschinski, Jonna; *Und ewig lockt das Dopamin*, in: DIE ZEIT, 17. Dezember 2014, 2014, S. 40.

[MOOC15]
MOOCs – Hintergründe und Didaktik, 2015, https://www.e-teaching.org/lehrszenarien/mooc.
Abgerufen am 24. Juli 2015.

[Mott09]
Motte, Petra; *Moderieren, Präsentieren, Faszinieren*, Herdecke, W3L-Verlag, 2009.

[Müns1545]
Münster, Sebastian; *Cosmographia*, Basel, Petri, 1545.
Bei diesem Buch handelt es sich um die erste allgemein verständliche und wissenschaftliche Beschreibung des Wissens der Welt in deutscher Sprache. Die Wissenschaft von der Beschreibung der Erde und des Weltalls wird auch als Kosmographie bezeichnet.

[Myer08]
Myers, David G.; *Psychologie*, 2. Auflage, Heidelberg, Springer-Medizin-Verlag, 2008.
Didaktisch vorbildlich aufgebautes Lehrbuch, aber zu schwer (2,6 kg) und unhandlich (27,9 x 24,1 x 4,1 cm).

[NDH+08]
Niegemann, H.; Domag, S.; Hessel, S.; Hein, A.; Hupfer, M.; *Kompendium multimediales Lernen*, Berlin, Springer-Verlag, 2008.

[Nels05]
Nelson, Cowan; *Working Memory Capacity*, New York, 2005.

[NeSt07]
Neubauer, Aljoscha; Stern, Elsbeth; *Lernen macht intelligent – Warum Begabung gefördert werden muss*, München, 2007.

[Nick06]
Nickolaus, Reinhold; *Didaktik – Modelle und Konzepte beruflicher Bildung*, Hohengehren, 2006.

[Nieg01]
 Niegemann, Helmut M.; *Neue Lernmedien konzipieren, entwickeln, einsetzen*, Bern, Hans Huber, 2001.
[Oest08]
 Oestermeier, Uwe; *Lernen mit Text und Bild*, 2008, https://www.e-teaching.org/didaktik/gestaltung/visualisierung/textbild/Lernen_mit_Text_und_Bild.pdf.
[OrCo14]
 Oreskes, Naomi; Conway, Erik M.; *Die Machiavellis der Wissenschaft – Das Netzwerk des Leugnens*, Weinheim, Wiley-Vch-Verlag, 2014.
[OsWi08]
 Ostermann, Rainer; Wischmann, Frank; *Basiswissen Ökonomie: Theorie – Technik – Transfer*, Herdecke, W3L-Verlag, 2008.
[PlSc14]
 Plass, Jan L.; Schwartz, Ruth N.; *Multimedia Learning with Simulations and Microworlds*, in: The Cambridge Handbook of Multimedia Learning [Maye14], 2014, S. 729–761.
[Pogu10]
 Poguntke, Werner; *Basiswissen IT-Sicherheit*, 2. Auflage, Herdecke, W3L-Verlag, 2010.
[PPS94]
 Park, Ok-choon; Perez, R. S.; Seidel, R. J.; *Dynamic Visual Displays in Media-Based Instruction*, in: Educational Technology, 4/34, 1994, S. 21–25.
[Prev13]
 Prevezanos, Christoph; *Technisches Schreiben – für Informatiker, Akademiker, Techniker und im Berufsalltag*, München, Hanser-Verlag, 2013.
[RCC15]
 Reins, Armin; Classen, Veronika; Czopf, Géza; *Text $ells – Wie Sie Texte schreiben, die wirken. Wie Sie Unternehmen und Marken durch Sprache Profil geben.*, Hermann Schmidt, 2015.
[Rech06]
 Rechenberg, Peter; *Technisches Schreiben. (Nicht nur) für Informatiker*, 3. Auflage, München, Wien, Hanser Verlag, 2006.
[Rein15]
 Reinmann, Gabi; *Studientext Didaktisches Design*, 5. Version, 2015. Im Internet als PDF verfügbar unter: http://gabi-reinmann.de/wp-content/uploads/2013/05/Studientext_DD_Sept2015.pdf.
[Rein91]
 Reiners, Ludwig; *Stilkunst*, München, C. H. Beck, 1991. Überarbeitete Auflage, erste Veröffentlichung: Beck'sche Verlagsbuchhandlung, München 1943.
[Reis14]
 Reisman, Sorel; *The Future of Online Instruction, Part 1*, in: IEEE Computer, April 2014, 2014, S. 92–93.
[Rey09]
 Rey, Günther Daniel; *E-Learning – Theorien, Gestaltungsempfehlungen und Forschung*, Bern, Verlag Hans Huber, 2009.
[Rieb05]
 Rieber, Lloyd P.; *Multimedia Learning in Games, Simulations, and Microworlds*, in: Cambridge Handbook of Multimedia Learning [Maye14], New York, Cambridge University Press, 2005, S. 549–567.
[Schm08]
 Schmeh, Klaus; *Codeknacker gegen Codemacher – Die faszinierende Geschichte der Verschlüsselung*, Herdecke, W3L-Verlag, 2008.
[Schm14]
 Schmeh, Klaus; *Codeknacker gegen Codemacher – Die faszinierende Geschichte der Verschlüsselung*, 3. Auflage, Dortmund, W3L-Verlag, 2014.

Literatur

[Schn01]
    Schneider, Wolf; *Die Sieger – Wodurch Genies, Phantasten und Verbrecher berühmt geworden sind*, 3. Auflage, München, Piper Verlag, 2001.

[Schn06]
    Schnotz, W.; *Pädagogische Psychologie. Workbook*, Weinheim, Beltz-Verlag, 2006.

[Schn83]
    Schneider, Wolf; *Deutsch für Profis – Handbuch der Journalistensprache – wie sie ist und wie sie sein könnte*, 5. Auflage, Hamburg, Gruner + Jahr, 1983.

[Schn84]
    Schneider, Wolf; *Deutsch für Profis. Wege zum guten Stil*, 12. Auflage, Hamburg, Goldmann Taschenbuch Verlag, 1984.

[ScHo11]
    Schnotz, Wolfgang; Horz, Holger; *Online-Lernen mit Texten und Bildern*, in: [KlIs11], 2011, S. 87–103.

[Schr08]
    Schröder, Marion; *Heureka, ich hab's gefunden – Methoden für die kreative Problemlösung, Ideenfindung & Alternativenauswahl*, Herdecke, W3L-Verlag, 2008.

[Schu02]
    Schulz von Thun, Friedemann; *Miteinander reden 1*, Reinbek bei Hamburg, Rowohlt, 2002.

[Schu81]
    Schulz von Thun, Friedemann; *Miteinander reden 1. Störungen und Klärungen. Allgemeine Psychologie der Kommunikation*, Reinbek bei Hamburg, Rowohlt Taschenbuch Verlag, 1981.

[Schu97]
    Schulmeister, Rolf; *Grundlagen hypermedialer Lernsysteme: Theorie – Didaktik – Design*, 2. Auflage, München, Oldenbourg Verlag, 1997.

[ScWü15]
    Schramm, Stefanie; Wüstenhagen, Claudia; *Das Alphabet des Denkens – Wie Sprache unsere Gedanken und Gefühle prägt*, Reinbek, Rowohlt-Verlag, 2015.

[Sipp09]
    Sippel, S.; *Zur Relevanz von Assessment-Feedback in der Hochschullehre*, in: Zeitschrift für Hochschulentwicklung, 4(1), 2009, S. 2–22.

[Spie11b]
    Allerhärtestes Bedauern, in: Der Spiegel, 19/2011, 2011, S. 19.

[Spit02]
    Spitzer, Manfred; *Lernen – Gehirnforschung und die Schule des Lebens*, Heidelberg, Spektrum Akademischer Verlag, 2002.

[Stau06]
    Staub, Fritz C.; *Notizenmachen: Funktionen, Formen und Werkzeugcharakter von Notizen*, in: [MaFr06], 2006, S. 59–71.

[StFi15]
    Sträde, Katja; Fischer, Susanne; *Vom ICH zum WIR – Soziale Kompetenz entwickeln*, Dortmund, W3L-Verlag, 2015.

[SVH10]
    Sodtalbers, Axel; Volkmann, Christian; Heise, Andreas; *IT-Recht*, Herdecke, W3L-Verlag, 2010.

[Terg02]
    Tergan, S.O.; *Hypertext und Hypermedia: Konzeption, Lernmöglichkeiten, Lernprobleme und Perspektiven*, in: Information und Lernen mit Multimedia und Internet, Weinheim, Beltz-Verlag, 2002, S. 99–112.

[Terh09]
Terhart, Ewald; *Didaktik*, Stuttgart, Reclam-Verlag, 2009.

[TFB+14]
Tobias, Sigmund; Fletcher, J.D.; Bediou, Benoit; Wind, Alexander P.; Chen, Fei; *Multimedia Learning with Computer Games*, in: The Cambridge Handbook of Multimedia Learning [Maye14], 2014, S. 762–784.

[ThRo72]
Thomas, Ellen L.; Robinson, H. Alan; *Improving Reading in Every Class: A sourcebook for teachers*, Boston, Allyn & Bacon, 1972.

[Vedd01]
Veddern, Michael; *Update – Ratgeber Multimediarecht für die Hochschulpraxis*, Ministerium für Schule, Wissenschaft und Forschung des Landes Nordrhein-Westfalen, 2001, https://www.uni-due.de/imperia/md/content/e_comp/ratgeber_multimediarecht.pdf.
Abgerufen am 28.6.2014.

[Vest98]
Vester, Frederic; *Denken, Lernen, Vergessen: Was geht in unserem Kopf vor, wie lernt das Gehirn, und wann lässt es uns im Stich?*, dtv, 1998.
1. Auflage 1975.

[Wage13]
Wagenschein, Martin; *Verstehen lehren – Genetisch, Sokratisch, Exemplarisch*, 2. Auflage, Weinheim, Beltz-Verlag, 2013.
Erstveröffentlichung 1956.

[Wand13]
Wandtke (Hrsg.), Artur-Axel; *Urheberrecht*, 4. Auflage, De Gruyter-Verlag, 2013.

[WBT13]
Weber, Wibke (Hrsg.); Burmester, Michael (Hrsg.); Tille, Ralph (Hrsg.); *Interaktive Infografiken*, Berlin-Heidelberg, Springer-Verlag, 2013.

[Webe13]
Weber, Wibke; *Typen, Muster und hybride Formen. Ein Typologisierungsmodell für interaktive Infografiken*, in: Interaktive Infografiken [WBT13], 2013, S. 25–37.

[Weid01]
Weidenmann, Bernd; *Lernen mit Medien*, in: Andreas Krapp, Bernd Weidenmann (Hrsg.): Pädagogische Psychologie, 5. Auflage, Weinheim, 2001, S. 429 f.

[Weid06]
Weidenmann, B.; *Lernen mit Medien*, in: Pädagogische Psychologie – Ein Lehrbuch, 2006, S. 423–476.

[Weid09]
Weidenmann, Bernd; *Lernen mit Bildmedien*, Weinheim, 1991.

[Weid11]
Weidenmann, Bernd; *Multimedia, Multicodierung und Multimodalität beim Online-Lernen*, in: [KlIs11], 2011, S. 73–86.

[Wein71]
Weinberg, Gerald M.; *The Psychology of Computer Programming*, New York, Van Nostrand Reinhold Company, 1971.

[Wein98]
Weinert, Franz E.; *Lehrerkompetenz als Schlüssel der inneren Schulreform*, Schulreport 1, 1998.

[WeWe13]
Weber, Wibke; Wenzel, Alexandra; *Interaktive Infografiken: Standortbestimmung und Definition*, in: Interaktive Infografiken [WBT13], 2013, S. 3–23.

[WSH14]
: Winkler, Thomas; Scharf, Florian; Herczeg, Michael; *Ambiente Lernräume*, in: Informatik Spektrum, 37/5/2014, 2014, S. 445–448.

[Zimm]
: Zimmer, Dieter E.; *Gutes Deutsch*, 2011, http://www.duden.de/documents/10155/17890910/Duden_Thema_Deutsch_Was_ist_gutes_Deutsch_Leseprobe.pdf.

Sachindex

A

Abbildung 201
Abbildungsreferenz 270
Abkürzung 254
Abrufbarkeit 103
Abschlussklausur **452**, 453
  Bestehensschwelle 452
  Dauer 452
Abschlusstest **410**, 427, **427**, **452**, 453
  Bestehensschwelle 452
  Dauer 452
Abschnitte 307
Abstrahieren 210, 302
Abstraktion 184
  generalisierend 300
  isolierend 300
Abstraktionsgrad 168
Abwechslung 174
  formale 174
  inhaltliche 174
Adaptivität 521
advanced organizer 87, 106
Akronyme 184
Aktiv handeln 303
Ambiente Lernräume 334
Analogie 18, 192, 211, 303
Analyse 64
analytisch 215
anchored instruction 114
Änderungsfreundlichkeit 57
Animation **368**, 508
  Einsatzbereiche 372
  Klassifizierung 368
  Prinzipien 370
  Richtlinien 375
Anordnungstest 411
Anrede 21
Anredeformen 21
Anwendung 64
Anzahl Tests 427
Aphorismus 157, 230
Appell 280
Arbeitsatmosphäre 4
Argumentation 193
Assoziativer Test 411
Audio-Medium **349**
Aufbau
  von Büchern 273
  von Büchern/Kursen 59
  von E-Learning-Kursen 273
  von Lerneinheiten 187
Aufgabe **407**, **437**, **451**
  allgemeine 440
  Gütekriterien 407
  geschlossene 438
  individualisierte 440
  integrierte 445
  Konzeption 437
  offene 439
  separate 445
Aufgabenarten 438
  Vergleich 442
Aufgabenstellung 430
Aufmerksamkeit 152
  geteilte 36
Aufmerksamkeitsförderung 181
Aufzählungen 260
Augmented reality 334
ausflachen 306
Ausnahmen 294
Ausprobieren 383
Aussagen 301
AUSUBEL
  DAVID PAUL 106
Auswahltest 409
Autor 457
  Eigenschaften 457
  Entscheidungen 459
  Handwerkszeug 459

B

Bauchschreiber 3
Baumstruktur 82
Begrüßungs-Lerneinheit 284
Begriffe 301
Begriffsabfrage 419
Begriffslandkarte 211
Behaltenswirkung 507
Beispiel **223**, 308
Beobachtungslernen 107
Beziehung 280
Bild 34, 201
  bearbeiten 488
  Formate 488
  lizenzfrei 44
Bilddatenbanken 44
Bildschirmabzug 34, 491
Blended Learning **142**
Blog **401**
BLOOM
  BENJAMIN 64

Sachindex

Bloom'sche Taxonomie 64
BMP 490
Brainstorming **123**
BRUNER
    JÉRÔME SEYMOUR 70, 110

C

case oriented learning 115
CBT 133
Chat **401**
Citavi 462
Codierung
    bildlich 204
    verbal 204
cognitive apprenticeship 107
Concept Map **57**, **164**, **211**

D

Darbietendes Lehren 104
Deduktion 224
deduktiv 214
Denkanregungen 157, 228
Desktop-Video **356**
Deutsch
    elaboriertes 251
    falsches 253
    gutes 251
    richtiges 251
    schlechtes 253
Deutung 195
Diagramm 34, 201, 494
    Gebote 494
    Regeln 494
Didaktik **6**
    Anforderungen 532
    Empirie 529
    Erfahrungen 529
    pragmatische 1, 532
Didaktik erläutern 308
Didaktische Analyse 297
Didaktische Raster 289
Didaktische Reduktion 298
DOI **477**
Dot Plot 501
Drei-Speicher-Modell 94
Du-Form 21

E

E-Learning **5**, **133**, 331
    Einschränkungen 135
    Nachteile 332
    Privatlehrer 145
    Vorteile 132, 331
E-Learning-Plattform **134**
    Voraussetzungen 513

E-Learning i.e.S. 134
E-Learning i.w.S. 133
Einfachauswahltest 410
Einfachheit 254
Einprägungsstrategien 103
Einschränken 210, 302
Elaborative Prozesse 102
Elementares 299
Emotion 40, 188, **248**
Emotionale Einstimmung 40
Emotionen
    Beispiele 40
Empathie **363**
Entdeckendes Lernen 92, **110**
EPS-Format 491
Erklärgrafik 380
Erklärungswissen 193
Erläuterung 195
ERP-System **68**
Es-Form 21
Eselsbrücken 184
Essay 157, 230
Exkurs 185
Experiment 383
Experimentieren 383
Exploratives Lernen 507
Extremreduktion 294, 301

F

Füllwörter 259
Fabel 192
Fachlandkarte 67
Fachlichkeit 296
Fakten **192**
Faktenbox 46
Fallbasiertes Lernen 115
Fallbeispiel
    HTML 79
    Textverarbeitung 74
Fallstudie 154, **318**
FAQ **178**
Farbtiefe 490
Fasslichkeit 296
Feedback 176
Fibonacci-Folge 243
Fischgräten-Diagramm 212
Forschendes Lernen 116
Fortschrittsanzeige 158
Forum **401**
Foto 34
    bearbeiten 488
Frage & Antwort 309
Fragen 228
    Fragestämme 229
Freitexttest 420

Sachindex

G

Gütekriterien für guten Unterricht 97
Gamification **398**
Gefühle 248
Gegenüberstellung 218
Gelenktes entdeckendes Lernen 111
GEMA 468
gender balance 23
Geschichten 192
Geschlechterneutralität 23
Gestaltgesetze 39
Gestaltungselemente 153, 163, 308
   Überschrift 169
   Akronyme 184
   Denkanregungen 156
   didaktische 181
   emotionale 155, 163
   Eselsbrücken 184
   Exkurs 184
   Fragen, Übungen, Tests, Aufgaben 156
   Kurzfassung 169
   Literaturverzeichnis 184
   Meilensteine 157
   Merksprüche 184
   motivierende 153, 163
   Tabelle 169
   Zielformulierungen 155
   Zusammenfassung 169
   Zwischenüberschrift 169
Gestaltungsprinzip
   Abstraktion 169, 183
   Abwechslung 174
   Aufmerksamkeitsförderung 181
   elementares 147
   ergänzendes 147
   Orientierung 183
   Rückkopplung 176
   Strukturierung 171
   wichtiges 147
   Wiederholung 150, 181
Gestaltungsprinzipien 147
GIF **490**
Gleichnisse 217
Gliederung 1, 254
Gliederungsebene 306
Glossar **314**
Glossarbegriff **309**, **314**
Gründlichkeit 286
Grafik 34, 485
   Erstellen einer 485
   Gestaltung einer 486
Grammatikprüfung 460

Graphics Interchange Format 490
Großzitat 465
Grundlandschaft 287
Gruppierung 82, **88**, **307**, **312**, **433**
GVL 468

H

Handlungswissen 196
Hauptkapitel 307
Hierarchische Struktur 171
Historische Betrachtung 190
Hot-Spot-Test 412
HTML **79**, **214**, **254**, **384**

I

Ich-Form 21
Idealisieren 211, 303
Ikone **203**
Illustration 34
In-Out-Technik 293
Index 167, **203**
Individualisierung des Lernens 520
Individuelles Lernen 91, 105
Induktion 224
induktiv 214
Infografik 205
   Klassifikation 379
   statische 379
Informationen
   unnötige 266
Inhalt
   einer Lerneinheit 16
Inhalte gewichten 304
Inhaltsübersicht 163
Inhaltsauswahl
   Kriterien für die 288
   Techniken der 291
Inhaltsverzeichnis 163
Instant Messaging **401**
Interaktion 337
   Grade der 338
Interaktive Infografik **381**
Interaktivität 338
Interpretation 195
Ishikawa-Diagramm 212

J

Ja-/Nein-Test 410
Joint Photographic Experts Group 489
JPEG **489**

K

Kürze 254
Kachelgrafik 497

Kaninchenpopulation 243
Kapitälchen **326**
Kapitel 307
Kapitelreiter 163
Kleinzitat 465
Klimaerwärmung 246
Kognition **95**
Kohärenz-Prinzip 206, 346
Kommunikation
  zwischenmenschliche 279
Kommunikationsquadrat 279
Kompetenz **5**
Konstruktionstest 409, 414
Kontiguitäts-Prinzip 206, 346
Konzentration
  inhaltliche 299
Kooperatives Lernen 91, 110, 120
Kopfschreiber 3
Kreativität **340**
Kreuzworträtsel 316
Kurzantworttest 418
Kurzfassung 14, 192
Kurzzeitgedächtnis 94

L

Lösungsalternative 429
Lösungsbegründung 430
Lösungshinweis 429
Lückentest 411
Lückentext 418
Langzeitgedächtnis 95
LCMS 134
Lehrbuch **5**, 130, 509
  Eigenschaften 509
  Einschränkungen 135
  Verlagsvoraussetzungen 509
  Vorteile 130
Lehre **6**, **99**
  darbietende 104
  entdeckenlassende 109
  expositorische 104
  instruierende 104
  Medien 129
  vormachende 106
Lehren 91
Lehrerfahrungen 56
Lehrinhalt 91
Lehrprozess 99
Lehrstoff 3, **16**, 56, **61**, 296
  Aufbereitung 104, 109
Lehrziel 59, **62**, 91
Leistungsschutz 468
Leitlinien 147
Lernbuch 5
Lerneinheit **1**, **3**, **7**, **82**
  Analogien 18
  Aufbau einer 187
  Beispiele 18, 53
  Inhaltsvorschau 17
  Metaphern 18
  Motivation 17
  Schritt für Schritt zur 56
  Umfang 17, 159
  Vergleiche 19
  Verweise 19
  Visualisierung 30
  Zwischenüberschrift 27
Lernen **6**, 91
  als Erwachsener 96
  als Informationsverarbeitung 95
  angeleitetes 117
  anhand von Lösungsbeispielen
    108
  asynchrones 120
  aufnehmendes 105
  autodidaktisches 117
  durch Lehren 126
  durch Nachahmung 93
  entdeckendes 92, 110
  erzwungenes, kooperatives 120
  exploratives 110, 507
  expositorisches 105
  fallbasiertes 114
  forschendes 115
  gelenktes entdeckendes 111
  im Tandem 120
  individuelles 92, 105
  in Gruppen 120
  kooperatives 92, 110
  Meister-Lehrlings- 106
  mit Ankern 114
  mit bereitgestellter
    Unterstützung 118
  mit selbst organisierter
    Unterstützung 117
  paarweises 120
  problembasiert 93, 112
  rezeptives 92, 105
  reziprokes 126
  sachsystematisches 290
  situiertes 290
  synchrones 120
  testorientiertes 445
  tutorielles 126
Lernerfolg 403
  Bewertung 403
  Bezugsnormen 403
Lernerfolgskontrolle 404, 451
Lernformen 143
  Vergleich 143
Lerngruppe 120
Lerninhalte

Sachindex

Baum 82
  didaktisch anordnen 214
  Fallbeispiel 79
  Gliederung 82
  Ordnungsprinzipien 67
  Strukturierung 70, 82
Lernpfad 519
Lernprozess 91, 105
Lernqualität 273
Lernspiel **395**
  Klassifikation 395
  Richtlinien 398
Lernstoff **3, 17, 56, 61, 296**
Lernstufe 481
  Anwenden 481
  Beurteilen 481
  Verstehen 481
  Wissen 481
Lerntyp 507
Lernwege 104
Lernzeitangabe 159
Lernziel **60, 62, 91,** 423, 437, **481**
  Einsatzzweck 63
  Formulierung 63
  Taxonomie 64
Lernzielstufung 482
Lernzieltaxonomie 481
Lexika 461
Link **338**
Links-Rechts-Organisation 96
Literaturverwaltungssystem 462
Literaturverzeichnis 185, 475
LMS 134
Lokalität **263**
Lokalitätsprinzip 163

M

m.E.-Form 21
Märchen 192
Man-Form 21
Marginalie **49, 315**
Marginalspalte
  Bilder in der 51
  Regeln 50
Marginaltexte
  Formulierungen 49
Medien
  soziale 401
Medienart 200
Medium **343**
Mehrfachauswahltest 410, 429
  konzipieren 429
Meister-Lehrlings-Lernen 107
Merkebox 46, 294
Merkekasten 46
Merksprüche 184

Metakognition **95, 126**
Metapher **18, 192, 217**
Microchart 499
Microsoft Word 460
Mikro-Lernstrategien 190
Mikroevaluation 177
Mikrokredit 249
Mikrowelt **390**
Mindmap **57, 67, 173, 211**
Modalitäts-Prinzip 346
MOOC **139**
Motivation 96, 110
  intrinsische 110
Multicodal 345
Multimedia 35, 343, **346**
Multimedia-Prinzip 206, 346
Multimedia i.w.S. 345
Multimodalität 345
Multiple-Choice-Test 410, 429

N

Nachahmungslernen 93, 107
Namensindex 326
Navigation 310
Navigationsbaum 163
Netzwerkstruktur 171
Notiz **231**

O

Online-Mentor **105, 118, 516**
Online-Tutor **105, 118, 437, 451,**
  516
OpenOffice Writer 460
Ordnung 254
Ordnungstest 411
Organisationsindex 326
Orientierung 14, 163, 183
Orientierungswissen 190
Ortsindex 326

P

PAPERT
  SEYMOUR 392
Parabeln 217
Paraphrase **479**
Partikularisieren 211, 302
passim **479**
Passiv-Form 21
Pausen 157
Personenindex 326
Piktogramm **51, 502**
Planspiel 396
PLOMIN
  ROBERT 132
PNG **490**

Sachindex

Portable Network Graphics 490
Potpourri 89
Prägnanz 254
Präsentationsmedien 200
Präsenzveranstaltung 131
    Kategorien 131
    Vorteile 131
Prüfungsrelevanz 159
Pragmatische Didaktik 1
Prinzip **147**
    exemplarisches 224, 289
    Fortsetzbarkeit 70
    Kohärenz- 206
    Konsolidierungs- 106
    Kontiguitäts- 206
    Lokalitäts- 263
    Multimedia- 206
    Präfiguration 70
    vorwegnehmendes Lernen 70
Prinzipien des multimedialen
    Lernens 346
Problem 112
    homomorphes 220
    isomorphes 220
        Oberflächenstruktur 220
        Tiefenstruktur 220
Problembasiertes Lernen 93, 112
Progressive Differenzierung 106
Prozedur 196
Psychophysische Aktivierung 152
Punktbalken 501

Q

Quellenangabe 467, 473
Quellenverzeichnis 475
Quellenwissen 198

R

Rückkopplung 176
Randnotizen 48
Rapid E-Learning 527
Rechtschreibprüfung 460
Reduktive Prozesse 103
Redundanz
    formale 270
    inhaltliche 270
Redundanz-Prinzip 346
Reflexion 195
Regel 197
Register 324
Reihenfolgetest 411
Rezeptives Lernen 92, 105, **105**
Rollenspiel **363**
    simuliertes 364
Royalty Free 44

S

Sachanalyse 297
Sachindex **324**
Sachinhalt 280
Schöpfungsleistung 465
Schachtelsatz 260
Schaubild 34
Schreibstil 188, 251, 258
Schreibweise
    kontextunabhängig 57
    relative Bezüge 57
Schwunglinie 499
Screencast 356, 357
Screenshot 491
Segmentierungsprinzip 347
Selbstoffenbarung 280
Selbsttestaufgabe **447**
Sensorischer Speicher 94
Sequenzierungstest 411
Serifen **509**
Serios Games 398
Sie-Form 21
Siebe der Reduktion 291, 300
Simulation **387**
    Richtlinien 389
Single-Choice-Test 410
Situiertes Lernen **290**
Skizze 202
Software-Ergonomie **310**
Soziale Medien **401**
Spannung 188, 242
Sparkline 499
Spezialcodes 185
Spiralmodell 70, 75, 81, 83
Sternesystem 293, 308
Stichwortverzeichnis 324
Stimulanz 254
Stoffmenge 273
Stoffmengenproblematik 273, 286
Story 188, **237**, 250
Struktur **171**
    hierarchische 172
    Netzwerk- 172
    räumliche 172
    zeitliche 172
Strukturschemata 211
Superlative 260
Symbol **203**
Synonyme 259
Synthese 64
synthetisch 215
Szenarien 192

T

Türme von Hanoi 242
Tabelle 34, 169, 200, 499

Sachindex

grafische 499
Tandemlernen 120
Taxonomie **64**, 481
Teleteaching **137**
Test **407**, **409**, **451**
   Aufbau von einem 423
   differenzenentdeckender 417
   entdeckender 415
   fehlerentdeckender 415
   Gütekriterien 407
   integrierter 445
   konzipieren 429
   separater 445
   W3L- 423
   zufallsbasierter 435
Testarten 409
Testerstellung
   Vorgehen 430
Text 200
Textarten 251
Textverarbeitungssystem 459
Tiefenbohrung 287
TIFF **490**
Tipps 308
Tippstufe 423
Tooltip **338**
Top-Down **3**
Transfer 103, 110, 219, 226
true color **490**

U

Überblick 191
Überschrift 169
Übung 229, 308
Unter der Lupe 293
Unterkapitel 307
Urheber 467
Urhebergesetz 473
Urheberrecht 465
Urheberschutz 467
URL **477**
Ursache-Wirkungs-Diagramm **212**

V

Veranschaulichen 211, 303
Verarbeitungstiefe 94
Vereinfachen 210
Vereinfachung 302
Vergleiche 217
Verlagsvoraussetzungen
   Lehrbuch 509
Vernetzung 164
Verständlichkeit 254
Verständnis 64
Verstehen 209
Verweise 165
Verwertungsgesellschaften 468
Video **355**
   Einsatzbereiche 356
   Klassifikation 355
   Richtlinien 360
Videoclip 355
Vier Seiten einer Nachricht-Modell 279
Virtuelle Lehrer 335
Virtuelles Klassenzimmer **141**
Visualisieren 211, 303
Visualisierung **30**
   Arten der 30
   Gestaltungsregeln 35
   Klassifikation 30
Vollständigkeit 286
Vor-Trainings-Prinzip 347
Voraussetzungen 276
   E-Learning-Plattform 513
Vorgehensweise
   Buch/Kurs erstellen 59
Vorkenntnisse 95
Vorlesen 261
Vorstrukturierende Lernhilfen 88, 106
Vorwissen 16
Vorwort 284

W

Wörterbücher 461
Warum-Erklärung 193
Was-Erklärung 194
WBT 134
Webinar **137**
Weizenkorn
   Legende vom 245
Werk
   gemeinfreies 467
   schöpferisches 465
   wissenschaftliches 465
Wesentliches 299
Wiederholung **150**, 181
   nicht-stereotype 150
   stereotype 150
Wiederverwendung von
   Lernobjekten 525
Wir-Form 21
Wissen 64
Wissensart
   rezeptive 190
Wissensarten
   Anordnung 198
Wissensbaustein **7**, **82**
Wortgrafik 499

Y
Yerkes-Dodson-Regel 152

Z
Zeichnung 34
Zielformulierung 155
Zielgruppe 16, 276
Zitat
   Bild- 466
   Eigen- 478
   Film- 466
Zitatarten 479
Zitatpflicht 465
Zitatrecht 465
Zitatverweis 473
Zitatzweck 466
Zitieren 473
   Kurzzitierweise 473
   Langzitierweise 473
Zitierweisen 473
Zuordnungstest 411
Zusammenfassung 14, 169, 192
Zwiebelschalenmodell 68, 75, 80
Zwischenüberschrift 27, 169

W3L-Online-Studium

w3l

web life long learning

Bachelor of Science (B.Sc.)

- Web- und Medieninformatik
- Wirtschaftsinformatik

Fachhochschule Dortmund — University of Applied Sciences and Arts
we focus on students

Online berufsbegleitend studieren heißt:
Höchste Ansprüche an Flexibilität, aktuelle und praxisorientierte Inhalte, faire Kosten.
Und: Kein Numerus Clausus (NC), keine überfüllten Hörsäle, keine unbequemen Hörsaalstühle.

Flexibel – Sie bestimmen das Studium, nicht das Studium Sie!
- Sie können mit Ihrem Studium jederzeit beginnen. Es gibt keine Semestereinteilung.
- Sie wählen die Reihenfolge Ihrer Module.
- Sie können alle 6-8 Wochen Prüfungen ablegen.
- Das Lernen ist 24 Stunden am Tag und an jedem Ort möglich.
- Zwei freiwillige Präsenztage im Jahr zum gegenseitigen Kennenlernen.

Aktuell & praxisorientiert & hohe Qualität – Wissen, das gut ankommt!
- Wissenschaft und Praxiserfahrung kombiniert – die Theorie in der Praxis sofort anwenden.
- Karriere-Kick – Staatlicher Abschluss »Bachelor of Science« der FH Dortmund.
- Über 50 Lehrbücher im Preis enthalten.

Flexibles Studium und eine Investition in die Zukunft
- Sie können die Module, entsprechend Ihrem Vorwissen, in Ihrer Geschwindigkeit durcharbeiten.
- Berufsbegleitendes Studium mit staatlich und international anerkanntem Abschluss »Bachelor of Science«.
- Die W3L-Studiengänge werden in Kooperation mit der FH Dortmund durchgeführt.

Das ideale Studium für ...
- Berufstätige
- Fachinformatiker
- IT-Quereinsteiger
- alle, die sich in der Erziehungszeit beruflich qualifizieren wollen.

Fordern Sie noch heute unser kostenloses Infopaket an: **http://Akademie.W3L.de**

Wissenschaftliche Informatik-Weiterbildung Online

mit Hochschulzertifikaten der Fachhochschule Dortmund

w3l.
web life long learning

Erweitern Sie Ihre IT-Kompetenzen und Ihre beruflichen Perspektiven

mit der modular aufgebauten Wissenschaftlichen Informatik-Weiterbildung Online und werden Sie:

: Junior-Programmierer/in (FH Dortmund)
: Anwendungs-Programmierer/in (FH Dortmund)
: Web-Frontend-Programmierer/in (FH Dortmund)
: Web-Entwickler/in (FH Dortmund)
: Requirements Engineer (FH Dortmund)
: Software-Architekt/in (FH Dortmund)
: Software-Manager/in (FH Dortmund)

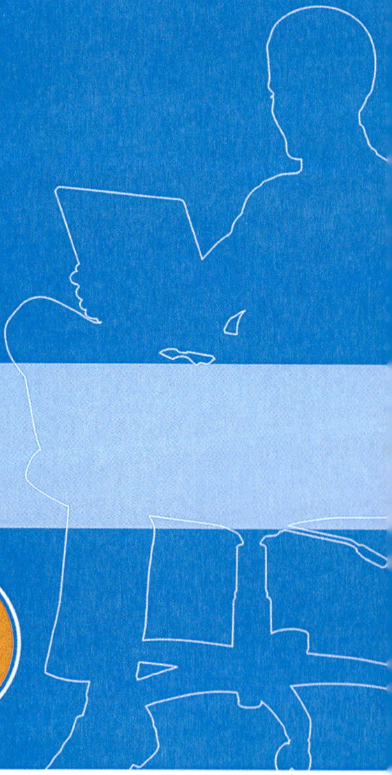

Online und flexibel - Beginn jederzeit!
Das Lernen ist 24 Stunden am Tag und an jedem Ort möglich.

Fachhochschule Dortmund
University of Applied Sciences and Arts
We focus on students

W3L AG in Zusammenarbeit mit der Fachhochschule Dortmund.

Jetzt Infopaket anfordern!

> Bewerbung und Infopaket: www.W3L.de/Weiterbildung
> Telefonische Beratung: 0231/618 04-126